KB251864

수업설계 · 수업관찰 및 수업분석 · 수업장학

으뜸 수업 탐구의 정석

명품 수업 · 좋은 교육 · 훌륭한 교원 길라잡이

수업설계 · 수업관찰 및 수업분석 · 수업장학

으뜸 수업 탐구의 정석

명품 수업 · 좋은 교육 · 훌륭한 교원 길라잡이

박은종 지음

한국학술정보㈜

으뜸 수업과 훌륭한 교원을 위한 길라잡이

21세기에 들어 세계적인 교육의 트렌드(Trend)는 변화와 혁신이다. 세계화·정보화 시대를 맞아 세상의 모든 것들이 변화를 거듭하지만, 그 변화를 앞에서 이끌고 혁신의 선구자적 역할을 하는 것이 곧 교육인 것이다. 세계 각국의 국가백년지대계(國家百年之大計)인 교육의 새천년 화두는 분명히 '새로운 변화와 혁신'의 추구인 것이다.

최근 한국 사회와 교육계에서 소위 미래형 교육과정인 2009년 개정 교육과정 고시, 교원 평가제 전면 도입, 교원 수업전문성 제고 방안 발표, 부실 대학의 퇴출 계획안 발표 등도 이와 같은 교육계의 변화와 혁신의 바람과 일맥상통하는 것이다. 분명한 것은 이제 학교와 교원들은 구태의연, 과거 답습, 진부하고도 상투적 관행 등과 같은 과거의 껍질을 과감히 벗어 버리지 않으면 설 자리를 잃고 나아가 제구실을 하지 못하게 되었다.

학교는 미래의 기둥인 학생들을 교육하는 곳이다. 자고로 불변인 교육의 정의가 '인간 행동의 바람직한 변화를 위한 의도적 활동'이라는 점을 전제하면, 학교는 그러한 교육적 경험과 활동을 다양하게 펼치는 요람이자 보금자리인 것이다.

학교는 교육과정에 따라 다양한 활동을 한다. 교과, 특별 활동, 재량 활동 등 교육과정 운영과 더불어 방과후 학교, 학교행사, 특기·적성교육 활동, 생활 지도 등이 종합적으로 이루어지는 공간이 곧 학교인 것이다. 교사는 이러한 다양한 교육 활동을 주도적으로 이끄는 역할을 한다. 즉 교육과 학교의 변화와 혁신의 역동적인 '이끄미'가 곧 교원, 특히 교사인 것이다. 그리고 그 교육과 학교 변화의 핵심적 본질과 출발은 곧 수업이다.

진부한 이야기이지만, 학교 교사의 업무는 매우 다양하다. 그중에서도 가장 중요한 것이 수업 내지 교수·학습 활동이다. 모름지기 수업은 모든 교육 활동의 으뜸이며, 교사의 생명과 같은 것이다. 동서고금을 통틀어 수업을 잘하는 교사가 참스승이자 좋은 선생님이라는 데 이의를 제기할 사람은 없을 것이다. 오래전부터 우리 선대(先代) 교육자들이 그래 왔던 것처럼 우리들도 교단에 들어와서 수많은 시간의 수업을 해 왔고, 또 앞으로도 계속 수업을 할 것이다. 그 동서고금(東西古今)의 시공을 초월한 희로애락을 동행하며, 우리 교원들은 가녀린 마음으로 감싸 왔고 보듬어 왔다.

사실 우리가 늘 수업을 하면서도 어딘지 모르게 부족한 것 같고, 후련하지 않은 것 같은 느낌을 갖게 되는 것은 그만큼 수업이 쉽지 않다는 반증인 것이다. 우리가 흔히 '수업에는 왕도가 없다'는 말을 하듯이 수업은 교사와 학생의 다양한 의사소통을 바탕으로 한 상호작용 과정이라고 할 수 있다. 그러므로 진솔한 수업에 요행수를 가장한 지름길이나 가식이 있을 수 없는 것이다.

이와 같이 교육과 수업이 고되고도 어려운 활동이지만, 일선 학교 교사들은 늘 연구와 혁신을 바탕으로 좋은 수업 구현을 위해 부단히 노력해야 한다. 수업은 교육의 본질이며 교사의 본분이기 때문이다. 수업을 빼놓고 교육과 교사를 논한다는 것은 공허한 것이다. 수업이야말로 교육의 본질이며 교사의 생명이기 때문이다. 교육과 수업의 길은 멀고도 험하다. 하지만 우리는 쉼 없이 교육과 수업의 험로를 행복한 마음으로 가야만 한다.

본서는 수업을 연구하는 분들에게 교사의 본분인 수업에 대한 탐구 길라잡이로 출판하게 되었다. 즉 교육의 본질인 수업을 연구하는 사람들에게는 설계와 분석을 위한 가이드라고 할 수 있다. 본서는 수업설계, 수업관찰 및 수업분석, 수업연구, 수업장학, 수업 컨설팅 등을 중점적으로 다루었다. 따라서 교육학자, 교육 전문가, 교육 전문직(장학사·관, 교육연구사·관), 초·중·고교 현직 교사, 사범대학과 교육대학교, 교육대학원 학생들에게 수업탐구와 수업연구의 길라잡이 역할을 해 줄 것을 기대하고 있다. 특히 일선 학교에서 직접 학생들을 가르치는 교사들이 수업설계에서부터 수업관찰, 수업분석, 수업장학 및 수업평가에 이르는 일련의 과정에서 두루 활용할 수 있도록 내용을 구성하였다.

특히 본서는 수업연구의 과정인 수업설계, 수업관찰, 수업분석, 수업장학 등 일련의 과정에 대한 이론과 실제를 연계시켜서 실제 현장에서 교원들이 직접 활용할 수 있도록 하는 데 초점을 맞추었다. 즉 수업연구 전반에 대한 다양한 이론과 학문적 배경을 바탕으로 초·중·고교 교실에서 활용하는 데 적합한 모형과 지도방법 탐구, 지도 자료로서 길라잡이로 활용될 수 있도록 구성하였다. 실제 교육 현장에서 편리하게 활용할 수 있도록 구성하고자 노력하였다.

수업은 교육과정의 실제적 구현 과정으로서, 내용과 방법의 재구성과 지역화가 핵심이다. 그러므로 지역과 학교의 특성 및 해당 교과의 특성을 충분히 고려하여 수업연구와 수업탐구에 적용하여야 할 것이다. 분명한 점은 수업에 왕도가 없듯이 수업연구와 수업탐구에도 왕도가 있을 수 없기 때문에 재구성과 지역화를 충분히 고려하여야 할 것이다.

교육과 수업 관련자들은 수업설계, 수업관찰, 수업분석, 수업장학, 수업평가 등에 대한 자기 브랜드를 정립하여야 한다. 수업연구와 수업탐구에 대한 일반적인 가이드라인인 이론을 바탕으로 이른바 '자기 것'을 스스로 창안하여 활용하여야 한다. 그 길이 명품 수업을 수행하고, 으뜸 교사, 그리고 훌륭한 교원으로 거듭나는 지름길이라는 점을 명심하여야 할 것이다. 그러한 점을 전제하고, 본서가 늘 수업연구와 수업을 탐구하는 여러분들 곁에서 수업설계, 수업관찰, 수업분석, 수업장학의 소중한 탐구 자료로 활용되기를 기대하는 바이다.

사실, 수업은 교육의 본질이며, 교원의 생명과 같은 것이다. 교사들이 수업전문성을 담보할 때 교육전문가로서의 사회적 인식과 존경을 받을 수 있는 것이다. 수업전문성 신장에 모든 교사가 심혈을 기울여 노력해야 하는 이유가 여기에 있는 것이다.

끝으로, 본서를 세상에 내놓으면서 그동안 도움과 격려를 주신 모든 분들께 감사드린다. 우선 교육과 연구 활동으로 늘 가정에 불충한 필자에게 성원과 격려로 용기를 북돋워 주는 사랑하는 가족들에게 심심한 감사를 드린다. 가정적인 일을 제대로 챙기지 못하는 부족한 필자에게 질책보다는 든든한 후원자로서 박수를 보내는 가족과 친지 여러분께 진심으로 감사를 드리는 바이다. 아울러, 필자를 학문의 길로 이끌어 주신 진주교육대학교(전)의 이종문 교수님, 충남대학교(전)의 강상철 교수님, 일본 루오코우대학교 권오정 교수님께 감사드린다. 그리고 항상 학문적으로 지도해 주시고 이끌어 주시는 공주대학교 사범대학의 김병무 전 학장님, 정종호 교수님, 김덕수 교수님, 임경수 교수님,

현승숙 조교님 등께도 감사드린다. 오랫동안 현장 교육에 종사하며 먼 길을 돌아 묵묵히 학문의 길을 가고 있는 필자에게 베풀어 주시는 과분한 격려와 지원에 늘 옷깃을 여미고 감사드린다.

또한 필자에게 항상 학문적·인격적으로 지원과 지도를 해 주시는 한국교원대학교 권낙원 교수님, 공주교육대학교 서재천 교수님, 충남대학교 김두정 교수님, 김언주 교수님, 김정겸 교수님 등께도 심심한 사의를 표하는 바이다.

한편, 필자와 함께 교육과 학문을 하며 동고동락하는 박명배 선생님(서울 자양초), 신현영 선생님(경기 포천초), 오정학 선생님(충남 대천여고), 명재덕 선생님(대전 동대전고), 신현복 선생님(충남 당진정보고), 차성우 선생님(충남 주산산업고), 김명순 선생님(충남 천안 성거초), 김완선 선생님(충남 아산 금곡초), 이종숙 선생님(충남 공주 신관초) 등께도 고마운 인사를 드린다. 친절한 동반자이자 건설적 비판자인 그들과의 영원한 동행은 필자를 더욱 노력하게 하는 '행복 마중물' 같은 원동력이기에 그저 행복하기만 하다.

끝으로 최근 출판 시장의 여러 가지 어려움에도 불구하고 본서를 출판하여 세상에 빛을 보게 해 주신 한국학술정보(주) 채종준 사장님과 문진현·김소영·양은정 님 등에게도 감사를 드린다. 많은 분들의 격려와 성원의 보살핌에 그저 고맙고도 송구스럽다.

모든 분들의 성원과 격려를 마음속 깊이 새기며, 앞으로 더욱 교육과 학문 연구에 매진하려고 다짐한다. 교육과 학문의 길이 멀고도 험하지만, 중단하지 않고 뚜벅뚜벅 열심히 걸어가고자 한다. 많은 분들의 기대에 부응하고자 각고의 노력을 통한 일신우일신(日新又日新)으로 정진하고자 한다.

경인년(庚寅年) 새해 첫날의 첫 햇살을 계룡산에서 서설(瑞雪)과 함께 맞는 아침, 눈 덮인 겨울 산의 아름다움과 상쾌함이 온몸을 감싸고 있다. 올해는 무엇인가 좋은 일이 있을 것 같다는 길조(吉兆)인 것 같아 더욱 마음이 설렌다. 그리고 세상의 모든 것들이 아름답고, 모든 사람들이 사랑스럽다.

2010 경인년(庚寅年) 호랑이해 첫날 아침
계룡산 연천봉에서 서설(瑞雪)을 바라보며
박 은 종

contents | 차례

제  부

◀◀ 수업설계 ▶▶

[Key Point]
 제1부에서는 학교교육과정의 본질적 교육 활동인 수업에 대한 설계에 대해서 학습한다. 수업의 구안과 전개, 그리고 정리 과정 등의 종합적 계획인 수업설계에 대해서 분석적으로 접근한다. 수업설계의 기초적 이론과 수업설계의 모형, 원리, 과정과 실제에 대해서 두루 탐구한다. 아울러, 일선 학교 교실 현장에서 수업을 직접적으로 설계할 수 있는 기초적 소양을 함양한다.

▌제1장▐ 수업과 수업설계

1. 수업(Instruction)

　학교는 교육의 목적을 조직적이고 계획적으로 실현시키기 위해 존재하는 일련의 유기적 조직체이다. 학교교육은 주로 수업에서 교사의 교수 활동으로 이루어지므로 수업의 교수 활동이야말로 학교교육의 가장 기본적이고도 핵심적인 활동이라고 할 수 있다. 교사의 교수 활동과 학생의 학습 활동의 상호작용으로 이루어지는 것이 곧 수업이다(원효헌, 2009: 7). 수업에서의 교사의 교수 활동은 학생의 행동 변화가 바람직한 방향으로, 효과적으로 성취될 수 있도록 교사가 의도적으로 학생을 둘러싸고 있는 상황적 조건을 통제하면서 학생과의 지속적인 상호작용을 하는 과정이다.

　일반적으로 수업이란, 학습이 촉진되도록 학습자에게 영향을 미치는 모든 일련의 의도된 사건들을 말한다. 수업(instruction)은 교수(teaching)보다는 포괄적인 개념으로, 교수가 인간에 의해 가르치는 행위를 말한다면 수업은 교사에 의해 가르쳐지는 행동뿐만 아니라 교재, 그림, 컴퓨터, 음악 등의 조합에 의해 제공되는 모든 경험들을 포괄하고 있다. 수업은 학습이 촉진되도록 학습자에게 영향을 미치는 일련의 종합적 교육 활동이다. 수업은 교육 과정의 핵심적 활동이기도 하다.

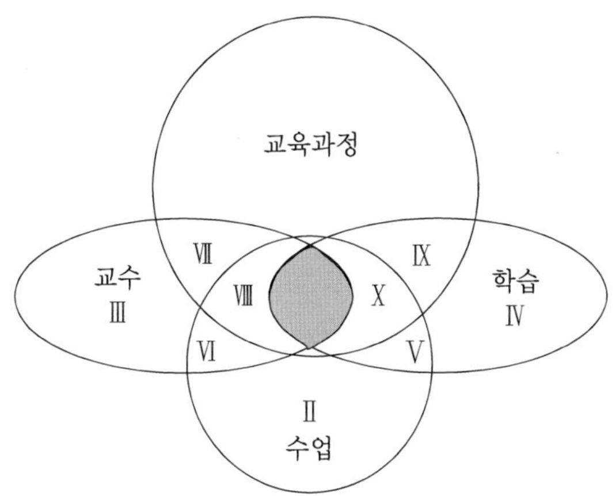

[그림 1] 수업체제 모형

　물론 수업의 주체는 교사이고, 학습의 주체는 학생이다. 수업은 학습 촉진을 목표로 하고 있지만, 학습은 수업을 전제로 하지 않는다. 학습은 학생 중심 활동이다. 학습에 대한 정의는 이론적인 접근에 따라 차이가 다양하게 규정되지만 학습을 인간행동이나 행동을 할 수 있다는 잠재력의 변화로 보는 점에서 의견을 같이하고 있다. 수업과 관련된 또 다른 개념으로 훈련이 있다. 훈련은 수업경험 중에서도 즉각적으로 활용될 수 있는 구체적인 집중적 기술의 습득에 초점을 둔다는 측면에서 수업과 차이가 있다.

수업(instruction)은 일반적으로 교수·학습 과정과 같은 의미로 사용되고 있다. 교수(teaching)와 학습(learning)의 의미는 교수자와 학습자 중 어느 쪽을 강조하느냐에 따라 교수(teaching)는 교수자 활동 측면을, 학습(learning)은 학습자 활동 측면에 중점을 두는 것으로 보는 것이다. 하지만 중요한 점은 교수·학습 과정에서 교수자 활동은 학습자 활동과 유리시켜서 고려할 수 없기 때문에 사실 교수와 학습은 상호작용적인 것으로 보아야 한다. 즉 학생들의 실태는 교사들의 수업설계 기초가 되고, 수업 중의 교사 활동은 학생들의 활동을 촉진시키는 촉매제가 되기 때문에 교수와 학습은 역동적인 상호작용적 활동이라고 할 수 있다. 따라서 수업은 교수와 학습 그리고 창조(creation) 과정을 포함하는 종합적인 활동이라고 가정할 수 있다. 일반적으로 수업은 일선 학교 교실 현장에서 이루어지는 교사와 학생들의 상호작용 과정의 총체적 활동이라고 볼 수 있다(천호성, 2010: 25).

학교에서는 가르치는 일(교수)과 배우는 일(학습)이 함께 중요한 활동이다. 교사의 입장에서는 가르치는 활동이 중요하고, 학생의 입장에서 보면 배우는 활동이 중요하다. 교수·학습 과정에서 목표와 내용이 아무리 훌륭해도 그것이 학습자들에게 전달되어 학습자의 바람직한 행동 변화로 나타나지 않으면 의미가 없는 것이다. 진정한 교수의 목적은 학생들의 학습을 촉진시켜서 학습효과를 고양하는 데 있다. 그러므로 교수와 학습은 이론상으로는 분리할 수 있지만, 실제적으로는 일련의 통합되고 연계된 상호작용적 활동이다.

교수(敎授)는 교수자가 학습자로 하여금 명시된 조건 아래에서 명시된 행동을 나타내게 하거나, 일정한 상황에 대한 반응으로서 그러한 행동을 할 줄 알게 하기 위하여 그의 환경을 의도적으로 조작하는 과정이다. 교수는 학습자의 학습목표 달성을 위하여 사용하는 방법이나 기술 등을 의미하는 것이다. 그러므로 교수는 학습자로 하여금 특정한 조건 또는 일정한 상황에 대한 반응으로써 특정한 행동을 나타내도록 하거나 또는 그 특정한 행동에 참여할 수 있도록 개인을 둘러싼 환경을 계획적으로 조작하는 과정이다.

일반적으로 학습은 경험이나 숙련에 의해서 비교적 영속적인 행동의 변화, 강화를 받은 연습의 결과로 나타나는 자극과 반응의 결합, 상황에 대한 개체의 행동과 행동 잠재력이 변화하는 인지과정과 인지구조의 체계화 등으로 보는 견해가 있다.

2. 수업설계(Instruction design)

수업설계는 흔히 수업자가 진행하는 단원 전개계획, 시간 운영 계획, 발문 계획, 자료 및 매체 활용 계획, 교수·학습 과정안 구안 작성 등 제반 교육 활동을 포함한 광범위한 활동이다. 수업설계는 수업을 구상하고 진행하고자 하는 의도된 계획이다. 수업설계는 학습의 필요, 요구와 목적 등을 성취하기 위한 수업실행 체제를 개발하는 전 과정으로서 수업자료와 수업 활동의 내용 개발은 물론, 수업의 시행과 과정, 그리고 학습성과의 평가 등이 포함된다. 아울러, 수업설계는 교육의 핵심인 수업의 과정을 이해하고 개선하려는 학문 영역으로, 소기의 목표를 성취하기 위하여 최적의 수단을 강구하는 것이다. 수업설계는 학습자의 지식과 기능에 바람직한 변화를 가져오기 위한 적합한 수업방법을 처방하는 데 우선적으로 관심을 가져야 한다.

　수업설계는 수업의 사전 계획성과 과학성을 보다 강화해야 한다는 점, 주어진 어떤 수업목표를 성취시키기 위하여 제공하거나 고려되어야 할 여러 가지 요소를 수업이 실시되기 전에 보다 체계적으로 계획하고 준비해야 하기 때문에 수업설계라고 하는 것이다. 수업설계는 수업전개의 종합적 기획과정이다.

1. 수업설계의 의미

수업설계란 교육에 관련된 요구 및 문제점을 파악하고 이를 토대로 목표에서 내용, 방법, 평가에 이르기까지 교수체제의 전 과정을 계획하고 계발하기 위한 체계적 접근을 의미하며 효율적이고 효과적인 수업을 성취하기 위한 수단으로 사용되고 있다. 딕(Dick, 1987))은 수업설계를 수업을 계획하기 위해 수업이론과 경험적 연구결과를 체계적으로 적용하는 과정이라 정의하였고, 스미스와 라간(Smith & Ragan, 1999)은 수업자료나 활동을 위한 계획 수립을 위해 학습과 수업에 관한 원칙들을 적용하는 체계적 과정이라고 정의하였다. 수업설계는 수업목표 달성에 초점을 둔 체계적인 수업을 계획하는 과정으로 체제적 접근에 의해 수행되어야 하며, 학습자의 요구와 목적의 분석에서 개발된 수업체제의 최종 평가에 이르기까지 일련의 단계를 거치게 된다. 체제 접근을 통한 수업설계의 장점은 요구·목적 및 목표, 그리고 코스의 구조와 계열에 대한 세심한 확인, 최종 목표 분석을 통한 하위 목표의 확인, 적합한 학습조건을 활용하기 위해 각 목표를 분류, 수업사상을 활성화시키기 위한 단위 수업설계, 학습자와 관제의 특성에 적합한 매체의 선정, 학습 과정을 점검하고 수업을 개선하기 위해서 경험적 자료를 활용하는 것 등이 고려되어야 한다(이원희 외, 2010: 454-457).

다시 말하면 수업설계는 수업목표를 학습자들에게 효율적으로 성취시키기 위하여 수행되어야 할 제반 활동과 요소를 계획하는 활동으로 다음 세 가지 질문에 대한 답을 찾는 과정이 수업설계라고 할 수 있는 것이다.

가. 학습자는 무엇을 학습해야 하는가? (수업목표, 수업내용)

나. 학습자는 무엇을 학습해야 하는가에 대한 질문에서 도출된 수업목표를 학습자들이 성취하도록 하기 위해 제공될 학습 활동, 학습전략 그리고 학습자료들은 어떤 것인가? (수업방법)

다. 학습자들이 수업목표를 달성했는지 여부는 어떻게 밝힐 것인가? (수업평가)

2. 수업설계의 필요성

수업설계는 건축을 위한 건물설계도와 같은 것으로 훌륭한 수업을 위해서는 필수적인 요소이다. 수업에서 수업설계가 중요한 이유는 다음과 같이 요약할 수 있다.

첫째, 오늘날 학교의 수업을 통해서 가르치려고 하는 수업목표와 내용이 너무나 많아지고 있기 때문이다.

둘째, 수업에서는 학습자의 개인차를 최대한으로 고려한 수업이 제공되어야 하기 때문이다.

셋째, 날로 다양하게 발전되며 개발되고 있는 자료나 수업매체의 장점을 최대한으로 활용하기 위해서 수업설계는 필요하다.

넷째, 수업에서의 오류나 실패는 쉽게 교정하거나 되돌리기가 어렵다.

다섯째, 수업의 경제성이란 측면에서도 수업은 충분한 계획이 있어야 한다.

수업설계란 수업목표를 학습자들이 효율적으로 달성하기 위해 수행되어야 할 제반 활동과 요소를 계획하는 일을 의미한다. 수업설계가 구체적으로 무엇을 의미하는가에 대해서는 다음 세 가지 질문에 대한 대답을 찾는 과정에서 확인할 수 있다.

첫째, 학습자는 무엇을 학습해야 하는가?

둘째, 첫째의 질문에서 도출된 수업목표를 학습자들이 성취하도록 하기 위해서 제공될 학습 활동, 학습전략 그리고 학습자료는 어떤 것인가?

셋째, 학습자들이 수업목표를 달성했는지 여부는 어떻게 밝힐 것인가?

다음 몇 가지 사례를 통하여 수업설계의 의의와 그 필요성을 유추할 수 있을 것이다.

〈표 1〉 수업설계의 예화 사례

예화(사례)	고려 사항
① '모나코'의 수도는 '모나코'다 －세계 각국의 수도 외우기 그 결과는?	지식 폭발 시대에 필요한 교육은 지식을 구조화하고 탐구하는 능력과 태도를 길러 주는 일
② 그리스 임금의 주문 －피지 임금님의 가장 훌륭한 사람은 누구?	학습자가 수업목표를 분명하게 인식하고 수업에 임하도록 하는 일
③ 나의 책임이 아니다 －최고 학년 학습부진아의 책임은 누구?	선수학습 실태를 확인하고 결손이 있다면 이를 교정·보완해 주고 본시학습에 들어가도록 하는 일
④ 맞벌이 부부 가족 －맞벌이 부부와 전업 주부 중 자녀교육은 누가 더 잘할까?	수업을 위해 소비한 시간의 양과 수업의 효과 －밀도 높은 수업은 경제성의 원리에 부합
⑤ J은행 빌딩에 숨은 이야기 －16층 건물을 다 지은 후에 드러난 하자는 어떻게?	적절한 시기에 평가를 실시하고 피드백하는 일
⑥ 너 그림 참 잘 그렸는데……! －어린 시절에 받은 칭찬의 위대한 힘은?	칭찬하고 성취동기를 부여하는 일
⑦ 방법은 먼 곳에 있지 않다 －한센병을 어떻게 설명할까?	수업 중 시청각 기자재나 자료를 활용하는 일
⑧ 곱셈구구는 5단부터 －학습부진아에게 구구법을 어떻게 가르칠까?	개인의 특성에 맞는 학습과제 수행 방법을 찾아 적용하는 일

결국 수업설계는 수업을 위한 필요조건으로 수업의 전 과정을 통제하면서 궁극적으로 수업의 성패를 좌우한다. 여기에 수업설계 실시의 의의가 있으며, 다음과 같은 이유로 수업설계는 반드시 수행되어야 한다.

첫째, 오늘날 학교 수업을 통해서 가르치려고 하는 수업목표와 내용이 너무나 많아지고 있다. 수업은 학생의 학교 활동의 기본적이고도 핵심적 교육 활동이다.

둘째, 학습자의 개인차를 최대한으로 고려한 수업이 제공되어야 한다.

셋째, 날로 다양하게 개발되고 있는 자료나 수업매체의 장점을 수업에 최대한으로 활용해야 한다.

넷째, 수업에서의 오류나 실패는 쉽게 교정(矯正)하거나 되돌리기가 어렵다.

다섯째, 경제성, 효율성 측면에서 볼 때 수업은 사전에 충분히 계획되어야 한다.

3. 수업설계 접근방법

수업체제를 객관주의와 구성주의 중 어떤 패러다임으로 보느냐에 따라 수업설계 활동에는 많은 차이를 보이게 된다. 객관주의를 배경으로 하는 수업설계는 인식 주체의 외부에 독립적으로 존재하는 지식의 구조를 분석하고 이를 학습자에게 전달할 수 있는 최상의 방법을 찾는 데 목적을 두지만, 구성주의를 배경으로 하는 수업설계는 외부 지식의 전달이 아닌 학습자 스스로 지식을 구성하고, 획득한 지식의 타당성을 검증해 볼 수 있는 학습환경 조성에 초점을 둔다.

수업설계 영역에서 객관주의와 구성주의의 핵심적 입장은 다음과 같다.

첫째, 객관주의 입장에서는 학습자가 구체적으로 무엇을 배울지(수업목표), 어떻게 배울지(수업전략)와 같은 주요 결정은 수업설계자에 의해 이루어지나, 구성주의 입장에서는 지식 구성의 주체인 학습자에게 많은 결정권을 주고 수업설계자는 학습자 스스로 자신의 학습을 구성해 갈 수 있도록 학습환경을 구성해 주는 보조자 역할을 하게 된다.

둘째, 객관주의에 기초한 수업설계의 기본 가정 중 하나는 수업목표를 달성할 수 있는 최상의 방법이 있고, 이를 찾아 계획하는 것이 수업설계의 목적인데, 이러한 최상의 방법에 따라 학습자가 주어진 학습목표를 달성하기 위한 과정 혹은 절차가 제시된다고 본다. 그러나 구성주의에서는 두 가지 점에서 객관주의와 상충된다. 구성주의에 따르면 인식 주체에 따라 지식 구성 방법이 달라질 수 있는데 전체 학습자를 대상으로 사전에 동일하게 처방된 수업전략을 적용할 수 있느냐는 점과 수업이 설계되었을 때와 수업이 전개될 때에는 수업상황이 달라질 수 있으며 수업상황이 갖는 복잡성으로 인해 설계된 대로 목표 달성이 되겠느냐는 점이다. 따라서 구성주의는 상황 독립적인 고정적 수업처방이 아닌 상황 맥락적인 융통성 있는 수업설계를 강조하고 있다.

셋째, 구성주의는 객관주의의 선형적이고 표준화된 수업설계 모형에 대해 비판하고 비선형적이고 비고정적인 수업설계 방안을 제시한다. 수업설계를 할 때, 분석 과정을 통해 얻어진 결과를 바탕으로 설계와 개발을 하는 순차적인 과정을 따라야 한다면 분석이 끝난 후 돌발적 변인들이 발견되었을 때 설계 전체의 과정이 흔들리게 된다는 것이다. 따라서 구성주의적 수업설계 과정은 분석과 설계가 동시에 일어날 수 있으며 언제든지 필요에 따라서는 초기 단계로 돌아갈 수 있는 동시적, 순환적 접근방식을 제안하고 있다. 최근의 수업설계에 관한 많은 연구들은 객관주의에 기초한 과학적 수업설계 이론이 투입되는 시간과 노력에 비해 결과가 미흡하다는 점을 지적하고 있다.

가. 수업설계는 수업 전에 충분히 계획한 수업이 그렇지 않을 때보다 수업의 효과를 높이는 데 더 효과적일 것이라는 가정 때문이다.

나. 수업설계는 설정된 목표와 교육내용, 교육방법, 매체, 평가 간의 유기적 통합을 통해 학습효과를 극대화시킬 수 있는 효과를 낼 수 있기 때문이다.

다. 수업설계는 내용 전문가나 교사의 입장이 아닌 학습자의 입장에서 학습자에게 적합한 수업을 계획하게 해 줌으로써 학습자의 적극적인 수업 참여를 유도하여 궁극적으로 수업의 효과를 높이게 해 줄 수 있기 때문이다.

라. 자료나 수업매체의 장점을 최대한으로 활용하기 위해서이다.

마. 수업에서 오류나 실패는 쉽게 교정하거나 되돌리기가 어려워 최소화하기 위해서이다.

바. 수업의 경제성 측면에서도 충분한 계획이 필요하기 때문이다.

4. 수업설계의 전제조건

가. 수업설계는 개인차를 최대한으로 고려해야 한다. 개인의 독특한 특성에 알맞도록 설계되어야 한다.

나. 수업설계는 단기적인 것과 장기적인 것을 함께 고려하여야 한다. 단기적인 수업설계란 한 수업자가 수업이 이루어지기 전에 한 시간 또는 몇 시간의 수업지도안을 작성하는 일이고, 장기적인 수업설계란 몇 개의 과 또는 단원의 수업을 설계하는 일이다.

다. 수업을 설계하는 일과 수업하는 일은 밀접한 관계는 있지만 서로 분리하여 수행할 때 효과적일 수 있다.

라. 모든 수업설계는 항상 '인간은 어떻게 학습하게 되는가?' 하는 지식 위에서 이루어져야 한다.

마. 수업설계를 하는 과정에서는 경제성의 원칙을 고려해야 한다.

바. 현재까지 밝혀진 교육공학을 최대한으로 이용한다.

사. 수업설계는 가장 효과적이고 바람직한 방향으로 이루어져야 한다.

5. 수업설계의 특성

가. 수업설계는 개개 학습자의 학습을 도와주는 것을 목표로 삼고 있다.

나. 수업설계에는 단기적인 것과 장기적인 것의 양 측면이 있다.

다. 체계적으로 설계된 수업은 개개인의 발달에 크게 영향을 미칠 수 있다는 점이다.

라. 수업설계는 체제적 접근법을 수단으로 하여 수행되어야 하는데, 이 체제 접근법이 가장 좋은 설계방법이기 때문에 가장 역점을 둔다.

마. 설계된 수업은 인간 학습자는 어떻게 학습하는가에 관한 지식에 근거를 둔 것이어야 한다는 것이다.

6. 수업설계의 체계적·체제적 접근

    최근에는 수업설계를 체계적 접근에서 체제적 접근을 해야 한다고 주장하고 있는데 리치(Richey, 1993)는 수업설계에서 체계적이라 함은 설계 활동을 위해 사전에 명세화된 절차를 의미하는 반면 체제적 접근은 학습에 영향을 미칠 수 있는 모든 상황적 변인들은 고려해야 한다는 의미가 있다고 설명하고 있다.

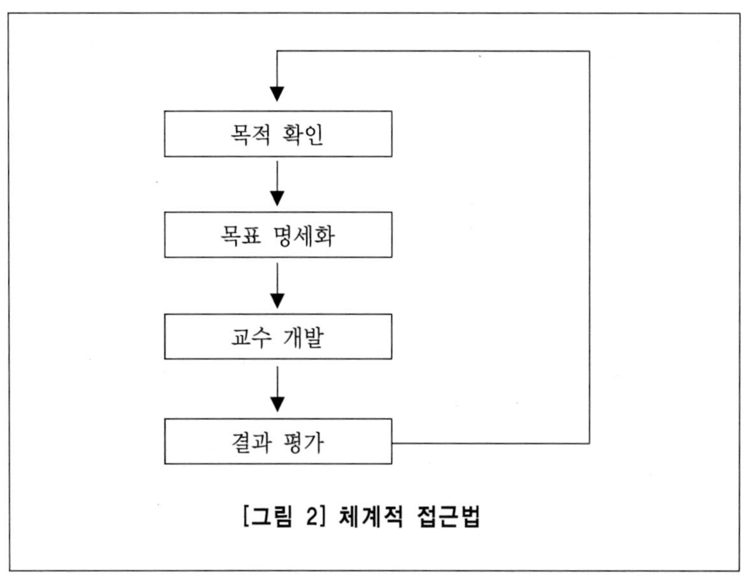

[그림 2] 체계적 접근법

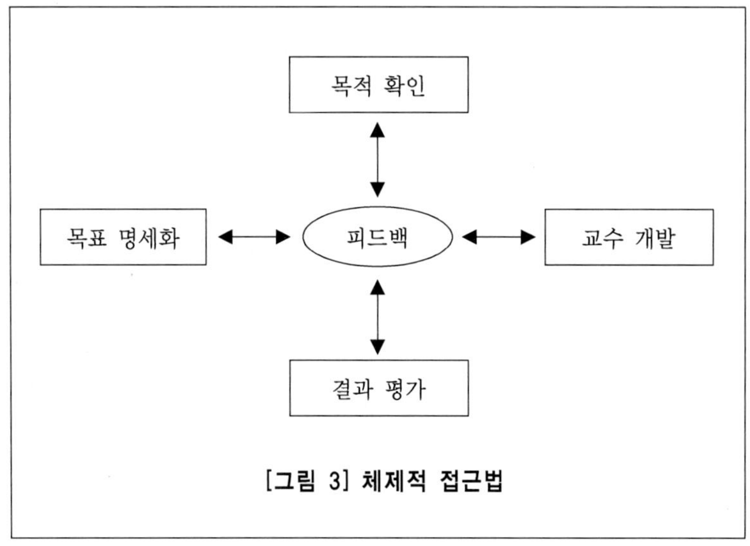

[그림 3] 체제적 접근법

배나시(Banathy, 1996)도 체계적이란 논리적이고 순차적인 단계에 따라 실행되는 일련의 활동을 의미하므로 설계는 창조적이고 반복적인 활동으로 체계적인 접근이 아닌 비선형적이고 비순차적인 성격을 갖고 있는 체제적 접근을 해야 한다고 주장하고 있다.

체계적 접근법이 평면적, 단선적 과정인 데 비하여, 체제적 접근법은 입체적, 종합적 접근이라는 데 차이가 있다. 일반적인 수업은 이 체계적 접근과 체제적 접근을 동시에 고려하여야 한다.

7. 수업체제의 구성요소

가. 목표
수업체제의 목표로서 학습자가 새로이 습득하거나 변화시켜야 할 행동 유목을 말한다.

나. 내용(메시지)
수업체제의 구성요소들에 의하여 전달되는 정보로서 사실, 의미, 자료 및 아이디어를 의미한다.

다. 사람
내용을 전달하거나 전달받기 위해서 활동하는 사람으로서 교사, 학습자, 직원, 보조원, 기술자 등을 포함한다.

라. 자료
기구나 장치에 의하여 전달할 수 있도록 내용을 저장하고 있는 것으로 보통 소프트웨어라고 하며, 기계나 장치에 의하여 활용된다.

마. 기자재 장치
자료에 저장된 내용의 전달체로서 하드웨어라고 한다.

바. 기법 또는 절차
내용의 전달에 동원되는 자료, 장치 및 사람의 활용에 관한 절차, 방법 등을 말한다.

사. 환경
내용을 전달하고 전달받기 위한 활동을 전개하는 물리적 시설이나 상황적 조건을 포함한다.

아. 시간계획
교수·학습 활동을 위해 미리 작성해 놓은 시간 계획을 의미한다.

■제3장■ 수업설계의 모형

1. 수업설계 모형의 개관

수업은 학교교육의 가장 핵심이 되는 활동이다. 또한 수업은 교사와 학생이 함께 참여하여 서로 배우고 가르침으로써 성장하는 교육의 과정이기 때문에 이를 효과적으로 진행시키기 위한 교사의 역할은 매우 중요하다.

교사는 자신의 전문적인 판단에 의해서 수업을 할 수 있으나, 수업의 중요성에 비추어서 교육전문가들의 연구 결과에 의한 일반적인 수업진행 과정의 틀인 수업모형을 참고하여 수업을 진행하는 경우가 많다. 이러한 수업모형은 교육과정을 구성하고 수업의 목표를 제시한다. 그리고 수업자료를 구안하고 수업의 진행 방법과 평가 방법 등을 제시하는 데 사용하는 수업의 계획이다.

그렇지만 매 시간의 수업은 다양한 형태의 창조적인 행위이므로 일정한 기준에 의해서 분류하고 적용하는 것은 매우 어려운 일이다. 이러한 이유로 일정한 수업모형을 따로 취급하기보다는 구체적인 내용이나 방법과 관련하여 언급하는 일이 많다. 그러나 수업모형에 대한 전반적인 고찰은 수업방법의 이해를 크게 도와줄 수 있으며 수업에 임하는 교사에게는 반드시 알아야 할 기본 사항이다.

모든 수업사태에 유용한 수업모형이 있을 수는 없으며 교과와 목표, 과제에 따라 수업의 형태도 달라져야 한다. 이 일을 전문적으로 수행하기 위하여 교사가 다양한 수업모형에 익숙해지고, 숙달된다면 교육목표의 일관성과 체계성을 지키면서도 변화무쌍한 수업현장에 적합한 자기 수업모형을 창출할 수 있게 될 것이다.

수업설계 모형은 교육연구와 이론에서 유출된 원리를 토대로 하여 상호 관련된 일련의 절차를 제공한다. 교수 설계 분야의 연구자들은 다양한 학습결과, 학습자, 환경, 매체를 위해 효과적이고 효율적인 수업을 산출하기 위한 절차를 개발해 왔다. 수업설계 모형은 특정한 학습대상자에게 효과적이고 효율적으로 지식 및 기능을 가르치기 위해 설계된 수업계열이다.

각 교과마다 조금씩은 다르겠지만 각각 수업에 대해 정의를 내리고 있다. 많은 연구에서 수학수업은 "수학적 의미를 나누고 발전시키기 위한 교실환경을 역동적으로 조직하고 통제하는 과정"으로 본다. 한편, 학습내용이나 과제의 성격에 따라 학생들에게 학습되고 이해되어야 하는 각 교과의 의미가 달라진다. 이는 학습과제에 따라 조직되어야 할 수업의 모습도 달라져야 함을 의미한다.

교육학자들은 수업모형을 교수모형과 학습모형으로 구분하고 두 개념은 결국 한곳으로 융합된다고 보았다. 수업설계 모형을 복잡한 수업현상이나 그 특징적 사태를 중심으로 단순화시킨 형태로 정의하고, 수업모형의 기능은 수업사태의 일반을 이해하는 데 도움을 준다고 하였다. 수업모형보다는 수업설계라는 포괄적인 명칭을 사용하고, 학습자들이 학습하거나 연구, 개발하는 데 보다 양질의 조력방법에 관한 분명한 방향 안내를 제공하는 활동이라고 정의하였다.

즉 여러 가지 수업설계 모형에 관한 설명내용을 참고하여 볼 때 "수업설계 모형은 학습자들이 특정 지식과 지식탐구 기능을 자기 주도적으로 학습할 수 있도록 지원할 조력 활동내용을, 수업상황을 중심으로 단순 체계화한 학습·교수 활동의 형태적 틀이다."라고 정의를 내릴 수 있다.

수업은 학교교육의 가장 핵심이 되는 활동이다. 또한 수업은 교사와 학생이 함께 참여하여 서로 배우고 가르침으로써 성장하는 교육의 과정이기 때문에 이를 효과적으로 진행시키기 위한 교사의 역할은 매우 중요한 것이다.

교사는 자신의 전문적인 판단에 의해서 수업을 할 수 있으나, 수업의 중요성에 비추어서 교육전문가들의 연구 결과에 의한 일반적인 수업진행 과정의 틀인 수업모형을 참고하여 수업을 진행하는 경우가 많다. 이러한 수업모형은 교육과정을 구성하고 수업의 목표를 제시한다. 그리고 수업자료를 구안하고 수업의 진행 방법과 평가 방법 등을 제시하는 데 사용하는 수업의 계획이다.

그렇지만 매 시간의 수업은 다양한 형태의 창조적인 행위이므로 일정한 기준에 의해서 분류하고 적용하는 것은 매우 어려운 일이다. 이러한 이유로 일정한 수업모형을 따로 취급하기보다는 구체적인 내용이나 방법과 관련하여 언급하는 일이 많다. 그러나 수업모형에 대한 전반적인 고찰은 수업방법의 이해를 크게 도와줄 수 있으며 수업에 임하는 교사에게는 반드시 알아야 할 기본 사항이다. 유념해야 할 사항은 모든 수업사태에 유용한 수업모형이 있을 수는 없으며 교과와 목표, 과제에 따라 수업의 형태도 달라져야 한다. 이 일을 전문적으로 수행하기 위하여 교사가 다양한 수업모형에 익숙해지고, 숙달된다면 교육목표의 일관성과 체계성을 지키면서도 변화무쌍한 수업현장에 적합한 자기 수업모형을 창출할 수 있게 될 것이다.

2. 수업설계의 모형

1) 수업설계의 일반모형

교수 설계의 범위는 한 시간 수업, 한 학교의 교육 과정, 국가의 교육체계에 이르기까지 다양하게 설정될 수 있다. 그러나 그러한 대상을 하나의 체제로 보고 체계적 접근에 의해 계획해 나가는 교수 설계 모형은 분석, 설계, 개발, 실행과 평가 기본적인 다섯 과정들을 포함한다.

[그림 4] 수업설계의 일반모형

가. 분석(analysis)
(1) 수업설계의 첫 단계는 학습과 관련된 요인들을 분석(analysis)하는 것으로 요구분석, 학습분석, 환경분석과 과제분석 등이 이에 포함된다.
(2) 요구란 어떤 바람직한 상태와 현재 상태 간의 차이를 말한다. 교육적인 요구는 학습자들이 의

도하는 지식, 기술, 태도 등을 가지고 있지 않기 때문에 이러한 차이를 극복하기 위해 발생한다.

(3) 학습자 분석은 학습자의 특성을 파악하는 것이다. 학습자의 지적 특성으로는 지능, 적성, 선수학습능력 등을 들 수 있으며, 정의적 특성은 동기, 자아개념, 불안, 태도 등을 말한다. 그 밖에 학습자의 사회 문화적 배경, 학습양식 등을 들 수 있다.

(4) 환경분석은 설계 과정에서 영향을 미치는 제반 환경과 교수의 목적을 달성하기 위해 필요한 학습환경에 대한 분석을 의미한다. 설계 과정에서 영향을 미치는 환경으로는 수업설계 과정에 참여할 인적 자원, 교수 설계 과정에서 요구되는 기자재, 시설, 경비 등의 물적 자원, 개발 기간 등을 말한다. 교수의 목적을 달성하기 위해 필요한 학습환경은 교실, 도서실, 실험실 등 교수-학습이 일어나는 공간과 교수매체 등을 포함한다.

(5) 과제분석은 교육의 목적을 성공적으로 수행하기 위해 필요한 지식, 기능, 태도 등을 파악하고 이들 간의 계열성(배열)을 밝히는 것이다.

나. 설계(design)

분석의 결과로 밝혀진 정보들을 토대로 구체적인 명세서를 작성해야 한다. 설계(design)단계에서는 목표를 명세화하고, 평가도구를 개발하고, 수업전략 및 수업매체를 선정한다.

다. 개발(development)

설계단계에서 작성된 명세서에 의해서 실제로 사용할 교수 프로그램이나 수업에 사용할 교수자료를 제작한다. 먼저 교수 프로그램이나 교수자료의 초안을 만들고 교과전문가와 학습대상자를 대상으로 초안에 대한 형성평가를 실시한다. 형성평가를 통해 수집된 정보를 바탕으로 교수 프로그램이나 교수자료를 수정하여 실제 교육 현장에 활용될 최종산물을 개발한다.

라. 실행(implementation)

실행단계에서는 개발된 교수 프로그램이나 교수자료를 실제 교육 현장에서 활용하고 관리한다. 이때 의도한 목적을 달성하기 위해서 교수 프로그램이나 교수자료의 실행에 필요한 지원체제를 갖추는 것이 중요하다.

마. 평가(evaluation)

평가단계에서는 교육 프로그램이나 교수자료의 효과성과 효율성을 측정하기 위해서 총괄평가를 실시한다. 개발단계에서 교수 프로그램의 질을 개선시키기 위해서 실시되는 형성평가와 달리 총괄평가는 개발된 교수 프로그램의 선택에 관련된 사항을 결정하기 위해서 실시된다.

〈표 2〉 수업실행의 교수전략

학습목표	주요 교수전략	
① 주의집중	· 활자 크기 조절 · 소리 크기 조절 · 색다른 경험제공 · 학습자의 눈을 보기	· 목소리 크기 조절 · 친숙한 음악의 사용 · 색의 사용 · 학습자와 가까이하기
② 동기유발	· 내용의 제시 일정 · 외재적 보상에 대한 약속 · 도전과 경쟁심 유발 · 실생활과 관련짓기	· 내재적인 가치의 언급 · 시험에 대한 예고 · 자부심의 자극과 격려 · 동료들과 그룹 짓기
③ 선행조직	· 사전검사 · 내용에 대한 요약이나 개관 · 선수학습회상 · 내용에 관한 어의적인 도표	· 예습 · 목표 진술 · 브레인스토밍
④ 이 해	· 내용의 타당도 · 제목 · 원리 · 데이터 수집과 분석 · 모델링 · 질문과 응답 · 정보적인 피드백	· 내용의 조직 · 단서나 예제 · 제안 · 수업속도 · 설명 · 시험 · 사전지식과 연관 짓기
⑤ 숙달(熟達)	· 반복과 지시적인 연습 · 재택시험 · 아이디어의 촉진	· 리포트 작성 · 문제해결활동 · 발표
⑥ 전이(轉移)	· 일반화 적용시키기 · 실생활과 연결된 상황학습	· 견학과 시뮬레이션 · 실제문제 해결하기
⑦ 창 의 력	· 지시적인 발견학습 · 상호작용적인 멀티미디어 · 상호작용적인 의사소통 · 가상현실의 탐구	· 독립적인 프로젝트 · 문제해결에 대한 도전 · 사이페이스의 여행

2) 딕과 캐리(Dick & Carey)의 모형

딕과 캐리의 모형은 초보자나 경험이 적은 교수 설계자가 유용하게 사용할 수 있도록 수업설계 과정을 단계적으로 설명한다. 이 모형은 초보자가 교수 설계를 하도록 훈련시키기 위해 만들어졌기 때문에 시작단계부터 차례차례 모형을 통해서 순서적인 방식으로 교수 설계방법을 학습할 수 있도록 권장하고 있다.

가. 분석단계

(1) 요구분석: 학생의 입장에서 진술하되, 주제영역이 분명하고 구체적이어야 한다.

(2) 학습자 및 환경분석: 이미 습득하고 있는 관련지식과 기능의 범위와 내용 등

(3) 교수분석(상황 맥락분석, 내용분석)

(가) 지적 기능: 학습자에게 인지적 활동을 요구

(나) 운동기능: 정신적 계획대로 신체적 동작으로 옮김

(다) 언어적 정보: '말한다', '열거한다', '기술한다'

(라) 태도: 어떤 행동을 선택하는 것을 진술한 목표

나. 설계 및 개발

(1) 수행목표의 진술

(2) 평가도구 제작(설계)

(3) 수업(교수)전략 개발

(4) 수업(교수) 및 자료(매체) 개발

다. 평가

(1) 형성평가: 일대일 평가, 소집단 평가, 현장 평가, 외부 전문가 평가

(2) 프로그램 수정

(3) 총괄평가(평가 설계 및 수정)

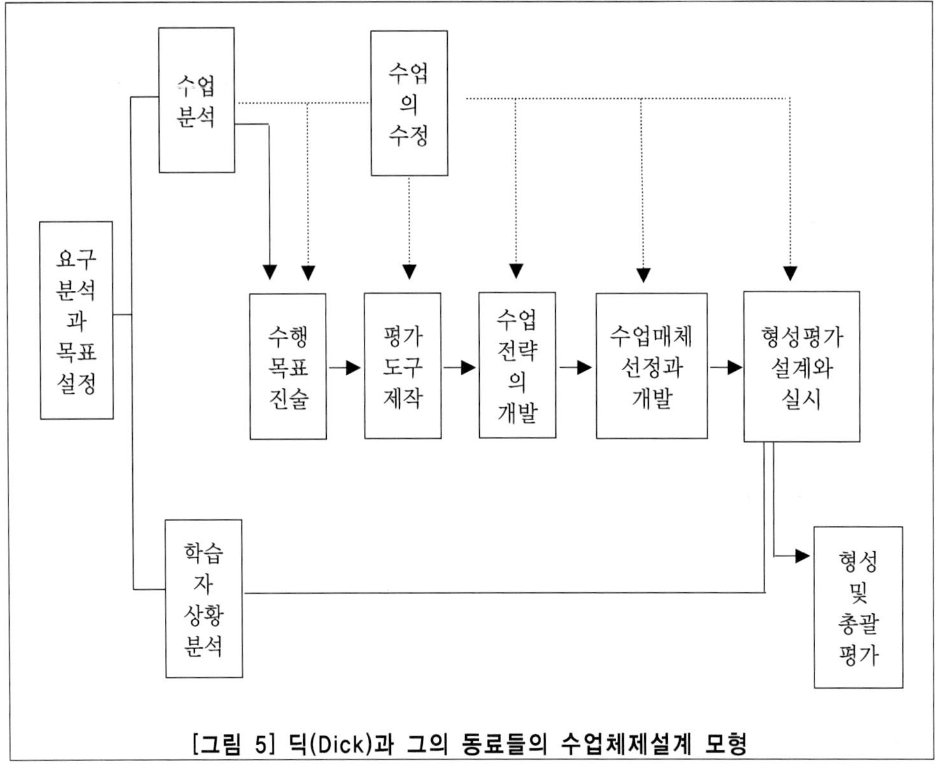

[그림 5] 딕(Dick)과 그의 동료들의 수업체제설계 모형

3) 스미스와 라간(Smith & Ragan)의 모형

스미스와 라간(Smith & Ragan, 1993)은 수업설계 모형을 크게 분석, 전략개발, 평가 세단계로 나누어 설명하고 있는데 수업설계자의 상황에 따라 각 절차를 수정 보완하여 사용할 수 있는 융통성을 부여하고 있다. 이 모형의 특징은 각 단계의 하위단계들은 순서대로 일어나는 것이 아니라 동시에 발생한다고 하는 것이다.

가. 분석단계에는 학습환경분석, 학습자 분석, 학습과제분석과 평가문항의 개발단계를 포함한다.

나. 전략개발단계에는 수업전략을 개발하는 단계로 조직적 전략, 수업전달 전략, 경영 전략을 결정하게 된다.

다. 평가단계에서는 형성평가와 총괄평가가 이루어진다.

4) 겔라크와 일리의 모형

이 모형은 수업을 위한 체제적 모형의 요소를 수업목표의 세분화, 수업목표에 따른 지도내용의 선정, 선수학습능력의 측정(진단), 수업목표에 따른 지도내용의 선정, 활동자의 학습집단 조직, 수업시간의 분배와 계획, 학습자들이 학습하게 될 학습장의 분배, 적합한 학습자료의 선정, 학습자의 학습성취도와 교사의 수업방법에 관한 평가, 평가결과의 분석과 수업설계를 위한 재투입 등 열 가지로 나누고 있다.

5) 가네(Gagne)의 모형

가네(Gagne)는 다양한 교과목 또는 학습과제 간에 존재하는 수업방법상의 공통점을 찾고자 하는 시도로, 각 과제를 학습하는 데 요구되는 학습조건에 따른 목표별 수업설계 모형을 제안하였다. 목표별 수업설계 모형의 핵심은 수업을 통해서 성취하고자 하는 목표를 먼저 설정한 다음, 각 목표에 적합한 수업전략을 처방하는 데 있다.

가네의 목표별 수업설계 모형은 모든 교과의 목표 영역은 언어정보, 지적 기능, 인지전략, 태도, 운동기능 등 5대 영역으로 구성된다. 지적 기능은 다섯 가지 하위 영역(변별, 구체적 개념, 정의된 개념, 원리, 문제 해결)으로 구성된다. 블룸(Bloom)의 교육목표 분류체계와 비교할 때, 언어정보와 지적 기능, 인지전략은 인지적 영역에 해당되고, 태도는 정의적 영역에 해당되며, 운동 기능은 심동적 영역과 관련이 깊다. 가네의 9단계 수업사상과 5대 학습성과의 영역별 학습조건은 <표 3>과 같다.

〈표 3〉 수업설계 모형 수업사상과 학습성과 영역

수업사상	학습 성과 영역				
	지적 기능	인지 전략	언어정보	태도	운동기능
1. 주의 포착	감각 양식의 변화를 포함하여 자극을 다양하게 변화				
2. 목표 통지	기대하는 성취수행을 기술하고 예를 제시	기대하는 해결안의 일반적 속성을 명료화	답해야 할 언어정보의 종류를 지적	의도하는 유형의 행동 선택의 사례를 제시	기대하는 성취 수행의 시범을 제공
3. 선행학습 상기 자극	선행요건이 되는 하위개념과 원리의 상기를 자극	인지 전략 및 관련 지적 기능의 상기를 자극	조직된 정보의 맥락을 상기하도록 자극	관련정보와 기능 및 동일시되는 인간 모델의 상기를 자극	실행의 하위 절차와 부분 기능의 상기를 자극
4. 학습자료 제시	개념 또는 원리의 예를 제시	신기하고 참신한 새로운 문제 제시	정보를 명제의 형태로 제시	인간 모델을 제시하고, 개인적 행위의 선택을 실증	도구 또는 실행을 포함한 외적 자극 제공
5. 학습안내 지도	문제해결을 돕는 언어적 단서 제공	새로운 해결안에 대한 힌트, 단서 제시	보다 넓은 유의미 맥락에 대한 언어적 관련성 제공	모델의 선택 행동과 모델에 의해 받는 강화를 관찰	수행 행동의 성취에 대한 피드백과 함께 연습의 기회 제공
6. 성취수행 유발	학습자에게 새로운 예를 제시하고, 원리 또는 개념을 적용하도록 요구	학습자에게 문제해결에 대한 해결안 요구	학습자에게 정보를 부연설명하거나 자신의 말로 진술하도록 요구	학습자에게 실제 또는 모의된 상황에서의 행동 선택을 요구	학습자에게 성취 수행의 실행을 요구
7. 피드백 제공	원리 또는 개념 적용의 정확성 여부를 확인	문제해결의 독창성 여부를 확인	진술된 정보의 정확성 여부를 확인	선택된 행동에 대해 직접 또는 대리석인 강화 제공	성취 수행의 정확성과 타이밍 정도에 대한 피드백 제공
8. 성취수행 평가	학습자에게 개념이나 원리의 적용 여부를 실증하도록 요구	학습자에게 새로운 해결안을 창안하도록 요구	학습자에게 정보를 부연설명 형태로 재진술하도록 요구	실제 또는 모의상황에서 개인적으로 바람직한 행동 선택을 요구	학습자에게 전체 기능의 성취 수행을 요구
9. 파지 및 전이 고양	다양한 예를 포함한 분산 복습 기회 제공	다양하고 참신한 문제해결 기회 제공	부가적으로 복잡한 정보에 대한 언어적 관련성 제공	대안적 행동 선택에 대한 다양한 상황 제공	학습자에게 지속적인 연습 기회 제공

6) 켈러(Keller)의 모형: ARCS 모형

켈러는 학습동기(學習動機)를 행동의 강도와 방향을 결정짓는 핵심 요인으로 보고, 수업의 효과를 극대화하기 위해서는 학습동기에 관한 체계적인 접근방법이 필요하다고 보고, 학습동기와 관련된 주요 변인으로 주의집중(Attention), 관련성(revelance), 자신감(Confidence), 만족감(Satisfaction) 등 네 가지를 들고 있다.

주의집중은 학습자의 주의와 호기심이 유발되는지, 유발된 호기심이 시간이 경과해도 지속되는지의 여부를 말한다. 호기심이 강한 학습자는 자신의 주변 환경을 면밀하게 검토하며 새롭고 낯설거나 신기한 요소들을 추구하거나 이에 적극적으로 반응한다.

　관련성은 왜 이것을 학습해야 하는가에 관한 문제로 수업을 학습자의 요구와 동기에 결부시키는 것이다. 호기심이 유발되었다고 하더라도 학습내용이 아무런 가치가 없다고 느껴지면 동기는 소멸된다.

　자신감은 학습자가 성공에 대한 적극적인 기대를 갖도록 하는 것이다. 기대되는 목표를 분명히 하고, 가능한 성취의 사례를 제공함으로써 자신감을 형성할 수 있다.

　만족감은 자신의 학습경험과 성취에 대한 긍정적인 느낌이다. 주어진 과제를 바람직하게 성취했을 경우 자기 효능감이 강화된다.

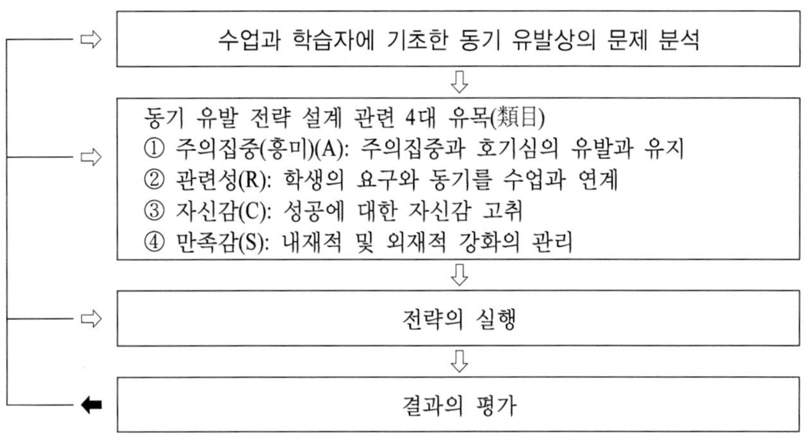

[그림 6] Keller의 ARCS 모형

7) 유의미 설명 수업모형

　오수벨(Ausubel)의 수업이론에 근거한 모형으로 유의미한 학습과제를 중요시하며, 학습이 의미 있는 것이 되기 위해서는 새로운 학습내용 또는 지식이 학습자의 인지구조에 정착되어 학습자에게 새로운 심리적 의미를 주어야 하는 것이다. 선행조직자를 활용하여 도입하고, 본시에서는 학습자료의 논리적 순서를 제시하며 이로부터 앞에서 배운 내용과 본시의 내용이 통합조정이 된다. 또한, 교사는 지금까지 배운 사실, 개념들 간의 유사점과 차이점을 찾고 개념 간의 불일치점을 파악하여 이들 사이의 의미 있는 연결을 설명한다. 특히 수업 초기에 선행조직자는 학습자가 그전에 배운 학습내용을 기억하고 회상하는 데 도움을 준다.

---

* 수업 절차
단계 1(도입): 선행조직자 예시
단계 2(전개): 학습자료 및 내용제시
단계 3(정리): 인지구조의 명료화 및 발전

---

8) 귀납적 수업모형(발견적 수업모형)

수학과와 과학과 등에서 자주 사용하며 발견학습에서 자주 쓰이는 모형으로 구체적인 관찰이나 관계탐색으로부터 일반적인 원리를 찾고자 하는 목적을 가지며 탐구과정으로 이끌어 갈 때 본래의 의도가 살아날 수 있다.

* 수업 절차
단계 1: 문제설정, 탐색자료 제시
단계 2: 귀납적 관계탐색, 추론
단계 3: 결과예측 또는 가설설정
단계 4: 일반화
단계 5: 증명, 활용 및 평가

9) 놀이 수업모형

딘즈(Dienes)는 학생의 내적 동기에 근거한 학습, 수학적 상황에서 놀이로 조직된 수학 학습, 수학적 구조의 구성 및 그 응용학습을 통해서 통합적 인격 형성에 기여하는 학습을 주장하며, 효과적인 개념 학습의 원리로 네 가지, 즉 역동적 원리, 구성의 원리, 수학적 다양성의 원리, 지각적 다양성의 원리를 제시하고 있다. 더불어, 이 원리에 의하여 수학적 개념의 학습지도를 위한 단계를 다음과 같이 제안하고 있다.

* 수업 절차
단계 1: 자유놀이 – 구조화되어 있지 않은 조작, 실험 등 많은 구체적인 자료를 자유롭게 대하는 단계
단계 2: 게임 – 놀이 가운데 규칙성을 직관적으로 찾는 단계
단계 3: 공통성 탐구 – 게임단계에서 느껴지는 규칙성을 보다 명확히 하는 단계
단계 4: 표현 – 발견된 공통성을 적절한 표현방법(그림, 언어, 예 등)으로 나타내는 단계
단계 5: 기호화 – 의사소통을 위해 공통적으로 사용하는 기호를 도입하는 단계
단계 6: 형식화 – 구조의 성질을 조사하여 체계화하는 단계

10) 수학화 수업모형

프로이덴탈(Foreudental)은 실행되는 수학의 주요한 수학적 활동을 '수학화'로 보고 있다. 수학화란 수학적 수단에 의해 현상을 정리하고 조직하는 활동을 의미하며, 이에 따른 수학 학습·지도의 원리로서 안내된 재발명과 교사의 사고실험, 역사 발생적 원리, 현실과의 관련성이 적재된 문맥수학, 학습과정의 수준상승 이론, 심상(mental objects)의 구성, 전형적인 보기를 통한 개념지도 등을 제시하고 있다. 이 모형은 프로이덴탈이 주장하는 학습의 발생주의와 활동주의 입장에 기초한 탐구수업의 일

종이며, 수학화의 과정을 수업모형으로 만든 것이다.

* 수업 절차
단계 1: 수학화 소재 제시
단계 2: 수학화 1(그림, 조작)
단계 3: 수학화 2(상징, 기호)
단계 4: 활용

11) 구성주의 수업모형

구성주의에서의 학습은 학생이 지식을 외부로부터 수용하여 습득하는 것이 아니라, 활발한 활동을 통해 내적 인지구조를 재구조화함으로써 학생 스스로 구성해 간다는 관점이다. 여기서, 학생의 자주적 구성은 '교사의 안내에 의한 자주적 구성'을 의미한다. 또한, 구성적 과정이 학교나 교실의 훈련을 넘어 발생하고 전이하기 위해서는 학습이 실세계의 상황(또는 맥락)을 반영하는 활동을 내포해야 한다고 본다. 이와 같은 수업은 수업설계에 중요한 점을 제공한다.

첫째, 정착점이 실제적 과제와 목적을 강조한다. 실제적 과제는 자료와 문제 상황 모두에서의 실제성을 가져야 한다. 둘째는 학생들이 해결할 문제를 설정하고, 그 이야기 상황 내에서 관련된 정보를 찾도록 요구하며, 학생 스스로 중요한 자료와 그렇지 않은 자료를 구별하여 다양한 해결책을 점검·수정한다. 마지막으로, 다양한 관점에서 복잡한 문제들을 탐구할 수 있어야 한다. 이때, 상황의 정착점은 "학습자와 교사가 지속적인 탐구를 할 수 있게 하고, 다양한 문제와 다양한 영역의 전문가들이 직면하는 기회, 그런 전문가들이 도구로 사용하는 지식을 이해할 수 있게 하는" 환경을 만든다. 이에 따른 수업절차는 다음과 같다.

* 수업 절차
단계 1: 구성을 위한 상황 또는 소재 제시
단계 2: 개별 활동, 소집단 활동
단계 3: 자료 정리
단계 4: 과제 해결

12) 상황인지 수업모형

　상황학습은 구성주의 교육철학에 바탕을 둔 교수학습이론으로, 지식과 기능, 경험 간의 연결을 촉진하는 매개체로서 맥락의 중요성을 강조한다. 로소프는 맥락을 "행동의 목적과 행동이 내재된 사회적 환경과 물리적 개념구조"로 보았다. 실제로 학교에서는 지극히 정교하게 가공된 학습환경에만 학생들을 참여시키지만 실생활에서의 경험은 그러한 상징적 지식을 중요하게 생각하지 않는다. 따라서 상황학습에서는 학습자들이 변화를 발견하고, 환경을 분석하며, 행동함으로써 그들 스스로 가치 있고 불변적인 개념을 발견해 낸다. 이때, 교사는 개별학습자들의 차이(신념, 목표, 가치관 등)를 고려하며, 각 학습자의 지각－행동 상호작용을 끊임없이 살펴보고 그 상황 속에서 작용하는 학습자들의 협동 활동이 조화롭게 이루어질 수 있도록 도와주어야 한다. 상황학습을 잘 구현하기 위해서 교수설계자는 다음의 네 가지를 고려하여 적절한 교수 설계를 수행해야 한다고 한다.

　1) 학생들이 학습하기 원하는 지식을 얻을 수 있는 상황이나 상황환경을 선택해야 하는 것으로 학습자에게 복잡하고 실제적인 문제를 포함한 다양한 상황을 제공해야 한다.
　2) 초보 학습자에게는 발판(scaffolding)을 제공해야 한다.
　3) 개별 학습자들 또는 그룹학습자들이 서로 협동적으로 상호작용할 수 있게 해야 한다.
　4) 상황학습에서의 평가는 학습, 지각, 문제해결 과정에 초점을 맞추어야 한다.

<table>
<tr><td>

* 수업 절차
단계 1: 상·하 문제 상황 설정 및 인증된 과제의 선정
단계 2: 개념의 발판 설정
단계 3: 문제해결을 위한 개념과 법칙준비 Ⅰ
단계 4: 문제해결을 위한 개념과 법칙준비 Ⅱ
단계 5: 문제해결을 위한 개념과 법칙준비 Ⅲ
단계 6: 초기 문제의 해결
단계 7: 유사 문제의 설정

</td></tr>
</table>

13) 프로젝트 수업모형

　이 수업모형은 학생들이 독립적인 사고자 및 창조적인 학생으로서의 역할과 행동을 강조한다. 학생들이 자신을 둘러싸고 있는 세계를 이해할 뿐만 아니라 동료들과 의사소통할 환경을 조성해 간다. 이를 위한 방법으로 의사소통기술, 즉 경청하기, 질문하기, 유용한 비판 등을 훈련받는다. 이러한 분위기 조성은 프로젝트 수업을 성공적으로 이끌기 위한 기초이다.

* 수업 절차
단계 1: 소집단 주제 정하기
단계 2: 소토픽(sub topic) 선정 및 준비
단계 3: 소재 발표하기
단계 4: 팀 발표 준비 및 발표
단계 5: 반성 및 평가

3. 수업설계 모형의 공통점

수업설계 모형들을 고찰해 볼 때 공통점은 다음과 같다.

가. 수업설계를 위해서는 무엇보다도 먼저 수업목표를 명료하게 규정해야 한다.

나. 수업설계에서는 반드시 학습자의 선수학습능력을 정확하게 진단해야 하며 그 진단결과에 따른 처방을 계획해야 한다.

다. 수업의 활동이나 수업매체의 선정은 반드시 수업목표를 우선적으로 생각하여 결정한다.

라. 수업설계의 효율성을 평가하거나 학습자의 수업목표에 대한 성취도를 평가할 때는 목표기준의 평가, 즉 절대기준평가의 아이디어를 이용한다.

마. 설계된 것은 현장학습에서 시행을 거치고 수정할 부분을 수정한 후에 정상적인 학급에 활용한다.

▌제4장▐ 수업설계의 원리

1. 수업설계의 일반 원리

가. 수업설계의 목표 및 필요조건은 설계 과정이 이루어지기 전에 명시되어야 한다. 설계자는 이 체제가 성취하려는 것이 무엇이고 필요조건과 제한점이 무엇인지 분석한 후에 실제적인 설계를 한다.

나. 수업설계 과정은 점진적으로 수정을 한다. 설계자는 설계 과정의 모든 단계에서 목표가 성취되었나를 수시로 점검하면서 필요하면 재설계한다.

다. 수업설계 과정은 반복적이고 상호작용적이다. 교수·학습 체제는 여러 구성요소들로 이루어진 복합적인 조직체이고 이 체제를 구성하고 있는 각 요소들은 상호작용적인 관계에 있다. 설계자는 수업설계를 실행하면서 계속적으로 평가하고 목표와 각 단계를 수정하는 과정을 반복한다.

라. 수업체제는 모든 구성요소들이 그 목표를 성취하는 데 있어서 상호보완적인 관계가 있을 때 가장 효율적으로 작용한다.

마. 교수체제는 이 체제가 속해 있는 상위체제와 잘 조화되어 작용되도록 설계해야 한다. 교수체제의 목표는 상위체제의 목표를 달성할 수 있도록 설계되어야 하고, 따라서 단기적인 수업설계는 장기적인 수업설계의 목표를 달성할 수 있도록 상위체제의 목표를 고려해서 조화를 이루어 설계되어야 한다(Gagne& Briggs, 1997).

바. 어떤 체제의 구성요소나 절차도 다른 구성요소나 절차에 영향을 미치지 않고는 수정될 수 없다.

사. 수업설계의 원리는 단선적·직선적 접근이 아니라, 쌍방적·입체적·통합적 접근을 하여야 한다.

<표 4> 수업설계 시 고려할 학습내용 변인

1차 변인	2차 변인	3차 변인
학습과제 유형	① 인지적 영역 ② 정의적 영역 ③ 운동 기능적 영역	① 언어적 정보, 지적 기능 ② 가치, 신념, 태도, 정서 ③ 종합적 운동 기능, 부분적 운동 기능 　　비연속적 운동 기능, 연속적 운동 기능
정신적 활용 유형	① 주의 집중 ② 파지 ③ 전이	① 강조하기, 기대하기, 재강화와 안내 ② 조직하기 기억을 위한 예행연습 적용을 위한 상기 ③ 횡적 전이, 수직적 전이 　　문제해결이나 창의적 사고 학습에의 전이
교과영역	① 기초 기능 ② 문화적 영역 ③ 직업적, 전문적 영역 ④ 개인적 관심 영역	① 계산 기능, 비판적 사고 기능읽기, 말하기, 듣기, 쓰기 기능 ② 생물학, 인류학, 수학, 물리학, 사회학 등 ③ 대인관계 기술, 지도성 발휘 기술 　　지식 생산 능력, 기계적 기능 ④ 부업이나 취미 사항, 대인간 관계자조적 관심

〈표 5〉 수업설계 시 고려할 수업방법 변인

1차 변인	2차 변인	3차 변인
수업 영역	① 거시적 영역 ② 미시적 영역	① 수업프로그램, 교과 과정, 수업 단위 ② 단위시간별 수업, 단위시간별 수업목표
수업 전략	① 수업매체 ② 수업의 과정	① 멀티미디어, 실물, 컴퓨터, 보드, 자원인사 등 ② 대단위, 집단, 개별, 작업을 통한 수업

수업내용의
제시 방법
	① 수업 기법
	
	② 수업방식
		① 주의 집중 방법, 반응 유도 방법, 재강화 방법, 흥미
		  유지 방법, 파지시키기, 발문, 수업 성취도의 사정
		② 학습자를 통제한 수업
		  상호 작용적, 일반적 수업
		  설명식 수업, 발견식 수업

수업의 계열화	① 학습내용의 제시 순서 ② 학습내용의 제시 계획	① 순환적 제시 ② 학습내용의 위계별 제시 ③ 학습내용의 단계별 제시 ① 학습내용의 난이도에 따른 제시 계획 ② 대강화 유형에 따른 제시 계획

2. 수업설계의 관점과 인식

　수업설계를 보는 관점은 전통적인 객관주의적 관점과 현대적인 구성주의적 관점으로 나눌 수 있다. 객관주의는 진리와 지식을 활용하는 개인의 의지와 관계없이 독립적인 고정된 실체로 보고, 모든 상황에 적용할 수 있는 보편타당한 진리와 지식의 추구를 최종 목표로 설정해 두고 있다. 행동주의와 인지주의 수업설계는 이 객관주의에 바탕을 두고 있는 것이다.

　구성주의는 지식의 수용이 아닌 지식의 구성에 관한 이론이다. 구성주의는 개인의 인지작용과 사회적 상호작용을 통해서 지식을 구성한다는 상대주의적 인식론에 바탕을 둔 이론이다. 수업설계에서 구성주의의 기본 가정은, 지식은 경험을 통해서 구성되며, 학습은 능동적 구성 과정으로 자신의 경험에 근거하여 개발한다는 데 있다. 이러한 기본 가정은 당연히 수업원리와 연계되어야 한다. 일반적으로 구성주의의 수업설계 원리를 정리하면 다음과 같다.

　가. 학습자, 학습과제, 환경 등과 같은 수업요소 모두를 고려해 전체적, 체제적으로 접근해야 한다.

　나. 요구분석 시 실제 수행상황에 기초하여 실시하여야 한다.

　다. 문제해결능력의 형성과 의미의 형성에 최상의 학습목표 우선권을 부여한다.

　라. 학습내용을 다양한 방법으로 규정한다.

　마. 수업자가 사전에 주어진 전략에 얽매이기보다는 상황에 따라 순간순간에 맞는 수업전략을 사용할 수 있도록 허용한다.

　바. 매체선택은 설계 과정 초기에 결정하고 다양한 매체를 사용하여 하나의 학습내용을 다양한 방법으로 표상하고 다양한 경험을 할 수 있도록 한다.

　사. 평가를 독립된 기능이 아닌 교수 활동의 하나로 통합하여 사용한다.

〈표 6〉 수업설계의 객관주의와 구성주의 특징

구분	객관주의(합리론적) 모형	구성주의(해석학적) 모형
설계 과정	순차적, 선형적	순환적, 비선형적
계획	하향식, 체계적	유기적, 개발적, 반성적, 상보적
목표	개발 과정 안내	설계와 개발 과정에서 도출
전문가	수업설계 활동에서 중요한 역할	일반적인 의미의 수업설계 전문가 존재하지 않음
강조점	하위 기능들을 신중하게 계열화하여 교수하는 것이 중요	유의미한 맥락에서의 학습을 강조
설계의 목적	사전에 선정된 지식의 전달	유의미한 맥락에서의 개인적 이해
평가	총괄평가 중요	형성평가가 중요
자료	객관적 자료가 중요	주관적 자료가 가치로움

3. 수업모형 구안의 원리

가. 수업목표의 명확한 제시

(1) 학습자가 학습목표를 명확하게 인지하면 학습은 촉진된다.

(2) 학습자가 학습목표를 획득하는 절차를 이해하면 학습은 촉진된다.

(3) 학습이 완료되었을 때 기대되는 결과나 모범작품을 관찰하면 촉진된다.

나. 학습동기 유발

(1) 학습자가 학습과제에 주의집중을 하게 되면 수업진행이 용이해진다.

(2) 학습자가 수업목표의 가치를 인식하면 학습동기는 높아진다.

(3) 학습자가 학습목표 달성에 자신감을 가지면 학습동기가 높아진다.

(4) 학습자가 학습과정 중에 성공적인 경험을 하면 학습동기가 강화된다.

(5) 학습자가 학습과제에 호기심과 흥미를 갖게 되면 학습동기가 높아진다.

다. 학습결손 발견과 처치

(1) 학습자가 선수학습요소를 충분히 학습하였을 때 학습목표 달성이 용이하다.

(2) 학습자가 선수학습능력에 따라 자신의 결손을 명확히 알 수 있을 때 보충학습은 효율적이다.

(3) 학습자의 선수학습능력 결손 부분에 적합한 보완학습의 자료나 보충학습을 마련하면 효율적이다.

라. 학습내용의 제시

(1) 학습자의 학습능력 수준에 맞게 학습 활동을 개별화시켜 주면 학습목표의 달성은 촉진된다.

(2) 학습자가 학습 활동에 능동적으로 참여하게 되면 그 학습자의 학습은 촉진된다.

(3) 수업목표의 유형에 따라 적절한 수업사태를 마련하여 주면 학습은 효율적으로 이루어진다.

(4) 다양한 학습양식에 적합한 수업매체를 선택하고 이를 활용하면 학습은 효과적으로 이루어진다.

(5) 수업목표의 하위 구성요소들을 계열적으로 순서화하여 그 순서대로 가르치면 학습이 용이하다.

(6) 수업 이해력에 알맞은 학습내용을 설명하면 학습자들은 보다 쉽게 수업목표에 도달할 수 있다.

(7) 새로운 개념이나 원리의 학습에서 학습자들에게 선행조직자를 형성시켜 주면 그 학습은 유의미한 학습이 될 수 있다.

마. 연습

(1) 연습은 학습을 확고하게 해 주고 망각을 방지시켜 준다.

(2) 학습한 것을 새롭고 다양한 상황에 적용하는 연습을 하면 효과의 일반화가 증대된다.

(3) 학습자의 개인차를 고려하여 개인의 능력에 알맞은 연습량을 제공하면 연습의 효과는 높아진다.

바. 피드백, 형성평가

(1) 학습결과에 대한 즉각적인 정보제공 및 강화가 효과적이다.

(2) 즉각적이고 구체적으로 학습 오류를 교정한다.

(3) 학습자에게 기대되는 행위가 나타날 때 강화는 처음에는 자주 하고 다음에는 부분적으로 한다.

사. 파지(把持), 전이(轉移), 일반화(一般化)

(1) 학습자료는 간단한 것에서 복잡한 것으로, 친숙한 것에서 친숙하지 않은 것의 순으로 제시한다.

(2) 단순 암기나 공식에 의한 학습보다는 확실하게 이해된 학습이 필요하다.

(3) 학습한 직후에 학습한 내용을 정리한다.

아. 학습평가

(1) 수업 전에 평가 기준을 제시한다.

(2) 학습자에게 학습결과 평가 기회를 제공한다.

(3) 수업목표 달성 여부를 확인할 수 있는 평가를 계획한다.

(4) 학습자 자신의 성취결과 평가로 자기 주도적 학습력을 신장시킨다.

4. 수업전략 결정

 수업목표 달성을 위한 효과적 방법이 무엇인지에 관한 구체적인 계획을 세우는 것이며 특히 고려해야 할 것은 수업계열 결정(학습요소별 시간 계획), 수업 활동의 결정, 교수·학습집단 조직 등이다.

가. 수업형태 결정

(1) 수업분위기 또는 학습분위기의 관점

(가) 민주적, 학생 중심적, 통합적, 비지시적인 수업형태

 학생들의 자율적 학습을 권장하고 사고를 자극하여 비교적 자유스러운 활동에 제한, 수동적 태세 등과 같은 방법을 사용한다.

(나) 전체적, 교사 중심적, 지배적, 지시적인 수업형태

 교사의 강의, 지시, 일제학습, 자유스러운 활동에 대한 제한, 수동적 태세 등과 같은 방법을 사용한다. 교수자와 학습자가 일대다(一對多)인 구조 형태의 수업이다.

(2) 학생의 사고과정을 중심

(가) 발산적(확산적) 사고를 요하는 수업형태

 문제해결법, 구안법, 발견학습 등과 같이 탐구적, 창조적, 비판적 사고를 학생들에게 요구하는 수업형태이다. 학생 중심 활동이 수업의 근본을 이루는 수업이다.

(나) 수렴적 사고를 요하는 수업형태

 강의법, 문단법 등과 같이 논리적으로 정확한 해답을 이끌어 가는 수업이다.

〈표 7〉 수업설계 시의 수업전략

영 역	주요 수업 전략
교육과정 분석	1) 교과서 살펴보기　　2) 교사용 지도서 분석　　3) 수업과의 관련성 확인
좋은 수업설계	1) 수업목표 설정　　2) 출발점 행동의 진단과 확인 3) 학습 준비도 확인　　4) 학습자의 개인차 변인
좋은 수업 절차의 선정과 실행	1) 좋은 수업 환경 조정　　2) 성취동기 유발 3) 사고를 자극하는 발문　　4) 자료의 제작과 제시 5) 학습내용 조직과 집단 조직　　6) 개별화와 협력 활동의 조화 7) 교사·학생 상호작용 활동　　8) 학생들의 창의적인 표현 활동 9) 지식 정보의 제공 활동
학습 성취의 평가	1) 진단 평가　　2) 수업 과정 평가
평가 도구의 구비 조건	1) 인지적, 정의적 요소의 평가　　2) 양적 지필 평가, 질적 수행 평가

나. 단계별 고려점

교과내용 지도라는 영역은 교사의 가장 주된 역할이라고 할 수 있다. 동일한 내용을 지도하더라도 교사의 개성과 능력에 따라 학생들이 지식을 흡수하는 정도가 달라 학생들의 학습경험이 매우 다양하게 나타난다. 교사의 마음가짐과 전문성은 학생들에게 그대로 전달되므로 보다 질 높은 교육을 학생들에게 제공하기 위해서는 교사 자신이 각자 자신의 교수전략을 개발해 나가야 한다. 오랫동안 교단에 섰다고 해서 교수전략이 얻어지거나 전문성이 그대로 쌓이는 것은 아니다. 풍부한 수업지도 경험을 쌓으면서 동시에 지도 기술을 향상시키기 위해 끊임없는 노력을 기울여야 한다.

(1) 도입

(가) 전 시간 정리 복습

지난 시간에 학습한 내용에 대한 간단한 복습은 중단된 학습을 연결시키는 효율적인 시간이며, 중하위권 학생들에 대한 반응이 좋은 짧지만 유익한 시간이다.

(나) 학습목표의 제시

대부분의 교사들은 수업을 시작하면서 이번 시간에 배울 내용에 대한 간략한 소개를 하므로 학습목표에 대한 설명을 한다. 학생들이 항상 무엇을 배워야 하는지 자신의 위치를 파악할 수 있도록 학습목표는 항상 분명히 제시해 주어야 한다.

(2) 전개

학습내용을 설명하는 본격적인 시간으로서 교사의 노력과 능력이 가장 필요한 시간이다. 다양한 방식에 의하여 학생들을 수업에 참여시키고, 학생들의 성취 수준을 향상시키기 위한 교사의 노력이 실천되는 단계로서, 다음과 같은 방향으로 전개되어야 한다.

(가) 실생활 소재를 수업상황에 끌어들인 문제해결 수업으로 전개하여야 한다.

(나) 동기유발을 위한 다양한 활동이 제공되는 수업으로 전개하여야 한다.

(다) 조작 활동, 게임과 재미있는 자료로 동기를 유발하는 수업으로 전개하여야 한다.

(라) 수행평가결과물을 교수·학습에 활용하는 수업으로 전개하여야 한다.

(마) ICT를 활용하여 학생들의 수준차를 극복하는 수업으로 전개하여야 한다.

이 외에도 여러 가지 방식을 교사 나름대로 적용하여 수업을 진행시킬 수 있다.

(3) 정리

수업을 마무리하는 시간으로 간단한 구두요약, 프린트 자료의 제시, 프레젠테이션 혹은 기본 예제의 출제 등을 통하여 학습내용을 요약하고 간단한 형성평가를 실시할 수 있다.

수업과정별 교수전략은 교사라면 누구나 아는 내용이지만 자신만의 방법을 개발하고 혹은 효율적인 어떤 방법을 이용하여 수업에 적용하는 것은 매우 큰 노력이 필요하다. 많은 부분에서 그러한 노력을 기울이고 실천하기가 어렵지만 위에서 살펴본 자료의 분석을 통한 학습내용의 준비는 어려운 수업방식 이전에 도전하기 수월한 좋은 수업을 위한 한 가지 전략으로 매우 훌륭한 방법이라고 할 수 있다.

■제5장■ **수업설계의 핵심 과정**

　현장에서 주로 이루어지는 수업의 과정은 글레이저(Glaser)의 수업절차 일반모형인 '수업목표의 설정과 진술 → 출발점 행동의 진단과 확인 → 수업절차의 선정과 실행(수업실제) → 학습성과의 평가(학습평가)'의 과정과 한국교육개발원(KEDI)의 일반모형인 '계획단계(학습과제분석, 수업계획, 실천계획) → 진단단계(진단 실시, 결손정도 분류, 심화 또는 교정학습) → 지도단계(도입, 전개, 정착) → 발전단계(형성평가, 학습완성 정도 분류, 심화 또는 보충학습) → 평가단계(종합평가, 결과검토, 결과활용)' 등 5단계를 거치는 것이 일반적이다. 따라서 이러한 과정에 따라 실제 수업을 실시함에 있어서 일반적으로 고려되어야 할 사항으로 최종 수업목표의 확정, 학습과제 및 학습환경분석, 세부 수업목표의 진술, 출발점 행동의 진단과 처치, 수업전략의 수립, 수업매체의 선정, 수업설계의 평가를 제시하고, 이들 각 과정에서 고려되어야 할 사항을 유념하여야 한다.

1. 최종 수업목표의 확정

　수업목표는 학습경험을 선정하는 데 명확한 시사를 주고, 학습자에게 학습의 방향을 제시해 줌으로써 학습을 촉진시키는 기능을 함과 동시에 수업에 대한 평가 지표를 제공하는 역할을 한다.

　수업목표에는 최종적으로 획득하게 되는 최종 수업목표와 이 최종 수업목표 달성을 위한 과정적, 수단적 기능을 하는 세부 수업목표가 있다. 그런데 수업설계를 하는 최초 단계에서는 최종 수업목표가 무엇인지를 분명히 밝히고 규정하는 일이 중요하다. 한 단원이나 하나의 학습과제에 대한 수업을 마친 후에 학습된 결과로 획득될 행동의 변화를 규정한 최종 수업목표는 국가의 이념, 사회·문화의 요구, 한 개체로서의 인간의 요구, 학문적 요구 등에 부응해야 한다. 최종 수업목표를 도출하고 이를 기술하기 위해서는 우선 수업목표가 어떻게 분류되는지 알아야 한다. 일반적으로 주로 활용되고 있는 것은 블룸(B. S. Bloom)의 교육목표 분류학인데, 이에 의하면, 교육목표의 전체 영역을 인지적, 정의적, 운동기능적 영역 등으로 나누고, 인지적 영역은 인지적 행동에 필요한 정신적 작용이 단순한 행동으로부터 복잡한 행동 순으로 발전해 가는 여섯 가지 행동형을 복합성의 원칙에 따라 배열하는데 지식, 이해, 적용, 분석, 종합, 평가가 그것이다. 정의적 영역은 어떤 외적인 현상이나 가치가 한 개인의 내적인 세계로 점차 내면화, 조직화되어 가는 과정의 정도를 감수, 반응, 가치화, 조직화, 인격화의 다섯 가지로 분류하고 있다. 운동기능적 영역은 신체적 근육이나 신경의 운동에 의해서 학습될 수 있는 것으로 위계적 관계를 지닌 여섯 가지 수준으로 분류하고 있는데 그것은 반사적 운동, 초보적 기초운동, 운동지각능력, 신체적 기능, 숙련된 기능, 동작적 의사소통이다.

　최종 수업목표는 교과서에 어느 정도 단원의 목표가 암시되어 있고, 교육 과정과 교사용 지도서에 구체적으로 제시되어 있어 추출이 별로 어렵지 않다.

　최종 수업목표에는 학습자들이 무엇을 할 수 있는지, 그리고 학습 또는 실제 수행이 이루어지는 상황 또는 도구 등에 대한 정보를 포함하고 있어야 한다. 따라서 세부 수업목표의 경우, 한 수업목표가 한 가지의 학습내용을 포함하게 되지만 최종 수업목표는 종합적이고 포괄적인 기술이 가능하다.

2. 학습과제·학습자·학습환경분석

1) 학습과제분석

학습과제인 학습구조, 학습내용을 구성하는 개념(concept), 사실(fact), 절차(procedure), 법칙(rule), 원리(principle) 등을 학습요소라고 한다. 교과내용은 이러한 학습요소들로 구성되어 있다. 따라서 수업목표를 설정하기 위해서는 학습과제가 내포하고 있는 학습요소, 즉 개념·사실·법칙 등을 찾아내는 일이 중요하다. 교과내용을 학습요소별로 분석하려면 개념을 명확하게 하는 것이 중요하다.

학습과제분석이란 최종 수업목표에 무난하게 도달하기 위해서 학습자들이 순차적으로 획득해 내야 할 지식(knowledge), 기능(skills), 가치·태도(value & attitudes) 등 보다 하위의 능력이 무엇인지를 탐색해 내는 일로써, 하위 기능 또는 종속적인 기능들을 연속적으로 밝혀내는 체계적인 절차, 즉 가르쳐야 할 최소의 기본 단위를 찾아내고 이 기본 단위의 상호 관련성과 위계적 관계를 밝히는 일이다. 학생들이 최종 학습목표를 달성하는 데 필요한 하위 학습요소를 찾아내고 이 학습요소들 간의 관계를 밝히고 학습하는 단계나 순서를 제시하는 것이다(정석기, 2010: 52).

최종 수업목표는 수업을 통해 도달해야 할 도착점에 대한 정보를 제시하고 있지만 어떠한 단계의 학습을 거쳐야 이 도착점에 도달할 수 있을지에 대해서는 가르쳐 주지 못한다. 학습과제분석이란 최종 수업목표에 도달하기 위해서 학습자가 순차적으로 학습해야 할 지식, 기능, 태도 등 보다 하위의 능력이 무엇인지를 탐색해 내는 일이라고 할 수 있다. 가네(Gagne)는 학습과제를 분석하고 이를 위계적인 형태로 만드는 일은 가장 적절한 학습항로의 발견을 위한 기초를 마련해 준다고 하였다. 학습과제를 분석하게 되면, 수업에서 학습자들에게 어떠한 행동을 길러 주어야 하는지, 학습자들에게 어떠한 활동이나 연습을 시켜야 하는지가 분명하게 나타나며, 그 학습과제를 어떠한 순서로 학습시킬 것인지가 뚜렷하게 제시된다. 그리고 학습과제를 분석해 보면, 무엇을 학습시켜야 하고, 무엇을 생략해야 하는지, 무엇을 언제 평가해야 하는지가 분명해지고, 선수학습능력이 무엇인지가 밝혀지게 된다. 이처럼 학습과제분석은 수업설계를 위해 대단히 중요한 활동으로 최종 수업목표 성취를 위해 요구되는 세부 수업목표의 추출, 수업계열의 결정, 수업과정의 평가를 위한 근거 자료의 도출, 적절한 학습경험의 선정 등을 위해 반드시 필요한 작업이다. 학습과제분석의 유형은 그 교과나 단원의 성격에 따라 학습위계별 분석, 군집 분석, 절차적 분석, 혼합 분석 등이 있으며, 이렇게 분석된 학습과제는 수평적 구조도, 수직적 구조도, 위계적 구조도, 혼합적 구조도 등의 방식으로 제시될 수 있다. 학습과제를 구조화하는 절차를 요약하면 다음과 같다.

첫째, 해당 단원 또는 학습과제를 통하여 학습해야 할 최종적 학습과제를 확인한다.

둘째, 최종 학습과제를 중심으로 하위에 있는 학습요소가 차례로 위계조직을 이루도록 한다.

셋째, 그 단원 또는 학습과제의 가장 아래에 있는 하위 학습요소를 규명한다. 이는 선수학습요소 또는 출발점 행동을 밝히는 데 중요하다.

<표 8> 교과내용의 학습내용 분석표

학습요소	분석 내용
용어(개념)	공인된 상징적 지식, 정의, 일반적인 학문적 용어
사실	육하원칙에 준하는 지식
절차	문제해결 방법이나 순서
원리	개념지식의 기초 위에 설정되는 사건 내용이나 결과
응용(최종 학습 요소)	최종 수업목표와 관련된 학습과제(요소)

2) 학습자분석

교사는 학습내용의 전문가여야 할 뿐만 아니라 자신이 가르치고 있는 학습자에 대해서도 전문가 여야 한다. 즉 교사가 학습자의 인지적, 정의적, 생리적 특성을 이해할 수 있는 전문적 안목을 가져 야만 그들에게 맞는 효과적인 학습전략을 세울 수 있기 때문이다. 따라서 교사는 학습자에 대하여 그들의 출발점 행동(선수학습능력), 수업내용에 대한 사전 지식(실태 분석), 학습동기, 학습 선호도 등에 대하여 정확하게 분석할 수 있어야 효과적인 수업설계를 할 수 있다.

3) 학습환경분석

학습환경분석은 수업체제에 대한 분석으로 수업 활동에 결정적인 영향을 미칠 인적, 물적 환경 요인을 규정해 보는 작업이다. 수업체제를 구성하고 있는 대표적인 요소에는 학습자, 교사, 수업내 용, 수업자료, 수업장비, 수업공간, 학습자 조직 등이 있다. 학습환경을 이루고 있는 모든 요인들이 수업목표 달성을 위한 수업 활동에 영향을 미치게 되므로 이들의 특성과 영향력을 규정하는 일은 매우 중요하다.

3. 세부 수업목표의 진술

1) 세부 수업목표의 진술의 필요성

수업의 세부목표를 세분화하는 것은 교육의 모든 성과가 행동적 용어만으로는 정의, 측정될 수 없고 명백한 수업목표는 창의성이나 수업과정 운영의 융통성을 저해할 우려가 있으며, 교과에 따라서는 본질상 수업목표를 세분화할 수 없거나 학습 활동을 전개한 후에야 평가의 준거로서 행동적 수업목표를 선택해야 되는 것이다.

일반적으로 최종 수업목표를 세부 수업목표로 상세화하고 진술해야 할 필요성은 다음과 같다.

첫째, 수업자나 수업설계자가 수업목표를 분명히 알게 되면 주어진 시간에 무엇을 가르쳐야 하는지가 명확하게 되어 수업시간을 소비하지 않고 수업밀도를 높일 수 있다.

둘째, 학습자가 수업목표를 명확하게 알게 되면, 학습동기가 유발되고 학습자 자신이 자기의 수업계획을 세우게 되어 학습효과를 더욱 높일 수 있다.

셋째, 구체적이고 세분화된 수업목표는 학습평가의 타당도와 신뢰도를 높일 수 있으며, 따라서 수업의 질을 높일 수 있도록 평가결과를 재투입한다는 면에서 효과를 고양할 수 있다.

넷째, 수업목표가 세분화되면, 길러야 할 행동이 무엇인가가 분명해지며, 어떠한 수업매체와 자료를 선정해야 하는지가 명확해진다.

2) 세부 수업목표의 진술 방법

세부 수업목표란 한두 시간의 수업을 통해 달성시키려고 의도하는 보다 구체적인 수업목표로서 바로 평가의 준거가 되기 때문에 세부 수업목표가 진술되면 이에 따른 평가문항을 개발할 수 있다. 세부 수업목표는 최종 수업목표를 구체화, 상세화한 것인데 이것이 필요한 이유는 수업자가 무엇을 가르쳐야 하는지 명확하게 되어 수업시간의 낭비를 막을 수 있고, 학습자가 수업목표를 명확하게 인식하게 되므로 학습자 스스로 수업계획을 세우게 되어 학습의 효과를 높일 수 있다. 또한 수업목표가 세분화되면 학습평가의 타당도와 신뢰도를 높일 수 있으며, 결과의 피드백이 용이하고, 길러야 할 행동 특성이 무엇인지가 분명해져서 어떠한 수업매체를 선정해야 하는지가 구체화된다.

세부 수업목표를 진술하는 방법으로는 구체적인 내용과 행동이 포괄되어 한 진술문 속에 제시되어야 하며, 수업 과정에서 의도하고 있는 행동명과 그 행동을 수행하게 될 조건, 그리고 학습결과를 받아들일 수 있는 도달기준(수락기준) 등 세 가지 요소가 충족되어야 한다.

수업목표 진술 방법에는 여러 가지가 있으나 현장에서는 타일러(Tyler)와 메이거(Mager)의 진술 방식이 주로 활용되고 있다. 타일러(Tyler) 식의 수업목표 진술은 구체적인 내용과 행동이 포함되어 한 진술문 속에 명료하게 제시하는 방식으로 예컨대, '독립운동이 일어난 원인을(내용) 말할 수 있다(행동).'라는 식으로 진술한다.

메이거(Mager) 식의 수업목표 진술은 수업과정에서 의도하고 있는 행동명(도착점 행동, 어떠한 행동), 그 행동을 수행하게 될 조건(어떠한 상태 속에서), 그리고 학습결과 받아들일 수 있는 도달기준(수락기준, 준거, 얼마나 잘)의 세 가지가 포함되어 진술된다. 예컨대, '세종시의 미래상을(조건) 각종 자료와 도표를 활용하여(도달기준) 설명할 수 있다(행동).'라는 식으로 진술된다.

그런데 어떤 방식의 진술형태를 택하든 세부 수업목표는 교수자와 학습자로 하여금 같은 생각을 가질 수 있는 수준의 것으로 진술되지 않으면 안 된다. 세부 수업목표를 진술할 때 흔히 범하기 쉬운 오류를 살펴보면, 교사의 수업행동을 진술하는 경우(~을 관찰시킨다), 학습결과로 변화될 행동을 기술하는 것이 아니라 학습의 과정을 기술하는 경우(신라의 삼국통일에 대하여 토론한다), 가르칠 교과목의 내용이나 주요 제목을 열거하는 경우(삼일운동이 일어난 원인), 한 목표에 두 가지 이상의 학습결과를 포함시키는 경우(과학적 방법을 이해하고 이를 효과적으로 적용할 수 있다), 세부 수업 목표를 명확하게 진술할수록 좋다는 생각 때문에 너무 지나치게 세분화시켜 한 시간의 수업목표가 4~5개가 되는 경우 등을 들 수 있다. 세부 수업목표가 확정된 후에는 수업목표가 달성되었는지를 측정할 수 있는 평가도구의 개발이 이루어져야 한다.

세부목표는 다른 사람이 볼 때 내용과 행동을 이해하기 쉬운 수준으로 진술하여야 한다. 세부목 표를 진술할 때 유의할 점은 다음과 같이 요약할 수 있다.

첫째, 교사의 수업행동이나 교사의 활동을 수업목표로 오해하는 진술의 오류이다. 수업목표는 교 사가 수업 중에 수행할 활동이 아니라, 학습자가 변화되기를 기대하는 무엇인가를 염두에 두고 진술 하는 것이다.

둘째, 수업목표로 학습결과로 변화될 행동을 기술하는 것이 아니라 학습의 과정을 진술하는 오류 이다. 수업목표는 수업의 절차나 방법의 요약과 기술이 아니라, 의도하고 기대하는 결과를 진술하여 야 한다.

셋째, 가르칠 교과목의 내용이나 주요 제목을 수업목표로 열거하는 일이다. 더러는 '세종시의 미 래 발전?', '서해안 시대의 무역 현황?', '세계화 시대 다문화 교육 방향' 등 학습주제, 내용, 제목 등 을 제시하는 오류를 범하는 경우도 있다.

넷째, 하나의 진술 목표에 두 개 이상의 학습결과를 포함시키는 오류이다. 가급적이면 수업목표를 진술함에 있어서 하나의 학습목표에 하나의 학습결과를 연계시키는 것이 바람직하다.

다섯째, 수업목표에 기대하는 성취행동이 나타나는 조건을 포함하여 진술하여야 한다고 해서, 실 험의 과정과 예상 결과를 기대되는 성취행동으로 진술하는 오류이다. 가령, "21세기 서해안 시대를 맞아 교통과 무역 증가로 충남 서부 지방이 크게 발전할 것임을 말할 수 있다."로 진술하면, 실험 결과 도출된 지식을 제시하였으므로 바람직한 목표 진술 방법이 아니다. 이 경우는 "21세기 서해안 시대를 맞아 교통과 무역 증가로 충남 서부 지방이 크게 발전할 것임을 말할 수 있다."로 진술하는 것이 바람직한 수업목표 진술 방법이다.

여섯째, 수업목표를 명확하게 진술할수록 좋다는 생각 때문에 너무 지나치게 세분화하여 단위시 간의 수업목표가 4개 이상이 되게 과다한 목표 개수를 제시하는 오류이다. 교과목마다의 차이는 있 겠지만, 일반적으로 단위시간 목표는 1~2개가 적당하다.

4. 출발점 행동(Entering behavior)의 진단과 처치

1) 출발점 행동의 요소: 학습 준비 수준의 진단

출발점 행동(entering behavior)이란 새로운 학습과제를 학습하려는 출발선상에서 학습자가 이미 획 득하고 있는 지식, 기능, 태도 등을 의미한다. 한 단원의 수업이 시작될 때 학습자가 가지고 있는 능력, 태도, 흥미, 관심, 요구 등은 그 단원의 학습에 대한 출발점 행동이 된다. 그리고 이것은 그 단원 학습의 투입 행동이다. 이러한 출발점 행동은 학습자들 간에 편차가 있을 수밖에 없으므로 수업설계 시에 단원의 수업목표를 달성하기 위해서 최소한으로 학습자가 갖추고 있어야 할 능력을 갖추고 있는지, 그리고 단원의 수업목표에 대하여 무엇을 이미 학습했는지를 파악하는 일은 수업목표의 성공적인 달성을 위해 매우 중요한 일이다. 출발점 행동의 진단에는 주로 세 가지 요소를 포함하는데 그것은 수업목표 달성을 위해 학습자가 수업 전에 반드시 갖추고 있어야 할 능력인 선수학습능력과 수업이 시작되기 전에 이미 습득하고 있는 사전학습능력, 그리고 수업방법과 관련이 있는 특성인 흥미, 성격, 적성, 기능 등이다.

수업에서 수업목표를 효과적으로 달성하기 위한 방법 중의 하나는 수업에 임하는 학생들의 출발점 행동을 잘 진단하고 출발점 행동의 정도에 따라 수업 활동을 전개하는 것이 중요하다. 출발점 행동의 진단요소에는 선수학습능력의 정도, 사전학습 성취 수준, 수업내용과 학생 특성에 따른 집단 분류, 학습 결손의 원인 진단 등이 있다. 출발점 행동의 진단을 통해 학습자 개개인의 전체적인 학습 분위기와 해당 과목에 대한 선호도, 그리고 우수한 학생과 그렇지 못한 학생 등을 미리 파악하고 있어야 한다(주삼환 외, 1999: 22).

수업설계에서는 어떻게 하면 이들 출발점 행동을 정확히 진단하고 적절한 처치를 통해 최적의 수업을 제공할 것인가가 고려되어야 한다. 선수학습능력을 확인하는 방법으로는 일반적으로 학습과제 분석법을 이용하게 되는데 이렇게 하여 선수학습능력 요소가 설정되었으면 그 각 요소에 대해서 진단평가를 할 수 있는 도구를 제작하여 평가를 실시하고 결손 부분에 대한 처치를 해야 한다. 사전학습능력의 진단은 단원학습이 종료된 후 학업성취 정도를 밝혀 보기 위해 사용할 총괄평가나 형성평가 도구로 확인할 수 있으며, 이렇게 하여 파악된 결과는 다음에 이루어질 수업전략을 수립하는 데 중요한 자료로 활용된다.

일반적으로 출발점 행동은 다음과 같은 요소를 내포하고 있다(정석기, 2010: 77 - 78).

첫째, 어떤 단원이나 학습과제의 수업목표를 달성하기 위해서 수업이 이루어지기 전에 반드시 갖추고 있어야 할 것으로 판단되는 능력을 들 수 있다(선수학습요소, 선수학습능력).

둘째, 어떤 단원이나 학습과제에서 가르치려고 의도하고 있는 수업목표들 중에서 수업이 시작되기 전에 가정이나 학교에서 학습자가 획득한 사전학습능력이다.

셋째, 특정한 수업전략이나 수업방법에 관련이 있을 것으로 짐작되는 흥미, 성격, 경험, 배경, 적성, 기능, 가치·태도 등을 들 수 있다.

이와 같은 출발점 행동의 세 가지 요소는 학습자 개개인에 따라서 각각 차이가 있을 것이며 주어진 수업목표가 어떤 것인가에 따라서도 그 차이가 있을 것이다. 따라서 한 개인의 출발점 행동은 고정된 것이 아니라 교과목이나 단원에 따라서도 달라질 것이다.

2) 출발점 행동의 진단

출발점 행동의 진단은 전통적으로 학습의 준비성을 고려하는 일에 해당되며, 한 단위의 수업시작에 즈음하여 학생들이 주어진 단원의 학습과제나 수업목표를 학습하기 위하여 최소한 가지고 있어야 할 능력을 갖추고 있는지, 그리고 주어진 단원의 수업목표에 대하여 무엇을 학습했는지를 파악하는 활동이다.

일반적으로 출발점 행동의 진단은 크게 다음과 같이 세 가지로 나누어 고찰할 수 있다.

첫째, 기초학습능력의 진단으로, 흔히 학년 초에 시행하게 되며 어느 교과에 필요한 기초학습능력을 파악하는 것이다. 진단을 실시한 다음에는 학생 개개인의 결손을 알아보기 위해서 문항별 분석표를 만들어 각 문항에 대한 학급 전체의 반응 형태와 개개 학생의 반응 형태를 분석하여 결함이 발견되면 지도를 하여야 한다.

둘째, 심리 특성의 진단으로 지능, 적성, 성격, 정서, 학습 유형, 흥미, 태도 등의 검사를 시행함으로써 학생들의 특성을 진단하고, 그러한 정보에 기초하여 어떤 수업방법으로 어떠한 프로그램을 투입할 것이며, 어떤 학습집단을 편성하는 것이 좋은가를 결정하기 위한 의사결정이 선행되어야 한다.

셋째, 교과 성취수준의 진단으로 이는 어떤 단원을 학습하기 전에 그 단원의 학습과제들을 학습하기 위해서 사전에 알고 있어야 할 선수학습능력을 진단하는 것과 새로운 단원에서 학습해야 할 과제들을 어느 정도 알고 있는지를 단원학습에 임하기 전에 알아보는 사전학습능력의 진단이 있다.

〈표 9〉 출발점 행동의 진단

구 분	주 요 내 용
진단요소 및 기능	○ 선수학습능력의 결핍 여부 판정 ○ 학생의 사전학습 성취 수준의 판정 ○ 수업방법과 관련 있는 여러 특성에 따른 학생 분류 ○ 반복되는 학습 곤란의 심층적 원인 판명
진단 실시 시기	○ 학년 정치를 위해서는 학년 초나 학기 초 ○ 단원이나 특정 학습과제를 위해서는 매 단원 초
진단 실시 도구	○ 사전 검사용의 형성적 및 총괄적 검사 ○ 표준화 학력 검사 ○ 표준화 진단 검사 ○ 교사 자작의 평가 도구 ○ 관찰 및 체크리스트
평가 목표의 표집성	○ 선수학습능력의 표집 ○ 비중을 둔 교과목의 표집 ○ 특정 수업형태의 관련성을 가진 학생 변수의 표본 ○ 신체적·정서적·환경적으로 관련된 변수의 표본
문항 곤란도	○ 선수학습기능 및 능력의 진단에 있어서는 곤란도가 65% 이상 용이한 문항
재 검	○ 준거지향적

5. 수업전략의 수립

1) 수업계열의 결정

수업전략이란 수업목표를 성공적으로 달성하기 위해서 어떤 학습내용을 어떤 방법으로 가르칠 것인가에 대한 종합적인 계획으로 수업계열 결정, 핵심 수업전략 수립, 수업방법 및 수업기법 결정, 학생 조직 등을 고려하여야 한다.

수업계열은 교육과정의 계열적 조직에서처럼 수업의 전개를 순서적으로 계열화하는 것이다. 한 단원이나 학습과제를 가르치기 위해서는 최소한 몇 시간의 수업시간이 요구된다. 즉 최종 목표를 달성하기 위해서는 하위 수업목표인 세부 수업목표가 달성되어야 한다. 따라서 한 단원이나 학습과제 속에는 몇 개의 세부 수업목표가 있을 수 있는데, 이 세부 수업목표를 어떤 순서에 의해서 학습한 후에라야 학습자는 최종의 단원 수업목표에 도달할 수 있을 것이라는 생각을 할 수 있다. 이와 같은 몇 개의 세부 수업목표 중 무엇을 제일 먼저 가르쳐야 하는지는 매우 중요하다.

한 수업목표를 학습한 결과는 다음 수업목표의 학습에 영향을 준다. 한 수업목표에 있어서 선후가 결정되어야 할 경우도 많다. 그러므로 한 단원의 수업목표들은 학습자의 학습을 용이하게 하고, 효과를 높이기 위해서 계열을 정해야 한다. 수업목표를 가르치는 순서인 계열은 다음과 같이 결정하는 것이 바람직할 것이다.

첫째, 공통요소는 가능한 한 초기 단계에서 가르친다.

둘째, 선수학습능력의 관계로 보아 한 수업목표의 선수학습능력이 다른 수업목표의 선수학습능력에 해당되는 것부터 가르친다.

셋째, 작업의 의존성에 따라 선후를 가린다. 작업의 순서나 학습되는 과정으로 볼 때, 그 일의 앞뒤가 분명히 나누어지는 경우에는 그 작업의 순서에 따라서 결정해야 한다.

넷째, 하등의 위계적 관계나 공통요소 등의 관계가 없는 경우에는 교과의 특성이나 이미 만들어진 자료의 특성에 따라 그 순서를 결정한다.

2) 핵심 수업전략 수립

수업전략을 수립하는 활동은 수업을 시작해서 끝날 때까지 어떠한 활동이 어떠한 순서와 요령에 따라 이루어져야 하는지를 구체적으로 계획하는 것인데 이에는 수업전략의 요소와 수업계열의 결정 그리고 수업기법의 선택이 고려된다. 수업전략의 요소에는 수업의 도입활동, 학습내용과 정보의 제시, 학습자의 참여와 학습 활동, 평가, 추후 활동 등 다섯 가지를 고려하는 것이 좋다. 수업의 도입 단계에서 교사가 고려해야 할 중요한 세 가지가 있는데 그것은 학습자의 학습동기를 유발시키기 위한 전략을 사용하는 것, 학습자에게 수업목표를 인지시키는 것, 그리고 학습자에게 수업에 필요한 사전지식을 알려 주는 것이다. 학습내용과 정보를 학습자들에게 제시하기 위해서는 일반적으로 학습

과제분석표에 준해서 제시하는 것이 좋다. 단위시간에 수업내용의 양을 얼마 정도 제시하는 것이 바람직할 것이냐에 대해서는 학습자의 연령, 수업할 때의 조건, 수업에 제공될 여러 가지 활동 등을 고려하여 적절한 크기로 묶어야 한다. 그리고 학습내용을 제시할 때 고려되어야 할 또 하나는 가르칠 개념이나 원리에 해당하는 예(例)를 제시하도록 계획되어야 한다는 점이다. 교수·학습 과정에서 학습의 효과를 높일 수 있는 강력한 전략은 학습자들이 학습 활동에 참여하여 실험이나 연습 등을 수행해 보게 하고 그에 따른 피드백을 주는 일이라고 할 수 있다. 수업전략을 수립하는 데 있어 또 하나의 중요한 요소는 평가에 관한 전략을 수립하는 일인데, '첫째, 선수학습능력은 언제, 어떤 방식으로 진단할 것인가? 둘째, 사전학습 실태는 언제, 어떤 방법으로, 어떤 내용을 평가할 것인가? 셋째, 수업목표 도달도 평가는 언제, 어떻게 실시할 것인가?' 등으로 이것은 수업설계 시에 고려되어야 한다. 또한 평가의 후속 조치로 보충학습과 심화학습의 기회가 부여되어야 하며, 학습결과의 기억과 전이를 돕도록 개별적 또는 집단적으로 다른 상황에서 연습할 수 있도록 추후 활동의 기회를 제공해 주어야 한다.

한 수업목표를 학습한 결과는 다음 수업목표의 학습에 큰 영향을 준다. 따라서 수업전략의 수립에 있어서 수업계열의 설정 문제는 매우 중요한 요소가 된다. 한 단원이나 한 학습과제 속에는 몇 개의 세부 수업목표가 있을 수 있는데, 이 세부 수업목표를 어떤 순서에 의해서 학습해야만 학습자들이 최종 수업목표에 용이하게 도달할 수 있는가가 검토되어 학습순서가 설계된다면 학습은 매우 효율적으로 이루어질 수 있다. 학습과제를 분석할 때 가장 중요한 준거는 학습과제 사이의 복잡성과 전이성이다. 덜 복잡한 학습과제를 먼저 학습하고 그다음에 좀 더 복잡한 학습과제를 학습하도록 하며, 한 수업목표의 학습이 다음 수업목표의 학습에 최대한 전이를 줄 수 있도록 수업계열을 결정하는 것이 바람직하다.

3) 수업방법 및 수업기법 결정

어떤 교과에서 주어진 수업목표를 학습자에게 성취시키기 위해서 제공될 수 있는 수업방법에는 다양한 것들이 있을 수 있다. 수업이 시작될 때부터 끝날 때까지 교사가 주도하는 방법, 학생 중심 학습방법, 교사와 학생의 상호작용적 수업 등 매우 다양한 수업방법이 강구되고 있다.

수업기법의 선택도 수업전략 수립 시에 중요하게 고려해야 할 사항인데, 수업기법은 가르칠 수업목표, 수업상황, 수업자료의 특성, 학습자의 수준 등에 따라서 다양하게 선택될 수 있다. 수업기법은 크게 설명식 수업기법과 발견식 수업기법으로 나누어 볼 수 있다. 설명식 수업기법은 교사가 학습내용을 정리하여 설명해 주고 학습자는 학습내용을 수용하여 체계화하며 이를 생활에 적용하거나 기억하는 방식으로 수업이 이루어진다. 발견식 수업기법은 교사와 학습자가 공동으로 학습문제를 선정하고 해결방법을 탐색하여 구체적인 계획을 수립하며, 이에 따라 학습자들은 교사의 도움을 받아 학습문제의 해답을 찾고 그것을 직접 상황에 적용해 보는 방식으로 수업이 전개된다.

〈표 10〉 수업단계별 수업방법

수업방법	수업 단계		
	도입	전개	정리
강의 학습	○		
시범 학습	○		
토의 학습		○	○
자율 학습		○	○
프로그램 학습	○	○	○
상호학습	○	○	○
모의학습	○	○	○
탐구 학습	○	○	○
ICT학습	○	○	○

4) 학생 조직

수업목표를 효과적으로 달성하기 위해서는 학습과제의 성격에 따라 학생들을 수업 활동에 편리하도록 재조직하여야 한다. 학생 조직은 수업 활동을 위한 모둠(조별) 조직, 학생들의 좌석 배치 등을 고려하여야 한다. 모둠 조직은 학생들의 수준을 고려하여야 한다. 학생들의 좌석 배치는 기본형, 이중 원형, 오케스트라형(부채형), 요(凹)자형 등이 있다. 기본형 좌석 배치는 전통적인 교실에서 많이 적용했던 좌석 배치 형태로 모든 학생이 정면 칠판과 교단을 향해서 바라보는 형태로 일대다(一對多) 학습에 유용한 구조이다. 이중 원형 좌석 배치는 발표가 많은 수업일 경우, 상대방을 보며 발표를 듣고 발표할 수 있어서 집중력을 높여 주는 구조이다. 주로 토의학습에서 많이 적용한다. 오케스트라형(부채형)은 교수자를 중심으로 겹겹이 앞을 향해 좌석을 배치하는 구조로, 음악 수업에서 주로 적용한다. 요(凹)자형 구조는 가운데 빈 공간을 이용하여 시범, 연극, 게임, 발표 등을 하기에 좋은 좌석 배치 구조이다.

학생 조직에서는 학생들이 과제 수행을 원활하게 할 수 있어야 하며, 교사의 통제가 용이하도록 설계되어야 한다.

6. 수업매체의 선정

1) 수업매체 선정 시 고려 사항

수업매체는 교수 활동에 사용되는 의사소통의 도구를 의미하며 이에는 인적 자원, 학습환경, 시설, 시청각 기자재 등이 포함된다. 수업매체 선정을 위해서는 학습자의 특성과 학습과제의 특성, 수업 환경적 요소 등이 고려되어야 하며, 수업매체별 특성과 장단점을 파악하는 것이 필요한데 이를 위해 데일(Dale)이 '경험의 원추'라는 모형을 통해 구체성과 추상성이라는 관점에서 수업매체를 정의했던 것을 참고하면 합리적으로 매체를 선정할 수 있다. 수업매체 선정을 위한 절차로는 교육목표의 재확인, 학습유형의 규정, 매체분석표의 작성, 최적의 수업매체 선정, 매체설명서의 작성 순으로 하는 것이 일반적이다.

21세기 세계화·정보화 시대의 수업에서는 정보화 기기의 발달로 컴퓨터, 인터넷 등을 활용한 다양한 수업매체와 자료가 교육공학적인 측면에서 도입, 활용되고 있다.

일반적으로 수업매체 선정 시에는 다음과 같은 점이 두루 고려되어야 한다.

첫째, 수업매체가 수업목표 달성에 적절한가? (적절성)

교사가 예상하는 학생들의 행동이 어떤 매체에 의해서 가장 많이 변화될 수 있는지를 고려하여야 한다. 한 특수한 하위 수업목표를 성취하기 위해서 어떠한 수업사태를 마련하여야 하며, 이 수업사태를 마련하기 위해서 어떤 수업매체가 필요한지를 고려하여야 한다.

둘째, 특정 매체의 비용은 적정한가? (경제성)

교사가 직접 구두로 수업을 전개하는 경우와 특정 매체를 사용해서 수업할 경우를 학습효과, 재정적 부담 등을 비교하여야 한다.

셋째, 필요시 쉽게 구입할 수 있는가? (유용성)

어떤 과제에 필요한 매체가 계획되고 경제적 여건이 허용된다고 하여도 필요할 때 쉽게 구입할 수 있어야 한다.

넷째, 매체의 질은 만족스러운 것인가? (기술적 질)

교사는 여러 내용 중에서 단위시간 수업에 아주 적절한 내용을 취사선택, 요약해서 재구성한 후 수업에 적용하여야 한다.

2) 수업매체 선정 과정

필요한 수업매체를 고안, 선정하는 것은 한 수업목표, 학습과제를 보다 효과적으로 달성하기 위한 핵심적인 과정이다. 수업목표 성취를 위해서 어떠한 수업매체를 어떻게 선정해야 하는지 그 과정을 요약하면 다음과 같다.

첫째, 수업목표를 재확인하여야 한다. 수업목표를 명확히 알지 못하고는 적절한 수업매체를 선정하기 어렵다. 그러므로 행동적 목표로 진술된 수업목표를 분명하게 재인지하여야 한다.

둘째, 학습 유형의 규정 및 수업사태를 구체화하여야 한다. 학습 유형을 분명히 규정하는 일은 수업목표의 의미를 분명히 해 주는 동시에 다음의 수업사태를 생각하는 데 큰 도움을 준다.

셋째, 수업매체 분석표를 작성하여야 한다. 수업사태가 규정되면 가능한 수업매체를 나열한 수업매체 분석표를 고안하여야 한다. 이때에는 수업사태별로 전달 메시지를 표시적 언어로, 어떤 수단에 담을 것인가를 결정하여야 한다.

넷째, 수업매체 계획서 작성 및 제작을 하여야 한다. 교사는 수업매체 분석을 통해서 최종적으로 선정된 수업매체를 어떻게 개발하고 제작해야 할 것인가에 대한 구체적인 계획서를 작성하여야 한다.

〈표 11〉 수업목표와 수업매체와의 관계

수업매체(자료)		수업목표					
		사실적 정보의 학습	시각적 확인의 학습	원리·개념· 규칙의 학습	과정의 학습	기능 작업의 학습	태도·견해· 인식의 학습
수업매체별	사진	▲	◎	▲	▲		
	영화	▲	◎	◎	◎	▲	▲
	텔레비전	▲	▲	◎	▲		▲
	입체자료		◎				
	녹음	▲			▲		▲
	프로그램학습	▲	▲		◎		▲
	시범		▲		◎	▲	▲
	교과서	▲		▲	▲		▲
	강의	▲		▲	▲		▲

※ ◎: 높은 상관, ▲: 보통 상관

7. 수업과 수업설계의 평가

수업설계에 대한 평가는 수업개선 및 효율적인 수업을 위해서 필요하며, 수업설계가 완전히 완성된 후에 평가하는 것보다는 수업설계의 과정에서 수시로 평가하는 것이 필요하다. 수업설계 평가 방법은 크게 두 가지로 나누어 볼 수 있는데, 그것은 학업성취에 의한 평가와 과정 중심의 평가이다. 학업성취에 의한 평가는 수업설계에서 확정된 수업목표를 어느 정도 성취했는가에 따라서 수업설계의 효과성을 판단하는 방법이다. 즉 수업목표에 준하여 학생들의 학업성취를 평가하고 그 효과성을 판단하는 방법으로 처음에 설정된 목표에 비추어 마지막으로 나타나는 효과의 산출이 어떠했는가에 따라서 교육목표, 학습경험과 자료, 평가방법 등의 적절성과 타당성을 평가하는 방법이다. 과정 중심의 평가는 수업설계에 따라 수업을 진행하는 과정에서 수시로 평가하는 방법으로 평가의 대상과 기준이 항상 일정하지 않고 다양하다.

수업개선을 위한 평가 방법으로는 관찰법, 평정척도법, 질문지법, 자기평가법 등이 있다. 일반적으로 관찰법은 발생하는 사상이나 행동을 객관적으로 기록할 목적으로 사용된다. 효과적인 관찰은 관찰 대상으로 적합한 사상이나 행동에 주의를 집중해야 하고, 그 행동에 대한 객관적인 기록을 해야 하며, 작성된 기록을 유의미한 해석이 도출될 수 있는 방식으로 제시하고, 자료를 해석할 수 있도록 해야 한다. 평정척도법은 정해진 척도에 따라 주관적으로 평가하는 방법인데, 관찰한 행동을 비연속적인 용어로 쉽게 기록할 수 없어서 수량화하기 어려운 경우에 특히 유용하다. 질문지법은 수업방법에 대한 정보 수집에 효과적인 방법으로 질문에 대하여 응답자가 자유로이 답하도록 하는 개방형 방식과 제시된 답 중에서 고르도록 하는 선택형 방식이 있는데 응답자에게 검사목표나 평정척도를 주어 평가하게 할 수도 있다. 자기평가법은 자신의 수업에 대해 자기평가 검사목표에 의해 스스로의 수업을 평가하는 방식으로 자신의 수업방법이나 수업기술을 점검해 보는 데 상당한 도움을 얻을 수 있다.

1. 교수·학습 과정안 작성의 필요성

수업의 준비단계에서 가장 중요한 일은 바로 교수·학습 과정안의 작성이다. 교수·학습 과정안은 한 시간의 수업을 효과적으로 이끌기 위한 수업의 시안이며 수업의 가설이다. 따라서 교수·학습 과정안은 건축의 건물 설계도나 항해사가 가진 나침반과 같이 수업이 나아갈 방향을 제시해 주는 역할을 하는 것으로 수업자는 물론 참관자에게 있어서 안내 지침서가 된다. 또한 수업자에게는 교재 연구가 될 뿐만 아니라 자신 있게 수업을 할 수 있고, 학습요소를 빠짐없이 지도할 수 있으며, 지도의 과정이 명료하고, 지도방법이 확실해지기 때문이다.

일반적인 교수·학습 과정안이 구비해야 할 조건은 다음과 같다.

첫째, 적절하고 구체적인 수업목표를 정한다.

둘째, 학습자의 능력과 흥미 등을 고려하여야 한다.

셋째, 수업전개 요령과 유의사항을 고려한다.

넷째, 이용가능한 다양한 실례를 준비한다.

다섯째, 효율적이고 유의미한 발문을 구상한다.

여섯째, 수업구조와 내용을 철저하게 연구한다.

일곱째, 전 시간의 수업과 관련을 갖도록 한다.

여덟째, 학습자의 출발점 행동을 조사하여 명시한다.

아홉째, 수업의 계열을 논리적으로 조정한다.

열째, 학습자의 흥미에 따라 변동될 수 있도록 신축성을 유지한다.

열한째, 수업내용에 적합한 수업모형을 선택한다.

열두째, 수업의 각 단계별 소요시간을 예상한다.

열셋째, 수업내용과 과정에 대한 적절한 요약을 한다.

열넷째, 수업 목표와 내용, 지도 방법 등에 대한 평가 방법을 제시한다.

열다섯째, 수업 후의 평가와 환류를 염두에 두어야 한다.

2. 교수·학습 과정안의 형식

1) 좋은 교수·학습 과정안의 조건

교수·학습 과정안은 교수자와 학습자가 교수·학습 과정을 효과적으로 진행하기 위한 구체적이고도 조직적인 수업진행 계획이다. 교수·학습 과정안은 단위시간 동안의 구체적인 수업진행 계획, 수업 활동 계획이기 때문에 수업효과를 좌우하는 중요한 역할을 한다. 교수·학습 과정안은 학습내용이나 교재의 유형, 학습자의 요구수준, 학습환경 등에 따라서 각각 그 특성을 고려하고 필요에 따라서는 계획을 변경할 수 있게 작성되어야 한다. 즉 교수·학습 과정안이 형식적인 것이 아닌 실질적인 것이 되어야 한다는 것이다.

(1) 지도목표가 단위시간에 달성될 수 있고 가치가 있어야 한다.
(2) 목표의 진술이 구체적이고 간결하며 행동목표로 진술되어야 한다.
(3) 수업결과 도달 목표의 기준이 마련되어야 한다.
(4) 교재의 핵심이 분명하게 파악되어야 한다.
(5) 전시 및 차시 학습과의 관계를 맺어야 한다.
(6) 학습요소의 시간적 배려가 적절하여야 한다.
(7) 알맞은 학습 과정이 선택되고, 바르게 적용되어야 한다.
(8) 학생의 활동이 활발히 수행될 수 있는 형태가 적용되어야 한다.
(9) 학생의 개인차와 흥미, 선수학습능력이 고려되어야 한다.
(10) 적절한 자료, 매체가 적절한 시기에, 적절한 방법으로 활용되게 계획되어야 한다.
(11) 판서계획이 분절마다 고려되어야 한다.
(12) 학생의 실태가 구체적으로 제시되어야 한다.
(13) 단원 전체의 구조와 전개계획이 명료하게 나타나야 한다.
(14) 수업을 보지 않고도 수업의 흐름을 파악할 수 있도록 한다.
(15) 목표 달성 성취도에 대하여 적절한 평가 방법이 준비되어야 한다.
(16) 본시수업을 통하여 해결하고자 하는 연구과제가 제시되어야 한다.

2) 교수·학습 과정안의 형식

교수·학습 과정안은 교재의 특성이나 학생의 요구, 교사의 의도가 다를 수 있기 때문에 일정한 형식은 없다고 보아야 할 것이다. 그러므로 교수·학습 지도안은 수업의 내용이나 지도방법에 따라 창의적으로 작성하면 된다. 그러나 교수·학습 과정안이 수업자에게는 수업의 가설이 되며, 수업관찰자, 참관자에게는 수업을 위한 귀중한 안내서가 된다는 점을 고려한다면, 어떤 교수·학습 과정안이든지 중요한 몇 가지의 요건만은 체계적으로 갖추어야 할 것이다.

(1) 단원명
(2) 단원의 개관
(3) 단원의 목표
(4) 학습의 계통 및 관련
(5) 학습과제분석
(6) 지도계획

(7) 평가계획
(8) 지도의 실제
    (가) 본시의 교수·학습 개요
    (나) 지도 과정
    (다) 판서계획
    (라) 형성평가계획
    (마) 참고 사항
① 실태조사 및 분석
② 교재 연구
③ 기타
※ 참고 문헌

3. 교수·학습 과정안 작성(구안)의 실제

일반적으로 교수·학습 과정안에 대한 일정한 틀이 없지만, '세안'을 중심으로 작성 요령을 고찰해 보면 다음과 같다.

1) 단원(제재)

단원은 교수·학습 장면에 있어서 일정한 과제를 해결하는 데 필요한 학습내용 및 경험을 전체성과 통일성을 지니게 조직해 놓은 분절을 말한다. 일반적으로 국어과, 사회과, 수학과, 과학과, 실과, 체육과, 미술과, 영어과 등의 경우는 '단원'으로 명명하고, 도덕, 음악 교과 등에서는 '제재'라고 칭한다.

2) 단원(제재)의 개관

단원의 개관은 단원 전체의 윤곽을 파악하여 지도의 방향을 확실하게 하기 위하여 살펴보는 것이다. 사회관, 학생관, 교재관으로 관점을 나누어서 기술하는 방법과 단원의 내용 개요, 계열성, 의의(학생, 사회, 교재의 특성), 실태(출발점 행동) 등을 종합적으로 체계 있게 진술하는 방법으로 대체로 예·체능 교과와 수학과·과학과 등 교과에서 편리하게 적용될 수 있는 종합적으로 기술하는 방법이 있다.

3) 단원(제재)의 목표

단원을 학습했을 때 학습자가 지녀야 할 바람직한 성과를 구체적인 용어에 의해(내용＋행동의 형식으로) 지적, 기능적, 정의적인 면을 진술한다. 단원의 목표는 해당 단원의 교수·학습 과정 및 그 결과를 평가할 수 있는 준거를 마련해 준다.

(1) 단원 목표는 적절한 일반성을 가지고, 수업목표의 수준에서 진술하는 것이 좋다.

(2) 목표에는 내용과 행동을 나타내는 말이 있어야 한다.

  (예) <u>자연의 개념</u>을 <u>정의할 수 있다.</u>

     (내용)　＋　(행동)

(3) 수업에서 성취하게 될 학생의 행동으로 진술한다.

  (예) 글을 통하여 생각과 느낌을 바르게 표현할 수 있다.

(4) 각 목표는 한 가지 학습결과를 포함하고 있어야 한다.

  (예) 과학적 방법을 이해하고 그것을 효과적으로 적용한다.

    → '이해한다'와 '적용한다'는 따로따로 진술한다.

(5) 지적, 기능적, 정의적 영역을 포괄하고 있어야 한다.

(6) 목표는 학습경험 결과의 산출물로서의 행동으로 진술되어야 한다.

4) 학습의 계통 및 관련

본 단원의 학습내용과 관련되는 선수학습내용 및 후속학습내용의 학년, 학기, 단원을 제시히여 단원의 학습내용이 계통적으로 보아서 어느 정도의 수준에 있다는 것을 쉽게 알 수 있게 한다. 따라서 선수학습내용에 따라 진단 학습 및 준비 학습내용을 결정할 수 있게 하며, 후속학습내용에 따라 본 단원의 학습내용이 앞으로 어떻게 발전, 전개되어 가는가를 파악할 수 있게 한다.

5) 학습과제분석

학습계획을 세울 때 학습내용을 구성하는 어떤 개념, 법칙, 원리를 가르칠 것인지를 구상하게 된다. 이를 학습요소라고 하는데, 이러한 학습요소 배열을 한눈에 볼 수 있게 체계화하고 시각화한 수업지도(授業地圖)를 작성하는 것을 '학습과제의 분석'이라고 한다.

가. 학습과제분석의 필요성

(1) 단원에서 가르칠 학습요소가 무엇인지를 명백히 한다.

(2) 학습요소 상호간의 관련성을 밝힌다.

(3) 학습의 순서를 밝혀낼 수 있다.

(4) 학습요소의 누락이나 중복을 찾아낼 수 있다.

(5) 형성평가의 기준이 된다.

(6) 필요한 선수학습능력이 무엇인지를 밝혀 준다.

나. 학습과제분석법

학습과제의 분석은 그 단원이나 교과의 성격에 따라 학습위계별 분석, 학습단계별 분석, 시간·기능별 분석 등으로 나누게 된다.

(1) 학습위계별 분석법

학습과제가 지적 영역일 경우에 사용될 수 있는 분석법의 하나로 지적인 내용이 위계적인 관계 속에 있을 때 대단히 유익한 방법이다. 즉 하나의 학습과제나 학습요소는 독립적으로 존재하는 것이 아니라 다른 학습요소와 종적으로 연결되어 위계적 조직을 이루고 있다는 가정 속에서 이 방법을 쓰게 된다.

(2) 학습단계별 분석법

학습단계별 과제분석 방법은 학습과제가 문제해결학습, 원리학습, 개념학습 등의 위계적인 관계가 불분명하고 다만 학습해야 할 순서가 분명하게 되어 있는 경우에 쓴다. 지적·정의적 영역에도 쓸 수 있다. 이 분석방법은 주어진 학습과제를 달성하기 위하여 학습과제의 내용적 측면을 보다 세부적으로 분석하고 이를 가르치는 순서에 따라 조작하는 방법이다. 이 방법에 의거하여 학습과제를 분석하면 한 단계 학습이 끝난 후에 다음에는 무엇을 학습하도록 해야 하는지가 밝혀지게 된다. 이들 단계 사이에는 순서적인 계열이 있을 뿐이다.

(3) 시간·기능별 분석법

이 방법은 주로 운동기능학습에 사용될 수 있다. 이 방법은 주어진 학습과제를 수행하기 위하여 필요한 일련의 하위 과제들을 작업이 수행되는 과정이나 기능에 따라 관계를 규정하는 것이다.

다. 학습과제분석 절차

(1) 최종 수업목표를 확인하고 진술한다.

(2) 학습요소를 추출한다.

　수업의 최종목표가 확인이 되면 이 목표를 달성하기 위하여 학습해야 할 요소나 항목에는 어떤 것이 있는지를 찾아낸다.

(3) 학습요소의 구조도, 즉 수업지도(授業地圖)를 작성한다.

학습요소들이 어떻게 상호 관련되어 있으며, 어떤 위계성을 갖는지를 시각화한다.

(4) 학습요소들의 수업 순서를 정한다.

수업지도(授業地圖)가 작성되면 학습요소들의 대강의 수업 순서는 정해진다. 즉 최종목표에 접근한 수업요소일수록 나중에 수업할 요소이며 가장 하위에 있는 학습요소일수록 먼저 가르쳐야 한다.

라. 학습과제분석도의 유형

일반적으로 학습과제분석도는 수평적 구조도, 위계적 구조도, 수직적 구조도, 혼합적 구조도 네 가지 유형으로 분류할 수 있다.

(1) 수평적 구조도

수평적 구조도의 특징은 각 하위학습과제가 같은 유형 혹은 같은 수준의 학습과제로 서로 수평적인 관계만을 갖고 있을 때 제시될 수 있는 것이다. 그러므로 학습과제의 학습은 나머지 다른 학습과제를 하는 데 별다른 영향을 주지 않는 경우이다.

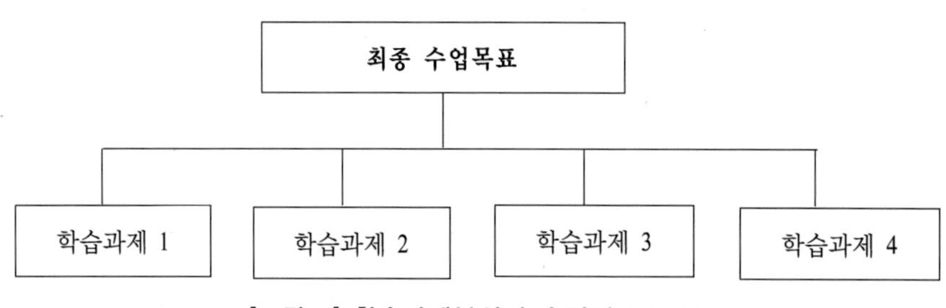

[그림 7] 학습과제분석의 수평적 구조도

(2) 수직적 구조도

각 하위 학습과제가 각기 다른 수준의 학습과제로 서로 수직적인 관계 속에 있는 것으로 각 학습과제는 서로 학습전이(學習轉移)를 이루는 위계적 관계 속에 배열되어 있다. 기능을 요구하는 교과나 어떤 특수한 기능을 학습하는 경우이다.

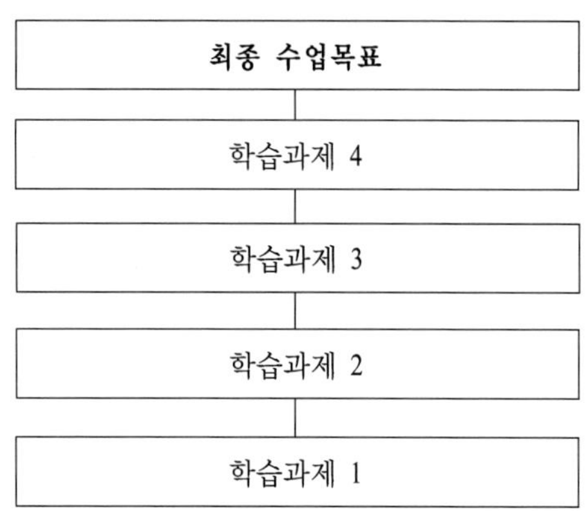

[그림 8] 학습과제분석의 수직적 구조도

(3) 위계적 구조도

학습위계적 분석표의 대표적인 것으로 많은 교과의 단원에서 이 모양으로 분석될 수 있는데 학습
과제가 횡적, 종적으로 연결되어 있다.

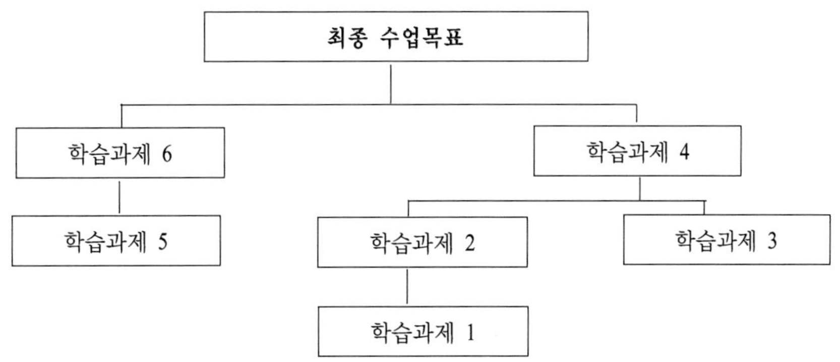

[그림 9] 학습과제분석의 위계적 구조도

(4) 혼합적 구조도

혼합적 구조도는 앞에서 제시한 세 가지의 특징이 섞여 있는 것으로 어떤 학습과제들은 단순한
수평적 관계 속에 놓여 있고 어떤 경우에는 수직적·위계적인 관계 속에 있는 경우이다.

(5) 지도계획(총 ○시간)

과제분석에서 학습요소가 추출되고 그 위계성이 밝혀지면 학습요소들의 학습순위가 결정되는데,
이를 토대로 시간 계획을 세우게 된다. 즉 단원 전체의 전개계획으로서 차시별로 지도내용을 요약
진술하여 단원 전체의 지도 과정을 파악할 수 있게 하기 위한 것이다.

(6) 평가계획(평가관점)

특정 단원의 학습이 끝난 후에 이루어지는 총괄적 평가(단원 목표 달성도의 측정) 계획을 말한다.
이때 단원 목표의 학습 활동, 평가계획이 일관성이 있도록 유의해야 하며 편의상 평가관점만 기술할
수 있다.

(7) 지도의 실제

전체 지도계획에서 본시에 해당하는 학습과제 및 내용의 구체적인 학습 전개계획이다.

(가) 단계

보편적인 단계(도입, 전개, 정리 - 구분 선은 점선으로)로 나누어 쓰며 교과나 교재에 따라 알
맞게 선정한다.

(나) 학습요소

① 명사식: 법원의 종류, 법원의 기능 알기(예)

② 권고식: 법원의 종류를 알아보자. (예)

③ 문제식: 법원의 종류에는 어떤 것이 있나요? (예)

(다) 교수·학습 활동(본시 활동)

학습요소별로 학습 형태, 방법, 활동 등을 교사와 학생의 입장에서 구분하여 진술한다. 교육은 인간 삶의 한 과정이며 학습자는 역사적·사회적 맥락에서 자신의 삶을 이해하고 구체적인 삶의 경험과 의사소통을 통해 지식을 찾아가며 삶의 의미를 깨닫게 된다. 또한 텍스트상의 지식은 고정된 하나의 것으로 결정되어 있는 것이 아니라 그것을 바라보는 학습자의 이해와 텍스트상의 의미 간 상호작용 속에서 학습자에 따라 다르게 구성될 수 있다. 이러한 상황에서 교수·학습 활동은 기존의 관점이나 시각, 역사적·문화적 자료의 지식을 학습자가 그대로 수용하는 것이 아니라 학습자 스스로 자신의 생각과 역사적·문화적 자료의 지식을 이해하고 교사나 동료들과의 의사소통을 통해 좀 더 정확한 의미를 찾고 만들어 가는 것이다.

해석적 관점에서의 교수·학습 방법은 역사적·문화적 자료의 이해를 토대로 대화를 중심으로 하는 일반적인 토의, 토론 학습이나 협동학습 모형을 적용할 수도 있으며, 진정한 의미 이해의 도달을 위하여 대화수업의 원리를 적용한 협동학습, 쟁점토론 수업, 모둠 수업의 방식을 사용할 수도 있고, 역사적·문화적 자료를 토대로 하되 주어진 문제 상황을 주체적이고 창조적으로 이해하고 설명하며 재구성하여 이야기를 만들어 감으로써 이야기를 선정·비교·추론·배열·수정하는 내러티브 학습을 적용할 수도 있다. 또한 대화를 바탕으로 한 소그룹별 프로젝트 학습에 적용할 수도 있다.

(라) 시간

지도단계별 또는 학습요소별로 소요시간을 분(分)단위로 적는다.

(마) 자료 및 유의점

자료는 교수·학습 과정에서 동원되는 교사와 학생의 유형, 무형의 모든 자료를 투입시기에 적절하게 적는다. 유의점은 교수·학습 활동과 관련하여 교사가 유의해야 할 점을 교사의 입장에서 진술한다.

(비) 판서계획

단위 학습시간의 핵심 정리계획으로서 구조화, 도표화하여 요점 정리한다.

(사) 형성평가계획

구두 또는 필답 문항 (3~5문제) 등 수행평가계획을 제시한다.

(아) 참고 사항

① 실태 조사 및 분석

② 교재 연구 자료

③ 기타

※ 참고 문헌: 가, 나, 다 순으로 저자명, 출판년도, 서명, 출판지, 출판사 등을 적는다.

예) 홍길동(2010). 수업설계 및 수업분석. 파주: 교육과학사.

　　임꺽정·변사또(2010). 수업장학과 수업분석. 서울: 학지사.

　　박한종·이종숙·신재한(2010). 으뜸 수업탐구의 정식. 파주 : 한국학술정보(주)

연구 문제

1. 수업(Instruction)의 의미와 특징에 대해서 간단히 기술하시오.

2. 교육과정과 수업, 교수, 학습, 교화, 조건화 등의 유사점과 차이점에 대해서 간단히 기술하시오.

3. 수업이 창조(Creation)적 과정이라고 할 때, '창조'의 의미는 무엇인지 간단히 서술하시오.

4. 수업과 수업설계의 관계에 대해서 설명하시오.

5. 수업에서 수업설계와 건축의 건물 설계도를 비교해서 설명하시오.

6. 학습과제분석의 수평적 구조도, 수직적 구조도, 위계적 구조 등을 상호 비교하고, 각각의 특징을 서술하시오.

7. 수업안(교수·학습 과정안)의 체제를 순서대로 열거하시오.

8. 여러 가지 수업모형을 제시하고 각각의 특징을 간단히 설명하시오.

9. 수업설계에서 진단적인 '출발점 행동'이 아주 중요한 이유를 설명하시오.

10. 단위 수업시간에 수업효과를 고양하기 위한 수업전략에서 고려해야 할 요소들을 열거하고 설명하시오.

제 **2** 부

◀◀ 수업관찰 및 수업분석 ▶▶

[Key Point]

제2부에서는 수업관찰과 수업분석에 대하여 집중적으로 접근해 본다. 수업과 수업분석 관련 용어의 의미를 통찰한 바탕 위에서 수업분석의 이론과 실제에 대해서 탐구한다. 수업분석의 실제적 기법과 도구, 요령 등에 대해서 심도 있게 접근한다. 특히 플랜더즈(Flanders)의 언어상호작용분석법, 터크만(Tuckman) 식 수업분위기 분석법, 필터(Filter) 식 접근법 등에 대해서 집중적으로 탐구한다. 아울러, 교육 과정 전문가, 수업 전문가로서 수업분석을 바르게 할 수 있는 자질과 능력, 그리고 혜안(慧眼)을 기르고, 이를 학교 현장에서 두루 활용하도록 한다.

▌제1장▐ 수업분석 관련 용어

1. 수업관찰과 수업분석

수업관찰은 교수방법 개선을 위한 수업과정에 관한 자료수집과 분석 및 평가에 가장 보편적으로 활용되고 있는 수단이다. 수업관찰이 필요한 이유는 교수방법과 학습방법에 대한 연구의 기초자료를 제공하는 데 많은 비중을 담고 있기 때문이다. 수업관찰에 의한 자료 수집은 수업개선을 위해 필수적이라고 하겠다(주삼환, 1999: 45).

수업과정의 분석은 과학적이어야 하며, 분석의 결과는 과학적인 방법으로 기록되고 처리되며 해석되어야 한다. 수업과정 분석의 궁극적인 목적은 학생행동 변화에 공헌하기 위한 것이다.

수업분석은 기본적으로 수업을 진솔하게 이해하는 데에서 출발해야 한다. 따라서 수업분석 과정은 수업을 올바르게 이해하는 과정이라고 할 수 있다. 일반적으로 수업분석은 "효과적이고 생산적인 수업을 위해서 수업기록을 근간으로 하여 교수 및 학습의 과정에서 이루어진 모든 사실과 현상을 비판적인 시각으로 보고, 교수학적 이론을 배경으로 하여 그 적절성을 검토하는 활동"이라고 정의할 수 있다.

즉 한 번 보는 것만으로는 이해하기 어려운 수업에 대해서 사실에 근거하여 그 수업의 고유한 특성을 찾아내고 이를 다른 사람들에게 이해할 수 있도록 표현하는 것이다. 따라서 수업분석의 개념은 수업에서 나타난 사실과 기록을 근거로 하여 여러 가지 특성과 현상을 이해하고 이를 비판적으로 해석하는 과정을 총칭하는 말이다. 수업분석은 사실과 기록을 근거로 하여 수업을 이해해 가는 총체적 과정이라고 할 수 있다(천호성, 2009: 30-33).

2. 수업장학

수업장학은 학생들의 학습능력과 학습수준을 향상시키고 학교의 교수·학습 과정을 보다 효과적이고도 체계적으로 유지, 개선하기 위한 교사들의 교수 및 수업행위에 직접적으로 영향을 줄 수 있도록 학교가 공식적으로 제공하는 제반 활동을 의미한다(박은종, 2009: 465). 수업장학은 학교장을 중심으로 하는 교내 자율 장학과 교육청 등 외부 상급 기관의 주도로 이루어지는 교외 장학 등으로 구분된다.

수업장학의 주된 관심과 목적은 수업자의 수업방법과 수업기술을 향상시킴으로써 학습자의 학습효과를 극대화시키는 것이다. 이와 같은 수업장학의 특징은 다음과 같다.

첫째, 공식적으로 계획된 조직의 필요성과 공식적인 권위에 기초하여 이루어지는 활동이다.

둘째, 직접적으로 수업하는 교사의 행동에 영향을 미치는 활동이다.

셋째, 학생들의 학습 촉진을 목적으로 교사의 행동 변화를 통해서 궁극적으로 학습을 개선시키고
　　　자 하는 활동이다.
넷째, 수업자의 수업방법과 수업기술을 개선시킴으로써 학습자들의 학습효과를 높이고자 하는 활
　　　동이다.
다섯째, 모든 교사들을 대상으로 하며, 수업자의 수업행동의 개선과 향상에 직접적으로 영향을 주
　　　는 활동이다.

3. 수업 컨설팅(수업장학 컨설팅)

수업 컨설팅은 수업 컨설턴트(수업 지원자)와 수업 컨설턴티(수업자)가 수업에 대한 공동 이해를
바탕으로 '보다 훌륭한 수업'을 전개·실행하는 데 도움이 되는 지식, 경험 및 정보 등을 공유하고, 수
업과 관련된 제반 사항에 대하여 상호 협력하는 총체적 과정이다. 따라서 수업 컨설팅은 수업자 자신,
동료교사, 외부의 수업 컨설팅 전문가 등이 협력하여 지속적으로 수업에 대해서 진단, 처방, 실행 등
을 통해서 실질적인 개선을 이루어 가는 자기 주도적 교원 전문성 신장 과정이라고 할 수 있다.

수업 컨설팅은 수업개선을 지향하며, 학교교육 개선을 목적으로 하는 학교 컨설팅과 함께 학교교
육의 질적 개선을 추구한다는 공통점이 있다. 학교 컨설팅과 비교해 볼 때 수업 컨설팅은 실질적인
수업개선을 위하여 수업자에게 필요한 지식, 기능, 가치·태도 등에 대해서 성찰(省察)해 볼 기회를
제공함으로써 수업에 대한 전문성을 신장하는 것을 직접적인 목적으로 한다.

4. 수업비평

수업비평은 수업평가와는 좀 다른 개념으로서, 수업에 대해서 기존의 전통적인 관점에서 표준화
된 방식에 의해 수업을 평가하는 평가적 관점이 아닌, 교사의 수업행위를 자율적이고도 구성주의적
관점에서 '비평적 관점'으로 접근하는 수업이해 활동이다.

이와 같은 수업비평은 미국의 교육학자인 아이즈너(E. Eisner)가 처음 주장한 개념으로, 그는 수업
비평을 감식가가 감식안을 통하여 본 것을 개인 내부에서만 존재하는 것으로 보고, 이 개인적인 것
을 다른 사람들과 공유하기 위해서 언어를 통해서 드러내는 것으로 파악하였다.

결국 수업비평에서 수업은 교사가 교육과정과, 교과서, 수업안을 재구성하여 가르치는 과정
(process)에서 자신의 교육관, 세계관, 인생관, 미래관, 교육관 등을 반영하는 것이다. 나아가 수업비
평은 교사와 학생이 함께 구성해 가는 수업현상을 하나의 분석 테스트를 활용하여 수업 활동의 과
학성과 예술성, 수업 참여자의 의도, 교과와 사회적 맥락 등을 종합적으로 고려하면서 수업을 기술,
분석, 해석, 평가하는 비판적으로 접근하는 활동이다.

5. 수업평가

　　수업평가는 수업에 투입된 내용이 의도된 대로 되었는지 어떤지를 알아보는 것이다. 즉 수업평가는 의도된 성과와 실현된 성과를 비교함으로써 수업이 제대로 수행되었는지를 결정하려는 것이다. 그러므로 수업평가는 궁극적으로 수업에 관련된 제반 요인인 투입변인, 과정변인, 산출변인의 가치를 판단하는 활동이다. 또한, 수업평가는 여러 가지 행정적 결정을 위해서도 필요하다. 교육행정가들은 여러 가지 교육적 자원을 효율적으로 분배하는 데 책임을 지고 자원의 투입시기와 장소, 투입대상, 투입방법 등을 결정해야 하며, 수업의 효율성에 장애가 되는 것이 무엇인지, 어떤 프로그램을 지속적으로 유지할 것인지, 중단할 것인지를 결정해야 한다. 이러한 수업에 대한 의사 결정의 근거가 되는 것이 곧 수업평가이다. 수업평가는 평가자의 의도와 각 행정수준별 필요성에 의해서 진행될 수도 있다. 어떤 의도에서 어떤 목적을 가지고 수업평가를 하든지, 수업평가는 궁극적으로 수업에서 투입변인, 과정변인, 산출변인 등을 분석함으로써 수업의 질적 개선을 도모하며, 교수의 효과성을 높이는 데 초점을 둔 활동이라고 할 수 있다(주삼환 외, 1999: 253-254).

■제2장■ 수업분석의 의미

1. 수업분석의 특성

수업이 복잡하고 다양한 의미를 지닌 활동이기 때문에 수업을 분석한다는 것은 다양한 변인들이 복합적으로 적용하는 매우 복잡하고 다양한 특성을 지닌 활동이라고 말할 수 있다.

수업분석은 수업설계 과정에서부터 수업의 실행, 수업 후 평가 과정에 이르기까지 수업과 관련하여 일어나는 모든 사실과 현상을 가능한 한 상세하게 관찰·기록하여 이를 토대로 구체적으로 분석하는 수업에 관한 종합적인 연구 활동이다. 수업관찰과 분석을 토대로 수업을 구성하고 있는 각 요인 간의 관련 구조, 학생들의 사고 과정, 교사의 의사 결정과정 등 수업에서 일어나는 모든 사실과 현상과 관련하여 그 배후에 있는 원리와 법칙, 그리고 드러난 사실과 현상에 대한 의미를 경험과학적, 해석학적으로 밝혀내려는 수업에 대한 종합적 교육 연구 활동이다. 아울러, 수업분석은 수업과 관련한 여러 현상과 사실을 종합적으로 이해하는 '수업의 종합적 이해와 탐구 과정'이라고 할 수 있다(천호성, 2010: 339).

수업분석의 방법은 내용적 분석과 형태적 분석 두 가지로 나누어서 생각해 볼 수 있는데, 내용적 분석은 교과 본질상의 문제에 초점을 두고 전개된 수업이 교과의 목적이나 단원의 목적에 비추어 과연 타당하였는가를 보려는 분석방법이다. 반면에 형태분석법은 학습지도방법 및 판서, 시청각 교재의 이용 등 주로 형태적·형식적인 면의 분석이다. 좋은 수업이란 내용적인 면과 형태적인 면이 상호보완적인 관계에 있으면서 조화를 이루는 수업을 말한다고 할 수 있다.

수업분석에서의 진단과 조언의 기준은 무엇이 되어야 하는가? 그것은 '학생들에게 의미 있는 교과학습 경험을 제공하는 수업인가' 하는 것이며 수업분석에서 분석자의 조언은, 분석자의 기준에 입각한 교사의 수업에 대한 진단 결과를 교사와 함께 나누어 보는 '대화'로서의 조언이라고 할 수 있다.

수업분석은 다양한 목적과 필요성에 의해 이행, 시도된다는 점, 분석방법이 여러 종류인 점, 그리고 수업분석의 결과를 해석하고 활용하는 방법도 다양하다는 점 등 여러 요인들이 역동적으로 작용하는 독특한 특성을 지니고 있다.

이와 같은 특성들을 몇 가지로 분류하여 요약하면 다음과 같다(배호순, 1992: 120).

첫째로, 수업분석이란 매우 다양한 목적과 필요성에 의해 이루어진다는 점이다.

수업은 어떤 목적을 추구하기 위해 실시되는 복잡한 활동이기 때문에 이를 분석하려면 어떤 목적으로, 왜 필요한가를 먼저 고려해야만 그 의미를 구체화할 수 있다.

둘째로, 수업이 복잡한 특성을 포괄하고 있는 개념이므로 이를 분석하는 준거도 다양하다는 점이다.

수업 활동이 복잡하고 다양한 상호작용으로 이루어지고 있기 때문에, 이를 분석하기 위한 준거도 필연적으로 복잡하고 다양하다는 특성을 지닌다. 수업을 분석하기 위한 준거가 분석자마다, 분석목적마다, 분석상황에 따라 다르게 설정할 수 있기 때문에 일관성 있고 통일된 준거가 설정되어 있지 못하다는 점이 또 하나의 특징이다.

셋째로, 이처럼 분석준거가 상황 따라 다르기 때문에 분석지표나 분석자료가 각기 다를 수밖에 없다는 점도 하나의 특성이 될 수 있다. 말하자면 분석자마다 각기 다른 분석자료를 수집하여 분석할 수 있는 동시에, 같은 자료를 가지고도 분석목적이나 강조점마다 각기 다른 지표를 설정할 수 있다는 점이다.

넷째로, 분석준거가 다양한 것처럼 분석기준도 다양하게 설정할 수 있다는 점이다. 하나의 분석준거에 대해서도 분석자마다 각기 다른 분석기준을 설정할 수 있고, 또한 각기 다른 판단을 내릴 수 있다는 점이다.

다섯째, 수업분석 결과가 여러 각도로 해석될 수 있고 여러 목적으로 활용될 수 있다는 점이다. 즉 분석의 결과가 그 목적하는 바에 따라 각기 다른 각도로 활용될 수 있다는 점은 그만큼 활동가치가 많다는 점을 말해 준다.

2. 수업분석의 목적

수업분석은 누가, 어떤 필요에 의하여 어떤 목적을 달성하기 위해서 어떤 점에 초점을 두고 실시하느냐에 따라 그 의미와 특성이 달라진다. 즉 교사 자신이 수업 활동 자체를 연구하여 바람직한 수업모형을 탐색할 필요성에 입각하여 수업분석을 하였다면 분석준거와 교과 간의 관계라든가, 수업패턴의 탐색, 수업모형의 효율적 적용, 교수자료의 활용과 검증 등에 초점을 두게 될 것이고 교사가 수업목표를 어느 정도 달성하였는가를 분석해 볼 목적으로 분석을 시도하였다면 수업목표 달성도 평가에 초점을 두게 될 것이다.

수업분석은 수업기술을 연마하고 좋은 수업을 하기 위해 교사에게 꼭 필요한 자기 평가의 과정이다. 수업분석의 목적을 정리하면 다음과 같다.

첫째, 질 높은 수업을 위해 교사의 수업기술과 능력을 향상시키기 위한 목적

둘째, 수업목표의 달성도를 파악하기 위한 목적

셋째, 수업효과를 탐색하기 위한 목적

넷째, 교육과정 및 교육과정 자료를 개선하기 위한 목적

다섯째, 학생지도와 교육연구를 위한 목적

여섯째, 교원 인사행정에 필요한 자료를 수집하기 위한 목적

이와 같이 수업분석의 필요성은 그 분석이 어떤 목적을 달성하기 위해서 시도되는가에 의해서 결정된다고 할 수 있다. 그러므로 수업분석의 목적을 정리하면 다음과 같다(배호순, 1992: 123).

첫째, 수업의 질을 개선하기 위한 목적

둘째, 수업목표의 달성 정도를 파악하기 위한 목적

셋째, 수업효과를 탐색하기 위한 목적

넷째, 교육 과정 및 교육 과정 자료를 개선하기 위한 목적

다섯째, 교원, 인사행정에 필요한 자료를 수집하기 위한 목적

여섯째, 학생지도를 위한 목적

일곱째, 교육연구를 위한 목적

일반적으로 수업분석은 단일 목적만을 추구하는 경우보다는 여러 목적을 복합적으로 추구하는 경우가 많다. 그러나 대체로 수업개선에 목적이 있으므로 기본적인 수업전개능력, 학습 활동의 관리능력, 필수적인 수업기술, 수업계획 및 수행능력, 자료의 선택 및 활용능력, 수업 활동의 열성 정도, 수업목표의 달성도 등에 초점을 두어 분석하는 것이 바람직한 것이다.

3. 수업의 질 관리

교사의 질은 무엇인가? 그것은 교사의 수업능력 혹은 수업 활동을 가리킨다. 교사의 수업 활동은 가르치는 내용과 가르치는 방법으로 구분하여 접근할 수 있다. 그것은 교과라는 내용을 가르치는 일로 반드시 어떠한 방법이 동원되기 마련이다. 그러므로 일단 교사능력은 교과내용의 이해와 수업방법의 숙달로 이루어진다고 볼 수 있을 것이다.

내용과 방법에 관한 문제를 탐구하는 데에는 비비(C. E. Beeby. 1996)의 유명한 논의가 도움이 된다. 그는 한 사람의 교사가 받은 전체 일반교육의 정도와 교사가 되기 위하여 받은 전문훈련의 정도를 기준으로 교사의 질을 4수준으로 규정하고 있다.

1) 제1단계 수준: 보잘것없는 일반교육을 받았고 전문훈련을 거의 받은 바 없어 교사들은 알고 있는 교과내용을 학생에게 힘겹게 전달할 뿐이다.

2) 제2단계 수준: 보잘것없는 일반교육을 받았으나 전문훈련을 제법 받은 교사이다. 지적으로 자신이 없어서 내적 안정을 기하기 어렵고 엄격한 외적 훈육, 고도로 조직된 통제, 빡빡한 시험, 세밀한 검열 분위기로 특징지어진다. 또한 새로운 교육방법을 받아들이지 못하고 전통적인 교수법으로 일관하기 쉽다.

3) 제3단계 수준: 이 수준의 교사들은 일반교육과 전문훈련을 어느 정도 받은 상태이므로 지적으로 자신감이 생기고 만족하지는 않지만 교육 활동도 무난하다. 즉 4단계의 과도기 단계이다. 아직 교사철학의 변화는 이루지 못한 단계이다.

4) 제4단계 수준: 이 수준에 속하는 교사들은 일반교육과 전문훈련을 충분히 받은 사람으로 규정한다. 이 수준은 학생들의 창의적인 작업과 신체활동 및 탐구가 활발하고 정서적·심미적 분위기가 연출된다(가장 의미 있는 수준).

비비의 4단계 수준에서 보듯이 교사의 질이 수업의 질을 좌우한다는 것을 알 수 있다. 우수한 교사의 질은 우수한 수업의 질을 보장한다. 따라서 교사는 각 교과의 교재연구를 철저히 하여 가르쳐야 할 목표와 내용을 상세히 파악하고 수업방법의 기술을 향상시키는 전문훈련을 강화하여 수업의 질을 높여 나가야 할 것이다.

4. 수업분석의 절차

1) 준비 및 설계단계

가. 수업분석 목적의 확인 및 근거의 확인

수업자와 분석자(참관자, 관찰자)가 일정 및 장소 그리고 수업분석 방법, 관찰 중점 사항 등에 대한 계획을 공동으로 수립한다. 수업분석의 최초단계는 수업분석을 '누가', '어떤 필요'에 의해 '어떤 목적'으로 실시하고자 하는가를 확인하는 일이 된다. 수업을 분석하기 위해서는 먼저 '왜' 수업을 분석하고자 하는가를 파악하는 일이다. 이것은 분석의 목적을 확인하고 분석에서 특히 강조해야 할 점과 초점으로 삼아야 할 점이 무엇인가를 명료화하는 데 필요한 조건이 되기 때문이다.

수업분석 목적의 확인 및 근거의 확인단계에서 특히 생각해야 할 점은 수업분석의 근본목적과 분석에서 강조해야 할 점이 무엇인가를 확인하는 일이라고 할 수 있다.

나. 수업분석 활동의 설계

어떤 목적으로 수업을 분석하고자 하는가와 어떤 여건과 제한하에서 어떤 수업을 분석할 것인가를 확인하는 일은 거의 동시에 이루어지며 이와 같은 확인이 이루어져야만 구체적인 분석 활동을 설계할 수 있게 된다.

따라서 수업분석 활동의 설계단계에서는 분석자가 어떤 관점 및 분석모형을 선정할 것인가를 고려하는 동시에 누구를 대상으로 어떻게 분석 자료를 수집할 것인가를 고려하며, 수집된 자료를 근거로 하여 판단을 어떻게 내리고 그 결과를 어떻게 보고하고 협의할 것인가 등 전반적인 분석 활동 및 일정을 설계해야 한다.

실제 수업을 참관하고 분석에 임하는 단계로서 수업분석의 효과를 높이기 위해서는 여러 사람의 분석자가 역할을 분담하여 수업자가 도움을 받기 원하는 영역에 대하여 집중적으로 분석하는 것이 바람직하다.

2) 판단근거 수집단계

가. 수업분석 준거의 설정

수업분석의 준거 설정단계에서는 수업의 어떤 점을 분석해야 할 것인가를 확인하는 일로 수업을 통하여 달성하고자 하는 것, 학생들로 하여금 성취하도록 의도하는 것, 수업을 통하여 산출되어야 할 것, 수업 활동의 주요 특성, 수업의 주요 기능, 그리고 수업의 주요 영역, 범위, 내용 등이 수업분석에서 준거가 될 수 있다.

그러나 어떤 점을 분석근거로 삼아야 할 것인가는 분석자, 분석목적, 강조점, 분석방법 등에 따라 각기 다를 수 있으며 보다 타당하고 효율적인 분석을 위해서는 세분화하고 구체화한 준거를 설정하는 것이 바람직하다. 예를 들면 교사의 수업효과를 준거로 삼는다고 할 때 이를 의사소통의 효과, 학습동기유발의 효과, 수업내용의 구조와 효과, 학생의 학습시간 및 기회 활용 면에서의 효과, 학습활동의 관리 면의 효과 등으로 세분화할 수 있다는 것이다.

나. 수업분석 자료의 수집

수업분석 자료의 수집단계는 설정된 분석준거에 입각하여 준거마다의 증거자료인 분석자료를 수집하는 단계로 각 준거마다의 특성을 고려하여 각 준거의 관점에서 실천된 상황과 사실을 바탕으로 수업을 통하여 영향을 받고, 성취하거나 변화한 점 또는 수업으로 인하여 자극되거나 산출된 점 등을 나타내거나 증거가 되는 근거자료들을 관찰하고 기술하여 측정하는 활동이 요구된다.

분석자는 이 단계에서 적용하는 분석방법이나 분석모형을 고려하여 보다 적합한 측정방법을 정해야 하는 동시에 관련 자료를 수집하는 데 필요한 측정도구를 선정하거나 개발해야 한다. 측정방법은 대개 관찰법, 검사법, 면접법, 기록물 분석법, 평정법, 질문지법 등이 있으며 주요 자료원으로는 수업담당교사, 동료교사, 교장 및 교감, 학생, 교직원, 각종 기록물 등이 있다.

다. 수업분석기준의 결정

수업분석기준의 결정단계에서는 분석준비와 측정자료를 바탕으로 하여 분석기준을 결정하는 일이 이루어진다. 어떤 준거를 중심으로 수집된 자료를 이용하여 그 수업이 준거 측면에서 어느 정도 만족스럽게 달성되고 있는가를 판단하기 위해서는 그 판단기준이 필요하므로 이러한 판단을 위한 기준으로 삼을 수 있도록 바람직한 수준이나 정도를 정하는 일이 곧 분석기준을 결정하는 일이 된다.

가령, 수업목적을 학생이 어느 정도 달성하였는가를 중점적으로 분석하는 경우 '수업목표의 달성'이 하나의 분석준거가 될 수 있으며, 학력평가 실시결과로서 평가점수가 하나의 측정자료가 될 수 있다. 또한 교사가 의도했던 수업목표 달성 정도가 하나의 분석기준이 될 수 있다.

3) 판단 및 정리단계

가. 분석에 의한 판단의 실시

수업분석에 의한 판단의 실시단계는 설정된 분석준비와 수집된 분석자료 그리고 분석기준을 분석

근거로 삼아 총괄적인 판단을 내리는 단계로 분석대상인 수업의 가치를 확인하고 발견하는 일, 전반적인 성취와 달성 면에서의 추세나 패턴을 파악하고 발견하는 일, 기준에 비추어 결과로서의 자료를 비교하는 일 등이 중심이 되며 비교 활동을 통하여 수업의 가치와 장점, 수업의 효과와 영향, 수업 자체의 문제점과 개선할 점을 파악할 수 있다.

나. 수업분석 결과의 보고 및 활용

역할 분담별로 기록한 내용의 결과를 종합·정리하여 해석하고 개선의 방향을 제시한다. 이 단계는 분석결과를 수업담당자에게 보고하는 활동이 이루어지는 단계로 이때는 보고 대상자를 확인, 결정하고 보고할 시기, 보고방법 및 형태, 보고한 내용 등을 체계적이고 효과적으로 보고하게 해야 하며 분석결과는 수업담당교사가 유용하게 활용할 수 있도록 하여야 한다.

가령, 수업을 개선하는 데 목적을 두고 수업분석을 하였다면 분석결과 보고 및 협의가 수업의 질 개선, 수업효과 증대를 위하여 직접 활용하도록 하는 데 모든 활동의 초점이 맞추어져야 한다는 것이다. 아울러, 수업자와 분석자가 수업분석의 결과를 분석표에 의해 협의하고 자기 수업행동에 대한 교정의 자료로 활용한다.

5. 수업분석의 전제 조건

첫째, 수업분석의 범위와 내용을 한정시켜야 한다. 수업분석의 내용에는 수업목표나 교수·학습활동, 수업분위기, 언어상호작용 등 여러 가지 측면이 있다. 이러한 여러 가지 중에서 어느 영역의 내용을 분석하며, 그 정도(수준)는 어떻게 할 것인지를 명백히 하고 수업분석에 임해야 한다.

둘째, 수업분석의 방법이 객관적이고 신뢰할 수 있어야 한다. 객관성과 신뢰성이 확보되면 수업분석자들 간에 의견의 일치를 기할 수 있다. 신뢰도를 높이기 위해서는 수업분석의 관찰기준을 명백히 해야 한다. 관찰기준이 불명확할 경우에는 같은 내용의 수업에 대하여 분석자들 간에 심한 의견 차를 나타낼 수 있는데 이는 수업분석 결과의 신뢰도를 떨어뜨리는 요인이 된다.

셋째, 객관적이고 과학적인 방법으로 기록되고 처리되며 해석되어야 한다. 수업분석의 목적은 교육의 과학적인 실천에 있으므로 수업분석은 과학적인 방법으로 이루어져야 한다. 즉 과학적인 방법으로 기록하고 해석할 수 있는 관찰방법이나 도구를 선정해야 한다. 수업분석의 과학적인 방법으로는, 관찰한 사실과 해석을 혼동하지 말아야 하고, 관찰기록은 가급적 수량으로 표시하며, 객관적이고 보편적인 관점에서 관찰해야 한다.

넷째, 수업분석의 결과는 수업자에게 확인되고 스스로의 수업행동을 교정하는 데 도움을 주어야 한다. 수업분석의 궁극적 목적은 수업의 질 개선에 있다. 따라서 수업분석의 결과는 객관적이고 과학적인 자료가 되어야 하며, 수업자가 자신의 수업개선을 위해 겸허하게 받아들이고 도움을 줄 수 있는 내용이어야 한다.

다섯째, 수업분석의 방법은 실용적인 목적에 부합되어야 한다. 수업분석이 수업방법의 개선을 목적으로 한다면 그것은 실용성이 전제되어야 함이 당연하다.

여섯째, 수업분석의 목적은 학습자인 학생을 보호하는 데 두어야 한다. 교사의 효율적인 수업행동은 궁극적으로 학생에게 좋은 영향을 준다. 수업분석의 결과가 아무리 바람직하더라도 학습자의 행동 변화에 긍정적인 영향을 주지 못한다면 그 분석은 무의미한 것이 되고 만다. 따라서 수업분석은 학습자를 보호하는 차원에서 이루어져야 한다.

일곱째, 한 가지 수업분석 방법만으로 수업 전체를 평가하는 것은 지양해야 한다.

여덟째, 수업분석에 임하는 준비가 되어 있어야 한다. 수업분석 시에는 수업자의 적극적이고 자발적인 수용 태도가 필요하고, 수업관찰자의 수업분석 기능과 교육적인 참관 태도가 요구된다. 또한 수업분석의 목적을 달성하기 위한 조직적이고 체계적인 협의회가 필요하다.

6. 수업분석의 내용

수업연구나 연구수업을 위한 수업분석의 일반적인 절차와 내용은 <표 12>와 같다.

〈표 12〉 수업분석의 일반적 내용

영 역	항 목(예)	관 점 (요 소)
수업전활동	(1) 수업의 준비도	① 학습자의 능력(출발점 행동)에 알맞게 계획되었는가? ② 수업내용에 대한 교사의 연구도와 준비는 어떠한가?
	(2) 교수·학습과정안	① 교수 목적이 분명하고 적절한가? ② 교수·학습의 내용, 수준, 방법은 적절한가? ③ 수업 도구와 인적 자원이 적절한가?
	(3) 수업 환경의 설정	① 수업을 위한 교사의 용모, 옷차림 등은 어떠한가? ② 교수·학습을 위한 교실의 환경은 어떠한가? ③ 학습자료의 설치, 통풍, 보온 상태는 어떠한가?
수업중활동	(1) 교사 활동	① 학습목표의 제시와 동기유발이 바람직한가? ② 목표 도달에 알맞은 학습 형태인가? ③ 학습자의 흥미도가 배려되어 있는가? ④ 교사의 태도, 용어, 발문이 알맞은가? ⑤ 학습의 집단화와 개별화가 조화로운가?
	(2) 학생 활동	① 학습용구가 잘 갖추어졌는가? ② 학습을 위한 학습방법의 기본 기능이 갖추어졌는가? ③ 학습 과정에 학습자가 적극적으로 참여하는가? ④ 학습목표에 대한 도달도는 어떠한가?
	(3) 연습 및 일반화	① 적절한 연습 기회와 양이 제공되었는가? ② 학습과제가 간단(친숙)한 것에서 복잡한(친숙하지 않는) 것으로 제시되었는가? ③ 학습의 진행이 진단과 정보에 의해 이루어지는가? ④ 아동의 개인차가 고려되고 있는가? ⑤ 학습한 내용을 주변 생활에서 경험할 수 있는 기회를 주었는가?
	(4) 자료 활용	① 자료의 선택과 제작이 알맞은가? ② 자료의 제시 시기 및 방법은 효과적인가?

영 역	항 목(예)	관 점 (요 소)
	(5) 학습결과 정리	① 학습결과의 정리가 바람직한가? ② 학습내용에 대한 판서가 구조화되었는가? ③ 학습결과에 대한 형성평가가 바람직한가? ④ 계획과 실지 수업의 진행은 적절한가? ⑤ 학습목표에 대한 접근은 어떠한가? ⑥ 차시 학습과제에 대한 예고가 분명한가?
수업후활동	(1) 참관협의회 운영	① 수업 참관 협의회에 임하는 태도는 어떠한가? ② 연구수업에 대한 동 학년의 협조는 어떠한가?
	(2) 분석 결과의 환류	① 수업분석에 나타난 사실을 겸허하게 받아들이는가? ② 수업분석의 결과를 스스로의 수업행동 교정에 활용하는가?

7. 수업분석의 방법

수업분석 방법에는 수업 중 질의응답 분석법, 교실좌석표를 이용한 분석법(과업집중분석법, 언어
흐름분석법, 이동양식 방법), 일화기록 분석법, 플랜더스의 언어상호작용분석법, 수업분위기 분석법
등이 있다.

1) 수업 중 질의응답 분석법

하이만(Hyman)이 개발한 방법으로 수업 중에 교사와 학생 간에 구조화, 요청, 응답, 반응 네 가지
상황이 발생하는 빈도를 체크하여 분석하는 방법으로 체계적이지 못하고 비논리적이나 누구나 쉽게
사용할 수 있는 방법이다.

〈표 13〉 수업 중 질의응답 분석지

번호	교사				학생			
	응답	구조화	반응	요청	응답	반응	요청	구조화
1				∨	∨			
2		∨				∨		

※ 구조화: 일련의 행동을 하기 위한 상황 조성(예: 자, 오늘은 물의 오염에 대해서 공부해 봅시다)
요청: 모든 질문은 요청하는 언어이며, 명령, 지시, 부탁하는 언어도 포함됨
반응: 앞에서 말한 것을 수정하고 평가하는 기능(예: 영수야 대답 참 잘했구나)
응답: 질문에 답하는 행동

2) 교실 좌석표를 이용한 분석법

교실 좌석표 이용 분석법은 맥그로우(McGraw)가 개발하였으며, 과업집중 분석법과 언어의 흐름
분석법, 이동양식 방법이 있다.

가. 과업집중 분석법

(1) 교실 내 학생의 좌석 형태와 같은 좌석표를 만든다.
(2) 학생들의 행동을 다음과 같이 나타낸다.
a. 과업 중   b. 과업 중(교사와)   c. 자리이탈   d. 잡담   e. 공상   f. 장난

③ 3~4분 간격을 두고 6단계의 일을 관찰 기록한다. (1, 2는 관찰 순서)

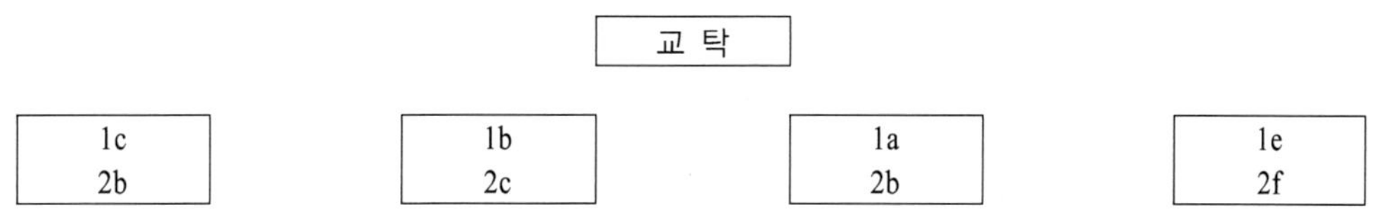

[그림 10] 좌석 배치표

나. 언어흐름 분석법

(1) 학생 좌석표를 만든다.
(2) 교사와 아동의 발언 흐름을 화살표로 표시한다.

부호	언어	부호	언어
↓+	칭찬 또는 격려	↑∨	자발적인 적절한 반응
↓−	비판 또는 부정적 언어	↑×	부정적인 반응
↓?	발문	↑?	질문
↓!	전체를 대상으로 한 설명이나 말	↑!	학급 아동에 대한 설명이나 말

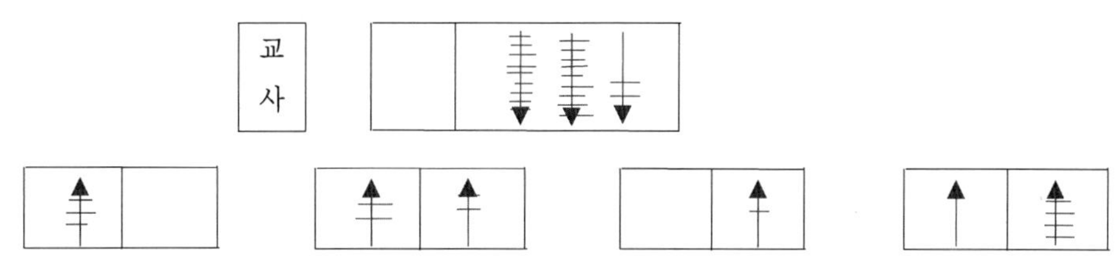

[그림 11] 언어흐름 분석표

다. 이동 양식 방법

(1) 좌석표를 만든 후 교사와 학생의 이동을 관찰하여 화살표로 표시하는 방법이다.
(2) 이동 양식을 나타내는 특정 방법은 없으므로 교사가 자의로 할 수 있다.

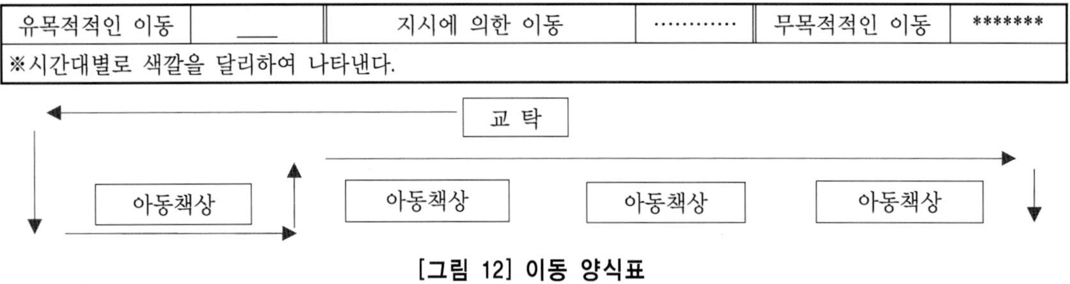

[그림 12] 이동 양식표

3) 일화(逸話)기록 분석법

수업 전반을 관찰하는 일종의 질적인 관찰방법으로, 학급에서 수업 중에 일어나는 사건을 관찰자의 오관을 통하여 들어오는 그대로, 사실대로, 민속학적인 방법으로 기술했다가 분석하는 방법이다. 수업의 주요활동이 아닌 이면의 활동이라도 수업분위기를 파악할 수 있는 내용은 기록한다. 유의할 점은 짧은 기술적 문장으로 구성하며, 문장은 가능한 한 객관적이고 비평가적이어야 하며(예: 몇 학생이 하품을 한다), 직관적인 관찰을 사실대로 상세하게 기록해야 한다는 점이다.

4) 플랜더즈(Flanders)의 언어상호작용분석법

대표적인 수업형태 분석방법이다. 교사와 학생 사이의 언어상호작용을 분석하는 방법으로, 발언을 교사 발언과 학생 발언으로 나누고, 교사 발언은 다시 비지시적 발언과 지시적 발언의 10개 항목으로 나누어 분석한다. 수업관찰을 하면서 의사소통의 행동 특징을 3초마다 기록지에 기록한 후 분석 결과, 지시적 수업인가, 비지시적 수업인가를 평가하는 것으로 지시적 수업은 지배적, 전제적, 교사 중심, 배제적, 제한적 의사소통의 특징을 가진 것으로, 비지시적 수업은 통합적, 민주적, 학생 중심, 포괄적, 권장적 의사소통 등의 특징이 있는 것으로 분류한다. 수업형태 분류 항목은 다음과 같다.

구 분	발 언	발언 기능 및 요령
교사의 발언	비지시적 발언	① 감정의 수용: 비위협적인 방법으로 학생의 감정이나 태도를 수용하거나 명료화한다. 감정은 긍정적일 수도 있고 부정적일 수도 있다. 감정을 예측하고 회상하는 것도 포함된다. ② 칭찬이나 격려: 학생을 칭찬하거나 격려한다. "으흠", "그렇지."라고 말한다. 긴장을 완화하는 농담을 한다. "그래, 그래" 또는 "계속해 봐."라고 말하는 것도 포함된다. ③ 학생의 생각을 수용하거나 사용하기: 학생이 자신들의 생각이나 의견을 제시하도록 하고 개발하게 한다. 학생들이 말한 생각을 도와주거나 발달시킨다. ④ 질문(발문): 학생이 대답할 것을 기대하면서 교사의 아이디어에 기반을 두고 내용 또는 절차에 대하여 질문을 한다.
	지시적 발언	⑤ 강의: 교사가 내용이나 절차에 대하여 사실이나 의견을 제시한다. 교사 자신의 아이디어를 표현하고, 자기 자신이 설명을 한다. ⑥ 지시: 학생이 순응할 것을 기대하는 지시, 지휘, 명령을 한다. ⑦ 학생을 비판하거나 권위를 정당화함: 학생의 좋지 못한 행동을 좋은 행동으로 바꾸기 위하여 비판적인 말을 한다. 학생의 대답을 독단적으로 정정한다. 교사가 하고 있는 것을 왜 그렇게 해야 하는가에 대해 설명하거나, 자기 자랑을 한다.
학생의 발언	반응	⑧ 학생의 말－반응: 교사의 단순한 질문에 대하여 학생이 단순한 답변이나 반응을 한다. 학생이 답변하도록 교사가 먼저 유도한다. 학생 자신의 아이디어를 표현할 자유가 제한된다.
	주도	⑨ 학생의 말－주도: 학생의 자발적인 반응 혹은 교사의 유도에 의한 반응으로 학생 자신이 아이디어를 주도하거나 표현한다. 교사의 넓은 질문에 대하여 학생이 여러 가지 생각, 의견, 이유 등을 말한다.
기 타		⑩ 침묵이나 혼란: 관찰자가 교실 내 의사소통을 이해할 수 없는 잠깐 동안의 혼란, 침묵, 중단 또는 실험, 실습, 토론, 책 읽기, 머뭇거리는 것

5) 수업분위기 분석법

가. 터크만(Tuckman) 식 수업분위기 분석법

터크만(Tuckman)이 개발한 방법인 수업분위기 분석법은 학습의 성취 및 수업의 효과를 높이기 위하여 수업분위기를 관찰하고 평가하여 수업을 개선하고자 하는 수업장학의 한 방법이다. 수업분위기란 교사와 학생이 서로에 대하여 가지는 전반적인 태도를 의미하며, 이 분위기는 학생과 학생 간의 상호작용뿐만 아니라 교사와 학생 간의 많은 구체적인 상호작용에서부터 비롯된다. 서로 대비되는 28개의 형용사를 비교하여 체크리스트에 표시함으로써 학급분위기를 창의성, 활기성, 치밀성, 온화성으로 구분하는데 수업분위기 분석도구는 수업분위기 관찰지와 수업분위기 관찰 분석지 두 가지로 되어 있다. 관찰자는 28개 문항에 대해 표시하는데, 각 형용사의 쌍 사이에 있는 5개 수치 중 해당 숫자에 '√' 표시를 한다. 예를 들면 첫째 항목에서 만약에 독창적이라는 형용사가 교사의 행동을 가장 정확하게 묘사하고 있다고 생각하면 독창적이라는 말의 바로 다음에 있는 5에 '√' 표시를 한다.

5   4   3   2   1

독창적인 ¥ - - - + - - - + - - - + - - - +상투적인

[그림 13] 터크만 식 수업분위기 분석 평정척

그리고 관찰자가 독창적이라는 형용사가 '어느 정도 묘사하고 있다'고 생각하면 '√'를 왼쪽으로부터 두 번째 칸에, 상투적이라는 형용사가 '어느 정도 묘사하고 있다'고 생각하면 오른쪽으로부터 두 번째 칸에 '√' 표시를 한다. 만약 어느 형용사도 똑같이 맞다고(혹은 맞지 않다고) 느끼면 '√'를 중간의 세 번째 칸에 표시하면 된다. 이와 같이 28개의 형용사 쌍에 한 개의 '√' 표시만 하여야 하며, 빠뜨리는 항목이 있어서는 안 된다. 수업분위기 관찰 분석지는 수업분위기 관찰지에 기술된 점수들을 계산하기 위한 도구로서 수업분위기 관찰지에 기재된 값을 수업분위기 관찰 분석지에 나타나는 공식에 대입한다.

〈표 15〉 수업분위기 분석의 준거 영역

① 창의성	독창적, 창의적, 개방적, 융통성, 자율성, 모험성, 대담성
② 활기성	능동성, 진취적, 활기참, 자신감, 적극적, 활동적, 외향적
③ 치밀성	체계적, 계획적, 객관적, 일관적
④ 온화성	수용적, 공정함, 우호적

나. 수업분위기 개선 전략: 수업분위기 선호

수업분위기 개선 전략은 수업분위기 관찰 분석과 수업분위기 선호분석의 결과를 비교하고 둘 간의 불일치에 대한 피드백을 바탕으로 수업분위기를 개선하고자 하는 전략이다. 이때 수업분위기 선호분석의 결과를 얻기 위해 수업분위기 선호지를 이용하게 된다. 수업분위기 선호지란 수업자나 학생, 장학담당자가 수업의 분위기에 대해서 기대하거나 선호하는 정도를 기술하도록 만들어진 도구로서, 수업분위기 관찰지 도구에 나타난 형용사 쌍들과 동일하지만, 관찰한 결과를 기재하는 것이 아니라 선호하는 바를 표시한다는 것이 다를 뿐이다. 수업분위기 관찰지와 수업분위기 선호지를 누가 기재하느냐에 따라 다시 세 가지 전략으로 구분된다.

(1) 장학담당자의 관찰결과 대 수업자의 선호

수업자는 수업분위기 선호지에 자신이 선호하는 대로 '√' 표를 한다. 그리고 나서 장학담당자는 이 수업을 40~45분간 관찰한 뒤 수업분위기에 대한 장학담당자의 인상을 수업분위기 관찰지에 기술한다. 장학담당자와 수업자는 각자 작성한 관찰표와 선호표를 두고 토의하게 되며, 2~4주 후에 다시 수업자의 수업을 관찰하여 두 번 관찰 간의 유사점과 차이점에 대하여 수업자와 협의한다.

(2) 동료교사의 관찰결과 대 수업자의 선호

장학담당자는 자신이 장학하는 여러 교사들에게 교사 자신이 선호하는 것을 수업분위기 선호지에 표시하도록 요구한다. 그리고 교사들은 3~4명씩 조를 구성하여 각 조가 서로간의 관찰계획을 세워서 관찰한 뒤에 관찰한 동료에 대해 받은 인상을 수업분위기 관찰지에 표시하도록 한다. 장학담당자는 각 조가 관찰하여 기록한 결과에 대하여 조원들과 함께 협의한다.

(3) 학생의 관찰결과 대 수업자의 선호

장학담당자는 수업자에게 수업분위기에 대한 자신의 선호를 수업분위기 선호지에 표시하도록 요청한다. 그리고 관찰자인 학생들에게 수업분위기 관찰지를 나누어 주고 수업자에 대한 인상을 기술하는 양식을 채우도록 한다. 장학담당자는 수업자가 원한다면 학생의 순술과 교사 자신의 자기 선호에 대한 기술 간의 유사점과 차이점에 대하여 수업자와 토의한다.

■제3장 ■ 수업관찰 및 수업분석 준비

교사들은 학교에서 생활하는 시간의 대부분은 수업에 사용하므로 교사의 주된 업무는 수업이라고 할 수 있다. 날마다 행하여지는 교수·학습에서 수업결과가 항상 성공적이지 않기 때문에 교수·학습의 개선이 요구된다. 그래서 교사들도 수업방법에 대한 다른 사람들의 조력이 필요한 것은 당연하다.

교사가 열심히 계획하고 실행한 수업에 대하여 학생이나 교사, 장학담당자 등 다른 관찰자는 똑같은 수업을 보고서도 느낌은 서로 다르다. 그것은 수업관찰에 대한 시각의 차이이며 준거의 차이에 서 있을 수 있는 일로 수업관찰이 얼마나 중요한가를 의미한다고 할 수 있다.

1. 수업관찰의 중요성

수업관찰은 교수방법 개선을 위한 자료 수집과 분석을 위해 가장 보편적으로 활용되고 있는 한 수단이다. 수업관찰이 필요한 이유는 교수·학습 방법에 대한 연구의 기초 자료를 제공하는 데 큰 비중을 차지하고 있기 때문이다. 교사의 교수행위는 그것이 학습을 도울 뿐만 아니라 부진의 원인을 진단하고 처방적인 기능까지 지니고 있다. 보다 나은 수업기술의 향상은 주관적이고 인상적인 관찰 보다는 어떤 모형에 입각한 과학적인 방법을 통하여 진단되고 처방될 때 그 효과가 지대함을 감안한다면 수업관찰에 의한 자료 수집은 수업개선을 위해 필수적이다.

하이어(Higher)는 수업은 체계적으로 평가되거나 사용될 수 없는 정서를 수반한다고 하였으며 교수행위는 재치와 자발성, 형태·형식·공간·리듬 등의 다양성, 그리고 방법에서의 적절성 등을 매우 복잡하게 요구하기 때문에 그 방법을 나타낼 수 없다고 하며 수업을 예술이라고 주장하면서도 효율적인 수업의 특성과 능력을 상세화하고 있다.

가네(Gagne)는 가르치는 일은 예술인 동시에 과학이라는 것을 여러 번 설명했다. 이는 가르치는 일은 복잡하고 창의적이기 때문에 응용예술과 같다고 강조한다. 또한 가르치는 일은 원리나 법칙의 제한을 받으므로 예술이면서도 과학이라 할 수 있다. 가르치는 과정은 상황, 교과, 학생 집단, 연령 등이 매우 다양하고 복잡하기 때문에 그 방법을 단순하게 요약해서 말할 수 없다. 그렇다면 어떤 수업이 우수하고 효과적이고 성공적인 수업일까? 이에 대해 가네(Gagne)는 가르치는 일은 또한 과학적인 기초를 가질 수 있고, 수업에는 예측가능성과 통제를 할 수 있는 엄격한 법칙을 담은 과학적인 바탕이 존재한다고 주장한다.

그러므로 수업에 대한 계속적인 연구가 필요하고 수업을 구성하는 여러 가지 요인들이 효과적인 상호관계를 맺도록 하기 위한 가장 기본적인 행동이 수업관찰을 하는 것이다. 결국 수업을 직접 관찰함으로써 수업의 다양한 측면 및 제반 관련 요인들을 직접 기술(記述)하고, 수업 과정에 관한 다양한 자료를 수집해야 한다. 그러나 '왜 관찰자의 견해는 교사들의 인식과 다르게 나타나는가?' '왜 관찰자는 이런 일을 하는 것으로 보았는데 교사는 다르게 인식하고 있는가?'라는 문제에 부딪히게 된다. 교사나 관찰자 또는 학생들이 보는 입장에 따라 수업에 관한 관찰결과가 다르다면 어떤 자료를 선택하여야 하는가? 수업에 관한 자료가 다르게 나타나는 이유는 학생과 관찰자가 교사의 구체적인 행동을 평가하는 데 거의 훈련이 되어 있지 않고 급속하게 일어나는 사건을 아주 많이 관찰해야 하기 때문이다. 그러므로 수업관찰에 대한 체계적인 도구와 이를 정확하게 파악해 낼 수 있는 훈련 과정이 필요하다. 이러한 수업관찰을 통해서 얻어진 자료는 객관적으로 신뢰할 수 있으며 교사의 수업방법 개선에도 이용될 수 있다(주삼환, 1999).

교실수업을 관찰하고 연구하는 일은 대단히 중요하다. 공식적으로 계획되고 채택된 교육 과정상의 목표나 내용이 최종적으로 해석되고 시행되는 국면이 교실수업이기 때문이다. 교사에 의해 수업 속에서 구체적으로 시행된 '전개된 교육과정'과 아동 개개인에게 나타나는 교육적 결과로서의 '실현된 교육과정'은 수업현상을 떠나서는 이해하기가 어렵다. 이런 교실수업의 두 차원은 교실을 깊이 있게 들여다보지 않으면 획득할 수 없다.

2. 수업관찰의 목적

수업관찰을 하는 목적은 무엇인가? 학생들에게 그들이 배워야 할 내용을 유의미하고 효과적인 방식으로 학습할 수 있도록 수업하고자 할 때 이를 방해하는 요인과 더욱 촉진시켜야 하는 부분은 어떤 것이고 실제로 어떻게 확인할 것인가? 이에 대한 해답을 구하고자 실시하는 것이 바로 수업관찰이다.

효율적인 수업이 되기 위해서는 다양한 상호작용 요인들뿐만 아니라, 때때로 예측불가능한 요인들도 고려하여야 한다. 수업관찰은 수업을 분석, 진단하기 위하여 자료를 수집하고 준비하는 제반 교육적 행위를 의미한다. 즉 관찰자로 하여금 미리 준비한 수업관찰도구와 방법 및 절차에 의거하여 교사의 교수 활동, 학생의 학습 활동, 교사와 학생 간의 상호작용 활동, 수업전개 형태, 자료와 매체의 활용 등 수업 활동 전반에 걸친 참관한 내용을 체계적으로 기술(記述)하는 것을 의미한다.

수업관찰을 통해서 수업에 대한 분석자료를 바탕으로 보다 효과적인 수업계획과 구조를 세울 수 있도록 하는 것이다. 교사의 교수행위의 변화를 위해서 계획적, 공식적으로 그리고 직접적으로 도와주고, 교사와 학생 사이에서 상호작용하는 교육 과정을 잘 마련하도록 노력하고, 교육자료와 학습환경을 개선해야 한다. 결국 수업관찰은 교사의 장점과 개선의 필요영역을 진단하고 학습 곤란의 상황을 발견하며 객관적 자료를 수집하는 데 두어야 한다(주삼환, 1999).

수업관찰자가 수업을 분석하기 위해서는 우선 수업자와 수업을 관찰해야 한다. 이를 위해서는 교실수업의 상황을 가장 효과적으로 나타낼 수 있는 수업관찰과 분석방법의 선정이 중요하며, 수업의 관찰과 분석은 앞 단계에서 확정된 문제점들을 중심으로 새로 얻어진 정보나 자료를 획득해야 한다. 또한 획득된 정보나 자료는 최대한 사실적이고 정확한 데이터가 수집될 수 있도록 해야 하며, 만일 관찰을 통해 수집된 데이터가 수업상황을 충분히 반영하지 못한다면 그 자료의 활용가치는 현저하게 떨어지게 된다, 그 이유는 수업장학의 가장 큰 강점이 객관적인 데이터에 의해서 수업자의 수업기술을 개선시키려는 데 있기 때문이다. 사실중심의 수업관찰은 성공적인 수업장학의 핵심요소로서, 그 내용이 정확할수록 보다 나은 장학이 가능해진다. 따라서 관찰결과로 얻어진 데이터는 후속되는 수업장학의 근거자료가 된다.

한편 이때 수집된 정보나 데이터는 수업자의 수업개선에 직접적으로 관련이 있는 것이어야 한다. 만약 획득된 정보나 데이터가 수업자에게 의미가 없거나 다음의 수업장학과 관계가 없는 것들이라면 그 수업관찰은 아무런 도움이 되지 못한다. 오히려 이러한 경우는 수업자로 하여금 수업장학을 기피하게 만들거나 수업장학에 대하여 조금의 기대도 갖지 않게 만들 것이다. 이 점이 앞 단계에서 수업자와 장학담당자가 '무엇'에 관하여 '어떠한' 데이터를 수집하기 위해서 관찰을 해야 하는지를 계획해야 하는 근거가 된다.

수업관찰자가 쌍방향 간의 합의에 따라 수업을 관찰해야 하는 이유는 우선, 수업자는 관찰자만큼 자기의 수업에서 일어난 제반 사항을 잘 알 수 없기 때문이다. 관찰자의 눈을 통하면 더 많은 데이터를 수집할 수 있다. 또 다른 이유는, 관찰자가 수업의 관찰에 정성을 다하고 관심을 기울여 줌으로써 교사는 후속되는 장학협의회 때 자신이 도움을 받을 수 있을 것이라는 확신을 갖게 된다. 그리고 이러한 관찰 활동을 통해 얻어진 데이터 중심의 장학협의회는 객관적 증거 중심의 협의회가 될 수 있기 때문에 수업자는 자기 수업의 강점에 대하여 강한 사회적 강화를 받게 된다. 또 장학담당자가 수업을 직접 관찰하게 되면 앞 단계에서 약정된 수업관찰의 방법과 수업개선의 방안에 관하여 수업자를 도울 수 있는 구체적이고 실제적인 근거를 마련할 수 있게 된다. 만일 직접적인 수업관찰을 통해서 얻어진 정보와 데이터, 자료가 사실적이고 구체적이라면, 수업관찰 전 단계에서 수업자와 합의된 수업개선의 문제를 해결하는 데 중요한 근거자료가 될 수 있다. 그리고 이 데이터는 쌍방 간에 미처 예상하지 못했던 수업자의 수업개선과 관련된 문제를 찾을 수 있게 하고, 또 그 문제를 개선시키는 방안을 찾는 데 활용될 수도 있다.

이와 같이 수업관찰을 통해서 얻어진 정보와 자료는 수업자의 수업개선과 관련하여 제기된 문제점에 대하여 구체적인 해결책을 제시하는 데 도움을 준다. 즉 어떤 문제가 생기게 된 원인을 밝혀내기 위해서는 현상이나 상황을 관찰하여 데이터를 수집하듯이, 수업의 문제점을 규명하려면 수업상황을 직접적으로 관찰하고 이를 통해서 정확하고 사실적인 데이터를 수집해야 한다. 이러한 데이터를 근거로 하여 원인과 결과관계를 밝힐 수 있는 것이다.

한편 동료 교원, 컨설턴트, 멘토, 장학담당자 등에 의한 수업관찰은 부수적인 효과도 얻을 수 있다. 교사들에게 수업의 관찰을 위한 목적이나 기법을 가르쳐 주면 교사는 그 방법을 다른 수업자의 수업을 관찰하는 데도 사용할 수 있다. 그리고 보다 직접적인 효과로는 수업관찰을 위해 사용되는 체계적인 관찰방법을 배울 수 있고, 이 방법에 따라 수업자는 자신의 수업분석을 위해서 광범위한 자료를 혼자서도 수집할 수 있다.

일반적으로 타인에 의한 수업관찰과 분석결과를 통해, 수업자는 자신이 스스로의 수업에 대해 바라보며 견해의 차이 또는 일치된 점을 발견할 수 있는 새로운 기회가 된다. 많은 학자들이 지적하고 있듯이, 수업장학은 교사들이 자율적으로 자기의 전문성을 향상시키려고 할 때 그 효과는 최대가 될 수 있다. 이러한 경우 교사들이 자주적으로 자기의 수업을 객관적으로 분석할 수 있으려면 다양한 수업관찰 기법에 숙달될 필요가 있다. 그리고 교사들은 장학담당자가 자기의 수업이 잘 되었는지 잘못되었는지에 대해 제시하는 의견에 지나칠 정도로 관심을 갖기 때문에 장학담당자는 수업에 대하여 주관적인 이야기가 아닌 타당한 근거에 기초하여 수업 컨설팅을 수행해야 한다. 즉 수업자는 수업에 대한 수업관찰자의 의견이 제시되었을 경우, 그 이야기에 과학적이고 객관적인 수업관찰을 통해서 얻어진 자료에 근거했다고 믿을 때, 장학담당자의 이야기에 귀를 기울이며 분석의 결과를 적극적으로 수용할 수 있게 된다. 이와 같이 수업장학에서는 수업자의 수업을 체계적으로 관찰하고 최대한 객관적인 자료를 수집하는 일이 매우 중요하다.

수업관찰 목적은 교사의 장점과 개선의 필요 영역을 진단하고 학습곤란의 상황을 발견하며 객관적 자료를 수집하는 데 두어야 한다. 수업관찰을 통해서 얻어진 자료는 수업목표를 보다 더 효과적으로 성취할 수 있는 학습환경을 조성하는 기초 자료가 된다.

〈표 16〉 수업관찰의 단계와 내용

단 계		활동 내용
제1단계: 계획 수립	제1차 협의	① 자율적·협력적 관계 조성: 오리엔테이션 ② 수업공개자 선정 ③ 수업연구 과제 선정: 수업관련 연구사항 협의 ④ 학생·수업에 대한 정보교환
	제2차 협의	① 상호 사전 교재연구 ② 수업지도안 협의 작성 ③ 수업관찰 계획 수립
제2단계: 수업관찰		① 수업지도안 확인 ② 역할분담에 따른 수업관찰: 다양한 수업분석 참조 ③ 수업관찰 결과 정리
제3단계: 환류협의		① 수업관찰 결과 논의 ② 수업연구 과제 해결 및 수업개선 방안 설정 ③ 적용 및 평가

3. 수업관찰과 기록방법

수업관찰은 우선 관찰 대상으로 적합하다고 보는 사상이나 행동에 주의하고 그 행동에 대한 객관적인 기록을 한 후 작성된 기록을 통해 유의미한 해석을 할 수 있도록 분석하고 그것을 바탕으로 자료를 해석할 수 있어야 한다.

수업과정에 관한 다양한 정보 수집을 위해서 수업관찰법이 가장 널리 사용된다. 일반적으로 관찰법은 발생하는 사상이나 행동을 객관적으로 기록하기 위해 사용된다. 수업관찰에서는 관찰대상에 적합한 사상이나 행동에 주의를 집중해야 하고, 그 행동에 대한 객관적인 기록을 작성해야 하고, 작성된 기록에서 유의미한 해석이 도출될 수 있는 방식으로 제시해야 하며, 또 자료를 바르게 해석할 수 있도록 해야 한다.

일반적으로 수업관찰에서 공통적으로 사용되는 척도(평가기준)는 피드백 방식과 수업단서가 얼마나 자주 나타나는가의 빈도를 이용하고 있다. 그리고 이러한 관찰법을 사용할 때 특히 유념해야 할 사항은 '학습 진행 중 어느 시점 행동을 관찰할 것인가?'이다. 왜냐하면 어느 시점에서 관찰하느냐에 따라 나타나는 빈도나 행동의 특성이 다르기 때문이다.

그리고 또 한 가지는 주관적인 판단을 최소화시키는 문제이다. 관찰항목을 세분화시키고 해당되는 행동특성을 명확하게 정의하여 가능한 한 객관성이 높은 관찰이 되도록 해야 한다. 수업관찰의 주된 목적이 수업 중 교사의 수업기술 개선에 있으므로, 이와 관련한 교수행동을 체계적으로 분석하기 위해 자료를 수집하는 것이 중요하다. 따라서 수업관찰자는 수업 중에 발생하는 수업상황을 의미 있게 기록할 수 있는 자기 나름의 수업관찰 기록법을 개발하여 정확하게 기록하는 것이 중요하다.

수업관찰 내용은 전반적인 사항을 관찰할 수도 있고 사전에 합의된 몇 가지 사항을 중점적으로 관찰할 수도 있다. 이를 위해서 수업관찰자는 우선적으로 관찰도구를 선정해야 하는데, 관찰도구는 교사의 구체적인 수업의 관심사와 결부되어야 한다.

일반적으로 수업관찰법에는 체계적 관찰법, 비체계적 관찰법, 녹음법이나 녹화법 등 다양한 자료수집 방식이 있다. 체계적 관찰법은 관찰하기로 예정한 행동을 사전에 분류한 범주나 체계표에 따라서 관찰하는 방법을 의미한다. 체계적 관찰법은 기호체계법과 범주체계법으로 구분된다. 수업과정에 관한 다양한 방법 수집을 위해서 수업관찰법이 가장 널리 사용되는데 관찰법에는 체계적 관찰법, 비체계적 관찰법, 녹음법이나 녹화법 등 다양한 자료수집 방법이 있다.

수업관찰에서 공통적으로 사용되는 척도(평가기준)는 피드백 방식과 수업단서가 얼마나 자주 나타나는가의 빈도를 이용하고 있는데 어느 시점에서 관찰하느냐에 따라 나타나는 빈도나 행동의 특성이 다르기 때문에 관찰법을 사용할 때는 '학습 진행 중 어느 시점의 행동을 관찰할 것인가?'를 특히 유념해야 한다.

그리고 수업관찰의 주된 목적이 수업 중 교사의 수업기술 개선과 관련한 교수행동을 체계적으로 분석하기 위해 자료를 수집하는 데 있으므로 관찰 항목을 세분화시키고 해당하는 행동특성을 명확하게 정의하여 가능한 한 객관성이 높은 관찰이 되도록 하여 주관적인 판단을 최소화시켜야 한다.

수업자의 수업을 관찰하고 기록할 때 기호체계법이나 범주체계법, 수업의 특징을 문장으로 기술하거나 사실적 자료 수집을 위해서는 녹화나 녹음 기법을 사용하게 된다.

기호체계법은 한 장면을 스냅 사진을 찍듯이 수업장면을 기술하는 방식으로 어떤 특정한 행동이나 현상에 초점을 두고 기술하는 방법이다. 이것은 관찰 중에 일어났던 모든 행동관찰의 기준 해당란에 체크를 하게 되는데 여러 번 일어났더라도 한 번만 체크한다. 수업목표를 말해 주는 것, 학습자에게 학습오류를 시정하게 하는 활동 등을 하는지의 여부에 초점을 두고 분석하는 방법이다. 대체로 이 방식의 측정도구는 몇 가지의 잘 정의된 행동특성으로 구성된다.

범주체계법은 사전에 정해진 관찰행동이 일어나는 대로 누가적으로 기록하는데 이 관찰법에 따라 관찰된 자료는 양화될 수 있다. 수업의 효율화를 위한 연구나 수업장학에 이러한 범주체계 형태의 관찰법이 많이 활용되어 왔는데, 주로 교수·학습의 과정에서 일어나는 학습자의 학습에 대한 열중도나 학습자의 학습에 투입하는 시간 등을 측정하기 위한 기초 자료를 얻기 위해 사용되어 왔다. 이러한 범주는 쓰기, 듣기, 발문, 다른 학생과의 협력학습, 다른 학생을 동요시킴, 교사의 도움을 기다림 등으로 세분하여 기록할 수도 있다. 이러한 범주체계법에 따라 관찰된 자료는 양화시킬 수 있기 때문에 이를 이용하여 여러 가지 해석을 할 수 있다.

수업관찰은 기록방법에 따라 관찰내용을 기록하는 방법, 관찰된 사항을 기초로 누가기록하는 방법, 체크리스트법, 녹음이나 녹화하는 방법 등으로 나누어지는데 여러 가지 관찰방법을 요약해 보면 다음과 같다.

〈표 17〉 수업관찰의 방법과 내용

관 찰 방 법	주 요 내 용
1) 관찰내용을 서술식으로 기록하는 방법	① 전체적인 기록: 교사와 학생의 모든 언어를 기록 ② 부분적인 기록: 특정한 형태의 언어만을 기록 (예: 교사의 발문, 학생에 대한 피드백 방법, 교사의 지시와 구조적 진술 등)
2) 관찰된 사항을 약어나 부호를 사용하여 빈도를 기록하는 방법	① 학생들의 과업집중도 기록법: 학생들의 과업집중 형태를 기록 ② 교사와 학생들 간의 언어 흐름 기록법: 교사와 학생들 언어적 상호작용 형태를 기록 ③ 교사와 학생들의 이동 기록법: 교사와 학생들의 수업 중 이동 양식을 기록 ④ 플랜더즈(Flanders)의 상호작용분석법: 교사와 학생들 간의 언어적 상호형태를 기록하고 분석
3) 관찰된 사항을 체크리스트를 사용하여 기록하는 방법	① 학교 또는 개인별로 자체 개발한 다양한 체크리스트를 사용하여 수업관찰결과를 기록
4) 녹음기, 녹화기를 사용하는 방법	① 녹음 녹화내용: 수업 전 과정을 전체 녹음 및 녹화하는 경우와 관찰 중점 또는 수업개선 자료로서 가치가 있는 부분만 녹음, 녹화 ② 녹음, 녹화 담당자는 교수학습이론과 임상장학에 익숙한 교사로 하며 녹음, 녹화자료는 수업분석의 객관적 근거자료, 교사의 자기 수업 반성자료, 자체 연수자료로 활용

4. 수업관찰의 기록방법

1) 수업의 녹화와 녹음

수업자에게 수업의 실체나 문제점을 사실적으로 보여 주는 것은 수업장학의 성공적인 수행가능성을 더욱 높여 준다. 이를 위해서 수업관찰자는 여러 가지 수업관찰법에 의해서 해당 수업자의 수업을 관찰, 기록하게 되는데 이때 수업에서 사실적으로 자료수집의 방법으로 녹화나 녹음의 기법을 활용할 수 있다. 수업자의 수업행동이나 수업상황을 가장 사실적으로 수업자 자신에게 되보여 줄 수 있는 방법은 수업을 녹화한 비디오테이프를 다시 보여 주는 것이다. 그리고 수업자와 학생들의 교수·학습과정에 주고받은 언어의 흐름을 다시 재생시켜 보려면 녹음기를 이용한 녹음법이 효과적이다. 이처럼 수업의 관찰과 기록을 위해서는 기호체계법이나 범주체계법 이외에 수업의 특징을 문장으로 기술하거나 녹화와 녹음의 방법을 사용하게 된다.

수업의 관찰과 분석을 위해서는 비디오 녹화, 음성 녹음, 수업분석실을 활용한 방법 등을 들 수 있다. 여기서는 우선 비디오 녹화와 녹음 방법을 활용한 수업분석 방법의 특성에 대해 알아본 후, 다음 단락에서는 수업분석실을 활용한 수업분석 방법에 대해 알아보기로 한다.

가. 비디오 녹화

일반적으로 수업의 관찰과 기록을 위해 가장 많이 사용하고 있는 것이 비디오 녹화방법이다. 이 것은 수업의 생생한 활동과 변화를 그대로 반영할 수 있으며, 수업자와 학생들의 언어를 동시에 녹음할 수 있다. 그리고 한 번 녹화된 것은 수업장학을 위해 몇 번이고 재생시켜 볼 수 있다. 그렇기 때문에 비디오 녹화방법은 수업장학에서 널리 사용되고 있다.

비디오 녹화를 위해서는 비디오카메라, 녹화기(VTR), TV모니터 세 가지만 있으면 된다. VTR의 특성은 일반적으로 기록의 재생과 녹화와 녹음된 것을 종합적으로 재생시켜 준다는 점이다. 이러한 기본적인 특성과 함께 첫째, 필요한 경우마다 재생시켜 볼 수 있다. 둘째, 녹화한 것을 반영구적으로 보관할 수 있다. 셋째, 촬영ㆍ편집ㆍ재생ㆍ이동이 간편하다. 넷째, 수업분석을 목적으로 한 교실수업 촬영은 특수 조명이나 다수의 카메라를 갖추지 않아도 된다. 그리고 간단한 연수만 받으면 어느 수업자나 활용할 수 있다는 장점이 있다. 이와 같은 장점들 때문에 비디오 녹화방법은 수업자 자신이 스스로의 수업을 녹화하여 분석하는 데 사용하기도 하고, 수업장학에서 수업장학을 담당한 사람이 수업자의 수업장면을 파노라마 형태로 기록하기 위한 목적으로 사용하기도 한다. 또 수업분석실과 같은 특수교실에 녹화장치를 하여 교수ㆍ학습과정을 종합적으로 녹화하는 데에도 효과적으로 활용된다.

최근에는 상용되는 휴대폰(cellular phone)에 촬영 기능이 있어서 휴대폰의 액정화면(LCD)을 직접 보면서, 수업 중 기록을 필요로 하는 영상에 대해 편리하게 영상(동영상)으로 저장할 수 있으며, 편집 소프트웨어를 사용하여 필요로 하는 부분만을 선별하여 수업분석에 활용할 수 있다.

나. 녹음

수업자의 수업언어를 분석하는 데 초점을 둔 수업의 관찰과 기록에는 녹음기를 활용한 녹음방법이 널리 쓰이고 있다. 수업자와 학생들의 수업 언어상호작용을 수업상황에서 직접 기록하려면 여러 어려운 문제가 발생하게 된다.

이와 같은 기본적인 이유 때문에 과거에는 수업의 관찰과 분석 기록방법으로 녹음방법을 많이 사용해 왔다. 그리고 녹음기는 비디오 녹화에 비하여 훨씬 간편하고 작동하기가 편하기 때문에 수업자가 개인적으로 활용하기 쉽다. 다만, 최근에는 녹화 기기(機器)의 비약적인 발전으로 보고, 듣고, 느낄 수 있는 종합적ㆍ입체적 기록 방법인 비디오 촬영 등 녹화 방법이 널리 사용되고 있다.

최근에는 소형 녹음기 및 디지털 녹음기의 발전으로 수업 녹음을 더욱 편리하게 할 수 있고 녹음 결과를 인터넷을 통해 공유하고 원격 수업분석도 가능하게 되었다. 수업 녹화의 방법은 음성녹음 방법에 비해 수업에 관련한 정보를 풍부하게 제공하는 장점이 있지만 실행하기에는 다소 불편이 따른다. 반면, 음성녹음의 방법은 소형 디지털 녹음기의 개발로 교사가 호주머니에 휴대하여 한 번의 버튼 작동만으로도 수업 녹음이 가능하다는 장점이 있다. 또한 학생이 눈치 채지 못하게 수업상황을 녹음할 수 있으므로 비디오 녹화에 비해 수업을 보다 실제적으로 방영할 수 있는 방법이라고 할 수 있다.

2) 마이크로티칭(microteaching): 수업분석실 활용

수업장학의 기법 중 한 가지로 '마이크로티칭(microteaching)'을 들 수 있다. 접두사 '마이크로(micro)'는 일반적인 교실수업의 경우보다 훨씬 축소된 수업목표와 짧은 수업시간, 그리고 고도로 압축된 수업사태를 실습한다는 점을 강조하여 나타내고 있는 것으로서, 마이크로티칭은 1960년대 초기에 개발되어 꾸준히 활용되어 온 수업 기록 기기로 현재는 교육대학교와 사범대학 등 교원양성 기관의 교육실습생 직전(職前) 교육 및 현직교사의 연수를 위해 널리 활용되고 있다.

일반적으로 마이크로티칭이란 용어는 축소 수업상황(microteaching)과 모의 수업상황(microsimulation)이라는 두 가지 의미로 사용되고 있다. 첫째, 모든 축소된 형태의 실습체제를 포괄적으로 총칭하는 의미로 사용된다. 둘째, 좀 더 구체적인 의미로, 실제 학생들을 대상으로 하는 축소 수업상황과 실습생 동료들이 학생역할을 하는 모의 수업상황을 구별하기 위하여 사용되기도 한다. 마이크로티칭의 특징을 요약하면 다음과 같다.

첫째, 마이크로티칭은 실제 수업이다. 비록 교사와 학생이 실습사태에 함께 임한다는 점에서 모의 수업이라고도 할 수 있으나, 사실 실제 상황과 동일한 교수행위가 일어난다.

둘째, 마이크로티칭에서는 학생 수, 학습내용, 수업시간이 모두 축소되기 때문에 보통 교실수업에서의 복잡한 점들이 현저하게 감소된다.

셋째, 마이크로티칭은 어떤 구체적인 목적을 달성하기 위한 훈련이다. 여기에서 '목적'이란 교수기술을 실습하는 내용이거나 교과내용을 숙달하기 위한 것 또는 교수방법을 시범하는 것 등이다.

넷째, 마이크로티칭은 실습과정에 있어 엄격한 통제를 가한다. 이를테면 프로그램의 효과를 위하여 마이크로티칭 상황에서 수업시간, 학생 수, 피드백 방법 및 진행방법 등을 인위적으로 조작하는 경우가 많다. 결국 마이크로티칭 프로그램 자체가 절차 및 방법 등에 대한 인위적인 통제를 가정하고 있는 것이다.

다섯째, 마이크로티칭은 교육실습생이 자신의 실습결과를 확인하거나 피드백을 받을 수 있는 기회를 최대한 확대하여 준다. 즉 교육실습생이 간단한 시범수업을 마치고 나면 즉시 그 결과에 대한 토론 및 평가에 들어가게 되기 때문이다. 이때 실습생에게 자신의 시범수업을 잘 분석할 수 있도록 하기 위해 실습생이 원하는 피드백 형태를 임의로 선택할 수 있게 한다.

마이크로티칭 모형을 결정하기 위해서는 학습자 형태, 피드백 형태, 재실습 형태, 그리고 평가형태를 선정하여야 한다. 수업장학 담당자는 이러한 결정을 할 때 반드시 여러 대안들의 장점과 단점을 검토한 후 자신의 필요와 현실적인 조건에 비추어 가장 적합한 형태를 선택하는 것이 중요하다. 마이크로티칭에서는 학습자 형태, 피드백 형태, 재수업형태, 평가형태 등을 고려하여야 한다.

가. 학습자 형태

학습자 형태에는 실제 학생을 가르치는 경우, 동료들을 가르치는 경우, 그리고 실제 학생과 동료를 가르치는 경우 등 세 가지가 있다. 실제 학생을 대상으로 하는 형태(teach to pupils)는 다음과 같은 장점이 있다.

첫째, 학생들과의 생생한 상호작용을 통해 미리 계획한 교수전략에 대한 실제적인 효과를 평가해 볼 수 있다. 수업에 대한 학생의 반응 범위는 매우 넓으며, 종종 개별 학생에 따라 효과적인 학습방식이 각기 다를 수 있다.

둘째, 마이크로티칭이 교육 현장에 맞는 지도기술을 개발하는 데에 어느 정도 유용하게 설계되어 있는지 알 수 있다. 그것은 마이크로티칭의 결과를 학생의 학습효과에 비추어 직접 관찰할 수 있기 때문이다.

셋째, 현직에 있는 교사를 연수하는 경우에는 자신이 실제로 가르치는 학생들을 대상으로 할 수 있기 때문에 학습의 정규 수업시간에 맞추어 정해진 교과내용을 그대로 가지고 진행할 수 있어 편리하다.

반면, 실제 학생을 대상으로 마이크로티칭을 하는 형태는 다음과 같은 문제점을 내포하고 있다.

첫째, 여러 가지 준비할 사항이 많아 수업자와 수업관찰자가 마이크로티칭 적용을 꺼려할 우려가 있다.

둘째, 마이크로티칭 수업상황의 여러 조건들을 쉽사리 통제하거나 조정할 수 없다.

셋째, 학생들이 수업 집중보다 비디오카메라나 녹음기 등에 더 많은 관심을 보일 수 있다. 간혹 수업내용보다 특이한 기기 때문에 수업상황이 산만해질 우려가 있다.

다음, 동료들을 대상으로 하는 형태(teach to peers)는 실제 학생들과 직접적인 접촉을 할 수 없다는 뚜렷한 단점을 가지고 있는 동시에 다음과 같은 장단점을 지니고 있다. 동료들을 대상으로 하는 형태의 수업기록은 여러 가지 빈거로운 절차를 거치지 않고 마이크로티칭을 할 수 있으므로 간편하고, 동료교사 수업 시에는 학습자의 역할을 하게 되어 수업상황에 대한 이해를 폭넓게 할 수 있다. 아울러, 동료교사들이 가르치는 장면을 관찰할 수 있는 기회를 가질 수 있는 장점이 있다.

끝으로, 실제 학생과 동료들을 모두 대상으로 하는 형태(teach to both pupils and peers)는 실제 학생을 가르치는 경우, 동료들을 가르치는 경우 등 두 형태가 지닌 장점을 다 지니게 된다. 만약 실제 학생을 가르치는 수업과 동료를 가르치는 수업이 시기적으로 분리될 수 있다면, 우선 동료들을 대상으로 하는 수업을 통해 교수기술을 익힌 다음 실제 수업상황에서 학생을 대상으로 수업을 하는 것이 좋다.

나. 피드백 형태

피드백 형태에는 비디오를 이용하는 형태, 녹음기를 이용하는 형태, 학습자가 피드백을 하는 형태 또는 평가 전담자가 지정하여 피드백을 하는 형태, 그리고 이들 형태들 중 몇 가지를 결합한 형태 등이 있다. 이 형태들 중 비디오테이프나 녹음테이프에 녹화 또는 녹음하여 피드백을 하는 경우에는 비디오카메라와 VTR 또는 녹음기 등의 기자재가 필요하다. 그러나 사실 기자재를 사용하는 것은 마이크로티칭에서 중요하지 않다. 이론적으로 볼 때 VTR이나 녹음기 등의 기자재 사용이 마이크로티칭의 기본적인 요건이 아니기 때문이다. 그러나 그동안 비디오테이프로 녹화하는 작업이 마이크로티칭의 필수적인 과정으로 간주되어 왔기 때문에 현재는 마이크로티칭 프로그램을 진행하는 수업관찰 기록의 대부분이 비디오테이프로 녹화하고 있는 실정이다.

그러나 가장 좋은 피드백 형태는 다양한 형태와 방식의 피드백 형태를 결합하여 병용(竝用)하는 경우이다. 즉 비디오테이프 형태와 외부 평가자 형태를 같이 병행하는 것이다. 이 결합된 형태는 주관적, 객관적 피드백을 모두 받을 수 있기 때문이다.

다. 재(再)수업형태

재수업형태에는 세 종류가 있다. 첫째, 재수업을 하지 않고 첫 번째 수업만으로 끝내는 형태가 있고, 둘째, 체계적으로 수업 - 평가 - 재수업의 과정을 모두 거치는 형태가 있으며, 셋째, 평가결과에 따라 재수업 여부를 결정짓는 형태가 있다.

첫째, 재수업을 하지 않고 첫 번째 수업만으로 끝내는 형태는 시간과 공간의 제약 등 여러 가지 여건상 사정이 좋지 않아 재수업을 할 수 없는 경우에만 해당된다. 왜냐하면 마이크로티칭 프로그램이 최대의 효과를 내기 위해서는 필요한 경우에 항상 재수업을 할 수 있어야 하기 때문이다.

둘째, 체계적으로 수업 - 평가 - 재수업의 과정을 모두 거치는 형태는 수업자의 개인별 성취도에 관계없이 수업 - 평가 - 재수업으로 연결되는 일련의 마이크로티칭 체제에 따라 모든 실습생이 자동적으로 재실습을 하는 형태다.

셋째, 평가결과에 따라 재수업 여부를 결정짓는 형태는 우선 수업을 하고 그 결과를 평가하여 그 평가결과에 따라 재수업 여부를 결정짓는 형태이다. 따라서 실습생 각각의 개인차를 고려하여 수업을 능숙하게 잘 수행한 실습생의 경우에는 재수업을 하지 않고 그렇지 못한 실습생은 교수기술이 숙달될 때까지 재수업을 하도록 하는 것이다.

라. 평가형태

마이크로티칭의 평가란 수업자의 전문적인 교수 능력을 측정하는 것이다. 평가형태에는 첫째, 수업자가 스스로 평가하는 자체평가가 있고, 둘째, 수업관찰자에 의한 객관적 평가가 있으며, 셋째, 자체평가와 수업관찰자가 평가를 병행하는 형태가 있다.

일선 학교 현장의 현직 교사의 수업공개, 수업연구 등 현직 교사연수를 하는 경우에는 자체평가와 수업관찰자가 평가를 병행하는 형태가 바람직하다. 즉 수업자의 주관적 평가와 수업관찰자의 객관적 평가를 통합적으로 적용하여 기록, 분석, 평가할 수 있기 때문이다.

5. 수업관찰의 준거

수업은 매우 복잡한 활동이기 때문에 객관적이고 정확한 수업관찰을 하기란 그리 쉬운 일이 아니다. 그러므로 수업관찰의 목적을 달성하기 위해서 관찰자는 사전에 치밀한 준비와 노력을 요구한다.

1) 수업관찰의 기본 전제

(1) 수업이 전개되는 일련의 진행과정은 단순한 것 같지만 실제로 다양하고 복잡하므로 수업관찰의 범위나 내용을 분명히 해야 한다.
(2) 수업관찰방법은 관찰결과가 객관적이고 신뢰할 수 있는 자료를 수집할 수 있는 방법이어야 한다.
(3) 수업관찰 결과를 객관적인 방법으로 기록하고 해석할 수 있는 관찰방법이나 도구를 선정해야 한다.
(4) 수업관찰의 결과는 수업자에게 확인되고 스스로의 수업행동을 교정하는 데에 도움을 주어야 한다.
(5) 한 가지의 수업관찰방법만으로 수업 전체에 관한 평가를 하는 것은 삼가야 할 것이다.
(6) 수업관찰방법은 실용적인 목적에 부합되어야 한다(하나의 초점 관찰).
(7) 수업관찰도구는 계속적으로 학교 현장에서 개발·적용되어야 한다.
(8) 학생의 학습목적과 기대되는 학습행동에 강조점을 두어야 한다.
(9) 학습행동을 성취하기 위하여 사용하는 학습자료가 의미 있고 유용하게 활용되어야 한다.
(10) 학생들을 동기 유발시키는 데 사용하는 수업전략이어야 한다.
(11) 학생들의 학습에서 어려움을 발견하고 도와주기 위한 방법이어야 한다.
(12) 학생의 욕구, 흥미, 능력에 관심을 보이는 수업이어야 한다.
(13) 수업목표와 학습결과가 일치하는가를 평가하여야 한다.

나. 수업관찰방법의 장점과 문제점

(1) 장점

(가) 수업상황에서 학생 및 교사의 사회적, 정서적, 대인관계 면에서의 적응에 관한 자료를 수집하기에 적합하다.
(나) 교사의 관련 정보를 활용하는 능력을 검증할 수 있는 자료를 수집하는 데 유용하다.
(다) 교사의 수업에 관한 능력 및 수업의 효과에 관한 유용한 자료를 수집하기에 적합하다.
(라) 다양한 수업상황, 수업내용, 교사 및 학생의 개성, 연령수준 및 교육수준에 크게 구애받지 않고 활용할 수 있는 자료를 수집할 수 있는 방법이다.

(마) 객관적인 표준화 검사 결과나 다양한 검사 결과를 보완하여 타당한 평가자료로 활용할 수 있는 가치로운 자료 수집 방법이다.
(바) 수업에 관한 질적 자료와 양적 자료를 동시에 수집하기에 적합한 방법이다.
(사) 수업에 작용하는 다양한 변인에 관한 신뢰감이 있는 자료 수집 방법이다.
(아) 수업관찰의 내용과 범위를 분명하고 명확하게 하여야 한다.
(자) 수업관찰방법은 관찰결과가 객관적이고 신뢰할 수 있는 자료를 수집할 수 있는 방법이어야 한다. 기록 역시 객관적이고 과학적으로 할 수 있도록 관찰방법과 관찰도구를 선정하여야 한다.
(차) 수업관찰의 결과는 수업자에게 확인되고 스스로 수업행동을 교정하는 데 도움을 주어야 한다.
(카) 수업관찰방법을 한 가지로만 국한하지 말고, 다양한 방법을 적용하여야 한다.
(타) 수업관찰방법은 실용적인 면을 적극 고려하여야 한다.
(파) 수업관찰도구는 현장성을 갖도록 계속적으로 학교 현장에서 개발, 적용되어야 한다.

(2) 문제점

(가) 관찰결과를 해석하기 위한 분명한 준거와 방법이 결정되어 있지 않은 경우에는 평가자에 따라 각기 다르게 해석하거나 활용할 수 있다.
(나) 관찰기록에 관한 사실과 견해를 혼동함으로써 관찰결과를 잘못 해석할 수 있다.
(다) 관찰에 임하기 전에 무엇을 관찰해야 할 것인가를 명료하게 그리고 구체적으로 정하지 않고 관찰하는 경우에는 관찰결과가 무용지물이 될 수 있다.
(라) 관찰결과를 잘못 해석하여 근거 없는 결과를 추론하거나 비약하여 엉뚱한 결론을 추론할 수 있다.
(마) 주어진 상황이나 전제 조건을 고려하지 않고 관찰된 행동 및 사실만을 중심으로 해석하여 빈약한 결론을 추론할 수 있다.
(바) 소수의 제한된 행동에 근거하여 우연히 발생할 수도 있는 신뢰롭지 않은 자료를 바탕으로 엉뚱하게 추론하거나 일반화할 수 있다.
(사) 관찰된 행동에 작용한 교사와 학생의 요구, 태도, 기대, 편견 등을 고려하지 않은 채로 기록된 행동과 그 빈도만을 단순화하여 해석할 수 있다.
(아) 관찰된 교사와 학생의 행동이 여러 복합적인 요인의 작용결과라는 점을 무시하고 관찰 행동의 인과관계를 지나치게 단순화하여 해석할 수 있다.

3) 수업관찰의 기준

　과거의 수업관찰은 학습자의 학습결과보다는 교사의 활동에 지나치게 많을 관심을 가졌으나 오늘날은 학생의 다양한 학습과 학생들의 학습을 도와줄 수 있는 교사의 교수방법에 집중되고 있다.

가. 수업관찰을 위한 준비사항

(1) 목적을 확인한다.
(2) 참여한 다른 참여자들이 수용할 수 있는 목적을 설정한다.
(3) 관찰시간을 설정한다.
(4) 관찰도구를 선정한다.
(5) 관찰절차를 검토한다.
(6) 교사를 안심시킨다.
(7) 피드백(환류, 후속활동)을 제공할 준비를 한다.

나. 수업관찰을 위한 지침

(1) 교과내용을 계획하고 실천하는 데 학습목적과 기대되는 학습행동에 강조점을 두는가?
(2) 학생들이 기대하는 학습행동을 성취하기 위하여 사용하는 학습자료가 의미 있고 유용한가?
(3) 학생들의 동기 유발을 위한 수업전략이 있는가?
(4) 수업분위기는 학생들의 학습에 적절한가?
(5) 학생들의 학습에 있어서 어려움을 발견하고 도와주기 위한 방법을 찾는가?
(6) 학생의 요구, 흥미, 능력에 관심을 보이는가?
(7) 교육목표와 학습결과의 일치를 평가하는 데 관심을 갖는가?

다. 수업관찰의 원리와 기법

(1) 말하는 것과 행동하는 것을 가능한 한 많이 기록한다.
(2) 수업과 관련되는 해석은 원자료와는 별도의 면에 기록한다.
(3) 비언어적 행동의 표현은 가능한 한 사실적이고 객관적으로 기록한다.
(4) 교실에서 관찰자의 위치는 학생들에게 방해가 되어서는 안 된다.
(5) 교사와 관찰자가 공통적인 견해를 나누지 않는다면 관찰은 수행할 필요가 없다.
(6) 관찰기록은 보통 교사의 요구에 대하여 접근할 수 있는 것이어야 한다.
(7) 관찰하는 동안에 관찰자는 수업을 진행하는 데에 방해를 하지 않아야 한다.
(8) 관찰자는 계속 진행되는 사태들을 재확인하기 위해서 부수적으로 시간을 기록한다.
(9) 처음부터 끝까지 계속적으로 기록하는 것이 아니라면 전체 사태에서 해당되는 특정 사태만을 선택하는 것이 더 효과적이다.
(10) 교실에서의 교사와 학생의 위치를 그림으로 나타내는 것이 유용하다. 특히 장학에서는 교사 대 학생, 학생 대 학생의 상호작용 형태를 파악하는 것이 중요하다.

라. 성공적인 수업관찰을 위한 기준

(1) 관찰자는 고정된 시간에 수업관찰을 하기보다는 다소 융통적으로 하는 것이 좋다.

(2) 관찰자는 수업관찰 동안에 교사와 학습자의 요구를 파악하려고 한다.

(3) 관찰자는 우선적으로 현직연수 프로그램 계획을 세우는 데 이용할 수 있는 정보를 수집하도록 노력해야 한다.

(4) 관찰자는 신임교사들이 교수에 자신감, 이해력 그리고 교수능력을 향상시킬 수 있도록 처음 몇 년 동안은 특별한 주의를 기울여야 한다.

(5) 관찰자는 수업관찰을 하기 전에 교사와 래포(rapport)를 형성하려고 해야 한다.

(6) 관찰자는 수업관찰 프로그램의 계획과 운영에 교사를 포함시켜야 한다.

(7) 관찰자는 수업방문 중에 학생들 간 또는 교사와 학생들 간에 바람직한 인간관계를 확인하려고 해야 한다.

(8) 관찰자는 사전에 참여하기로 되어 있지 않은 경우에 수업관찰 동안 침묵을 지켜야 한다.

(9) 수업관찰 방문시간은 상황과 관찰목적에 맞게 조절해야 한다.

(10) 관찰자는 방문 후에 시간과 장소를 정해서 교사와 관찰자 간의 일치 정도를 교사와 확인해야 한다.

(11) 관찰자는 교사가 사용하는 방법과 기술이 학생의 성장과 발달에 유익하고 그 학습과정이 적절한지를 주목해야 한다.

(12) 관찰자는 교사의 분명한 수업목표와 수업 활동 간의 관계를 평정해야 한다.

(13) 관찰자는 교사가 보여 준 성격이나 기법 등에서 교사의 장점을 강조함으로써 교사로 하여금 자신감을 갖도록 한다.

(14) 관찰자는 수업 활동에서 동료로서 인식되도록 교사나 학생들과 유대를 가져야 한다.

(15) 관찰절차나 기법은 교사와 관찰자가 협동적으로 결정해야 한다.

(16) 관찰절차는 교수·학습 상황에 맞추도록 한다.

(17) 수업관찰은 사전에 준비된 계획에 따라 합리적으로 이루어져야 한다.

(18) 객관적이고 사실적인 태도로 관찰해야 한다.

(19) 수업관찰자는 수업분위기에 영향을 주는 언행을 해서는 안 된다.

(20) 관찰자는 수업을 냉정한 자세로 관찰해야지 수업자나 학습자의 입장이 되어 수업상황에 몰입해서는 안 된다.

(21) 한 사람보다는 몇 사람이 역할을 분담하여 기록하는 것이 좋다.

4) 수업관찰의 방해요인

효과적인 교수·학습이 이루어지기 위해서는 수업개선을 통한 수업의 질을 향상시켜야 한다. 그러므로 교사는 잘 가르치고 학습자는 잘 배우도록 하여야 한다는 것은 가장 보편적인 원칙이다. 이러한 수업개선의 노력이 교실로부터 출발한다는 것은 우리 모두가 잘 알고 있는 사실이다. 따라서 교실에서의 수업관찰은 수업의 질적 향상을 위한 가장 중요한 요소라 할 수 있다.

그렇지만 그동안의 수업관찰은 오랫동안 형성되어 온 관행(형식적인 교내 수업연구)에 의해서 하나의 요식 행위로 이루어졌을 뿐 수업방법의 개선과는 거리감이 있었던 여러 가지 복합적인 요인을 요약하면 다음과 같다.

가. 교사 자신의 개인적 태도나 가치관

(1) 자신이 하는 수업을 타인이 관찰할 필요성을 느끼지 못한다.
(2) 수업공개 후에 얻게 될 타인의 지적에 대한 불이익이나 수업공개에 대하여 막연한 불안감을 갖는다.
(3) 교사의 교수행위는 교사의 자율성에 해당하는 고유한 전문적 영역이기 때문에 자신의 수업에 대한 평가에 대해서 거부감을 나타낸다.

나. 학교조직의 특성

(1) 교사들의 과중한 업무와 연구를 위한 시간이 부족하다.
(2) 수업개선에 필요한 재정적 지원이 부족하다.
(3) 학교조직체 속에 바람직하지 못한 심리적·사회적 분위기가 내재되어 있다.
(4) 학교 내 행정이 제도적으로 경직되어 있다.
(5) 종전보다 규모가 훨씬 커진 학교조지 때문에 구성원 상호간의 인간관계에 어려움이 있다.
(6) 세분화된 전공교과로 인해서 수업관찰을 위한 협동과 합의에 어려움이 있다.

다. 사회제도적인 방해요인

(1) 대부분의 학부모들이나 학생들이 수업과정에 관심을 두기보다는 점수로 나타나는 결과에만 관심을 두는 경향이 있다.
(2) 초·중등 교육의 의미를 대학입학 준비에 두고 있는 학부모들이나 학생들이 대부분이다.

라. 수업관찰에 대한 오리엔테이션과 수업관찰을 위한 기술의 부족

(1) 수업관찰의 방법과 전략에 대한 지식이 미흡한 교사들이 많다.
(2) 장학담당자들이 수업장학에 치중하기보다는 행정적인 업무처리에 급급한 것이 현실이다.

마. 수업관찰의 유의점

수업관찰자는 수업진행 상황을 객관적인 입장에서 자료를 수집해야 하지만, 수업전개가 빠른 속도로 진행되기 때문에 수업상황을 정확하게 기록하기는 쉽지 않다. 그러므로 수업관찰자(수업참관자)의 훈련 정도와 적절한 관찰도구가 확보되어야만 보다 효과적인 수업관찰을 할 수 있다. 아울러, 수업관찰에서는 다음과 같은 점에 유의하여야 한다.

첫째, 수업관찰은 사전에 준비된 계획에 따라 합리적으로 이루어져야 한다.

둘째, 객관적이고 사실적인 태도로 수업관찰에 임해야 한다.

셋째, 수업관찰자는 수업분위기 조성에 영향을 주는 언행을 가급적 삼가야 한다.

넷째, 수업관찰자는 냉정한 자세로 수업관찰에 임하여야 한다. 수업자나 학습자의 입장이 되어 수업상황에 몰입하면 안 된다.

다섯째, 정확한 기록을 위해서는 한 사람보다 몇 사람이 역할을 분담하여 참관, 기록하는 것이 바람직하다.

6. 수업자의 자세

수업자는 자신의 수업을 스스로 개선한다는 전문직으로서의 확고한 신념이 있어야 한다.

교사의 교수행위는 기술적(Descriptive)인 데 그치는 것이 아니라 진단적이고 처방적인 기능을 지닌다. 바람직한 교수 활동은 교사와 학생이 학습자료와 밀접하게 융화되어 학습목표를 중심으로 재구성되어 전개되는 고도의 전문성을 요하는 활동이다. 따라서 수업기술의 향상을 위해서는 주관적이고 인상적인 관찰보다는 객관적이고 과학적인 방법을 통해 진단되고 처방될 때 효과가 있음을 인식해야 한다. 단위수업은 이러한 준비와 실천 그리고 분석이 함께 존재해야 하는 고도의 활동이라 할 수 있다. 일반적인 수업자의 자세를 요약하면 다음과 같다.

첫째, 개선할 점을 겸허하게 받아들일 수 있는 아량이 있어야 한다. 수업관찰의 결과가 수업자 자신에게 수업행동을 교정하는 데 도움이 될 수 있다는 믿음을 가져야 한다. 현재까지 많은 연구수업이 이루어지고 있으나 수업연구가 제 역할을 하지 못하는 가장 큰 이유로 교사 자신이 자기 방어적인 행동을 하기 때문이라는 연구가 있었다. 이는 제3자의 충고나 지적이 주관적이고 인상적인 경향이 강하여 지적을 받아들이기에 앞서서 자기의 행동을 정당화하기 위한 근거를 찾아서 방어하려는 태도를 보이는 것으로 나타났다. 수업자는 수업관찰의 필요성을 인식하고 자기 방어적인 태도에서 벗어나는 일이 선행되어야 할 것이다.

둘째, 수업공개는 새로운 교수법이나 모형을 자기 것으로 만드는 계기가 되어야 한다. 수업자는 수업을 공개하기에 앞서 공개하고자 하는 수업이 새로운 교수법이나 교수·학습 모형을 재구성하여 적용해 봄으로써 관찰자들의 다양하고 객관적인 도움을 받아 자신의 수업능력 향상에 기여할 수 있다는 열린 마음이 전제되어야 한다. 수업분석과 같은 장학을 통해 스스로 성장하려는 의지가 필요하다.

그리고 학습목표 도달을 위해 어떤 방법을 사용할 것이며, 학생들에게 자기 주도적인 학습력과 의도적인 학습경험을 제공하기 위한 최선책이 무엇인가에 대한 연구의 결과가 수업공개를 통해 나타나게 된다. 특히 학교에서의 중견교사는 교육 과정 개정 및 새로운 교수·학습모형에 대한 시범·실험 수업을 기획하고 수행함으로써 초임교사에게 전문성 신장을 위한 계기를 제공할 수 있어야 한다.

셋째, 학습자의 행동 변화에 대한 명확한 목표를 인식해야 한다. 수업자는 다음과 같은 명확한 인식을 가지고 수업에 임해야 할 것이다. 교육 과정의 이해를 기반으로 한 수업을 위해 학교급 교육의 목표 인식 → 교과의 교육목표 → 학년 교과 목표 → 단원의 구조 → 차시의 위치 및 학습자의 행동 변화 목표를 명확하게 인식하여야 한다.

단위 수업은 교육 과정에서 추구하는 인간상을 최종점으로 하는 일련의 단위(unit)이므로 수업설계 및 분석에 있어 위의 단계는 반드시 병행되어 이루어져야 할 것이다.

넷째, 구조화된 교수·학습안을 제시하여야 한다.

관찰자는 수업자가 제시하는 교수·학습안(또는 교수·학습 과정안, 학습지도안)을 통해 수업분석을 위한 근거자료로 삼게 된다. 따라서 수업자는 교수·학습 과정안을 작성할 때 본시 목표와 관련된 아동의 실태 및 간단한 기초조사 자료를 제시하고 교육 과정의 목표를 분석하여 수업자의 관점에서 위계적으로 제시하며, 일반적인 세안의 요소를 기록함으로써 관찰자에게 구조화된 교수·학습 과정안을 제공해 주어야 한다.

다섯째, 수업연구는 수업의 질적 향상을 위한 노력의 일환이다.

교사는 단위시간의 학습 활동을 위해 많은 노력을 기울인다. 그러나 수업연구가 전적으로 교사 자신만의 몫이 되어서는 발전의 한계가 나타나게 될 것이다. 이는 수업을 분석하는 여러 가지 관점과 분석의 기준을 가지고 자신의 수업을 되돌아보고 분석하는 일이 혼자로는 역부족이기 때문이다.

여러 관찰자의 도움은 자신의 수업기술 향상을 위해 큰 도움이 될 수 있을 것이다. 또한 관찰자들도 수업자의 수업과 여러 관찰자들의 분석을 통해 자신의 수업향상에 도움을 받을 수 있게 된다.

7. 수업관찰자(수업참관자)의 자세

수업을 참관하는 장학지도자나 참관자는 수업자에 대한 예의를 갖출 뿐만 아니라 교수·학습 개선에 대한 의지를 갖고 성실한 태도로 수업을 관찰하여야 하며 수업이 끝난 후 협의회에 참가하여 수업에 대한 지도 조언을 함으로써 교사들의 교수방법 개선에 기여해야 한다. 교사의 교수행위를 향상시킬 수 있도록 하는 수업참관 요령을 살펴보면 다음과 같다.

첫째, 지도교과 및 지도하는 교수·학습 과정안에 대한 사전연구를 충분히 한다. 아울러 수업자에게 수업과정에 관한 피드백을 제공하기 위함이라는 자세를 견지하여야 한다. 수업자는 교수·학습 과정안을 수업시작 2~3일 전에 미리 참관자에게 배부해야 한다. 이때 수업에 참관할 교사나 장학지도자는 이 과정안을 분석 검토하고 본시 학습과제에 대한 연구를 해야 한다. 내가 이 학습과제를 가지고 1시간 동안 지도한다면 '어떤 방법으로 할 것인가? 이 과정안대로의 수업지도는 가능한가? 그리고 그 결과는 성공적일까? 과정안은 계획성과 실현가능성이 있게 작성되었는가?' 등 과정안에 대한 사전 평가를 스스로 한 다음 수업을 참관해야 한다.

둘째, 교수기술에 대한 이론을 알고 있어야 한다. 좋은 수업은 교수이론을 바탕으로 계획되고 실천되어야 한다. 수업전략을 활용할 수 있는 기술을 개발하도록 돕는 자세로 임하여야 한다. 학교 현장에서 이론과 수업은 별개의 것으로 생각하는 견해가 지배적이나 깊이 생각해 보면 수업기술은 교수이론을 배경으로 발전해 오고 있음을 알아야 한다. 과거 수업에 임하는 교사들은 입시 위주의 주입식 교육에 많은 관심과 투자를 해 왔다. 그러나 급격한 사회의 변화와 정보 및 지식 기반 사회에서 더 이상 암기식의 교육방법만으로는 미래 사회를 이끌어 갈 바른 인재를 양성할 수 없음은 자명한 사실이다. 따라서 교육 과정의 개정과 그 철학적 배경을 이해하고 좀 더 적합한 교수방법에 대한 탐색과 연구적인 노력은 생애 학습자로서, 전문 직업인으로서의 바른 자세라 할 것이다.

셋째, 수업관찰자는 수업전개 및 진행에 방해가 되지 않아야 한다. 수업관찰자는 수업시작 5분 전에 교실에 입실하여 학습자의 준비활동을 관찰하고, 수업이 시작되고 학생과 교사 간에 상호 인사를 할 때에는 관찰자도 일어서서 교단에 있는 수업자와 인사를 나누어야 한다. 수업자와 학생 간에 인사를 교환하는데도 관찰자가 의자에 앉아 있는 것은 예의에 벗어나는 행위이다. 그리고 관찰 시에는 교실 내를 배회한다든지 다른 관찰자와 소리 내어 이야기하는 행위를 지양해야 한다.

넷째, 사전 협의회를 통해 관찰할 영역과 방법을 확실하게 알아야 한다. 사전 협의회에서는 수업자의 수업설계를 중심으로 수업안의 구성과 활동 계획을 검토하게 된다. 이때 관찰자 역시 관찰하고자 하는 범위와 내용을 결정하고 이를 효과적으로 관찰할 수 있는 관찰도구를 준비해야 한다. 이 부분에 대해 소홀할 경우 관찰결과의 자료는 초점이 없고 산만한 느낌을 주게 되어 '자신의 주관에 의하면 혹은 나의 경우에는' 식의 결과가 되기 쉽다.

다섯째, 수업관찰도구의 선택 및 개발은 관찰자의 역할이다. 수업관찰의 결과를 객관적이고 과학적인 방법으로 기록하고 해석할 수 있는 관찰방법이나 도구를 선정해야 하며 명확한 자료나 수치를 통하여 객관적이고 신뢰성 있는 자료를 제시해야 할 의무가 있다.

수업관찰 후 자료를 정리하여 이를 검토하는 과정에서 '나의 생각', '내가 본 바', '나의 느낌' 등에 근거하여 수업을 진단하고 해석하는 것이 아니라 '이 표에서 보는 바와 같이', '이 통계치의 의미는' 등과 같이 객관적인 자료를 토대로 해야 하는 것이다. 수업자가 자기 방어적인 차원으로 충고나 지적을 받아들인다면 이것은 관찰자가 주관적인 느낌에 중점을 둔 표현을 하였기 때문일 것이다. 교사는 관찰자인 동시에 때때로 수업자의 역할을 동시에 수행하게 된다. 따라서 자신의 수업이나 동료 교사의 수업을 정확하게 분석할 수 있는 관찰도구의 개발에도 지속적인 관심을 가져야 할 것이다.

여섯째, 폭넓은 관찰이 필요하다. 한 가지 수업관찰방법으로 수업 전체를 평가하려는 태도를 지양해야 한다. 한두 가지의 관점에 의해서 잘된 수업이라 할 수 있어도 종합적으로 잘된 수업이라는 평가를 내리기란 어려운 일이다. 수업의 문제점을 진단하고 해결해 준다는 겸허한 사고로 접근하여야 한다. 수업관찰 결과로 수업과정의 합리적인 분석기술을 습득하도록 돕는다.

남의 수업을 잘 관찰할 수 있는 교사는 자신의 수업도 잘할 수 있다고 단정 지어도 무리는 아니다. 수업을 볼 수 있는 안목을 기르기 위하여 또한 수업을 바르게 평가하기 위해서는 폭넓게 세밀히 관찰하려는 노력이 이루어져야 한다. 교수·학습 과정안대로 교수·학습 활동이 진행되고 있는지,

도입·전개·정착에 배정된 시간계획은 잘 지켜지는지, 발문형태는 어떤지, 지명이 몇 명의 학생에게 치우치지 않는지, 발표자의 자세나 반응은 어떤지, 전인적인 차원에서 교수·학습 활동이 진행되는지, 판서계획은 실제 상황과 일치하는지 등 단위시간의 교수·학습 활동을 시작에서부터 끝까지 다양한 관점을 가지고 수업을 분석하여야 한다.

일곱째, 수업관찰도구의 개발에 노력해야 한다. 수업분석 자료를 통해 현장 개선을 목적으로 한다면 실용적인 도구의 개발에도 관심을 가져야 한다. 즉 수업관찰을 수행하면서 쉽고 간편하게 이용할 수 있는 관찰도구가 필요하며 이러한 도구의 개발은 바로 관찰자의 몫이기도 하다. 이는 수업상황, 학생 실태, 학교 환경, 수업목표 등에 따라 수업관찰의 관점이 달라지며 이러한 상황에 따라 적합한 도구를 개발하는 것은 수업자 및 관찰자 모두의 노력이 필요한 것이다. 아무리 좋은 도구일지라도 실용적이지 못하여 불편함을 느낀다면 활용되기 힘들 것이다. 따라서 쉽게 활용하면서도 관찰 관점을 정확하게 측정할 수 있도록 개발되어야 할 것이다.

여덟째, 좋은 수업이란 어떤 것인가를 스스로 느끼는 참관이 필요하다. 수업은 수업자의 특성에 따라 다양한 형태로 나타난다. 또한 참관자도 각자 자기 나름대로의 관찰과 평가를 하게 된다. 그러나 수업 참관자의 입장에서 생각해 보면 수업을 관찰한 다음 어떻게 하면 성공적인 수업이 될 수 있을 것인가 예상할 수 있어야 하며, 그것은 자기의 다음 수업에 적용될 수 있어야 한다. 수업의 참관을 통한 자료가 관찰자 자신에게도 반성자료로서 활용되며 수업개선에 도움이 될 수 있을 때 좋은 수업을 느끼는 진정한 참관이 될 것이며 바람직한 관찰자의 자세가 될 것이다.

그 외에도 수업관찰자는 다음과 같은 점에 유의하여 수업관찰에 임하여야 한다.

첫째, 수업관찰은 그 방법이 과학적이며 논리적이어야 한다.

둘째, 수업관찰의 범위나 내용을 분명히 하고 이를 효과적으로 관찰할 수 있는 관찰도구를 준비해야 한다.

셋째, 관찰결과가 객관적이고 신뢰할 수 있는 자료를 수집할 수 있는 방법이어야 한다.

넷째, 수업관찰 결과를 객관적이고 과학적인 방법으로 기록하고 해석할 수 있는 관찰방법이나 도구를 선정해야 한다.

다섯째, 수업관찰의 결과는 수업자에게 확인되고 스스로의 수업행동을 교정하는 데 도움을 주어야 한다.

여섯째, 한 가지의 수업관찰방법만으로는 수업 전체에 관한 평가를 하는 것은 삼가야 할 것이다.

일곱째, 수업관찰방법은 실용적인 목적에 부합되어야 한다.

여덟째, 수업관찰도구는 계속적으로 학교 현장에서 개발·적용되어야 한다.

한편, 관찰자는 수업을 관찰하면서 기록할 때 어떤 도구를 사용할 것인지에 대해 생각하여야 하는데 수업을 관찰하는 여러 도구들의 장점과 단점을 알아보면 다음과 같다.

〈표 18〉 수업도구의 장점과 단점

도구	장점	단점
노트	● 협의회 시간에 즉시 활용하기가 용이하다. ● 시간이 절약된다. ● 관찰자가 본 것들을 즉시 기록할 수 있다.	● 순간적인 결정에 의해 기록 여부가 달려 있으므로 피상적이거나 신뢰도가 떨어질 수 있다. ● 관찰 장면을 다시 볼 수가 없다.
캠코더	● 반복하여 볼 수 있고 시각적이고 음성적인 정보를 즉시 기록할 수 있다. ● 관찰자의 의도에 따라 교사, 학생에게 초점을 맞추어 기록할 수 있다.	● 분석할 때에 시간이 많이 걸린다. ● 카메라 앵글 범위 밖에서 일어나는 사건 등에 대한 정보를 얻기에 불편하다.
녹음기	● 교사의 발언 내용을 정확히 파악하기 쉽다. ● 토의, 분석할 때 반복적으로 사용하기에 용이하다.	● 표정, 동작 등과 같은 중요한 시각적 단서를 얻을 수 없다. ● 음질상태가 좋지 않을 수 있다. ● 분석할 때 시간이 많이 걸린다.

8. 수업협의회 운영

효과적인 수업분석을 위하여 대체로 다음과 같은 협의회 절차를 적절히 조정하여 활용할 수 있다.

바람직한 수업협의회 운영 계획은 학년 초 학교교육 과정 운영 계획 수립 시부터 연구계획의 일부로 삽입하여 교원의 전문성 신장의 기회로 삼으며 충분한 사전 협의를 통해 운영절차를 학교의 특성에 맞게 조절해야 한다.

1) 협의회 운영 절차

가. 1단계: 계획 수립

동료 교사들 간의 자율적이고 협력적인 분위기를 조성하고 수업연구 과제 혹은 수업개선 과제를 확인한다. 또 이에 대한 해결 방안이나 개선 방안에 대하여 논의한다. 수업관찰 이전까지 상호간 교재 연구를 진행하고 수업지도안에 대한 협의를 기초로 수업지도안을 완성하며 필요한 수업자료를 준비하고 수업환경을 조성한다.

(1) 제1차 협의
(가) 자율적·협력적 관계 조성
수업분석 절차에 대한 이해를 높이고 동료교사들 간에 자율적이고 협력적인 관계를 조성한다. 사전 자체 연수를 통해 수업분석의 개념, 영역, 형태, 과정 등에 대한 충분한 이해를 가지도록 한다.

그리고 경력교사와 초임교사가 짝을 이루는 경우 초임교사가 편안한 분위기를 만들어 준다.

(나) 수업공개자 선정

시범수업이나 일반수업을 공개할 교사를 협의하여 선정한다. 경력교사와 초임교사가 짝을 이루는 경우 경력교사가 먼저 시범적으로 자신의 수업을 초임교사에게 공개하고 이에 대한 환류협의를 가진 후에 초임교사가 보다 편안한 상태에서 자신의 수업을 공개하는 과정이 바람직하다.

(다) 수업연구 과제 선정

수업공개 교사가 수업에 관련하여 연구해 보고자 하는 사항이나 수업개선을 위해 도움이 필요한 사항이나, 동료교사들이 공동적으로 연구해 보고자 하는 사항을 선정한다. 그리고 수업공개 교사는 연구과제나 도움이 필요한 사항을 확인하기 위하여 교재연구, 기본 교수법, 지도과정, 학습형태, 자료 활용, 정리 발전, 학력정착 평가영역의 자기 평가를 실시한다.

(라) 학생 및 수업에 대한 정보 교환

담당 학생들의 학습능력, 학습태도, 학습의욕 등을 사전에 설명하고 의견을 교환한다. 그동안의 수업진도, 수업내용, 수업방법 등 학생과 수업에 대한 정보를 동료교사들에게 제공함으로써 사전 이해의 폭을 넓힌다.

(2) 제2차 협의

(가) 상호 사전 교재 연구

선정된 수업연구 과제 또는 수업개선 과제에 대하여 해결 방안 또는 개선 방안을 위하여 상호간 의견을 교환한다.

(나) 수업지도안 협의·작성

동료 교사들 간의 의견 교환과 협의를 참고로 하여 수업자는 수업지도안 작성에 착수한다. 작성된 수업지도안은 수업관찰 단계 이전에 관찰자에게 배포하여 참고 자료로 사용하도록 해야 한다.

(다) 역할 분담 및 수업관찰 계획 수립

동료 교사들은 관찰한 내용, 관찰방법, 관찰위치, 관찰장소 등에 대하여 협의하고 그에 따라 필요한 자료를 준비한다.

역할 분담이나 수업관찰 계획은 사전에 정리하여 확인한다.

나. 2단계: 수업관찰

수업관찰 단계에서 동료교사들은 수업지도안을 다시 한 번 확인하여 전개될 수업 활동의 전반적인 과정에 대한 이해를 높인다. 그리고 수업공개 교사는 수업지도안에 따라 수업을 실시하고 수업참관 교사들은 이미 계획된 역할 분담에 따른 수업관찰을 실시하여 연구과제 해결 또는 수업개선을 위한 구체적이고 객관적인 자료를 수집한다.

(1) 수업지도안 확인

수업 활동의 목표, 내용, 방법 등에 대한 이해를 위해 수업안을 확인한다.

(2) 역할 분담에 따른 수업관찰

수업관찰 계획에 따라 수업분석에 참여하는 교사들은 수업을 관찰, 기록한다. 담당한 구체적인 양식을 사전에 기록 요령이나 관찰 요령을 충분히 익혀 사전에 협의된 몇 가지 사항을 중점적으로 관찰한다. 담당한 역할에 따라 필요한 준비물(VTR, 카메라, 녹음기, 각종 관찰 기록 양식)을 준비한다.

(3) 수업관찰 결과 정리

수업을 관찰한 교사들은 결과를 정리하여 환류협의에 대비한다.

다. 3단계: 환류협의

수업관찰 결과를 중심으로 수업분석에 참여한 교사들 간에 상호 협동적이고 동료적인 분위기에서 선정된 수업연구 과제의 해결 및 개선 방안을 협의하여 일반화하기 위해 노력한다.

(1) 수업관찰 결과 논의

수업공개 교사는 자신의 수업에 대한 개략적인 자기 평가, 자기반성을 위해 정리하고 수업관찰 교사는 수업관찰 자료를 정리하여 협의한다. 다양한 방법 및 관점을 중점으로 협의함으로써 객관적인 협의가 이루어지도록 한다. 수업관찰 자료를 중심으로 상호 협동적이고 동료적인 분위기에서 실제 수업에서 만족스러운 점과 개선이 요구되는 점을 논의한다.

(2) 수업연구 과제 해결 및 수업개선 방안의 설정

수업관찰 교사들과 공개 교사는 수업연구 과제의 해결 및 개선 방안을 협의하고 수업관찰 교사들은 수업연구 과제 해결과 관련한 정보 및 관찰결과를 통해 계속적인 도움이 될 수 있는 방안에 대해 의견을 교환한다.

(3) 적용 및 평가

교사는 수업개선 방안에 대하여 실제 수업에 적용하고 평가하기 위하여 가능하면 차기의 수업관찰을 계획하거나 교사 스스로 자기 평가의 노력을 하도록 유도한다. 자기장학의 노력을 전개하고 설정된 수업연구과제에 대한 자료는 다른 학급에서도 일반화하여 적용해 보며 교장 및 교감은 환류협의에 참석하여 교사들의 협의사항이나 건의사항을 청취하고 교사들을 격려, 지원 및 조언을 한다.

2) 수업협의회 요령

성공적인 협의회를 위해서는 계획협의회에서 일정한 목표를 설정하고 교사의 관심을 확인하여 협동적 노력의 필요성을 인식하고 그에 따른 전략을 수립하여야 한다. 수업에 대해 고민하는 것만으로도 수업개선에 도움이 되겠지만 가능하면 협의회를 가져 서로간에 의견을 교환하는 것이 더 바람직한 일이라 생각된다. 그러나 수업협의회는 그 순기능과 역기능을 고려해야 한다. 수업자, 관찰자(분석자)는 서로간에 인격을 존중하고 진지하게 협의회를 진행해야 한다. 형식적인 협의회나 교사 간의 갈등을 유발하는 협의회, 수업자에게 별다른 도움을 주지 못하는 협의회가 되지 않도록 노력해야 할 것이다.

실제 수업관찰 후 협의회에서 이루어질 구체적 피드백 기법을 알아보면 다음과 같다.

가. 객관적인 관찰 자료를 사용하여 교사에게 피드백을 제공한다.

나. 교사가 관찰되고 기록된 자료에 대해 반성할 기회도 갖기 전에 어떤 결론을 제시하지 말고 교사의 반성적 의견과 느낌을 유도한다.

다. 어떤 것을 가르치는 데는 여러 가지 대안들이 있을 수 있으며 교사들은 일어난 수업사태에 대해 스스로 대안적 설명을 할 수 있어야 하므로 대안적 수업기법과 그 이유를 제시하도록 교사를 격려한다.

라. 교사가 다른 교사의 수업 스타일이나 수업전략 혹은 다른 기법을 배울 수 있도록 하기 위하여 여러 수업을 관찰하게 하고 교사에게 연습과 비교의 기회를 제공한다.

3) 수업협의회 순서

수업협의회는 수업의 성격에 따라 다르겠지만 일반적으로 ① 개회사 → ② 수업자 반성 → ③ 질의·응답 → ④ 관찰자(분석자) 의견 발표 → ⑤ 장학담당자(수업 전문가)의 지도조언 → ⑥총평의 순으로 진행된다.

4) 바람직한 수업협의회를 위한 역할

가. 수업자

수업이 끝난 후 즉시 자기의 수업과정을 세밀히 분석하여 그 문제점을 파악한 다음 협의회 때 미리 자신의 수업개선 사항을 발표해야 한다. 관찰자에게 수업을 관찰해 준 점에 대해 감사를 표하고 수업의 주안점, 수업설계 및 본 차시 수업에서 목표했던 학습목표 및 성취수준, 수업 과정 중의 오류 및 스스로의 의문점, 부족했던 점 등을 간략하게 발표한다. 또한 끝에는 "저의 발전을 위해 아낌없는 지도·조언을 부탁합니다."와 같은 말을 함으로써 관찰자의 의견을 진심으로 받아들일 것임을 표현하는 것이 바람직할 것이다.

나. 관찰자

질의 및 의견을 발표할 때에는 수업이론을 바탕으로 여러 사람이 공감할 수 있도록 객관적이고 타당한 근거를 가지고 말해야 하며 수업자의 수업을 관찰자 자신의 관점을 중심으로 전체적인 장점을 먼저 이야기하며 개선점을 이야기할 때는 나쁘다 혹은 고쳐야 한다는 관점보다는 객관적인 자료에 근거하여 바람직한 방향을 정중하게 표현해야 한다. 또한 수업자에게 도움이 되는 관찰자가 되기 위하여 반드시 사전 교수·학습지도안에 대한 충분한 분석과 검토가 이루어져야 하며 대안을 제시할 수 있는 자료 준비가 있어야 할 것이다.

다. 사회자

수업협의회의 사회자는 대개 연구 담당자나 교무가 역할을 하게 된다. 이때 사회자는 수업연구의 핵심을 잘 알고 수업자의 수업에 대한 특징과 장점을 사전에 미리 파악하여 적절하게 표현할 수 있어야 하며 수업자나 관찰자의 의견에 대해 요약하고 주요 관점을 표현할 수 있어야 한다.

특히 반복적인 관찰자의 의견, 감정적인 표현, 주관적인 근거에 의한 분석 등에 대해 적절하게 대처할 수 있도록 해야 할 것이다. 수업협의회가 바람직하게 진행되기 위해서는 사회자의 역할이 매우 중요함을 알고 꾸준한 노력이 필요하다. 특히 수업협의회가 끝난 뒤 수집된 자료를 피드백 자료로 활용하기 위한 대책을 수립하여 수업자에게 환류될 수 있도록 하는 몫도 사회자의 역할이다.

라. 지도조언이나 총평 담당자

수업자에게 용기와 만족을 줄 수 있는 역할에 최선을 다해야 할 것이다. 또한 관찰자에게 수업을 보는 안목과 관찰자의 바람직한 자세, 결과의 환류, 협의회 요령 등에 대한 전문적인 식견을 가지고 있어야 할 것이다. 따라서 수업협의회가 수업자와 관찰자의 역할에 충실하며 객관적이고 타당한 근거를 가지고 진지하게 운영되었을 때 이를 전체적으로 분석할 수 있어야 한다.

특히 총평의 역할 담당자는 수업협의회를 통해 이루어지고 있는 정도를 빨리 파악하여 적절한 지도가 이루어지도록 해야 한다. 바람직한 지도조언자는 수업협의가 끝난 뒤 수업에 국한하지 않고 보다 넓은 차원에서 교사로서의 바람직한 노력을 권고하는 과정을 잊지 않아야 할 것이다.

마. 기록자

수업협의회에 참석한 회원들의 명단과 각 회원들이 발언한 내용을 상세하게 기록한다. 회의 말미에는 회의록에 기재된 내용을 낭독하여 다시 한 번 회원들에게 협의 내용을 주지시킨다.

수업설계 분석에는 다양한 접근방법이 있는데, 과학적이고 객관적으로 분석하여 일반화할 가치를 제공하는 것에 의미를 두고 분석해야 한다.

학습준비 상황 분석으로 학생들의 선수학습 정도나 정의적 특성 등 여러 측면의 출발점 행동, 수업의 준비도와 수업환경 등을 파악할 수 있으며, 수업설계 부분에서 교수·학습과정안 구성, 수업목표 진술방법, 수업형태 적용원리, 교사의 발문계획, 판서계획, 학습자료 및 지도상의 유의점 등 교사의 수업준비 상태를 면밀히 분석함으로써 보다 질 높은 수업을 실시할 수 있도록 하는 기능이 수업설계 분석이다.

수업설계 분석은 하나의 표로 작성하여 활용하는 방법과 요소별로 나누어 어느 한 부분을 집중적으로 분석하는 방법이 있을 수 있으므로 상황에 따라 적절히 활용한다.

1. 수업설계 분석 요소

1) 학습준비 상황

분석 관점은 교수·학습과정안에 학생의 학습 준비상황(출발점 행동)의 반영 여부, 본시 학습과 관련한 학생실태 파악 여부, 학생의 학습 성취수준 판정 반영 여부, 사전지도 상황, 학습매체 준비 상황, 사고력 신장을 위한 과제제시 여부, 교사의 재구성 의지 등이 있다. 중점을 두고 파악해야 할 출발점 행동이란 새로운 단원이나 학습과제를 학습하기 전에 학습자가 이미 획득하고 있는 지식, 기능, 태도 등을 의미한다.

2) 교수·학습 과정안 구성

분석 관점에는 명확한 지도 목표 및 교육 과정의 요구에 대한 적중 여부, 학습목표와 학습내용에 알맞은 지도 형태, 교수·학습과정안으로서 갖추어야 할 요건의 적절성, 교과 특성에 적합한 수업모형의 적용 및 지역화 재구성, 평가계획 등이 있다.

3) 수업목표 진술

분석 관점은 수업목표 진술이 학습 후에 나타나는 학생의 행동 또는 학습결과를 알 수 있도록 명시적이고 구체적이며 행동적인 용어로 진술되어야 한다. 또 수업과정에서 의도하고 있는 성취행동과 그 행동을 수행하게 될 조건, 학습결과를 받아들일 수 있는 도달기준의 세 가지 요소가 포함되도록 진술되었는가 등이다.

4) 수업형태 적용

분석 관점은 교과의 특성·단원·제재의 특징에 적합한 모형, 학습자의 사고형성 과정에 도움이 되는 모형, 학습자의 학습목표 도달·학습 활동 주도를 위한 모형, 다양한 학습방법·수업매체를 활용한 모형, 학습결과에 대한 강화·교정이 효율적인 모형, 단순 암기보다는 해석·적용·판단 등에 역점을 둔 모형인가를 살펴보는 데 중점을 둔다.

5) 교사의 발문 계획

분석 관점은 학생수준·교과·학습과제 특성에 적절한 발문, 재생·추론·적용적 발문의 조화, 도입·전개·정리의 과정에 따라 단계적으로 수준을 높여 가는 발문, 수업의 구조화에 도움을 주는 발문, 학생들의 사고 확산과 답변의 용이성을 위한 발문, 목적이 뚜렷하고 간결한 발문을 들 수 있다.

6) 형성평가 계획

분석 관점으로는 수업과정 중의 형성평가계획이 적절하게 수립되어 있는지, 형성평가 문항이 수업목표 성취도를 충분히 반영하고 있는지, 형성평가가 학생들의 학습동기를 유발시킬 수 있는 요소로 구성되어 있는지, 형성평가계획이 창의적이고 방법이 다양한지를 중점으로 살펴본다.

7) 판서계획

분석 관점은 판서의 요건을 충분히 갖추었는지에 초점을 두고 수업의 흐름을 한눈에 알아볼 수 있는 내용의 명료성, 판서의 내용·분량·시기의 사전 계획, 수업목표에 밀착된 간결한 판서, 학생의 사고를 자극하는 내용 등을 중점으로 살펴본다.

8) 학습자료 및 지도상의 유의점

교수·학습과정안에 제시된 학습자료가 단위시간에 지도될 학습내용이나 시간에 적합하게 제시되었는지, 매체의 적정한 제시나 활용에 대한 안내, 구입, 제작, 대여 등 준비가 가능한지를 분석하고 검토해야 한다. 그리고 효과적인 학습효과를 높일 수 있도록 지도상의 유의점을 제시하였는지 살펴본다.

2. 교수·학습 과정안 구성의 분석

일반적으로 수업안(교수·학습 과정안, 교수·학습안, 학습지도안 등)이란 한 시간의 수업을 어떤 목표로 또한 어떤 내용을 어떤 과정이나 방법으로 지도할 것인가를 기록한 실제 수업의 설계도 또는 수업가설이다.

교수·학습 과정 분석이 교사 활동에 있어 수업목표의 제시, 선수학습과 동기유발, 발문, 학습환경 조성, 교수 태도, 학습모형, 학습집단 구성, 자료, 학습내용 정리 및 환류, 예습과제의 제시 등을 살피고, 학생 활동에 있어서는 참여도, 질문과 발표, 기본학습훈련, 학생 발언, 학습장 정리 등을 살펴 교사의 적극적인 지도와 학습자 스스로가 문제사태에 적응할 수 있도록 도와주는 수업인지를 분석해 보는 것이다. 하지만 수업안은 형식적인 틀이 있는 것이 아니고 학습내용의 성질, 교재의 종류, 학습자의 요구수준, 학습환경에 따라서 각각 그 특성을 고려해서 융통성 있게 작성한다는 특성을 가지고 있다.

1) 교수·학습 과정안 분석 방법

(1) 수업목표의 제시

수업목표는 학습자의 학습 활동 방향을 제시하고 학습동기를 유발시키며 학습 후 확인학습이나 형성평가의 기준이 되기 때문에 학생이 학습 후에 나타나는 도착점 행동으로 진술하며 학생들에게 제시하고 충분히 인지시켜야 하며 제시방법으로는 차트, 판서, 구두, TP, 컴퓨터 등 다양한 방법이 투입되어야 한다.

수업목표의 제시는 일방적으로 교사가 학습자에게 제시하는 것을 지양하고 학습자가 철저히 인지할 수 있도록 한다.

(2) 선수학습과 동기유발

본시의 수업목표를 성공적으로 달성하는 데 동기유발은 큰 비중을 차지하는데 학습과제의 특성과 학습 분위기, 학생 개인의 특성, 교사의 지도능력 등의 변인에 따라 외발적 동기유발과 내발적 동기유발을 적절하게 사용할 수 있어야 한다.

분석 관점으로는 선수학습과 본시학습과의 관련성, 지도방법, 발문과 매체활용 또는 기타 방법으로 학습의 흥미를 자극하는지, 학생의 아이디어에 대한 칭찬과 격려·활용은 어떠한지, 학생의 발표에 대한 진지한 관심은 가지는지, 학습에 호기심을 유도하는지, 주의 집중(Attention: 학습자의 흥미, 어떻게 학생의 흥미를 유발할까?), 적절성(Relevance: 학습자의 필요와 목적, 어떻게 학생을 관련시킬까?), 자신감(Confidence: 학습자의 성공에 대한 신념, 어떻게 하면 학생들에게 할 수 있다는 신념을 줄까?), 만족(Satisfaction: 학습자 성취의 보상, 어떻게 학생들에게 성취를 강화해 줄까?) 등에 관하여 분석해 보아야 한다.

(3) 발문

발문은 학습자와 교사 간의 의사소통을 촉진시키고 주제의 특정한 내용이나 특징에 주의를 집중시키며 교과에 대한 학생들의 지식과 이해 정도를 평가하는 데 사용된다.

(4) 학습환경 조성

학습환경에는 교수·학습이 전개되고 있는 물리적 학습환경, 심리적 학습환경, 교육적인 접근 등을 생각해 볼 수 있는데 물리적 학습환경이 유목적적이고 유용한 것인지, 심리적 학습환경이 원활한지, 학생과의 래포 형성과 공정성이 유지되어 수업에서 열성감이 보이는지, 학생의 인격을 존중하는지, 학습자 간의 방해 행동을 관리하는지 등 여러 요소들을 들 수 있다.

(5) 교수 태도

교수 태도의 범주에는 포괄적이지만, 단위 교수·학습 과정 동안 이루어지는 교사의 언어, 행동, 표정 등이 해당된다고 볼 수 있다.
분석 관점으로는 불필요한 군더더기 말을 사용하지 않는지, 어조의 고저와 속도가 적당한지, 명확하고 알아듣기 쉬운 용어를 사용하는지, 용모 단정한 자세인지, 학생이 수업에 도전감을 갖도록 유도하는지, 피드백 정보를 기술적으로 활용하는지, 다수의 발표기회를 주는지, 수업의 난이도를 조절하는지, 학생의 당황, 지루, 호기심 등을 주의 깊게 관찰하고 대처하는지, 학생의 질문에 만족한 답변을 하는지, 양, 위치, 분필 색, 크기, 시간을 고려한 판서인지 등을 생각해 볼 수 있다.

(6) 수업모형

교과, 교재의 특성에 맞는 수업모형을 적용하는 여부에 관한 것으로 교과의 특성에 적합한 학습과정 모형을 적용하였는지 분석한다.

(7) 학습집단 구성

단위시간의 교수·학습 과정 중 유목적적인 학습집단구인지, 본시 학습과 관련하여 효율성을 높일 수 있는 방법인지, 학습집단 내 학생 간 상호 협동과 소집단별 활동은 원활한지, 교수·학습 과정의 흐름에 어긋나지는 않은지, 수준별 개별화 지도를 수행하기 위한 집단 구성인지 등을 중심으로 분석한다.

(8) 자료

분석 관점으로는 학습자의 특성과 학습과제의 목표, 내용, 매체의 장단점을 고려하여 선정하였는지, 자료가 적절한 것인지, 학습자의 학습수행능력을 감안하여 언어, 그림, 설명, 내용, 제시의 속도를 조절하였는지, 최소 경비로 최대의 효율을 올릴 수 있는 경제성이 있는 자료인지, 널리 활용할 수 있는 것인지, 기술 지원이 원활한 것인지 등을 생각해 볼 수 있다.

(9) 학습내용 정리·환류

분석 관점으로는 정리단계에서 적절한 매체를 활용하여 명확하고 간결하게 정리되었는지, 학생과 교사가 양방향으로 소통되어 정리되었는지, 확인학습(형성평가)이 교육적으로 바람직하게 적용되었는지, 교수·학습 과정의 상황에 따라 탄력적으로 투입되었는지, 개별, 수준별 지도가 정착되었는지 등을 살펴볼 수 있다.

(10) 예습과제 제시

분석 관점으로는 예습과제가 차시 교수·학습과 연관되어 있는지, 차시학습을 위하여 유복적적으로 제시되었는지, 학습자가 이해하고 수행하기에 어려움은 없는지 등을 중심으로 생각해 볼 수 있다.

(11) 질문과 발표

분석 관점으로는 질문의 기회가 많은지, 질문에 대한 수용자세는 어떠한지, 질문에 대한 교사의 대처 반응은 어떠한지, 다양하고 창의적이며 발전적인 질문을 하는지 등을 생각해 볼 수 있고, 발표자의 복장은 어떠한지, 발표자의 인사 태도는 바른지, 발표에 있어서 소외 계층이 생기지 않도록 세심한 주의를 하는지, 발표자는 모든 학습자가 잘 들을 수 있는 위치에서 발표하는지, 잘 듣는 자세가 정착되었는지, 발표 절차를 준수하는지 등으로 정리해 볼 수 있다.

(12) 기본 학습 훈련

분석 관점으로는 의사 표시를 나름대로의 규칙에 맞추어 하는지, 앉고 일어서는 자세, 발표, 듣기 태도가 진지한지, 수업 집중과 참여하는 정도, 교사와의 상호 유대 정도, 목소리·복장, 학생이 준비할 자료 준비상태, 학습과 관련한 과제해결 상태 등을 관점으로 생각해 볼 수 있다.

(13) 학습의욕 · 참여도

학습의욕 및 참여도는 학생들이 수업에 임하는 자세와 태도를 준거로 가늠할 수 있는데 분석의 관점으로는 학생들의 학습과정 몰입 정도, 발표에 참여 정도, 활기찬 분위기 등을 생각해 볼 수 있다.

(14) 학생 발언

분석 관점으로는 단순 재생적인 답변보다 얼마나 추론, 적용적인 답변인지, 교사의 발문에 대해 생각하고 나서 재생산한 대답인지, 다른 사람의 이야기를 듣고 난 후 바른 대답하기인지 등으로 정리할 수 있다.

(15) 학습장 정리

분석의 관점으로는 학생 스스로의 필요에 의해 정리한 것인지, 자신의 생각을 나타낼 수 있는 정리인지, 내용을 바르게 정리하는지 등으로 생각해 볼 수 있다. 컴퓨터 세대인 오늘날의 초·중·고교 학생들은 학습장(노트) 필기를 거의 하지 않으므로 이에 대한 적절한 지도가 필요하다.

(16) 기타 사항

수업안 분석에서 중요한 것은 수업안의 목적에 부합되는가 하는 분석의 초점이다. 즉 수업안(교수·학습 과정안, 교수·학습안, 학습지도안)이 단위 수업의 설계도 내지 이정표 이상 수업을 이끄는 데 충실하게 구안되었는가를 분석해야 한다.

아울러, 수업은 교사와 학생의 상호작용이 중요하므로 단위 수업시간에 가르치는 교사와 배우는 학생이 학습목표 달성을 위하여 충분한 역할과 활동을 할 수 있도록 구안되어 있는가를 분석해야 한다. 따라서 수업목표, 발문, 수업모형 적용, 각종 자료의 활용 등을 토대로 종합적으로 살펴보아야 한다. 특히 학습내용의 환류(Feedback)를 통한 심화와 보충 활동 등도 세밀하게 분석하는 것이 바람직하다.

2) 교수·학습 과정 분석표

〈표 19〉 교수·학습 과정 분석표(예시 1)

구분	주 안 점	관 점	평점 (적정한 곳에 √표)					분석 의견
교사면	① 수업목표 제시	지역화, 학생수준 고려, 출발점 행동의 진단과 활용, 수업목표 달성도, 수업목표 진술 내용	1	2	3	4	5	
	② 선수학습과 동기유발	선수학습 관련지도, 능숙한 동기유발과 문제의식, ARCS	1	2	3	4	5	
	③ 발문	간결, 구체적, 명료한 발문 균등하고 의도적인 지명	1	2	3	4	5	
	④ 학습환경 조성	학습 분위기, 공간 활용, 시설 환경의 다양화, 교육적 접근	1	2	3	4	5	
	⑤ 교수태도	전개, 지도력, 학습밀도, 언어, 자세, 안정감, 판서기법	1	2	3	4	5	
	⑥ 수업모형	수준별, 개별학습과 협동학습의 조화, 개인차, 학습속도 고려	1	2	3	4	5	
	⑦ 학습집단 구성	목표접근, 자율, 책임감, 협동심 발양, 리더 활동 균형	1	2	3	4	5	
교사면	⑧ 자료	준비, 자료의 유인성, 목표접근, 창의력, 사고력 자극, 경제성, 실용성	1	2	3	4	5	
	⑨ 학습내용 정리·환류	개별화, 강화, 명확 간결한 정리, 융통적인 투입, 개별·수준별지도	1	2	3	4	5	
	⑩ 예습과제 제시	차시 관련성, 능력 고려, 시간의 적절성	1	2	3	4	5	
학생면	⑪ 질문과 발표	적극적인 질문과 발표, 태도, 고른 발표, 빈도와 질적 내용	1	2	3	4	5	
	⑫ 기본 학습 훈련	학습자의 기본 학습 훈련 정착 (태도, 복장, 용어사용, 준비도 등)	1	2	3	4	5	
	⑬ 학습의욕·참여도	학습과정의 고무, 몰입, 자발적이고 의욕적인 참여	1	2	3	4	5	
	⑭ 학생발언	단순 재생적 답변보다 추론, 적용적 발언, 생각하고 대답하기, 다른 사람의 이야기 듣고 바른 대답하기	1	2	3	4	5	
	⑮ 학습장정리	스스로 정리, 바른 내용 정리, 생각을 나타낼 수 있는 정리	1	2	3	4	5	

【평점: 아주 부족: 1, 조금 부족: 2, 보 통: 3, 만 족: 4, 아주 만족: 5】

〈표 20〉 교수 · 학습 과정 분석표(예시 2)

관 점	평 점 (적정한 곳에 √표)				
	1	2	3	4	5
1. 교과의 특성, 단원 및 제재의 특성에 적합한 수업과정 모형을 적용하였다.					
2. 도입에서 정리까지의 수업 흐름이 학생의 사고형성 과정에 도움을 주는 수업안이다.					
3. 학생이 학습목표에 도달되는 절차를 이해하도록 짜인 수업안이다.					
4. 학생이 학습문제에 호기심과 흥미를 갖도록 짜인 수업안이다.					
5. 학생이 학습 준비도에 알맞게 학습자료와 활동을 개별화시켜 주는 수업안이다.					
6. 학생이 학습에 적극적으로 참여하도록 유도하는 과정모형이다.					
7. 학생이 다양한 학습방법을 활용할 수 있도록 짜인 수업안이다.					
8. 수업목표 달성을 위해 다양한 수업매체를 활용하도록 짜인 수업안이다.					
9. 학습과제의 전체적인 성격을 학습자가 이해할 수 있도록 짜인 수업안이다.					
10. 학생이 학습한 것을 새롭고 다양한 상황에 적용하는 연습을 할 수 있게 짜인 수업안이다.					
11. 학습결과에 대한 강화나 교정이 효율적으로 이루어질 수 있게 짜인 수업안이다.					
12. 학습이 단순한 암기보다는 해석, 적용, 판단 등에 역점을 두도록 짜인 수업안이다.					
13. 학생 자신이 학습결과를 평가할 수 있도록 짜인 수업안이다.					
14 수업자가 수업목표 달성 여부를 확인할 수 있도록 짜인 수업안이다.					

【평점: 아주 부족: 1, 조금 부족: 2, 보 통: 3, 만 족: 4, 아주 만족: 5】

<표 21> 교수 · 학습 과정 분석표(예시 3)

관 점	평 점 (적정한 곳에 √표)
1. 지도 교사명, 일시, 장소, 대상이 명시되어 있다.	아주 부족　조금 부족　보통　조금 만족　아주 만족
2. 단원명이 명시되어 있다.	아주 부족　조금 부족　보통　조금 만족　아주 만족
3. 교재관, 아동관, 사회관, 지도관을 조명하여 단원의 성격을 개관하였다.	아주 부족　조금 부족　보통　조금 만족　아주 만족
4. 차시별 학습계획이 학습요소나 성격을 감안하여 타당성 있게 짜였다.	아주 부족　조금 부족　보통　조금 만족　아주 만족
5. 단원의 목표진술이 지식 · 이해, 기능, 태도 등 일반 동사로 진술되어 있다.	아주 부족　조금 부족　보통　조금 만족　아주 만족
6. 단원의 평가계획이 합리적으로 수립되었다.	아주 부족　조금 부족　보통　조금 만족　아주 만족
7. 본시의 수업목표가 그 시간에 달성될 수 있으며 명세적 동사로 진술되었다.	아주 부족　조금 부족　보통　조금 만족　아주 만족
8. 도입은 전시학습과 관련을 맺어 진술되었다.	아주 부족　조금 부족　보통　조금 만족　아주 만족
9. 수업목표와 학습내용이 일치되도록 짜였다.	아주 부족　조금 부족　보통　조금 만족　아주 만족
10. 수업과정에서 분절마다의 시간배정이 적절히 안배되었다.	아주 부족　조금 부족　보통　조금 만족　아주 만족
11. 수업과정 모형이 교과, 제재의 특성에 맞게 적용되었다.	아주 부족　조금 부족　보통　조금 만족　아주 만족
12. 활동란은 학습문제나 방법보다는 행동적인 용어로 진술되었다.	아주 부족　조금 부족　보통　조금 만족　아수 만족
13. 교사의 발문계획이 학생의 학습의욕을 자극할 수 있도록 제시되었다.	아주 부족　조금 부족　보통　조금 만족　아주 만족
14. 판서의 내용 구조화가 적절하게 제시되었다.	아주 부족　조금 부족　보통　조금 만족　아주 만족
15. 수업매체의 선택 및 활용계획이 적절하게 계획되었다.	아주 부족　조금 부족　보통　조금 만족　아주 만족
16. 형성평가계획이 수업목표 성취점검에 적합하도록 수립되었다.	아주 부족　조금 부족　보통　조금 만족　아주 만족
17. 예습과제 활용이 유효하도록 제시되었다.	아주 부족　조금 부족　보통　조금 만족　아주 만족
18. 학습과정에서 지도상의 유의점을 친절히 제시하였다.	아주 부족　조금 부족　보통　조금 만족　아주 만족
19. 차시학습의 예고와 준비가 적절하게 제시되었다.	아주 부족　조금 부족　보통　조금 만족　아주 만족
20. 수업에 도움이 되는 참고자료들을 천천히 소개하였다.	아주 부족　조금 부족　보통　조금 만족　아주 만족
21. 출발점 행동 상태를 점검하여 제시하였다.	아주 부족　조금 부족　보통　조금 만족　아주 만족

3) 교수·학습 과정 분석 실제(예시)

일 시	20○○. ○. ○.( )( )교시	프로젝트명	문자와 초대장	수업형태	소집단학습
대 상	학년 반	주제	우리 고장을 알려요	수 업 자	
수업목표	고장의 특색을 알리는 초대장을 만들 수 있다.				

구분	주안점	관 점	평점 (적정한 곳에 √표)	분석의견
교사면	① 수업목표 제시	지역화, 학생수준 고려, 출발점 행동의 진단과 활용, 수업목표 달성도, 수업목표 진술 내용	1 2 3 4 √5	우리 주위에서 쉽게 접할 수 있는 소재를 사용함으로써 학생들이 흥미를 느끼고 적극적으로 참여하는 수업이 될 수 있었음 동기유발로 직접 실물을 제시하여 학습에 흥미를 높임 다양한 멀티자료를 활용하여 수업목표를 학생들이 확실히 인지할 수 있도록 하였다. 모둠별 수업으로 주제에 맞는 적절한 수업모형이었음
	② 선수학습과 동기유발	선수학습 관련지도, 능숙한 동기유발과 문제의식, ARCS	1 2 3 4 √5	
	③ 발문	간결, 구체적, 명료한 발문 균등하고 의도적인 지명	1 2 3 4 √5	
	④ 학습환경 조성	학습 분위기, 공간 활용, 시설 환경의 다양화, 교육적 접근	1 2 3 4 √5	
	⑤ 교수 태도	전개, 지도력, 학습밀도, 언어, 자세, 안정감, 판서기법	1 2 3 √4 5	
	⑥ 수업모형	수준별, 개별학습과 협동학습의 조화, 개인차, 학습속도 고려	1 2 3 4 √5	
	⑦ 학습집단 구성	목표접근, 자율, 책임감, 협동심 발양, 리더 활동 균형	1 2 3 √4 5	
	⑧ 자료	준비, 자료의 유인성, 목표접근, 창의력, 사고력 자극, 경제성, 실용성	1 2 3 4 √5	
	⑨ 학습내용 정리·환류	개별화 강화, 명확 간결한 정리, 융통적인 투입, 개별·수준별지도	1 2 3 4 √5	
	⑩ 예습과제 제시	차시 관련성, 능력 고려, 시간의 적절성	1 2 3 4 √5	
학생면	⑪ 질문과 발표	적극적인 질문과 발표, 태도 고른 발표, 빈도와 질적 내용	1 2 3 √4 5	기본 학습 훈련이 잘 되어 있었으며 모둠별로 하는 토의, 제작에 적극적인 자세로 수업에 임하였음
	⑫ 기본 학습 훈련	학습자의 기본 학습 훈련 정착 (태도, 복장, 용어 사용, 준비도 등)	1 2 3 4 √5	
	⑬ 학습의욕·참여도	학습과정의 고무, 몰입, 자발적이고 의욕적인 참여	1 2 3 4 √5	
	⑭ 학생 발언	단순 재생적 답변보다 추론, 적용적 발언, 생각하고 대답하기, 다른 사람의 이야기 듣고 바른 대답하기	1 2 3 √4 5	
	⑮ 학습장 정리	스스로 정리, 바른 내용 정리, 생각을 나타낼 수 있는 정리	1 2 3 4 √5 (/ = %)	

【평점: 아주 부족: 1, 조금 부족: 2, 보 통: 3, 만 족: 4, 아주 만족: 5】

■ 분석결과 및 해석
■ 수업목표는 지역화의 과정과 학생의 수준을 고려한 제시이며, 출발점 행동을 진단하여 활용하였고 수업목표에 달성가능성이 있는 제시였으며 진술내용이 바람직하다.
■ 실물 자료는 동기유발에 있어 학습자들의 호기심 자극이 잘 되었다. 발문과 교수 태도에 있어서 안정된 교수 용어를 사용하였고, 발음과 태도가 바람직하며 구체적이고 간단명료한 발문과 균등하고 의도적인 지명이 이루어졌다.
■ 자료의 준비에 있어 사전학습 설계나 전개계획 시 명확한 안내 · 계획 · 의이 수용된 흔적이 많았고 사고력을 자극하고 목표에 접근하기 위한 매체의 투입과 적용이 용이하였다. 거수 발표, 앉는 자세 등 기본학습훈련이 대체로 정착된 흔적을 발견하였다.

3. 수업목표의 분석

본시의 수업목표는 한 시간의 수업을 성공적으로 마쳤을 때 학생이 성취해야 할 행동의 양식을 서술한 것이다. 본시 수업목표를 최종 수업목표로서 상세화된 수업목표로 진술되어야 한다고 한다. 그 이유는 수업자가 수업목표를 분명히 알게 하면 주어진 시간에 무엇을 가르쳐야 하는가가 명확하게 되어 수업시간을 낭비하지 않으며 수업태도를 높일 수 있으며 학생은 주어진 시간에 배워야 할 목표가 뚜렷함으로써 학습주의력을 높이게 되어 학습의 효과를 더 높일 수 있다. 그리고 구체적이고 세분화된 수업목표는 학습평가의 신뢰도와 타당도를 높일 수 있고 수업목표가 세분화되면 길러야 할 행동이 무엇인지 분명해져서 어떤 수업매체를 선정해야 하는지도 명확해시기 때문이다(변영계, 수업설계, 1979).

1) 수업목표 진술 요령

가. 학습 후에 나타나는 학생의 행동 또는 학습결과로 진술하여야 한다.
(1) 교사의 수업 활동으로 진술하는 오류
　　(예) 현미경으로 초파리를 관찰시킨다.(교사의 수업 활동 진술) → 초파리의 생김새를 그림으로 나타낼 수 있다.(학습결과 학생의 행동으로 진술)
(2) 학습과정으로 진술하는 오류
　　(예) 지도에서 기호의 표식을 배우게 한다.(수업과정 진술) → 지도에서 기호의 이름을 지적할 수 있다.(학습의 결과 행동)
(3) 두 개 이상의 학습결과를 포함하여 진술하는 오류
　　(예) 우리 학교에 있는 시설물을 알고 이를 바르게 이용할 수 있다.(2개의 행동 진술 포함) → 우리 학교에 있는 시설물을 예를 들어 지적할 수 있다. 시설물을 바르게 이용하는 방법을 설명할 수 있다.(둘로 나누어 진술)

나. 명세적 동사로 진술한다.

명세적 동사로 진술할 때의 어미 처리는 '~를 찾아낸다, ~를 설명한다, ~을 해결한다, ~차이점을 구별한다, ~비교한다, ~지적한다, ~제시한다, ~완성한다, ~암송한다, ~순서로 나열한다, ~활동한다' 등이다.

다. 수업과정에서 의도되고 있는 성취행동(A)과 그 행동을 수행하게 될 조건(B), 학습결과를 받아들일 수 있는 도달기준(C)의 세 요소가 포함되어야 한다.

(예) <u>받아내림이 있는(두 자릿수)－(한 자릿수)의 계산문제를 5분 이내에 2문제</u>
　　　　　　　　　　　　　　(B)　　　　　　　　　(C)　　　　(A)
　　<u>이상을 풀 수 있다.</u>

2) 수업목표 분석표

〈표 22〉 수업목표 분석표

관 점	평 점 (적정한 곳에 √표)
1. 한 시간 내에 성취할 수 있는 분량으로 수업목표가 진술되었다.	아주 부족　조금 부족　보통　조금 만족　아주 만족
2. 학습내용의 요소와 구조를 충분히 반영한 수업목표이다.	아주 부족　조금 부족　보통　조금 만족　아주 만족
3. 수업목표가 학습 후에 나타나는 학생의 행동 또는 학습결과로 진술되었다.	아주 부족　조금 부족　보통　조금 만족　아주 만족
4. 수업목표가 관찰될 수 있는 명세적 동사로 진술되었다.	아주 부족　조금 부족　보통　조금 만족　아주 만족
5. 한 개의 수업목표 속에 두 개 이상의 성취행동이 포함되지 않도록 진술되었다.	아주 부족　조금 부족　보통　조금 만족　아주 만족
6. 수업목표가 성취행동, 조건, 도달기준 3요소가 포함되도록 진술되었다.	아주 부족　조금 부족　보통　조금 만족　아주 만족
7. 일반 교수목표 달성을 적절히 반영할 수 있는 충분한 수의 명세적 목표를 설정하였다.	아주 부족　조금 부족　보통　조금 만족　아주 만족

4. 수업모형 적용계획의 분석

수업과정의 일반모형은 일반적으로 계획단계, 진단단계, 지도단계, 발전단계, 평가단계로 구분되어 제시되는데 이것은 전 학년, 전 교과에 걸쳐 사용될 수 있지만 이 모형을 근거로 각 교과별 특색에 맞는 수업절차 모형을 만들어 적용하고 있다.

1) 수업과정의 일반모형

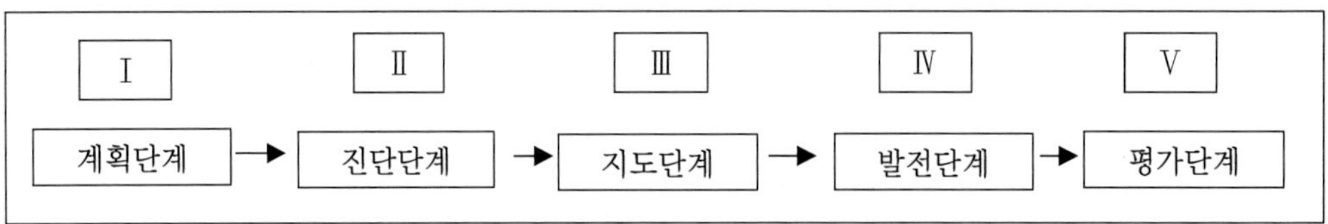

[그림 14] 수업과정의 일반모형(KEDI)

(1) 계획단계는 교사가 한 학습과제의 수업을 위해 교재연구를 하며 수업계획을 수립하는 단계이다.
(2) 진단단계는 학생들이 그 학습과제의 학습에 들어가는 데 필요한 준비가 되어 있는지를 진단하고 그에 따라 적절한 교정 조치를 실시하는 단계이다.
(3) 지도단계는 본 수업이 이루어지는 단계로서 교수·학습 활동이 일어나는 중심적 부분 단계이다.
(4) 발전단계는 지도단계에서 학습한 내용에 대한 학생들의 학업성취도를 중도 평가해 보고 그 결과에 따라 심화 또는 보충학습의 기회를 제공하는 단계이다.
(5) 평가단계는 학습과제의 수업결과를 종합적으로 평가함으로써 수업 활동을 끝맺는 단계이다.

2) 수업모형 적용계획 분석표

〈표 23〉 수업모형 적용계획 분석표

관 점	평 점 (적정한 곳에 √표)
1. 교과의 특성에 적합한 학습과정 모형을 적용하였다	아주 부족　조금 부족　보통　조금 만족　아주 만족
2. 단원 및 제재의 특질에 적합한 학습과정 모형을 적용하였다.	아주 부족　조금 부족　보통　조금 만족　아주 만족
3. 도입에서 정리까지의 수업흐름이 학생의 사고형성 과정에 도움을 주는 모형이다.	아주 부족　조금 부족　보통　조금 만족　아주 만족
4. 학생이 학습목표에 도달되는 절차를 이해하도록 짜인 모형이다.	아주 부족　조금 부족　보통　조금 만족　아주 만족
5. 학생이 학습문제에 호기심과 흥미를 갖도록 짜인 과정모형이다.	아주 부족　조금 부족　보통　조금 만족　아주 만족
6. 학생의 학습 준비도에 알맞게 학습자료와 활동을 개별화시켜 주는 과정모형이다.	아주 부족　조금 부족　보통　조금 만족　아주 만족
7. 학생이 학습에 적극적으로 참여토록 유도하는 과정모형이다.	아주 부족　조금 부족　보통　조금 만족　아주 만족

관 점	평 점 (적정한 곳에 √표)
8. 학생이 다양한 학습방법을 활용할 수 있도록 짜인 과정모형이다.	아주 부족　조금 부족　보통　조금 만족 아주 만족
9. 수업목표를 달성하도록 다양한 수업매체를 활용토록 짜인 과정모형이다.	아주 부족　조금 부족　보통　조금 만족 아주 만족
10. 학습과제의 전체적인 성격을 학습자가 이해할 수 있도록 짜인 과정모형이다.	아주 부족　조금 부족　보통　조금 만족 아주 만족
11. 학생이 학습한 것을 새롭고 다양한 상황에 적용하는 연습을 할 수 있게 하는 과정모형이다.	아주 부족　조금 부족　보통　조금 만족 아주 만족
12. 학습결과에 대한 강화나 교정이 효율적으로 이루어질 수 있게 하는 모형이다.	아주 부족　조금 부족　보통　조금 만족 아주 만족
13. 학습이 단순한 암기에 의해서라기보다 해석, 적용, 판단 등에 역점을 두도록 하는 과정모형이다.	아주 부족　조금 부족　보통　조금 만족 아주 만족
14. 학생 자신이 학습결과를 평가할 수 있도록 하는 과정모형이다.	아주 부족　조금 부족　보통　조금 만족 아주 만족
15. 수업자가 수업목표 달성 여부를 확인할 수 있도록 하는 과정모형이다.	아주 부족　조금 부족　보통　조금 만족 아주 만족

3) 수업모형의 적용분석

　수업모형 적용분석은 수업모형 적용방법에 따라 학생들에게 일반적으로 길러지는 능력 및 기대되는 효과의 분석이므로 얼마나 밀도 있게 적용되었는가, 모형 적용을 통해서 얼마나 학생들의 능력이 향상되었는가를 분석하는 것이다.

〈표 24〉 수업형태 적용원리

과 정	주요 내용
목표 인지	학습목표의 정확한 인지, 학습목표에 도달하는 절차 이해
동기 유발	학습목표의 가치 이해, 학습목표 달성에 자신감 학습 과정에서 성공적인 경험, 호기심과 흥미 있는 학습과제
결손의 발견 및 시정	선수학습요소의 충분한 학습, 선수학습요소에 대한 자신의 결손 파악 선수학습요소의 구체적 결손 내용 규명, 그에 적절한 학습과제 제시
개별화	학습 준비도에 알맞은 학습내용, 방법, 속도, 평가 자료의 개별화
설명·반응 및 지도	학습 유형에 따른 적절한 자극 상태 제공 학습자의 다양한 학습 양식 및 방법에 적합한 수업매체 선택 학습과제의 통합도가 높은 것은 전체 학습으로, 낮은 것은 부분 학습으로
연 습	확고한 학습으로 망각 방지, 재학습과 새로운 자료 학습용이 새롭고 다양한 상황에 적용, 학습의 포괄성 및 일반성 증대
수행 평가	학습결과에 대한 정보 강화, 학습 오류에 대한 구체적 교정용의 기대되는 학습결과 행위 자극

과 정	주요 내용
파지·전이 및 일반화	간단한 것에서 복잡한 것으로, 친숙한 것에서 친숙하지 않은 것으로 단순 암기보다 이해하는 학습으로, 학습 직후 학습 정리 학습한 행동을 주변 환경에 적용하는 다양한 경험
학습 평가	다양한 평가 방안 및 평가 내용의 수업 전 사전계획 수업 전 평가기준 인지, 학습목표 달성 자신의 학습결과 평가

4) 수업형태 적용 분석 관점

① 교과의 특성에 적합한 학습과정 모형을 적용하였는가?
② 단원 및 제재의 특질에 적합한 학습과정 모형을 적용하였는가?
③ 도입에서 정리까지의 수업 흐름이 학생의 사고형성 과정에 도움을 주는 과정모형인가?
④ 학생이 학습목표에 도달되는 절차를 이해하도록 짜인 모형인가?
⑤ 학생이 학습문제에 호기심과 흥미를 갖도록 짜인 과정모형인가?
⑥ 학습과제의 전체적인 학습자가 이해할 수 있도록 짜인 과정모형인가?
⑦ 학생이 학습한 것을 새롭고 다양한 상황에 적용하는 연습을 할 수 있게 하는 과정모형인가?
⑧ 학습결과에 대한 강화나 교정이 효율적으로 이루어질 수 있게 하는 과정모형인가?
⑨ 학습이 단순한 암기에 의하기보다 해석, 적용, 판단 등에 역점을 두도록 하는 과정모형인가?
⑩ 학생 자신이 학습결과를 평가할 수 있도록 하는 과정모형인가?
⑪ 수업자가 수업목표 달성 여부를 확인할 수 있도록 한 과정모형인가?

5. 교사의 발문계획 분석

발문은 수업목표 달성을 위한 가장 중요한 도구이며 기술이고 발문의 질은 수업의 질을 결정하기도 하며 수업분위기도 조성할 수 있는 중요한 의미를 갖고 있다.

가. 발문내용의 구성절차

(1) 학습과제를 분석하여 수업목표를 분명히 설정한다.
(2) 수업목표 달성을 위한 수업계열을 결정한다.
(3) 수업계열에 따라 발문의 제재를 추출한다.
(4) 발문의 제재에 따라 발문을 작성한다.

나. 발문의 유형

(1) 재생적 발문

학습했던 내용이나 경험한 사실을 알아보기 위한 것으로 도입단계, 낮은 능력수준에서 사용한다.
(예) 한라산의 높이는 몇 m인가요?

(2) 추론적 발문

지식, 정보 등을 이용하여 비교, 대조, 분석, 종합하여 응답할 수 있게 하는 것으로 전개 과정에
많이 사용한다.
(예) 새로운 형태의 시장이 생겨나고 있는 이유는 무엇인가?

(3) 적용적 발문

학습한 결과를 기반으로 하여 보다 확산적인 사고 활동을 촉진하는 발문으로 수업의 전개 과정에
많이 사용한다.
(예) 통신이 발달하면 사람들에게 어떤 영향을 가져올까?

다. 질문내용상 문제가 있는 질문의 유형

(1) 기계적으로 답이 나오기는 하지만 별 의미가 없거나 어떤 답이 나올지 너무 분명한 경우
(2) 무엇을 요구하는지 분명하지 않은 막연한 질문의 경우
(3) 규격화된 정답을 요구하는 질문

라. 교사의 발문기술상 문제가 있는 질문의 유형

(1) 적절한 시기를 놓친 질문을 하는 경우
(2) 질문을 한 후 교사가 학생들을 바라보는 대신에 다른 상황에 집중하고 있는 경우
(3) 같은 말을 몇 번씩 반복하는 질문과 답변의 형식을 지나치게 강조하는 경우

마. 수업의 효과를 높여 줄 수 있는 질문

수업의 효과를 높여 줄 수 있는 효과적인 질문은 학생들을 생각하게 만드는 질문, 흥미를 유발하
는 질문, 답변을 쉽게 하도록 하는 질문, 수업의 구조화에 도움을 주는 질문 등으로 분류한다.

바. 교사의 발문계획 분석표

<표 25> 교사의 발문계획 분석표

관 점	평 점 (적정한 곳에 √표)
1. 학생의 학년수준에 맞는 계획이다.	아주 부족 조금 부족 보통 조금 만족 아주 만족
2. 교과 학습과제 특성에 맞는 발문계획이다.	아주 부족 조금 부족 보통 조금 만족 아주 만족
3. 재생, 추론, 적용적 발문을 적절히 조화시킨 발문계획이다.	아주 부족 조금 부족 보통 조금 만족 아주 만족
4. 도입, 전개, 정리의 과정에 따라 단계적으로 수준을 높여 나가는 발문계획이다.	아주 부족 조금 부족 보통 조금 만족 아주 만족
5. 학생들을 생각하게 만드는 발문계획이다.	아주 부족 조금 부족 보통 조금 만족 아주 만족
6. 학생들의 흥미를 유발시키는 발문계획이다.	아주 부족 조금 부족 보통 조금 만족 아주 만족
7. 학생들의 답변을 쉽게 할 수 있도록 유도하는 발문계획이다.	아주 부족 조금 부족 보통 조금 만족 아주 만족
8. 수업의 구조화에 도움을 주는 발문계획이다.	아주 부족 조금 부족 보통 조금 만족 아주 만족
9. 목적이 뚜렷한 발문계획이다.	아주 부족 조금 부족 보통 조금 만족 아주 만족
10. 명확하고 간결한 발문계획이다.	아주 부족 조금 부족 보통 조금 만족 아주 만족

6. 판서계획의 분석

판서는 학습내용을 학생들에게 전달하기 위해 사용하는 중요한 수단 중의 하나로 별다른 부담감 없이 누구나 쉽게 활용할 수 있는 가장 보편적인 전달수단이다.

가. 판서 구조화 방법

(1) 판서내용 전체를 분류체계 도표 양식으로 조직하되 포괄적인 상위개념을 수업 초기에 미리 판서하여 줌으로써 단위시간의 수업내용 전체를 개관하는 효과를 얻는 방법
(2) 분석체계 도표 또는 목차양식과 화살표를 집합시키는 방법

(3) 화살표를 이용한 순환적 판서양식을 사용하여 수업내용을 요약하는 방법

(4) 수업 초기에는 학생들이 인식했던 내용을, 수업진행 과정에는 학습문제의 답을 판서하는 방법

(5) 제목 이외에는 주로 빈칸으로 된 도표를 사용하여 수업 진행 중 칸을 채워 가는 판서방법

(6) 의도적으로 틀리게 판서한 후, 학생들과 함께 문담을 통해 틀린 부분을 수정해 가는 방법

(7) 시각적인 효과가 높은 판서방법을 사용하여 문제를 해결해 나가 효과를 높이는 방법

(8) 정리단계에서 수업내용의 핵심을 판서하되 주요 단어 몇 개가 들어갈 자리를 괄호로 하여 형성평가의 효과까지 얻는 방법

나. 판서계획의 분석표

〈표 26〉 판서계획 분석표

관 점	평 점 (적정한 곳에 √표)
■ 판서계획 면 ■	
1. 수업목표에 밀착된 간결한 판서계획이다.	아주 부족　조금 부족　보통　조금 만족　아주 만족
2. 수업의 흐름을 제삼자가 쉽게 파악할 수 있을 만큼 명료한 판서계획이다.	아주 부족　조금 부족　보통　조금 만족　아주 만족
3. 판서의 내용과 양, 시기 등이 적절히 계획되어 있다.	아주 부족　조금 부족　보통　조금 만족　아주 만족
4. 교재의 본질에 맞으면서 학생의 사고를 자극하는 판서계획이다.	아주 부족　조금 부족　보통　조금 만족　아주 만족
5. 수업의 흐름에 맞춰 사고를 발전적으로 이끌어 가는 판서계획이다.	아주 부족　조금 부족　보통　조금 만족　아주 만족
6. 문자, 지도, 도해 등을 조화롭게 활용하는 판서계획이다.	아주 부족　조금 부족　보통　조금 만족　아주 만족
7. 다른 매체 또는 교구와 병행하여 융통성 있게 활용하는 판서계획이다.	아주 부족　조금 부족　보통　조금 만족　아주 만족
8. 학생의 노트 정리와 관련 있는 판서계획이다.	아주 부족　조금 부족　보통　조금 만족　아주 만족
■ 판서방법 면 ■	
9. 글자체가 활자체이고 글자의 크기가 학년수준에 적절하다.	아주 부족　조금 부족　보통　조금 만족　아주 만족
10. 글씨는 정확하게 필순에 따라 썼다.	아주 부족　조금 부족　보통　조금 만족　아주 만족
11. 판서의 양에 따라 칠판의 사용범위를 계획성 있게 배분하였다.	아주 부족　조금 부족　보통　조금 만족　아주 만족
12. 색분필의 혼용으로 시각적 효과를 높이는 판서였다.	아주 부족　조금 부족　보통　조금 만족　아주 만족

관 점	평 점 (적정한 곳에 √표)
13. 바른 어휘, 띄어쓰기, 바른 철자법을 반영하는 판서였다.	아주 부족　조금 부족　보통　조금 만족　아주 만족
14. 속도는 되도록 빠르게 하였다.	아주 부족　조금 부족　보통　조금 만족　아주 만족
■ 내용적 측면 ■	
15. 내용을 함축성 있게 요약한 구조화된 판서계획이다.	아주 부족　조금 부족　보통　조금 만족　아주 만족

7. 수업매체 활용계획의 분석

수업매체란 교수 활동에 사용되는 의사소통의 도구를 의미하는데 교사가 의도하는 수업목표에 보다 효과적으로 도달할 수 있도록 학습을 자극하고 증진시키기 위해서는 수업목표, 학습자의 특성, 학습과제 등을 고려하여 수업매체를 활용하여야 한다.

가. 수업단계에 따른 좋은 매체

(1) 도입단계: 의문의 제기, 학습의욕 상기, 흥미유발을 할 수 있는 매체
      (가) 프로그램에 활용된 동화상, 그림, 음향효과나 실물모형
      (나) 저학년은 실생활과 연관된 그림이나 구체적으로 조작가능한 실물
      (다) 전시에 학습한 내용을 요약, 정리하여 나타낼 수 있는 매체

(2) 전개단계: 이해 및 문제해결, 요점 정리, 사고력 신장, 개념의 획득 등에 도움을 주는 매체
    (가) 개념 형성, 이해, 문제해결의 경우 그림이나 슬라이드를 단계적으로 보여 줄 수 있는 수업
      매체
    (나) 태도와 관련된 것이라면 TV나 비디오 등과 같이 단계적으로 보여줄 수 있는 매체

(3) 정리단계: 결과의 정리, 이해의 심화, 적용 발전의 강화에 적합한 매체
      (가) 학생들이 전개 과정에서 발표한 판서내용
      (나) 학습한 내용을 정리할 수 있는 학습지
      (다) 기본학습, 적용학습, 발전학습 등으로 구별하여 수준을 알 수 있는 매체
      (라) 교사가 교수·학습 정리단계에서 파워포인트(PPT) 등으로 요약한 내용

나. 수업매체 선정 시 고려할 점

(1) 학습자의 특성을 고려해야 한다.
(2) 지도해야 될 학습내용과 시간을 고려하여 수업매체를 알맞게 선정하여야 한다.
(3) 수업매체별 특성과 장·단점을 살펴보고 학습과제 해결에 도움이 되는지 검토해야 한다.
(4) 수업매체가 수업에 적합한가, 학생의 학습에 적합한가를 검토해야 한다.
(5) 수업매체는 구입, 제작, 대여 등 준비가 가능한 것인가를 검토해야 한다.
(6) 교수·학습과정에서 수업매체의 투입시기가 적합해야 한다.
(7) 학습자가 수업매체를 통해 학습목표를 인지할 수 있는지 생각해야 한다.
(8) 수업매체가 학습과제 해결에 도움을 줄 수 있어야 한다.
(9) 교사의 발문은 수업매체 활용에 도움을 주어야 한다.
(10) 학습과제의 수업결과를 종합적으로 평가할 수 있어야 한다.
(11) 학생의 생활과 밀접한 관계가 있는 수업매체를 선정하여야 한다.

다. 수업매체 활용의 좋은 점

(1) 생동감 있는 경험을 제공해 준다.
(2) 학생의 심리적인 효과를 가져온다.
(3) 학습의 능률화를 가져온다.
(4) 학생의 탐구적 활동을 촉진한다.
(5) 짧은 시간에 보다 높은 효과를 가져와 학습시간의 경제성을 도모한다.
(6) 과거 현상의 현실화에 도움을 준다.

라. 수업매체 활용 관점

(1) 선수학습 파악: 학생들이 본시 학습과제를 해결하는 데 필요한 기본학습이 되었는지 진단하고 알맞은 오류 교정 및 보완을 실시하는 데 알맞은 수업매체를 활용해야 한다.
(2) 학습동기 유발: 학생들에게 본시 학습에 대한 실마리를 제공하여 교사의 발문에 학생들이 학습할 내용을 미리 예측할 수 있고 학습에 대한 도전 의욕과 흥미를 느낄 수 있는 매체를 활용한다.
(3) 학습목표 인지: 학습동기유발 자료에서 학습할 내용을 인지하고 교사의 발문에 따라 학생 스스로 학습목표를 찾도록 학년성을 고려하여야 한다.
(4) 실마리 제공: 학생들이 학습과제를 해결하는 데 교사의 발문내용을 이해하지 못하고 어려움을 나타내거나 대답하지 못할 때 학생들의 사고를 자극하고 학습에 대한 두려움을 제거하며 적극적인 참여를 조장할 수 있는 수업매체이어야 한다.

(5) 사고의 확장성: 다양한 사고와 창의적인 해결방법을 통하여 학습과제를 해결할 수 있는 수업매체이어야 한다.

(6) 문제해결의 효율성: 각각의 학습단계에서 수업매체를 활용한 학습이 문제해결을 통한 개념 획득과 학생들의 문제해결 과정에 많은 도움을 줄 수 있어야 한다.

(7) 학습목표 해결의 적합성: 수업상황에 따라 순서대로 제시된 수업매체가 학습목표 해결에 어떠한 영향을 주는지 또 학생들이 제시된 수업매체를 통하여 문제를 해결하고 학생들의 행동에서 나타나는 결과가 학습목표에 부합되어야 한다.

(8) 학습내용 정리: 학습한 내용을 교사가 판서를 하였을 때 학생들은 그 내용을 갖고 학습목표에서 요구하는 내용들로 결과를 정리하고 교사가 예상되는 학생들의 정리내용을 컴퓨터나 실물제시기를 통하여 정리하여야 한다.

(9) 학습내용 평가: 학습한 내용을 중심으로 학생들이 학습목표에 도달하였는지 알아보기 위하여 학생들의 수준을 보충학습, 심화학습으로 분류할 수 있는 수업매체이어야 한다.

(10) 수업매체의 적합성: 교사는 자신이 가르치려고 하는 것이 무엇인가, 학생들이 학습하기를 원하는 것이 무엇인가를 분명히 알고 구체화된 학습과제를 성취하는 데 도움을 줄 수 있는 수업매체이어야 한다.

(11) 수업매체의 계열성: 학습의 동기유발과 전개 과정에서 투입되는 수업매체가 학생들의 사고 활동을 단계적으로 자극하여 학습목표에 도달할 수 있도록 탐색, 문제해결, 적용 또는 활동내용에 맞는 것이어야 한다.

(12) 수업매체의 투입시기: 수업목표와 학습유형에 따라 수업사태가 결정되므로 수업설계자는 각 단계에 따라 어떠한 수업매체가 필요한가를 결정하고 도입, 전개, 정리단계에 알맞게 활용하여야 한다.

(13) 수업매체 제시 장소: 어느 장소에 배치해야 학생들에게 잘 보이고 편한가를 고려하는 일이다. 이는 학생들의 시력, 좌석 배치 등에 따라 달리해야 하고 학습이 이루어진 후에는 즉시 제거해야 한다.

(14) 학습의 흥미유발: 학습의 성패는 학생이 얼마나 흥미를 갖고 참여하느냐에 달려 있으며 교사의 유머, 생활이야기, 학생의 역할극 등이 활용되어야 한다.

마. 수업매체 활용 분석표

〈표 27〉 수업매체 활용 분석표(예시 1)

분 석 관 점	평 점 (적정한 곳에 √표)
1. 학습자의 특성, 학습유형, 학습과제의 특성을 고려하여 선정한 매체이다.	1　2　3　4　5
2. 매체의 특성과 장단점을 충분히 검토한 활용계획이다.	1　2　3　4　5
3. 수업사태에 적합한 매체 활용 분석표를 작성하여 선정한 매체 활용계획이다.	1　2　3　4　5
4. 수업해야 할 과제와 시간에 적합한 매체준비가 되어 있다.	1　2　3　4　5
5. 준비된 매체가 수업의 흐름에 맞추어 효과적으로 활용할 수 있는 계획이다.	1　2　3　4　5
6. 학습의 능률화를 가져올 수 있는 다양한 매체활용 계획을 수립하였다.	1　2　3　4　5
7. 학생의 탐구적 활동을 촉진하는 생동감 있는 매체를 선정하였다.	1　2　3　4　5
8. 수업과정에서 적당한 시간에 활용하였다.	1　2　3　4　5
9. 학생의 시력, 건강, 편리성을 고려하여 적당한 장소에서 활용할 계획이다.	1　2　3　4　5
10. 학생들이 이해하기 쉽고 흥미를 자극할 수 있는 적당한 방법으로 활용하였다.	1　2　3　4　5
11. 구입, 제작, 대여 등의 방법으로 쉽게 준비할 수 있는 매체를 활용하였다.	1　2　3　4　5
12. 매체의 활용 설명서가 첨부되었다.	1　2　3　4　5

【평점: 아주 부족: 1, 조금 부족: 2, 보 통: 3, 만 족: 4, 아주 만족: 5】

〈표 28〉 수업매체 활용 분석표(예시 2)

주 안 점	분 석 관 점	평 점 (적정한 곳에 √표)	분석의견
① 선수학습파악	선수학습을 진단하고 결손내용 보완	1 2 3 4 5	
② 학습동기유발	본시 학습에 대한 실마리를 제공하고 흥미를 유발	1 2 3 4 5	
③ 학습목표인지	학습목표 인지하고 말할 수 있는 매체	1 2 3 4 5	
④ 실마리 제공	학습과제 해결에 어려움을 나타낼 때 문제해결을 위한 실마리를 제공	1 2 3 4 5	
⑤ 사고의 확장성	학생의 발달수준에 맞고 다양한 사고를 통해 문제해결에 도움을 주는 매체	1 2 3 4 5	
⑥ 문제해결의 효율성	문제해결을 통하여 개념을 획득할 수 있는 매체	1 2 3 4 5	
⑦ 학습목표 해결의 적합성	수업사태에 따라 본시 학습목표 해결에 도움을 주는 매체	1 2 3 4 5	
⑧ 학습내용정리	학습결과를 요약 정리하여 학생들이 한눈에 볼 수 있는 매체	1 2 3 4 5	
⑨ 학습내용 평가	학습한 내용을 중심으로 수준을 분류할 수 있는 매체	1 2 3 4 5	
⑩ 매체의 적합성	교사의 의도에 따라 학생들의 학습과제 해결에 도움을 주는 매체	1 2 3 4 5	
⑪ 매체의 계열성	학습전개 과정에 따라 단계적으로 학생들의 사고를 자극할 수 있게 투입된 매체	1 2 3 4 5	
⑫ 매체의 투입시기	수업설계에 따라 도입, 전개, 정리 단계에 알맞게 투입된 매체	1 2 3 4 5	
⑬ 매체제시 장소	학생들에게 가장 잘 보이고 편안한 장소에 제시된 매체	1 2 3 4 5	
⑭ 학습흥미 유발	학생들이 학습에 흥미를 갖고 적극적으로 참여하는 매체	1 2 3 4 5	

【평점: 아주 부족: 1, 조금 부족: 2, 보 통: 3, 만 족: 4, 아주 만족: 5】

바. 수업매체 활용분석의 실제

〈표 29〉 수업매체 활용분석의 실제(예시)

분석자 직:　　　　성명:　　　　　(인)

수 업 일	20○○ . ○ . ○.( )○ 교시	교 과	재량활동	단원(프로젝트)	문자와 초대장
대 상	제3 학년 4반	장 소	소집단학습실	수 업 자	
학습목표	고장의 특색을 알리는 초대장을 만들 수 있다.				

주 안 점	분 석 관 점	평 점 (적정한 곳에 √표)	분석의견
① 선수학습파악	선수학습을 진단하고 결손내용 보완	1 2 √3 4 5	참신한 동기유발과 우리 지역의 특산물을 계절과 연계하여 제시함으로써 학습목표 도달이 용이하였음
② 학습동기유발	본시 학습에 대한 실마리를 제공하고 흥미를 유발	1 2 3 √4 5	
③ 학습목표인지	학습목표 인지하고 말할 수 있는 매체	1 2 3 4 √5	
④ 실마리 제공	학습과제 해결에 어려움을 나타낼 때 문제해결을 위한 실마리를 제공	1 2 3 4 √5	●우리 생활과 밀접한 그림 자료를 제시하여 문제 해결을 위한 실마리를 제공하는 것이 인상적이었음 ●학년 발달수준에 적합하고 문제 해결을 통하여 개념을 획득할 수 있는 매체였음
⑤ 사고의 확장성	학생의 발달수준에 맞고 다양한 사고를 통해 문제해결에 도움을 주는 매체	1 2 √3 4 5	
⑥ 문제해결의 효율성	문제해결을 통하여 개념을 획득할 수 있는 매체	1 2 3 √4 5	
⑦ 학습목표 해결의 적합성	수업사태에 따라 본시 학습목표 해결에 도움을 주는 매체	1 2 3 √4 5	
⑧ 학습내용정리	학습결과를 요약 정리하여 학생들이 한눈에 볼 수 있는 매체	1 2 √3 4 5	●학습결과 정리를 확산적으로 할 수 있는 교수매체였음
⑨ 학습내용 평가	학습한 내용을 중심으로 수준을 분류할 수 있는 매체	1 2 3 √4 5	
⑩ 매체의 적합성	교사의 의도에 따라 학생들의 학습과제 해결에 도움을 주는 매체	1 2 3 √4 5	●학습자의 수준을 고려한 실물매체가 효과적이었음 ●다양한 활동이 가능해서 교사의 의도에 따라 학습에 도움을 줄 수 있음
⑪ 매체의 계열성	학습전개 과정에 따라 단계적으로 학생들의 사고를 자극할 수 있게 투입된 매체	1 2 √3 4 5	
⑫ 매체의 투입시기	수업설계에 따라 도입, 전개, 정리 단계에 알맞게 투입된 매체	1 2 √3 4 5	

주 안 점	분 석 관 점	평 점 (적정한 곳에 √표)	분석의견
⑬ 매체제시 장소	학생들에게 가장 잘 보이고 편안한 장소에 제시된 매체	1　2　3　4　√5	● 매체가 가장 잘 보이고 편안한 장소에 제시되어 학생들의 학습 참여도가 극대화되었음
⑭ 학습흥미 유발	학생들이 학습에 흥미를 갖고 적극적으로 참여하는 매체	1　2　√3　4　5 (　=　%)	

【평점: 아주 부족: 1, 조금 부족: 2, 보 통: 3, 만 족: 4, 아주 만족: 5】

8. 형성평가계획의 분석

　형성평가는 최종의 수업목표를 향해 학습이 형성되어 가는 수업과정 중의 평가활동으로 학습의 방향과 무엇이 바람직한 행동인지 명시되어 있으며, 수업의 각 단계에서 필요한 학습요소를 학습했는가를 점검함으로써 교수·학습과정이 원활하게 진전되는 기능을 가지고 있다. 그리고 학습행동을 강화시켜 주는 역할을 해 주며 학습곤란의 진단과 교정, 학습지도 방법을 수시로 개선할 수 있는 정보를 제공함으로써 학습의 극대화에 이바지할 수 있게 해 준다(임인재, 1979: 123).

가. 형성평가계획의 분석표

〈표 30〉 형성평가계획의 분석표

분 석 관 점	평 점 (적정한 곳에 √표)
1. 수업 과정 중의 형성평가계획이 적절하다.	1　2　3　4　5
2. 형성평가 문항이 수업목표 성취도를 충분히 반영하였다.	1　2　3　4　5
3. 형성평가가 학생들의 학습동기를 유발시킬 수 있는 요소들로 구성되었다.	1　2　3　4　5
4. 형성평가계획이 창의적이고 방법이 다양하다.	1　2　3　4　5

【평점: 아주 부족: 1, 조금 부족: 2, 보 통: 3, 만 족: 4, 아주 만족: 5】

9. 학습준비 상황의 분석

학습준비 상황은 출발점 행동의 진단과 사전학습능력의 진단을 통하여 분석된다. 학생들이 갖고 있는 능력 중 특히 주어진 수업목표를 획득하는 데 관계되는 능력·태도·흥미 등은 그 단원의 학습을 위한 출발점 행동이 되는데 출발점 행동 요소는 학습자 개개인, 주어진 수업목표에 따라 다르며 한 개인의 출발점 행동은 고정된 것이 아니라 교과목이나 단원에 따라서도 달라질 수 있다.

가. 출발점 행동 규정 요소

(1) 어떤 단원이나 학습과제의 수업목표를 달성하기 위해서 수업이 이루어지기 전에 반드시 갖추고 있어야 할 것으로 판단되는 능력을 들 수 있는데 선수학습능력이나 선수학습요소라고 한다.
(2) 어떤 단원이나 학습과제에서 가르치려고 의도하고 있는 수업목표들 중 수업이 시작되기 전에 가정이나 학교에서 학습자가 이미 습득하고 있는 능력을 들 수 있다.
(3) 특정한 수업전략이나 수업방법에 관련이 있을 것으로 짐작되는 흥미·성격·경험 배경·적성·기능, 학력 등을 들 수 있다.

나. 사전학습능력 진단 시 고려할 점

(1) 사전학습능력 진단의 요소는 해당 단원에서 학생들에게 가르치려고 의도하고 있는 하위 학습과제나 세부 수업목표가 된다.
(2) 사전학습능력 진단을 위한 평가도구는 해당 단원의 총괄평가와 형성평가를 사용하는 것이 좋다.
(3) 평가결과의 분석은 학습자 개개인이 무엇은 알고 모르는지를 밝혀야 한다. 학습해야 할 수업목표 중에 이미 학습되어 있고 앞으로 학습되어야 할 것이 밝혀져야 한다.
(4) 사전학습능력의 진단은 교과의 특성에 따라서 다르지만 매 단원별로 1회씩 실시하는 것이 좋다(변영계·이상수, 수업설계, 2003: 121).

다. 학습준비상황 분석표

〈표 31〉 학습준비상황 분석표

분 석 관 점	평 점 (적정한 곳에 √표)
1. 수업안에 학생의 학습준비 상황 분석(출발점 행동 진단)이 반영되어 있다.	1 2 3 4 5
2. 본시 학습과 관련한 학생의 흥미, 적성, 경험배경, 기능 등의 사전파악이 반영되어 있다.	1 2 3 4 5
3. 사전에 학생의 학습성취 수준 판정이 반영되었다.	1 2 3 4 5
4. 사전에 학생의 특성이나 학습과제 특성을 분석하여 수업방법을 선택하였다.	1 2 3 4 5
5. 본시 학습내용과 관련된 학습과제를 부여하여 수업의 효과가 있도록 하는 사전지도가 있었다.	1 2 3 4 5
6. 학생들이 필요로 하는 학습매체 준비가 사전에 이루어지도록 하였다.	1 2 3 4 5

【평점: 아주 부족: 1, 조금 부족: 2, 보 통: 3, 만 족: 4, 아주 만족: 5】

10. 수업설계 분석표

수업설계 분석과정 요소별 분석 관점을 하나의 수업설계 분석표로 작성하여 활용되기도 한다. 좋은 수업 설계를 위해서는 수업설계 분석이 아주 중요하다.

가. 수업설계 분석표

〈표 32〉 수업설계 분석표(예시)

분석자:　　　　　(인)

수 업 일	20○○. . .( ) 교시	교 과		단 원	
대 상	학년　반	장 소		수 업 자	
학습목표					

분 석 관 점		평점 (적정한 곳에 √표)	내용
학습준비 상황	· 학생실태 파악 · 출발점 행동의 반영	1 2 3 4 5	
	· 사전지도 상황 · 학습성취 수준 반영		
	· 학습매체준비 · 과제제시 여부		
	· 교사의 재구성 의지		
교수 · 학습과정 안 구성	· 지도목표 · 교육 과정 적중	1 2 3 4 5	
	· 학습목표 · 내용에 적정한 지도형태		
	· 교수 · 학습과정안의 제 요건에 적절		
	· 교과특성에 맞는 수업모형 적용		
	· 계절의 적정 · 지역화		
	· 지도방법 · 형태의 다양한 기술		
	· 평가계획		
수업목표 진술방법	· 단위시간에 적정한 분량 진술	1 2 3 4 5	
	· 학습내용과 요소의 구조 반영		
	· 도착점 행동 · 명시적 · 3요소 포함하여 구체적이고 행동적인 진술		
수업형태 적용원리	· 교과의 특성 · 단원 · 제재 · 학습자의 적합성	1 2 3 4 5	
	· 학습방법 · 수업매체의 다양성		
	· 사고형성 유도 및 강화 · 교정 제시		
교사의 발문 계획	· 학생수준 · 교과 · 학습과제 특성과의 적정성	1 2 3 4 5	
	· 재생 · 추론 · 적용적 발문의 조화		
	· 수업과정에 따른 단계적 수준 조절		
	· 학습자의 사고확산 · 답변의 용이성		
	· 뚜렷하고 명확하고 간결한 발문		
형성평가 계획	· 수업과정 중 평가계획이 적절	1 2 3 4 5	
	· 수업목표 성취수준이 반영된 계획		
	· 창의적이고 다양한 방법으로 수립		
	· 학습자의 동기유발을 유도하는 요소		
판서 계획	· 수업의 흐름이 파악되는 명료성	1 2 3 4 5	
	· 내용 · 분량 · 시기에 대한 계획		
	· 수업목표에 부합되는 간결성		
	· 학생의 사고를 자극하는 내용		
학습자료 및 유의점	· 학습내용 · 시간에 알맞은 학습자료	1 2 3 4 5	
	· 학습과제 해결에 필요 · 적합한 자료		
	· 구입 · 제작 · 대여가 가능한 자료		
	· 다양한 형태의 지도상의 유의점 언급	(/ = %)	

【평점: 아주 부족: 1, 조금 부족: 2, 보 통: 3, 만 족: 4, 아주 만족: 5】

나. 수업설계 분석 결과

〈표 33〉 수업설계 분석 결과(예시)

분석자: (인)

수 업 일	20○○ . ○. ○.( )( ) 교시	교 과	재량활동	단원(프로젝트)	문자와 초대장
대 상	제3 학년 4 반	장 소	소집단학습실	수 업 자	
학습목표	고장의 특색을 알리는 초대장을 만들 수 있다.				

분 석 관 점		평 점 (적정한 곳에 √표)	내용 및 대안
학습준비 상황	· 학생실태 파악 · 출발점 행동의 반영 · 사전지도 상황 · 학습성취수준 반영 · 학습매체준비 · 과제제시 여부 · 교사의 재구성 의지	1 2 3 4 5 ||||√	사전에 고장의 특산물이나 대표 인물, 유적 등에 대한 지도가 잘 되어 있었음
교수 · 학습 과정안 구성	· 지도목표 · 교육 과정 적중 · 학습목표 · 내용에 적정한 지도형태 · 교수 · 학습과정안의 제 요건에 적절 · 교과특성에 맞는 수업모형 적용 · 계절의 적정 · 지역화 · 지도방법 · 형태의 다양한 기술 · 평가계획	1 2 3 4 5 ||||√	'고장의 특색을 알리는 초대장 만들기'라는 목표에 알맞게 수업모형이 선택되었으며 지역화를 중심으로 수업안이 구성되었으며 교슈학습과정안 요건에 따라 짜임새 있게 작성되었음
수업목표 진술방법	· 단위시간에 적정한 분량 진술 · 학습내용과 요소의 구조 반영 · 도착점 행동 · 명시적 · 3요소 포함하여 구체적이고 행동적인 진술	1 2 3 4 5 ||||√	구체적이고 명확하게 수업목표가 진술되었음
수업형태 적용원리	· 교과의 특성 · 단원 · 제재 · 학습자에 적합 · 학습방법 · 수업매체의 다양성 · 사고형성 유도 및 강화 · 교정 제시	1 2 3 4 5 ||||√	다양한 수업매체의 활용으로 역동적인 수업분위기가 조성되었음
교사의 발문계획	· 학생수준 · 교과 · 학습과제 특성과의 적정성 · 재생 · 추론 · 적용적 발문의 조화 · 수업과정에 따른 단계적 수준조절 · 학습자의 사고확산 · 답변의 용이성 · 뚜렷하고 명확하고 간결한 발문	1 2 3 4 5 ||||√	동기유발과 문제 해결 과정에서는 확산적 발문, 정리단계에서는 수렴적 발문을 통해 수업단계에 맞게 발문이 이루어짐
형성평가 계획	· 수업과정 중 평가계획이 적절 · 수업목표 성취수준이 반영된 계획 · 창의적이고 다양한 방법으로 수립 · 학습자의 동기유발을 유도하는 요소	1 2 3 4 5 ||||√	수업 후 정리단계에서는 초대장의 조건을 질의, 응답함으로써 형성평가가 이루어짐

분 석 관 점		평 점 (적정한 곳에 √표)	내용 및 대안
판서계획	· 수업의 흐름이 파악되는 명료성 · 내용 · 분량 · 시기에 대한 계획 · 수업목표에 부합되는 간결성 · 학생의 사고를 자극하는 내용	1 2 3 4 5 | | | |√|	단순하면서도 명료하게 판서내용이 구성되었음
학습자료 및 지도상의 유의점	· 학습내용 · 시간에 알맞은 학습자료 · 학습과제 해결에 필요 · 적합한 자료 · 구입 · 제작 · 대여가 가능한 자료 · 다양한 형태의 지도상의 유의점 언급	1 2 3 4 5 | | | |√|	수업 중 사용할 자료들은 쉽게 사용할 수 있는 것들로 계획됨

【평점: 아주 부족: 1, 조금 부족: 2, 보 통: 3, 만 족: 4, 아주 만족: 5】

■ 분석결과 해석 ■

가. 학습준비 상황에서 정의적인 실태 · 학력 실태 · 학습훈련 실태 · 실제 수업에서 필요한 컴퓨터 보유 및 활용 실태 등 치밀하게 학생 실태 및 출발점 행동을 파악하고 있으며, 사전에 지도한 학습 훈련 내용과 충분한 학습매체 준비 상황, 교재 연구를 통해 적합한 수업모형을 적용하려는 교사의 재구성 의지가 돋보인다.

나. 교수 · 학습 과정안 구성의 제 요건 및 지도목표 · 교육 과정에 적중하는 교수 · 학습 과정안을 적절히 구성하였고, 학습목표와 내용에 따른 지도방법 및 형태의 기술도 바람직한 편이고 계절과의 적정성, 지역화 내용이 제시되어 있다.

다. 수업목표는 도착점행동 용어로 명세적이고 구체적이며 3요소가 포함되도록 진술되었다.

라. 수업형태는 재량 활동의 특성에 따라 학습내용과 요소의 구조를 충분히 반영하고 있으며 생활 속에서 주제를 선정하여 사회과와 미술과, 국어과의 통합수업, 수업내용 중의 역할놀이, 인터넷 활용, 모둠별 토의 및 발표 등을 함축시켰다고 분석된다.

마. 교사의 발문계획은 도입, 전개, 정리의 수업과정 단계에 따른 재생적 발문, 추론적 발문, 적용적 발문의 수준 조절은 엿보이나 구체적인 발문계획이 다소 미흡한 편이다.

바. 형성평가는 수업 중에 학습이 형성되어 가는 과정평가를 말하는데, 수업설계에 있어 평가라는 항목을 두었으나 좀 더 창의적인 계획이 제시되었으면 한다.

■ 수업분석 결과의 활용 ■

가. 경험이 부족한 초임교사에게 반성의 기회를 주며, 반성적 사고를 유발시켜 교수학습능력이 신장될 수 있을 것이다.

나. 구조화된 체크리스트를 활용한 일관성 있고 체계적인 관찰을 통해 교사의 단점을 보완해 준다.

다. 교사는 다른 교사가 행하는 훌륭한 수업장면을 관찰할 때 자신의 수업에 대한 많은 통찰력을 얻는다.

라. 자신의 수업장면을 녹음하거나 녹화하여 분석하는 자기 분석법을 통해서도 자신의 강점과 약점을 파악하고 개선할 수 있는 많은 단서들을 얻을 수 있다.

마. 교사가 다른 교사의 수업이나 자신의 수업관찰로부터 많은 개선을 얻기 위해서는 반성적 수업관찰이 이루어져야 한다.

▌제5장▌ 수업과정 분석의 실제

1. 필터(Filter) 식 수업분석법

필터(Filter)의 사전적 의미는 '여과기를 통과한다', '사실 정보 등이 흘러들다' 등이다. 수업의 분석 효과를 높이기 위해 이들 사실정보들을 분석할 수 있는 '틀(여과기)'를 만들어 활용하는데 수업의 여러 가지 사실, 정보를 통과시켜 수업개선에 필요한 자료들을 빼내어 지도교사가 효과적으로 활용하는 것을 '수업분석 필터'라고 한다.

수업은 학습환경, 교재, 가르치는 교사, 학생 등 여러 가지 복잡한 요소들이 상호작용을 하면서 나타내는데 구성요소들을 영역별로 분석, 종합해 보면 수업을 과학적으로 분석하고 해석할 수 있다.

수업분석 필터의 종류에는 ① 교사의 발문, ② 학생의 발언, ③ 학생의 행동반응, ④ 학습자료, ⑤ 판서, ⑥ 공책 기록 등이다. 그러나 수업분석의 목적이나 연구주제에 따라 종류를 가감하고 양식을 변경하여 다양하게 활용할 수 있다.

가. 교사 발문 필터

(1) 요구하는 것(형태적 발문)

이 발문은 문답법의 형태에서 많이 쓰이는데 교사가 학생에게 어떤 의견으로 요구하거나 객관적인 사실의 관례를 묻거나 학습한 사실을 적용하고 객관적인 정의를 요구하는 등의 발문이다. 발문의 특징은 말이 짧고 간명하고 자주적이며 학생에게 적절한 문제나 사태를 제시하여 사고력, 비판력, 추리력을 자극하는 학습 활동에 참여하는 기회를 주는 발문이다.

(2) 주는 것(수여적 발문)

강의법에서 많이 쓰이는 발문으로 학생의 요구, 흥미, 자발성을 고려하지 않고 설명 위주로 교사가 독점으로 발문함으로써 비교적 참여 기회를 주지 않는 발문으로 학생의 발언을 정리하여 주거나 사고를 유발하기 위한 교사의 보충발언이나 설명이다. 학습문제의 제시설명, 결과요약 설명, 사례소개 등 정리할 때 많이 사용하는 발문이다.

(3) 확인하는 것(확인하는 발문)

이 발문은 수업 과정에서 문제해결의 진전에 따라 그 결과의 이해 여부를 알려는 수단으로 경험, 이해,

지식, 기능, 태도 등의 상태를 확인하는 발문으로 수업의 중간 중간에 교사가 하는 학생평가나 수업의 끝에 행하는 평가적 성질을 띠고 있다. 그 유형으로는 일제답 또는 개인별 응답 반응을 요구하는 방법이 있다.

(4) 교사 발문 분석

〈표 34〉 교사 발문 분석표

수업단계	시간경과	요구하는 것					주는 것							확인하는 것				교사 발문
		작업	의견	개괄	응용	정의	사례	조건	자료	개념	개괄	강화	주의질책	경험	지식	이해	태도	
과제파악			①															① 칠판에 물체를 분류해 보려면 어떻게 하면 좋겠습니까?
			③									②						② 참 좋은 생각입니다.
		④																③ 또 다른 사람 없어요.
																		④ 이제 여러분이 말한 대로 자기 분류해 봅시다.
			⑥	⑤														⑤ 분류한 것을 발표해 봅시다.
																		⑥ 이 물체의 특징은 무엇입니까?

■ 해 석 ■
- 작업: 읽기, 계산, 쓰기, 조작, 공책기록 등을 지시
- 의견: 아이디어, 의견, 감상, 해답을 요구하는 질문
- 개괄: 원리, 법칙, 종합을 묻는 질문
- 적용: 원리, 법칙, 개념의 사례를 묻는 질문
- 정의: 의미를 묻는 질문
- 사례: 보기를 들어 사례를 유발시킴
- 조건: 문제의 조건을 제시해 줌
- 자료: 문제 해결을 위한 자료를 줌
- 개념: 용어나 부호의 개념을 줌
- 개괄: 원리, 법칙, 개괄의 지시
- 강화: 칭찬, 격려의 말
- 주의, 질책: 주의하고 질책하는 말
- 경험: 공동이나 개인의 생활경험을 물어서 손들게 하는 교사의 질문

- 지식: 단순한 사실이나 지식을 확인하는 질문
- 이해: 원리, 원칙, 개념 등을 확인하는 질문
- 태도: 태도를 확인하는 질문

나. 학생 발언 분석

<표 35> 학생 발언 분석표

수업 단계	시간 경과 (분)	수업의 참여도					발언대상			발언방법			발언개요
		①	②	③	④	⑤	거수 지명	지명	자발	일제	단순 재생	추론 적용	
문제 파 악	5						①						① 네, 유관순입니다. ② 신라시대입니다. ③ 중국 아니면 일본인 것 같습니다.
								❷					
									③				

■ 해 석 ■

- 시간 경과는 5분 단위로 해서 표시하는 것이 좋다.
- 발언방법은 첫째 번에 대답한 어린이가 정답을 말했음에도 불구하고 두 번째로 말한 어린이가 틀린 답을 했을 경우에도 표시한다.
- 발언율＝발언자 수 / 수업참여자(발언자: 발언 횟수에 상관없이 발언에 참여한 수)
- 발언내용의 분석을 통하여 해석을 종합적으로 내려야 한다.
- 발언방법을 기록할 때 기록지에 표시하는 방법으로 ①은 첫 번째 답한 학생이 정답을 말했음을 의미하고 ❷는 두 번째 지명당한 학생이 오답을 하였음을 의미하고 ③는 정답 여부가 애매한 경우를 나타낸다. ①, ②, ③은 방법의 순서를 나타낸다.

다. 학생행동 분석필터

<표 36> 학생행동 분석필터

수업 단계	경과 시간	성명: ○○○		성명: ○○○		성명: ○○○	
		행동반응 A a b B	행동개요	행동반응 A a b B	행동개요	행동반응 A a b B	행동개요

■ 해 석 ■

- A(적극적 반응): 학습에 관계있는 사람이나 사물에 깊은 관심을 나타내거나 작업, 거수 발언을 할 때의 행동 반응
- a(소극적 반응): 가벼운 행동이나 관심을 표시하는 행동 반응
- b(도피적 반응): 사고 활동을 하지 않거나 학습에 흥미 없는 무관심(휴식) 상태를 나타내는 행동 반응
- B(완전 도피적 반응): 학습 활동과 전연 관계없는 행동이나 학습 이외의 것에 흥미를 나타냄
- 관찰대상자는 상, 중, 하 어린이를 택하여 관찰하는 것이 효과적이라 생각됨
- 행동 개요: 관찰 순간의 행동 상태의 개략을 기록함
- 반응도(학습에 참가도)＝A± a / 관찰횟수 × 100
- 학습 참가도는 상, 중, 하의 어린이에 대해 개별로도 필요하고 전체적인 것도 필요하며 반응 상태를 점선 위에 찍어 나타내면 관찰대상 어린이의 학습반응 프로파일이 나타난다.

라. 자료 분석필터

〈표 37〉 자료 분석필터

수업 단계	시간 경과	동 기		자료의 내용 횟수량		사용목적				취급방법				활동개요 및 반응
		교사	아동	내 용	수량	문제 제시	흥미	이해	문제 해결	지식	의문	설명	해석	

■ 해 석 ■

- 동기: 누구의 필요에 의해 자료가 제시되었는가?
- 자료의 내용: 도표, 인쇄물, 사진, 파일, 슬라이드, 영화, 줄사진, T.P, VTR, 모형사물 등 구분
- 활동 개요 및 반응: 교사와 아동의 활동 개요를 적고 반응 상태를 기록함
- 자료의 규격, 글씨, 내용, 아동의 반응 등을 다각적으로 분석하여 다른 분석필터와의 유기적 관련을 적고 해석하여야 함

마. 판서 분석필터

〈표 38〉 판서 분석필터

수업 단계	시간 경과	판서의 위치	표 현					판서의 내용	활동개요 및 반응
			도식화	관련화	구조화	창조화	발전화		

■ 해 석 ■

- 도식화: 판서의 내용에 그림이 그려져 있는 경우
- 관련화: 판서의 내용은 바로 수업의 내용
  학습자의 어떤 능력을 신장시켜 주기 위한 수업인가의 관련성 있는 판서 내용
- 구조화: 개체 표기를 연결표기로 관련짓는 데 따라 성립
  보통언어, 상징적인 기호 사용으로 구조화
- 창조화: 일정한 틀이 있는 것이 아니라 학습내용에 따라 창의적인 형태의 다채로운 방법 선택
- 발전화: 창조와 상통하지만 보다 발전적인 판서로 글씨뿐 아니라 도식화, 그림, 도해 등을 내
  용에 따라 또 효과 기능을 생각해서 판서

바. 공책 기록 분석필터

〈표 39〉 공책(note) 기록 분석필터

수업단계	경과시간	공책기록 유형				관 찰 내 용
		정 리	작 업	연 습	메 모	

■ 해 석 ■

- 정리: 판서내용을 공책에 옮겨 쓰는 일, 대개 계획적이기 때문에 창의적 활용의 여지가 없는
  것이 흠임
- 작업: 실험, 관습, 관찰 계획이나 결과를 기록하는 일

교사가 인쇄한 구조도에 써 넣거나 공책에 자유롭게 쓰기도 함

내용의 다양한 표현이 예상됨.

■ 연습: 그날 배운 문제를 연습으로 푼다든지 반복연습의 성격

공책 착오점 발견하여 교사의 지도를 받거나 문제해결의 반성자료로 활용

■ 메모: 교사의 설명을 자유롭게 요약하여 공책에 기록하는 방법

사전에 교사의 유의점, 요령 등을 자세히 지도

2. 플랜더즈(Flanders)의 언어상호작용분석법

Flanders의 언어상호작용분석법은 수업의 주요 변인인 교사와 학생의 언어적 행동에 초점을 맞추었다는 것과 일정한 분류체계에 따라 기록하고 분석하는 객관적 분석법이라는 점에서 과학적인 수업분석 도구로 알려져 있다.

가. 언어상호작용 분류항목

플랜더즈는 수업의 형태를 크게 두 가지로 보고 있으며 그 하나는 지시적 영향이며, 다른 하나는 비지시적 영향이다. 지시적 영향은 지배적, 전제적, 교사 중심, 배제적 제한적인 의사소통이 하나의 개념을 형성하고, 비지시적 영향은 통합적, 민주적, 학생중심, 포괄적, 권장적 의사소통의 개념이다.

<표 40> Flanders 상호작용 분석 10개 범주(FIAC)

교사의 발언	비지시적 발언	① 감정의 수용	비위협적인 방법으로 학생의 감정적 색조나 태도를 수용하거나 명료화한다. 감정은 긍정적이거나 부정적일 것이다. 감정을 예측하고 회상하는 것도 포함된다.
		② 칭찬이나 격려	학생을 칭찬하거나 격려한다. "으흠", "그렇지"라고 말한다. 긴장을 완화하는 농담을 한다. 그러나 학생을 무시하는 것은 아니다.
		③ 학생의 아이디어 수용 또는 발언	학생의 말을 인정한다. 학생의 아이디어에 기반을 두어서 질문을 명료화, 형성하며 묻는다.
		④ 질문	학생이 대답할 것을 기대하는 의도로 교사의 아이디어에 기반을 두고 내용 또는 절차에 대하여 질문을 한다.
	지시적 발언	⑤ 강의	내용이나 절차에 대하여 사실이나 의견을 제시한다. 교사 자신의 아이디어를 표현하고, 교사 자신의 아이디어를 설명하고 표현한다.
		⑥ 지시	학생에게 주의집중이나 벌을 줄 의도로 특정행동을 요구하는 수업자의 언어이다.
		⑦ 학생을 비평 또는 권위를 정당화함	좋지 못한 학생의 행동을 좋은 행동으로 바꾸기 위한 교사의 말, 꾸짖는 것, 교사가 왜 그렇게 하는가에 대한 이유 설명, 극단적인 교사의 자기 자랑이 여기에 속한다.

학생의 발언	⑧ 학생의 말 – 반응	교사의 단순한 질문에 대한 학생의 단순답변, 학생이 답변하도록 교사가 먼저 유도하는 경우가 여기에 속한다.
	⑨ 학생의 말 – 주도	학생 자발적으로 또는 교사의 유도에 의한 반응으로 학생 자신의 아이디어를 중심으로 표현하는 경우이다. 학생들의 자진 질문 혹은 자진해서 아이디어를 발표하는 경우가 여기에 해당한다.
기 타	⑩ 침묵, 혼란	실험, 실습, 토론, 책읽기, 머뭇거리는 것, 잠시 동안의 침묵 및 관찰자가 학생 간의 의사소통 과정을 이해할 수 없는 혼돈의 과정 등이 여기에 해당한다.

나. 플랜더즈의 언어상호작용분석법의 특징

(1) 언어적 수업형태분석 방법이다.
(2) 언어상호작용분석이 비언어상호작용보다 신비롭다.
(3) 정의적 영역 분석이다.
(4) 수업결과가 수업자에게 확인되고 스스로의 행동을 고치는 데 도움이 되는 방법이다.
(5) 과학적인 방법으로 분석되고 해석된다.
(6) 분석방법이 간단하고 실용적이다.
(7) 학생들의 학업성취와 민주적, 창의적 태도 함양에 도움을 준다.
(8) 교사 중심의 일제수업에 한하여 적용시킬 수 있다.
(9) 결과가 바람직하게 나왔다고 해서 그 수업이 곧 잘된 수업이라고 단정할 수는 없다.

다. 분류의 원칙

(1) 교사나 학생의 언어가 둘 이상의 어느 항목인지 분류가 곤란할 경우에는 5항목에서 멀리 떨어진 항목을 선택한다.(10항목은 해당되지 않음)
(2) 교사의 어조가 계속 비지시적 또는 지시적이면 변경이 곤란하고 관찰자의 편견도 곤란하며 교사보다 학생의 행동을 보고 판단한다.
(3) 3초 내에도 분류항목이 나타나면 기록하고 한 항목이 3초 이상이면 계속 기록한다.
(4) 3초 내에 두 항목이 나타나면 다음 항목은 다르게 나타난 항목으로 분류한다.
(5) 6항목은 학생의 어떤 행동을 유발하는 것을 관찰할 수 있거나 예견될 수 있는 교사의 말이어야 한다.
(6) 어떤 질문을 하고 이 질문에 답변할 학생을 지명하면 대부분 4항목으로 분류한다.
(7) 교사가 책을 읽으며 설명하면 5항목으로 분류하고 범독, 3초 이상의 침묵과 웃음, 혼동은 10항목으로 분류한다.
(8) 판서, 토론, 실험, 작업 등이 오래되면 10항목으로 분류하고 비고란에 문장으로 기록하여 둔다.
(9) 교사가 학생의 맞은 답변을 반복하면 이것은 하나의 칭찬으로 보고 2항목으로 분류하고 학생

의 발문을 토대로 강의, 토론에 이용하면 3항목으로 분류한다.

(10) 한 학생이 말하고 이어서 딴 학생이 말하면 9와 9, 8과 9, 9과 9 사이에 10을 기록한다.

(11) 9항목이 3초 이상 계속되는 동안에 교사가 '으흥, 그래서' 등은 9와 9 사이에 2(권장, 칭찬)를 기록한다.

(12) 학생에게 창피, 비꼼이 아닌 교사의 농담은 2(칭찬)항목으로 분류하나 농담이 한 학생을 웃음거리로 만들면 7항목으로 분류한다.

(13) 수직적인 질문은 5항목으로 분류하고 교사의 좁은 질문은 그다음에 8을 기록하는 전조다.

(14) 학생의 일제 답변은 8항목으로 분류한다.

라. 분류의 유의점

(1) 수업 5분 전에 착석한다.

(2) 분류기능이 우수해야 한다.

(3) 4항목과 5항목에 특히 유의한다.

(4) 40분 수업에 900개 정도가 보통이다.

(5) 분류기록 외에 수업 전체 흐름을 파악해야 한다.

(6) 관찰자, 일시, 수업자, 학년, 교과, 단원명, 학습단계, 관찰주제를 기록한다.

(7) 녹음하는 것을 사전에 연습한다.

(8) 신뢰도 있는 산출이 되어야 한다.

마. 수업분석 방법

(1) 항목 분류 기록표

<표 41> 항목 분류 기록표

01																			
02																			
·																			
·			★ 횡: 한 칸은 1분을 나타냄(40분)																
40			★ 종: 3초 간격으로 기록(3초 × 20칸)																

(예) 다음 발문을 위 표에 분류하여 기록하는 경우

★ 교사: 인호야, 곤충에는 어떤 것이 있는지 예를 들어 말해 볼래? (항목: 4)

★ 인호: 거미가 있어요. (항목: 8)

★ 미선: 거미는 곤충이 아니에요. (항목: 9)

★ 교사: 맞아요. 미선이 말이 옳아요. 에……. (항목: 2)(교사가 산만한 행동을 보임)(항목: 10)

★ 교사: 거미는 곤충이 아니랍니다. 왜냐하면 거미는 다리 수가 달라요. (항목: 5)

거미는 다리가 8개가 나이라 6개이거든요. (항목: 6)

★ 영철: 그리고 거미는 몸 전체가 세 부분으로 되어 있어요. (항목: 9)

★ 교사: 그래, 영철아, 거미의 몸은 세 부분으로 이루어져 있단다. (항목: 3)

그리고 가운데 부분은 흉곽이라고 아주 딱딱하지. (항목: 5)

(기록 예시)

01	10	4	8	9	2	10	5	5	9	3	5	10							
02																			

(2) 자료처리

(가) 최초와 최후에 10항목 넣기

   (예) 10 6 7 6 1 4 9 9 2 3 10

(나) 분류항목 해석 및 짝 짓기

   (해석): 침묵 → 지시 → 침묵 → 비판 → ( ) → ( ) …….

   (짝 짓기): 10-6, 6-10, 10-7, 7-6, …….

   (다) 행렬표에는 빈도를 기록하는데 시간별, 각 활동별로 기록

〈표 42〉 기록 행렬표

행＼열	1	2	3	4	5	6	7	8	9	10	계
1											
2											
3											
4											
5											
6											
7											
8											
9											
10											
계											

★ 행: 선행행동 열: 후속행동

(3) 자료의 해석

(가) 분류항목별 통계적 해석

항목	1	2	3	4	5	6	7	8	9	10	계
빈도	0	18	27	31	59	2	3	12	145	568	865
비율(%)	0	2.08	3.12	3.58	4.82	0.03	0.04	1.38	16.76	65.66	100

■ 해석 ■
- 학생의 느낌을 받아들이는 항목(1항목)의 비율이 0이므로 좀 딱딱하다.
- 2항목이 2.08%로 칭찬이 적은 편이다.
- 5항목이 4.42%로 교사의 강의가 많은 편이다.
- 비지시적 발언(1, 2, 3항목)이 5.2%이고 지시적 발언(5, 6, 7항목)이 5.89%로 지시적 발언이 약간 많은 편이다. 발언의 비중이 비슷하다고 볼 수 있다.
- 학생의 발언을 볼 때 8번이 1.38%이고 9번이 16.76%로 자진답변이 단순답변보다 거의 12배가 됨을 볼 수 있다. 9번 항목이 많아 이 수업은 탐구력, 창의력, 비판력, 종합력 같은 고등정신 기능의 함양에 도움이 되는 수업이라고 볼 수 있다.

(나) 영역별 해석

① 내용 강조형

교사의 강의 및 발표, 즉 지식 내용을 강조하는 유형

〈표 43〉 내용 강조형 해석표

행 \ 열	1	2	3	4	5	6	7	8	9	10	계
1											
2											
3											
4											
5											
6											
7											
8											
9											
10											
계											

② 계속적인 비지시적형

학생의 발언을 명백히 해 주고 칭찬하거나 권장, 학생의 생각을 활용하는 유형

<표 44> 계속적 비지시형 해석표

행＼열	1	2	3	4	5	6	7	8	9	10	계
1											
2											
3											
4											
5											
6											
7											
8											
9											
10											
계											

③ 계속적인 지시적형

교사의 계속적인 지시로 권위주의적인 교사의 자세가 보이는 유형

<표 45> 계속적 지시형 해석표

행＼열	1	2	3	4	5	6	7	8	9	10	계
1											
2											
3											
4											
5											
6											
7											
8											
9											
10											
계											

④ 학생의 응답에 대한 교사의 반응형

<표 46> 교사의 반응형 해석표

행＼열	1	2	3	4	5	6	7	8	9	10	계
1											
2											
3											
4											
5											
6											
7											
8		A		B							
9											
10											
계											

5) 교사 발언에 대한 학생의 응답형

<표 47> 학생 응답형 해석표

행＼열	1	2	3	4	5	6	7	8	9	10	계
1											
2											
3											
4								A			
5											
6											
7											
8											
9								B			
10											
계											

3. 수업대화 및 수업반응 분석

수업 중에 이루어지는 일련의 행동들은 교사와 학생 사이에 오가는 대화나 그에 따른 반응들로 이루어지므로 수업 중에 이루어지는 교사와 학생 간의 대화 상황이나 교사와 학생 간의 반응을 분석하여 좋은 수업으로 만들어 갈 수 있도록 하기 위해 수업대화 분석이나 수업반응 분석이 반드시 필요하다.

가. 수업대화 방법

수업에 활기를 불어넣고, 학생들을 흥미 있게 학습에 참여시키기 위한 수업대화방법에는 칭찬·격려하기, 맞장구치기, 딴청 부리기, 기다리기, 실마리 제공하기, 유머 활용하기, 나누어 질문하기 등이 있다.

(1) 칭찬·격려하기
칭찬·격려하기는 적절한 반응에 대해 긍정적인 평가를 하는 방법이다. 교사는 칭찬과 격려를 통해서 학생들이 자유롭고 적극적으로 대답할 수 있도록 유도해야 한다.

또한 학생들이 자신이 발표한 내용에 대해 마음의 상처를 받지 않도록 자연스럽게 오류를 수정할 수 있도록 기회를 준다.

(예) "잘했어.", "정말 좋은 생각이야."

(2) 맞장구치기
맞장구치기는 교사가 학생들의 말을 듣는 도중이나 다 들은 다음에 사용하는 방법이다. 맞장구치기에는 언어적, 비언어적 행위가 포함된다. 고개 끄덕이기, 눈짓 보내기, 미소 짓기 등 동조의 의미 보내기이다.

맞장구치기의 기능은 학생의 말을 교사가 주의 깊게 듣고 있음을 알려 주고, 대화를 지속시킬 수 있는 윤활유 역할을 한다.

(예) "정말 그렇구나!" "그래, 아주 좋았어." "어머나, 실망했겠네요."

(3) 딴청 부리기
딴청 부리기는 수업시간에 학습동기를 유발시킬 때, 선수학습 관련 요인을 확인하기 위해 배경지식을 활성화시킬 때, 새로운 학습과제에 도전하도록 학생을 격려할 때, 오개념을 제시하면서 학습자에게 긴장감을 조성할 때 사용하는 수업대화 전략이다.

교사가 답을 알면서도 일부러 모르는 척하거나, 정답이 아닌 것처럼 잡아떼기 방법이 속한다.

(예) "선생님도 잘 기억나지 않는데, 혹시 여러분 알고 있어요?"

(4) 기다리기

기다리기란 발문을 한 후에 학생들이 충분히 생각할 수 있도록 시간적 여유를 주는 것을 말한다. 교사의 기다리는 시간이 증가할수록 학생 대답의 길이가 늘어나고, 학습 부진 학생들의 학습 참여도가 높아진다. 교사가 발문한 후 학생이 대답하기까지의 과정에서 충분히 생각할 수 있는 시간적인 여유를 3~4초 정도 준다.

(예) "다음에는 이야기가 어떻게 이어질까? 누가 말해 볼까요?"

"……? (3~4초간 기다린다.)"

(5) 실마리 제공하기

실마리 제공하기는 학생이 전혀 대답을 못 하거나 일부분만 대답하였을 때 혹은 틀리게 대답하였을 경우에 학생의 학습 활동 참여를 조장하기 위하여 사용하는 언어적, 비언어적 수업대화 방법으로 학생이 대답해야 할 내용을 이미 알고 있는 상태에서 이 방법을 사용한다(Todd, 2001).

(예) "어제 우리가 배운 내용을 다시 한 번 잘 보세요."

첫 낱말은 '미'로 시작합니다.

(6) 유머 활용하기

학생들에게 긴장과 이완의 심리를 적절히 활용하여 진행하는 수업대화 방법으로 오답을 발표한 학생이 있는 경우에도 적절한 유머를 사용하면 학생이 무안하지 않고 학습에 참여할 수 있다.

(예) "정말 그런 거야? 정말 답이 그렇다고 생각하는 거야?"

(7) 작게 나누어 질문하기

작게 나누어 질문하기는 초기 발문의 목적과 내용은 바꾸지 않고 학습자의 수준에 맞게 발문의 범위를 작게 조정하거나 쪼개어 대화를 나누는 방법으로 한 번에 한 가지씩, 체계적인 절차를 밟아 학생이 이해하기 쉽고 대답하기 쉽도록 발문을 해야 한다.

(예) "당나귀를 타고 가는 아들에게 해 주고 싶은 말을 해 보세요."

나. 수업 반응방법

학생들의 대답에 대해 교사가 반응을 보이고, 다시 교사의 반응에 따라 학생들이 사고 유형을 달리하여 교사가 원하는 답을 구할 때까지 반응하게 하는 방법으로 확장하기, 정교화하기, 초점화하기, 입증하기, 명료화하기 등이 있다.

(1) 확장하기

동일한 내용에 대한 다양한 반응을 보이도록 요구하는 반응대화로 특정 학생의 다양한 생각이나 여러 학생의 다양한 생각을 알아보고자 할 때 사용한다.

(예) "또 다르게 생각하는 사람 없나요?"

(2) 정교화하기

학생에게 보다 더 구체적이고 체계적이며 상세하게 반응하도록 요구하는 반응대화로 학생이 핵심 발문에 대해 기본적인 대답을 하였지만, 상위수준의 사고 활동을 통해서 보다 개선된 대답을 해야 한다고 판단했을 때 사용한다.

(예) "좀 더 자세히 말해 볼까요?"

(3) 초점화하기

학생의 대답이 교사의 핵심 질문에서 벗어났거나, 벗어나려 할 때 그 핵심으로 다가올 수 있도록 바로잡아 주는 반응대화이다.

(예) "이런 쪽으로 생각해 보면 어떨까?"

(4) 입증하기

학생에게 자기 응답 속에 담긴 생각이나 정보에 대해 증거를 제시하는 기회를 주어 그 정보의 정확성을 한층 높이도록 하는 반응대화이다. 정보를 입증하도록 요구하는 수업대화는 정보의 원천, 개인의 체험, 전문가나 권위자의 언급, 정보를 예시하는 원리나 일반화 등 네 가지 방법으로 제시된다.

(예) "어디서 그런 소리를 들었나요?"

(5) 명료화하기

학생의 첫 반응이 다소 불분명하거나 부적절한 용어로 표현하여 기대에 미치지 못할 경우에 사용하는 반응대화로 진술에 대한 추가적인 반응의 요구가 아니라 정확한 의미를 요구하는 것이다.

(예) "~이라는 말은 무엇을 의미하지요?"

다. 수업대화 및 수업반응 수업분석표

〈표 48〉 수업대화 및 수업반응 수업분석표(예시)

참관자 직:　　　　　　　성명　　　　　　(인)

일 시	20○○.　.　. 교시	교 과		단　원	
대 상	학년　반	장 소		수 업 자	
학습목표					

수업 방법		적용 상황	대화 예시	빈도수
수업 대화	칭찬, 격려하기	적절한 반응에 대한 긍정적 평가	자유롭고 적극적인 대답을 하도록 유도	
	맞장구치기	말을 듣는 중 또는 들은 후에 사용	"좋았어. 그래, 잘했어." 또는 적극적으로 고개 끄덕여 주기 으~음, 아~, 어~	
	딴청 부리기	동기유발, 배경지식 활성화, 긴장감 조성	"나도 잘 모르겠네." "언니들도 어려워했어."	
	기다리기	학생의 반응을 기다리는 시간	발문 후 생각할 수 있는 시간적 여유 주기 (3~4초)	
	실마리 제공하기	적극적 학습 활동 참여를 조장할 때 사용	"어제 배운 내용을 다시 한 번 생각해 보지 않겠니?"	
	유머 활용하기	학생에게 적절한 긴장과 이완을 줄 때 사용	딱딱한 수업분위기를 부드럽고 온화하게 만들기	
	나누어 말하기	학습자의 수준에 맞게 발문의 범위 조정	한 번에 한 가지씩 체계적으로 절차를 밟아 쉽게 질문하기	
수업 반응	확장하기	부정확한 답변이나 오답을 제시한 경우	"더 좋은 생각 없을까?" "누가 더 보충해 볼까?"	
	정교화하기	보다 정확한 답변을 유도할 때 사용	"좀 더 자세히 말해 볼까?" "예를 들어 보면?"	
	초점화하기	바른 대답으로 유도	"다시 한 번 생각해 보자." "정말 그럴까요?"	
	입증하기	정보 출처 요구	"어떻게 알았을까?" "누구에게 들었어요?"	
	명료화하기	지식, 기능, 태도에 대한 개념 정의	"이 말이 무슨 뜻이지?" "다른 말로 뭐라고 할까?"	

(1) 수업대화 방법 사용 분석 사례

(가) 우수 교사

빈도수 \ 방법	0	3	6	9	12	15
칭찬, 격려하기						
맞장구치기						
딴청 부리기						
기다리기						
실마리 제공하기						
유머 활용하기						
나누어 질문하기						

우수 교사들은 수업대화 방법을 사용할 때 어느 것에 편중되지 않고 골고루 적절하게 사용한다.

방법＼빈도수	0	3	6	9	12	15
칭찬, 격려하기						
맞장구치기						
딴청 부리기						
기다리기						
실마리 제공하기						
유머 활용하기						
나누어 질문하기						

일반 교사들은 사용하는 수업대화 방법이 한 곳에 집중되어 있거나, 사용 빈도수가 적은 편이다.

(2) 수업반응 방법 사용 분석 사례

(가) 우수 교사

방법＼빈도수	0	3	6	9	12	15
확장하기						
정교화하기						
초점화하기						
입증하기						
명료화하기						

우수 교사들이 사용하는 수업반응 방법 역시 영역별로 골고루 사용하는 경우가 대부분이다.

(나) 일반 교사

방법＼빈도수	0	3	6	9	12	15
확장하기						
정교화하기						
초점화하기						
입증하기						
명료화하기						

일반 교사들이 사용하는 수업반응 방법은 정답을 요구하는 정교화하기나 명료화하기에 집중되는 경향이 있다.

4. 수업분위기 분석

  수업분위기란 수업 중 교사와 학생이 서로에 대하여 가지는 전반적인 태도를 의미하는데 수업분위기는 수업 중에 학생 간의 상호작용뿐만 아니라 교사와 학생 간의 다양하고 구체적인 상호작용에서 비롯된다고 볼 수 있다. 긍정적인 수업분위기 속에서 수행된 교육이 바람직하다고 볼 때 긍정적인 분위기는 학생들 사이에 유익한 상호작용을 조장하고 교사와 학생 간의 경험을 명료화하며 앞으로의 학습 활동을 수행하는 데 충분한 동인이 되어 주고 교사와 학생 간의 이해를 촉진시키는 것이다. 수업분위기 분석이란 학습의 성취 및 수업의 효과를 높이기 위하여 수업분위기를 관찰하고 평가하여 수업을 개선하고자 하는 수업장학의 한 방법이다.

가. 수업분위기 분석법의 특징

  변영계(2009)는 터크만(Rutgers Tuckman) 교수가 학업성취와 관련이 있는 수업분위기를 크게 네 가지로 나눈 것을 우리나라의 실정에 맞게 재구성, 제작하여 수업에 긍정적인 효과를 유발시킬 수 있는 네 가지 수업분위기의 특징별로 얼마나 긍정적인 수업이 이루어지고 있느냐를 분석하여 그 수업의 효과 정도를 파악하려고 하였다.

(1) 수업분위기 분석법은 수업의 네 가지 핵심적 요소에 초점을 두고 있다.
(가) 창의성: 독창적, 창의적, 개방적이며 융통성이 있고, 자율성, 모험성, 대담성을 권장하는 수업분위기이다.
(나) 활기성: 능동적이고 진취적이며 활기차고 자신감 넘치는 외향적인 수업분위기이다.
(다) 치밀성: 체계적이고 계획적이면서 객관성과 일관성이 있는 신중한 수업분위기이다.
(라) 온화성: 수용적이고 공정하면서 우호적인 수업분위기이다.
(2) 수업분위기 분석법은 배우고 사용하기가 쉽다.
(3) 수업분위기 분석을 위한 도구는 수업분위기 관찰지와 수업분위기 관찰 분석지가 있는데 활용요령에 따라 수업을 관찰하고 분석한다.
(4) 수업분위기 분석을 위하여 활용되는 도구들은 신뢰성이 입증된다.
(5) 수업분위기 분석법은 약 40~50분간을 관찰하면서 그 결과를 기록할 것을 요구한다.

나. 수업분위기 분석법의 장점 및 평가

(1) 배우기 쉽고 사용하기가 간편하다.
(2) 수업분위기는 수업의 효과나 학업의 성취에 영향을 미치기 때문에 수업분위기를 구성하는 중요한 조건들 중 교사변인에 주목할 필요가 있고, 바람직한 수업분위기의 형성을 위한 교사의

노력이 요구된다.

(3) 수업분위기 분석을 통해 긍정적인 분위기를 형성시킬 수 있다.

다. 수업분위기 분석도구 및 활용 절차

(1) 수업분위기 관찰지 특징

수업분위기 관찰지는 수업분위기를 관찰하고 기술하기 위한 도구로서 28쌍의 형용사들로 이루어졌는데 각 형용사는 상반된 의미를 가진다. 28쌍의 형용사들은 긍정적인 것과 부정적인 것들로 짝지어져 있는데 어떤 쌍은 왼쪽에, 또 어떤 쌍은 오른쪽에 긍정적인 형용사들이 배치되어 있다.

(2) 수업분위기 관찰지 이용 요령

(가) 관찰 전에 28쌍의 형용사들을 충분히 읽고 숙지한다.

(나) 28쌍의 형용사들을 마음에 새기면서 수업을 관찰한다.

(다) 관찰자는 28개 문항에 대해 표시하는데, 각 형용사 쌍 사이에 있는 5개 수치 중 해당 숫자에 ● 표시를 한다.

(라) 수업분위기 관찰 분석지에 제시된 공식에 그 값을 적는다.

(마) 각 범주(4영역)별로 해당 특성의 지수를 산출한다.

(바) 수업자의 수업분위기 형성과 관련된 네 가지 특성을 하나로 종합하여 4 상한표에 나타낸다.

(3) 수업분위기 분석표

〈표 49〉 수업분위기 분석표(관찰지 1)

관찰일:　　　 년 월 일(　 요일)	관찰자:＿＿＿＿	수업자:＿＿＿＿
1. 독창적인	5　　4　　3　　2　　1	상투적인
2. 참을성 있는		성미가 급한
3. 냉정한		온화한
4. 권위적인		상냥한
5. 창의적인		모방적인
6. 통제가 많은		자율성이 많은
7. 개방적인		폐쇄적인
8. 부드러운		딱딱한
9. 불공정한		공정한
10. 변덕스러운		일관성 있는
11. 겁이 많은		모험적인
12. 엉성한		치밀한

관찰일: 년 월 일(요일)	관찰자:________	수업자:________
13. 고립적인	└──┴──┴──┴──┘	우호적인
14. 확실한	└──┴──┴──┴──┘	애매한
15. 소극적인	└──┴──┴──┴──┘	적극적인
16. 융통적인	└──┴──┴──┴──┘	획일적인
17. 산만한	└──┴──┴──┴──┘	체계적인
18. 능동적인	└──┴──┴──┴──┘	수동적인
19. 수용적인	└──┴──┴──┴──┘	비판적인
20. 조용한	└──┴──┴──┴──┘	시끄러운
21. 진취적인	└──┴──┴──┴──┘	보수적인
22. 계획적인	└──┴──┴──┴──┘	즉흥적인
23. 경솔한	└──┴──┴──┴──┘	신중한
24. 활기찬	└──┴──┴──┴──┘	무기력한
25. 객관적인	└──┴──┴──┴──┘	주관적인
26. 내성적인	└──┴──┴──┴──┘	외향적인
27. 자신감 있는	└──┴──┴──┴──┘	망설이는
28. 소심한	└──┴──┴──┴──┘	대담한

〈표 50〉 수업분위기 분석 범주(관찰지 2)

(1) 네 가지 범주별 점수 환산 공식

Ⅰ. 창의성
 문항 (1 + 5 + 7 + 16) − (6 + 11 + 28) + 11
   (+   +   +   ) − (+   +   ) + 11 = ___

Ⅱ. 활기성
 문항 (18 + 21 + 24 + 27) − (15 + 20 + 26) + 11
   (+   +   +   ) − (+   +   ) + 11 = ___

Ⅲ. 치밀성
 문항 (14 + 22 + 25) − (10 + 12 + 17 + 23) + 17
   (+   +   ) − (+   +   +   ) + 17 = ___

Ⅳ. 온화성
 문항 (2 + 8 + 19) − (3 + 4 + 9 + 13) + 17
   (+   +   ) − (+   +   +   ) + 17 =

(2) 수업분위기 종합도

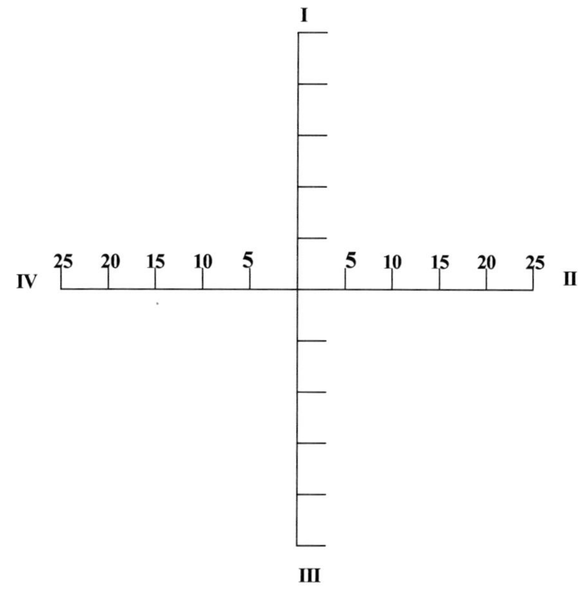

[그림 15] 수업분위기 종합도

라. 수업분위기 관찰 분석 사례

〈표 51〉 수업분위기 관찰 분석 사례

관찰일: 년 월 일(요일)	관찰자: ○○○	수업자: ○○○
1. 독창적인	5 4 ●3 2 1	상투적인
2. 참을성 있는		성미가 급한
3. 냉정한		온화한
4. 권위적인		상냥한
5. 창의적인		모방적인
6. 통제가 많은		자율성이 많은
7. 개방적인		폐쇄적인
8. 부드러운		딱딱한
9. 불공정한		공정한
10. 변덕스러운		일관성 있는
11. 겁이 많은		모험적인
12. 엉성한		치밀한

번호	왼쪽	척도	오른쪽
13.	고립적인		우호적인
14.	확실한		애매한
15.	소극적인		적극적인
16.	융통적인		획일적인
17.	산만한		체계적인
18.	능동적인		수동적인
19.	수용적인		비판적인
20.	조용한		시끄러운
21.	진취적인		보수적인
22.	계획적인		즉흥적인
23.	경솔한		신중한
24.	활기찬		무기력한
25.	객관적인		주관적인
26.	내성적인		외향적인
27.	자신감 있는		망설이는
28.	소심한		대담한

■ 해 석 ■

- 수업분위기는 교사가 치밀하게 수업을 계획하여 진행하였고 학생들이 교사의 질문에 적극 반응하고 있었다.
- 비교적 온화한 분위기에서 수업이 전개되었다.
- 학생들의 반응을 수용하는 것을 볼 수 있었으나 창의성에 개선의 여지가 엿보였다.

　(1) 네 가지 범주별 점수 환산

Ⅰ. 창의성
　문항 (1 + 5 + 7 + 16) − (6 + 11 + 28) + 11
　　　(5 + 4 + 4 + 4) − (2 + 3 + 2) + 11 = 21

Ⅱ. 활기성
　문항 (18 + 21 + 24 + 27) − (15 + 20 + 26) + 11
　　　(5 + 4 + 5 + 4) − (3 + 4 + 2) + 11 = 20

Ⅲ. 치밀성
　문항 (14 + 22 + 25) − (10 + 12 + 17 + 23) + 17
　　　(5 + 5 + 4) − (1 + 1 + 2 + 2) + 17 = 20

Ⅳ. 온화성
　문항 (2 + 8 + 19) − (3 + 4 + 9 + 13) + 17
　　　(4 + 4 + 4) − (2 + 2 + 1 + 1) + 17 = 23

(2) 수업분위기 종합도

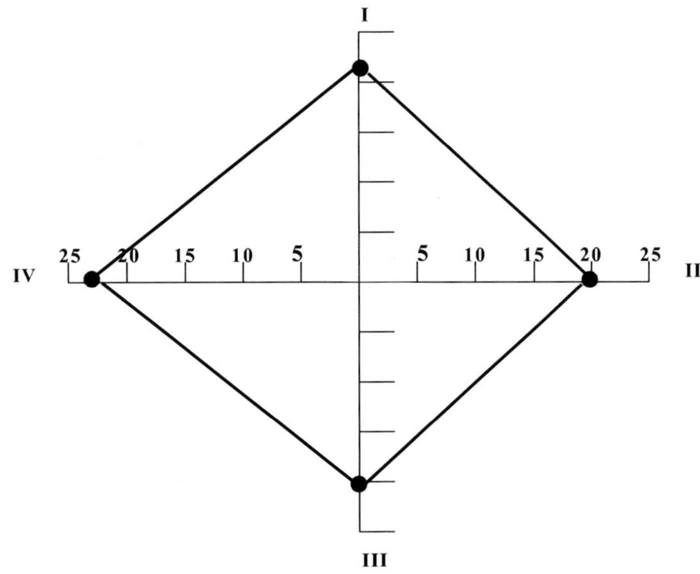

[그림 16] 수업분위기 종합도(실제)

■ 해 석 ■
- 창의성 21점, 활기성 20점, 치밀성 20점, 온화성이 23점으로 나타났다.
- 본 관찰의 대상이 된 수업분위기는 네 가지 범주 중에서 온화성이 가장 높게 나타났고 활기성 과 치밀성이 낮았으나 전체적으로 별 차이가 없게 나타났다.
- 보다 더 바람직한 수업분위기를 위해서 활기성과 치밀성 영역에 좀 더 관심을 가져 볼 필요가 있다고 할 수 있다.

5. 체크리스트(Check list)에 의한 분석

체크리스트에 의한 분석은 평정체제를 이용한 관찰방법의 하나이다. 이 방법은 비교적 추상적이고 일반적인 수업 활동을 관찰대상으로 삼는 경우에 흔히 활용하는 관찰방법이다.

즉 관찰대상이 일반적이고 추상적인 수업변인 및 활동을 유목체제로 관찰, 기록하기가 모호한 경우에 관찰자가 수업을 관찰한 후 평정척도의 각 문항에 의거하여 주관적으로 판단하는 방법이다.

평정척도에 의한 분석은 관찰자의 주관성이 개입되어 작용할 가능성이 많아 그 자료의 객관성과 신뢰성을 보장받기가 용이하지 않다는 제한점이 있다. 그러므로 관찰자는 평정의 객관성을 증진시키기 위해 평정척도를 체계화하고 구조화하여 평정상의 주관성이 지나치게 작용하지 않는 상태로 반응할 수 있도록 예방하고 그렇게 유도하도록 문항을 개발해야 한다.

가. 평정척도에 의한 수업분석 준거

배호순 교수는 평정척도에 의한 수업분석 준거변인으로 수업목표, 학생 성장 및 발달, 교사의 자질과 능력, 수업 활동, 복합적인 준거 등을 들어 설명하는바 이들을 근거로, 어느 교사나 공통적으로 활용할 수 있는 일반적인 수준의 분석준거를 제시하면 다음과 같다.

(1) 교사의 활동

(가) 과제 제시의 명료화
① 도입단계에서 수업목표를 명확하게 제시하기
② 본 수업내용과 지난 수업내용을 관련지어 제시하기
③ 학습내용, 과제의 윤곽을 명쾌하게 설명하기
④ 수업 중 핵심적인 내용 요약하기
⑤ 본 시간과 다음 시간 내용과 관련지어 제시하기
(나) 수업과정 및 수업형태
① 교과 교재의 특성에 맞는 수업모형 적용
② 교과 교재의 특성에 맞는 수업형태 적용
(다) 교사의 발문
① 재생적 발문보다 추론적, 적용적 발문 적용(확산적 발문)
② 목적이 뚜렷하고 명료함
③ 학년수준, 개인차를 고려한 발문
④ 발문을 한 후에 학생들이 답변을 할 여유 주기
⑤ 어려운 발문은 힌트를 주어 격려하거나 보조 질문하기
(라) 교수용어
① 듣기 거북할 정도로 쓸데없는 말 사용하지 않기
② 지나치게 빠르거나 느린 어조 피하기
③ 음성의 고저는 학습의 강조점에 따라 다양하게 조절하기
④ 명확하고 알아듣기 쉬운 용어
(마) 학습동기 부여
① 발문, 매체 활용, 기타 방법으로 학습의 흥미 자극하기
② 학생의 아이디어에 대한 칭찬, 격려 또는 활용하기
③ 유머 활용하기
④ 학생 발표에 대한 진지한 관심 갖기
⑤ 학생 질문에 격려하기

⑥ 학습에 호기심 유도하기
　　(바) 학생과의 관계 형성 및 유지
① 학생과의 래포(rapport) 형성
② 학생들과 공정성 유지
③ 수업에서의 열성감 보이기
④ 세심한 배려
⑤ 학생의 인격존중
⑥ 학습자 간의 방해 행동 관리
⑦ 용모 단정히 하기
　　(사) 교사의 기능 발휘
① 학생이 수업에 도전감 갖게 유도하기
② 피드백 정보를 기술적으로 활용하기
③ 다수의 발표기회 제공
④ 수업의 난이도 조절하기
⑤ 학생의 주의집중을 위해 질문 활용하기
⑥ 학생의 당황함, 지루함, 호기심 등을 주의 깊게 관찰하고 대처하기
⑦ 학생 질문에 만족한 대답하기
　　(아) 수업매체 활용
① 준비된 자료를 능숙하게 조작하기
② 학습에 흥미, 관심, 동기 부여하도록 조작하기
③ 적당한 시간, 장소, 방법의 원리에 입각한 내용
④ 학습효과에 도움 주기
　　(자) 판서하기
① 내용을 명확히 표현하기
② 문자, 도해, 구조 등을 활용하는 구조화된 판서
③ 학생의 발언 정리
④ 판서의 시기, 위치, 방법이 계획적이고 학습에 자극
⑤ 알맞은 크기, 인쇄체 글씨

(2) 학생의 활동

　　(가) 학습준비
① 학생이 필요한 자료 준비 상태
② 학습과 관련한 과제해결 상태
　　(나) 학습의욕과 참여
① 토의 활동에 고무됨
② 학습 활동에 몰입된 분위기

③ 발표에 다수 참여
④ 자주적이고 활기찬 분위기
  (다) 학생 발언
① 단순 재생적 답변보다 추론 적용적 답변
② 교사의 발문에 대해 생각하고 나서 답변하기
③ 남의 이야기를 잘 듣고 바로 대답하기
  (라) 공책 정리
① 자기 스스로의 필요에 의해 정리하기
② 자기의 생각을 나타낼 수 있는 정리
③ 바른 내용의 정리

나. 관찰지(예시)

★ 평정 기준은 만족 여부 및 정도를 이용한다.
★ 매우 만족: 5, 조금 만족: 4, 보통: 3, 조금 부족: 2, 매우 부족: 1
★ 각 준거별로 참관자들의 평정점을 합하여 평균평점을 도출한다.
★ 도출된 평점을 가지고 준거의 관점에 어느 정도 접근했는지 분석한다.

(1) 교사 활동 관찰지

〈표 52〉 교사 활동 관찰지(예시)

준거	분석의 관점	평점					특기사항
		5	4	3	2	1	
1. 과제제시의 명료성	• 수업목표를 명확하게 제시 • 본 수업내용과 지난 수업내용 관련지어 제시하기 • 수업 중 핵심적인 내용 요약하기						
2. 수업과정 및 수업형태	• 교과 교재의 특성에 맞는 수업모형 적용 • 교과 교재의 특성에 맞게 재구성						
3. 교사의 발문	• 재생적 발문보다 추론적, 적용적 발문 적용 • 목적이 뚜렷하고 명료함 • 학년수준, 개인차를 고려한 발문 • 답변을 할 여유 주기 • 힌트를 주어 격려하거나 보조 질문하기						
4. 교수용어	• 쓸데없는 말 사용하지 않기 • 지나치게 빠르거나 느린 어조 피하기 • 음성의 고저는 학습의 강조점에 따라 조절 • 명확하고 알아듣기 쉬운 용어						
5. 학습동기 부여	• 발문, 매체 활용 등으로 학습의 흥미유발 • 학생의 아이디어에 대한 칭찬, 격려 또는 활용 • 유머 활용하기 • 학생 발표에 대한 진지한 관심 • 학생 질문에 격려 및 학습에 호기심 유도하기						
6. 교사·학생 간의 관계 형성 및 유지	• 학생과의 래포 형성 • 학생들과 공정성 유지 및 세심한 배려 • 수업에서의 열성감 보이기 • 학생의 인격존중 • 학습자 간의 방해 행동 관리						
7. 수업기술	• 학생이 수업에 도전감 갖게 유도하기 • 피드백 정보를 기술적으로 활용하기 • 다수의 발표 기회 제공 • 수업의 난이도 조절하기 • 주의집중을 위한 질문활용 및 질문에 만족한 답변						
8. 수업매체활용	• 준비된 자료를 능숙하게 조작 • 학습에 흥미, 관심, 동기부여 조작 • 적당한 시간, 장소, 방법의 원리에 입각한 조작 • 학습효과에 도움 주기 조작						
9. 판서하기	• 내용을 명확히 표현하기 • 문자, 도해, 구조 등을 활용하는 구조화된 판서 • 학생의 발언 정리 • 판서의 시기, 위치, 방법의 적절성 • 알맞은 크기, 인쇄체 글씨						

(2) 학생 활동 관찰지

〈표 53〉 학생 활동 관찰지(예시)

준거	분석의 관점	평점					특기사항
		5	4	3	2	1	
1. 학습준비	▪ 학생이 필요한 자료 준비 상태 ▪ 학습과 관련한 과제해결 상태						
2. 학습의욕 및 참여	▪ 토의 활동 참여 정도 ▪ 학습 활동에 몰입된 분위기 ▪ 발표에 다수 참여 ▪ 자주적이고 활기찬 분위기						
3. 학생의 발언	▪ 단순 재생적 답변보다 추론 적용적 답변 ▪ 교사의 발문에 대해 생각하고 나서 답변 ▪ 남의 이야기를 잘 듣고 바른 답변						
4. 공책정리	▪ 자기 스스로의 필요에 의해 정리하기 ▪ 자기의 생각을 나타낼 수 있는 정리 ▪ 바른 내용의 정리						

다. 평정척도의 설정

평정척도에 의한 평정은 분석하고자 하는 준거에 대하여 수업관찰 후 또는 관찰 도중에 주어진 항목에 반응을 하는 것이 대부분인데 준거문항에 대한 동의 여부, 동의 정도, 만족 여부 및 그 정도 발생가능성 및 확률, 질적인 수준 및 정도, 순서 및 우선순위, 중요성 정도 및 비중 등을 판단하거나 주어진 여러 항목 중에서 적합한 것을 선정하도록 요구하는 형태들이다.

〈표 54〉 평정척도의 준거

준 거	평 정 기 준				
	빈약함	보통	평균 정도	좋은 편임	우수함
전문지식					
발표의 명료성					
공정한 태도					
학급통제					
학생에 대한 태도					
학생 흥미 자극					
열성도					
학생의 아이디어에 대한 태도					
학생의 참여 격려					
유머 감각					
과제부여					
용모 단정함					
솔직 담백함					
자아(감정)통제					
예절감각					
수업효과 증진					

6. 평정척에 의한 분석

평정척에 의한 수업분석은 일반적이고 관찰하기가 모호한 추상적인 수업 활동을 정해진 평정척도에 의거하여 주관적으로 평가하는 방법으로 관찰행동을 비연속적인 용어로 쉽게 기록할 수 없어서 수량화하기 어려운 경우에 특히 유용하다. 대개의 평정법에는 어떤 행동이 등급으로 나누어진 여러 단계 중에 어디에 해당되는지를 구체적으로 알려 주는 설명이나 진술문이 순차적으로 제공된다.

가. 평정척의 종류

(1) 기술평정척

평정척도의 각 유목 혹은 단계를 가치의 정도에 따라 간단한 단어, 구, 문장으로 표시하는 방법으로 수업 후, 강의평가를 평정척도에 나타낸 기술평정척의 예를 들면 다음과 같다.

---

1. 본 강의의 난이도 정도는 나의 능력과 준비 정도에 비하여
 ① 매우 기초적　　　　② 약간 기초적　　　　③ 적절한 편
 ④ 다소 어려운 편　　　⑤ 매우 어려운 편
2. 본 강의의 진행 속도는
 ① 매우 느린 편　　　　② 다소 느린 편　　　　③ 적절한 편
 ④ 다소 빠른 편　　　　⑤ 매우 빠른 편

---

(2) 숫자평정척

평정하려는 특성의 단계를 숫자로 표시하는 방법으로 제작이 쉽고 결과를 통계적으로 처리하기 때문에 가장 보편적으로 사용된다. 숫자의 평정을 0에서 출발하여 1, 2, 3 ……으로 한 것을 단일척도 혹은 단극척도라고 한다. 그리고 −2, −1, 0, 1, 2와 같이 0을 중심으로 양극단으로 뻗어 나가게 하는 것을 복수척도 혹은 양극척도라고 한다. 평정의 단계는 3, 5, 7, 9단계가 있으며 이 중에서 가장 많이 사용되는 것은 5단계와 7단계인데 9단계 이상으로 나누는 것은 삼가야 한다.
교사의 정의적 특성을 연구하기 위한 방법으로 학급관찰을 위해 실험적으로 제작한 숫자평정척을 예를 들면 다음과 같다.

■ 학생행동									
1	냉담한	1	2	3	4	5	6	7	예민한
2	방해하는	1	2	3	4	5	6	7	책임감 있는
3	주저하는	1	2	3	4	5	6	7	자신 있는
4	의논하는	1	2	3	4	5	6	7	독자적인
■ 교사행동									
5	편파적인	1	2	3	4	5	6	7	공정한
6	전체적인	1	2	3	4	5	6	7	민주적인
7	냉담한	1	2	3	4	5	6	7	예민한
8	억압적인	1	2	3	4	5	6	7	이해심 있는
9	냉정한	1	2	3	4	5	6	7	친절한

(3) 도식평정척

기술평정척과 숫자평정척을 결합해서 만든 것으로 평정을 선 위에 나타내도록 하는 방법으로 단순하고 실시하기 쉬우며 신속하게 할 수 있는 것이 특징이다.

실제로 수업을 평정하고 관찰하기 위한 목적으로 제작하여 사용하는 평정척도는 어느 한 가지만 사용하지 않고 문항형식이 두 가지 이상 혼합되어 있는 혼합형식의 평정척도를 제작하여 활용한다.

나. 수업관찰을 위한 평정척도

수업관찰을 위한 평정척도는 교사 자신이나 동료, 교육 행정가, 학생들에 의해 사용이 가능한데 교사 자신에게 적용해 볼 수 있는 평정척도, 학생들이 교사에게 피드백을 주기 위해 사용될 수 있는 평정척도와 장학사나 동료교사들에 의해 사용될 수 있는 평정척도가 있다.

(1) 관찰자가 적용할 수 있는 척도

수업자는 학생, 동료교사, 교장, 교감 및 장학사 등으로부터 자신의 수업에 관한 피드백을 받고 그것을 바탕으로 수업을 개선해 나갈 수 있는데 관찰자에게 활용할 수 있는 평정척도가 있다.

(가) 문답식 수업에서 활용할 수 있는 평정척도

문답, 즉 질문을 주고받는 것은 새로운 주제를 소개할 때나 학생들이 방금 읽거나 보기를 마친 교육과정 자료를 복습하고 검토할 때 자주 사용하는데 세 가지 형태의 하위 범주는 다음과 같다(변영계·김경헌, 2010: 165).

첫 번째 범주는 수업에서 학생의 행동을 하위 범주로 하고 있다. 교사는 학생의 참여를 높이기 위해 손을 들지 않은 학생 등 비자발적인 학생을 지적하여 수업에 참여하도록 유도할 수 있다. 똑같은 질문을 여러 학생들에게 하거나 학생 반응을 인정하고 칭찬하는 것, 학생 주도의 질문을 유도하는 방법이 있다.

두 번째 범주는 교사수업의 인지적 수준에 해당하는 것이다. 수업이 단순히 질문과 대답을 주고받는 식으로 진행되어서는 안 된다. 창의적이고 적극적인 학습참여를 유도하고 처음 대답에 추가적인 질문을 계속 지시하는 것도 있다.

세 번째 범주는 교사가 하지 말아야 할 것에 관한 것이다. 교사는 부정적인 반응을 보여 주는 것을 피하고 동일한 질문을 반복하거나 복수질문을 하는 것은 자제하여야 한다.

분석방법은 첫째, 둘째, 셋째의 범주에 있는 문항은 그 문항이 나타나는 빈도수를 기록하고, 넷째와 다섯째는 관찰자가 논평을 할 자유기술란을 두도록 한다.

〈표 55〉 문답식 수업을 위한 체크리스트(예시)

항 목	문 항	빈도수
1. 수업에 학생의 참여를 증대시키는 교사의 행동	① 자발적으로 참여하지 않는 학생을 지명하여 수업에 참여시키는가?	
	② 동일한 질문을 여러 학생에게 재지명시키는가?	
	③ 학생의 반응을 칭찬하는가?	
	④ 학습내용에 대하여 학생에게 질문이 있는지 물어보는가?	
2. 사려 깊은 행동을 끌어내는 행동	① 고도의 인지적 질문을 하는가?	
	② 질문을 한 다음 3초에서 5초 정도를 기다리는가?	
	③ 첫 응답에 대하여 추가 질문을 하는가?	
3. '하지 말아야 하는 행동'에 관련된 것	① 학생 반응에 부정적으로 반응하는가?	
	② 자신의 질문을 반복하는가?	
	③ 복수적 질문을 하는가?	
	④ 자신의 질문에 자신이 답하는가?	
	⑤ 학생의 대답을 강요하는가?	
4. 수업의 강점		
5. 개선을 위한 제언		

(나) 강의 설명식 수업에서 활용할 수 있는 평정척도

강의 설명식 수업은 교수매체로서 말을 사용한다. 교사의 목소리에 있어서 열의, 말의 명료성, 불안한 몸짓의 회피, 말 중간에 들어가는 군더더기 말의 제거 등이 수업의 전반적인 효과성에 기여한다.

계수될 행동 부분은 행동이 나타날 때마다 숫자(빈도)를 기록한다. 이 계수표는 수업 중 교사가 얼마나 자주 특별한 수업을 하는지 알아내기 위하여 계산한다.

두 번째 평정될 행동은 교사가 얼마나 수업내용을 잘 조직하는지와 관련된 것으로 전달에 있어서의 교사의 기술과 관련된 것이다. 이 부분은 해당되는 숫자에 표시하는 방법으로 분석한다.

〈표 56〉 강의 설명수업을 위한 평정척(예시)

■ 계수될 행동 ■		
항 목	**문 항**	**빈도수**
의미 깊은 내용	① 학생들에게 이미 친숙한 내용과 수업내용을 관련짓는가?	
	② 개념을 예를 들어 설명하는가?	
	③ 일반화를 고려하여 설명하는가?	
학생참여	① 학생들이 어떤 점을 궁금해하는지 학생들에게 질문하는가?	
	② 학생들에게 질문함으로써 수업에 참여시키는가?	
	③ 학생들이 활동에 전념하게 하는가?	

■ 평정될 행동 ■		
항목	**문항**	**평정**
조직성	① 수업이 분명하게 조직되고 시간 절차를 가지고 있는가?	5 4 3 2 1
	② 수업조직을 알려 주기 위해 칠판, 배부물을 사용하는가?	5 4 3 2 1
	③ 반드시 학습해야 할 것을 학생들에게 말하는가?	5 4 3 2 1
	④ 요점을 반복해 주고 수업 끝에 요약해 주는가?	5 4 3 2 1
	⑤ 주제로부터 탈선을 피하는가?	5 4 3 2 1
전 달	① 천천히 분명하게 말하는가?	5 4 3 2 1
	② 열의 있게 전달하는가?	5 4 3 2 1
	③ 노트에 기록한 것을 그대로 읽어 주는 것을 피하는가?	5 4 3 2 1
	④ "예." "알았지?"와 같은 중간 채우는 말을 피하는가?	5 4 3 2 1
	⑤ 불안한 몸짓을 하지 않는가?	5 4 3 2 1
	⑥ 학생들과 계속 눈을 마주치는가?	5 4 3 2 1
	⑦ 유머를 적절히 사용하는가?	5 4 3 2 1

【좋음: 5, 개선요: 1】

(2) 교사의 자기 평정척도

　교사의 자기 평정척도는 교사 자신이 수업 활동 자체에 관하여 매일, 매주 또는 매 학기 반성하고 수업의 장점과 단점을 발견하려고 노력하는 활동을 통해 수업을 개선하고자 여러 가지 방법을 이용한다. 특히 수업전개 절차, 수업전략, 교수·학습자료의 활용 면, 과제물 부과, 학습 활동 관리 등에 관하여 분석적으로 반성하는 것이 중심활동이 된다. 교사는 자신의 수업을 관찰한 후 1에서 5까지의 숫자를 이용하여 각 항목의 진술에 가까울수록 5를, 보통이면 3, 그리고 멀수록 1을 평점으로 기입하면 된다.

〈표 57〉교사의 자기 평정척도(예시)

분류	주요 항목	평점		
		5	3	1
제1그룹	• 학생의 생각을 자극하는 아이디어를 제시한다. • 학생의 입장을 고려하고 동조한다. • 나는 나의 수업의 질을 중요시한다.			
제2그룹	• 학생의 요구를 알고 있다. • 수업 중 학생이 도전할 문제나 질문을 제기한다. • 학생이 수업 중 보람을 느끼는 것을 바람직하다고 생각한다.			
제3그룹	• 학생들의 지식, 견해, 경험을 다른 학생과 나누어 갖도록 격려한다. • 학생의 질문을 자극하고 질문에 대하여 답변한다. • 학생들이 학습내용이나 문제점을 정리하고 파악할 수 있도록 돕는다.			
제4그룹	• 나 자신을 학생과 밀접하게 관련시킨다. • 수업을 개선하는 데 적극적이고 개별적인 관심을 가지고 있다.			
제5그룹	• 학습내용을 폭넓게 학습하도록 학생을 자극한다. • 나는 학생과 잘 어울린다.			
제6그룹	• 학생들의 감정에 민감하다. • 전체 학생이 모두 분명하게 이해하도록 질문이나 코멘트를 반복한다.			
제7그룹	• 나는 학생들이 창의적인 생각을 하도록 돕는다. • 나는 수업에 열성적이다. • 수업 중 명료하고 적절한 예를 든다.			
제8그룹	• 학생이 교과목에 흥미를 갖도록 자극한다. • 나는 학생의 질문을 철저하고 정확하게 답변하기 위해 노력한다.			
제9그룹	• 나는 학생들이 나의 수업을 평가할 수 있다고 믿는다. • 나는 학생이 나의 조언을 얻으러 오는 것을 좋아한다.			
제10그룹	• 어려움을 겪고 있는 학생을 능동적으로 돕는다. • 학생들의 지적 호기심을 자극한다. • 학생들이 수업에 참여하도록 격려한다.			
제11그룹	• 수업의 목표를 명료하게 진술한다. • 학생들의 학습동기를 높이려고 노력한다.			

▋제6장▋ 수업관찰 결과의 분석 시 고려점

일반적으로 수업분석 활동은 두 가지 목적을 갖고 있다. 첫째는 관찰된 데이터를 통해 수업의 특징이나 문제점을 분석하고, 둘째는 후속될 장학협의회의 실시를 위한 전략을 수립하기 위해서다. 즉 어떤 논쟁점이 거론되어야 할지를 결정하고, 이를 위해 어떤 데이터가 활용되어야 하는지, 그리고 누가 무슨 일을 해야 하는지에 대한 전략을 수립하기 위해서는 반드시 관찰결과가 체계적으로 분석되어야 한다.

최근까지 우리나라 학교 현장에서 이루어지는 수업공개와 수업관찰은 수업개선 의지를 지닌 교사의 자발성에 기초하기보다는, 경력 순위에 밀려 어쩔 수 없이 하게 되거나 학교장학에 대비하기 위해 우수 교사의 모범 수업을 보여 주는 형태로 진행된 경우가 많았다. 따라서 장학방법에 있어서도 체계적이고 객관적인 방법에 의하기보다는, 장학담당자(주로 장학사)가 학교를 방문하여 학교 전체나 수업을 대충 둘러보고는 교사들을 집단으로 모아놓고 둘러본 소감을 강평하는 수준이었다. 동료 교원들이 관찰하는 교내 자율장학 역시 크게 다르지 않다. 이러한 수업비공개와 수업관찰방법은 대체로 다음과 같은 문제점을 야기하게 된다.

첫째, 극히 일부일 수 있지만 장학담당자는 수업의 극히 피상적인 면(예를 들면, 게시판 관리, 유리창 닦기, 자세, 음성, 사투리 등)에만 관심을 가질 수밖에 없기 때문에, 자신이 잘 알고 있는 것에 대해서만 한정하여 이야기를 나누거나 즉흥적이고 임의로 생각난 주제에 대해서만 논의할 가능성이 높다는 점이다. 따라서 여기서 제시되는 장학담당자의 의견은 대부분 주관적인 가치판단에 의거하여 추론된 것이지 합당한 방법에 의하여 근거 있는 사실에 기초하여 추론된 것이 아니기 때문에 교사의 수업개선을 위한 구체적인 증거로 받아들여지기 힘들다는 문제점이 있다.

둘째, 일반적으로 장학담당자들이 수행하고 있는 장학방법은 주로 자신이 교사로 근무할 때 체계적으로 받지 못한 장학의 경험을 바탕으로 하고 있는 경우가 많다는 점이다.

셋째, 설령 수업기술 개선이 필요한 교사를 보았다 하더라도 이에 대해 체계적으로 지도할 수 있는 장학담당자는 그리 많지 않다는 점이다. 이러한 원인은 여러 가지가 있을 수 있지만 장학담당자의 체계적인 양성 및 장학담당자 스스로의 전문적인 연구 부족에 기인하고 있다. 따라서 장학담당자에게 수업장학과 관련한 전문적인 이론, 획득해야 할 특수한 능력과 자질, 연구할 사례, 장학담당자 자신의 실무적인 역할 등에 관한 양질의 프로그램이 제공될 필요가 있다 하겠다.

한편, 수업관찰을 체계적이고 사실 중심으로 관찰하고 그 자료를 분석해야 하는지는 다음 두 가지 측면에서 지지를 받을 수 있다. 이는 수업관찰 후에는 반드시 수업분석이 이루어져야 한다는 점을 전제하는 것이다.

첫째, 수업장학에서 다양한 경험적 데이터의 분석을 해야 하는 정당성은 장학을 받는 교사들이 장학은 자신의 전문성을 향상시키기 위해 반드시 필요한 것이라고 이해하게 될 때 그 불안과 오해가 해소되기 때문이다. 그리고 교사들은 자기가 받게 될 수업장학이 논리적으로 합당하고 사실 중심의 근거에 의해서 이루어질 때 효과적이라고 믿기 때문이다. 이처럼 수업장학이 객관적이고 사실에 근거하여 제반 활동이 이루어지지 않으면 수업자는 수업장학을 거부하거나, 비록 참여하더라도 원하는 목적을 달성하기 힘들게 된다. 수업장학의 기본적인 요체는 수업의 관찰과 분석이다. 수업의 관찰과 분석은 과거의 장학과 비교할 때보다 완전하며 덜 변덕스럽고 덜 즉흥적이고 보다 구체적이다. 교사들은 자기가 하고 있는 수업의 실체가 누군가에 의해서 객관적이며 거울을 보듯이 분명하게 보여 줄 수 있다고 믿는다면, 이 방법이 자기에게 큰 이득을 줄 것으로 믿고 그 일을 환영하게 될 것이다. 지금까지의 장학이 교사들에게 배척당했다고 생각한다면, 가장 큰 원인은 장학이 너무나 형식적으로 진행되어 자기의 전문성 향상에 도움을 받지 못한 경험에서 파생되었을 것이다. 수업의 관찰과 분석에 대해 지나친 불안이나 공포를 느끼는 일부 교사를 제외하고는 수업방법의 관찰과 분석은 수업장학 활동과 관련하여 가장 유용한 요소임에 틀림없다.

둘째, 수업의 관찰과 분석은 수업자의 특징적인 수업형태나 수업행동을 정확하게 기술하여 제시해 주는 데 의의가 있다고 볼 때, 이를 위해서는 수업 후 수업자가 자신의 수업상황을 바르게 회상할 수 있을 수준 정도의 기록이 필요하다. 그러나 실제로 약 40~50분간의 수업상황을 상세히 기록하는 데는 수업 중에서 가장 의미 있고 특징적인 것을 중심으로 체계화하여 기록할 필요가 있다. 이를 위해서는 수업에 대한 체계적인 관찰과 분석방법이 없이는 불가능하며, 또한 이 과정에서 수업상황을 과장 또는 축소하는 것이 아니라 수업상황을 수업자가 정확히 파악할 수 있도록 사실 중심으로 관찰해야만 한다.

관찰된 자료를 분석한 후 장학의 다음 단계는 수업협의회를 어떻게 실시할 것인가 계획하는 일이다. 어떤 구체적인 목표를 성취시키려면 그를 위한 치밀한 계획을 수립해야 하므로 장학협의회를 위한 전략은 중요한 의미를 지닌다. 따라서 수업관찰자는 수업관찰 결과를 토대로 수업협의회에 대한 치밀한 계획을 세워야 하고, 이에 따라서 사회자는 수업자의 수업기술을 향상시키는 데 초점을 둔 수업협의회를 이끌어 나가야 할 것이다. 수업협의회를 위해 장학을 담당하는 측에서 치밀한 계획을 세우고 이 계획에 따라서 열성적으로 장학 활동을 할 때, 많은 수업자들은 수업장학에 대하여 긍정적인 생각을 갖게 된다. 따라서 수업자들은 수업공개와 수업관찰, 그리고 수업분석을 통한 수업협의회가 자신의 전문성을 향상시키는 데 큰 도움이 될 것으로 믿고 적극적으로 참여하게 될 것이다.

연구 문제

1. 수업관찰과 수업분석의 관계를 간단히 설명하시오.

2. 수업관찰, 수업분석, 수업장학, 수업비평, 수업평가, 수업 컨설팅 등 유사 용어의 의미와 특징을 간단히 기술하시오.

3. 수업분석의 필요성과 목적에 대해서 약술하시오.

4. 수업분석의 절차를 제시하고 각 단계의 중점을 기술하시오.

5. 수업분석의 단계적 요소와 내용을 수업 전 활동, 수업 중 활동, 수업 후 활동 등으로 구분하여 설명하시오.

6. 수업분석의 바람직한 방법에 대해서 간단히 설명하시오.

7. 플랜더즈(Fianders)의 언어상호작용분석법의 특징과 기법에 대해서 설명하시오.

8. 터크만(Tuckman)의 수업분위기 분석법에 대해서 설명하시오.

9. 수업관찰에서 관찰 사항을 기술할 때, 바람직한 기록방법에 대해서 약술하시오.

10. 수업관찰 시 수업자와 관찰자(참관자)의 친화감(Rapport)을 형성할 수 있는 바람직한 방안에 대해서 설명하시오.

제 **3** 부

◀ ◀ ◀ 수업장학 ▶ ▶ ▶

제1장 수업장학 일반
제2장 교내 자율장학
제3장 수업평가

[Key Point]
　　제3부에서는 수업장학에 대해서 집중적으로 탐구한다. 이를 위하여 수업장학 일반, 교내 자율장학, 수업평가 등에 대해서 탐구한다. 수업장학의 여러 방법과 종류 및 기법, 교내 자율장학의 이론과 구체적 방법, 그리고 수업평가의 특징과 방법 등 이론과 실제에 대해서 두루 섭렵한다. 수업설계와 수업분석을 바탕으로 한 수업장학의 중요성을 인식하고, 교육경력자로서의 임상장학, 교육 동료로서의 동료장학, 그리고 수업분석 전문가로서의 수업평가 등에 대해서 집중적으로 탐구하고 이를 일선 학교 현장에서 적용할 수 있는 자질을 연마한다.

■제1장■ 수업장학 일반

1. 수업장학의 필요성

일반적인 이야기이지만, 교직은 전문직이다. 그리고 교원(교사)은 전문가이다. 교직은 교육 전문직이고 교원은 교육 전문가인 것이다. 의사가 시술과 치료의 전문가, 변호사가 법률의 전문가이듯이 교원은 교육의 전문가이다. 즉 아무나 맡아 할 수 있는 직종이 아닌 것이다. 고도의 전문성과 심오한 이론과 자질, 능력을 바탕으로 한 기술이 전제되어야 수행할 수 있는 직종인 것이다.

이와 같이 교육 전문직인 교사들에게 가장 중요한 업무가 교육과정 편성·운영이고, 교육과정의 핵심이 바로 수업이다. 수업은 교육의 핵심적 본질이고, 교사의 생명과 같은 것이다. 교사의 다양한 소양 중에서 수업이 그 중심에 자리하고 있는 것이다.

국가나 사회에서 교사를 교육 전문가로 인정하고 기대하는 역할에는 여러 가지가 있겠지만, 그중에서 '수업'을 전문가답게 하기를 기대하는 것을 첫 번째로 꼽을 수 있을 것이다. 수업을 잘하는 교사가 으뜸 교사이기 때문이다. 그리고 교사 자신도 교육 전문직으로서의 확고한 지위를 확보하고 주변 사회로부터 인정받기 위해서는 다른 것은 몰라도 적어도 수업만큼은 다른 누구보다도 '전문적'으로 할 수 있어야 한다고 믿고 있다. 그런 의미에서 본다면 수업은 교사들에게 일종의 권리이자 책무이며, 나아가 사명이자 소명(mission)이라고 할 수 있다.

그리고 수업의 과정이나 활동에 있어서 일반인이 가르칠 경우에는 학생들이 그 수업에 흥미를 갖지 않거나 그 수업시간을 지긋지긋한 것으로 생각하는 데 반하여, 교사가 수업을 했을 경우에는 보다 많은 학생들이 수업에 흥미를 갖고 적극적으로 참여하게 되고, 그 결과 대다수 학생들이 수업에 만족하게 되었다면 그 교사의 수업은 이른바 좋은 수업이라고 할 수 있다. 물론 이 수업은 효율적인 수업이라고 할 수 있을 것이다.

이와 같이 수업의 효율성이란 투입을 적게 하고 효과는 최대한으로 하는 것이다. 따라서 수업의 효율성을 높이기 위해서는 가르칠 교과목에 관한 전문적이고 해박한 지식, 가르치는 방법에 대한 튼튼한 이론적 지식, 이러한 지식을 바탕으로 매 시간의 수업을 능숙하게 해낼 수 있는 숙달된 수업기술이 요구된다(변영계·김경현, 2010: 45－50).

교직에 종사하는 사람들이 수업의 전문가가 되기 위해서는 가르칠 교과목의 내용에 관한 지식을 잘 갖추는 것이 중요하다. 그러나 이는 잘 가르치기 위한 필요조건은 될 수 있으나 충분조건은 될 수 없다. 가르치는 일이란 학생들이 모르던 것을 보다 쉽게 이해시키거나, 할 수 없던 것을 잘할 수 있도록 도와주는 과정이다. 그렇기 때문에 가르치고 있는 학생들로 하여금 보다 짧은 시간에 보다 높은 수준의 것을 성취하도록 돕기 위해서는 또 다른 지식과 기술이 요구된다. 이는 의사에 비유해 보면 쉽게 알 수 있다. 만일 의과대학에 각종 병리학이나 의료기술에 관한 지식만을 배우고 한 번의 임상경험도 없는 의사가 있다면, 우리들은 그 사람을 전문인으로 여기지 않을 것이고, 또 그러한 의사에게 자기의 맹장염 수술을 부탁하려고 하지 않을 것이다.

이처럼 잘 가르치기 위해서 새로운 지식(내용: contents)을 체계적으로 갖추는 일도 중요하지만 어떻게 가르칠 것인가(방법: method)에 관한 지식과 그 지식을 정확하게 수행할 수 있는 전문적 기술도 가져야 한다.

수업을 옛날 자신이 학교에 다닐 때 가르쳐 주던 선생님들이 하던 그 방식대로만 하거나 혹은 이렇게 하면 될 것이라는 막연한 짐작이나 상식으로 진행한다면 곤란하다. 그러한 방식은 전문가로서의 교사가 취할 방법이 아니며, 수업이 상식적인 생각이나 어림짐작으로 이루어지는 것이라면 이것은 전문가인 교사뿐만 아니라 성인이면 누구나 할 수 있는 것이다. 또 대학을 졸업하고 어느 정도 교과목의 지식을 갖춘 사람이면 누구나 교사가 될 수 없다고 생각할 것이다. 단지 대학을 졸업했다고 해서 누구나 교사가 될 수 없다고 생각하는 것은, 교사는 가르치는 방법에 있어서 다른 사람들이 쉽게 흉내 낼 수 없는 독특한 수업기술을 갖고 있어야 한다고 믿기 때문이다. 그러한 교수기술과 자질을 갖추었기 때문에 교사를 교육 전문가로서 인정하는 것이다. 교직이 전문직으로 대접받기 위해서는 무엇보다도 교직에 종사하고 있는 교사들이 수업을 교육 전문가, 수업 전문가답게 하지 않으면 안 된다. 교사로서 다른 여러 가지 역할도 중요하지만 자기가 가르치는 교과목의 수업을 전문가답게 할 수 없다면 전문가로서의 대접을 받기 어렵다.

아울러 전문인으로서의 교사가 되기 위해서는 꾸준한 자기 노력이 요구된다. 교사양성기관을 통해서 얻은 여러 가지 경험도 중요하지만 교사로서 부임한 이후 꾸준한 자기 노력이 더욱 중요하다고 할 수 있다. 또한 새로운 수업이론이나 지식도 알아야 하고, 수업을 멋지게 하는 동료교사의 수업을 자주 관찰할 수 있는 기회를 가져야 하며, 아울러 자기가 하고 있는 수업이 어떠한지를 정확하게 되돌아볼 수 있는 기회도 가져야만 한다. 거울에 자기의 얼굴을 비추어 보며 옷매무새를 고치고 화장을 고치듯이, 자기의 수업을 과학적이고 체계적인 방법으로 분석하여 어떠한 점이 장점이며 어떠한 점이 약점인지 체계적인 방법으로 분석하여 어떠한 점이 장섬이며 어떠한 점이 약점인지 파악하여 장점은 계속적으로 키워 나가고 약점은 부단한 노력으로 개선해 나가는 활공이 요구된다. 왜냐하면 이러한 활동을 통해서 수업기술을 꾸준히 개선시키지 않으면 전문가로서의 자질을 유지하기 힘들기 때문이다.

유능한 프로 스포츠 선수들이 자기의 능력과 기술을 향상시키기 위해서 하고 있는 여러 가지 활동을 생각해 보면 그것이 수업개선과 관련하여 우리 교사들에게 주는 시사점을 찾을 수 있다.

수업장학은 교사들의 수업기술 향상에 초점을 두고 그에 따른 구체적인 전략을 구안하는 것이다. 종전의 일반장학이 보다 광범위한 교육문제를 다루어 온 데 비하여, 수업장학은 교사들이 교실에서 수행하고 있는 수업행위, 즉 수업기술의 향상과 개선을 주된 목적으로 하고 있다.

2. 수업장학의 성격

1980년대 이후부터 우리나라의 교육학계와 일선 학교 현장에서는 교사들의 수업기술을 향상시킬 수 있는 새로운 방법으로 수업장학을 소개하고, 그 필요성과 방안을 제시하기 시작하였다(강영삼, 1982; 주삼환, 1983, 2003; 한국교육개발원, 1983, 1984, 1990; 변영계, 1984, 1997; 장이권, 1989; 이윤식, 1999 등). 한국의 학교와 교육학계에서 교육과정과 수업에 대한 관심이 더욱 고조된 시기가 바로 1980년대 이후이다. 이들 연구에서 수업장학의 주된 관심은 수업자의 수업기술을 개선시킴으로써 학습의 효과를 제고시키는 데 있다. 즉 교수·학습의 과정에서 교사의 수업방법과 기술을 어떻게 향상시켜 줄 것인가에 그 목적을 두었다(변영계·김경현, 2010: 48-49). 특히 우리나라의 학교상황에서는 수업의 효과를 결정하는 데 있어서 교사의 변인을 매우 중요하게 다루고 있다(주삼환, 2003: 124).

그러나 교사의 수업기술 변인이 중요함에도 불구하고 우리나라의 교원양성기관이나 현직연수 프로그램을 분석해 보면, 수업자들의 수업기술을 향상시킬 수 있는 구체적인 방안이 제시되지 않은 사례가 많은 것이 사실이다. 더구나 대부분의 학교 현장에서 교사들의 수업기술이나 방법을 향상시켜 줄 임무를 맡은 장학담당자들이 제 역할을 수행하지 못하는 것으로 지적되고 있다. 최근 학교에서 이루어지고 있는 현장장학과 관련한 장학실태를 분석한 연구에 의하면 장학이 아직도 권위주의적이며, 수업자가 필요로 하는 문제보다는 장학을 하는 쪽에서 미리 결정하여 확인·평가하는 방식으로 이루어지고 있는 등 여전히 장학의 부정적인 면이 많이 발견되고 있다. 더구나 현실적으로 최근 교육청 등 장학 행정기관에 장학담당자인 장학사(관)가 태부족이어서 장학보다는 행정 업무 처리에 업무 치중을 하고 있는 실정이다.

사실 학교에서 실제 수업을 하고 있는 교사들은 학교 외부로부터의 장학지도를 원하지 않는 현상이 일반적이다. 자신의 진부한 교수 일상과 모습을 타인에게 드러내고 싶지 않은 것은 인지상정(人之常情)이기도 하다. 그리고 장학을 담당하는 사람들은 교사가 지도받기를 원하는 수업기술 측면보다는 교실관리나 학교의 일반적인 행정 중심의 장학을 하고 있다고 지적하고 있다. 아울러 장학담당자가 교사들의 수업기술을 향상시켜 줄 수 있는 구체적인 절차와 방법에 대한 지식이 부족하고, 장학을 할 수 있는 자질이 부족하다는 점도 함께 지적하고 있다. 따라서 수업장학을 위해서는 교사가 수업자로서 교수 자질과 능력, 수업기술을 향상시키려는 의지가 전제되어야 하고, 수업장학자는 수업장학에 적절한 구체적인 절차와 방법을 구안하여 지원해야 한다는 기본적 접근 의식이 필요한 것이다.

3. 수업장학의 정의

장학의 개념은 학자들에 따라 여러 가지로 정의되고 있다. 이러한 다양한 정의가 나오는 이유는 역사적으로 장학의 목적과 기능이 사회의 변화에 따라 그 성격을 달리하여 왔으며, 각 학자들이 장학의 목적, 장학의 기능, 장학의 역할 등에 대하여 상이한 초점을 갖고 정의하고 있기 때문이다.

장학은 일반적으로 그 목적과 기능에 따라 일반장학(general supervision), 수업장학(instructional supervision), 임상장학(clinical supervision) 등으로 구분할 수 있다(변영계·김경현, 2010: 50-54).

우선 일반장학에 대해서 고찰하면, 일반장학의 주요 목적과 영역으로는 대개 ① 교육과정의 개발과 개선, ② 수업의 계획과 준비, ③ 교원의 확보, ④ 학습자료의 확충, ⑤ 교원의 현직연수, ⑥ 신임교원의 오리엔테이션, ⑦ 새로운 교육정보의 제공, ⑧ 교원의 평가 등을 들고 있다(Wiles, 1967; Harris, 1975). 그리고 코간(Cogan, 1973)은 일반장학을 ① 교육과정의 제정과 교정, ② 수업 단원과 자료의 준비, ③ 학부모에게 통지하는 과정과 도구의 개발, ④ 교육 프로그램의 평가 등을 뜻한다고 하였다. 이와 같이 일반장학은 관리 행정적인 측면을 포함한 광범위한 활동을 포함하고 있음을 알 수 있다.

다음으로 수업장학에 대한 학자들의 견해와 정의를 살펴보면, 다음과 같이 정리할 수 있다(조성일 · 신재흡, 2010: 265 – 268).

첫째, 해리스(Harris, 1975)는 수업장학을 "학생들의 학습을 촉진하기 위해 교수 · 학습과정을 재설계하는 방법으로, 학교 운영을 변화시키기 위하여 인적 · 물적 자원을 유지 · 변화시키는 활동이 포함된다."고 하였다. 수업장학은 단지 수업 관련적, 학생 관련적인 일만은 아니다. 수업장학이 최종적으로 지향하는 것은 학교의 교수학습 과정을 유지하면서 개선하는 것이다.

둘째, 로벨과 와일즈(Lovell & Wiles, 1983)는 수업장학을 교사 · 학생 체제의 목적 달성을 용이하게 하기 위하여 교사 행위체제에 영향을 줄 목적으로 학교 조직에 공식적으로 제시되는 행위체제로 보았다. 즉 수업장학을 학생의 학습 촉진과 조직의 목표 달성을 위해 교사의 행동에 직접적인 영향을 주는 조직에 의해 공식적으로 계획된 활동으로 정의하였다. 수업장학 행위의 초점은 학생들로 하여금 적절한 학습결과를 성취할 수 있도록 학습조건들을 정의, 계획, 조작하는 확률을 개선하는 방법으로 교사 행위체제와 상호작용하는 데 있다고 할 수 있다.

셋째, 코간(Cogan, 1973)은 학급을 중심으로 장학의 유형을 나누었는데, 하나는 학급 내에서 이루어지는 임상장학이라고 하고, 다른 하나는 학급 밖에서 이루어지는 일반장학이라고 명명하였다. 이 중에서 일반장학은 교육과정의 작성 및 수정, 수업단원과 교재 준비, 성적 통지, 교육 활동 평가 등 수업을 위한 활동을 주요 대상으로 하기 때문에 수업장학과 같은 개념으로 볼 수 있다.

넷째, 아이, 네체르, 크레이(Eye, Netzer & Krey, 1971) 등은 수업장학을 "학교의 적절한 수업성과를 성취하는 일에 주로 초점을 두는 학교경영의 한 양상"이라고 정의하고 있다. 이는 경영과 장학을 교육기능의 단일 영역 내에서 밀접한 관계로 보는 가정이 전제되어 있다. 즉 수업장학을 ① 경영의 한 양상, ② 수업성과와의 적절성과 관련, ③ 학교의 성과에 대한 관련성 유지 등으로 부연설명하고 있다.

다섯째, 골드해머(Goldhammer, 1980)는 수업장학을 교사의 행동 변화를 통해 수업을 개선하려는 교직원들의 모든 노력으로 보았다.

여섯째, 알폰소, 퍼스와 네빌(Alfonso, Firth & Neville, 1981) 등은 수업장학을 "학생들의 학습을 촉진하고 학교의 목적을 달성할 수 있도록 교사 행동에 직접적인 영향을 주기 위하여 학교가 공식적으로 지정한 행동"이라고 정의하였다. 그리고 수업장학의 개념을 다음과 같은 세 가지 핵심적인 요소로 나누어 설명하고 있다.

첫째, 수업장학은 공식적으로 계획된, 조직의 필요와 공식적인 권위에 기초하여 이루어지는 활동이다.

둘째, 수업장학은 직접적으로 교사의 행동에 영향을 미치는 활동이다. 다시 말해, 학교조직에 대해서는 중요한 것일지라도 교사의 행동체제에 직접적으로 영향을 미치지 못하는 장학담당자의 활동은 수업장학 활동으로 간주할 수 없다는 의미를 내포하고 있다.

셋째, 수업장학의 궁극적인 목적은 학생들의 학습을 촉진시키는 것이다. 수업장학은 교사의 행동 변화를 통해 궁극적으로 학습을 개선시키는 활동이다.

한편, 국내 교육학자들은 수업장학의 개념 정의에 대하여 다음과 같이 접근하고 있다.

첫째, 백현기(1961)는 장학을 "교사가 문제를 가질 때 집단적 또는 개인적 활동을 통하여 교사 자신이 해결할 수 있는 실력의 배양이 필요하며, 이들 문제를 그들 자신의 노력으로 해결해 나가도록 도와주는 조력과 조언"으로 보았다. 장학의 개념은 교사에게 직접적으로 관심을 갖고 있기 때문에 교내에서 이루어지는 장학에 더 큰 관심과 비중을 두었다고 보며, 이는 곧 수업장학과 깊은 관련이 있다고 볼 수 있다.

둘째, 이윤식(1993)은 수업장학을 "교사들의 수업기술 향상을 위한 체계적이고 개별적인 과정"으로 보고, 교내 자율장학을 제시하고 있다. 이는 "단위 학교에서 교육 활동의 개선을 위하여 자율적으로 교장·교감을 중심으로 하여 전체 교직원들이 공동으로 노력하는 과정"으로 규정하고 있다. 교내 자율장학은 단위 학교의 자율성뿐만 아니라, 학교 조직 내 구성원의 자율성까지도 존중하면서 교육 활동의 개선을 목적으로 하기 때문에 수업장학의 한 형태로 볼 수 있다.

셋째, 강영삼(1994)은 수업장학이란 "학교 조직의 핵심인 교수·학습 활동의 질적 개선으로 궁극적으로는 학생 교육의 질을 향상시킬 수 있도록 교사들의 교수 활동을 돕고 지원하는 활동"이라고 정의하였다.

넷째, 조병효(1995)는 수업장학을 "학생들의 학습을 향상시키고 학교의 교수·학습 과정을 유지, 개선하기 위하여 교사의 교수행위에 직접적으로 영향을 줄 수 있도록 학교가 공식적으로 제공하는 제반 활동, 즉 학교장 중심 교내장학 활동"으로 보고 있다.

이와 같은 국내외 여러 학자들의 수업장학에 관한 정의와 주장 및 견해들을 종합해 볼 때 수업장학의 성격과 목적은 다음 세 가지로 압축할 수 있다.

첫째, 수업장학은 그 성격과 방법에서 일반장학과 구별되며, 일반장학의 하위 개념으로 볼 수 있다.

둘째, 수업장학은 수업자의 수업방법과 수업기술을 개선시킴으로써 학습자들의 학습효과를 높이는 데 초점이 맞추어져 있다.

셋째, 수업장학의 대상은 특정한 교사가 아니라 모든 교사들이며, 특히 교사(수업자)의 수업행동의 개선과 향상에 직접적으로 영향을 주려는 활동이다.

넷째, 수업장학의 행위는 공식적으로 볼 수 있다.

다섯째, 수업장학은 교장, 교감, 장학요원, 교육전문직들의 도움과 지원에 의해서 이루어지지만, 교사들과 직접적인 접촉과 관계로 진행된다.

여섯째, 수업장학은 학교관리, 상담, 교사행위, 교사·학생의 원만한 상호작용 등에 의해서 이루어진다.

일곱째, 학습자의 학습조건과 기회를 개선하고 향상시키는 데 일차적인 목적이 있다.

여덟째, 교육 활동에 필요한 지식과 정보가 빠르게 변화하는 시대에 교사들은 누구나 효과적인 수업전개를 위해서 지원과 도움이 필요하기 때문에 모든 교사들이 수업장학의 대상자가 된다.

즉 수업장학은 이제까지의 일반장학이 해 오던 학교의 시설·설비의 마련, 인사제도의 변화, 학교 분위기 개선과 같은 관리행정적 업무를 제외한 장학의 궁극적 목적인 교수·학습의 개선을 위해 대두된 장학의 한 형태다.

임상장학은 1950년대에 하버드 대학의 코간(Cogan)과 그의 동료들에 의해 교사 지망생들의 수업방법 개선을 위한 하나의 방법으로 개발되었다가 후에 교사의 직전교육뿐만 아니라 현직교육의 한 방법으로 발달된 장학이다(sullivan, 1980).

그리고 네글리(Neagley)와 에반스(Evans, 1980)는 임상장학을 교실수업에서 교사와 학생들의 행동에 대한 직접적인 관찰을 통해 교수·학습을 개선시키려는 학급 내의 활동으로 정의하고, 장학협의회를 임상장학의 중요한 과정으로 보았다. Cogan과 함께 임상장학의 개발에 참여하였던 골드해머(Goldhammer)와 그의 동료들(1980)은 임상장학을 실제 교수상황으로부터 직접적인 관찰을 통해 자료를 수집하고 교수 활동의 분석과 수업개선 활동을 함에 있어서 교사와 장학사 간의 대면적 상호작용을 포함하는 수업장학의 한 국면으로 보았다. 이와 같은 여러 학자의 정의를 바탕으로 임상장학의 성격을 다음과 같이 규정할 수 있다.

첫째, 임상장학의 궁극적 목적은 교수·학습의 개선에 있다.

둘째, 임상장학의 주요한 관심은 교수·학습의 과정에 직접적인 영향을 주는 교사의 수업 활동에 집중된다. 이는 수업장학과 유사한 성격으로, 일반장학이 포함하고 있는 관리행정적인 업무를 제외한 교사의 수업행동 변화에 직접적인 영향을 주는 활동만을 임상장학으로 간주한다는 의미를 담고 있다.

셋째, 임상장학의 활동범위를 학급 내에서의 활동으로 제한하고 있다.

즉 교실 내에서의 수업과정 중 교사가 직면하는 문제를 해결해 주는 활동으로 제한하고 있다.

넷째, 임상장학은 '① 수업관찰 → ② 분석 → ③ 평가 → ④ 협의회' 등 순환적이고 계속적인 장학 절차를 통해 문제 해결에 접근하고 있다. 이와 관련하여 순환과정에 따라 조금씩 다르기는 하지만 계속적인 순환과정을 통해 문제 해결에 접근해야 한다는 생각에는 다수의 학자들이 동의하고 있다(Cogan,1973; Goldhammer et al., sullivan, 1980; Acheson & Gall, 1987 등).

다섯째, 임상장학은 교사와 장학사 간의 대면적 만남 속에서, 위계적 관계가 아닌 동료적 관계 속에서 문제 해결을 위한 상호 협력을 강조하고 있다. 임상장학에서는 장학 활동이 효과적이기 위해서는 교사와 장학사 간의 동료의식이 전제되어야 한다고 본다. 갤(Gall, 1987)은 이러한 임상장학을 지시적이기보다는 상호작용적이고, 권위적이기보다는 민주적이고, 장학사 중심이기보다는 교사 중심인 대안적인 장학형태로 기술하고 있다.

이와 같이 임상장학은 목적이나 장학의 대상에서 수업장학과 많은 공통점을 갖고 있다. 임상장학과 수업장학을 같은 의미로 보는 학자도 있다. 임상장학은 수업장학과 그 수준에 있어서 약간의 차이는 있지만 목적이나 장학의 방법이 같아서 굳이 구분할 필요가 없다는 것이다(변영계, 1984). 또 던한(Denhan, 1977) 역시 임상장학과 수업장학은 모두 학급 내에서 장학담당자와 교사와의 직접적인 상호작용을 포함하고 있다는 측면에서 수업장학을 넓은 의미로 보기보다는 임상장학과 같은 수준에서 이해되어야 한다고 주장하고 있다.

4. 수업장학의 기능과 원리

수업장학은 교육의 핵심이며, 교육과정의 본질과 같은 것이다. 수업장학은 교사의 교수를 돕는 것이며 궁극적으로는 학생들의 학습을 돕는 활동이기 때문이다. 수업장학은 교장, 교감, 수석교사, 부장교사, 동료교사들로 하여금 바람직한 리더십과 기능을 발휘하는 교육 활동인 것이다. 일반적인 수업장학의 기능은 다음과 같다(조성일·신재흡, 2010: 268－270).

첫째, 목표 개발이다. 교육 체제는 사회의 한 하위 체제이기 때문에 사회는 학교에 대해 인적·물적 목표를 달성해 주기를 요구한다. 따라서 교육 기관은 교사와 장학담당자들이 교수·학습 행위체제와 목표를 지속적으로 검토, 평가하고 수업장학 행위를 통해서 이러한 변화하는 기대에 부응해야 한다. 수업장학의 최초 기능은 목표 전개에서 교사와 장학담당자들의 협동적 노력을 용이하게 한다.

둘째, 프로그램의 전개와 실행이다. 교수자·학습자 체제를 위해 개발되는 목표는 프로그램 계획과 실행을 위한 전제가 된다. 학습자 집단에 대한 프로그램 계획과 실행에 대한 책임은 특정의 교사 혹은 교사 집단에게 있으므로, 상담과 지원 형태로 교수행위에 대한 기술적 지원을 제공하는 것이 수업장학의 기능이다.

셋째, 조정이다. 교사 집단은 고도로 전문화되고 유능한 개인으로 구성된 집단이다. 그리고 이들은 다양한 교육목표를 수행하고 있으며, 결코 독립적으로 기능할 수 없고 학교 체제의 조정된 일부분으로서 개인의 능력을 최대한 발휘하게 된다. 학교 조직의 목적을 달성하기 위해서는 교사 집단의 조정이 필요하다. 조정은 의사소통을 통해서 이루어지기 때문에 장학담당자는 개별 구성원들의 공동목표 달성을 위해 적극적으로 참여할 수 있도록 다양한 의사소통 채널을 마련하여야 한다.

넷째, 동기부여이다. 조직 목표를 달성하기 위한 조직 구성원들의 의지는 조직의 성과에 큰 영향을 미치고 이것은 교육 조직의 경우에도 예외가 아니다. 수업장학 체제는 교수체제와의 상호작용이다. 그러한 상호작용의 결과로서 교사와 장학담당자들이 조직 목표의 성취를 위해서 동기가 유발되는 것이다.

다섯째, 문제해결이다. 수업은 학습자들에게 어떤 학습결과를 가져올 것이라는 가정하에 교사가 학습자에게 학습조건을 제공하기 위하여 공식적으로 마련한 과정이다. 수업은 예상된 학습결과와 실제 학습과의 관계를 검토할 것을 요구한다. 이러한 문제해결 과정은 교육 조직에서 교수·학습 개선의 초점이며, 이는 수업장학의 핵심적 기능이 된다.

여섯째, 전문성 개발이다. 교육 조직에 근무하는 교사들은 고도로 발달되고 전문화된 전문가들이다. 교사들은 교육 전문가로서 지속적으로 연찬하고 발전할 기회를 갖는 것은 매우 중요한 활동이다. 이와 같은 변화와 조정 및 지원을 하는 것이 곧 수업장학이다.

일곱째, 교육결과의 평가이다. 교육적 필요가 어느 정도 충족되고 있는지를 지속적으로 파악하기 위해서 모든 활동의 평가 활동은 매우 중요하다. 교육 목적은 교수자와 학습자 행위체제에서 이루어지고 있으며, 이들 체제들과 상호작용을 하기 때문에 수업장학 행위체제가 교사와 학습자 체제의 결과를 평가하는 것은 수업의 목표 달성도 확인 차원에서 중요한 평가이다.

일선 학교 현장의 교사들은 학생들의 학습지도를 효과적으로 하기 위해서 학습이론이나 수업원리를 알고 그 원리에 더하여 수업을 해야 하듯이, 수업장학(instructional supervision)에서도 반드시 고려되어야 할 원리가 있다. 수업장학의 적용을 위해 필요한 원리들 중 몇 가지 중요한 것을 제시하면 다음과 같다(변영계·김경현, 2010: 54－58).

첫째, 교사들은 가르치는 일에서 전문적 성장을 하려는 의욕을 갖고 있으며, 또 자기의 전문성이 성장하고 있다고 느낄 때 가르치는 일에 더욱 보람을 느낀다.

　인간은 외부로부터 체벌이나 압력을 받지 않더라도 자기의 문제를 스스로 해결하려는 본성이 있다는 맥그리거(McGreger)의 Y이론은 이러한 가정을 잘 뒷받침하고 있다. 그리고 매슬로우(Maslow)의 이론에서도 인간은 궁극적으로 자아실현의 욕구가 있다고 하였다. 특히 전문적인 교육을 받고 또 각 개인의 자주성과 자율성이 비교적 높게 허용되고 있는 교사들 또한 자기 직업에 대하여 전문적인 성장을 하려는 태도와 욕구를 갖고 있다고 보아야 할 것이다. 이 점이 바로 수업장학의 첫 번째 가정이자 원리이다.

　둘째, 교사의 가르치는 기술이나 능력은 타고나는 것이 아니라 후천적으로 학습되는 것이다. 인간의 많은 능력, 기술, 지식 등은 학습을 통해서 획득되며, 교사들의 가르치는 능력이나 기술도 학습을 통해서 길러지는 것이다. 특히 교사로서의 태도는 그들이 초등학교부터 대학을 다니는 동안에 그들을 가르친 선생님으로부터 모방하게 된다고 한다. 그리고 교사의 수업행동을 변화시킬 수 있다는 기본 가정 때문에 교원양성 프로그램이나 교사가 되고 난 후의 현직교육 프로그램이 존속하는 것이다. 특히 가르치는 수업행동은 교수·학습의 과정에서 다양하게 표출되겠지만, 교사 개개인에 따라 독특한 유형이나 패턴이 있다. 이 패턴은 관찰·기술이 가능하며, 어떠한 중개변인으로 처치했을 때 그 패턴은 변화, 즉 개선이 가능하다고 본다.

　셋째, 교사들은 가르치는 일의 전문가로 자주성과 존엄성이 인식될 때 수업장학에 적극적으로 참여한다. 전문가 집단은 어느 직종의 사람들보다 자기 존엄성을 강조하고 협동적인 노력을 통해서 자기의 문제를 해결하려고 한다. 교사 또한 가르치는 일을 보다 능률적이고 효과적으로 할 수 있는 잠재적인 가능성을 지니고 있으며, 그 잠재력을 자기 스스로 혹은 협동적으로 키워 나가려는 욕망과 자질을 지니고 있다. 따라서 교사가 속해 있는 체제나 조직은 각 교사들의 무한한 잠재력을 교사 자신이 성장시킬 수 있는 여건과 분위기를 조성해야 한다. 이를 위해서는 무엇보다도 교사의 전문성, 자주성, 존엄성을 인정해야 한다.

　넷째, 교사 스스로가 수업장학이 자기의 수업개선에 도움을 줄 것이라는 긍정적 태도를 갖고 있을 때 그 효과가 크다. 새로운 것의 혁신과 보급에서 가장 중요한 것은 고객이나 소비자가 그 방법이 자기 자신에게 이득이 있을 것이라는 확신을 갖는 것이다. 또 그들이 그 방법에 관하여 흥미를 갖거나 자기에게 이득이 될 것이라는 긍정적 태도를 가질 때 그것을 수용하려고 하며, 그 과정에 보다 능동적으로 참여하게 된다. 이처럼 수업장학이 아무리 우수하고 효과적인 것일지라도 그것을 이용하는 교사가 그 방법이나 목적을 바르게 이해하지 않으면 의도했던 효과를 달성하기 어렵다.

　다섯째, 수업장학은 교사와 장학담당자 간에 상호 존중의 관계가 형성될 때 효과적이다. 전통적으로 장학을 담당하는 사람과 장학을 받는 사람은 평가자 대 피평가자, 가르치는 사람 대 배우는 사람 혹은 상하의 종속적 관계를 형성하였다. 그렇기 때문에 교사들은 언제나 장학사의 방문을 싫어하고 장학을 받는 일에 대해 부정적인 태도를 갖는 경우가 많았다. 일방적으로 평가를 하거나 받고 혹은 지시를 하고 지시를 받아 그 지시대로 수행하여야 하는 관계 속에서는 올바른 수업장학이 이루어지기 힘들다. 서로의 인격적 존엄성은 말할 것도 없고 주어진 업무의 전문성과 자율성을 인정하는 분위기를 조성하지 않는다면 수업장학 역시 지금까지 실시해 온 장학의 형식성을 탈피하기가 어려울 것이다. 수업장학의 목적을 분명히 알고, 건전한 신뢰감을 갖는 동료적 관계가 형성될 때 수업장학은 바라는 바의 효과를 거양할 수 있다.

여섯째, 교사가 가르치는 수업행동이나 기술은 그 요령을 이해하는 것으로 끝나는 것이 아니라 계속적인 시연을 통해 숙달되어야 한다. 수업개선을 위해서 수업자는 지적 능력과 행동적 기능을 숙달시키지 않으면 안 된다. 이 지적 능력과 행동적 기능은 수업장학을 통해 숙달시켜야 한다. 대부분의 경우 새로운 수업방법에 대해 어떤 이론가가 그 적용을 위한 요령을 교사들에게 이해시키면 교사들은 자동적으로 그 요령대로 현장에 적용할 것으로 가정하는데, 이것은 잘못된 견해다. '이해한다는 것'과 '실제 시연하는 것' 사이에는 상당히 큰 차이가 있기 마련이다. 이것은 연주가가 악보를 읽고 연주하는 요령을 아는 것으로 끝나지 않고, 반복적으로 연습하여 숙달의 정도를 높이지 않으면 좋은 연주를 할 수 없다는 점을 생각하면 쉽게 이해할 수 있다. 그렇기 때문에 새로운 수업기술이나 수업행동의 패턴을 개선하기 위해서는 무엇보다 반복적인 실습을 하게 하고 그 결과를 객관적이고 정확한 자료로 환류(feedback)하여 점차 개선시켜 나가야 한다.

일곱째, 교사들은 자기의 수업결과에 대한 구체적인 자료가 제시되고 강화가 주어질 때, 보다 적극적으로 자기의 수업을 개선하려고 노력한다. 학습에서 강화이론은 오랜 시간이 지난 지금까지도 효과적인 것으로 인정받고 있다. 교사들의 수업개선도 하나의 학습과정이다. 그렇기 때문에 교사들이 수행한 수업에 대하여 잘못을 지적하여 비난하기보다는 좋은 점을 찾아 긍정적으로 강화해 주는 것이 더 효과적이다. 그리고 수업결과를 이야기할 때 애매하게 말하거나 장학사의 주관적인 가치판단을 지나치게 포함하기보다는 좋고 나쁨의 판단을 가능한 한 삼가고 사실 중심의 자료를 제시하여 수업자 자신이 평가하게 하는 것이 효과적이다. 그렇기 때문에 장학을 담당하는 사람은 자기가 관찰한 수업의 결과를 객관적인 자료로 제시하여야 한다.

여덟째, 수업장학은 지속적으로 이루어질 때 효과를 높일 수 있다. 교사의 수업기술이나 행위를 변화시키기 위해 한 번에 너무 많은 목표치를 설정하면 오히려 실패로 이끌고 갈 가능성이 높다. 우선 교사 자신이 문제를 느끼는 영역이나 행동을 택하고 그 가운데서도 가장 급한 것을 선택하여 변화·개선해야 한다. 이때 변화시키려고 하는 목표는 분명한 진술문이 되도록 명확하게 다듬어야 한다(학습지도를 할 때처럼). 그리고 한 번의 장학으로 끝내지 말고 계속적으로 계획 → 실시(실행) → 평가하여 문제의식을 느꼈던 교사 자신이 만족할 만한 수준에 도달할 때까지 지속적으로 수행해야 한다.

아홉째, 수업장학의 효과를 증대시키기 위해서는 장학을 담당하는 사람부터 수업장학의 효과를 확신하여야 한다. 성공적인 수업장학을 수행할 수 있으려면 무엇보다도 장학담당자 자신이 수업장학의 필요성을 확신하여야 한다. 그리고 수업장학이 교사의 수업을 개선시킬 수 있다는 확실한 근거 속에 긍정적인 태도를 가져야 하며, 수업장학의 절차나 방법에 대한 전문적인 지식과 자질을 갖추고 있어야 한다. 특히 교사들과 의사소통하는 데도 세련된 기술을 갖고 있어야 한다.

열째, 수업장학의 과정을 통해서 장학의 업무를 담당한 사람도 지속적으로 장학방법을 개선시켜 나가야 한다. 수업장학을 효과적으로 실시하기 위해서는 처음부터 필요로 하는 자질을 갖춘 충분한 수의 장학사 혹은 역할을 부여받은 사람들이 있어야 한다. 또한 수업장학을 담당하는 장학사도 자기의 장학기술이나 행위를 타인에게 관찰하게 하여 계속적으로 장학방법을 개선해 나갈 필요성이 있다.

5. 수업장학의 방법

수업장학은 1958년 미국 하버드 대학에서 코간(Cogan)과 그의 동료들에 의해 구안되고 체계화되었다. 처음에 그들은 장차 교사가 될 대학원 학생들에게 수업방법과 수업기술을 연마시키기 위하여 수업이론에 관한 세미나와 함께 실제 수업을 하고, 그 수업을 여러 사람이 관찰·분석하여 토의하는 형식으로 출발하였다. 그러다가 횟수를 거듭함에 따라 점차 그 틀이 잡혔다. 즉 수업을 하기 전에 관찰 전 협의회를 하고 그다음에 수업을 관찰하며, 마지막으로 관찰된 자료나 정보를 토대로 장학협의회를 하는 형태를 취했다. 그 후 이러한 형식의 수업장학은 많은 사람들에 의해서 더욱 체계화되었으며, 구체적인 전략과 방법이 세분화되었다. 이러한 수업장학에서 그 전략으로 행해지고 있는 절차는 크게 네 가지로 나눌 수 있다.

첫째, 수업장학의 실시를 위한 관찰 전 협의회다. 둘째, 수업장학을 맡은 사람이 해당 교사의 수업을 직접적으로 관찰하며 필요한 자료나 정보를 수집하는 단계다. 셋째, 수집된 자료를 가지고 해당 수업을 분석하고 수업자와 어떻게 협의회를 개최할 것인가에 관한 계획과 전략을 수립하는 단계다. 넷째, 그야말로 처음에 제기된 문제를 중심으로 관찰·분석된 자료를 놓고 해당 교사의 수업개선을 위한 장학협의회를 갖는 단계다. 이러한 네 가지 활동은 학자들에 따라 계획 → 관찰 → 협의 등 세 단계로 줄기도 하고, 5~8단계로 더 세분되기도 하였다.

1) 수업장학 수행자

전통적으로 장학은 제도적으로 장학의 임무를 부여받은 장학사에 의해서 수행되어 왔다. 그러나 수업장학에서는 장학의 업무성격상(교사의 수업개선) 주로 교감 혹은 부장교사가 장학사의 역할을 수행하는 것이 바람직하다. 이는 시간·공간적 측면이나 인력확보의 문제와도 관련이 있지만, 장학을 받은 사람과 장학을 하는 사람이 상하관계에 놓여 있다고 생각하는 경우보다는 서로가 동등하고 동료적인 관계에 놓여 있다고 생각할 때가 효과적이기 때문이다. 상호 친화감(rapport)이 형성되어 있기 때문이다. 그리고 한 번의 장학을 위해서만도 최소한 3회 이상을 서로 만나야 하는 수업장학은 교육청에 있는 장학사들이 여러 번 학교를 방문하여야 하는 현실적 문제를 생각할 때 현재의 교육청 장학 시스템에서는 장학사들이 이를 수행하기는 많은 어려움이 따른다. 따라서 수업장학에서 장학을 하는 사람은 같은 학교의 울타리 속에 있는 사람이 수행하는 것이 보다 효과적이라고 할 수 있다. 또 동료교사에 의해서도 장학의 과정을 밟을 수 있다.

수업장학 담당자, 수업장학 수행자의 주요 과업은 과업적 측면과 인간적 측면으로 구분할 수 있다. 수업장학 담당자의 과업적 측면 업무는 교육목표 설정, 교육과정 개발, 교수기술 향상, 현직교육, 평가, 의사소통을 통한 조정, 현장연구 등을 들 수 있다. 수업장학 담당자의 인간적 측면 관련 업무에는 동기유발과 민주적 인간관계 유지가 있다.

첫째, 교육목표 설정이다. 수업장학 담당자는 교사가 단위 수업시간의 목표를 바르게 설정하도록 도와주어야 한다. 단위 수업시간의 목표는 단원의 목표, 교과목 목표의 학년 목표, 교과목 목표, 각급 학교의 교육목적 및 교육목표, 국가의 교육목적 및 교육방침, 교육이념 등을 두루 망라하여 설정되어야 하는데, 장학담당자는 목표 설정의 지원자가 되어야 한다.

둘째, 교육과정 개발이다. 장학담당자는 교사가 교육목적, 교육목표에 맞게 교육 과정을 개발하고 실행(운영)할 수 있도록 도와주어야 한다. 교육과정은 교육목표를 달성하기 위한 수단이다. 학교에서의 교육과정은 학교의 교육목적을 달성하기 위한 교육내용이며, 수업시간 중의 수업내용은 구체적인 시간 목표를 달성하기 위한 것이다.

셋째, 교수기술 향상이다. 수업장학 담당자는 교사들이 수업기술을 향상할 수 있도록 지원해 주고 도와주어야 한다. 교사들에게 가장 중요한 것은 학생들을 가장 잘 가르치는 것이다. 학생들을 잘 가르치기 위해서는 교수기술을 신장하여야 하는데, 교사들은 교원양성기관에서 익힌 교수기술에 새로운 교수기술을 추가하여 꾸준히 연찬하여야 한다.

넷째, 현직교육이다. 수업장학 담당자는 교사들이 교직 전문성을 신장하도록 자극하고 동기를 유발해 주어야 한다. 사회의 급격한 발달에 따라 교사에게는 종래보다 더 새로운 지식과 기술이 요구되고, 더 투철한 사명감과 윤리 의식이 요구되며, 아울러 봉사정신이 요청되는 것이다. 그러므로 수업장학 담당자는 다양한 연수와 연찬에 교사들이 적극 참여하게 하는 현직교육을 장려하여야 한다.

다섯째, 평가이다. 수업장학 담당자는 교사들의 실적을 평가하고 교사들이 수업의 결과를 제대로 평가할 수 있도록 조언해 주어야 한다. 장학과 관련된 평가에는 학교경영 평가, 학교 프로그램 평가, 수업결과 평가, 교사에 의한 평가, 학교 행정가에 의한 평가 등이 있다.

여섯째, 의사소통을 통한 조정이다. 수업장학 담당자는 원만한 의사소통을 통해서 조직 내 구성원들의 다양한 의견을 조정해야 한다. 교육 전문직인 교사들은 전공 교과목, 가치관, 역사의식, 성장배경, 주변환경 등이 서로 다르다. 따라서 학교와 조직의 공동 목표 구현에 갈등, 불협화음이 나타날 수 있다. 수업장학 담당자는 이와 같은 갈등과 불협화음을 조정하여 의사소통의 원활한 진행을 유도하여야 한다.

일곱째, 현장연구이다. 교육 전문가인 교사들은 스스로 교육 현장의 문제들을 발견하고, 그 문제를 해결하기 위하여 과학적 접근을 하여야 한다. 수업장학 담당자는 이와 같은 과학적 연구의 접근이 미흡한 교사들에게 연구 지원을 하여야 한다.

여덟째, 동기유발이다. 학교의 교육목적을 효율적으로 달성하기 위하여 수업장학 담당자는 교사들의 사기를 북돋아 주고 교사들이 심리적으로 익숙하도록 지원하여야 한다.

아홉째, 민주적 인간관계 유지이다. 민주적 인간관계는 공적인 관계를 형성하는 지위 고하를 막론하고, 인간적인 면에서 상급자는 말이나 행동에서 하급자를 존중하고, 반대로 하급자는 상급자를 존경하며 상혼 신뢰관계를 구축하는 것이다. 단위 학교에서의 교사 간, 수업장학 담당자와 교사 간의 인간관계는 민주적 인간관계에 의해서만 가능하다.

2) 수업장학의 대상자

수업장학의 대상자는 수업을 담당하고 있는 교사라면 모두가 해당된다. 그러나 반드시 모든 교사들이 그 대상일 필요는 없다. 대개 초임교사, 저경력교사가 우선적으로 해당되며, 학교장이나 교감이 교내순시나 수업연구 등을 통해 수업장학이 필요하다고 생각되는 교사를 그다음으로 생각할 수 있다. 최근 우리나라에 도입된 수석교사제에 의한 수석교사들도 수업장학자가 될 수 있다. 그러나 여기에서 우리가 생각할 수 있는 것은 대개의 교사들은 자기의 수업을 공개하기를 싫어하며, 특히 학교장이나 다른 교사들이 자기의 수업을 관찰하고 이야기하는 것을 아주 싫어한다는 사실이다. 그렇기 때문에 많은 연구물을 보면 교사들은 수업장학 받기를 거부하는 경우가 많다고 한다. 또 많은 경우에 수업을 잘하는 교사들은 자기의 수업을 공개하고 지도받기를 원하나, 그렇지 못한 교사들은 더욱 수업장학을 싫어하는 경우가 많다고 한다. 따라서 수업장학에서는 어떻게 하면 수업장학이 자신의 수업개선, 즉 교사의 전문성 신장을 위해 '꼭 필요한 것'이라는 점을 교사들에게 이해시킬 수 있을 것인가가 특히 중요한 과제다.

〈표 58〉 선택적 장학의 대상자

선택적 장학	장학 대상자(교사의 희망 고려 우선)
임상 장학	초임교사(생존기: 3년 마다), 경력교사(갱신기: 3년 마다)
동료 장학	높은 동료 의식을 갖고 있는 경험과 능력 있는 교사(정착기)
자기장학	혼자 학습하기 좋아하는 유능한 교사(정착기)
전통적 장학	모든 교사(전 교직 생애기 교사 전체)

3) 수업장학의 문제

수업장학은 그 출발을 교사의 수업행위, 즉 수업기술의 개선에 두고 있기 때문에 수업장학의 관심은 자연히 교실에서 수업을 할 때 외형적으로 나타나는 교사의 수업행위다. 즉 수업과 직접적으로 관련되는 언어적·비언어적 행위가 여기에 해당된다. 예를 들어, 수업자가 사용하는 질문의 종류, 수준, 기법, 학생들이 질문하거나 선생님의 질문에 학생이 대답을 했을 경우 수업자의 응답형태, 새로운 수업방법의 시연요령과 숙달 정도, 수업 중 의도적으로나 무의식적으로 나타내는 체언(예: 표정, 몸짓) 등이 모두 수업장학에서 관심의 대상이 된다. 또 학습자료와 매체의 사용법도 해당된다. 그러나 수업자 자신이 자기의 수업에서 어떠한 점에 문제가 있을 것 같다고 느끼고 고민하던 문제를 수업장학을 통해 수업자와 장학담당자가 공동으로 해결하기 위해서 출발하는 것이 가장 이상적이다. 만일 수업장학을 시작하는 초기 단계인 관찰 전 협의회 때 수업자가 "나의 수업에서 이러이러한 점이 제대로 안 되는 것 같은데, 이 문제를 잘 관찰하여 개선방안을 제시해 주십시오."라고 했다면 그 문제를 분석하여 양자 간의 합의를 보아 해결의 방안을 찾도록 하는 것이 좋다.

4) 수업장학의 방법과 절차

수업장학은 학생들의 학습을 촉진시키고 교사들의 훌륭한 수업을 지원하는 데 직접적 영향을 미치는 방법으로 인적·물적 자원을 유지 및 발전시키는 활동을 의미한다. 수업장학의 기본 전략은 교사(수업자)로 하여금 자기가 하고 있는 수업행위를 정확하게 알 수 있도록 하는 것이 가장 중요하다. 이를 위해 수업장학을 맡은 사람은 수업을 관찰·기록하거나 녹음(혹은 녹화)하여 정확하고 객관적인 자료를 제공하여야 한다. 이러한 작업을 위해 여러 가지 관찰기록법이 활용될 수 있으며, 이 과정에서 녹음기, 녹화기 등의 기자재도 활용할 수 있다.

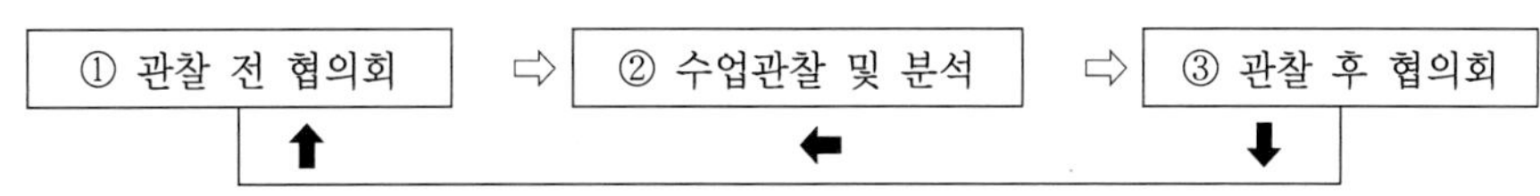

[그림 17] 수업장학의 기본 모형

수업장학의 일반적인 단계는 관찰 전 협의회, 수업관찰 및 분석, 관찰 후 협의회 순이다.

〈표 59〉 수업장학 각 단계별 기능과 내용

단계	과정	주요 활동 및 내용	유의점
1	관찰 전 협의회	① 수업자와 장학담당자의 친화감 형성 ② 수업자의 수업장학 긍정적 인식 ③ 수업장학 과제 확정 ④ 수업관찰자의 수업이해 고양 ⑤ 수업관찰 시기, 방법 등 합의	① 수업자의 관심, 문제점 확인 ② 수업자 관심에 대한 진술문 표현 ③ 수업자의 자기 개선방법 선택 ④ 수업관찰 시기, 방법 등 쌍 방 합의 ⑤ 관찰 대상의 명세화
2	수업관찰 및 분석	① 수업관찰 및 기록 ② 수업관찰 기록 분석, 정리 ③ 관찰 후 협의회 준비	① 수업관찰의 일상적 수업 일탈 지양 ② 관찰 전 협의회 합의된 내용 관찰 ③ 관찰 기록의 다양한 방법, 기 법 적용 ④ 수업자의 언어적, 비언어적 행동 관찰 ⑤ 수업상황 재생적 관찰 기록
3	관찰 후 협의회	① 수업관찰 분석 자료로 개선방안 탐색 ② 수업방법 개선의 대안 모색 ③ 차기 수업장학 협의 ④ 수업장학 평가, 수업장학 기법 평가 ⑤ 관찰 분석결과 사실 중심 제시	① 시간은 대체로 30~40분 정도 ② 수업자의 자기 소감 발표 ③ 장학담당자의 개인 주장 지양 ④ 객관적, 양적, 질적 분석 평가

5) 수업장학의 과제

일반적으로 우리나라 학교 현장에서 수업장학의 문제점을 요약하면 다음과 같다.

첫째, 수업개선에 대한 이해 부족이다. 수업자의 자신감 결여, 전문적 지식 결여, 장학력 부족, 장학지도 요령 부족, 사명감 부족, 안일한 수업 자세 등이 지적될 수 있다. 물론, 수업장학 담당자는 수업장학에 대한 자신감과 기술 및 전문성을 구비하도록 노력하여야 한다.

둘째, 과업 중심의 전시 행정적 수업장학 형태이다. 즉 과거 장학에서는 과업지향 경향이 강해서, 본질적인 장학이 도외시되어 왔다. 따라서 지나치게 과업지향을 하기보다는 인간적 측면도 동시에 강조하여야 한다.

셋째, 수업장학 담당자들의 지도성 개발 부족이다. 장학담당자들의 자질 결여가 문제가 되고 있다. 따라서 수업장학 담당자들은 부단히 노력하여 항상 수업자인 교사들에게 리더가 되고 멘토가 되어야 한다.

넷째, 교사의 교직 전문성 개발 등한시 경향이다. 실제 일선 학교 교사들은 사명감 결여, 전문성 미흡, 교육의 철학 결여 등 문제점을 갖고 있다. 따라서 장학담당자들은 지도, 지원, 멘토 등에 충실하기 위해서 꾸준히 자신의 자질과 능력, 기술을 함양할 수 있도록 노력하여야 한다.

이와 같은 문제점을 개선하여 바람직한 방향으로 수업장학을 발전시킬 발전과제를 제시하면 다음과 같다.

첫째, 수업장학 담당자들의 전문성이 제고되어야 한다. 수업장학은 장학사, 교장, 교감, 수석교사, 부장교사, 동료교사 등 누구나 주체가 될 수 있다. 특히 단위 학교 교장, 교감은 수업개선과 수업장학에 대한 인식이 감독에서 지원으로 전환되어야 한다.

둘째, 상부기관 중심 장학 형태에서 하급 기관, 특히 단위 학교 중심으로 수업장학 형태가 변하여야 한다. 교육과학기술부, 시·도교육청, 지역교육청 장학보다 교장, 교감을 중심으로 이루어지는 단위 학교 수업장학이 활성화되어야 하다.

셋째, 수업장학 활동에 대한 교사들의 인식 변화와 적극적 참여가 있어야 한다. 교사들은 장학이 귀찮고 부담스럽다는 생각에서 벗어나 적극적인 참여를 해야 한다. 수업장학을 새롭게 인식하고 연구하는 새로운 패러다임이 정착되고 있는 점은 고무적인 현상이다.

6. 수업장학의 유형: 선택적 장학

1) 임상장학

임상장학은 장학담당자와 교사가 일대일 대면적인 관계 속에서 수업관찰계획 수립 → 수업관찰 → 관찰결과에 대한 협의 과정을 거쳐 수업지도에 관한 전반적인 문제를 해결하고 수업기술 향상을 도모하는 체계적인 지도·조언의 과정으로 볼 수 있다.

임상장학의 주(主) 장학담당자는 단위 학교 교장과 교감이며, 외부 장학요원과 외부 전문가가 포함된다. 주로 교장과 교감이 주도하는 수업연구를 통해서 실시되며, 마이크로티칭(microteaching) 방법을 통해 교사가 장학담당자와 협의를 하여 자신의 수업방법 개선점을 파악한 후, 이를 실제 수업에 적용하기 전에 일정한 과정에 따라 교수 → 평가 → 재교수의 단계를 거쳐 수업의 개선을 도모한다. 이 장학방법은 최소의 경비와 시간으로 특정한 학습기술을 익혀 교사의 교수기술 및 자질을 높일 수 있는 장점이 있다.

임상장학의 대상은 교육 경력이 일천한 초임교사나 경력이 있는 교사 중에서도 수업기술 향상의 필요성을 느끼는 교사가 바람직하다. 임상장학은 장학담당자와 교사 간의 계획관계 속에서 공식적으로 이루어진다. 일반적으로 임상장학의 주요 특징은 다음과 같다(변영계·김경현, 2010: 62).

첫째, 교사의 수업기술 향상이 주된 목적이다.

둘째, 교사와 장학담당자 간의 대면적(對面的) 관계와 상호작용을 중요시한다.

셋째, 교실 내에서의 교사의 수업행동에 초점을 둔다.

넷째, 일련의 체계적이고 집중적인 지도·조언의 과정이다.

다섯째, 현상적이고 실제적인 장학 과정이다.

여섯째, 장학 담당자와 장학 대상자의 신뢰와 친화감이 아주 중요하다.

<표 60> 학자별 임상장학의 단계

단계	코간(Cogan) 8단계	골드해머(Goldhammer) 5단계	애치손과 갤(Acheson & Gall) 3단계
1단계	① 교사와 장학담당자의 친화감 확립		
2단계	② 교사와 공동으로 수업계획 수립	① 관찰 전 협의회	① 계획 협의
3단계	③ 교사와 공동으로 수업관찰계획 수립		
4단계	④ 교실수업관찰	② 수업관찰	② 수업관찰
5단계	⑤ 교수·학습 과정 분석	③ 분석과 전략	
6단계	⑥ 협의(협의회) 전략계획	④ 관찰 후 협의회	
7단계	⑦ 협의회 개최		③ 환류협의
8단계	⑧ 후속계획 수립	⑤ 협의 후 계획 수립	

2) 동료 장학

동료 장학은 동료교사들 간에 교육 활동의 개선을 위하여 공동으로 노력하는 장학 과정으로 볼 수 있다. 동료 장학은 학교 현장의 자율적 장학으로서 그 의미가 크다. 단위 학교 내에서 실시되는 동료 장학은 동료교사 간의 협조를 토대로 그들의 전문적 발달, 개인적 발달, 그리고 그들이 근무하고 있는 학교의 조직적 발달을 도모한다. 담임이 같은 동학년 단위 또는 전공과목이 같은 동 교과 단위로 수업연구과제의 해결이나 수업방법의 개선을 도모하기 위한 수업연구(공개) 활동, 공동 관심사나 공동과제, 공동문제의 해결이나 개선을 위해 협의하는 것들이 동료 장학의 전형적인 형태다. 또한 상호간에 정보, 아이디어 또는 충고, 조언을 주고받는 공식적·비공식적 행위도 넓은 의미의 동료 장학으로 볼 수 있다. 주로 평교사들의 장학 공유로 이루어지는 동료 장학의 주요 특징은 다음과 같다(변영계·김경현, 2010: 63).

첫째, 교사들의 자율성과 협동성을 기초로 한다.

둘째, 교사들 간의 동료적인 관계 속에서 서로 가르치고 배우는 활동이다.

셋째, 학교의 형편과 교사들의 필요와 요구에 기초하여 다양하고 융통성 있게 운영된다.

넷째, 교사들의 전문적 발달뿐 아니라 개인적 발달, 학교의 조직적 발달까지 도모할 수 있다.

다섯째, 상호 신뢰 관계 속에서 이루어지는 수평적 장학 과정이다.

3) 자기장학

자기장학은 교사 개인이 자신의 전문적 발달을 위하여 스스로 체계적인 계획을 세우고 이를 실천하는 과정이다. 교사는 전문직 종사자로서 자기 성장과 자기 발전을 위한 끊임없는 노력을 경주해야 한다는 당위성에도 자기장학의 의미는 크다고 할 수 있다.

장학담당자의 지도가 없이도 스스로 자신의 전문성 향상을 위하여 노력할 수 있는 의지와 능력이 있는 교사들에 대해서는 자기장학을 하도록 유도하는 것이 바람직하다. 일반적으로 학교 현장에서 활용될 수 있는 자기장학의 주요 방법은 다음과 같다(변영계·김경현, 2010: 63-64).

첫째, 스스로 자신의 수업을 녹음 또는 녹화하고 이를 분석하여 자기반성과 자기 발전의 자료로 삼는 방법이다.

둘째, 자신의 수업이나 생활지도, 특별활동지도, 학급관리·경영 등과 관련하여 학생들과의 면담이나 학생을 대상으로 한 의견 조사를 통해 자기 발전과 자기반성의 정보를 수집하는 방법이다.

셋째, 교직 활동 전반에 관련된 서적이나 전문자료를 탐독·활용하여 자기 발전의 자료로 삼는 방법이다.

넷째, 전공교과 영역, 교육학 영역 또는 관련 영역에서 대학원 과정(4년제 대학 과정, 한국방송통신대학교, 디지털대학교, 사이버대학교, 사이버 대학원 과정 등 포함) 수강을 통해 자기 발전을 도모하는 방법이다.

다섯째, 교직전문단체, 연구기관, 학술단체, 대학 또는 관련 사회기관이나 단체 등 전문기관을 방문하거나 전문가와의 면담을 통하여 자기 발전의 자료나 정보를 입수하는 방법이다.

여섯째, 각종 연수, 교과연구회, 학술발표회, 강연회, 시범수업공개보고회, 세미나, 워크숍, 포럼 등에 발표, 참석, 참관하거나 학교 상호 방문 프로그램에 참여하여 자기 발전을 도모하는 방법이다.

일곱째, TV나 라디오 등 방송매체가 제공하는 교원연수 프로그램이나 교원연수 관련 비디오, 동영상 등의 시청을 통하여 자기 발전을 도모하는 방법이다.

4) 약식장학

약식장학은 단위학교의 교장이나 교감이 간헐적으로 짧은 시간 동안 학급순시나 수업참관을 통하여 교사들의 수업 및 학급경영활동을 관찰하고 이에 대해 교사들에게 지도·조언을 제공하는 과정이다.

이러한 약식장학은 교장이나 교감의 계획과 주도로 전개되는 비공식적인 성격이 강한 활동으로서 다른 형태의 장학에 대하여 보완적이고 대안적인 성격을 갖는다. 일반적인 약식장학의 일반적인 특징은 다음과 같다(변영계·김경현, 2010: 64-65).

첫째, 원칙적으로 학교행정가인 교장이나 교감의 계획과 주도로 전개된다.

둘째, 간헐적으로 짧은 시간 동안의 학급순서나 수업참관을 중심 활동으로 한다.

셋째, 다른 장학형태에 대하여 보완적이고 대안적인 성격을 갖는다.

5) 자체 현직연수

자체 현직연수는 교직원들의 교육 활동 개선을 위하여 그들의 필요와 요구에 기초하여 학교 내·외의 인적, 물적 자원을 활용하여 단위학교 자체에서 실시하는 연수활동이다.

자체 현직연수에는 교장, 교감뿐만 아니라 행정부서 직원도 참여할 수 있다. 교사들과 행정부서 직원들의 공동관심사나 공동과제에 대한 연수 또는 교사들의 이해와 협조가 요구되는 행정부서의 특정 업무와 관련된 소개와 연수는 교사들과 행정부서 직원들 간의 상호 이해와 협조를 높일 수 있다는 점에서 의미가 있다.

자체 연수는 학교의 형편과 교직원들의 필요와 요구를 바탕으로 교직원들의 전문적 발달, 개인적 발달, 학교의 조직적 발달을 지향하며 교장, 교감, 수석교사, 부장교사, 교사 등을 포함하여 교내외의 교직원 또는 외부 전문가나 장학요원들이 연수 담당자가 되어 진행한다. 교직원들 간의 체육 활동, 취미 활동, 종교 활동 등 넓은 의미에서 자체 연수에 포함되는 활동으로 이해할 수 있다(정석기, 2010: 277).

〈표 61〉 수업장학의 유형

기본 형태	핵심 개념	주(主)장학 담당자	영역(발달)	형태	대상	공식성
임상 장학	교사들의 수업기술 향상을 위해 교장(외부 장학요원, 전문가)이 주도하는 체계적이고 개별적인 지도·조언 과정	교장, 교감(외부 장학 요원, 전문가 포함)	교사의 전문적 발달	수업연구(교장, 교감주도), 마이크로티칭	초임교사, 수업기술 향상의 필요성을 느끼는 교사	공식적
동료 장학	동료 교사들 간에 교육 활동의 개선을 위하여 공동으로 노력하는 과정	동료 교사	교사의 전문적·조직적 발달	동학년협의회, 동교과협의회, 동료 간 수업연구	전체 교사, 협동적으로 일하기를 원하는 교사	공식적 + 비공식적
자기 장학	교사 개인이 자신의 발달을 위하여 스스로 체계적인 계획을 세우고 이를 실천하는 과정	교사 자신	교사의 전문적 발달	자기 수업 분석, 대학원수강, 각종 자기 연찬	전체 교사, 자기 분석, 자기 지도의 기술을 갖고 있는 교사	비공식적
약식 장학	교장, 교감이 간헐적으로 짧은 시간 동안의 학급순시나 수업 참관을 통하여 교사들의 수업 및 학급경영 활동을 관찰하고 이에 대해 교사들에게 지도·조언을 제공하는 과정	교장, 교감	교사의 전문적 발달	학급순시, 수업 참관 등	전체 교사	비공식적
자체 현직 연수	교직원의 교육 활동 개선을 위하여 그들의 필요와 요구에 기초하여 학교 내외의 인적·물적 자원을 활용하여 단위학교 자체에서 실시하는 연수활동	전 교직원	교사의 전문적·개인적·조직적 발달	각종 교내연수 등	전 교직원	공식적

7. 학무장학의 유형: 교육청 장학

1) 종합장학

종합장학은 교육청 주관하에 또는 요청에 의하여 학교교육의 제 영역별 교육 활동 및 학교 특색 사업, 역점 사업, 노력 중점, 수업참관 등으로 이루어진다.

종합장학은 전일(全日) 장학을 원칙으로 하고 구체적인 사항은 교육청과 학교가 상호 협의하여 일정을 정한다. 종합장학은 자주적이고 창의적인 학교교육의 지원 차원에서 접근하는 것이 바람직하다. 아울러 종합장학은 교육개혁의 추진 및 교육시책 구현의 공감대를 형성하고 자율적, 창의적 교육 활동을 전개하도록 협의 및 지원하는 데 주안점을 둔다.

일반적으로 종합장학은 장학관을 반장으로 2~3명의 장학팀을 구성한다. 운영의 실제에서는 1일 1교 장학을 원칙으로 하되, 학교의 규모에 따라 일정을 조정한다. 장학의 주제 및 방법은 학교와 사전에 협의, 조정하고 학교가 스스로 교육개혁과 교육시책을 추진하는 방안을 모색하도록 지원하고, 학교의 특색 및 노력 중점 등 우수 사례를 발굴하여 타교에 일반화하고, 우수 교원을 시상한다.

2) 개별장학

개별장학은 학교의 요청이 있거나 현안과제를 해결하기 위하여 학교 담당 장학사가 담당학교의 교육과정 전반에 걸쳐서 수시로 행하는 장학 활동이다. 개별장학의 목적은 학교의 문제를 초기에 발견하여 이를 해결하고, 예상되는 문제를 예방하기 위해서 시행한다. 개별장학의 내용은 교육과정의 수립, 교육시책의 구현, 교직원의 연수, 수업연구, 각종 협의회 등 학교 행정 전반에 걸쳐서 협의하고 조언하는 과정으로 시행한다. 개별장학은 학교장의 요청 및 교육청의 필요에 따라 해당 학교 담당 장학사나 해당 업무 담당 장학사가 수시로 학교를 방문하여 장학에 임하며 업무를 수행한다.

3) 요청장학

요청장학은 학교가 자율장학을 통하여 취약점이 나타난 영역이나 어떤 교과에 전문적 도움이 필요하다고 판단될 때, 교육청에 요청하여 전문적인 장학담당자의 지원을 받는 장학이다. 요청장학의 주안점은 자율장학의 방법 개선 및 프로그램 개발, 교수·학습 지도 및 평가 방법 개선을 통한 교육의 질을 개선하는 데 있다.

교육청은 학교장이 학교 경영·운영 전반에 대한 요청장학의 요구가 있을 경우에는 장학반을 편성하여 지원하며, 특정 장학담당자를 요청할 경우에는 당해 장학담당자가 지원한다. 교육청은 요청 분야에 대한 사전 실태 분석과 지원책을 강구하고, 요청 과제의 단계적 해결책을 모색하고, 교육청 관련 담당 부서와 협의하여 지원한다.

요청장학은 이상적인 장학 모델이며 교사 주도, 학교 주도의 장학으로서 선진장학의 출발점이다. 요청장학은 장학담당자의 필요에 의하여 이루어지기도 하지만, 적극적인 의미에서는 교사의 필요에 의해서 이루어진다. 그러므로 요청장학은 학교 수준의 기관 차원 요청장학에서 교사 개인 수준의 요청장학으로 확산되는 것이 바람직하다고 본다. 요청장학은 사향적 장학의 새로운 모델이다.

4) 지구 자율장학

지구 자율장학은 교육청이 주도하는 장학 활동이 장학요원을 비롯하여 조직과 운영 측면에서 문제점이 있는 상황에서 교육청의 장학력을 보완할 수 있는 방안이다. 교육청이 장학의 여러 가지 목표를 달성하기에는 장학담당자가 현저히 부족할 뿐만 아니라, 그들이 담당하는 업무가 전문적이라기보다는 행정적 업무가 과다하게 많은 것이 현실이다. 즉 학교의 수업 질 개선을 위한 지도 활동보다는 계선조직의 행정적 업무 수행에 치중하고 있다. 또한 장학담당자들의 업무가 분야별로 세분화되어 있지 않고 교과지도와 관련한 전문성도 결여된 실정이다. 이러한 장학 현실에서 교육청은 다양한 형태의 지구 자율장학을 조직하여 장학력을 고양하고, 수업의 질 향상을 도모하고 있다.

지구 자율장학은 회원 학교들과 교원들 각자의 자기 발전을 도모할 수 있는 활동이다. 단위 학교에서 자체적으로 추진하기 어려운 활동을 통하여 추진함으로써 개별 학교의 자기 발전과 개개 교원들의 자기 발전을 도모할 수 있는 장학모형이다.

5) 담임장학

담임장학은 교육 활동 전반에 대한 전문적이고도 지속적인 협의 · 지원으로 학교의 자율장학 기능을 강화하고 교육시책의 효율적인 구현을 위해서 시행한다. 담임장학의 협의내용은 학교교육계획의 추진 상황, 교육과정 편성 · 운영, 교수 · 학습 지도 및 평가 방법, 특별 활동 및 생활지도, 학교 자체 평가, 기타 학교의 현안문제 등이다. 담임 장학사는 교내 자율장학과 교원들의 수업전문성을 신장하고, 그 학교의 특색이나 우수 사례를 발굴하여 보상하고, 타교에 일반화하는 역할을 한다.

6) 특별장학 및 표집장학

특별장학은 교육청이 학교별로 필요하다고 판단되는 경우, 사전 예방적 차원에서 학교교육 활동을 집중적으로 지원하는 활동이다. 특별장학의 주요 내용은 학교 경영 문제에 대한 사전 진단 및 예방적 지도, 학교장의 위상 제고 및 지도력 강화, 행 · 재정적 지원 문제, 문제 사태의 해결을 위한 전문적 · 집중적 지도, 상호 보완적 정보 교환 등이다.

표집장학은 학교교육 추진 상황을 정확하게 진단 · 분석하여 교육시책 및 장학방침 구현에 반영하기 위하여 시행하는 장학 활동이다. 그러므로 표집장학은 각 교육청별로 몇 개 학교씩 표집하여 교육계획의 수립에 필요한 자료를 수집하고, 현장의 주요 업무 추진과 교육 과정 운영상의 문제점을 파악하고, 학교교육의 분위기를 파악하여 학교경영 관리 기술 혁신을 위하여 시행한다(조성일·신재흡, 2010: 280-294).

8. 수업장학의 실제: 수업분석 요령

지난날 좋은 수업을 추구한 우리 교육과 수업이 외형만 번지르르한 화려한 수업, 활동만 강조하는 수업이 아니었는지를 재고해 볼 필요가 있다. 학생들이 얼마나 알았는지(知), 얼마나 할 수 있는지(技), 얼마나 나아졌는지(情) 등의 학습성취에 효율적이었는지에 관심이 적었던 것이 사실이다. 수업분석과 수업장학이 훌륭한 수업으로의 개선 방법이라는 점을 간과해 온 감이 없지 않다.

사실, 수업설계, 수업관찰 및 수업분석, 수업장학 등은 분절되어 있는 것이 아니라, 상호 유기적으로 연계되어 있는 교육 활동으로 볼 수 있는데, 일반적으로 수업분석에서는 다음과 같은 관점을 고려하여야 한다(주삼환 외, 1999: 92-106).

1) 교사행동 관찰 분석

가. 교사의 발문 관찰법: 단순 내용의 문답식 수업 중심이 많음

〈표 62〉 교사의 발문 관찰법

영 역	착안점	빈도	%
1. 지시적 발문	지시, 비난하는 질문(발표해 보세요, 공책에 써요, 칠판을 봐요 등)		
2. 비지시적 발문	칭찬, 권장, 학생의 생각을 받아들이거나 이용하는 발문(예: 그래, 참 잘 했어요, '으음', '아하', '그래' 등)		
3. 재생적 발문	재생, 암기, 계산, 열거 등 학생이 단편적인 답변을 하게 하는 발문(예: 모나코의 서울은?)		
4. 추론적 발문	인과관계, 종합, 분석, 구분, 비교, 대조하는 발문(예: 북극과 남극의 같은 점과 차이점은?)		
5. 적용적 발문	새로운 사태에 원칙을 적용, 이론화, 예언하는 반응을 나타내게 하는 발문(예: 남북이 통일되면 한반도는 어떻게 변할까?)		
특기사항			

나. 수업 중 교사의 시선(視線) 분석: 학생을 고루 관리하는 시선

〈표 63〉 교사의 시선 분석

시선지점 \ 시간선		2	4	6	8	10	12	14	16	18	20	22	24	26	28	30	32	34	36	38	40	계
1. 학생	개인																					
	전체																					
2. 칠판																						
3. 교재교구																						
4. 환경판																						
5. 복도 창밖																						
6. 기타																						
특기사항																						

다. 교사의 수업진행 분석: 자기 수업 진단표(실습)

〈표 64〉 교사의 수업진행 분석

교사인 나는?	적절하다	미흡하다	전혀 안 된다
1. 학생의 주의 집중을 촉진한다.			
2. 수업시작 전에 동기 유발을 시킨다.			
3. 중요 학습 개념을 강조한다.			
4. 학습목표(문제)를 확인시킨다.			
5. 학생의 능력수준을 고려한 학습을 전개한다.			
6. 학생의 요구를 수업 중에 반영한다.			
7. 학생의 창의성을 발전시킨다.			
8. 학생의 질문을 적극적으로 수용한다.			
9. 적절한 강화를 제공한다.			
10. 매시간 학생의 학습 정도를 확인한다.			
특기사항			

라. 교사의 긍정적 강화 분석: 칭찬에 인색함, 근거에 의한 칭찬 필요

<표 65> 교사의 긍정적 강화 분석

행동 유형	빈도수
1. 학생 자신이 과거의 결과와 비교해서 많이 발전했음을 칭찬한다.	
2. 교사의 발문에 대한 학생의 응답이 적극적인 점을 칭찬한다.	
3. 학생의 상상력과 창의력이 무한하다는 점을 예를 들어 칭찬한다.	
4. 교사의 안내에 잘 따르고 주의 집중을 잘 했다는 점을 칭찬한다.	
5. 학생의 생각이 신중하다는 점을 칭찬한다.	
6. 소집단 토의과정에서 참여 상태가 좋았음을 칭찬한다.	
7. 자료의 다양화 및 활용방법의 창의성에 대해 칭찬한다.	
8. 선수학습의 정착 및 본 학습의 태도가 양호했던 점을 칭찬한다.	
특기사항	

마. 수업 활동 후반부의 정리 활동 관찰: 정리 활동이 아주 중요함

<표 66> 수업 정리 활동 관찰

행동 유형	빈도수
1. 수업시간 중 특정 행위에 대하여 칭찬한다.	
2. 학생들이 질문에 대답하는 것으로 보아 대체적으로 그 수업이 잘 되었음을 칭찬해 준다.	
3. 학생들이 질문에 잘 대답하지 못하는 것으로 보아 그 수업이 잘못 되었음을 꾸중한다.	
4. 모호한 일반적인 칭찬	
5. 모호한 일반적인 꾸중	
6. 올바른 자세나 바람직한 행동을 칭찬한다.	
7. 나쁜 자세나 바람직하지 못한 행동을 꾸중한다.	
8. 학습요소를 간략하게 요약 정리해 준다.	
9. 부진한 부분의 학습요소를 피드백하여 지도해 준다.	
10. 평가는 학습요소와 관련하여 구성되었는가?	
특기사항	

2) 학생의 행동관찰 분석

가. 학생 참여 관찰법: 소외된 학생이 없이 모두 적극 참여함

〈표 67〉 학생의 행동 관찰 분석

주요 내용	그렇다	보통이다	아니다
1. 토론에 열심히 참여하고 있는가?			
2. 중요한 아이디어를 사용하는가?			
3. 논의의 핵심을 계속 유지하는가?			
4. 자신의 생각을 발전시키는 데 동료 학생의 아이디어를 활용하는가?			
5. 자신의 생각에 대한 아이디어나 증거(자료)를 제시하는가?			
6. 동료 학생의 아이디어에 얼마나 관심이 있는가?			
7. 동료 학생의 아이디어에 얼마나 논리적으로 대응하는가?			
8. 핵심을 요약하여 진술하는가?			
특기사항			

나. 과업 집중 관찰법: 학습 활동의 집중 정도

〈표 68〉 과업 집중 관찰법

행 동 ＼ 시 간	4	8	12	16	20	24	28	32	36	40	계	%
1. 개별학습 활동												
2. 교사와 같이 학습												
3. 공동학습												
4. 장난, 잡담												
5. 기타												
특기사항	※ 대략적인 학생 수 표시											

다. 교사의 발문에 대한 학생의 응답 태도 분석: 발표 훈련

〈표 69〉 발문 응답 분석

항목＼학생	1	2	3	4	5	6	7	8	8	9	10	계
1. 바른 자세로 말함												
2. 적당한 음성												
3. 정확한 발음												
4. 내용이 요약됨												
5. 군소리를 섞음												
6. 끝까지 말함												
평가	항목별 백분율: ( ) ÷ (학생 수 × 3점) × 100 = ( ) % → 항목별 점수는 3, 2, 1점으로 부여. 개인별 점수 백분율: (개인별 점수 계) ÷ (항목 수 × 점수) × 100 = ( )% → 50% 이하면 그 항목에 대한 재지도 요구됨											
특기사항												

라. 학생의 학습태도 관찰: 학습방법의 학습(Learning of learning method) 중요

〈표 70〉 학생 학습태도 관찰

내용＼시 간		5	10	15	20	25	30	35	40	소계	총계
주의집중	시선집중										
	과제수행										
	대답, 토의										
산만한태도	시선 집중하지 않음										
	과제를 수행하지 않음										
	잡담										
특기사항		※ 대략적인 학생 수 표시									

3) 발문·자료·학생 행동 분석: 필터(Filter) 식 수업분석

가. 교사 발문 분석필터

〈표 71〉 교사 발문 분석필터

수업단계	시간(분)	요구적 발문					수여적 발문							확인적 발문				교사발문	교사 발문
		작업	의견	개괄	응용	정의	사례	조건	자료	개념	개괄	강화	주의질책	경험	지식	이해	태도		
			①															①	① PPT자료의 동영상에 나타난 현상을 보고 느낀 점은 무엇인가?

나. 학생발언(응답) 분석필터

〈표 72〉 학생발언(응답) 분석필터

수업단계	시간(분)	시간에의 참가도					발언대상			발언방법			발언개요
		①	②	③	④	⑤	거수지명	지명	자발	일제	단순재생	추론적용	
역할놀이 상황설명	5′						① ② ③ ④ ⑤				① ②		① 원고는 피고의 잘못으로 많은 손해를입었다고 말했습니다. ② 피고는 원고의 의견과 반대되는 이야기를 했습니다.

다. 자료 활용 분석필터

〈표 73〉 자료 활용 분석필터

수업단계	시간(분)	동기		자료내용 회수량		사용목적				취급방법				활동 내용 및 반응
		교사	아동	내 용	수량	문제제시	흥미	이해	문제해결	지식	의문	설명	해석	
역할놀이 상황설명	5′	∨	∨ ∨	·색분필 ·녹음기 (녹음테이프)	2 1	∨ ∨				∨	∨ ∨	∨		① 학습문제 제시 ② '삼심제도의 재판'에 대한 PPT동영상 시청하기(학생 흥미 유발)

라. 학생행동에 대한 분석필터

〈표 74〉 학생행동 분석필터

수업 단계	시간 (분)	상(○○○)					중(○○○)					하(○○○)				
		행동반응				행 동 개 요 A: 적극관심 a: 소극관심	행동반응				행 동 개 요 b: 무관심 B: 비학습	행동반응				행 동 개 요
		A	a	b	B		A	a	b	B		A	a	b	B	
역할 놀이 상황 설명	5′	V V				·PPT 자료로 '삼심제 도와 재판'에 대해서 동영상 보여 줌(바로 앉아서 관심 있게 들 었음) ·교사가 발문을 할 때 마다, 팔을 올려 지명 받기를 요청함	V		V		·똑바로 앉아서 관심 있게 듣고 있음. ·교사의 발문에 팔을 올려 적극 적으로 참여함.	V V				·바르게 앉아서 관 심 있게 듣고 있음. ·뒤에 서 있는 선생 님들을 2회 쳐다봄. 그러나 팔을 들어 교사의 질문에 답하 려 함

4) 언어상호작용분석: Flanders 식 수업형태 분석

가. 언어상호작용 분류항목: 수업의 도입, 정리 부분에 활용

〈표 75〉 언어상호작용분석 항목

교사의 발언	비지시적 발언	1. 느낌을 받아들이는 것: 긍정적, 부정적, 예언이나 회상의 느낌
		2. 칭찬 혹은 권장: 농담, 고개를 끄덕이면서 "으음", 계속해
		3. 학생의 생각을 받아들이거나 이용하는 것: 교사의 보충은 5번
		4. 질 문
	지시적 발언	5. 설명(강의): 사실이나 의견, 자신의 생각
		6. 지시: 학생이 복종할 것을 요구하는 지시나 명령
		7. 비판 또는 권위를 부리는 것: 꾸짖기, 이유 설명, 극단적 자기 자랑
학생의 발 언		8. 학생의 반응적인 말: 교사의 질문에 대한 답변
		9. 학생의 자진적인 말: 넓은 질문에 대한 여러 가지 생각, 의견, 이유 등
기 타		10. 작업, 침묵이나 혼동: 실험, 실습, 토론, 책 읽기, 침묵, 혼동 등

나. 교사ㆍ학생 언어상호작용 관찰표(예)

〈표 76〉 교사ㆍ학생 언어상호작용 관찰표(예)

항 목		시간의 흐름(분)	항 목		시간의 흐름(분)
		5 | 10 | 15 | 20 | 25 | 30 | 35 | 40			5 | 10 | 15 | 20 | 25 | 30 | 35 | 40
1. 교사의 발언 ∩ 비지시 ∪	(1) 느낌(수용)	/ / / / / / / / /	(지시)	(6) 지시	/ / / / / / / / / / /
	(2) 칭찬	/ /		(7) 비난	/ / /
	(3) 느낌(이용)	/ / / / / / / / / / / / /	2. 학생 발언	(8) 답변	/ /
	(4) 질문	/ / / / / / / / / / / / /		(9) 의견	/ /
	(5) 설명	/ / / / / / / / / / / / / / /	(10) 작업, 침묵 혼동		/ /

분 류 항 목	빈도	비율(%)	분 류 항 목	빈도	비율(%)
※ 교사의 비지시적인 말			※교사의 지시적인 말		
1) 느낌 수용			6) 지시		
2) 칭찬			7) 비난 질책		
3) 느낌 이용			※ 학생 발언		
4) 교사 질문			8) 단순 답변		
5) 설 명			9) 학생 의견(동작)		
			10) 침묵, 작업		

5) 좌석표 관찰기록에 의한 분석

가. 언어흐름 분석

교사의 발문과 학생의 발언 흐름표

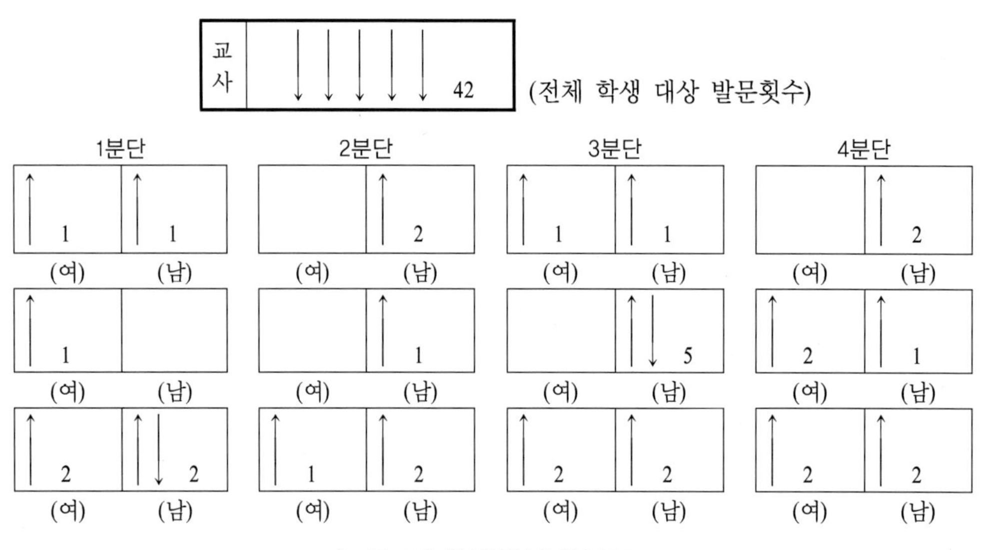

[그림 18] 학생발언언어흐름표

나. 거수량 분석

학생의 거수량 반응표

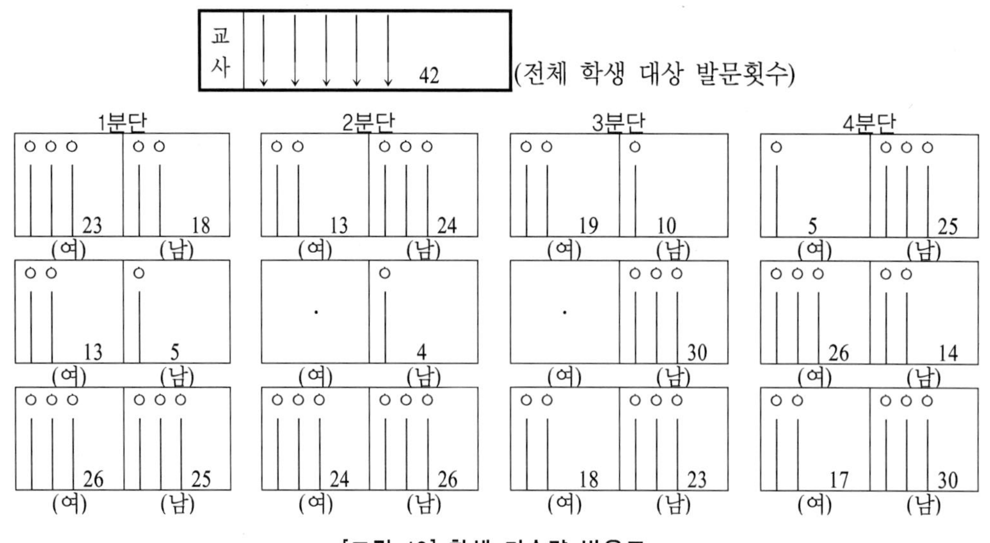

[그림 19] 학생 거수량 반응표

다. 과업집중 상황분석

과업집중 관찰표

범례	A: 과업집중 B: 한눈팔거나 놀고 있음 C: 잡담 D: 장난 관찰: BCD만 표시함	관찰 시각	1. 10 : 56 6. 11 : 11 2. 10 : 59 7. 11 : 14 3. 11 : 02 8. 11 : 17 4. 11 : 05 9. 11 : 20 5. 11 : 08 10. 11 : 23

1분단

1.	6.	1.	6.C
2.	7.B	2.	7.
3.	8.	3.	8.
4.	9.	4.	9.
5.	10.	5.B	10.
(여)		(남)	

1.	6.	1.	6.B
2.	7.	2.B	7.
3.	8.	3.C	8.
4.	9.	4.	9.
5.C	10.C	5.C	10.C
(여)		(남)	

2분단

1.B	6.C	1.	6.
2.	7.	2.	7.
3.	8.	3.	8.
4.	9.	4.	9.
5.B	10.	5.	10.B
(여)		(남)	

1.	6.B	1.	6.C
2.B	7.	2.	7.
3.	8.	3.	8.
4.	9.C	4.	9.C
5.	10.B	5.	10.
(여)		(남)	

3분단

1.C	6.	1.C	6.C
2.	7.	2.	7.B
3.	8.	3.	8.
4.	9.	4.	9.
5.	10.	5.	10.
(여)		(남)	

1.D	6.D	1.	6.
2.	7.	2.	7.D
3.	8.	3.	8.
4.B	9.B	4.	9.
5.C	10.C	5.B	10.
(여)		(남)	

4분단

1.	6.B	1.	6.
2.	7.	2.	7.
3.B	8.	3.	8.
4.	9.	4.	9.
5.	10.	5.B	10.
(여)		(남)	

1.	6.	1.	6.
2.	7.	2.	7.
3.	8.	3.	8.
4.	9.C	4.B	9.C
5.	10.	5.	10.
(여)		(남)	

[그림 20] 과업집중 관찰표

6) 체크리스(Check List)에 의한 분석

가. 문답식 수업분석(예)

〈표 77〉 문답식 수업분석표

준거	분석의 관점	평 점 빈도	평 점 비율	특기사항
학생의 참여를 증가시키는 행동	1. 비자발적인 사람을 지명한다. 2. 같은 질문을 재지시한다. 3. 학생반응을 칭찬한다. 4. 학생 주도적 질문을 환영한다.	☆11 16 ☆26 5	159 23.2 37.7 7.2	○교사질문총수 69 ○학생발언총수 118 −학생반응에 대한 칭찬이다.
사려 깊은 반응을 이끌어 내는 행동	1. 고도의 인지적 질문을 한다. 2. 질문한 다음 3~5초 기다린다. 3. 첫 응답에 대하여 추적질문을 한다.	34 16 14	49.3 23.2 20.3	−고도의 인지적 질문으로 학습분위기 고조시킴
부정적 행동	1. 학생반응에 부정적으로 반응한다. 2. 자신의 질문을 반복한다. 3. 복수의 질문을 한다. 4. 자신의 질문에 답한다. 5. 학생의 대답을 반복한다.	3 5 2 3 27	49.3 7.2 2.9 4.3 39.1	−학생의 대답을 반복해서 말하는 것이 거의 습관적으로 나옴

준거	분석의 관점	평 점		특기사항
		빈도	비율	
수업의 강점	1. 관찰학습의 흥미에 몰입된 분위기 2. 고도의 인지적 질문으로 목표도달에의 자연스러운 유도 3. 활발한 발표와 학습참여율 상승분위기			
개선을 위한 제안	1. 학생반응에 대한 칭찬횟수 과다 2. 학생의 대답을 반복하여 말하는 습관 수정			

나. 평정척도에 의한 수업분석

〈표 78〉 평정척도 수업분석표

영역	요 소	진 단 항 목	5	4	3
수업설계	1. 목표의 진술	·수업목표가 목표수준에 맞으며 진술원칙에 부합되고 실현가능성이 있으며, 가치 있는 것이었는가?	V		
	2. 교재내용 구조화	·교재에 따라 목표수준과 관련지어 상·하 위계조직을 밝히는 학습 수준이었는가?	V		
	3. 지도계획	·학습량을 고려한 단원 전개계획, 본 차시의 적절한 과정 계획이었는가?	V		
	4. 평가계획	·진단, 형성, 총괄 평가의 목표 도달을 위한 계획적 수립이었는가?	V		
	5. 지원계획	·학습의 효과를 올릴 수 있는 자료, 판서 활용의 계획적 수립이었는가?	V		
교수행위체제	6. 교사 발언	·학습 활동 조성을 위한 적절한 속도, 횟수, 알맞은 음성이었는가?	V		
	7. 교수기술	·동기유발, 장해 활동의 적절한 지도, 동작, 교수위치 등이 목표달성을 위한 행위이었는가?	V		
	8. 개별화 지도	·지적, 인성차를 고려한 개별지도였는가?	V		
	9. 수업과정 준수	·사전 계획된 과정의 착실한 진행 및 시간 조절이 적절하였는가?	V		
	10. 판서활동	·목표수준에 관련성을 갖고 시기, 양, 위치, 내용, 기술이 적절하였는가?		V	
	11. 자료의 활용	·자료의 선택, 제시 방법이 적절하였는가?	V		
	12. 평가 활용	·목표 도달 여부를 파악하기 위한 평가로서 방법과 수준 도달이 되었는가?	V		
아동활동체제	13. 아동의 발언	·목표수준별로 요령 있게 발표, 폭넓은 거수, 발언 분포였는가?	V		
	14. 의욕과 참여	·뚜렷한 목표 의식으로 자기 주도적인 학습 참여였는가?	V		
	15. 학습방법의 훈련	·자발적인 협의, 조사, 발표, 토론, 필기 등이 훈련되어 있었는가?		V	
	16. 학습자료의 활용	·학습효과를 높이기 위한 자료이며 취급 시기가 적절하며 취급능력 등이 목표수준에 부합하였는가?	V		
	17. 필기 활동	·양, 시간, 개별화, 계획성, 훈련도 등이 적절하였는가?		V	
	18. 자기 평가	·객관적 태도로 자기 평가 활동으로 학습목표에 접근하였는가?		V	
분위기환경	19. 학습분위기	·물리적, 정신적 학습분위기가 조성되어 있었는가?	V		
	20. 학습안내	·학습과 관련된 적절한 학습안내였는가?	V		
계		종합 평점	(95/100)		

7) 광각렌즈에 의한 분석

가. 일화기록에 의한 질적 분석(예)

〈표 79〉일화기록 분석표

시간	수업내용	우수	보통	미흡	해 석
	교사 "이제는 다 할 일…… 자리가 준비가 안 됐어. 반듯하게…… 자기 앞에 있는…… 아무것도 만지지 않기, 만지지 않기." 남학생 ① "선생님 없는데요." 남학생 ② "여기 앉아!." 남학생 ① "안 돼, 이거 쟤네들."	설명을 듣는다.	설명을 듣는다.	설명을 듣는다.	교사는 똑같은 설명을 3번째 반복한다. 그러나 학생들은 처음 듣는 내용이다. 적은 수의 학생으로 새로운 장소에서 하는 것이라 그런지, 학생들의 눈망울이 빛난다.

나. 녹음(Audio)·녹화(video)에 의한 분석: 자동 촬영, 타인(동료) 촬영 등

9. 수업분위기 관찰

수업분위기는 교사와 학생이 서로에 대해서 가지는 전반적인 태도를 의미한다. 이것은 학생들이 서로 간에 가지는 상호작용뿐 아니라 교사와 학생 간의 많은 구체적인 상호작용을 통해서 형성된다.

가. 수업분위기 관찰 체크리스트

〈표 80〉 수업분위기 관찰 체크리스트

관찰일: 20○○년 ○월 ○일　　　　관찰자:　　　　　　(인), 수업자:

	5	4	3	2	1	
1. 독창적인						상투적인
2. 참을성 있는						성미가 급한
3. 냉정한						온화한
4. 권위적인						상냥한
5. 창의적인						모방적인
6. 통제가 많은						자율성이 많은
7. 개방적인						폐쇄적인
8. 부드러운						딱딱한
9. 불공정한						공정한
10. 변덕스러운						일관성 있는
11. 겁이 많은						모험적인
12. 엉성한						치밀한
13. 고립적인						우호적인
14. 확실한						애매한
15. 소극적인						적극적인
16. 융통적인						획일적인
17. 산만한						체계적인
18. 능동적인						수동적인
19. 수용적인						비판적인
20. 조용한						시끄러운
21. 진취적인						보수적인
22. 계획적인						즉흥적인
23. 경솔한						신중한
24. 활기찬						무기력한
25. 객관적인						주관적인
26. 내성적인						외향적인
27. 자신감 있는						망설이는
28. 소심한						대담한

나. 수업분위기 관찰 분석지

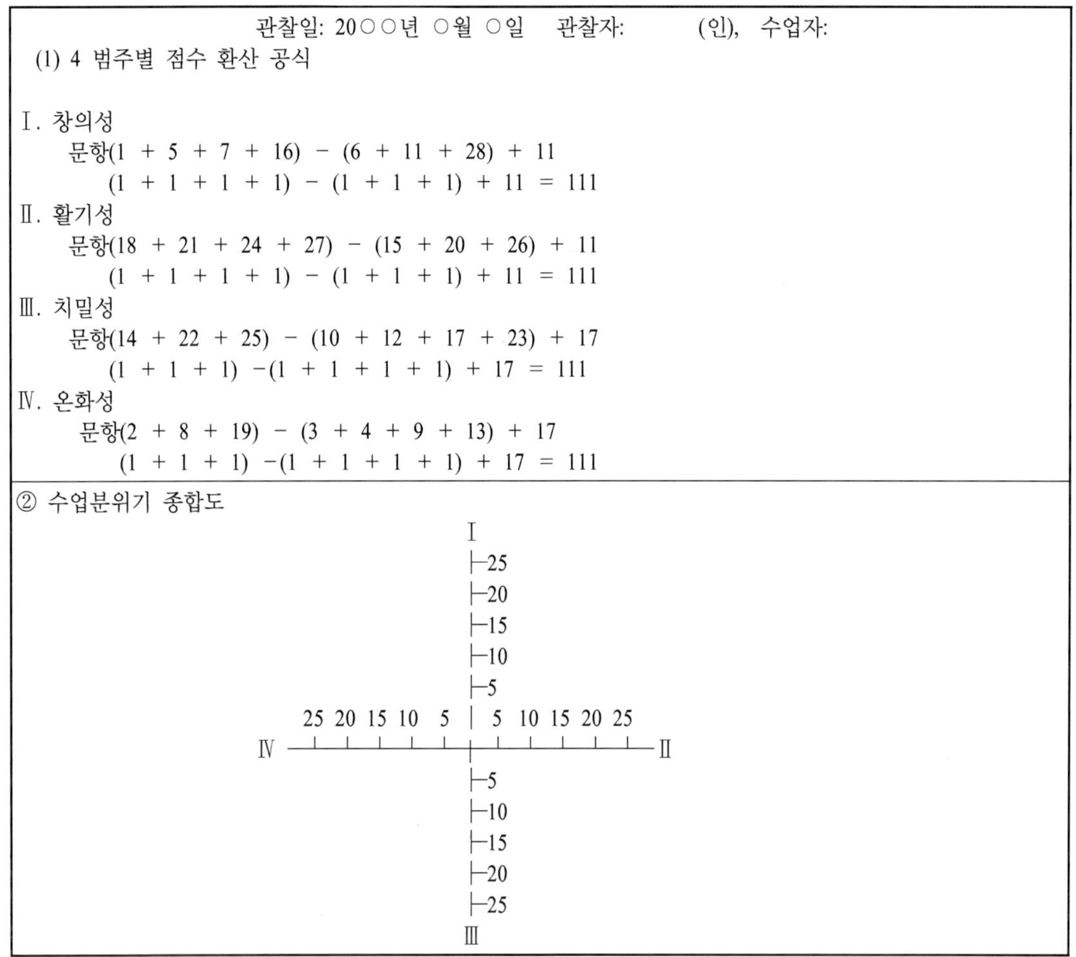

[그림 21] 수업분위기 관찰 분석

 수업분위기가 긍정적일수록 수업의 효과 및 학생들의 학업 성취가 향상된다. 예를 들어, 수업분위기 관찰지의 기록 결과 수업분위기의 치밀성, 활기성의 영역은 긍정적으로 나타났으나 창의성, 온화성 영역은 개선의 여지가 있는 것으로 밝혀질 경우, 수업분위기 개선을 위해서 수업자가 해야 할 몇 가지 새로운 활동, 유지하거나 증가시켜야 할 특징, 중지하거나 감소 혹은 회피해야 할 몇 가지 특징 등을 도출하여 개선 계획을 세울 수 있다.

10. 수업장학과 좋은 수업

수업장학은 수업장학자가 수행해야 할 일종 핵심적인 일로서 교사들의 수업전문성이 신장될 수 있으며 학교교육의 효과를 고취할 수 있다. 장학담당자가 훌륭한 수업장학을 위해서는 수업이론 및 수업기술과 함께 수업을 보는 관점과 수업에 대한 기본적인 신념을 가져야 한다. 수업장학에서 좋은 수업을 구현하기 위해서 교사는 다음과 같은 점을 유념하여야 한다.

첫째, 활동·체험 중심의 워크숍(Work shop)으로 자기 주도적 학습능력을 길러 주어야 한다.
- ○ 온몸으로 움직이는 활동 중심 수업으로 총체적인 사고를 하도록 한다.
  - 듣기만 하는 것은 잊어버리고(I hear and forget): 10% 정도 기억
  - 본 것은 얼마간 기억되지만(I see and remember): 30% 정도
  - 해 본 것은 이해할 수 있다.(I do and understand): 90% 효과
- ○ 어릴 적부터 지식을 흡수하면서 동시에 지식을 생산할 수 있도록 상상력과 지적 호기심이 넘치는 수업(Teaching · Learning → Thinking의 수업)
- ○ 학습자가 부딪힌 문제와 정면으로 해결하기 위한 '지적 고뇌' 과정을 거쳐 온몸으로 체험하게 하는 과정(Process)을 소중히 하는 수업

둘째, 교사들에게 가르치는 일의 본질과 즐거움을 키워 주워야 한다.
- ○ 협동의 지혜로 함께 생각하며 가르치는 방법을 연구하는 풍토를 만들자.
- ○ 많이 가르치고 실패하는 양의 교육에서 덜 가르치고도 성공적인 사람을 만드는 질 관리 교육으로
- ○ 부품조립의 조각교육에서 통합과 연결, 균형과 조화의 교육으로
- ○ 인지교육도 중요하지만, 할 수 있는 기능교육과 느낌이 있는 감성교육으로
- ○ 규격화, 획일화의 교육에서 다양화, 특성인정, 개성존중의 교육으로

학교가 달라지기 위해서는 가르치는 방법이 변화되어야 한다. 교육과정 중심의 학교운영과 교수·학습을 지원하는 일, 즉 수업장학의 질을 관리하기 위한 시스템을 만들어 가야 한다. 교육개혁과 학교 혁신의 출발은 수업 개선이다.

다양한 교육을 통해 배우는 일은 고통이 아니라 즐거움이며, 교실은 성취감을 맛보는 재미있는 방이 되고, 학교는 늘 오고 싶고, 있고 싶으며, 신나는 곳이 되어 생동감 넘치는 행복한 학교로 변모되어야 한다. 교육의 변화와 혁신이 일선 학교 교실 현장에서부터 시작된다는 점을 유념하여야 한다.

■제2장■ 교내 자율장학

1. 교내장학의 필요성

오늘날 장학은 학교교육 활동에 초점이 맞추어짐에 따라 학생들의 학습을 돕기 위한 교사들의 수업개선을 지원하는 전문적·봉사적 활동으로 보는 것이 일반적인 경향이다. 따라서 장학의 기능도 교수·학습 활동을 개선하고 평가하는 전문적 활동이라고 볼 수 있다.

그러나 장학은 학교 현장에서 학교 구성원들이 장학에 대해 갖는 다양한 이미지뿐만 아니라 학문적 측면에서 볼 경우에도 혼란스러운 면이 많은 영역이다. 또한 우리나라 교사들은 대체로 장학을 회피하거나 꺼려하는 부정적 태도를 공유하고 있으며 단위 학교 장학도 매우 형식화되어 있는 경향이 있다(조남두 외, 2006: 220). 그리고 수업자가 필요로 하는 문제보다는 장학을 하는 쪽에서 미리 결정하여 확인·평가하는 방식으로 이루어지고 있는 등 여전히 장학의 부정적인 면이 많이 발견되고 있다(변영계·김경현, 2005: 123).

근래 장학의 본질에서 수업과 교육과정이 강조되면서 수업이 이루어지고 있는 교내, 교실 현장에서의 장학이 중시되고 있다. 그래서 교육과학기술부, 교육청의 장학보다 단위 학교의 자율과 참여를 통한 교내의 자율장학이 더 중요하고 효과적이라는 것을 깨닫게 되었다(정태범, 2002: 124). 교내장학은 교육 과정 운영 계획, 교직원 조직, 교과 및 특별 활동, 교수와 학습 활동(수업 활동), 학생 및 학교평가 등 학교교육 활동 전반이 포함될 수 있다.

그런데 교내장학의 하나로 1980년대부터 강영삼(1982)을 비롯한 많은 학자들과 교사들이 수업기술을 향상시킬 수 있는 새로운 방법으로 수업장학의 필요성과 방안을 제시하기 시작하였다. 이들이 제시한 수업장학의 주된 관은 수업자의 수업기술을 개선시킴으로써 학습의 효과를 제고시키는 데 있다. 즉 교수·학습의 과정에서 교사의 수업방법과 기술을 어떻게 향상시켜 줄 것인가에 그 목적을 두었다(변영계·김경현, 2005: 127). 다시 말하면 일반장학이 보다 광범위한 교육문제를 다루어 온 데 비하여, 수업장학은 교사들이 교실에서 수행하고 있는 수업행위, 즉 수업기술의 향상과 개선을 주목적으로 하고 있다.

그러나 많은 연구물에서 지적한 것과 마찬가지로 일선 학교에서 실제 수업을 하고 있는 교사들은 학교 외부(장학사 등)로부터 수업장학 받기를 별로 원하지 않고 있으며, 또한 장학담당자의 자질이나 교사들의 수업기술을 향상시켜 줄 수 있는 구체적인 절차와 방법에 대한 지식수준에도 일부 의구심을 갖고 있는 것이 현실이다(정석기, 2010: 271－272).

따라서 이와 같은 문제점을 해결하고 수업자의 수업기술을 향상시켜 전문가답게 수업을 하기 위해서는 교사양성기관을 통해서 받는 여러 가지 경험도 중요하지만 교사로서 부임한 이후 꾸준한 자기 노력이 더욱 중요하다. 수업을 전문가답게 하기 위해서는 동료교사의 수업을 자주 관찰할 수 있는 기회를 가져야 하고 또 자기가 하고 있는 수업이 어떠한지를 정확하게 되돌아볼 수 있는 기회를 가져야 한다. 자기의 수업을 과학적이고 체계적인 방법으로 평가하고 분석하여 어떠한 점이 강점이고 어떠한 점이 약점인지를 알 수 있도록 하여, 강점을 계속적으로 키워 나가고 약점은 부단한 노력으로 개선해 나가는 활동이 필요하다(변영계, 2000: 130).

교육의 주체인 교사들이 수업전문성과 수업기술 및 자질을 함양하기 위해서는 교육청 지원 장학인 학무장학보다도 재직하고 있는 단위 학교 내의 교내장학이 활성화되어야 한다. 학무장학, 수업장학과 같이 외부인사 지원 장학보다 교내장학이 보다 유의미하고 바람직하다. 학무장학, 수업장학 등에 비해서 교내장학은 학교 직장 동료로서 상호 친화감(rapport)을 형성한 가운데 정(情)으로 보듬고 감싸면서 지정한 장학이 이루어지기 때문이다. 아울러 교내장학은 남에게 보여 주기보다는 자신의 교직적 성장과 수업전문성 신장이라는 2대 축을 중심으로 이루어진다는 점에서 매우 유익한 장학 형태이다.

2. 교내장학의 유형

수업장학의 유형을 분류하는 방법은 장학의 발달과정과 학자들의 관점에 따라 또는 활동과 내용에 따라서 다양하다. 근래에 제시된 장학형태 중에서 글레트손(Glatthorn, 1984)이 제시한 선택적 장학(differentiated supervision)은 수업장학의 한 유형을 잘 반영하고 있다. 선택적 장학은 효과적인 장학의 방법을 선택하는 데 있어 교사의 경험이나 능력을 포함한 개인적 요인에 대한 고려가 있어야 함을 시사하고 있다.

단위 학교에서 시행하는 교내장학의 종류에는 수업장학의 유형인 임상장학, 동료장학, 자기장학, 약식장학, 자체 수업연구, 자체 현직연수 등을 들 수 있다. 여기에 단위 학교 교사 중심으로 이루어지는 동학년협의회(동학년연구회), 동교과협의회(동교과연구회) 등도 교내장학의 중요한 모형이다.

중요한 점은 임상장학, 동료장학, 자기장학, 약식장학, 자체 수업연구, 자체 현직연수 등은 수업장학 차원에서 수행되는 장학모형인데, 이러한 장학모형은 장학사(관) 등 외부 인사 지원이 아닌, 단위학교 차원에서 학교장과 교감 중심으로 교내장학 차원에서 활성화될 때 보다 보람 있는 장학 활동이 전개될 수 있다. 이와 같은 수업장학 유형을 교내장학 차원에서 고찰하면 다음과 같다.

1) 임상장학

임상장학의 창시자라고 할 수 있는 코간(Cogan, 1973)은 임상장학을 교사의 교실 행위를 개선함으로써 학생의 학습을 개선할 목적으로 교실 내의 사건들로부터 추출한 주요 자료를 가지고 교사의 교실 과업수행을 개선하기 위하여 고안된 일(명분) 혹은 실천이라고 하였다(조남두 외, 2006: 234). 다시 말하면 임상장학은 장학담당자와 교사가 일대일의 대면적인 관계 속에서 수업에 관한 협의의 과정을 거쳐 수업지도에 관한 전반적인 문제를 해결하고 수업기술개선과 향상을 도모하는 체계적인 지도·조언의 과정으로 볼 수 있다.

교내장학 차원에서의 임상장학 장학담당자는 교장과 교감이다. 주로 교장과 교감이 주도하는 수업연구를 통해서 실시되며, 마이크로티칭(micro‒teaching) 방법을 통해 교사가 장학담당자와 협의를 하여 자신의 수업방법 개선점을 파악한 후, 이를 실제 수업에 적용하기 전에 일정한 과정에 따라 교수 → 평가 → 재교수 단계를 거쳐 수업의 개선을 도모한다. 이 장학방법은 최소의 경비와 시간으로 특정한 학습기술을 익혀 교사의 자질을 높일 수 있는 장점이 있다.

강영삼(1994)은 교내장학 차원에서 수행되는 임상장학의 문제점을 다음과 같이 요약하여 제시하고 있다.

첫째, 학생의 인격무시, 품위손상, 비민주적 언행, 수용태세 부족 등으로 교사들이 학생들과 좋은 인간관계를 맺지 못하고 있다.

둘째, 의사소통의 단절, 공동노력의 기회부족, 시간부족 등으로 교사들이 장학요원과 좋은 관계를 유지하지 못하고 있다.

셋째, 교사들이 연구에 무관심, 전문적 능력부족, 의욕부족, 평가결과에 대한 두려움 등으로 인하여 연구수업을 기피하는 경향이 있다.

넷째, 교장·교감 등 장학담당자들의 지도성 부족, 권위의식, 교사에 대한 인격의 무시, 구태의연한 지도방법, 인력부족 등 장학요원들의 자세나 능력에도 기인한다.

다섯째, 일부 교사들이 수업내용·방법·절차에 있어서 강의 위주 및 지식편중의 주입식 수업, 학습자료와 기자재 부족 등 종래의 관념을 탈피하지 못하고 있다.

2) 동료장학

단위 학교에서 이루어지는 동료장학은 동료교사들 간의 교육 활동의 개선을 위하여 공동으로 노력하는 장학의 과정으로 볼 수 있다. 단위학교 내에서 실시되는 동료장학은 둘 이상의 교사가 상호 간의 교실수업을 관찰하고 관찰에 대한 피드백을 주며 공통된 전문적 관심사를 토론함으로써 그들의 전문적 성장을 위해 협동적으로 이루어지는 공식화된 과정(조남두 외, 2006)으로서 동료교사 간의 협조를 토대로 그들의 전문적 발달, 개인적 발달, 그리고 그들이 근무하고 있는 학교의 조직적 발달을 도모한다.

동료장학은 여러 가지 형태를 띨 수 있다. 동 학년 단위 또는 동 교과 단위로 수업연구과제의 해결이나 수업방법의 개선을 도모하기 위한 수업연구(공개) 활동, 공동관심사나 공동과제, 공동문제의 해결이나 개선을 위해 협의하는 것(협의 중심)들이 동료장학의 전형적인 형태다. 또한 상호간에 정보, 아이디어 또는 충고, 조언을 주고받는 공식적·비공식적(연수 중심)도 넓은 의미의 동료장학으로 볼 수 있다.

최근에는 학교 홈페이지를 활용한 사이버 자율연수도 이루어지고 있다. 사이버 자율연수는 수업자가 동영상 자료를 제작하여 '교내 사이버연수방' 자료실에 탑재하면, 동료교사들이 '교내 사이버연수방'에 들어가 알림난과 자료실 등에서 연수를 하고 토론방에 들러서 토론주제나 발문과 관련된 자신의 의견을 남기거나 댓글을 달아 주면 수업자는 이것을 보고 의견을 교류하고 수업에 반영하는 등 수업자를 포함하여 교사들 간에 커뮤니티를 통한 자율연수를 행할 수 있다.

동료장학의 팀을 구성하는 데 있어 엄격한 규칙은 없으며, 팀의 구성원들은 서로의 교실을 관찰하고 관찰된 교사의 바람에 따라 도움을 줄 수 있고, 또 교사들이 2~3인으로 팀을 구성할 수도 있으며 대부분 동 교과 교사들로 구성되나 경우에 따라서 그 팀의 한 사람을 학교장이나 장학담당자로 할 수도 있을 것이다. 동료장학은 교사들이 그들이 직면한 문제를 비공식적으로 토론하고, 생각을 공유하며 수업준비를 서로 돕고 서로를 지원해 주는 하나의 장을 제공한다.

근래 일선 학교 현장에는 동학년연구회, 동교과연구회, 교과수업연구회, 교과수업개선동아리 등 다양한 동료장학팀이 조직되어 자생적으로 운영되고 있다. 아울러, 교육과학기술부와 시도교육청, 지역교육청, 한국교원단체총연합회 등에서 지원금, 장려금을 지급하며 자생적 교과연구회 등을 장려하고 있다.

3) 자기장학

(1) 자기장학의 특성

가르친다는 것은 인격적으로나 지적으로 부단한 노력을 요하는 고도의 전문적 활동이다. 특히 현대사회와 같이 정보와 지식이 너무나 빠르게 생성·축적되고 변화하는 사회에서 교사들도 필요한 지식과 정보에 대해 끊임없이 재검토와 재충전이 필요하며 공부하는 것을 직업으로 하는 스스로 성장하는 존재이다. 이러한 교사들을 위해 생각할 수 있는 장학 유형이 자기장학이다(조남두 외, 2006).

자기장학(self-directed development)은 외부의 강요나 지도에 의해서가 아니라 교사 스스로 자신의 전문적 성장을 위해 녹음, 녹화, 학생반응, 전문서적, 자원인사(교장, 교감, 장학사, 교육전문가) 등을 활용하여 스스로 계획을 수립하고 실천해 나가는 자발적인 장학행위이다.

자기장학은 임상장학을 필요로 하지 않거나 또는 원하지 않는 교사가 혼자 독립적으로 자신의 전문적 성장을 위하여 스스로 체계적인 계획을 세우고 이를 실천하는 과정이다. 교사는 전문직 종사자로서 자기 성장과 자기 발전을 위한 끊임없는 노력을 경주해야 한다는 당위성에서도 자지장학의 의미는 크다고 할 수 있다. 자기장학은 원칙적으로 교사 자신의 필요 요구를 존중하여 다양한 방법으로 전개되어야 한다.

교원은 독립된 교육 전문가로서 항상 이론적 연구와 실천적 실행을 겸비해야 한다. 그리고 항상 연찬 활동에 매진하여야 한다. 고무적인 현상은 최근 우리나라의 교원들 사이에서 연구 분위기가 조성되고 있다는 점이다. 대부분의 교사들이 자발적으로 각종 연수 참여, 독서 연수, 특기·적성 동아리 활동 참가, 교육대학원 등 수강, 사이버대학교와 디지털대학교 등 평생교육 이수 등을 통하여 교육 전문성과 교원으로서의 자질 함양에 노력하고 있다. 이는 ‘교사의 질은 교육의 질 제고와 직결된다.’는 논리에 의거하여 결국 우리 교육의 질 향상에 크게 이바지할 것이다.

장학담당자의 지도가 없이도 스스로 자신의 전문성 향상을 위하여 노력할 수 있는 의지와 능력이 있는 교사들에 대해서는 자기장학을 하도록 유도하는 것이 바람직하다.

자기장학은 다른 학교 내 장학과 현직 연수와도 구별되는 전문적 성장과정으로서 다음 네 가지 특성을 가지고 있다(주삼환, 2006).

첫째, 전문적 성장의 프로그램에 의하여 개인이 독립적으로 일한다.

둘째, 교사 개인은 목표지향적인 전문적 개선 프로그램을 개발하고 추구한다.

셋째, 교사 개인은 이러한 목표를 달성하기 위하여 일하는 데 있어서 다양한 자원에 접근하다.

넷째, 자기장학의 프로그램의 결과를 교사의 업적 평가에 사용하지 않는다.

(2) 자기장학의 주요 내용

자기장학은 자기 연수로 이루어지며, 그 주요 내용은 수업개선에 관한 것이어야 한다(박병철, 1990: 12–13).

첫째, 수업모형 개발 및 수업진행 기술을 개발한다.

둘째, 교사와 학생, 학생 상호간의 교수·학습 활동(언어상호작용, 수업분위기 등)을 연구한다.

셋째, 수업자료의 준비 및 활용방법을 강구한다.

넷째, 수업 중 발문 및 질의응답 방법을 강구한다.

다섯째, 평가방법(형성평가 등)을 연구한다.

한편 자기장학의 수행 과정은 다음과 같다.

〈표 81〉 자기장학의 수행 과정

자기장학 계획 ⇨	수업자료 수집 ⇨	수업자료 분석 ⇨	결과 협의
·계획 수립 ·지원사항 검토 -수집 방법 -분석 도구, 분석방법 -자원인사	·수업녹음, 녹화 ·컴퓨터 활용수업 입력 ·학생 반응 조사 ·자가 평가	·수업 녹음, 녹화자료 분석 ·학생 반응 조사자료 분석 ·자가 평가 자료 분석	·분석자료 활용(피드백) 자기반성 ·필요시 자원인사와 결과 협의

(3) 자기장학을 위한 교사 그룹

자기장학을 위한 교사 그룹은 다음과 같다.

첫째, 자기 성장 의욕이 강한 교사(수업기술 향상의 필요성을 느끼는 교사)

둘째, 경험이 많고 능력 있는 교사

셋째, 스스로 연구하기를 좋아하는 교사

넷째, 자기 지도의 기술을 갖고 있는 교사

한편, 교사들의 자기장학을 지원할 수 있는 자원인사는 교장, 교감, 장학사(관), 교육연구사(관), 교육전문가(교수) 등이다.

4) 약식장학

단위 학교에서 약식장학은 교장, 교감 등이 간헐적으로 짧은 시간 동안 학급순시나 수업참관을 통하여 교사들의 수업 및 학급경영활동을 관찰하고 이에 대해 교사들에게 지도·조언을 제공하는 과정이다. 약식장학은 비공식적인 성격이 강한 활동으로서 다른 형태의 장학에 대하여 보완적이고 대안적인 성격을 갖는다.

다만, 단위 학교에서의 약식장학 수행에서 유념해야 할 점은 다음과 같다.

첫째, 약식장학은 다른 장학모형과 통합하여 수행되는 것이 효과적이다.

둘째, 약식장학은 순수한 장학의 의미에서 수행되어야 한다. 약식장학이 교사의 다른 행위를 감시하는 역기능을 유발해서는 안 된다.

셋째, 약식장학은 장학대상자인 당해 교사와 강한 친화감(rapport)이 우선적으로 조성된 가운데 진행되어야 한다.

5) 자체연수

자체연수는 교직원들의 교육 활동 개선을 위하여 그들의 필요와 요구에 기초하여 학교 내외의 인적, 물적 자원을 활용하여 단위학교 자체에서 실시하는 연수활동이다.

자체연수에는 교장, 교감뿐만 아니라 교육행정직, 기능직, 비교과 교사, 병설유치원 교원 등 학교 구성원 전체가 참여할 수 있다. 교원을 비롯하여 전체 교직원들의 공동관심사, 공동과제, 이슈(issue) 등에 관해서 공동적인 현직 연수를 실행하는 것이 바람직하다. 자체 현직연수는 교직원들 간의 체육 활동, 취미 활동, 종교 활동 등 넓은 의미에서 자체연수에 포함되는 활동으로 이해할 수 있다. 자체연수는 자기장학과 더불어 학교 현장에서 아주 유의미한 장학 기법이다.

일반적으로 단위 학교의 자체 현직연수 유형에는 수업연구, 현직연수, 외부강사 초청 특강, 선진학교 및 연구학교 공개보고회 공동 참관, 교직원별 주제발표세미나 개최 등이 있다.

3. 교내장학의 실제(충남 S초등학교 사례)

1) 교내장학 일반

(1) 필요성
교수·학습 지도 기술을 연마하여 교실수업의 질적 개선을 통한 자기 주도적 학습력을 신장시킨다.

(2) 방침
(가) 교실 수업개선을 위한 연수, 정보 교환, 수업 연마를 위한 효율적인 장학 활동이 이루어지게 한다.
(나) 교내장학을 통하여 교육 개혁에 앞장서는 교사상을 정립하도록 한다.
(다) 실질적인 교수·학습 방법 개선이 이루어지도록 한다.
(라) 학생들의 기본학습력 향상, 자기 주도적 학습력 신장을 강조하는 장학 활동이 이루어지게 한다.
(마) 자율 장학에 초점을 두고 수업장학, 자기장학, 약식장학 등 다양하게 전개한다.

(3) 운영 내용

(가) 수업장학
① 수업연구

교 과	수 업 자	학년(급)	시기(월)	장학담당자	참관대상	비고
국어	○○○	6학년	4월	교장·교감	본교교사	
수학	○○○	5학년	5월	〃	〃	
체육(보건)	○○○	6학년	5월	〃	본교교사 교생 8명	교육실습생 모범수업 전개
사회	○○○	4학년	6월	〃	〃	
과학	○○○	3학년	6월	〃	〃	
국어	○○○	2학년	7월	〃	〃	
수학	○○○	1학년	9월	〃	〃	
영어	○○○	4학년	10월	〃	〃	
유아교육	○○○	유치원	7월	〃	〃	병설 유치원교사
유아교육	○○○	〃	11월	〃	〃	〃

② 임상장학

교 과	수 업 자	경력	학급	시기	장학 담당자
국어	○○○	3.00	5학년 1반	4월 2주, 9월 1주	교장·교감
영어	○○○	6.06	6학년 1반	4월 4주, 9월 2주	〃
수학	○○○	3.00	5학년 1반	4월 4주, 10월 1주	〃
영어	○○○	3.00	6학년 1반	5월 2주, 10월 2주	〃

(나) 자기장학

대 상 자	분 야	활 동
○○○	교수·학습자료 제작	자료 제작 및 활용 방법 안내
○○○	PPT자료 제작 및 활용법	자료 제작 및 활용 방법 안내
○○○	좋은 책 일기 지도방법	창의적 방법을 통한 재미있는 독서 교육
○○○	창의적 아침 활동	아침자습 활동지를 통한 창의적 사고력 신장
○○○	사제동행 독서 활동	아침자습 활동지를 통한 창의적 사고력 신장
○○○	글짓기 지도방법	창의적 방법을 통한 재미있는 독서 교육
○○○	자기 수업 반성	녹화, 녹음테이프 분석 및 교수방법 활용
○○○	보건교육의 실제	보건 교육 자료 제작과 활용
○○○	유아교육 운영의 실제	유아 교육 자료 제작과 활용
○○○	유아교육(에듀케어, 종일반)의 실제	에듀케어, 종일반 운영의 방법과 요령

2) 교내 현직연수

(1) 방침

(가) 교직의 전문성을 높이기 위한 의욕적인 참여분위기를 조성한다.
(나) 월 2회 연수의 날을 설정 운영한다.
(다) 공직자로서의 품위 유지 및 직무 수행 능력 제고를 위해 노력한다.
(라) 연수 1주일 전에 20부를 준비하여 연수 담당자에게 제출한다.

(2) 실천 계획

순	시기(월, 주)	담당자	연수 주제(내용)	시기(월, 주)	담당자	연수 주제(내용)
1	3월 3주	○○○	· 국가관, 공직자 윤리관	7월 1주	○○○	· 교육공무원의 복무
2	3월 4주	○○○	· 성희롱 예방 교육	7월 2주	○○○	· 양성평등 교육
3	3월 5주	○○○	· 부패 방지 교육	8월 4주	○○○	· 발문 교육 및 지도 요령
4	4월 2주	○○○	· 교육청 교육역점의 방향	9월 1주	○○○	· 노트 필기 지도법
5	4월 3주	○○○	· 보안 교육	9월 2주	○○○	· 기초학습 부진아 지도
6	4월 4주	○○○	· 문서 처리 방법	9월 3주	○○○	· 학교교육 과정 편성
7	4월 5주	○○○	· 창의성 교육	9월 4주	○○○	· 학급교육 과정 편성
8	5월 2주	○○○	· 전자칠판 조작	10월 1주	○○○	· 학교교육 과정 운영
9	5월 3주	○○○	· 교수·학습 방법 연수	10월 2주	○○○	· 학급교육 과정 운영
10	5월 4주	○○○	· 컴퓨터(멀티미디어 파워포인트)	10월 3주	○○○	· 지구촌 환경교육
11	5월 5주	○○○	· 실험 기구 조작	10월 4주	○○○	· 조사 탐구학습 방법
12	6월 1주	○○○	· 사전 실험	11월 1주	○○○	· 창의적 재량 활동 요령
13	6월 2주	○○○	· 다문화 이해 교육	11월 2주	○○○	· 전교 학생회 진행 요령
14	6월 3주	○○○	· 지구촌 이해 교육	11월 3주	○○○	· 인터넷 정보 활용 교육
15	6월 4주	○○○	· 유·초·중·고교 연계 교육	11월 4주	○○○	· 세계시민교육의 방향
16	6월 5주	○○○	· 글로벌 시대의 리더십	12월 1·2주	○○○	· 연구계획서·보고서 작성법

1) 담당자(강사)의 사정으로 주제가 변경될 수 있음
2) 출장 또는 긴급 전달 연수로 인하여 차례가 일부 변동될 수 있음

3) 명품 수업 추진 계획

(1) 방침

(가) 교직의 전문성을 높이기 위한 자기만의 수업브랜드를 갖는다.
(나) 전 교원이 멘토와 멘티가 되어 공동으로 참여한다(동료 장학 등).
(다) 인근 2개 초등학교, 1개 중학교와 연계하여 운영한다.
(라) 우리 교육청 수업명인제와 병행하여 운영한다.

(2) 명품 수업 실천 계획

참가자	수업연구대회 (교과 - 학년)	수업명인제 (교과 - 학년)	명품수업 지원단 (컨설턴트)
교사 ○○○		국어 - 5	
교사 ○○○	영어 - 4		
교사 ○○○	사회 - 3		
교사 ○○○	사회 - 4		
교감 ○○○			지역사회과교육연구회장
교사 ○○○			지역사회과교육연구회 간사

(3) 3개교 공동 수업안에 의한 수업공개

공개 학교명	연구수업 사전협의회	연구수업 공개일시	연구수업 공개학급	참석자
○○초	20○○년 4월	20○○년 4월	6 - 1	6학년 담임교사 신규교사, 교감
○○초	20○○년 5월	20○○년 5월	4 - 1	4학년 담임 신규교사, 교감
○○초	20○○년 6월	20○○년 6월	3 - 1	3학년 담당교사 신규교사, 교감
○○초	20○○년 7월	20○○년 7월	2 - 1	2학년 담임교사 신규교사, 교감
○○초	20○○년 9월	20○○년 9월	1 - 1	1학년 담당교사 신규교사, 교감
○○초	20○○년 10월	20○○년 10월	5 - 1	5학년 담임 신규교사, 교감, 교무부장
○○초	20○○년 10월	20○○년 10월	5 - 1	5학년 담임 신규교사, 교감, 교무부장
○○초	20○○년 11월	20○○년 11월	5 - 1	5학년 담임 신규교사, 교감, 교무부장

4) 토요휴업일 운영

(1) 운영 목적

토요휴업일을 통하여 학생들에게 다양하고 창의적인 체험 활동의 기회를 제공하여 자기 주도적인 학습능력의 신장과 개인의 삶의 질을 향상하기 위함이다.

(2) 운영 방향

(가) 초·중등교육법 시행령 제45조 제2호항과 시·도교육청 고시 제2010 - 1호에 의거 연간 수업 일수를 15일 감축 승인받아 운영하고 매월 둘째, 넷째 주 토요일로 한다.

(나) 토요휴업일은 가정체험학습과정으로 프로그램을 운영한다.

(다) 가정체험학습과정 프로그램은 학생들이 가족과 함께 체험 활동을 하거나 친구와 모둠 활동을 통하여 또는 개별적으로 범교과 활동을 한다. 학교에서는 교과와 관련된 체험 활동을 안내하거나 학생들 스스로가 활동 주제를 자유롭게 구안해서 활동할 수 있도록 안내한다.

(라) 토요휴업일 운영을 위한 프로그램은 학생들이 자기 주도적 학습능력 신장과 여가 생활을 즐길 수 있는 방향으로 개발한다.

(마) 가정과 연계한 다양한 체험 활동을 통하여 학습하는 계기를 마련하고 가정과 학교의 신뢰를 회복하며 교육 공동체로서의 자부심을 느끼게 한다.

(바) 가정체험학습과정은 연간 수업일수 및 수업 시수에 산입하지 아니한다.

(3) 토요휴업일 운영 계획

(가) 가정 통신문, 학교 신문, 학부모 연수 등을 통하여 토요휴업일에 활용할 수 있는 다양한 활동 프로그램 내용과 활동방법에 대하여 홍보한다.

(나) 매월 그달에 할 수 있는 권장 활동 프로그램과 지역 사회 행사 등을 가급적 1주 전에 가정에 안내하여(주간학습계획) 학부모나 학생이 선택하여 활동하게 한다.(학부모나 학생이 독자적인 계획을 세워 활동할 수도 있다)

(다) 학생들이 활용할 수 있는 지역 사회 시설에 대하여 시설의 이름, 위치, 전화번호, 가는 방법, 지킬 일 등을 철저히 안내한다.

(라) 활동 내용으로 자유 연구, 주제 탐구 등 테마를 정해서 조사·탐구하거나 가족과 함께 체험 활동, 여행, 전람회 등에 참가하도록 한다.

(마) 토요휴업일 활동 결과 보고서를 작성하여 담임교사의 지도를 받고 관련 학습에 활용한다.

(4) 평가계획

(가) 평가의 방법

① 다양한 사고력과 창의성을 발휘할 수 있도록 평가한다.

② 결과보다는 체험학습 과정을 중시하여 평가하며, 평가결과 각 교과별 학습에 반영한다.

③ 체험학습 활동 결과 보고서를 제출하도록 하여 담임이 평가하며 포트폴리오화하고 가정통신문을 발송한다.

(나) 평가 결과의 환류

① 평가 결과는 가정의 학부모들에게 통지한다.

② 평가 결과는 다음 학기 계획 수립에 적극 반영한다.

토요휴업일 활동 보고서(양식)

○○초등(중·고등)학교 제(　) 학년 (　)반 (　)번 이름:

날　짜	20○○년　월　일(　요일)		활동 장소	
활동주제			활동 영역	
함 께 한 사　람				
공 부 한 내　용				
즐거운 토요일이었나요? (○, △, ×)				
■ 계획한 대로 잘 실천했나요?	■ 활동 내용에 따라 알차게 활동하였나요?		■ 자기 스스로 활동했나요?	
도움 말씀 (선생님)				

1. 수업평가의 개념과 필요성

고전적인 평가개념은 학생의 학습을 고려할 때는 시험(testing)으로 간주되며, 교사의 효과성을 고려할 때는 평정(rating)으로 간주되었다. 이러한 고전적인 평가개념은 관련 문헌과 실제 상황에서 많이 나타난다. 그러나 최근 들어 평가개념은 수업사태에 관한 증거를 체계적으로 수집하여 이들 자료를 분석하는 방법 쪽으로 이해되고 있다. 이러한 최근의 평가경향은 교수개선(敎授改善)에 도움을 주기 위해서 구체적으로 고안된 방법으로 여겨지기 때문에 수업평가에 대한 관심이 더욱 커지고 있다(주삼환 외, 1999: 253).

1) 수업평가의 개념

수업이란 복잡하고 다양한 의미를 지닌 행동이기 때문에 수업을 평가한다는 것은 매우 복잡하고 다양한 의미를 지닌 활동이라고 할 수 있다(배호순, 1991: 13). 이것은 수업평가가 단순한 활동이 아니고 다양한 변인들이 복합적으로 작용한 여러 가지 특성을 지닌 활동임을 암시한다. 구체적으로 평가란 무엇인가 하는 물음에 대한 해답은 수업평가의 개념을 밝히는 열쇠가 된다. 수업평가의 개념에 대한 학자들의 견해는 매우 다양하다. Cronbach(1980: 12)는 "평가란 현재의 프로그램 속에시 발생하는 사태들에 대한 체계적인 검토(examination)"라고 보았다. 김영채(1980: 360)는 평가란 "교육 활동의 효율성을 증거에 의하여 따져 보고 판별하는 체계적인 과정"이라고 정의하였다.

또한 박도순(1986: 12)은 "수업평가는 수업에 투입된 내용이 의도된 대로 되었는지 어떤지를 알아보는 것"이라고 하였다. 즉 수업평가는 의도된 성과와 실현된 성과를 비교함으로써 수업이 제대로 되었는지를 결정하려는 것이다. 그러므로 수업평가는 궁극적으로 수업에 관련된 제반 요인인 투입변인, 과정변인, 산출변인의 가치를 판단하는 활동이다. 또한 수업평가는 여러 가지 행정적 경정을 위해서도 필요하다. 그러므로 행정가들은 여러 가지 교육적 자원을 효율적으로 분배하는 데 책임을 지고 자원의 투입시기와 장소, 투입대상, 투입방법 등을 결정해야 되며, 수업의 효율성에 장애가 되는 것이 무엇인지, 어떤 프로그램을 지속적으로 유지할 것인가 또는 중단할 것인가를 결정해야 한다. 이러한 의사결정의 근거가 되는 것이 바로 수업평가의 결과이다.

해리스(Harris, 1985: 10-12)는 "수업평가는 필요한 자료의 수집·분석·해석을 위해서 기획하고, 도구를 제작하고, 조직하고, 절차를 적용하고, 수업개선을 위해 의사결정을 하는 일"이라고 하였다. 해리스(Harris)는 수업평가에서 교사·학생·프로그램 등 학교의 교육적 요소를 모두 평가의 대상으로 하고 있다.

또한 수업평가는 각 교육 행정 수준별로 이루어진다고도 할 수 있다. 즉 교육과학기술부는 국가

교육목표의 달성 정도를 알아보기 위해서 수업평가를 할 수 있고, 시·도 교육청은 시·도 교육청의 교육목표 성취 정도를 알아보기 위해서 할 수 있고, 시·군(지역) 교육청은 지역 학생들의 학업 성취 정도를 알아보기 위해서 수업평가를 할 수도 있다. 각 학교는 학교교육목표 달성 정도를 알아보기 위해서 수업평가를 할 수 있다.

이처럼 수업평가는 평가자의 의도와 각 행정수준별 필요성에 의해서 진행할 수도 있다. 어떤 의도에서, 어떤 목적을 가지고 수업평가를 하든지 간에, 수업평가는 궁극적으로 수업에서의 투입변인·과정변인·산출변인을 분석함으로써 수업의 질적 개선을 도모하여 교수효과성을 높이는 데 초점을 둔 활동이라고 할 수 있다.

2) 수업평가의 필요성

수업평가의 필요성은 수업평가를 하고자 하는 평가자의 목적과 밀접한 관계가 있다. 따라서 수업평가의 필요성이 평가목적을 규정하기도 하며, 또 수업평가의 목적이 그 필요성을 규정하기도 한다. 그렇기 때문에 수업평가의 필요성은 상당히 다양하다. 학교 행정가의 경우 수업의 질을 향상시키기 위하여 교육자원의 분배와 투입시기의 결정, 교원에 대한 평정 및 교사의 임용과 해고, 학교교육목표 달성 여부, 학생의 성취도 정도를 알아보고자 할 때 수업평가의 필요성을 느끼게 된다. 교사들에게 있어서는 자신의 수업의 질적인 향상을 위해서 수업평가의 필요성을 인식할 수 있다.

이와 같은 수업평가의 필요성을 요약하면 다음과 같다(배호순, 1991: 16-17).

① 교육행정가가 학교교육 효과를 평가하려고 할 때, 교사들의 수업을 평가해야 할 필요성이 있다. 이때의 수업평가는 학교가 추구해 온 교육목표의 달성 정도와 전반적인 교육 효과를 평가하기 위한 주된 수단으로서 수업을 평가하는 것이다.

② 교육행정가가 교사들의 근무평정을 하려고 할 때, 수업평가를 할 필요가 있다. 이때의 수업평가는 교사들의 수업목표 달성 정도나 수업능력을 평가하는 데 초점을 두어야 한다.

③ 교사들 스스로 수업의 효율성·질적 개선을 위해서 수업평가는 필요하다. 자신의 수업을 평가하기 위해서는 비디오·오디오·동료관찰·학생의 교사평가들을 이용해서 수업평가를 할 수 있다.

④ 학생의 학업성취도 평가를 위해서 수업평가는 필요하다. 이때의 수업평가는 학생의 학습결과를 통한 수업효과 및 수업목표 달성 정도에 평가의 초점을 둔다.

⑤ 바람직한 수업모형의 개발을 위해서 수업평가는 필요하다. 이때의 수업평가는 수업평가 준거 행동과 그 효과 간의 관계, 수업패턴의 탐색, 수업모형의 효율적 및 효과적 적용, 특정 교수자료의 효과 검증에 수업평가의 초점을 둔다.

또한, 박도순(1986: 12-15)도 수업평가의 필요성을 다음과 같이 설명했다.

① 수업평가는 다양한 행정적 결절을 위해서 필요하다. 행정가들은 다양한 교육적 자원의 배분과 수업프로그램의 지속·중단을 결정해야 되기 때문이다.

② 수업평가는 수업의 실제 적용상황에서 개선을 위한 정보를 얻기 위해서 필요하다. 수업 프로그램의 효율성에 관한 정보 없이는 그 수업 프로그램의 개선은 기대할 수 없기 때문이다.

③ 수업 프로그램은 의도하지 않은 성과도 나타내기 때문에 그 수업 프로그램의 의도하지 않은

성과가 무엇인지를 밝히기 위해서 수업평가가 필요하다.

④ 수업 프로그램의 지속 여부를 결정하기 위한 정보를 얻기 위해서 수업평가는 필요하다. 수업 프로그램을 지속하거나 확대하려 할 때는 그 수업 프로그램이 얼마나 가치가 있는지를 결정하는 것이 필요하다.

⑤ 수업평가는 새로운 수업설계를 위해서 필요하다. 즉 수업평가결과를 바탕으로 수업에 투입될 변인으로서 자원의 재분배 결정을 위해서 필요하다. 그래서 수업평가는 목표설정·우선순위 결정·자원 재분배 등에 관한 의사결정의 일환으로서 반드시 필요한 활동이다.

이들의 견해를 종합해 보면, 수업평가의 필요성은 크게 두 가지로 나누어진다. 하나는 수업의 질적 개선을 위해서, 다른 하나는 행정적 개선을 위해서 수업평가가 필요하다고 할 수 있다. 전자는 수업의 효과성을 높이기 위한 임상장학과도 연계해서 살펴볼 필요가 있다. 그 이유는 임상장학 활동이 대상 교사의 수업평가가 주를 이루고 있기 때문이다. 이것은 이 장의 뒷부분에서 자세하게 살펴볼 것이다. 후자는 수업의 질적 개선을 위한 행정적 지원체제의 개선이라고 할 수 있다.

이와 같이 수업평가는 누가, 언제, 어떤 목적으로, 무엇을 알기 위해서, 어디에 초점을 두고 수업평가를 실기하느냐에 따라 수업평가의 필요성과 형태가 달라진다. 그러므로 수업평가를 하기 전에 수업평가의 의도가 어디에 있는지, 어떤 필요성에 의해서 하는지, 어떤 목적으로 하는지를 먼저 명료화하는 것이 필요하다. 수업평가자는 이런 점을 먼저 명료화한 다음 수업평가를 기획하고 실천해야 본래의 목적을 성취할 수 있을 것이다.

2. 수업평가의 목적

교사의 교수 활동을 평가대상으로 하는 수업평가는 수업의 질적 개선을 목적으로 하고 교사의 교수 활동을 평가대상으로 하여 파악하고, 진단하며, 개선과 혁신을 위한 정보를 제공함으로써 궁극적으로는 교육의 질을 향상시키기 위한 활동이다(원효헌, 2010: 8). 이러한 수업평가의 목적은 명확하고 한계가 분명해야 하며, 실천가능해야 한다. 만약 수업평가의 목적이 너무 많으면 의도했던 소기의 목적을 달성하기 어렵고, 오히려 노력에 비해 아무것도 제대로 평가할 수 없다.

브래스캠프(Braskamp, 1984: 235)는 수업평가의 목적을 교사들의 수업의 질 개선을 위한 정보 제공과 학교 행정가들에게 교사에 대한 인사 결정을 위한 정보 제공이라는 두 가지 차원에서 파악하고, 평가목적에 따라 수집되는 정보의 유형, 정보의 기술 및 분석, 활용 등이 달라질 수 있음을 시사하는 것이라고 볼 수 있다고 한다. 특히 수업의 질 개선을 목적으로 하는 평가는 매우 구체적이고도 진단적인 정보를 제공할 수 있는 활동이어야 함을 강조한다(원효헌, 2010: 9).

해리스(Harris, 1985: 191-192)는 수업평가의 목적을 ① 새로운 프로그램이 낡은 프로그램보다 어느 정도 좋은지를 파악하기 위해서, ② 특별 프로젝트를 수행하기 위해서, ③ 새로운 수업프로그램을 위해 경비가 얼마나 많이 드는가를 파악하기 위해서, ④ 고용재계약을 위한 정보를 얻고자 할 때, ⑤ 대학에 진학할 준비가 잘 되었는지 어떤지를 알아보기 위해서 수업평가를 한다고 하였다. 효과적인 평가를 위해서는 수업평가의 범주를 구체화하여 우선순위를 부여함과 동시에 상대적인 비중을 두어야 한다. 그리고 이에 따라 수업평가를 하는 것이 바람직하다.

서지오바니와 스트래트(Sergiovanni & Starratt, 1983: 262)는 수업평가의 목적을 더욱 포괄적으로 제시하였는데 ① 필요에 따라 더욱 효과적인 방법을 모색할 수 있는 정보를 제공하기 위하여, ② 다른 학교 또는 학과와 비교하기 위하여, ③ 학술적인 결과가 표준화된 준거에 맞는지의 여부를 파악하기 위하여 평가를 한다고 하였다. 즉 평가를 하는 이유는 보다 효과적인 결정을 할 수 있는 자료가 무엇인지를 판별하는 것으로서, 의사결정자들은 여기에서 나온 자료를 기초로 하여 정책을 결정하게 된다.

던한(Denhan, 1987: 123)은 수업평가의 목적을 선발과 지원이라는 두 가지 관점에서 파악하고, 각기 목적에 따라 평가의 주체, 대상, 방법 등 전반적인 평가절차를 달리해야 함을 강조한다. 선발이란 단지 신임 교사의 채용뿐만 아니라, 재직 교사에 대한 재임용, 승진과 보상 등을 의미하고, 지원이란 교사들에게 수업의 질 개선을 위한 직접적이고도 구체적인 피드백을 제공해 주는 것을 의미한다. 이는 수업평가의 두 가지 목적의 평가절차가 구체적으로는 다르지만, 모두 평가를 통한 수업의 질 개선이라는 점에서는 공통점을 갖는다고 볼 수 있다(원효헌, 2010: 9).

수업평가의 목적은 두 가지로 분류해서 생각할 수 있다. 하나는, 수업의 질적 개선을 가져오기 위한 것이고, 또 다른 하나는 행정적 개선을 위한 것이다. 고톤(Gorton, 1983: 238-241)에 의하면, 수업의 질적 개선을 위한 수업평가는 교사들이 어떤 면에서 장학을 필요로 하는지를 알아보기 위한 것이고, 행정적 개선을 목적으로 하는 수업평가는 신규 교사를 계속 고용할 것인가 또는 해고할 것인가를 결정하기 위한 것이다. 구스리스와 리드(Guthris & Reed, 1986: 262)는 평가의 목적을 형성적 목적과 총괄적 목적으로 나누고, 전자는 프로그램 과정 중에 수정하는 것을 목적으로 하고, 후자는 프로그램을 최종적으로 판단하기 위한 것으로 보았다. 와이즈와 피즈(Wise & Pease, 1983: 302)는 이 두 가지 목적을 개인과 조직 차원에서 네 가지로 구분한다. 개선을 위한 목적이 개인적 차원에서는 교사 개인의 개발을, 조직적 차원에서는 학교 개선을 위한 것으로 본다. 또 행정적 목적은 개인 차원에서는 개인의 인사문제 결정을, 조직 차원에서는 학교의 지위 결정을 위한 것으로 본다. 또, 앤더슨과 갤(Anderson & Gall, 1978: 37-42)은 평가목적을 ① 수업프로그램 정착 여부 결정, ② 수업프로그램의 지속 여부 결정, ③ 수업 프로그램의 변경 여부 결정, ④ 수업 프로그램 결정을 위한 긍정적인 자료 수집, ⑤ 반증적인(against) 자료 수집, ⑥ 기본 과정 이해 등 6가지로 분류하였다. 해리스(Harris, 1985: 191-200)는 수업평가의 목적을 ① 분명한 의사 결정, ② 수업개선, ③ 조작적(操作的) 의사결정(operational decision making), ④ 프로그램의 지속·중단에 관한 의사 결정 등으로 나누고 있다.

수업평가의 목적은 수업평가의 필요성이 명료하고 구체적일 때 분명해지기도 한다. 흔히 수업평가는 한 가지 목적보다는 여러 목적을 동시에 추구하는 경우가 많다. 그러므로 수업평가를 할 때는 평가의 목적을 보다 명확히 해야 한다.

일반적으로 공유되는 수업평가의 목적은 다음과 같다(배호순, 1991: 18-19).

① 수업의 질을 개선하기 위한 목적

② 수업목표의 달성 정도를 파악하기 위한 목적

③ 학교교육 효과로서 수업효과를 탐색하기 위한 목적

④ 교육과정 및 교육과정 자료를 개선하기 위한 목적

⑤ 교원인사 행정에 필요한 자료를 수집하기 위한 목적

⑥ 학생지도를 위한 목적

⑦ 교육연구를 위한 목적

먼저 수업의 질적 개선을 위한 목적으로 수업을 평가할 때는 교사의 수업전개 능력과 학생의 학습 활동 지도 능력 및 기능(skills)뿐만 아니라, 교실에서 일어나는 여러 사태에 대한 관리 능력, 수업 계획 및 수행과 평가 등에 필요한 의사결정 능력 등에 평가의 초점을 맞추어야 한다.

또한 수업목표의 달성 정도를 파악하기 위한 수업평가는 수업목표가 본래 의도한 바대로 달성되고 있는가를 중심으로 단기적인 수업효과를 확인하는 데 평가의 초점을 맞추어야 한다. 학교교육 효과를 평가하고자 할 때는 각 교과 단원마다의 수업목표뿐만 아니라 학교의 교육목표나 교육방침의 성취도 정도를 성취에 어느 정도 기여했는가, 그것을 실제 수업에서 어느 정도 교과와 관련지어야 하는가 등을 중요시하여 장기적인 안목으로 수업의 효과를 확인하는 데 평가의 초점을 맞추어야 한다.

교육과정 및 교육과정 자료를 개선하기 위한 수업평가는 교육 과정의 목표나 정신을 어느 정도 구현하고 있는가를 포함하여 교육 과정 내용분석 능력 및 교육 과정의 재조직 및 재구성 능력, 교육 과정 목표의 실현가능성 등에 평가의 초점을 맞추어야 한다.

교사의 인사행정 결정 자료 수집을 위한 수업의 평가는 교사의 기본적인 재능으로서 수업능력이나 수업기술, 얼마나 성실하게 교육 과정을 운영하는지, 수업에 얼마나 열성적인지, 학생에 대해 얼마나 많은 열정을 쏟는지 등에 평가의 초점을 두어야 한다.

학생 지도를 위한 목적으로 수업을 평가할 때는 학생들의 학업성취 정도, 수업이해 정도, 학생들이 수업에 능동적으로 참여하도록 동기부여를 얼마나 하였는가, 수업전개가 학생들의 수준에 적절하였는가, 개별화 학습이 어느 정도 이루어졌는가 등에 평가의 초점을 두어야 한다.

교육연구를 위한 평가는 연구목적이 의도한 바에 중점을 두어 평가를 하여야 한다. 새로운 수업 모델의 적용 정도를 평가하고자 할 때는 그 수업모델의 이해 정도, 새로운 모델로 수업을 한 결과 학생들의 학업성취 정도, 그 수업모델의 일반화 가능성 등에 평가의 초점을 두어야 한다.

이처럼 평가의 목적은 다양하게 정의되고 있으나 공통적인 것은 수업개선을 위한 목적과 행정적 개선을 목적으로 하고 있다.

그런데 이러한 두 가지 목적은 실제적으로 교사의 입장에서 볼 때 갈등을 일으키기도 한다. 이 두 목적은 늘 공존하고 있기 때문에 실제로 학교 현장에서 수업을 평가할 때, 교사는 수업의 개선을 위해서는 자신이 개방적이어야 하고 평가에 협조적이어야만 한다. 그러나 자신의 인사문제와 관련되었을 때는 자기의 결점을 드러내 놓고 싶지가 않다. 바로 여기에서 갈등이 생긴다고 할 수 있다.

특히 우리나라에서의 수업과 관련된 평가는 시·도 교육청 및 지역 교육청과 각급 학교별로 시행되고 있다. 이런 평가기능은 이미 오래전부터 교육과학기술부와 교육청의 업무 중에서 학생성취도평가와 교원의 인사에 관한 근무평정이 주요한 목적으로 인정되어 왔으며, 학교에서도 교장 및 교감의 업무 중에서 학교경영계획평가·학생성취도평가·교원의 근무성적평정 등이 평가의 중요한 목적으로 인식되어 왔다. 특히 교원의 승진과 관련하여 교원의 근무평정제도가 일선 교사들의 주된 관심의 대상이 되어 왔다는 것은 이미 많은 선행연구들에서 알 수 있다.

그러나 이러한 평가는 획일적인 기준에 의해 시행되어 평가 자체가 경직되어 있으며, 대부분의 교사 평정은 비공개로 이루어지고 있으며, 특히 학생의 성취도와 관련된 평가, 즉 수업평가의 자체가 대부분 형식적이며, 수업평가에 관해 전문성을 갖춘 사람이 부족할 뿐만 아니라, 수업평가의 전문성 함양을 위한 프로그램의 지원도 거의 없기 때문에 전문적인 자질을 갖출 수가 없다. 따라서 수업평가도 자연히 형식적이며 겉치레에 불과할 수밖에 없다.

이와 같이 수업평가의 목적이 무엇인가에 따라 그 수업평가에서 특히 강조하고 중점을 두어야 할 점이 달라질 것이므로 이 점을 미리 파악하여 수업평가를 기획하고 설계할 때 그 평가의 타당도와 신뢰도가 보다 높아질 것이다.

<표 82> 수업평가의 기능별 특성 비교

구 분	형성적 평가	총괄적 평가
목적	수업의 질 개선	합리적 의사결정
철학	교사는 스스로 수월성을 추구하는 존재	교사는 타인의 감독과 평가를 받을 때만 수월성을 추구하는 존재
이론	평가는 개인의 수행 향상을 위해서 이루어지는 활동(내적 강화 중시)	평가는 학교 조직의 발전을 위해 이루어지는 활동(외적 강화 중시)
실제	수업의 과정과 수업행동에 대한 조언 중시	수업의 결과와 교사 간 비교와 분류 중시
초점	교사 개인	학교 이해 관련자 모두
평가준거	개별 준거 설정	동일 준거 설정
평가 주체	자신, 동료교사, 학생	학교 행정가, 평가 전문가
평가정보의 출처	자기 평가, 연구수업, 교실관찰, 수업 녹화분석, 포트폴리오, 학생 설문지 등	교실관찰, 연구수업, 수업 녹화 분석, 포트폴리오, 학생 설문지, 학생 성취도 등
평가참여	하의상달식, 자발적	상의하달식, 의무적
평가결과	개방적	폐쇄적

3. 수업평가의 전제 조건

교사의 교수 활동은 매우 포괄적이고 다양한 의미를 지니고 있을 뿐만 아니라, 교사와 학습자 특성, 교과 특성, 학교 및 학급 특성 등 수업과 관련된 내외적 상황변인들이 상호작용하여 나타나는 복합적 활동이다.

수업평가는 교사의 교수 활동을 평가하여 교사의 교수 능력을 개선하고 나아가 궁극적으로는 학교교육의 질을 향상시키고자 하는 목적을 달성하기 위하여 다음과 같은 기본적인 전제가 바탕이 되어야 한다(원효헌, 2010: 12-15).

첫째, 수업평가는 교수·학습 과정의 복합성을 적극 반영하여야 한다. 교수 활동이란 교사의 전문적 의사결정과 행위를 수반하는 학습자와의 복합적 상호작용 과정이다. 따라서 수업평가는 학습자 특성과 교과 특성을 포함한 교실 상황의 복합성과 다양성을 충분히 고려하여야 한다.

둘째, 수업평가는 교사와 학생에게 모두 공정하게 발전적인 기여를 하여야 한다. 수업평가를 통하여 교사들은 자신의 교수 활동에 대한 이론적, 실제적 지식과 능력을 구비하고 학습자들을 존중함으로써 교수 활동이 전개되도록 하여야 한다. 또한 교사의 지식과 능력에 대한 정보를 근거로 객관적이고도 공정한 평가가 이루어지도록 교사 개인의 특성과 전문성을 반영하여야 한다.

셋째, 수업평가는 교사의 교수 활동에 대한 전문적 판단에 중점을 두어야 한다. 평가는 자연스러운 교실 수업상황에서 교사들이 전문적인 수업을 진행하는 과정에서 판단되어야 한다. 아울러, 교사들의 인사행정 반영 등에 관련한 수업평가에서는 아주 공정하고도 전문적인 판단을 담보하여야 한다.

넷째, 수업평가는 교사들의 교수 활동 영역에서의 전문성을 향상시킬 수 있어야 한다. 교사들의 교수 활동 수행 능력과 자질은 단기간 내에 습득될 수 있는 것이 아니고, 오랜 기간을 두고 경험과 노력을 통해서 점진적으로 발전한다는 가정하에 수행평가는 체계적이고도 일관된 정보를 지속적으로 제공해 주어야 한다.

다섯째, 수업평가는 그 자체가 교사들에게 유용한 교육적 경험을 제공하여야 한다. 수업평가는 그 자체가 교사들에게 교수 활동 수행능력을 향상시킬 수 있는 중요한 학습 기회가 되도록 요소별 수행능력에 대한 분석 결과는 해당 교사에게 구체적인 형태로 피드백되어야 한다.

여섯째, 수업평가는 교수 활동의 전문화를 꾀하여야 한다. 수업평가에서는 교수 활동에 대한 전문적 관점에서 관찰가능한 외현적(外現的) 교수행동을 포함해야 하는 것은 물론이고 교사가 내면적으로 소유하고 있는 전문화된 교수 활동 전략과 그 활용에 대한 판단의 적절성, 교과와 학습자들의 태도 등을 평가하는 데에 초점을 맞추어야 한다.

4. 수업평가 절차

평가절차는 평가를 수행하는 과정을 의미하는데, 학자에 따라서 다양한 형태로 나타난다. 해리스(Harris, 1985: 190)는 "평가과정이란 하나의 고립된 과정으로서가 아니라 연속적인 과정"이라고 하면서, 평가과정을 다음과 같이 7가지 과정으로 제시하고 있다.

① 준거 명료화: 관찰 목적과 준거의 명료화

② 도구화: 적절한 자료 수집을 위한 도구의 선택과 개발 및 활용처(use)를 분명하게 설계

③ 자료수집: 타당성 있는 자료를 얻기 위해서 적절한 방법으로 도구를 채택

④ 자료분석: 적절한 도구와 자료 수집 절차들을 통하여 얻어진 원자료(源資料, raw data)를 분석, 원자료를 통해서 경향, 의도, 관련성, 대조, 유사성, 유형을 식별

⑤ 결과해석: 명료화된 준거에 따라서 자료를 해석

⑥ 가치화: 명료화된 준거와 결과해석을 비교하면서 해석된 결과에 가치를 부여

⑦ 의사결정: 결과해석에 대한 가치부여는 변화, 유지, 보다 나은 평가를 위한 의사결정의 지침으로 사용

한편, 구스리와 리드((Guthrie & Reed, 1986: 262－264)는 평가의 단계를 ① 목표확인, ② 설계와

방법, ③ 측정 등으로 구분하고 있다. 스투플빔(Stufflebeam)과 그의 동료들(1971)은 체제분석이라는 모형(CIPP)을 개발하였는데, 이들은 관련 변인을 상황변인(Context variables), 투입변인(Input variables), 과정변인(Process variables), 산출변인(Product variables)으로 나누어서 질문을 제기하였고, 그 질문에 답하는 것이 CIPP 모형의 주된 기능이다. 그 질문은 다음과 같다.

① 외부로부터 프로그램 수행에 영향을 미치는 것은? (상황평가)

② 프로그램 운영에 활용되는 투입변인들의 적합성과 필요성은? (투입평가)

③ 프로그램이 의도대로 잘 운영되었는가? 프로그램의 질적 개선을 위해서 필요한 변화는? (과정평가)

④ 의도한 산출과 실제 산출을 비교한 결과는? (산출평가)

이러한 CIPP 모형은 산출결과가 기대한 것처럼 나왔는지, 산출되지 않았다면 그 이유가 무엇인지를 파악하기 위해서 연구되었다. 강영삼(1994: 245)은 미국에서 실제로 활용되고 있는 평가과정을 인디애나 주의 사례를 들어 8가지 유형으로 분류하고 있다.

〈표 83〉 유형별 수업평가의 과정

유형	평가 과정
I	① 동료교사 지명, ② 피평가자·동료·행정가로 구성된 팀에서 평가, ③ 연례보고
II	① 자기평가, ② 교사와 행정가 간의 협의회, ③ 행정가의 평가, ④ 평가표에 서명
III	① 자기평가, ② 교장에 의한 평가, ③ 협의회
IV	① 자기평가, ② 학급방문, ③ 1차 협의, ④ 평가, ⑤ 2차 협의, ⑥ 서명
V	① 지난번 평가의 검토, ② 학급관찰, ③ 개별협의, ④ 일반적 제언
VI	① 관찰, ② 평가자에 의한 평가, ③ 협의
VII	① 평가자의 평가, ② 협의
VIII	수업 활동을 협동적으로 분석

한국에서의 전통적인 교사(교원) 평가로 교육공무원승진규정 제28조의 3, 제1항에 의해 시행되는 근무성적평정은 평정자와 확인자에 의해 일방적으로 수행되며 평가과정이 공개되지 않는다. 평가 항목은 <표 83>과 같다.

〈표 84〉 교사의 근무평정표(교육공무원승진규정 제19조 별지 제3호서식)

평정사항		자질 및 태도		근무실적			평정합계	환산점
평정요소		교육자로서의 품성	사명의식	학습지도	생활지도	학급경영, 교육 연구 및 담당업무		
평정점	평정자	10	10	40	20	20	100	50
	확인자	10	10	40	20	20	100	50

평가과정에서 교장이 피평가자인 교사들과 함께 평가를 위한 회의를 하고 그 회의에서 평가에 활

용될 목표·준거·평가과정 등을 함께 논의하고, 계획하고, 명료화하는 것이 필요하다. 이러한 평가 과정을 거친다면 교사들의 이해를 구하기가 쉽고, 또 교사는 평가에 대한 부담을 덜 수 있을 것이고, 평가 후에 나타나는 부작용도 줄일 수 있을 것이다. 평가자는 평가 후에 평가결과는 공개하지 않더라도(공개를 할 수 있으면 더욱 훌륭함) 교사가 개선해야 될 부분을 개별적 또는 집단적으로 반드시 피이드백할 필요가 있다. 그것은 교사의 개선이 곧 수업의 개선과 직결되기 때문이다. 수업과 관련되는 교사평가 영역은 '학습지도' 부분으로서, 다른 영역에 비해 높은 비중을 두고 있음을 알 수 있다. 이는 교사의 수업지도력이 교사를 평가하는 데 절대적인 영향력을 발휘하고 있음을 나타내는 것이다.

이와 같은 교원의 근무성적평정은 여러 가지 문제점을 내포하고 있는 것이 사실이지만, 오랫동안 교원의 업무, 특히 수업능력 평가의 척도로 사용되어 왔다. 최근 들어, 2008년도에 교원다면평가, 2010년도에 교원평가(교원능력개발평가)제도가 각각 전면적으로 도입되어 이 근무성적평정제도를 보완하고 있지만, 이와 같은 새로운 교원평가제도 역시 본질적으로 교원의 수업능력 평가를 핵심으로 삼고 있다는 사실을 유념할 필요가 있다. 물론, 이 세 가지 교원평가가 상호 중첩되고, 배제되고 있는 영역이 있는 것이 사실이지만, 나름대로 교원의 수업능력 신장에 일조할 것이라는 점은 재론의 여지가 없다고 볼 수 있다.

5. 수업평가 방법

수업평가 방법은 평가의 초점을 어디에 둘 것인가, 평가의 목적이 무엇인가, 평가의 의도가 어디에 있는가에 따라 다양한 평가방법을 적절하게 적용할 수 있다. 교육효과의 성패를 좌우하는 것은 바로 교실수업이라고 해도 과히 틀린 말은 아닐 것이다. 교육개선을 위한 노력은 교사와 학생의 상호작용이 이루어지는 교실수업의 변화로 귀착된다. 교사의 수업기술을 향상시키고 교사의 태도 변화를 촉진할 수 있는 것이 바로 수업평가이다. 바로 여기에서 수업평가의 중요성을 찾을 수 있다. 그러므로 수업을 평가하기 전에 평가의 의도와 목적, 한계, 평가의 초점, 적절한 평가방법을 기획하고 준비하는 것은 매우 중요하다. 이러한 과정에서 평가를 하고자 했던 성과를 기대할 수 있다.

수업평가의 방법은 평가의 대상에 따라 학생중심평가와 교사중심평가, 과정평가로 분류할 수 있고, 행정수준에 따라 교육과학기술부 평가, 시·도 교육청 평가, 지역 교육청 평가, 학교평가 등으로 나누어진다.

연구 문제

1. 수업장학의 필요성과 종류에 대해서 기술하시오.

2. 수업장학 중 임상장학의 특징과 기법 등에 대해서 설명하시오.

3. 임상장학의 단계인 수업관찰, 수업분석, 평가, 협의회 등의 순환 과정을 바탕으로 하여, 각각의 단계에서 특히 강조하여야 할 사항에 대해서 약술하시오.

4. 수업장학의 기능과 원리에 대해서 설명하시오.

5. 선택적 장학의 종류를 들고 각 장학방법에 적합한 장학대상자를 열거하시오.

6. 우리나라 교육계와 학교 현실을 바탕으로 수업장학의 과제와 개선 방안에 대해서 기술하시오.

7. 코간(Cogan), 골드해머(Goldhammer), 애치손과 갤(Acheson & Gall) 등 각 학자들의 임상장학 단계를 제시하고, 공통점과 차이점을 기술하시오.

8. 일선 학교 현장에서 교내 자율장학이 중요한 이유와 주요 기법에 대해서 설명하시오.

9. 교육청 장학인 학무장학의 종류를 제시하고, 바람직한 학무장학의 개선방안에 대해서 설명해하시오.

10. 수업분석 방법 중 필터(Flilter) 식 수업분석에서 요구적 발문, 수여적 발문, 확인적 발문의 특징과 분석 기법에 대해서 약술하시오.

제 **4** 부

◀◀ **수업연구** ▶▶

[Key Point]
　　제4부에서는 수업연구와 수업연구대회에 관하여 고찰하고 이해한다. 이를 위하여 수업연구의 형태, 수업관찰, 수업분석 등의 활동 등도 파악한다. 아울러, 매년 각 시·도 교육청별로 시행하고 있는 수업연구대회에 대해서도 심층적으로 분석하고 적극 참여하려는 태도를 기른다. 수업 전문가인 교사로서 교내 수업연구와 수업연구대회에 적극 참여하고 활동함으로써 수업기술과 교수 자질을 함양시키는 데 주안점을 두고 있다. 아울러, 학교교육과정 운영과 본인의 교직적 성장과 발달에 수업전문성 신장이 필요충분조건이라는 점도 자각하도록 한다.

▌제1장▐ 수업연구의 형태

1. 수업연구의 여러 형태

교사가 교실에서 자신 있는 수업을 위하여 현장에서 실시하고 있는 수업연구에 대한 개념을 명확히 알아야 한다. 그러나 연구수업·공개수업·시범수업·실험수업 등에 대한 구별을 명확히 하기란 쉽지 않다. 지금까지 현장에서 이루어지는 수업연구에 대해 교사들은, 막연하게 매끄러운 수업·학생과 교사가 호흡이 맞는 수업·학습목표가 무난하게 도달된 수업이라는 것에 만족하는 것이 대부분이었다.

보여 주는 수업이라는 큰 울타리 안에는 실시하는 목적에 따라 매우 다른 모습으로 전개되게 된다. 예로 학부모 초청 수업공개나 홀리스틱 이론을 접목한 새로운 교과 활동 전개 또는 초임교사들의 수업력 향상을 위한 목적으로 이루어지는 시범수업을 하는 경우 등은 단위 수업의 전개와 분석 관점에서 분명한 차이가 있다. 이는 정책 연구학교, 시범학교가 각기 다른 특징과 목적을 가지고 실시되는 것과 같은 개념으로 이해할 수 있다.

일반적으로 통용되는 수업연구는 학습지도법의 연구를 위하여 연구자들 앞에서 실시하는 수업을 의미한다. 수업연구는 수업의 질적 향상을 위해 새로운 수업방안을 과학적·현상학적 방법으로 실천을 통해 탐구하는 활동으로 정의되고 있다.

수업연구의 실천 목적에 따른 분류를 보면, 수업 담당 교사의 지도기술을 향상시키려는 목적으로 할 경우에는 유능한 연구자들이 수업을 참관하게 되며 수업이 끝나면 수업에 대한 평가가 뒤따르게 마련이다. 참관자들의 지도기술을 향상시키려는 목적으로 할 경우에는 수업은 공개수업의 형식을 갖게 되며 끝마친 후에는 역시 평가를 통하여 그 수업의 장단을 밝힘으로써 참관자들이 참고토록 한다. 이처럼 수업연구의 목적에 따라 형태가 구분된다.

여러 가지 형태의 수업연구는 엄격한 기준으로 분류할 수 없다. 그러나 여러 형태의 수업연구에서 공통적인 사항은 학습자와 교사 간의 친밀감 형성과 기본 학습 훈련이나 교수·학습목표 도달을 위한 일련의 과정이라 할 수 있다.

현재 우리나라 교육 현장의 최대 화두(話頭)는 교육과정 혁신과 수업 개선이다. 과거 우리를 되돌아보면 교육현장은 주로 거대담론인 교육의 형태(예: 열린교육, 교육이념 등) 문제에 집중한 경향이 있었다. 그러나 현재 학교현장은 거시적으로는 '교육과정 전문성 신장', 미시적으로는 '수업 전문성'이라는 미시적 형태의 '교실 수업'에 초점을 맞추고 있으며 이에 따라 교원들에게 수업연구에 대한 관심과 재조명을 받게 되었다.

수업연구에서는 수업관찰 및 분석에는 크게 양적인 접근과 질적인 접근법이 있다. 일반적으로 양적분석에 근거를 두어 수업관찰 및 분석의 의미를 이해하고 수업을 관찰하고 분석하는 방법에 초점을 맞추는 것이 중요하다.

[그림 22] 수업연구의 형태

2. 수업전문성 및 수업기술 향상

　교사의 전문성은 수업전문성과 수업지도력으로 대표된다. 교육의 이념이나 철학 혹은 교육 과정의 실천은 단위 수업으로 나타난다. 따라서 교육의 효과성을 높이는 일은 단위 수업의 질적 향상을 위한 노력이라 할 수 있다. 으뜸 수업교사를 희망하는 교사라면 보여 주는 수업에서 자신의 수업력 향상을 위한 진정한 수업연구 경험이 반드시 필요한 것이다.

　한 시간의 단위 수업을 구체적으로 편성하기 위해서는 사전에 철저한 수업 조직이 이루어져야 한다. 또 수업은 판서나 학습목표 진술, 질문 예상 등 어느 하나에 충실을 기한다 하여 잘 이루어질 수 없는 종합적인 작업이다. 다음은 단위 수업의 위계를 도표화한 것이다.

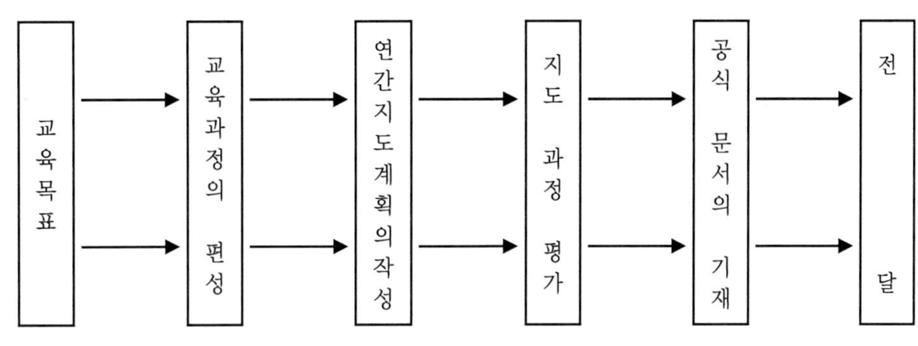

[그림 23] 단위 수업의 위계적 과정

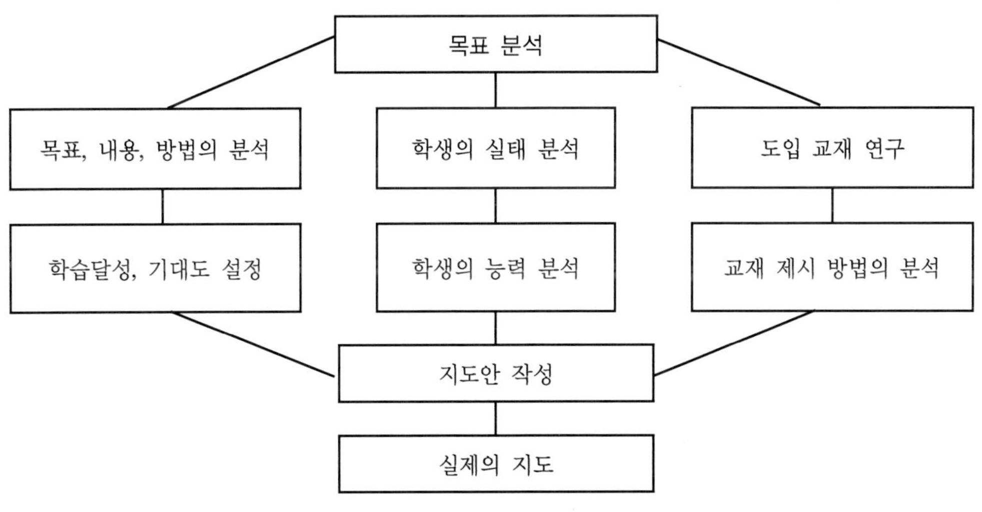

[그림 24] 수업연구 설계 시 고려점

　일반적으로 단위 수업이 가지고 있는 체계와 수업연구의 수업설계를 할 때 고려할 점을 중심으로 한 바람직한 수업설계가 갖추어야 할 요건을 살펴보면 다음과 같다.

(1) 학급 실태를 바르게 파악한다

학생들이 흥미와 관심을 가지는가, 심리적·사회적인 발달에서 어떠한 단계에 와 있는가, 수업에서 수행해야 할 과제에 대한 학생들의 해결능력은 부합하는가, 학급 내 인간관계에서 야기될 문제점은 없는가를 고려한다.

(2) 수업목표를 명확하게 파악한다

본시의 목표는 단원 전체의 목표 중에서 세분화되고 구체적인 수행방향을 의미한다. 수업목표에 따라 학습 전개와 정리계획이 이루어질 수 있다. 단원의 목표, 학습 활동과 내용, 예상되는 학생의 반응, 지도상의 유의점 등의 항목에 비추어 사전 설계를 실시한다.
첫째 항목, 단원의 목표에서는 차시 목표와 각 단원의 흐름과의 관계를 파악한다.
둘째 항목에서는 교사가 학생에게 지도해야 할 질문과 조언, 학습 활동, 실제 수업 예상 등을 요점화(要點化)하여 설계한다.
셋째 항목에서는 학생의 의견, 문제해결과정, 의문 사항 등을 예상한다.
넷째 항목에서는 활동을 위한 자료를 예상하고 구상한다.
다섯째 항목에서는 학생들의 예상되는 오류나 지도상의 유의점을 파악한다.
이때 위의 항목들은 분리하여 생각하는 것이 아니라 종합적으로 연관 지어 반영함이 바람직하다.

(3) 절차와 형식에 구애받지 않는 수업설계가 되어야 한다

철저한 수업설계안이라 하여도 실제 수행과정에서 예상치 못한 착오나 오류가 발생할 수 있다. 따라서 현재 학생들의 관심과 능력에 맞는 독창적인 수업설계가 이루어져야 한다.

3. 학습의 구조화

수업연구에서는 학습을 구조화하는 것이 중요하다. 수업이란 학습내용에 도전하는 학생과 그 활동을 조성하는 교사와의 상호작용 과정이다. 그 작용은 가치 있는 목적·선택된 내용·정선된 방법 세 가지가 기능적이며 관계적으로 유기적인 상호관련이 맺어져, 질적 심화가 이루어지도록 하는 데 그 본질이 있다. 수업의 흐름을 매끄럽고 효과적으로 이끌어 가기 위해서는 학습지도에 필요한 세 가지 학습의 장(場)을 바르게 구조화해야 한다.

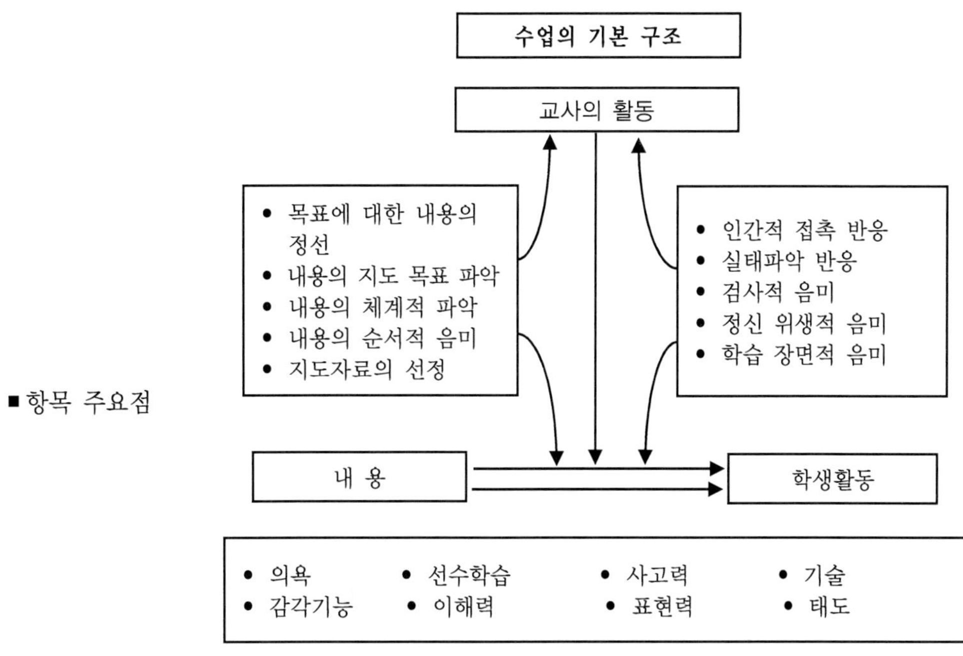

[그림 25] 수업연구의 기본 구조도

① 학습지도의 목표, 내용(무엇을)

② 학습지도의 과정(어떤 순서로)

③ 학습지도 방법(어떤 수단)의 여건을 유기적으로 조직화하여 관련성과 통일을 기하면서 수업을
진행하는 것이 중요하다.

4. 수업연구 학급 경영계획

충실하고 적절한 학급 경영계획은 학생들에게 오랜 세월 기억에 남을 소중한 추억과 교육 효과를
높이는 가장 큰 요인이 된다. 특히 수업연구에 임하는 교사는 학급 경영계획안 수립에 심혈을 기울
여야 할 것이다.

일반적인 과정은 입안 → 실천 → 수정 → 실천으로 학급실태(경향과 분석), 교육목표(구체적인
달성 목표), 경영계획(무엇을 할 것인가의 프로그램), 교육실시(어떻게 할까의 방법), 경영계획(무엇을
할 것인가의 프로그램), 교육실시(어떻게 할까의 방법), 변용(어떻게 변했는가의 분석) → 교육평가
(다시 어디를 어떻게 개선해 갈까?)를 고려하여 계획을 수립한다.

(1) 어떤 학생들의 집단인가?	(2) 어떤 학생으로 기르고 싶은가?	(3) 목표 구현을 위한 계획은?	(4) 계획의 수정	(5) 학생은 어디까지 발달했나?	(6) 계획은 좋았는가?
⇩	⇩	⇩	⇩	⇩	⇩
(1) 학급 전체의 분위기 파악 (2) 개별적으로 파악하는 학생의 바람, 장단점 (학력, 신체, 태도, 가정환경)	(1) 학교의 교육목표 (2) 학년의 목표 (3) 부모의 바람 (4) 담임의 기대 (5) 학급의 목표	경영계획 (1) 학습지도계획 (2) 생활지도계획 (3) 도덕·특활생활지도계획 (4) 부모와의 연계 지도계획	(1) 학생과 함께 실천 목표 수립 (집단, 개인) (2) 계획의 자기 평가 (3) 교사 상호간 평가 수정계획	(1) 소집단으로서(분단) (2) 개인으로서	(1) 목표의 반성 (2) 계획실천 내용의 평가
⇩	⇩	⇩	⇩	⇩	⇩
1 학생의 실태 (1) 학급 학생의 장점, 단점 (2) 각 학생의 바람, 문제점	2 목표로 하는 학생의 상 (1) 학교교육 목표 (2) 학년 목표 (3) 학급 목표	3 경영계획 (1)-(4) 그대로	4 추가 계획과 수정계획 (6월경) (1) 실천목표 학생과 함께 (2) 수정의 이유	5 학생의 변화를 공란으로 하고 수시로 기록한다.	6 평가 (1) 제1학기 (2) 제2학기

[그림 26] 학급 경영의 관점

1. 수업연구에 대한 인식

　수업연구나 수업장학에 대해 부정적인 인식을 가지는 경우가 있다. 이는 수업에 대한 전문성, 담임교사의 재량권, 학급 경영자로서의 권한에 있어 참견받는다는 인식이 강해서 나타나는 현상일 것이다. 또한 자신의 수업전개를 다른 동료나 장학담당자에게 보여 주어야 한다는 것에 대한 두려움 역시 원인이 될 수 있다.

　그러나 궁극적으로는 학생들에게 양질의 교육적 경험을 제공함으로써 학교교육의 효과성을 높이는 노력으로 수업연구는 의미 있는 과정이라 할 수 있다. 수업연구나 수업장학에 대한 인식이 변화되어야 하는 필요성은 다음과 같다.

　첫째, 수업연구를 통한 공개는 자신의 수업력 향상에 직접적인 도움이 된다. 치밀한 수업설계가 전제된다 해도 실제 계획된 수업상황을 완벽하게 반영하기는 어렵다. 따라서 교사 자신의 단위 수업목표 달성을 위한 설계에 대한 다른 시각과 문제 해결 방안의 보완은 수업의 시각을 넓히고 열린 수업을 전개하는 데 도움이 될 것이다.

　둘째, 보여 주는 수업은 목적과 수행 관점에서 볼 때 필요한 과정이다. 수업자의 수업력 향상 또는 참관자의 수업력 향상을 위한 수업으로 나누어 목적과 수행방법에 부합하는 수업연구를 실시함으로써 수업자는 수업설계, 준비, 실연에 이르기까지 수많은 고민과 준비를 함으로써 보이지 않는 자기 발전을 이룰 것이다. 그러므로 일반적으로 통용되는 무리 없는 수업에 만족하지 않고 새로운 교육이론이나, 방법을 적용한 후 핵심적인 수업분석 관점을 가지도록 자기 노력을 기울여야 할 것이다.

　셋째, 수업자에게 도움을 주는 참관자(관찰자 · 분석자)가 되어야 한다. 수업자는 많은 시간과 노력을 통해 결과물을 보여 주게 된다. 수업연구의 목적에 부합하는 참관 요령을 익히고 도움을 줄 수 있는 마음자세가 필요하다.

　넷째, 교사의 자기 안목 형성과 자기 수업모형을 구안하는 계기가 된다. 수업연구는 교사로서 자신의 수업을 설계하고 전개해 가는 자기 수업력과 함께 다른 동료 혹은 후배 교사들의 수업에 대한 실질적인 조언자로서의 안목을 길러 줄 수 있는 계기가 된다. 또한 학습목표 도달을 위한 다양한 수업모형을 자기화할 수 있는 능력을 길러 주게 될 것이다.

　다섯째, 수업연구는 학생의 학력과 학습의 질적 향상을 목적으로 하는 활동이 되어야 한다. 수업은 일련의 종합적이고 통합적인 활동이다. 따라서 일부분이나 단편적인 영역에 치우지지 않는 식견과 노력이 필요하다. 교사의 수업연구가 지향하는 것은 학생들의 교육적 효과성에 있다. 각기 다른 특성과 선경험을 가진 학생들의 요구와 노력을 반영하는 개별화 전략의 구상이나 협동학습, 소집단 학습 등의 다양한 형태로 홀리스틱, 다중기능, 완전학습 등의 교육 이론에 대한 탐색을 통해 학생들에게 질적으로 향상된 교육적 경험을 제공하는 데 기여할 수 있어야 한다.

2. 수업연구와 자율 연찬

일반적으로 수업연구와 연구수업은 혼용되고 있지만, 엄밀하게 보면 그 의미가 약간 다르다. 수업연구는 보다 바람직한 수업의 개선점을 찾고자 학교의 연구주제에 따라 설정된 가설을 검증하여 수업을 공개하는 것이다. 반면, 연구수업은 연구의 계속성이 없이 교사가 임의로 설정한 주제에 의하여 일정한 시간에 수업을 공개하고 강평회를 갖는 활동이다.

수업연구는 일반적으로 학교에서 이루어지는 수업을 대상으로 하는 연구를 일컫는 말로 수업의 질적 개선 및 교사의 실천적 역량의 발전을 목적으로 하는 임상적인 연구와 그와 관련하여 기초가 되는 연구를 총칭하는 말이다. 수업연구의 대상으로는 학생들의 학습 과정, 교사의 교수 과정, 교사와 학생 간의 상호작용, 상호적 관계에 대한 연구가 중심이 되고 있다. 하지만 이를 좀 넓게 학습내용의 편성, 교재 연구, 수업의 방식, 수업의 매체와 자료, 학급의 편성, 교수 조직까지 연구의 대상에 포함시키기도 한다. 뿐만 아니라, 교육과정의 편성, 학교 경영에서 제기되고 있는 문제까지 포함할 수 있다. 수업이 여러 가지 요인에 의해 영향을 받는다는 점을 전제하면 이와 같은 의견도 설득력이 있다고 본다.

수업은 이처럼 여러 가지 요인 속에서 이루어지게 되는데, 특정한 교사가 특정한 학생을 대상으로 하여 특정한 교재를 매개로 하여 가르치고 배우는 과정이다. 따라서 교사의 개별적 판단, 결정, 행위와 그것에 영향을 받아 나타나는 학생들의 변화가 연구의 중요한 대상이 된다. 이러한 개별성, 구체성과 같은 관점을 갖고 수업의 사실과 실제에 접근해 가는 것이 수업연구이다.

수업연구는 수업 실천가인 교사의 관점에서 보면 전문성 신장, 전문적 역량 향상을 목적으로 하고, 수업 실천을 대상화해서 검토하며, 그 연구를 통해서 교사는 실천자이면서 동시에 연구의 주체가 되는 것이다(천호성, 2009: 34 - 35).

한편, 연구자에게 수업연구는 교사의 수업전문성을 신장시키는 것을 목적으로 하는 것이라는 점을 유의할 필요가 있다. 특히 수업연구는 실천자와 연구자와의 협력, 실천과 이론과의 통합이 중시되는 교육 활동이다.

수업공개에서 수업자는 특정한 교사가 지명되기보다는 전 교사가 모두 참여할 수도 있다. 공개수업일에 주제에 따라 여러 교사들이 수업을 공개할 수도 있다. 수업이 끝나면 수업연구 협의회를 통하여 학교의 특색 있는 운영과 수업체제를 찾아보려는 것이다.

연구수업은 공개수업 교사가 참관 교사로부터 좋은 평가를 받으면서 자기 수업에 책임을 지는 것이 아니고, 수업자와 수업관찰자(수업참관자) 모두에게 공동 책임이 있는 것이다.

일반적으로 수업연구에서는 다음과 같은 절차와 유의점이 고려되어야 한다.

첫째, 수업연구의 주제를 정하여야 한다. 주제를 선정하는 방법은 학교 단위로 필요에 의하여 정하여지는 것이다.

둘째, 수업연구의 수업모형을 선정하여야 한다. 수업모형은 수업이론과 원리를 바탕으로 이루어져야 한다. 수업이론이란 수업연구의 주제 성취에 필요한 조건을 정비하기 위한 지침을 처방해 주는 일련의 통합적 원리이다. 따라서 수업의 많은 모형 중 어떤 모형이 주제 해결에 알맞은가를 수업원리나 이론적 측면에서 독립변인, 종속변인, 매개변인을 분석하여야 한다. 그럼으로써 주제 해결의 방향이 명확해지는 것이다.

셋째, 수업분석의 방법을 결정하여야 한다. 수업방식이 주제 해결에 적합한 접근이냐를 구체적으로 분석하기 위해서는 주제에 알맞은 수업분석도의 척도가 마련되어야 한다. 일정한 모형을 제시할 수는 없지만, 적어도 교사, 학생의 활동, 사고의 흐름, 자료의 활용 등을 시간별로 판별할 수 있는 양식이 구안되어야 한다. 양식에 기록된 내용을 바탕으로 수업이 어느 정도 주제 해결에 접근하고 있는가를 협의하고 보완하는 방법이 적용되어야 한다.

교사는 자신의 전문성을 높이기 위해 스스로 끊임없이 노력해야 한다. 교직은 본질적으로 전문적인 지식과 기술을 연마하기 위하여 장기적이고 계속적인 교육과 연찬이 필요한 직종이다. 오늘날과 같이 급변하는 정치·경제·사회적 추세 속에서는, 이러한 변화에 대처하기 위하여 보다 적극적으로 새로운 지식과 기술을 습득해 나가야 한다.

1. 관찰 전 협의회의 목적 및 필요성

관찰 전 협의회는 수업장학의 시발점으로 장학담당자와 교사가 서로 원만한 인간관계를 형성하여 그들이 공동으로 수행하게 될 수업장학에 대한 세부적인 활동을 계획하는 단계다. 따라서 이 단계에서는 수업장학에 대한 세부 활동 및 후속될 제반 활동에 관한 협의가 이루어져야 하며, 필요한 경우에는 쌍방 간에 마음의 약정을 체결하는 일이 이루어져야 한다.

관찰 전 협의회에서 수행해야 할 세부적인 활동으로는 교사와 장학담당자 사이의 신뢰로운 인간관계를 형성하는 일, 교사에게 수업장학의 필요성 · 성격 · 이점 등을 이해시켜 교사가 수업장학을 받으려는 긍정적인 태도를 갖게 하는 일, 관찰할 수업안을 서로 검토하여 확정하는 일, 개선해야 할 수업과제 확인, 수업관찰의 시기와 방법 및 목적을 합의하는 일 등이다.

이러한 관찰 전 협의회의 활동을 크게 네 가지로 분류하면, 첫째, 신뢰로운 관계 조성, 둘째, 수업연구과제 선정 및 개선방향 논의, 셋째, 학생과 수업에 대한 정보 교환, 넷째, 수업관찰 계획 수립으로 나눌 수 있다.

1) 신뢰로운 관계 조성: 친화감(Papport) 형성

관찰 전 협의회의 첫 번째 활동은 장학담당자와 교사 간에 원만한 인간관계를 조성하는 것으로, 이 과정에서 수업장학의 특징과 절차에 대한 이해를 높이고 교사와 장학담당자 간의 신뢰롭고 부드러운 관계를 조성하기 위한 활동을 만드는 것이 중요하다.

교사의 학급 내 행동의 변화를 촉진하기 위하여 장학담당자는 변화를 위한 동등한 책임감을 교사가 공유할 수 있도록 해 주는 활동과 그에 따른 장학절차를 마련해야 한다. 이러한 활동의 목표는 교사가 그의 행동 변화의 필요성을 인식하고 그러한 변화를 원하도록 자극하며, 그렇게 함으로써 만족감을 얻도록 하는 데 있다.

교사와 장학담당자 간에 신뢰로운 동료관계가 수립되지 않은 채 실시한 수업장학은 실패할 가능성이 매우 높다. 따라서 교사와 장학담당자 간의 신뢰로운 관계는 수업장학의 필수조건이며, 실제로 수업장학의 전체 과정을 통해서 계속 유지되어야 한다. 예를 들어, 의사와 환자의 관계에서 환자가 의사로부터 도움만 받으려 하면 스스로를 치료할 수 없을 뿐만 아니라 심리적으로도 의존적인 태도를 가지게 되지만, 환자가 자신을 다스릴 수 있는 의지를 가질 때는 병을 고칠 수 있는 가능성이 높아지게 된다. 즉 환자의 병은 의사가 고쳐 주는 것이 아니라 의사와 환자가 함께 협력해서 치료할 수 있다. 이와 마찬가지로 장학담당자와 교사의 관계는 공동의 협력자로서 장학과정에 함께 참여하는 신뢰로운 동료관계가 가장 바람직하다.

2) 수업연구과제 선정 및 개선방향 논의: 사전협의회

　두 번째로는 수업연구과제 선정 및 개선방향의 논의가 이루어져야 한다. 교사가 수업과 관련한 수업연구 과제를 선정하거나 수업개선을 위한 지원이 필요하면 이를 장학담당자에게 상세히 설명하고 개선방향과 구체적인 실행에 대해 충분히 논의해야 한다.
　한편 교사는 연구과제나 도움이 필요한 사항을 확인하기 위하여 수업 활동에 대한 자기 평가를 실시할 수도 있는데, 이것은 교사와 장학담당자 서로가 합의하는 준거에 의해야 한다. 뿐만 아니라 객관적으로 조사된 것을 통하여 관찰가능한 행동특성으로 구체화시킬 수 있어야 한다. 이러한 확인된 문제점을 바탕으로 수업연구과제 또는 수업개선과제를 구체화하고 이에 대한 개괄적이고 잠정적인 해결 및 개선방안에 대하여 협의한다.

3) 학생과 수업에 대한 정보 교환: 신뢰 있는 대화

　교사가 학습자들의 학습능력, 학습태도, 학습의욕 등을 비롯한 학습자에 대한 제반 사항을 장학담당자에게 설명하고 의견을 교환한다. 학습자와 수업에 대한 정보와 의견을 교환함으로써 장학담당자는 앞으로 관찰하게 될 학습자에 대한 사전지식과 이해를 갖게 된다.

4) 수업관찰 계획 수립: 종합적 계획 구안

　수업관찰 계획을 수립할 때 먼저 고려해야 할 것은 관찰시기인데, 수업지도안(교수·학습 과정안) 작성에 필요한 시간적 여유를 포함하여 교사와 장학담당자, 그리고 학교의 일정을 고려하여 편리한 시간을 정한다. 그다음으로는 관찰내용을 가장 잘 나타낼 수 있는 수업장면을 확정한다. 장학담당자는 학급을 관찰한다고 할 때에는 그는 교사를 관찰하는 것이 아니라 교사의 수업행동을 관찰하는 것이다. 따라서 장학담당자가 교사와 함께 관찰전략을 계획할 때 구체적으로 교사의 어떤 수업행동을 관찰할 것인지를 확정지어야 한다. 교사의 수업행동 범위와 종류는 넓고 많으며, 이를 모두 관찰할 수도 없을 뿐만 아니라 관찰할 필요도 없기 때문에 어떠한 종류의 정보를 얼마만큼 기록할 것인지를 선택해야 한다. 세 번째로, 관찰행동에 적합한 관찰방법을 결정한다. 관찰방법에는 체계적 관찰법, 평정척도법, 비체계적 관찰법, 녹음법이나 녹화법 등의 다양한 자료수집방식이 있다. 마지막으로, 수업관찰 계획을 서면으로 정리하여 상호 확인한 후, 관찰 후 협의회의 시간, 장소, 참석자, 절차 및 방법 등의 계획까지 논의한다.

2. 관찰 전 협의회의 활동 및 기법

장학의 주요 목적은 교사의 교실 수업개선을 도와주는 것이다. 이를 위해 관찰 전 협의회에서 사용하는 주요 기법은 크게 일곱 가지로 나누어 볼 수 있다. ① 수업개선에 대한 교사의 관심 영역 확인하기, ② 교사의 관심을 관찰가능한 행동적 용어로 바꾸기, ③ 교사의 수업개선을 위한 절차를 확인하기, ④ 교사로 하여금 자기 개선의 목표를 설정하도록 돕기, ⑤ 수업관찰의 시간을 결정하기, ⑥ 기록할 관찰도구와 관찰행동을 선정하기, ⑦ 자료기록을 위한 수업장면의 명료화 등이 그것이다.

이와 같은 일곱 가지 기법들은 관찰 전 협의회의 주요 내용이 되는데, 이 기법의 제시 순서대로 진행하는 것이 효과적이다. 그러나 이와 같은 기법들이 관찰 전 협의회에서 일어날 수 있는 모든 기법들을 포함한 것은 아니다. 따라서 이 중에서는 사용되지 않거나 혹은 추가로 필요한 기법도 있을 수 있으므로 상황에 따라 장학담당자의 판단이 필요하다.

1) 수업개선에 대한 교사의 관심 영역 확인하기

우선 중요한 것은 교사가 개선하고자 하는 수업의 영역을 확인하는 것이다. 물론 교사들 중에는 자신의 수업에 전혀 문제가 없다고 믿는 사람도 있지만, 면밀히 분석해 보면 어떤 수업도 개선의 여지는 있기 마련이다. 그러므로 장학담당자는 교사가 수업의 문제점을 정확히 파악할 수 있도록 도와주어야 할 필요가 있다

이때 장학담당자는 특히 교사가 거부감 없이 실제로 자신의 문제점을 밝힐 수 있도록 신뢰로운 인간관계를 형성하는 것이 중요하다. 왜냐하면 일반적으로 교사는 추궁이나 지시, 핀잔 등으로 수업장학에 거부감을 느낄 때는 안전하다고 생각되는 문제만을 밝히려 하거나 혹은 침묵할 가능성이 높기 때문이다.

만약 어떤 교사가 자신의 수업은 전혀 문제점이 없다고 주장할 때, 장학담당자는 해당 교사의 수업을 녹화하여 관찰 후 협의회에서 그 교사와 미처 파악하지 못했던 개선 부분을 함께 밝혀낼 수도 있다. 이 경우 장학담당자는 교사에게 정중하게 부탁하여 교사가 꾸밈없이 평소처럼 수업할 수 있도록 해야 한다.

2) 교사의 관심을 관찰가능한 행동적 용어로 바꾸기

교사의 관심을 관찰가능한 구체적인 행동적 용어로 바꿀 수 있도록 교사를 돕는 일은 관찰 전 협의회를 성공적으로 이끌어 가기 위한 중요한 기법 중의 하나다. 막연한 고통을 가지고 찾아온 환자에게 의사가 진찰을 통하여 병의 진단에 따라 처방을 내리듯이, 장학담당자도 추상적이고 모호한 교사의 관심을 관찰가능한 구체적인 형태로 진술될 수 있도록 도와주어야 한다.

사실 교사들의 모호하고 얼버무리는 듯한 표현들을 장학담당자는 관찰가능한 형태로 진술될 수

있도록 도와주어야 한다. 장학담당자는 교사로 하여금 추상적 용어에 초점을 맞추고 그 의미를 명백하게 할 수 있도록 하는 다른 질문이나 방법을 사용해도 좋다.

수업에서 자주 사용되는 주요 개념의 의미를 분명히 하기 위한 몇몇 연구가 진행되어 왔다. 이 중 부시(Bush)와 그의 동료들(1982)은 명료성의 개념을 강조하는 다음과 같은 관찰가능한 행동을 밝혀냈다.

① 예를 들고 그것을 설명한다.
② 학생들이 이해하지 못하면 질문과 설명을 반복한다.
③ 학생들로 하여금 질문하게 한다.
④ 낱말을 또렷하게 발음한다.
⑤ 교사가 가르치고 있는 주제와 관련된 것만 말한다.
⑥ 공통적인 용어를 사용한다.
⑦ 중요한 것은 칠판에 쓴다.
⑧ 교사가 가르치고 있는 것을 실생활과 관련짓는다.
⑨ 교사가 말한 것을 학생이 제대로 이해했는지를 알기 위하여 질문을 활용한다.

3) 교사의 수업개선을 위한 절차 확인하기

이 기법은 앞의 두 가지 기법에서 확인된 문제점을 개선하기 위한 수업의 절차를 정하는 것이다. 수업장학을 통하여 파악된 문제점에 대해 새로운 개선과제를 수립하였다면 이 목표를 달성시키기 위하여 어떠한 변화를 가져와야 하는가를 정하고, 변화를 가능하게 하는 절차를 정한다.

첫째, 자신의 수업이 지루하고 무기력하고 열정이 부족하다고 걱정하는 수업자에게 장학담당자는 수업 시 자신의 행동을 체크할 수 있는 체크리스트를 곁에 놓고 수시로 체크하도록 할 수 있다. 둘째, 교사가 자료의 부족으로 고민한다면 자료목록을 제공해 주고 교육연구원의 자료이용 방법에 대해 조언해 줄 수 있고, 더 나아가 자료 개발과 관련된 연수수강을 권장할 수도 있다. 셋째, 교사의 관심이 학생의 행동을 변화시키는 것이라면 여러 가지 절차나 과정이 필요하다. 학생이 토의수업에서 주의 집중하지 않는 것에 대해 교사가 관심을 가졌다면 장학담당자는 우선 교사로 하여금 주의 집중을 일련의 관찰가능한 행동(교사의 질문에 조심스럽게 대답하기, 다른 학생이 말할 때 경청하기, 적절한 논평과 질문을 시도하기)으로 정의하도록 돕는다. 다음으로 주의 집중하는 행동이 일어나도록 수업절차를 개선하고, 끝으로 교사는 계획된 수업절차가 확인될 때까지 이러한 과정을 반복 연습한다.

① 교사가 학급에서 사용하도록 하는 구체적 학생행동을 확인한다.
② 학생의 행동을 유발하기 위해서 사용할 필요가 있다고 생각한 수업절차를 확인한다.
③ 수업절차를 배우고 연습하기 위한 전략을 확인한다.

4) 교사로 하여금 자기 개선의 목표를 설정하도록 돕기

교사로 하여금 수업개선을 위한 교사 자신의 개인적 목표를 설정할 수 있도록 돕는 것이다. 예를 들어 무질서하게 말하는 학생들에 대하여 관심을 가지는 교사인 경우에, 장학담당자는 교사로 하여금 이 문제를 반영해 주는 몇몇 관찰가능한 학생행동을 확인하고 이러한 학생들의 행동을 변화시키기 위한 절차를 수립하도록 도와주어야 한다. 이 과정에서 장학담당자는 교사에게 부여된 개선과제를 다시 한 번 분명히 하고, 이러한 목표를 달성하기 위해 세부적인 목표를 행동적인 용어로 구체적으로 진술하도록 한다. 그렇게 함으로써 교사와 장학담당자는 둘 다 이후의 수업장학이 나아갈 방향을 분명히 이해할 수 있게 된다.

이러한 기법은 '장학담당자는 내가 어떠한 점을 도움받기를 기대하는지 모르고 있다.'고 생각하는 교사의 혼돈상태를 막아 줄 수 있다. 장학담당자나 교사 누구나 이 목표를 진술할 수 있으나, 누가 진술하든지 상대편이 목표를 동일하게 이해하고 또 그 목표에 동의하는지 확인해야 할 필요가 있다.

5) 수업관찰의 시간 결정하기

수업을 직접 관찰하기 위하여 계획하는 첫 번째 단계로, 장학담당자가 수업자의 교실방문을 위해 서로 편리한 시간을 정하는 것이다. 어떤 이유에서든 수업자가 장학담당자의 수업관찰을 원하지 않는 수업이 있을 수 있고 장학담당자도 시간적인 문제 때문에 관찰할 수 없을 때가 있을 수 있다.

수업관찰에 서로 편리한 시간을 정하는 것은 또 다른 이유에서 중요하다. 장학담당자가 예고 없이 교실에 들어오게 되면 교사들은 불쾌하게 생각할 수 있다. 따라서 장학담당자들은 교사들을 전문가로 또 자기 학습에 대한 일차적 책임을 지고 있는 사람으로 대우해 준다고 느끼게 할 필요가 있다. 그런데 만일 장학담당자가 원하는 때는 아무 때나 '들이닥친다면' 교사들은 정당한 대우를 받고 있다고 느끼지 못할 것이다. 교사의 교수권과 학생의 학습권은 충분히 보장해 주어야 한다.

6) 기록할 관찰도구와 관찰행동을 선정하기

관찰 전 협의회는 교실에서 발생하고 있는 것에 대한 교사의 생각과 지각에 바탕을 두고 있다. 이러한 지각은 교실에서 실제 일어나고 있는 사실과 일치하거나 아니면 다를 수도 있다. 교사가 지각한 것에 대한 객관적인 체크를 해 주고 교사가 주의를 기울이지 못했던 수업현상을 기록해 주는 수업관찰과 관찰결과 자료가 필요하다. 이 과정에서 중요하게 고려되어야 할 점은 '어떤 종류의 수업관찰 자료가 수집할 가치가 있는 자료인가?' 등을 결정하는 것이다.

이를 위해 먼저 관찰도구가 교사의 관심과 일치해야 한다. 예를 들어 교사가 자기의 비언어적 행동에 관심을 가진다면 비디오 녹화가 알맞을 것이다. 반면, 교사의 관심이 학급 내 문제 학생에 대한 것이라면 일화 기록이 도움이 될 것이고, 교사가 학급 내 소란 정도에 대하여 관심이 있다면 학생의 이동 양식을 기록하는 것이 좋다.

둘째, 관찰방법의 선정은 수업에 대한 교사의 생각을 보다 더 구체화해 줄 수 있는데, 만일 교사와 장학담당자가 단지 수업에 대한 대화만을 위해서 협의회를 한다면 대화는 모호한 일반적인 이야기와 추상적인 이야기로 끝나고 말 것이다. 따라서 관찰도구의 선정은 교사로 하여금 교실수업의 관찰가능한 현실에 주의를 기울이도록 초점을 맞추어야 한다.

장학담당자나 교사 중 누구나 수업관찰을 위한 적절한 관찰방법 및 도구의 사용을 제안할 수 있다. 만일 교사가 수업관찰방법에 대하여 잘 모르면 장학담당자가 여러 제안을 주도할 필요가 있다. 반면, 교사가 수업관찰방법에 대해 일정 수준 이상의 식견을 갖고 있다면 교사가 제안을 주도하도록 격려해 주어야 한다.

교사와 수업관찰도구 및 방법에 대하여 토의할 때 장학담당자는 이 도구와 방법들에 대해 이후 관찰 후 협의회에서 검토할 수 있고, 교사들의 자기 교수 효과성에 대하여 스스로 판단할 수 있게 해 주는 비평가적, 객관적 자료들을 수집하도록 고안된 것이라는 점을 강조한다.

7) 자료기록을 위한 수업장면 명료화하기

장학담당자가 교사의 관점에서 교사의 세계를 이해하고자 노력한다는 것을 교사에게 암시하는 것은 중요하다. 교사는 장학담당자의 수업장면 명료화를 통해 장학담당자가 자신의 수업개선과제에 대해 명확히 파악하고 있다고 생각하기 때문에 수업 중 장학담당자가 교실에 있어도 거부감이 줄어들게 된다.

한편 수업장학을 할 때 한 번에 한두 영영에만 관심의 초점을 맞추는 것이 좋다. 한 번의 수업에서 너무 많은 측면을 보려고 하면 교사는 혼란을 느끼기 쉽다. 장학담당자의 수업관찰은 주로 교사의 열의, 학급 운영 방법, 학생의 과업에 대한 행동 등에 초점을 두어야 한다.

3. 약식장학에서의 관찰 전 협의회 방법

약식장학은 단위 학교의 교내 자율장학 책임자인 교장이나 교감이 간헐적으로 짧은 시간 동안의 학습순시나 수업관찰을 통하여 교사들의 수업 및 학습형태 등을 관찰하고 이에 대해 교사들에게 지도조언을 제공하는 장학 활동이다. 이러한 형태의 장학은 일반적으로 계획 수립, 실행, 결과 활용 등 세 단계로 구성된다. 여기에서는 관찰 전 협의회에 해당되는 약식장학의 계획 수립 단계를 살펴보고자 한다.

제1단계인 약식장학의 계획 수립에서는 교장이나 교감은 가능한 한 공동으로 학급순시나 수업참관을 위한 계획을 수립한다. 그리고 전체 교사들로 하여금 약식장학에 대한 이해를 높이며, 수립된 학급순시와 수업참관 계획을 전달하고 이해시키기 위하여 교사들과 대화를 갖는다.

1) 학급순시와 수업참관 계획 수립

교장과 교감은 가능한 한 학급순시나 수업참관을 위한 대상 교사 및 학급, 시간과 일정, 그리고 관찰 중점사항 등을 포함하는 개괄적인 계획을 수립한다.

이때 동일 교사에 대한 학급순시나 수업참관이 교장과 교감 간에 필요 이상으로 중복되지 않도록 하여야 한다. 교장과 교감이 서로 중복되지 않도록 일정을 조정하여 각기 일정 기간(대체로 주 단위)에 학년별로 또는 교과별로, 해당 교사들을 대상으로 장학 활동을 실시한다.

2) 교사와의 의사소통

교장과 교감은 전체 교사들을 대상으로 하여 평상시에 자체연수를 통하여 약식장학의 개념, 영역, 형태, 방법 등에 관하여 충분한 이해를 갖도록 한다. 특히 약식장학의 의미와 방법에 대하여 충분한 연수를 실시하여 약식장학에 대한 교사의 이해를 높이고 불필요한 부담감이나 오해가 없도록 한다.

교장이나 교감은 수립된 학급순시나 수업참관에 관한 개괄적 계획(예: 첫째 주 화요일에서 금요일 기간 중에 하루, 오후 수업시간에 교장이나 교감이 학급순시나 수업참관을 할 계획임)을 해당 교사들에게 전달하고 교사들이 궁금해하는 사항에 관하여 대화를 갖는다.

교사와의 대화는 가능한 한 협의 및 계획 수립을 할 수 있는 별도의 쾌적하고 안락한 장소에서 하는 것이 좋다. 이때 학급순시나 수업참관 대상 교사들로부터 발전적인 의견이나 제안이 있으면 이를 참고하여 이미 수립된 계획을 수정할 수도 있다.

교장이나 교감은 계획된 기간 중에 진행 중인 수업을 방해하지 않고 교실에 출입할 수 있도록(예: 교실 뒷문 개방 등) 교사들에게 사전협조를 구한다.

4. 동료장학에서의 관찰 전 협의회 방법

동료장학은 동료교사들 간에 그들의 수업 활동의 개선을 위하여 공동으로 노력하는 과정이라 할 수 있다. 동 학년 교사들, 동 교과 교사들, 그리고 관심 분야가 같은 교사들이 모임을 이루거나 경력 교사와 초임교사가 짝을 이루어 상호 간에 수업을 공개 관찰하고 의견을 교환함으로써 수업연구과 제의 해결이나 수업방법의 개선을 도모하거나, 공동 관심사나 공동과제의 해결과 개선을 위해 협의 하는 형태이다.

현재 학교 현장에서 이루어지고 있는 동료장학의 형태는 크게 두 가지로 나누어 볼 수 있다.

첫째, 동 학년 단위 또는 동 교과 단위로 많이 실시되고 있는 수업연구 또는 수업공개를 중심으로 한 동료장학 형태가 있다. 둘째, 동학년협의회, 동교과협의회, 동부서협의회, 다양한 형태의 공식적 또는 비공식적 교사모임을 통해 공동 관심사나 공동과제에 대한 협의를 진행하거나 관련된 경험,

정도, 아이디어, 도움, 충고, 조언 등을 주고받는 동료장학 형태가 있다. 이를 협의 중심의 동료장학
이라 한다.

1) 수업연구 중심 형태

수업연구를 중심으로 한 형태는 외부장학의 형태와 기본적으로 유사한 점이 많다. 외부장학의 기
본적인 절차를 근간으로 하여 동 학년 교사들 또는 동 교과 교사들이 공동으로 수업공개를 계획하
고 수업을 관찰하며, 이에 대한 의견을 교환하는 것이다. 이러한 수업연구(공개)는 계획 수립, 수업
관찰, 환류협의 등의 절차를 엄격하게 따르지 않으면서 교사들 상호 간에 부담 없이 서로의 수업을
보여 주고 그에 관하여 의견을 나누는 것이다.

계획 수립 단계에서는 필요에 따라 협의를 통하여 동료교사들 간의 자율적이고 협력적인 분위기
를 조성하고 수업공개자를 선정한다. 그리고 수업연구과제 또는 수업개선과제를 확인, 선정하고, 이
에 대한 개략적이고 잠정적인 해결 및 개선방안에 대하여 논의하며, 수업상황에 대한 정보를 교환한
다. 이후 수업관찰 이전까지 서로 사전 교재연구를 진행하고 수업지도안에 대한 협의를 기초로 수업
지도안을 완성하며 필요한 수업 환경을 조성한다.

이와 같은 과정은 원칙적으로 동료장학에 참여하는 전체 교사들 간의 공동 작업으로 진행되고 필
요한 경우에 교장, 교감이 동료장학의 계획 수립에 참여할 수도 있다.

(1) 자율적이고 협력적인 관계 조성하기

자율적이고 협력적인 분위기를 조상하기 위해서는 협의회에 앞서 오리엔테이션을 갖는 것이 좋으
며, 이러한 과정을 통해 교사들로 하여금 동료장학의 개념, 영역, 형태, 과정 등에 관하여 충분한 이
해를 갖도록 한다.

경력교사와 초임교사가 짝을 이루어 동료장학을 실시하는 경우 경력교사는 초임교사에게 최대한
편안한 분위기를 만들어 주려고 노력해야 하며, 가능한 한 별도의 쾌적하고 안락한 장소에서 협의를
갖는 것이 좋다.

(2) 수업공개자(수업발표자) 선정하기

동료교사 모임에서 시범 수업이나 일반 수업을 공개할 교사를 협의하여 선정한다. 경력교사와 초
임교사가 짝을 이루어 동료장학을 실시하는 경우에는 가능한 한 경력교사가 먼저 시범적으로 자신
의 수업을 초임교사에게 공개하고, 이에 대한 환류협의를 가진 후에 초임교사가 편안한 상태에서 자
신의 수업을 공대하는 순서를 밟는 것이 좋다.

(3) 수업연구과제 선정하기

　수업연구를 하는 교사가 수업과 관련한 문제점을 발견해 보고자 하는 사항이나 수업개선을 위해 도움을 필요로 하는 사항이 있으면 이에 관하여 의견을 교환하여 수업연구과제 또는 수업개선과제를 선정한다. 이때 수업을 공개하는 교사의 의견이 최대한 존중되는 것을 원칙으로 한다.
　수업연구를 하는 교사는 연구과제나 도움을 필요로 하는 사항을 확인하기 위하여 수업 활동에 대한 자기 평가를 실시해 볼 수 있다. 또한 수업 연구과제를 구체화하고 이에 대한 개괄적이고 잠정적인 해결 및 개선방안에 대하여 동료교사와 충분히 협의한다.

(4) 학생에 대한 정보 교환하기

　수업연구를 할 교사는 담당 학생들의 학습능력, 학습태도, 학습의욕 등을 비롯한 학생에 대한 제반 사항을 동료교사들에게 설명하고 의견을 교환한다. 그리고 그동안의 수업진도, 수업내용, 수업방법 등 수업관찰과 분석에 필요한 수업 제반 정보를 사전에 충분히 제공한다.

(5) 사전 공동 교재연구를 통한 의견과 정보 교환하기

　수업연구과제가 선정되면 이에 대한 해결 및 개선방안에 대하여 동료장학에 참여하는 모든 교사들은 교재를 연구하고, 정보와 아이디어를 수집하여 이를 수업연구 할 교사에게 제공하거나 상호 간에 의견을 교환하는 활동을 한다.
　교재연구를 하는 동안에 유익한 정보나 아이디어를 상호 교환하기 위하여 필요한 경우에는 수시로 동료장학에 참여하는 교사들이 전체적으로 또는 개별적으로 모임을 가질 수 있다.

(6) 해당 수업지도안 협의 및 작성하기

　동료교사들 간의 사전 협의를 참고로 하여 수업연구를 할 교사는 수업지도안 작성에 착수한다. 특히 동 학년 교사나 동 교과 교사들과 수업지도안을 공동으로 작성하면 각 교사들의 지혜를 모아 보다 짜임새 있는 수업지도안을 개발(구안)할 수 있다. 이때 수업연구를 할 교사의 의견이 최대한 존중되는 것을 원칙으로 한다.
　작성된 수업지도안은 수업관찰 단계 이전에 유인물로 만들어서 동료장학에 참여하는 교사들은 물론 필요할 경우에는 교장과 교감을 비롯하여 다른 교사들에게 배포하여 참고자료로 사용하도록 한다.

(7) 수업관찰을 위한 역할분담과 관찰계획 수립하기

　수업연구를 할 교사와 동료교사들은 관찰내용, 관찰기록방법(서술식 기록, 약어·부호사용 기록, 체크리스트 기록, 녹음기·녹화기 사용 등), 관찰시기, 시간, 관찰장소, 관찰위치 등에 관하여 협의한다.

수업관찰을 효율적으로 실시하기 위하여 동료장학에 참여한 교사들은 관찰내용, 관찰기록 방법, 녹음기·녹화기의 조정과 사용 등에 있어서 각자가 담당해야 할 역할을 구분한다. 또한 수업관찰 당일에 필요한 수업환경 조성(녹음기·녹화기 등 기자재 준비, 관찰좌석 정비 등)과 관련하여 필요한 역할을 분담한다.

역할분담과 수업관찰 계획은 서면으로 정리하여 공동으로 확인하도록 하고, 환류협의에 대한 계획(시간, 장소, 참석자, 절차 및 방법 등)도 함께 논의한다.

2) 협의 중심 형태

협의 중심의 동료장학은 동료교사들 간에 공식적이거나 비공식적인 일련의 협의를 통하여 어떤 주제에 관하여 경험·정보·아이디어·도움·충고·조언 등을 교환하거나, 공동과제와 공동 관심사를 협의 또는 공동과업을 추진하는 활동을 의미한다. 학교 현장에서 흔히 볼 수 있는 동학년협의회, 동교과협의회, 동부서협의회 등이 협의 중심 동료장학의 대표적인 형태다.

협의 중심의 동료장학에서 다루어질 수 있는 협의주제 영역은 교사의 전문적 발달, 교사의 개인적 발달, 학교의 조직적 발달 등 전반 영역이다.

수업연구 중심의 동료장학이 교사의 전문적 발달 영역 중 교과지도에 초점이 주어져 있다고 한다면, 협의 중심의 동료장학은 교과지도 이외에도, 교육기자재 활용, 학급관리·경영, 교육 정보·시사, 학부모·지역사회와의 유대, 각종 교육문제의 이해 등 협의주제가 다양하다. 뿐만 아니라 교사의 신체·정서적 건강과 성격이나 자아개념, 교사의 가정생활 및 사회생활과 관련한 관심사, 교사의 취미나 흥미, 그리고 교사의 종교 등을 포함하는 교사의 개인적 발달 영역에 관해서도 동료교사들 간의 공식적 또는 비공식적 접촉을 통하여 서로 도움을 주고받을 수 있다.

또한 학교영역 계획 수립과 학교경영 결과평가, 학년배당·학급배당·업무배당 등을 포함하는 학교경영 조직, 교직원 인사관리, 교직원 간의 인간관계, 교직원 간의 의사소통, 의사결정, 학교의 분위기와 조직풍토, 학교재정·사무·시설관리, 그리고 학교의 대외적인 관계 등을 포함하는 학교의 조직적 발달 영역의 여러 주제와 관련하여 서로 경험, 정보, 아이디어, 도움, 충고, 조언 등을 주고받을 수도 있다.

동료장학과 관련하여 교장과 교감은 동료교사들 간의 각종 공식적, 비공식적인 협의와 접촉을 조성하고 지원하며, 이것이 교사의 전문적 발달, 개인적 발달, 학교 전체의 조직적 발달에 긍정적인 방향으로 연결되도록 합리적이고 민주적인 지도성을 발휘해야 한다. 특히 학교 내 동료 교직원들 간의 인간관계를 중심으로 자연발생적으로 형성되어 있는 여러 가지 비공식 조직들에 대한 이해와 그들 조직들이 서로 조화로운 관계가 유지될 수 있도록 하기 위한 노력이 요구된다.

교사는 항상 수업에서 목표, 내용, 지도방법, 평가 등 일련의 과정을 고려한다. 특히 잘 가르치는 방법은 무엇인가에 대해 많은 생각을 한다. 초임교사에게 교수법, 지도기술, 수업설계능력, 수업전개 기술은 많은 어려운 과제로 여겨진다. 그러나 학교 현장에서 이루어지고 있는 수업연구가 초임교사 혹은 경력교사에게 이러한 의문들을 해결하는 데 적절하게 운영되지 못하였음은 공감하는 현실이다.

교사가 지각한 수업행동은 학생이나 관찰자가 지각한 것과 적어도 어떤 측면에서는 다르다는 연구결과를 보면 교사 자신의 수업능력 개선을 위하여 다른 동료 혹은 관찰자의 관점이 도움이 될 수 있음을 의미한다.

수업분석을 통하여 얻은 자료가 수업자에게 수업설계 및 수업지도 기술향상으로 이어지기 위해서는 단위 수업의 과정을 명확한 준거와 체계적인 분석기준을 가지고 객관적으로 설명할 수 있을 때 비로소 가능하다.

그러나 중요한 것은 능동적인 수업자 자신의 열린 마음과 감정이나 상대의 마음에 치우쳐 관찰자로서의 역할을 수행하지 못하는 관찰자의 모습에서 벗어나는 것이다.

1. 수업자의 자세

교육의 질은 교사의 질에 달려 있으며 교사의 질이란 곧 수업의 질을 의미한다. 우리가 수업분석 활동을 하는 것은 수업의 질을 높이는 데 목적이 있다.

다시 말하면, 교사 자신의 수업능력 향상이나 수업의 기술 향상에 목적이 있는 것이다. 이를 위해 교사 자신이 노력에 의해 자신의 전문성을 증진시킬 수 있다는 믿음과 함께 적극적이고 자발적인 수용 태도가 기본 전제로 되어야 한다. 수업자의 바람직한 자세는 다음과 같다.

가. 교육 전문직으로서의 올바른 철학과 굳은 신념

교사의 교수행위는 기술적(Descriptive)인 데 그치는 것이 아니라, 진단적이고 처방적인 기능을 지닌다. 바람직한 교수 활동은 교사와 학생이 학습자료와 밀접하게 융화되어 학습목표를 중심으로 재구성되어 전개되는 고도의 전문성을 요하는 활동이다. 따라서 수업기술의 향상을 위해서는 주관적이고 인상적인 관찰보다는 객관적이고 과학적인 방법을 통해 진단되고 처방될 때 효과가 있음을 인식해야 한다. 단위 수업은 이러한 준비와 실천 그리고 분석이 함께 존재해야 하는 고도의 활동이라 할 수 있다.

나. 수업개선에 대한 겸허한 수용 자세

수업관찰의 결과가 수업자 자신에게 수업행동을 교정하는 데 도움이 될 수 있다는 믿음을 가져야 한다. 현재까지 많은 수업연구와 연구수업이 이루어지고 있으나 수업연구가 제 역할을 하지 못하는 가장 큰 이유로 교사 자신이 자기방어적인 행동을 하기 때문이라는 연구가 있었다. 이는 제3자의 충고나 지적이 주관적이고 인상적인 경향이 강하여 지적을 받아들이기에 앞서서, 자기의 행동을 정당화하기 위한 근거를 찾아서 방어하려는 태도를 보이는 것으로 나타났다. 수업자는 수업관찰의 필요성을 인식하고 자기 방어적인 태도에서 벗어나는 일이 선행되어야 할 것이다.

다. 새로운 교수법과 수업모형의 자기 브랜드(Brand)화

수업자는 수업을 공개하기에 앞서 공개하고자 하는 수업이 새로운 교수법이나 교수·학습 모형을 재구성하여 적용해 봄으로써 관찰자들의 다양하고 객관적인 도움을 받아 자신의 수업능력 향상에 기여할 수 있다는 열린 마음이 전제되어야 한다.

학습목표 도달을 위해 어떤 방법을 허용할 것이며, 학생들에게 자기 주도적인 학습력과 의도적인 학습경험을 제공하기 위한 최선책이 무엇인가에 대한 연구의 결과가 수업공개를 통해 나타나게 된다. 특히 학교에서의 중견교사는 교육과정 개정 및 새로운 교수·학습모형에 대한 시범·실험 수업을 기획하고 수행함으로써, 초임교사에게 전문성 신장을 위한 계기를 제공할 수 있어야 한다.

라. 수업과 학습자에 대한 명확한 목표 인식

수업자는 다음과 같은 명확한 인식을 가지고 수업에 임해야 할 것이다. 교육 과정의 이해를 기반으로 한 수업을 위해 교육의 목표 인식 → 교과의 교육목표 → 학년 교과 목표 → 단원의 구조 → 차시의 위치 및 학습자의 행동 변화 목표를 명확하게 인식하여야 한다.

단위 수업은 교육과정에서 추구하는 인간상을 최종점으로 하는 일련의 단위(unit)이므로 수업설계 및 분석에 있어 위의 단계는 반드시 병행되어 이루어져야 할 것이다.

마. 구조화된 교수·학습 과정안 제시

수업관찰자는 수업자가 제시하는 교수·학습안(또는 교수·학습 과정안, 학습지 도안)을 통해 수업분석을 위한 근거자료로 삼게 된다. 따라서 수업자는 교수·학습안을 작성할 때,

① 본시 목표와 관련된 아동의 실태 및 간단한 기초조사 자료를 제시하고,
② 교육과정의 목표를 분석하여 수업자의 관점에서 위계적으로 제시하며,
③ 일반적인 세안의 요소를 기록함으로써, 관찰자에게 구조화된 교수·학습안을 제공해 주어야 한다.

바. 수업연구는 수업의 질적 향상을 위한 노력의 일환

교사는 단위시간의 학습 활동을 위해 많은 노력을 기울인다. 그러나 수업연구가 전적으로 교사 자신만의 몫이 되어서는 발전의 한계가 나타나게 될 것이다. 이는 수업을 분석하는 여러 가지 관점과 분석의 기준을 가지고 자신의 수업을 되돌아보고 분석하는 일이 혼자로는 역부족이기 때문이다.

여러 관찰자의 도움은 자신의 수업기술 향상을 위해 큰 도움이 될 수 있을 것이다. 또한 관찰자들도 수업자의 수업과 여러 관찰자들의 분석을 통해 자신의 수업 향상에 도움을 받을 수 있게 된다.

수업자의 자세를 요약하여 제시하면 다음과 같다.

① 자신의 수업을 스스로 개선한다는 전문직으로서의 신념이 있어야 한다.

② 자신의 수업을 정직하게 개방적으로 관찰하게 하고 개선할 점을 겸허하게 받아들일 수 있는 아량이 있어야 한다.

③ 수업분석과 같은 장학을 통해 스스로 성장하려는 의지가 필요하다.

수업분석 활동을 통해 자기 수업의 약점을 제거하거나 최소화하고, 보다 바람직한 수업기술 및 능력을 연마하여 수업효과를 높인다는 전문인으로서의 소양을 갖는 자세가 요구된다.

2. 수업관찰자(수업참관자)의 자세

수업을 참관하는 장학지도자나 참관자는 수업자에 대한 예의를 갖출 뿐만 아니라, 교수ㆍ학습 개선에 대한 의지를 갖고 성실한 태도로 수업을 관찰하여야 하며, 수업이 끝난 후 협의회에 참가하여 수업에 대한 지도 조언을 함으로써 교사들의 교수방법 개선에 기여해야 한다.

교사의 교수행위 변화를 위하여 계획적ㆍ공식적으로 도와주며, 교사와 학생 사이에서 상호작용하는 교육 과정을 마련하며, 교사의 교수행위를 향상시킬 수 있도록 하는 수업참관 요령을 살펴보면 다음과 같다.

가. 수업교과 및 교수ㆍ학습 과정안에 대한 사전연구

수업자는 교수ㆍ학습 과정안을 수업시작 2~3일 전에 미리 참관자에게 배부해야 한다. 이때 수업에 참관할 교사나 장학지도자는 이 과정안을 분석 검토하고 본시 학습과제에 대한 연구를 해야 한다. 내가 이 학습과제를 가지고 1시간 동안 지도한다면 어떤 방법으로 할 것인가, 이 과정안대로의 수업지도는 가능한가, 그리고 그 결과는 성공적일까, 과정안은 계획성과 실현가능성이 있게 작성되었는가 등 과정안에 대한 사전평가를 스스로 한 다음 수업을 참관해야 한다.

나. 수업전문성과 교수기술 인지

좋은 수업은 교수이론을 바탕으로 계획되고 실천되어야 한다. 학교 현장에서 이론과 수업은 별개의 것으로 생각하는 견해가 지배적이나, 깊이 생각해 보면 수업기술은 교수이론을 배경으로 발전해 오고 있음을 알아야 한다.

과거 수업에 임하는 교사들은 입시 위주의 주입식 교육에 많은 관심과 투자를 해 왔다. 그러나 급격한 사회의 변화와 정보 및 지식 기반 사회에서는 더 이상 암기식의 교육방법만으로 미래 사회를 이끌어 갈 바른 인재를 양성할 수 없음은 자명한 사실이다. 따라서 교육과정의 개정과 그 철학적 배경을 이해하고, 좀 더 적합한 교수방법에 대한 탐색과 연구적인 노력은 생애(평생) 학습자로서, 전문 직업인으로서의 바른 자세라 할 것이다.

다. 수업관찰방법 준수

수업관찰자는 수업시간 5분 전에 교실에 입실하여 학습자의 준비 활동을 관찰하고, 수업이 시작되고 학생과 교사 간에 상호 인사를 할 때에는 관찰자도 일어서서 교단에 있는 수업자와 인사를 나누어야 한다. 수업자와 학생 간에 인사를 교환하는데도 관찰자가 의자에 앉아 있는 것은 예의에 벗어나는 행위이다. 그리고 관찰 시에는 교실 내를 배회한다든지 다른 관찰자와 소리 내어 이야기하는 행위는 지양해야 한다.

라. 관찰 영역, 분담 사전협의회 개최

사전 협의회에서는 수업자의 수업설계를 중심으로 수업안의 구성과 활동 계획을 검토하게 된다. 이때 관찰자 역시 관찰하고자 하는 범위와 내용을 결정하고 이를 효과적으로 관찰할 수 있는 관찰 도구를 준비해야 한다. 이 부분에 대해 소홀할 경우 관찰결과의 자료는 초점이 없고 산만한 느낌을 주게 되어 '자신의 주관에 의하면 혹은 나의 경우에는' 식의 결과가 되기 쉽다.

마. 수업관찰도구의 선택 및 개발

수업관찰의 결과를 객관적이고 과학적인 방법으로 기록하고 해석할 수 있는 관찰방법이나 도구를 선정해야 한다. 명확한 자료나 수치를 통하여 객관적이고 신뢰할 만한 자료를 제시해야 할 의무가 있다.

수업관찰 후 자료를 정리하여 이를 검토하는 과정에서 '나의 생각', '내가 본 바', '나의 느낌' 등에 근거하여 수업을 진단하고 해석한다면 수업관찰이 잘못되었다고 볼 수 있다. 올바른 수업관찰은 '이 표에서 보는 바와 같이', '이 통계치의 의미는' 등과 같이 객관적인 자료를 토대로 해야 하는 것이다. 수업자가 자기 방어적인 차원으로 충고나 지적을 받아들인다면 이것은 관찰자가 주관적인 느낌에 중점을 둔 표현을 하였기 때문일 것이다.

교사는 관찰자인 동시에 때때로 수업자의 역할을 동시에 수행하게 된다. 따라서 자신의 수업이나 동료교사의 수업을 정확하게 분석할 수 있는 관찰도구의 개발에도 지속적인 관심을 가져야 할 것이다.

수업분석 자료를 통해 현장개선을 목적으로 한다면 실용적인 도구의 개발에도 관심을 가져야 한다. 즉 수업관찰을 수행하면서 쉽고 간편하게 이용할 수 있는 관찰도구가 필요하며 이러한 도구의 개발은 바로 관찰자의 몫이기도 하다. 이는 수업상황, 학생 실태, 학교 환경, 수업목표 등에 따라 수업관찰의 관점이 달라지며 이러한 상황에 따라 적합한 도구를 개발하는 것은 수업자 및 관찰자 모두의 노력이 필요한 것이다. 또한 아무리 좋은 도구일지라도 실용적이지 못하여 불편함을 느낀다면 활용되기 힘들 것이다. 따라서 쉽게 활용하면서도 관찰 관점을 정확하게 측정할 수 있도록 개발되어야 할 것이다.

바. 폭넓고 다양한 관찰

한 가지 수업관찰방법으로 수업 전체를 평가하려는 태도를 지양해야 한다. 한두 가지의 관점에 의해서 잘된 수업이라 할 수 있어도 종합적으로 잘된 수업이라는 평가를 내리기란 어려운 일이다.

남의 수업을 잘 관찰할 수 있는 교사는 자신의 수업도 잘할 수 있다고 단정 지어도 무리는 아니다. 수업을 볼 수 있는 안목을 기르기 위하여 또한 수업을 바르게 평가하기 위해서는 폭넓게 세밀히 관찰하려는 노력이 이루어져야 한다.

교수·학습 과정안대로 교수·학습 활동이 진행되고 있는지, 도입·전개·정착에 배정된 시간계획은 잘 지켜지는지, 질문형태는 어떤지, 지명이 몇 명의 학생에게 치우치지 않는지, 발표자의 자세나 반응은 어떤지, 전인적인 차원에서 교수·학습 활동이 진행되는지, 판서계획은 실제 상황과 일치하는지 등 단위시간의 교수·학습 활동을 시작에서부터 끝까지 다양한 관점을 가지고 수업을 분석하여야 한다.

사. 좋은 수업에 대한 확고한 참관 의식

수업은 수업자의 특성에 따라 다양한 형태로 나타난다. 또한 참관자도 각자 자기 나름대로의 관찰과 평가를 하게 된다. 그러나 수업참관자의 입장에서 생각해 보면, 수업을 관찰한 다음 어떻게 하면 성공적인 수업이 될 수 있을 것인가 예상할 수 있어야 하며, 그것은 자기의 다음 수업에 적용될 수 있어야 한다. 수업의 참관을 통한 자료가 관찰자 자신에게도 반성자료로서 활용되며 수업개선에 도움이 될 수 있을 때 좋은 수업을 느끼는 진정한 참관이 될 것이며 바람직한 관찰자의 자세가 될 것이다.

일반적으로 수업자에게 도움을 주는 수업분석 및 관찰자의 역할에 대해 다음과 같이 제시할 수 있다.

① 교육사조 및 흐름(수업자의 위계)을 인식하는 것에 그치지 않고,

② 단위 차시 목표의 도달을 위한 접근 방안에 대해 수업방법의 다양화, 대안제시가 이루어져야 한다.

③ 또한 교육목표와 학습효과성을 높이는 수업 여부를 판단함으로써 교사, 학생, 자료의 능동적인 결합 방안을 제시할 수 있어야 한다.

④ 마지막으로, 교육적 패러다임에 대한 이해와 미래에 대한 정확한 예측을 통해 교육 과정에서 추구하는 핵심 방향(교육 과정에서의 구성주의, 다중지능 이론, 홀리스틱 이론 등)을 단위 수업에 접목할 수 있는 방안을 제시할 수 있어야 할 것이다.

수업관찰자의 자세를 요약하여 제시하면 다음과 같다.

① 교사에게 수업과정에 관한 피드백을 제공하기 위한 활동이다.

② 수업의 문제점을 진단하고 해결해 본다는 생각을 가져야 한다.

③ 교사로 하여금 수업전략을 활용할 수 있는 기술을 개발하도록 돕는 일이다.

④ 수업관찰의 결과 자료에 근거하여 수업자가 수업 과정의 합리적인 분석 능력을 습득하도록 돕는다.

▌제5장▐ 수업연구대회 가이드

1. 교원의 전문성

1) 교원의 전문성
   가. 지식기반 전문성: 교육내용, 교과수업, 교육학 등 전문분야의 전문성
   나. 능력기반 전문성: 수업수행, 학생지도, 리더십에 대한 전문성
   다. 신념기반 전문성: 교직적성, 교직관, 소명의식, 태도 등
2) 교육 과정 편성·운영의 전문성
   가. 학교교육계획 수립의 전문가: 교육목표 설정, 교육내용 선정
   나. 학교교육 과정 운영의 전문가: 교육방법, 교육평가
3) 교육 과정 재구성 및 수업설계의 전문성
4) 교수·학습의 전문성
5) 교육평가의 전문성

2. 수업연구대회 목적

1) 전문성을 확보한 명품 수업 발굴
2) 명품수업으로 학력 신장

3. 수업연구대회 추진 방향

1) 보고서 분량
   가. 2009학년도 이전: 연구내용 10쪽, 교수·학습 과정안 10쪽, 총 20쪽 내외
   나. 2010학년도 이후:
   (1) 본문: 연구내용 5쪽, 교수·학습 과정안 10쪽, 총 15쪽
       (본문 15쪽 초과 시 탈락)
   (2) 부록: 교수·학습 과정안, 수업 전·후 협의록 사분
       (참가자 정보가 드러나지 않게)

2) 명품플러스 카드

가. 에듀스-○○에 수업동영상 탑재 점수 삭제

나. 수업공개 점수 상향 조정됨(1회당 2점 → 5점)

다. 제출증빙서류: 내부결재 공문사본, 교수・학습 과정안(세안), 수업 전후 협의록 사본(원본대조
필, 학교장 확인필)

〈표 85〉 명품 플러스 카드

영역	활동 내용별 점수 부여 기준	비고
수업 분야	■도 장학지도 시 수업공개 1회당 5점 ■시(군) 장학지도 시 수업공개 1회당 5점 ■'사이버릴레이 수업 동영상' 수업공개 1회당 5점 ■교내자율장학 시 공개수업 1회당 5점 ■시・군 명품수업지원단 수업공개 1회당 5점	교수분야인정자료 1. 내부결재공문사본 2. 교수・학습과정안 3. 수업 전 협의록 4. 수업 후 협의록
전문 분야	■광역교육청, 지역교육청 장학자료 및 자료개발요원 활동 3점 ■교수・학습 관련 자율연수 실정 30시간당 2점 ■각종 개인 연구대회 수상 실전 －도대회 1등급 3점, 2등급 2점, 3등급 1점 －전국대회 1등급 5점, 2등급 3점 ■각종 학생지도 수상 실적 －도대회 1등급 3점, 2등급 2점, 3등급 1점 －전국대회 1등급 5점, 2등급 3점	

3) 심사내용 및 심사기준

가. 심사내용

(1) 수업연구 계획서: 참가자 적격 여부를 심사하여 연구보고서 제출자격 부여

　(전년도 수업입상자가 동일교과, 동일주제, 동일차시로 계획서 불가)

(2) 수업연구 보고서: 보고서 제출자의 40% 이내 선정, 수업발표 자격 부여

　(단, 평정점이 60% 미달인 경우 탈락)

나. 제출서류

(1) 수업연구보고서 2부: 본문 A4 15쪽, 좌철

(2) 부록: 1학기 실시한 공개수업 내부결재, 교수・학습 과정안, 사전・사후협의록 사본을 보고서
에 부록으로 첨부

(3) 유의점

・제출자의 소속 및 개인정보가 나타나지 않도록 작성, 나타날 경우 심사대상에서 제외함

· 수업보고서 본문에 삽입된 교수·학습 과정안을 제외한 1회의 수업분을 부록으로 작성할 것
(4) 수업연구 보고서 심사기준표(유·초·중등·특수)

<표 86> 수업연구대회 심사기준표(예)

영 역	내 용	배점	비고
교수·학습 과정안 (15점)	● 교과 특성 살린 수업모형 적용과 수업설계의 타당성	6점	
	● 교수·학습 활동의 적절성	5점	
	● 교수·학습 매체 투입 방법 및 활용의 적절성·효과성	2점	
	● 교육 과정 재구성, 지역화 등 평가의 타당성	2점	
연구내용 (5점)	● 교수·학습 방법 개선 기여 가능성	3점	
	● 주제와 연구추진의 일관성 (연구보고서 내용의 접근성)	2점	
종합(20점)	계	20점	

(5) 보고서 심사 내용
· 심사대상: 수업계획서 적격 여부를 통과한 보고서
· 심사방법: 자체 심사위원회를 구성하여 심사
· 심사기준: 수업보고서 심사기준표 활용
· 심사위원: 전문성이 있는 교원, 대학교수, 퇴직 우수교원 등
· 심사방법: 최종 응모편수의 40% 이내, 소수점 절사
  (심사위원 3~5인 점수를 합산하여 다득점 순으로 수업발표자 결정)
· 수업발표자 선정결과 통보 예정: 추후 연락

4) 수업연구대회 보고서 작성(예시)

가. 1단계: 보고서 쓰기 전 수업연구대회 관련 공문내용 다시 확인하기
나. 2단계: 교수·학습 과정안 쓰기
다. 3단계: 보고서 쓰기
(1) 첫째, 보고서 틀 만들기
(2) 둘째, 보고서에 연구자의 수업연구 의도를 분명하게 밝히기
(3) 셋째, 글보다는 그림이나 표로 구분하기
(4) 넷째, 간단명료하게 표현하기

〈표 87〉 수업연구 보고서 차례(예시)

1. 시작하며 2. 탐색하며 가. 관련 지식 탐색 나. 실태 분석 다. 연구 계획 1) 대상 및 기간 2) 연구 과제	3. 실천하며 가. 교육 과정 분석 나. 단계별 학습지도 전략 구안 다. 단계별 자료의 활용방법 모색 라. 학습 훈련 방법 4. 마치며 가. 주제 해결 결과 나. 제언

〈표 88〉 교수 · 학습 과정안 구성(예시)

A안	B안
1. 단원명 2. 단원의 개관 3. 단원의 목표 4. 교재 연구 가. 단원의 구성과 계열 나. 본 수업 주제의 교육적 가치 다. 본시 관련 학습 모형 5. 학급의 실태 6. 차시별 지도계획 7. 지도상의 유의점 8. 단원의 평가계획 9. 본시 수업의 주안점 10. 본시 교수 · 학습 활동의 실제 가. 제재(주제) 나. 학습목표 다. 교수 · 학습 과정안 라. 형성평가 마. 판서계획 ※ 참고문헌	1. 단원의 개관 가. 단원명 나. 단원의 개관 2. 단원의 목표 3. 학습의 계열 4. 차시별 지도계획 5. 단원 평가계획 6. 지도상의 유의점 7. 교재 연구 8. 본시수업 전개계획 가. 실태 분석 나. 본시 수업의 방향 다. 본시 교수 · 학습 과정안 라. 형성평가계획 마. 칠판 활용 계획 바. 자료 활용 계획 9. 기대되는 효과 ※ 참고문헌

E안	F안
Ⅰ. 단원 1. 단원의 개관 2. 발전 계통 3. 과제분석 4. 단원의 목표 5. 지도상의 유의점 Ⅱ. 학생의 실태 Ⅲ. 교재 연구 1. 주제 해결을 위한 이론적 접근 2. 본 단원 학습 지도를 위한 교재 연구 가. 교육 과정에서의 본 단원의 의미 나. 본 단원의 조형적 활동 다. 본 단원의 신체적 활동 3. 본 차시 학습 지도를 위한 교재 연구 가. 학습과정 나. 제재의 특징 다. 주제와 관련된 본 차시 활동 라. 본 차시 학습에 활용되는 자료와 놀이 방법 Ⅳ. 전개계획 Ⅴ. 평가계획 Ⅵ. 본시 학습 지도안 1. 단원 2. 학습주제 3. 학습목표 4. 예술적 과제 5. 학습 활동 과정 6. 형성평가계획 7. 판서계획	Ⅰ. 단원의 개관 1. 교육 과정에서 본 단원 살펴보기 2. 학생 발달 수준 및 학습경험 살펴보기 3. 교수·학습의 방향 잡기 Ⅱ. 단원의 계열 Ⅲ. 단원의 학습목표 Ⅳ. 단원 전개계획의 재구성 Ⅴ. 단원 지도상의 유의점 Ⅵ. 단원 평가계획 Ⅶ. 학생 실태 파악 1. 지식적인 면 2. 탐구적인 면 3. 태도적인 면 Ⅷ. 교재 연구 및 학습전략 세우기 1. 교재의 재구성 및 탐구활동 구상 2. 창의력 개발 전략 Ⅸ. 본시 교수·학습 활동의 실제 1. 교수·학습안 2. 평가계획 3. 판서계획

5) 교과별 수업모형

가. 국어과

유형	수업 과정			
직접교수법	설명하기	시범 보이기	질문하기	활동하기
전문가학습법	계획하기 (모집단)	탐색하기 (전문가집단)	정보교환 (모집단)	평가정리 (전체)
창의성학습법	문제발견	아이디어 생성	아이디어 평가	적용
역할놀이학습법	상황 설정	준비 및 연습	실연	정리 평가
반응중심학습법	반응의 형서	반응의 명료화	반응의 심화	반응의 일반화

나. 수학과

유형	수업 과정				
개념 형성 수업 모형	문제 파악	사상의 제시	개념의 추구	개념화	적용·발전
	·공부할 문제 파악	·학습될 개념과 인접 개념의 외 연 제시	·조작안내 및 조작 활동 ·유목화하여 유별하기	·내포확정 ·개념의 구별 ·언어화, 문장화, 기호화	·개념의 활용
원칙 발견 수업 모형	문제 파악	예상 및 탐색	해결 및 음미	일 반 화	적용·발전
	·공부할 문제 파악	·해결 방법 모색 (결과 예상)	·조작 및 검증·원칙발견 ·해결 과정 검토	·언어화, 문장화, 기호화	·원칙 활용
문제 해결 수업 모형	문제 파악	탐 색	해 결		적용·발전
	·공부할 문제 파악	·해결 계획 수립 ·해결자료(개념, 원칙) 수집 ·해결 방법 및 결 과 예상	·해결 계획 실천 ·과정 및 결과의 검토 ·정리		·다른 문제 풀기

다. 사회과

유형	수업 과정				
문제해결 학습모형	문제 사태	문제원인 확인	정보수집	대안 제시	검증
탐구학습 모형	탐구문제 확인	가설 설정	탐색	증거 제시	일반화
의사결정 학습모형	문제 확인	대안 작성	평가 기준 마련	대안 평가	최종 결정
프로젝트 학습모형	준비		수행		발표
전문가학습 모형(Jigsaw)	소속집단 구성	과제 분담	전문가 집단협의	소속집단 협의	정리

라. 과학과

유형	수업 과정					
경험 수업모형	자유 탐색	탐색 결론 발표		안내된 탐색		정리
발견 수업모형	자료 제시 및 관찰 탐색	추가자료 제시 및 관찰 탐색		규칙성 발견 및 개념 정리		적용 및 응용
가설 검증 수업모형	탐색 및 문제파악	가설설정	실험 설계	실험	가설검증	적용
순환 수업모형	탐색단계		개념 도입단계		개념 응용단계	
STS 수업모형	문제로의 초대	탐색		해결 방안 제시		실행

마. 영어과

유형	수업 과정		
모형별	presentation (제시)	practice (연습)	production (발화)

(1) 게임 및 놀이 활동 중심 교수ㆍ학습 모형 (6) 상황 중심 활동 교수ㆍ학습 모형
(2) 의사소통 중심 교수ㆍ학습 모형　　　　(7) 전신반응 교수ㆍ학습 모형
(3) 체험활동 중심 교수ㆍ학습 모형　　　　(8) 듣기 중심 교수ㆍ학습 모형
(4) 과업 중심 교수ㆍ학습 모형　　　　　　(9) 말하기 중심 교수ㆍ학습 모형
(5) 생활영어 체험 중심 교수ㆍ학습 모형　(10) 원어수업 중심 교수ㆍ학습 모형

4. 좋은 수업을 위한 사전 전략

(1) 1단계: 학습문제(목표)를 어떻게 제시할 것인가?
(2) 2단계: 학습목표 달성을 위해 집단 운영은 어떻게 할 것인가?
(3) 3단계: 학습목표 달성을 위해 자료 활동은 어떻게 할 것인가?
(4) 4단계: 창의성을 유발시키기 위해 발문을 어떻게 할 것인가?
(5) 5단계: 판서는 어떻게 할 것인가?
(6) 6단계: 학습 정리 활동을 어떻게 할 것인가?

5. 좋은 수업을 위한 수업 전략

(1) 학습 활동의 체계적 안내를 중시하는 수업하기
(2) 교사의 설명과 시범을 중시하는 수업하기
(3) 협동을 중시하는 수업하기
(4) 지적 탐구과정을 중시하는 수업하기
(5) 즐거운 마음으로 가르치는 수업하기
(6) 부족한 학생의 학습 참여를 유도하고 격려하는 수업하기
(7) 학생의 인격을 존중하는 수업하기
(8) 학생의 수준차를 고려하는 수업하기
(9) 교육과정을 재구성하여 수업하기

연구 문제

1. 교사의 수업전문성 신장 차원에서 수업연구의 중요성에 대해서 설명하시오.

2. 수업연구의 형태인 정식 수업연구, 지정수업, 시범수업, 실험수업, 일반 공개수업 등 각각의 수업형태에 대해서 그 특징을 설명하시오.

3. 수업연구 시 단위 수업의 위계적 과정을 차례대로 설명하시오.

4. 수업연구와 학급경영의 관계에 대해서 간단히 기술하시오.

5. 수업연구의 절차와 유의점에 대해서 설명하시오.

6. 수업연구의 관찰 전 협의회 진행시의 여러 활동에 대해서 약술하시오.

7. 수업연구의 수업분석 시 수업자와 관찰자(참관자)의 자세에 대해서 설명하시오.

8. 여러 가지 수업모형을 제시하고 각각의 특징을 간단히 설명하시오.

9. 수업연구대회의 심사기준 및 심사내용에 대해서 약술하시오.

10. 수업연구대회 참가에 대비하여 각 교과별 수업모형을 수업유형과 수업과정 중심으로 고찰하시오.

제 **5** 부

◀◀ 으뜸 수업탐구 ▶▶

제1장 으뜸 수업 교사
제2장 창의적인 으뜸 수업
제3장 으뜸 수업과 수업기술
제4장 교과별 주요 수업모형
연구 문제

[Key Point]
　제5부에서는 으뜸 교사, 훌륭한 교사로서의 수업탐구에 대해서 학습한다. 즉 좋은 수업, 훌륭한 수업의 전체적 모습을 조망한다. 아울러, 교사의 전문적 발달·개인적 발달, 학교의 조직적 발달 등 교사 발달과 성장의 핵심 포인트가 훌륭한 '수업'임을 인식한다. 아울러, 학교 현장에서 창의적인 교육 과정을 구안하고 훌륭한 수업을 구현하는 교사가 으뜸 교사임을 알고, 이를 위하여 꾸준히 노력하려는 자세를 정립한다. 그리고 다양한 수업모형을 탐색하여 으뜸 수업의 모델을 창의적으로 탐구한다.

■제1장■ 으뜸 수업 교사

가. 으뜸 수업교사의 소양

(1) 훌륭한 교사의 자질

　진부한 이야기이지만 훌륭한 교사는 학생들에게 지식을 잘 전달하는 교사가 아니다. 한 시간의 수업을 잘 연출하는 연극 감독은 더욱 아니다. 가르치는 자가 아니라 스스로 느끼고 깨닫게 만들 수 있는 자가 바로 으뜸 교사이다. 말(馬)을 물가로 끌고 가는 사람이기보다는 스스로 물을 먹게 하는 사람의 역할을 자임하여야 하는 것이다. 훌륭한 교사는 마음으로 가르치는 교사, 창의적으로 가르치는 교사이다.

　21세기 세계화 시대인 지식 정보화 사회에서는 교사의 역할도 주연에서 조연으로 바뀌어야 한다. 전통적인 관점에서 교사는 가치 있는 지식의 소유자이고, 교과서와 교육과정지침에 나타나 있는 표준 지식을 각종 활동을 통해 학습자에게 성공적으로 전달해야 할 책임이 있었다. 하지만 지식정보사회에서의 교사 역할은 학생들에게 정보를 전달하는 것이 아니라 학생 개개인의 지식을 형성하는 데 도움을 주는 것이다. 교육에 의해서 학습자에게 습득되어야 할 지식이 교과서에 담긴 개개의 명제적 지식이 아닌 지식을 구성·생산하고 확장해 나가는 방법이므로 지식을 생산하고 확장해 나가는 주체인 학습자의 활발한 지식 창조 활동을 돕는 조력자의 활동으로 전환해야만 한다.

　훌륭한 교사가 가는 길은 지름길이 아니라 오솔길이다. 요행수를 바라는 모험이 아니라, 진솔하게 뚜벅뚜벅 걸어가는 자갈길이어야 한다. 걸어가면서 아이들과 함께 생각하고 아이들의 말에 귀를 기울일 수 있어야 한다. 바람 소리를, 새소리를 학생 스스로 듣고 느낄 수 있도록 생각의 창과 마음의 문을 두드릴 수 있어야 한다. 그래서 학생 스스로 '아하! 그렇구나!' 하는 통찰(洞察)의 기쁨을 느낄 수 있게 만들어야 한다. 그 길은 빛나는 조연의 길인 동시에 고통과 인내의 길이다. 교사들은 학생들의 마음속에서 스스로 우러나오는 학습의 의욕을 일깨워 주는 역할을 자임하여야 한다(잠재적 능력의 발현).

　일반적으로 훌륭한 수업에 관련된 교사의 역할은 다음과 같다.

　첫째, 수업에 들어가기 전에 반드시 수업목표를 인지해야 한다. ① 교과목표 → ② 단원목표 → ③ 차시수업목표 → ④ 차시학습목표 → ⑤ 차시학습문제 → ⑥ 차시학습 활동의 구조에 일관성을 유지해야 한다. 수업을 설계할 때 단원과 차시 내용을 철저하게 분석하는 노력만 더 한다면 체계성 있는 수업이 될 수 있다. 이러한 수업은 학생들에게도 체계적으로 사고하고 학습하는 방법을 익히게 해 준다.

　둘째, 학습 활동을 지원하는 학습 분위기를 조성해야 한다. 수업시작 첫 5분은 수업의 성공과 실패를 판가름할 정도로 중요하다. 이때 학생들의 동기를 유발시키고 수업에 집중하게 하는 분위기를 만드는 전략이 필요하다. 후속되는 교사 및 학생의 모든 활동도 수업을 지원하는 것이어야 한다. 비록 학생들이 왕성하게 활동하여 교실이 소란스럽더라도, 모든 활동이 학습과 관련되어야 한다. 느닷없이 수업과 무관한 청소이야기나 준비물 이야기를 꺼내는 것은 좋지 못하다.

셋째 창조적 조언자가 되어야 한다. 좋은 교사는 학생에게 좋은 코치요 짝이면서 창조적 조언자가 되어 세상과 이어 주는 통신의 가교 역할을 해야 한다. 이를 위해서는 학생들과의 인간적인 유대 관계가 선행되어야 한다. 학생들이 교사에게 어려움 없이 학습 도움을 요청할 수 있어야 한다. 교사는 정답만을 이야기해서는 안 되며 스스로 답을 찾을 수 있도록 안내를 해 주고, 충분히 사고할 수 있는 시간을 주어야 한다.

(2) 훌륭한 교사의 의미

훌륭한 교사란 수업을 잘하는 교사이다. 그러한 교사가 최고의 교사이자 으뜸 교사이다. 으뜸의 사전적 의미는 어떤 사물의 첫째, 제일, 일등 혹은 기본을 의미한다. 사전의 의미대로라면 교사들 가운데 수업을 잘하는 교사, 학생들을 가장 잘 가르치는 교사, 기초 기본 교육에 충실한 교사가 곧 훌륭한 교사임을 의미한다.

으뜸 교사는 학생들의 학습 설계를 돕는 반려자, 동반자, 설계자, 보조자, 안내자인 동시에 학생들의 즐기면서 스스로 지식을 쌓아 갈 수 있는 학습환경의 제공자이다. 이를 위해서 평생 학습자로서 주어지는 수많은 정보를 교육적으로 활용할 수 있도록 자기 계발에 최선을 다하는 자이다.

수업을 잘하는 훌륭한 교사는 다음과 같은 자질을 구비하고 있어야 한다.

첫째, 깊고 넓은 실력과 겸손한 인품(人品)을 갖춘 교사이어야 한다.

둘째, 침착하고, 여러 개의 활동을 동시에 지도할 수 있는 능력을 가진 교사이어야 한다. 즉 교양과 전공을 함께 아우르는 교사이어야 한다.

셋째, 항상 조용하고 학생과의 관계에 있어서 친절한 교사이어야 한다.

넷째, 창의적이고 문제 해결에 능동적인 교사이어야 한다.

다섯째, 독창성이 있고 흥미를 집중시킬 수 있는 장기(長技)와 자질이 있는 교사이어야 한다.

여섯째, 학생과의 관계에 있어서 대화가 잘 통하고 우호적인 교사이어야 한다. 학생들의 어려움을 어루만져 주고 해결해 주는 교사이어야 한다.

일곱째, 열성적이고 학생들의 섬세한 부분을 배려할 수 있는 교사이어야 한다.

여덟째, 어떤 일에나 학생들이 즐거운 마음으로 참여하도록 유도하는 교사이어야 한다.

아홉째, 학생을 돕고 학생 스스로 자기 일을 해결하는 데 흥미를 갖는 교사이어야 한다.

열째, 변화에 능동적이고, 자기 계발 의지를 갖고 있는 교사이어야 한다.

(3) 훌륭한 수업 교사의 자기 연찬

세계화 시대, 지식 정보화 사회의 교사는 교사 스스로가 변화에 능동적이어야 한다. 고인 물은 썩는 것처럼 자기 계발에 소홀한 교사는 훌륭한 교사가 될 수 없다. 내일의 수업을 위해서 인터넷을 검색하고, 각종 매체와 자료를 준비해서 출근하는 교사의 발걸음처럼 가벼운 발걸음은 없을 것이다. 내가 생각하고 준비한 자료를 우리 반 아이들에게 적용했을 때 어떤 반응과 결과가 나타날까 하는 기대와 호기심을 갖고 수업에 임할 때 그는 지식의 전달자가 아니라 지식의 창조자가 될 수 있다.

교사의 자기개발 활동은 교사의 전문성 개발, 교사의 개인적 발달, 학교의 조직적 발달 영역 등의 3개 영역으로 나눌 수 있다. 먼저 교사의 전문성 개발영역을 중심으로 한 자기개발 계획 수립에 익숙해지면, 점차로 교사의 개인적 발달 영역, 학교의 조직적 발달 영역으로 자기개발 계획을 확대해 가는 것이 좋다. 처음부터 큰 욕심을 부리는 것보다는 자신의 능력과 여건을 고려하여 계획을 수립해야 한다.

일반적인 교사의 자기개발 영역과 목표, 내용을 살펴보면 다음과 같이 도표화(圖表化)할 수 있다.

〈표 89〉 교사의 자기개발 영역

◁ 교사의 자기개발 영역 ▷		
영역 교사의 전문적 발달	교사의 개인적 발달	학교의 조직적 발달
목표 교육과정 편성·운영의 효율화	교사의 개인의 성장·발달	학교 조직 운영의 효율화
주요 내용 교사들이 교과 지도, 재량 활동 지도, 특별 활동 지도, 생활 지도를 포함하는 교육 활동 전반에 있어서 안정·숙달·성장을 도모하는 데 관련되는 내용	교사들의 개인적·심리적·신체적·가정적·사회적 영역에서 안정·만족·성장을 도모하는 데 관련되는 내용	학교의 조직환경 및 조직풍토를 긍정적으로 변화시켜 학교 내에서 교사들의 삶의 질을 높이고, 학교조직의 목표를 효과적으로 달성하는 관련되는 내용
· 교육철학 및 교직관 · 교육목표 및 교육 과정 편성 운영 · 교과지도 · 재량활동 지도 · 특별활동지도 · 생활지도 · 학급경영 · 교육기자재 및 자료활용 · ICT 교육 · 교육연구 · 학부모·지역사회 관계 · 교육정보·시사 등	· 교사의 신체적·정서적 건강 · 교사의 성격 및 취향 · 교사의 가정생활 · 교사의 사회생활 · 교사의 취미활동 · 교사의 종교활동 등	· 학교 경영계획 및 경영 평가 · 학교경영 조직 · 의사소통 및 의사결정 · 교직원간 인간관계 · 교직원 인사관리 · 학교의 재정·사무·시설관리 · 학교의 모든 규정 · 학교의 대외적인 관계 등

(가) 교사의 전문적 발달 영역

〈표 90〉 교사의 자기 개발 목표(전문적 발달 영역)

<table>
<tr><td colspan="3">◁ 양식 1: 자기분석을 통한 자기개발 목표(연구·추진 과제)의 탐색 ▷
'교사의 전문적 발달 영역'
1. 작성 일자:　　년　　월　　일　　요일　　　　2. 교사 명:
3. 담당 학년:　　　　4. 담당 교과:　　　　5. 담당 교육과정 업무:</td></tr>
<tr><td>교사의 전문적 발달 영역</td><td>자신의 장단점 분석</td><td>향후 자기개발의 목표(연구·추진 과제 탐색</td></tr>
<tr><td>· 교육철학 및 교직관</td><td>장점:
단점:</td><td></td></tr>
<tr><td>· 교육목표 교육 과정 편성</td><td>장점:
단점:</td><td></td></tr>
<tr><td>· 교과지도</td><td>장점:
단점:</td><td></td></tr>
<tr><td>· 재량, 특별활동 지도</td><td>장점:
단점:</td><td></td></tr>
<tr><td>· 생활지도</td><td>장점:
단점:</td><td></td></tr>
<tr><td>· 학급경영</td><td>장점:
단점:</td><td></td></tr>
<tr><td>· 교육기자재 및 자료 활용</td><td>장점:
단점:</td><td></td></tr>
<tr><td>· ICT 교육</td><td>장점:
단점:</td><td></td></tr>
<tr><td>· 교육연구</td><td>장점:
단점:</td><td></td></tr>
<tr><td>· 학부모 지역사회 관계</td><td>장점:
단점:</td><td></td></tr>
<tr><td>· 교육 정보 시사</td><td>장점:
단점:</td><td></td></tr>
</table>

(나) 교사의 개인적 발달 영역 및 학교의 조직적 발달 영역

〈표 91〉 교사의 자기 개발 목표(개인적 발달·조직적 발달 영역)

◁ 자기분석을 통한 자기개발 목표(연구·추진 과제)의 탐색Ⅱ ▷ ('교사의 개인적 발달 영역' 및 '학교의 조직적 발달 영역') 1. 작성 일자:　　년　　월　　일　　요일　　　　2. 교사 명: 3. 담당 학년:　　　　4. 담당 교과:　　　　5. 담당 교육과정 업무:			
영　역		자신의 장단점 분석	향후 자기개발의 목표(연구·추진 과제 탐색)
교사의 개인적 발달 영역	·교사의 신체적·정서적 건강	장점: 단점:	
	·교사의 가정생활	장점: 단점:	
	·교사의 사회생활	장점: 단점:	
	·교사의 취미 활동	장점: 단점:	
	·교사의 종교 활동	장점: 단점:	
학교의 조직적 발달 영역	·학교 경영계획 및 경영평가	장점: 단점:	
	·학교 경영 조직	장점: 단점:	
	·의사소통 및 의사결정	장점: 단점:	
	·교직원 간 인간관계	장점: 단점:	
	·교직원 인사관리	장점: 단점:	
	·학교 재정·사무·시설관리	장점: 단점:	
	·학교의 제 규정	장점: 단점:	
	·학교의 대외적인 관계 등	장점: 단점:	

(다) 자기개발 활동 추진계획

　자기개발 활동 추진계획은 자기분석을 통해 탐색된 향후 자기개발의 목표 또는 연구·추진 과제 중 영역별로 우선적으로 실천하길 원하거나 실천이 가능하다고 생각되는 내용을 선정하여 이를 어떠한 방법으로 실천해 나갈 것인지 구체적인 활동 계획과 일정을 가능한 한 월별·주별로 수립한다.

〈표 92〉 교사의 자기개발 활동 추진 계획

◁ 자기개발 활동 추진 계획 ▷			
1. 작성 일자:　　년　　월　　일　　요일　　2. 교사 명:			
3. 담당(담임) 학년:　　　4. 담당 교과:　　　5. 담당 교육과정 업무:			
영 역	선정된 자기개발의 목표 또는 연구 · 추진 과제	자기개발의 활동 계획 (기간: ～)	
		자기개발의 방법	구체적인 활동 계획의 일정
교사의 전문적 발달 영역	· ·		
교사의 개인적 발달 영역	· ·		
학교의 조직적 발달 영역	· ·		

나. 으뜸 수업 교사의 역할

(1) 자율적이고 창의적인 학급 경영

　성장기에 있는 초 · 중 · 고교 학생들의 주의력, 집중력은 어른보다 미약하다. 한꺼번에 주제를 소화하지 못했을 때는 충분한 간격을 두고, 두 번, 세 번 다음 기회에 거듭 이야기할 수 있도록 질문한다. 이것이 금도끼 은도끼 식 질문법이다. 학생들이 자신의 생각을 정확히 표현하고 싶은데 말로 잘 안 될 때는 "네가 말하고 싶은 것이 이것이니?"라고 관심을 가져 주면서, 맺지 못한 대화의 주제를 환기시킬 수 있다.

　학교교육과 수업에서 교사와 학생은 친화감 속에서 긴밀한 상호작용이 이루어져야 한다. 그리고 무엇보다 중요한 것은 교사가 학생들을 하나하나의 개체로 인정하는 것이다. 가령, 외국에서 공부하고 돌아온 학생들이 외국 교육과 한국 교육의 차이점으로 지적한 것이 바로 외국에서는 학생 하나하나를 개인으로 취급하는데 한국에서는 집단으로 취급한다는 점이다. 여러 가지 형편상 모든 교실에서 하루아침에 개인차에 대응하는 교육체제를 만들어 가기는 어렵겠지만 으뜸 수업 교사의 교실에서부터 일어나야 할 교육 혁명이다.

(2) 창의적 교육과정의 개발 · 실행

　제7차 교육과정 및 2007년 개정 교육과정, 그리고 2009년 개정 교육과정(미래형 교육과정)은 자율과 창의에 바탕을 둔 학생 중심 교육 과정을 지향하면서 각급 학교와 학급에서 창의적으로 교육과정을 개발(편성) · 실행(운영)하도록 하고 있다. 으뜸 수업은 학교와 학급의 교육 과정을 편성하는 것에서부터 출발한다.

학교교육에서 교육과정은 학교(학급) 교육 추진과 운영의 설계도이다. 실용적이고, 아름다운 집을 짓기 위해 훌륭한 건축 설계도가 필요한 것처럼 계획적이고 치밀한 교육 활동을 위해서는 교육 설계도인 교육 과정이 필요하다. 각 학교(학급)는 처한 위치나 환경, 지역 사회의 사회적·문화적 특성, 학생들의 사전 경험들의 특수 상황에 맞추어 교육과정을 재구성할 필요가 있다. 교육과정을 재구성하면 국가수준의 교육 과정이 안고 있는 문제점을 보완할 수 있고, 학생들의 실생활과 관련된 내용으로 교육을 할 수 있기 때문에 학생들의 보다 적극적인 학습 참여를 유도할 수 있다. 또한, 교육과정을 재구성하는 과정에서 교사들은 교육 과정 자료와 접하는 과정을 거치게 되고, 그러한 과정에서 보다 좋은 수업을 할 수 있는 아이디어가 나올 수 있다.

으뜸 수업 교사가 하는 수업이 다른 수업과 차별화를 이루려면 가장 중요한 첫 작업은 교육 과정에 대한 바른 분석과 함께 교과서 내용의 철저한 분석 작업이다. 우선 맡은 학년의 교육과정에 나타난 지도내용의 계열 및 범위가 어느 정도인지 정확히 이해하고 파악해 두어야 한다. 이는 수업의 과정에서 학생들의 개인차를 고려한 수준별 지도를 기능하게 하는 기준이 된다. 뿐만 아니라 학생들의 다양한 반응에 따른 지도 방향을 설정하거나 반응 유형에 따라 수업상황에서 지도의 개별화를 구성해 내야 하는 데 매우 중요하기 때문이다. 또한 교과서 내용을 분석해 내는 일도 중요하다. 최근의 제7차 교육과정, 2007년 개정 교육과정, 2009년 개정 교육과정 등은 기존의 금과옥조형 교과서 관(觀)을 부정하고, 교과서도 정선된 교육 자료 가운데 하나임을 밝히고 있다. 따라서 현재의 교과서는 가르쳐야 할 내용의 학문적 체계 내지는 계열을 제시한 것에 불과하므로 교사는 교과서의 제목(주제), 도입의 글이나 그림, 삽화, 각 페이지에 담긴 지도내용 등을 세밀화, 재구성하여 그 내용을 다시 학생들의 사고수준에 맞추어 재구성해야 한다.

(3) 다양한 교수·학습 매체의 활용: 교육공학적 접근

교사라면 누구나 연구수업이라는 것을 해 보았을 것이다. 한 시간 연구수업을 하기 위해 몇 시간을 투자하는가? 교수·학습 지도안을 짜고 자료를 만들고 최소한 서너 시간은 필요하다. 그런데 우리는 몇 시간을 수업하는가? 고학년이라면 하루 평균 5시간 이상의 수업을 해야 한다. 거기에 공문, 특기 적성 교육, 생활 지도, 언제 자료를 보석으로 가공하여 학생들의 손에 쥐어 줄 것인가?

매체는 가공되지 않으면 공해다. 교사가 고민하지 않은 수업자료는 그저 적당히 시간이나 때우는 자료에 불과할 수 있다. 물론 재미있는 내용은 안 그렇다. 하지만 공부란 것이 언제나 재미있는 것만은 아니지 않은가?

사람의 눈, 귀, 입은 매우 변화에 민감하다. 지금보다 더 강한 자극을 받지 않으면 반응하려 하지 않는다. 그럼 컴퓨터 세대의 아이들에게 더 강한 자극은 무엇인가? 그건 아마도 실물일 것이다. 하지만 실물 그 자체만으로 좋은 교육 자료가 될 수는 없다. 실물을 좋은 보석으로 만드는 언어의 연금술이 필요하다. 으뜸 수업 교사에게 가장 필요한 능력은 바로 다양한 예를 들어 줄 수 있는 능력이라고 생각한다. 다양한 예와 매체가 함께 만난다면 교육적 효과는 극대화될 것이다. 이와 같은 수업에서의 매체의 효율적 활용 방안을 요약하면 다음과 같다.

첫째, 철저한 수업계획이 필요하다. 수업계획에서 학습내용에 대한 교재 연구는 물론 이에 따르는 자료의 준비, 활용 계획, 시간 계획과 사전 점검 및 조작 활동으로 수업진행의 방해 조건을 만들지 말아야 한다.

둘째, 학생들의 능력에 벗어나지 않는 자료를 선택, 활용해야 한다. 자료는 수업내용과 직접 관련이 있어야 하며 학생들의 능력과 수준에 알맞아야 한다. 학생들의 능력에 맞지 않는 자료는 오히려 자료 공해가 될 수 있다.

셋째, 학습에 극적 효과를 가져오는 교수 매체를 활용해야 한다. 학생들이 생각지도 않았던 갑작스런 자료의 제시나 깜짝 놀랄 만한 돌출 행동은 학생들의 흥미와 관심을 높일 수 있다.

넷째, 매체와 자료는 교사의 적절한 발문과 함께 제시해야 한다. 학생들이 자료에 의문과 흥미를 느낄 수 있는 발문과 함께 제시하는 것이 효과적이다.

다섯째, 학생들에게 자료 활용의 기회를 제공하는 것이 좋다. 기자재나 자료는 교사의 전유물이 아니다. 사용방법을 지도하고 사용해 보게 한다면 교육적인 효과를 극대화할 수 있다.

(4) 학생들의 생각을 여는 발문(發問)

(가) 발문의 구성 절차 및 종류

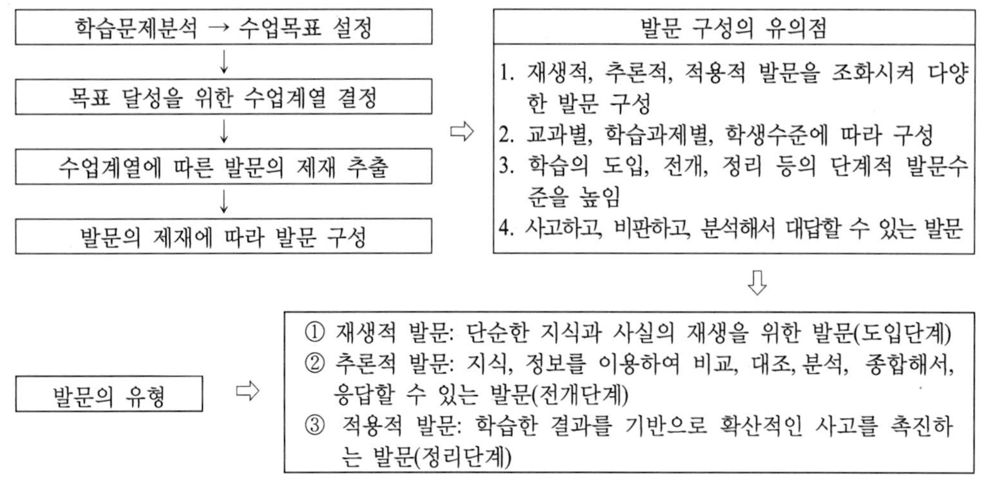

[그림 27] 발문의 구조도

(나) 교사의 발문 분석 관점

첫째, 명확하고 간결한 발문이라야 한다. 학습자가 무엇을 대답해야 좋을지 모르는 막연하고도 모호한 발문을 해서는 안 되며, 발문이 너무 길어서 무엇을 요구하는지 알 수 없게 되어도 안 된다.

둘째, 구체적인 발문이라야 한다. 너무 추상적이거나 막연한 질문은 아동이 사고의 방향을 잡지 못하고 당황하게 되며 대답도 명확해지기가 힘들다.

셋째, 학생의 사고를 자극하는 개방적인 발문이어야 한다. 발문의 답이 즉석에서 '예, 아니오.'이거나 기억되었던 단순한 지식을 재생시키는 발문은 피하고, 다음과 같은 발문이 바람직하다.

① 학생의 의견이나 해석을 구하는 발문: "이 지도에서 항구가 발달할 수 있는 조건을 갖춘 곳은 어디일까?"

② 가치나 판단을 묻는 발문: "길을 가던 도중에 돈 만 원짜리가 땅에 떨어져 있다. 너 같으면 어떻게 처리하겠는가?"

③ 어떤 일을 설명하거나 예(사례)나 근거를 구하는 발문: "저축을 하면 어떤 점이 좋은지 예를 들어 설명해 보자."

④ 어떤 일의 원인이나 결과를 구하는 말문: "숲 속의 나무꾼이 금도끼를 얻게 된 이유는 무엇인가?"

넷째, 단순한 발문이라야 한다. 교사가 한 번 한 발문이 여러 조건을 내세워 혼란을 주는 것은 좋지 못한 발문이다.

다섯째, 개인차를 고려한 발문이어야 한다. 학급의 학생들은 개인차가 있기 마련이다. 따라서 개인차를 고려하여 학생들의 학습 성취 의욕을 높이는 발문이어야 한다.

여섯째, 생각하는 틈을 주는 발문이라야 한다. 교사의 발문은 학생의 사고작용을 자유롭게, 폭넓게 확산해 주는 데 그 목적이 있는데, 생각할 틈을 주지 않고, 연쇄적인 발문을 퍼부어 궁지에 몰아넣고 사고력과 창의력을 봉쇄해 버리는 것은 큰 잘못이다.

일곱째, 정답이 고정된 발문은 가급적 제시하지 말아야 한다. 교사가 하나만의 응답을 기대하는 발문은 피해야 한다. 교사가 학생들에게 발문할 때는 대개 자신이 기대하는 답이 마련되어 있다. 이럴 때 학생의 발표내용이 비교적 틀린 내용이 아닌데도 교사가 기대하는 답과 일치하지 않는다고 하여 학생의 응답내용을 무시하고, 교사가 기대했던 한 가지 답으로만 이끌어 가려는 발문은 바람직하지 못하다.

(5) 으뜸 교사의 수업기술

(가) 적당한 긴장

수업을 하는 동안에 나타나는 약간의 긴장은 열정적이고, 역동적인 강의를 하는 데 도움이 된다. 하지만 지나친 긴장은 불안과 초조감을 유발할 수 있다. 이를 해소하기 위해서는 적절한 준비와 사전 계획을 철저히 하고, 천천히 깊게 호흡을 해 본다.

(나) 역동적인 내용 전달

역동적으로 일어서 있는 상태에서 수업을 한다. 서 있으면 학습자들이 교수자와 교수자의 전달내용에 쉽게 집중하게 된다. 교수자는 등을 보이지 말고, 몸이 학습자를 향해야 한다. 그리고 한곳에 계속 머물지 말고 설명하면서 움직인다.

(다) 차분한 음성

　음성은 자연스러운 대화체를 사용한다. 학습자에게 직접적이고, 개별적인 방식으로 표현한다. 다양한 음성을 사용하여 학습자의 흥미를 유발하고 자신의 긴장도 풀어 보도록 한다. 편안한 속도로 말하고, 교실 뒤에서도 들을 수 있을 정도의 크기여야 한다. 소리의 크기가 적절한지 뒤에 사람에게 물어볼 필요가 있다. 중요한 내용을 강조할 때는 잠시 침묵을 갖는다. 중요한 내용일수록 여유를 두고 차분히 말하는 것이 좋다.

(라) 정다운 눈 맞춤

　학습자와 눈 맞춤을 하기 전에 말하지 않는다. 적어도 3초 동안 각 사람들의 눈과 눈을 마주치며 살펴본다. 교사가 무엇을 쓰는 동안에는 말을 멈춘다.

(마) 자연스런 몸짓

　자연스런 몸짓을 사용한다. 친구와 활기 넘치는 대화를 하는 것이라고 가정하고, 학생들을 마주하고 앞에서 제스처를 취하는 방법을 배우도록 한다. 주머니에 손을 넣지 않고, 손으로 반복적인 행동을 취하지 않는다.

1. 으뜸 수업 구안 설계

(1) 으뜸 수업설계 및 구안의 의미

수업의 설계는 "성공적인 수업을 위한 핵심 과제이며 수업의 지침"으로서 시대에 따라서 수업설계의 주안점, 교사 및 학생 활동의 내용, 수업안 작성의 형식, 교사의 계획성 및 의도성의 강약 등에서 차이가 있다. 수업설계의 명칭 및 그 의미의 변천 과정을 살펴보면 <표 93>과 같다.

〈표 93〉 교육 사조(思潮)별 수업안 명칭: 교육과정 시대별

교 육 사 조	명 칭	비 고
교과 중심 교육과정 시대	'강의안' 또는 '교수안'	교사가 주체
경험 중심 교육과정 시대	'학습 지도안'	학생이 주체
학문 중심 교육과정 시대	'교수·학습안'	교사와 학생의 동위적 관계
인간 중심 교육과정 시대	'학습 과정안'	학생 개개인이 주체
21세기 세계화 시대	'교수·학습 과정안'	교사와 학생의 상호작용 관계

아울러 교육과정 정책에 따른 수업설계의 주안점 변화는 <표 94>와 같다.

〈표 94〉 교육과정 정책별 수업설계 주안점

교육 과정 정책	수업설계의 주안점
교과 중심	지도내용의 선정 및 학생에게 설명하는 방법 연구
경험 중심	학습자의 다양한 학습경험을 확대하는 기회와 장의 연구
학문 중심	지식의 구조화 및 계열화, 학습자의 탐구 방법 연구
인간 중심	학습자 개인의 개성 및 특성 파악 및 이에 부합되는 교육 경험 부여 연구

(2) 현대 수업이론에 부합되는 수업설계 유형

(가) 객관주의 수업이론에 기초한 수업설계

과거의 전통적인 객관주의적 수업설계의 핵심 과제는 '교사가 학생에게 무엇을 가르칠 것인가?'에 초점을 두고 있으며, 가르칠 내용을 먼저 선정하여 그 계열, 즉 가르치는 순서를 결정하는 데 두었다. 이 객관주의 수업설계의 주요 구성 과정은 학습목표→ 선수학습 진단→ 학습경험 → 학습평가 등

이며, 이 요소들은 순차적·필수적·체계적으로 접근되어야 하며, 요소 상호간에는 환류 시스템(feed back system)에 의하여 수정, 보완하는 절차를 거치게 된다.

이와 같은 수업설계는 교사에 의하여 학습자에게 지식이 잘 전수되는 데 강점이 있어 산업화 사회의 교육 모델로 각광을 받아 온 전통적인 수업에 있어서는 대부분 이 모형에 따라서 수업의 설계가 이루어져 왔었다.

(나) 구성주의 수업설계의 주안점

개관주의 교육관은 고정된 교육과정에서 출발하지만, 소위 만들어 가는 교육과정의 이념인 구성주의적 수업설계는 구성주의의 핵심 내용인 '지식은 개인의 선수학습경험, 가지고 있는 구조화된 지식(Scheme: 스키마), 사고 활동, 사고방식에 의거해서 자기 나름의 의미부여 및 해석 등 다양한 학습경험의 구축에 의하여 구성된다.'는 이론에 기초하여 이루어지게 된다.

구성주의 수업설계의 주요 과제는 지식은 학습자에 의하여 구성되므로 학생 스스로가 능동적으로 구성할 수 있도록 학습과제를 실제와 유사하게 구성하며, 학습목표도 학습이 이루어지기 전에 수업설계자나 교사에 의해 미리 엄격하게 정해지는 객관주의와는 다르게 학생들이 과제를 가지고 문제를 풀어 가는 과정 중에 도출되고 결정되는 것이다.

구성주의적 수업설계는 교사가 수업을 구성하고 있는 구성요소들에 대한 개괄적인 이해 및 준비를 하고 있다가 수업현장에서 학습자의 특성을 고려하여 다양한 수업상황에 따라서 어떤 구성요소는 생략되기도 하고 또 어떤 요소가 더 강조되기도 하는 가변적이고 융통성 있는 수업으로 나타나게 된다.

(3) 수업설계 모형의 유형

(가) 체제적 수업설계 모델

객관주의적 수업이론에 기초한 행동주의 수업설계 모형이라고 할 수 있다. 체제적 수업설계 모델의 최종적 목적은 학습자가 x를 알거나 y를 이해하는 것이 아니라, '학습자가 z라는 행동을 할 수 있다'는 것이다. 또한 이 모델은 수업에서 다루는 내용이 서술적인 지식이나 고차적인 사고와 학습을 요하는 경우 적용되기 힘들다.

첫째, 도달점 행동을 준거로 수업목표를 상세화한다.

둘째, 도달점 행동을 하위기능들의 위계체제로 나눈다.

셋째, 기능들의 위계를 검토하여 수업에서 학습자가 보여야 할 최소 수준의 기능들을 정한다.

넷째, 성취목표는 그것이 각 수업의 학습자가 하위기능들을 습득하였음을 보여 주는 것이지 그것 자체가 수업목표가 될 수는 없다.

다섯째, 성취목표에 바탕을 두고 평가항목을 만든다.

여섯째, 마지막으로 수업설계자는 수업의 효과성을 평가한다.

이 수업모형에서는 모든 수업목표가 설계자에 의해 결정된다. 수업을 받는 학습자 모두는 수업목

표가 설계자에 의해 결정된다. 수업을 받는 학습자 모두는 수업목표에 나타난 행동을 학습하도록 학습과제가 주어지게 된다고 보인다. 따라서 학습자들의 개인적 취향이나 동기를 고려한 수업에 제한이 따르며 이것은 곧 학습자의 개인차를 일정 정도 무시한다는 비판을 받을 수 있다.

(나) 하이퍼미디어(Hyper media) 수업설계 모델

하이퍼미디어 모델은 체제적 수업 모델과는 달리 인지적 구성 이론에 근거하고 있다. 따라서 수업설계자의 목적과 의도대로 결과가 나타나는 것이 아니라 수업자가 다양한 목표 성취를 이룰 수 있는 개방된 설계 모델이라고 사료된다. 따라서 이 수업 모델은 하이퍼미디어 모델 방식이므로 다차원적이고 고차원적이며 인지적인 수업에 적용될 수 있을 것이다.

첫째, 학습 영역 정하기

둘째, 학습 영역 내에서 요소 구체화하기

셋째, 중요한 주제 및 관점 구체화

넷째, 주제를 학습하기 위한 다중 경로 그리기

다섯째, 학습요소에 대한 학습자 중심의 탐색 제공

여섯째, 학습자의 반성적인 사고(메타 인지: meta cognitive) 조장하기

(다) 학습자 중심 모델

학습의 주체인 학생이 학습을 주도해 가도록 구안하는 모형이다. 학습자 주도가 되는 수업이 되게 설계하는 모형이다. 학습자의 학습 스타일, 학습 진도, 생활경험 등을 고려하여 동기를 유발하고 적합한 방법을 찾아서 학습목표에 달성하기 위한 최선의 설계를 해야 한다는 의미이다.

웹기반 수업은 학습자가 주체적으로 학습자와 웹 매체 간, 학습자와 학습자 간, 학습자와 교사 간 및 전문가 간에 상호작용을 통하여 지식을 구성해 나가는 수업이라고 할 수 있어, 학습자 중심의 수업설계 모형을 따르게 된다.

웹 기반 수업에서 고려해야 할 점을 정리하면 아래와 같다.

첫째, 교육의 중심은 학습자의 성장이다. 따라서 웹 기반 수업을 설계함에 있어 학습자로 하여금 '행하는 작업'이 되지 않고 '행하는 동안 학습되는 시간'이 되도록 설계해야 한다.

둘째, 학습자의 다양성을 고려한 설계가 되어야 한다. 웹 기반 수업설계는 학습자의 발달 차이, 문화적 차이, 성 차이 등을 고려하는 수준에서 이루어져야 한다.

셋째, 학습자의 동기를 유발시킬 수 있어야 한다. 아무리 훌륭하게 설계된 수업이라 할지라도 학습자들에게 흥미를 줄 수 없는 딱딱한 형식이라면 학습목표를 이루기는 힘들 것이다. 따라서 학습자가 즐기면서 배우는 에듀테인먼트를 적용해 보는 것이 좋을 것이다.

(4) 으뜸 수업연구의 절차

(가) 수업연구 계획 세우기

수업연구 계획은 교육과학기술부의 교사용 지도서, 각종 교육단체에서 제공하는 모범 수업안을 참고하되 자기 학급의 실정에 맞는 수업을 창의적으로 설계해야 한다. 단원(제재)의 전개계획을 수립하는 데 있어 단원 설정의 근거를 국가적인 차원이 아니라 지도교사가 왜 이러한 제재를 선정하여 수업하게 되는지에 대한 근거를 밝혀야 할 것이다.

또한 본 단원에서 가르쳐야 할 과제를 분석하고 학년 간 위계도 살펴보아야 할 것이다. 따라서 본 학급의 실태를 여러 방면에서 제재의 목표 도달을 위한 선행 학습 정도와 시설, 자료 등의 실태를 파악하고 이를 극복하는 방안을 이론적으로 살펴서 제재의 전개계획(차시별 지도계획)을 수립하고 이를 지도할 때 특별히 유의해야 할 지도상의 유의점을 밝혀야 할 것이며, 단원(제재)의 목표 도달을 측정하는 평가계획이 구체적으로 수립되어야 한다.

본시 수업계획에는 판서나 자료의 활용 계획이 함께 이루어져야겠고, 본시의 목표 도달을 수업 과정 중에서 측정하는 수행평가계획도 수립되어야겠다.

(나) 주제 정하기

수업연구는 해당 학급에서 1년간 관심 있는 교과의 특정 영역에 있어 어떠한 방법으로 지도를 하여 어떠한 교육적 효과를 달성하고자 하는 실천적인 연구주제를 가지고 수업이 진행되고 그 결과를 공개하는 수업이 되어야 한다.

수업연구를 하는 경우, 주제는 무엇을 왜, 어떻게 계획하여 수업을 진행하는지를 참관자가 알 수 있도록 함축적으로 진술하여야 한다. 본시 수업은 무슨 목표를 달성하기 위해 어떤 내용을, 어떤 방법으로, 왜 하는지 등을 밝히도록 한다.

주제는 본시 수업의 활동 내용과 직접적인 관련이 있어야 하며, 주제만 보아도 무엇을 왜, 어떻게 하여 어떤 성과를 거두고자 하는 수업인지를 알 수 있도록 함축적으로 진술하도록 한다.

(다) 교수·학습 과정안 작성

교수·학습 과정안(수업안)은 어떤 목표로 또한 어떤 내용을 어떤 과정이나 방법으로 지도할 것인가를 기록한 수업설계도이다. 수업안에서는 본시 수업을 계획하게 된 교육과정의 근거, 학급의 실태(선수학습 정도에 다른 지도내용 등)를 밝히고, 어떻게 지도할 것인지 지도 전략 및 방법을 구체화하며, 기대되는 성과를 기록한다.

교수·학습 과정안은 형식적인 틀(체제)이 있는 것이 아니고, 학습내용의 특질, 교재의 특성, 학습자의 요구수준, 학습환경에 따라 각각 그 특성을 고려해서 융통성 있게 작성한다. 수업안을 작성함으로써 학생들에게 가르쳐야 할 중심요소들을 빠짐없이 지도할 수 있으며, 지도 과정이 명료하고,

학생의 학습 활동 및 기대효과까지도 분명해지므로 가급적 세안을 작성하는 것이 요구된다. 이와 같은 교수·학습 과정안은 다음의 조건들을 구비해야 한다.

첫째, 수업목표가 가치가 있고, 그 시간에 달성될 수 있도록 진술한다.

둘째, 제재의 중심가치가 분명히 파악되어야 한다.

셋째, 도입은 전시학습과 관련을 맺고, 생활경험에서 이루어져야 한다.

넷째, 수업목표와 학습내용은 일치되어야 한다.

다섯째, 학생의 생활경험이 존중되고 학습내용, 방법, 속도와 평가를 개별화해야 한다.

여섯째, 학습과정은 제재의 특징에 따라 알맞게 조직되고 바르게 적용되어야 한다.

일곱째, 학생들의 능동적인 참여와 보상할 수 있는 적절한 형태가 적용되어야 한다.

여덟째, 학생의 흥미 지속과 개별화를 고려해야 한다.

아홉째, 활동란은 문제나 방법보다는 행동적인 용어로 진술되어야 한다.

열째, 학생의 학습성과를 정확히 확인할 수 있도록 작성되어야 한다.

열한째, 자료의 수집과 활용이 다양하고 적절해야 한다.

열두째, 후속학습의 계획과 준비가 고려되어야 한다.

(5) 훌륭한 수업의 조건

훌륭한 수업, 좋은 수업은 당해 수업의 개별화, 개성화, 자율화가 이루어지고, 학습목표에 도달할 수 있도록 전개되는 수업으로서 다음과 같은 조건을 충족하는 수업이다.

<표 95> 훌륭한 수업의 조건

수업의 개별화	수업의 개성화	수업의 자율화
• 기초와 기본을 중시하는 수업 • 학생의 개인차를 고려하는 수 업 • 학생의 개성을 존중하는 수업	• 학습 성공의 경험을 주는 수업 • '힘들지만 재미있다'고 느끼게 하는 수업 • '아하!' 하는 경험을 길러 주는 수업	• 자기 주도적 학습력을 길러 주는 수업 • 문제해결력을 길러 주는 수업 • 창의력을 길러 주는 수업

(6) 훌륭한 교사의 자세

첫째, 학습자의 주의를 끌고 수업에 집중하게 하여야 한다.

둘째, 단위시간 수업목표를 명확하게 알려 주어야 한다.

셋째, 이미 학습한 선행요건이 되는 기능이나 개념을 자극하여야 한다.

넷째, 학습자들에게 꼭 필요한 학습과제 자료·교재를 제시하여야 한다.

다섯째, 사고력과 탐구심을 자극하기 위해 질문과 단서, 암시, 시사점을 제공하여야 한다.

여섯째, 스스로 경험하고 배워서 알도록 체험 활동을 장려하여야 한다.

일곱째, 성취 수행의 '바름'과 '그름'에 대한 환류(feed back)를 주어야 한다.

여덟째, 학습 성취 정도의 평가와 사정(査定)을 수행하여야 한다.

아홉째, 파지(把持)와 전이(轉移)를 높이는 수업을 진행하여야 한다.

2. 좋은 수업 교실환경 구성

(1) 좋은 교실환경 구성방안

최근 일선 교육 현장에서는 기존의 보여 주기 식 환경 구성이 아닌 아이들 작품과 수업에 활용할(한) 자료 또는 학습결과물을 이용하여 학습효과의 향상을 꾀하는 방향으로 그 개념이 바뀌어 가고 있다. 이를 위해서 교사의 다양한 아이디어와 자료 수집, 교사 편의주의의 극복 등 많은 노력이 요구된다.

교실 전면은 시간표 이외에는 다른 게시물을 활용하지 않는 것이 좋다. 교단 선진화기기가 주로 전면에 위치하고 있기 때문에 다른 게시물이 있다면 아이들의 시선을 집중시키기 어렵기 때문이다.

햇빛을 받을 수 있는 창가는 주로 식물재배의 장소로 이용한다. 교실 앞쪽은 아이들 개인이 키우면서 관찰이 가능한 가지, 양파, 고구마 등으로, 교실 뒤쪽은 학년 교육 과정에서 요구하는 식물이나 혹은 넝쿨 식물을 기르는 것이 좋다. 가능한 넝쿨식물에는 수세미, 오이, 더덕, 강낭콩 등이 있으며 배추, 보리, 가지, 토마토 등의 농작물의 자람을 관찰하는 것도 학생들의 호기심을 자극할 수 있다. 창틀 밑으로는 아이들의 학습결과물을 누가 철하여 파일을 보관하도록 한다. 파일은 되도록 같은 색으로 통일하는 것이 정돈된 느낌을 준다.

복도 쪽 창가는 학급문고와 아이들의 학습준비물 등을 준비한다. 학급문고 옆벽에는 학급문고 목록과 추천도서 게시판을 마련한다.

교실 뒷면의 판은 교실환경 구성의 핵심이다. 학급 학생들의 활동이 모두 나타나게 하는 것이 중요하고 교육과정에 따라 협동작품이나 공동협의 내용을 그때그때 바꿔 제시하는 것이 중요하다.

(2) 교실환경 구성 요령

자율적이고 창의적인 교육 과정 운영, 좋은 수업 환경을 구성하기 위해서는 다음과 같은 면을 고려하여 교실환경에 대한 인식을 전환할 필요가 있다.

첫째, 교실은 보여 주기 위한 장소가 아니라 아이들의 학습을 도와주는 장소이다. 열린 교육을 실시할 때처럼 모든 학습결과물의 전시도 문제지만 교사 시각에서의 아름다움만을 추구해서도 안 될 것이다.

둘째, 아이들 수준과 능력에 맞는 눈높이 교실환경이어야 한다. 실제로 학습결과물을 게시할 경우 학생들은 자신의 작품이 전시되었느냐에 관심이 가장 많다. 가능한 한 다양한 작품을 게시하여 학생들의 시각과 생각의 다양성을 길러 줄 필요가 있다.

셋째, 수업의 자료가 갖추어진 교실환경을 꾸민다. 학급문고의 경우에도 1년에 한 번 학급문고를 조성하는 것보다는 월별 수업주제나 학습내용에 맞추어 학생들로부터 책을 수집하는 방안을 찾아볼 수 있다. 기타의 자료들도 수업과 관련하여 전시해 나가면 수업과 일관성이 있는 교실환경을 꾸밀 수 있을 것이다.

이상의 환경을 구성하기 위해서 으뜸 교사는 교육과정과 관련된 환경 구성 방안을 마련하여야 하고, 성실성과 부지런함을 지녀야 한다. 부지런한 교사만이 학생들에게 쾌적하고 아름다운 가운데 학습의 질적 향상을 도모할 수 있는 환경을 제공할 수 있을 것이다.

3. 학습방법의 학습(Learning of learning method) 훈련

(1) 발표 훈련

〈표 96〉 학습 발표 훈련표

수준 / 구분	하위 수준(학년)	중위 수준(학년)	상위 수준(학년)
의견 제시	○ ~라고 생각합니다. ○ ~입니다. 　그리고 ~입니다. ○ ~인 것 같습니다. ○제 생각은 ~와 다른데 ~이기 때문입니다.	○첫째는 ~, 　둘째는 ~입니다. ○예를 들면 ~입니다. ○ ~라고 생각합니다. 그 이유는 ~이기 때문입니다.	○ ~에 대해서는 ~라고 생각합니다. ○ ~에 대해서는 ~이므로 ~라고 생각합니다. ○ ~와 다른데 그것은 ~입니다. 그 이유는 ~이기 때문입니다.
찬성 표시	○저도 그렇게 생각합니다.	○저도 ~의 생각에 찬성합니다. ○저도 그렇게 생각합니다. 그 이유는 ~이기 때문입니다.	○ ~의 생각이 옳다고 생각합니다. 왜냐하면 ~하기 때문입니다. ○ ~하므로 ~에 대해서 찬성합니다.
보충 설명	○또 ~라고도 합니다.	○그 외에 ~도 있습니다. ○그것을 조금 더 설명하면 ~입니다.	○그런 것의 보기를 들면 ~입니다. ○그것을 달리 말하면 ~라고도 할 수 있습니다.
질문 제기	○ ~은 잘 모르겠는데 다시 말해 주십시오.	○그렇다면 그 이유를 말씀해 주십시오. ○그것을 조금 더 설명하면 ~입니다.	○ ~에 대해서는 알겠는데 ~에 대해서는 다시 말씀해 주십시오. ○그렇다면 ~경우는 어떻습니까?
수정 의견	○ ~의 생각도 좋지만 ~이 더 좋을 것 같습니다. ○그것은 ~이 더 좋을 것 같습니다.	○ ~과 비슷하지만 ~면 어떨까요? ○ ~의 생각과 ~의 생각을 묶어 보면 ~합니다.	○ ~의 생각은 ~하지만 ~으로 생각하는 것이 어떨까요? ○ ~가 방금 설명한 대목을 ~으로 고치는 것이 어떨까요? 그 이유는 ~하기 때문입니다. ○그 내용을 종합하면 ~인 것 같습니다.

(2) 읽기·쓰기 자세 및 방법 훈련: 기초·기본학습 훈련

① 책과 눈의 거리는 30cm 정도 되게 한다.
② 책의 아랫부분을 잡고 책 중앙 모서리는 책상에 닿도록 하며 책을 약간 뒤로 젖힌다.
③ 팔꿈치를 책상에 가볍게 올려놓는다.
④ 서서 읽을 때는 의자 옆으로 한 걸음 나와 책을 약간 눕혀 잡고 바르게 서서 읽으며 가운데를
   구부려 넘긴다.
⑤ 온점(.)에서 숨을 멈추고 반점(,)에서는 잠시 숨을 쉰다. 천천히 느낌을 나타내어 감정을
   살려 읽는다.
⑥ 허리를 바로 하고 왼손 바닥으로 학습장을 가볍게 누른다. 고개나 머리를 약간 앞으로 숙여
   눈과 학습장과의 거리가 30cm 정도 되게 한다.
⑦ 학습장은 몸의 중심에서 약간 오른쪽에 놓으며 왼쪽 끝이 몸의 중심에 놓이도록 한다. 즉 학
   습장을 왼쪽으로 약 15° 정도 약간 기울어지게 놓는다.
⑧ 연필을 바르게 잡고 올바른 필순과 교과서 글씨 모양으로 쓴다.
⑨ 허리를 곧게 펴고 고개만 약간 숙여 쓰도록 한다.
⑩ 책받침은 공책의 두 장 뒤에 넣고 쓴다.

(3) 학습 자세 및 손 신호 훈련

① 책상과 가슴 사이에 주먹 하나가 들어갈 정도로 떼고 앉는다.
② 엉덩이는 의자 깊숙이, 등은 등받이에 닿도록 앉는다.
③ 손은 자연스럽게 무릎 위에 놓고 다리는 약간 벌리고 무릎은 수직으로 한다.
④ 수업시간에는 선생님의 말씀에 귀를 기울여 잘 듣는다. 친구가 발표를 할 때에 떠들지 않고
   친구를 바라보며 바른 자세로 듣는다.
⑤ 발표를 할 때에는 팔꿈치가 가슴 위치까지 오도록 왼손을 가볍게 든다.
⑥ 다른 사람의 의견 발표에 대하여 가위, 바위, 보로 자신의 생각을 나타낸다. 앉은자리에 서 왼
   손으로 왼쪽 앞부분에 표시한다.
⑦ 의견 발표 및 질문: 보
⑧ 생각 일치 및 찬성: 엄지, 검지를 포갠 동그라미 표시
⑨ 수정 및 보충: 가위
⑩ 반대 의견: 바위

(4) 학습장 정리: 노트, 공책, Work sheet 기록

① 창수가 달려 나갔다. ← 전시학습 기록
   ← 한 줄 띄운다.

② 20 년 월 일(요일) 날씨: ← 날짜, 요일, 날씨 쓰기
③ 셋째마당, 커 가는 우리 ← 단원명
④ 의견과 그 이유 말하기 ← 학습주제
⑤ 심청이는 효녀인가? ← 학습내용
　 －심청이에 대한 내 생각은?
　 －심청이에 대한 다른 친구 생각은?

　　(5) 관찰 학습 훈련

　　　(가) 자연 관찰방법

① 멀리서 한눈으로 보기
높은 산이나 건물의 옥상에 올라가 아래를 내려다보듯이 그 특징 전체를 관찰한다.
② 가까이서 자세히 보기
　숲 속에 들어가 흙, 풀잎, 곤충, 나무뿌리, 바위, 돌 등을 자세히 관찰한다. 그리고 쪼개거나 잘라
보고 해부도 해 보며 현미경으로 자세히 살펴본다.

　　　(나) 바른 관찰 태도

① 신기한 것, 새로운 것, 의심나는 것을 찾아 관찰하고, 크기, 모양, 색깔 등을 측정하여 기록한다.
② 관찰 측정할 때 의심나는 것은 그 까닭을 자세히 기록한다.
③ 관찰장소에서 즉시 알 수 없으면 집에 돌아와 찾아보거나 어른들께 여쭈어 본다.
④ 수집할 수 있는 것은 수집하여 비슷한 것, 같은 것끼리 모아 보거나 분류해 본다.

　　　(다) 관찰학습의 순서

① 무엇을 관찰할 것인지, 알아볼 것인지 정한다.
② 관찰에 필요한 도구, 나침반, 줄자, 망원경, 돋보기, 스케치북 등을 준비한다.
③ 관찰 지역과 범위, 시간을 정한다.

4. 교육 실적물(학습 소산물) 정선

(1) 학급 교육과정 운영 자료 정리

담임교사 또는 담당교사가 1년간 교육과정을 운영하기 위해 활용한 자료를 정선할 필요가 있다. 자료의 정리는 자신의 교육과정 운영에 대한 반성의 기회 제공은 물론 자료의 일반화 및 정보의 공유를 위해서도 꼭 필요한 활동이다.

교육과정 운영자료는 학기 초에 편성한 교육과정 운영 보조부에 주간 학습 안내, 수행평가 자료, 평가지, 가정통신문 등 1년간 교육과정 운영을 위한 모든 자료가 주제별로 정리될 수 있도록 한다.

특히, 연구주제를 해결하기 위한 자료는 교사의 계획안과 학생 활동 자료, 그리고, 평가로 나타난 학습결과에 이르기까지가 일목요연하게 정리되어야 한다. 이를 통해 연구의 정직성을 확보할 수 있을 것이다.

(2) 학습결과물 정리하기

학생들이 자신이 학습 활동을 하거나 집단 활동을 하는 결과가 어떤 공간에 그대로 드러나거나 진행 상황이 게시되면 학생들은 훨씬 더 성취동기를 자극받게 될 것이다. 주제를 탐구하거나 프로젝트를 해결하는 과정이나 어떤 주제를 주고 자유로이 공간을 구성하게 해 보는 일들은 좋은 예가 될 수 있다.

가장 쉬운 표현방법은 홈페이지에 얼마간의 메모리를 할당받고 홈페이지에 학습결과를 탑재해 나가는 방법이다. 아울러 학생별로 파일을 준비하고, 파일에 학습결과물을 정리해 나가도록 한다. 파일은 3권 정도 준비하여 교육과정 운영 관련 결과물, 학급 특색 활동 결과물, 독서 활동 결과물 등으로 구분하여 정리할 때 학급 교육 과정 운영의 모습이 확연하게 드러날 수 있다.

1. 감동적 수업(感動的 授業) 마음을 움직이는 수업

교사가 일방적으로 짓기의 주입과 전달에만 급급한 수업에서는 학습자들이 학습 활동을 조용히 앉아서 주의만 집중하고, 경청하며, 필기 및 암기하는 등 수동적, 순응적 활동에만 전념하면 된다. 이 경우에 있어서는 교사의 수업지도 기술은 외형적 질서를 유지하고 학습자의 행동을 효과적으로 통제, 관리해 가는 기술뿐이다. 교사가 의도하는 대로 학생들을 일방적으로 이끌고 가기 위한 지시나 단속 활동이 주된 지도 기술이다. 이와 같은 입장에서 이루어지는 수업을 통칭하여 관리적 수업이라고 한다. 관리적 수업에서의 학생들의 학습 활동은 수동적 무감동과 무기력만이 침전되어 있을 뿐, 학습 주체로서의 주체적 자기 활동은 찾아보기 어려운 것이다.

그런데 학습의 주인공은 학습자 자신이며, 지도란 낱말의 의미 그대로 '가리켜 줌에 의해서(指)'에 의해서 학습자들이 능동적으로 사고하고 표현하는 등의 자기 교육 활동의 주인공이 되도록 학습자 자신이 내부에 모종의 정동감(情動感)이 이입(移入)되어 '공감과 호응을 불러일으키도록 이끄는(導)' 일인 것이다.

따라서 수업의 과정(process)은 단순하고도 일상적인 일의 진행이나 통과가 아니라, 학습자의 내부에 내재되어 있는 모종의 갈등과 대립을 통한 곤혹감(일종의 과제 의식)을 불러일으켜, 주체적 사고 발견 또는 창조적 희열(喜悅)을 맛볼 수 있는 감동의 실제적 경험(체험)을 쌓아 갈 수 있도록 전개되어야 한다. 이와 같은 학습자의 내재적 희열을 이끌어 내는 수업을 감동적 수업이라고 한다.

소위 감동적 수업을 형성해 나가는 데 있어서 가장 핵심이 되는 것은 모종의 곤혹감(일종의 과제 의식)으로부터 해결의 기쁨을 맛보게 하는 극적 전환점(crimax culminating actvity)을 창출해 나가는 일인 것이며, 이것이 잘 이루어졌을 때, 비로소 수업의 효과는 극대화될 수 있는 것이며, 그것이 바로 다름 아닌 좋은 수업전개라고 할 수 있는 것이다.

2. 드라마틱(Dramtic)한 수업: 역동적인 수업

다음은 어느 가정의 이야기 사례이다.

"얼마 전에 텔레비전에서 인기 일일연속극이 방송되고 있을 때의 일이다. 온 가족이 아침식사를 할 때를 빼놓고는 각자의 직장과 학교로 뿔뿔이 헤어져 하루 중 함께 하는 시간을 좀처럼 갖기 어려웠는데, 어느 덧 이 연속극 시간만 되면 대부분의 가족들이 모이게 되었다. 평소에 연속극 시청을 별로 좋아하지 않던 가장이었지만, 알게 모르게 이 시각이 기다려지게 되었고, 또 이 시각에 맞추어 귀가시간을 서두르곤 하였다."

그런데 이 가정에 문제가 생겼다. 연속극을 보면서 화면에 열중하고 있는 가족들의 모습에 진풍경이 나타났다. 즉 연속극에서 주목을 끄는 장면이 방영될 때마다 약속이나 한 듯이 가족 모두가 번갈아 가면서 시계를 바라보게 된 것이다. 혹시 저 장면이 끝나 버리면 어쩔까 하는 조바심에서 시계를 쳐다보게 되는 것이다. 이 같은 장면은 몇 차례 거듭하다가 마지막 절정에 다다를 때 화면은 끝나고 시계만 쳐다보던 가족들은 매일 진한 아쉬움만 남긴 채, 그리고 내일의 이 시간 연속극 내용을 기대하며 자리를 일어나곤 하게 된 것이다.

이 사례에서 다음과 같은 점을 재음미해 볼 수 있을 것이다.

"저 연속극에서처럼 교실에서의 한 시간 한 시간의 매 수업을 학생들에게 다시 기다려지는 수업, 감동적인 경험을 맛보느라 시간가는 줄도 모르게 되고, 매일 진한 아쉬움을 남긴 채 끝나서 다음 시간을 기다려지게 하는 수업으로 설계, 계획할 수는 없을까?" 하는 것이다.

우리의 일선 학교 현장 수업을 살펴보면, 학생들이 자기 자신과는 별로 상관이 없는 수업내용에 내심 마음이 끌리지 않아 재미있다고 생각하거나, 공감을 하거나 하는 일이 거의 없는 상태에서, 다만 정해진 프로그램의 순서에 의해서 귀를 기울이거나, 손을 들거나 대답을 하거나 활동 등을 하고 있다. 그러한 수용적인 수업이 매일같이 되풀이되다 보니, 학생들은 학습에 혐오증만 늘어나고 학습활동은 소극적으로 흐르기 마련이다.

교사들이 단순히 한 시간 한 시간의 매 수업시간을 그냥 '시간 보내는 일'로서 수업을 전개해 나가는 일이란 간단하다. 그러나 교육의 성패란 한 시간 한 시간의 단위 수업에서 판가름되는 것이기 때문에, 진정한 학교교육의 핵심은 곧 수업인 것이다. 그러므로 교사들의 최대 관심사는 이와 같은 단위 수업을 한 편 한 편의 드라마로서의 감동적인 수업을 형성해 가는 것이 중요한 것이다.

그러기에 수업을 이런 측면에서 구상해 본다면, 우리가 영화라든지, 텔레비전 또는 연극 등을 관람할 때, '재미'를 맛보게 되는 것은 그 드라마의 관람객 몰입을 가능케 하는 연출 기법(dramaturgie)에 좌우되듯이 학습자들이 자신의 학습에 주체적으로 몰입할 수 있도록 매개해 가는 지도방법의 개발이 수업기술의 핵심적인 과제가 되는 것이다. 수업의 궁극적인 지향점은 이와 같은 수업의 창조적 구성력 향상에 교직의 전문성이 향상되도록 하는 데서 찾아져야 하는 것이다.

감동적인 수업을 전개하기 위해서는 학습자들이 수업 과정에 모종의 정동감이 이입되어 공감과 호응을 불러일으켜 주체적인 문제 해결과 새로운 발견의 경험을 쌓아 가도록 되어야 하는데, 그러기 위해서는 한 시간 한 시간의 단위 수업 과정에서 신나는 재미를 맛볼 수 있도록 이끌어 가는 것이 중요하다. 수업의 과정에서 학습자들이 재미를 느껴야 주체적으로 수업참여가 가능해지는 것이다.

일찍이 아리스토텔레스는 "모든 인간은 하려고 하는 욕구를 가지고 있다."고 하였는데, 이는 '안다'는 것이 사람이 본능적으로 타고난 것임을 뜻하는 말이다. 그리하여 '알려고' 하는 요구는 '배우려고' 하는 태도로 이어지게 된다. 사람이 알려고 하고, 배우려고 하는 것은 그렇게 배워서 아는 일에 즐거움을 느끼기 때문인데, 그것은 학자와 전문가들의 전유물이 아니라 모든 사람들에게 보편적인 것이다.

공자(孔子)가 "학이시습지 불역열호(學而時習之 不亦說乎: 배우고 때때로 익히면 이 또한 기쁘지 않겠는가?)"라고 한 것은 배워서 아는 일의 즐거움을 말한 것이고, 브루너(J. S. Bruner)가 말한 즐거움을 유발하는 '발견학습' 역시 맥락을 같이하는 것이다.

또한 일리치(Ivan Illich)는 "학교는 흥겨운 생활공동체(convivial community)여야 한다."고 하였다.

그런데 우리의 학교는 학생들을 지배하고 판정하고 억압을 주는 곳으로 잘못 인식되어 왔다. 즉 학교에서 배운 내용이 학생들의 마음을 일깨우는 것이 아니라, 어른들의 생각대로 짜 놓은 교육과정에 따라 만들어진 교과서를 그대로 가르치는 것이어서 공부하는 학생들이 주체가 아니라 객체가 되어 있다. 이러한 학교교육의 강제성과 경직성이 사라지고, 학생들이 즐거움을 느끼면서 학습해 나가도록 수업의 형태가 획기적으로 변해야 할 것이다.

김용옥(金容沃) 교수는 '연극론'에서 "재미가 없는 드라마는 예술이 아니다."라고 전제하고, "재미가 없는 것은 지루함이며, 지루함의 연속은 예술이 아닌 고문(拷問)일 뿐이다."라고 하였다. 이 경우에 있어서 재미란, 연극론에서는 웃는 재미(희극)와 우는 재미(비극)로 나누고 있는데, 수업론에서는 '할 수 있게 되었음(자아능력감)으로서의 재미'요, '알아냈음(발견)으로서의 재미'인 것이다.

3. 좋은 수업의 기획과 수업기술: 전문성 기술성 있는 수업

드라마로서의 수업 형성이란 수업을 극대화한다든가, 수업의 전개 과정에 드라마를 삽입시키는 것이 아닐 뿐만 아니라, 형식적이고도 표면적인 희극적 기법을 써서 수업을 전개하는 것은 더욱 아니다. 그것은 "학습자들이 수업의 과정에서 감동적(극적) 경험을 체험케 함으로써 재미를 붙여서 학습을 주체적, 자주적, 적극적으로 이끌어 가도록 하는 수업"인 것이다.

드라마가 성립될 수 있는 근본 원리는, 그 근저에 모종의 '즐거움'을 간직하고 있으면서도, 모순과 대립, 갈등 등을 본질적 계기로 하여, 관객들 스스로가 무언가의 새로운 발견을 성립시켜 나가는 데 있다.

우리가 흔히 극적(dramatic)이라고 할 때의 사전적 의미는 "연극의 장면에서나 있을 것 같은 무척 긴장되고 인상적이며 감동적인 장면"을 뜻하는 것으로, 그와 같은 장면은 심한 모순, 대립, 갈등, 곤혹 등과 같은 과정을 거쳐서 이루어지게 된다. 수업이 성립되는 근본 원리도 수업의 과정을 구성하는 기본 요소인 교사, 교재, 학생 등 제 요소의 상호작용 속에 모종의 모순과 대립, 갈등 등을 형성하여, 그것을 계기로 하여 수업 과정에서 학생들의 마음 내부에 새로운 발견을 창출해 나가는 데 있는 것이다. 따라서 드라마의 과정이건 수업 과정이건 공히 모순된 대립과 갈등을 본질적 계기로 하여 전개되고 발전되는 것이며, 여기에 수업을 드라마적 관점에서 검토해 볼 수 있는 것이다.

인간의 사고(思考) 시발은 모종의 대립, 갈등 및 곤혹감으로부터 이루어진다. 듀이(dewey)가 우리 인간의 사고 기원을 의혹(doubt), 당황(hesitation), 혼란(perplexity)과 심적으로 곤란한 지경(mental difficulty)에 빠졌을 때라고 밝히고 있는 것도 이를 두고 한 이야기라고 할 수 있다.

따라서 수업 과정에서 학습자를 사고의 주체로서 형성해 나가는 과정은 학습자를 이와 같이 문제 장면에 직면하게 하여 스스로 해결하고 발견하며 창조해 나가는 재미를 맛볼 수 있게 하는 데 있는 것이다.

일반적으로 희곡론에서는 드라마의 진행 과정을 도입(exposition), 전개(complication), 위기(crisis), 절정(climax), 종결(denouement)로 나누고 있는데, 이 과정에서의 핵심은 관객을 모순과 대립 또는 갈등과 같은 위기의 장면에 몰입시켜서 그 상황을 절정 상태로 이끈 다음 마침내 극적인 해결점으로 이끌어 종결로 맺어 가는 데 있는 것이다. 그래야 감동적인 경험을 맛볼 수 있는 것이다. 절정의 장면은 수업론에서는 극정 활동(culminating activity)이라고 일컫고 있다. 수업에서도 이런 과정을 거치도록 함으로써, 한 시간 한 시간의 단위 수업을 한 알 한 알의 주옥처럼 갈고 닦아서 한 편의 불후(不朽) 명작으로 이어져 나가도록 하는 데에 드라마적 수업의 본질이 있는 것이다. 따라서 드라마의 형성이 수업 형성에 주는 시사점을 요약하면 다음과 같다.

첫째, 드라마로서의 수업의 형성이란, 단순한 사건의 나열과는 구별되어야 한다. 드라마란 사건을 계기로 하여 전개되기도 한다. 하지만 결정적으로 중요한 것은 사건 그 자체의 줄거리가 아니라, 거기에 결부된 인간의 상태, 인간의 성격, 인간적 의미, 즉 사건과 인간과의 관련점이 중요한 의미를 갖는 것이다. 사건은 인간을 떠나서 성립될 수 있는 것이지만, 드라마는 사건을 계기로 하여 발생하고 전개되는 것이다. 문제는 사건 그 자체에 있는 것이 아니라, 인간과 사건이 뒤엉켜져서 일어나는 관련점들의 성격 여하가 바로 드라마 성립의 기초가 되는 것이다. 그리고 관객의 본질은 자기의 내적 세계의 전개를 배우의 연기를 통한 표현 속에 비추어 보게 하는 것이기에 하나의 조작으로서의 드라마는 관객의 내적 세계와 어떻게 관련지어질 수 있는가 여부에 따라 판가름되는 것이다.

우리 고유의 마당극에서 신나는 마당이 어우러지려면, 거기에는 연기자와 관중들이 한데 어우러지는 것을 전제로 하고 있는 것도 이와 같은 맥락에서의 일인 것이다. 이 점에 있어서 수업의 전개 과정도 드라마와 같이 내적 과정을 중시하고 있는 것이다. 즉 수업의 전개 과정에서도 외적, 표면적 사건들의 나열로서 주입 및 전달 행위가 아니라, 드라마에 있어서와 같이 학습자의 내적 세계에 개입되어 들어가 닿고, 나아가 학습의 주체인 학습자와 결부되는 수업의 조직, 구성이어야 한다.

둘째, 드라마로서의 수업 형성이란 결국 학습자들의 내적 감동의 변화, 발전을 불러일으키는 교육 활동이어야 한다. 드라마가 관객들의 내적 세계에 파고 들어간다는 것은 관객의 창조적 참여를 불러일으키는 정감 교류의 창조물로서 드라마를 형성시키는 것을 의미한다. 즉 드라마에서 작가는 그가 만들어 낸 인간을 통하여 관객들에게 어떤 정신적 활동을 부여해 나가는 것이다. 이 정신적인 활력소가 곧 드라마틱(dramatic)이라는 것이다. 무대 위의 움직임이라든가 정감은 그 자체로는 드라마가 될 수 없는 것이다. 그것이 관객들에게 자연스럽게 또는 작가의 기교에 의해 이입되는 정감에 의해 비로소 드라마가 성립되는 것이다.

따라서 극작가가 희곡을 쓸 때 기본 원칙으로 삼아야 할 것은 첫째, 가급적 빨리 관객들의 흥미를 일깨워 주의력을 환기시키고, 둘째, 일단 환기된 주의력은 마지막 막이 내려질 때까지 지속적으로 강화시켜서 유지하는 것이다.

이와 같은 정감의 교류가 지속되려면 모종의 곤혹된 상황이 마련되어야 한다. 그것은 대립이라든가 모순, 갈등 등과 같은 요소들이 소재가 되어 이루어지는 것이다. 따라서 정감 교류로서의 드라마를 성립시켜 나가는 것은 수업에 있어서는 문답, 대화 등을 통하여 교사와 학생, 학생과 학생 상호 간, 학생 내부의 상호 응답 관계를 형성하여, 그 질적 발전을 도모해 가는 것이다.

수업의 과정에서 학습자들의 정감 교류를 집단 사고의 지적 드라마로 조직하고, 그 드라마를 심화, 발전시키기 위해서 학습자들의 주체적 학습 활동 의욕을 불러일으키는 교사의 매개적 지도 기술로서 발문, 토의 학습, 문제해결학습, 학생 중심 학습, 탐구학습 등이 중시되어야 한다.

셋째, 드라마로서의 수업의 형성이란 학습 주체의 내부에 새로운 발견이 이루어지는 것이다. 드라마가 드라마로 성립되려면, 그 주제라든가 주장을 어떻게 관객들에게 전달했는가에 매여 있는 것이다. 그리고 그 전달방법은 단순히 선전이나 교화가 아니라, 발견적 방법에 의존하게 되는 것이다. 관객들에게 새로운 발견을 시켜 나가는 데에는 예술가의 자기주장이 있기 마련이다. 거기에 드라마 성립의 궁극적 목표가 있는 것이다.

이와 같이 관객들에게 새로운 발견을 하도록 하는 데에 드라마 성립의 목표가 있듯이 수업에 있어서도 학생들에게 무엇인가를 불러일으켜서 새로운 발견을 하는 데에 그 성립의 계기가 존재하고 있는 것이다. 실제 대립이 없는 곳에서는 문제가 발생하지 않는다. 학교 학습에서도 대립과 분화가 일어나지 않는 곳에서는 탐구 활동은 유발되지 않는다. 학습자 또는 학습집단 내부에 대립과 분화를 중심으로 한 문제와 논쟁을 발생시켜서, 그 논쟁 과정을 심화·발전시켜 나가는 과정에서 마침내 공감과 감동으로 새로운 발견이 이루어지는 것이다.

드라마에서 "관객들에게 새로운 발견을 유도하는 데에 자기주장이 있다."고 하는 말은 "학생들에게 새로운 발견을 유도하는 데에 교사의 자기주장과 창의성이 있다."는 말과 같다. 따라서 교재 또는 그 해석상에 있어서 정답주의를 탈피하여 학습자 또는 학습집단의 내부에 대립, 모순, 갈등 등을 현재화하여 강한 긴장감을 불러일으키고, 그 속에서 새로운 발견을 이끌어 나가는 수업기술이 함양될 것이다. 나아가 새로운 수업실행으로서의 교사 수업전문성이 신장되는 것이다(박병학, 1999: 271 - 280).

▌제4장▌ 교과별 주요 수업모형

1. 국어과

가. 직접 교수 학습 모형

구 분	주 요 내 용
설명 하기	○ 주어진 목표를 달성하는 데 필요한 지식, 전략, 과정 등에 대한 구체적인 설명을 하는 단계이다. • 학습동기 유발: 학생들의 흥미와 관심을 불러일으킬 수 있도록 구성을 하는 것이 필요하다. • 목표 확인: 학습목표의 명확한 인식을 도와줄 수 있는 자료를 준비한다. • 전략에 대한 구체적인 설명(필요성 및 중요성): 주어진 목표를 달성하는 데 필요한 지식, 전략 과정에 대한 구체적인 설명을 해 준다.
시범 보이기	○ 주어진 학습목표를 해결하는 데 필요한 사고의 과정을 구체적이고도 단순한 예를 통하여 모델을 제시하는 활동단계이다. • 전략이 사용된 예 제시: 학습과제 해결에 도움을 줄 수 있는 적절한 예를 제시하여 아동들이 과 제 해결에 필요한 사고 과정을 돕는다. • 교사의 시범: 최대한 구체적이고 명시적으로 보여, 학습자가 문제 해결 과정을 충분히 이해할 수 있게 한다.
질문 하기	○ 설명한 내용 및 시범 보인 내용을 더욱 구체적으로 이해시키기 위하여 주어진 학습과제를 성취하 는 데 필요한 지식, 전략, 과정 등에 관하여 세부단계별로 명시적인 질문을 하고 대답해 주는 활 동단계이다. 이 단계에서 교사는 기능 활용의 책임을 점진적으로 학생에게 넘긴다. • 세부단계별 질문 • 질문에 대한 답변 • 학생들의 질문 제기 및 교사의 응답: 하나의 질문에는 여러 가지 정답이 있을 수 있으므로 학생 들이 그 답에 대한 합리적인 이유를 제시할 수 있도록 한다.
활동 하기	○ 주어진 목표를 달성하기 위하여 이미 학습한 지식 및 전략을 사용하여 일정한 절차에 따라 언어 자료를 이해하기 위한 활동단계로 익힌 방법을 자기 스스로 해결한다.(적용·응용 단계) • 실제 상황을 통한 반복적 연습: 적극적인 피드백을 통하여 학생들이 언어활동에 즐겨 참여하고 자신의 언어에 대하여 느끼고 자신감을 가질 수 있게 한다. • 다른 상황에 적용

나. 창의성 계발 학습 모형

(1) 학습 과정

구 분	주 요 내 용
문제 발견 하기	○ 문제 확인 • 문제를 확인하고, 동기 유발 단계에서 아이디어 생성과 관련된 활동을 하여 분위기를 조성한다. ○ 문제 분석 • 조직적이고 체계적인 사고 활동을 통하여 문제를 분석한다. • 문제를 여러 각도에서 보고 문제를 해결하기 위한 방안을 여러 가지 방식으로 모색하도록 조성한다. ○ 문제 재진술 • 문제에 대하여 가지고 있는 가정을 다시 생각해 보고 문제를 재진술한다. • 학습목표와 관련된 활동으로 재진술 활동이 문제 인식으로 연결되게 한다.
아이디어 생성하기	○ 문제를 다른 각도에서 검토 • 문제를 여러 각도에서 보고 문제를 해결하기 위한 방안을 문제 분석 단계보다 새롭고 관점에 얽매이지 않는 활동이 되게 한다. • 필요한 아이디어의 여러 가지 정보를 나열하여 그 가치가 결과에 미치는 영향을 알아본다. ○ 문제 해결을 위한 아이디어 산출 • 문제에 대한 대안을 찾고 여러 가지 사례를 들어 사고의 폭을 넓혀 문제 해결에 필요한 아이디어를 찾아본다. • 다양한 아이디어를 창출할 수 있게 교사는 계획적인 질문을 준비하고, 대안적인 학습 활동도 준비하여 사고 과정을 중시하는 활동이 되게 한다.
토의하기	○ 생성된 아이디어에 대해 토의하기 • 학습집단을 다양하게 재조직하여 활발한 토의를 유도할 수 있다. • 선택 활동을 통해 다음 단계의 관점을 가지게 한다. • 다양한 학습 활동을 통해 사고 과정을 스스로 정리하게 하며 자유롭고 즐거운 분위기 속에서 창의성을 계발할 수 있도록 한다.
아이디어 평가하기	○ 아이디어 평가(최선의 아이디어 선택) - 일반화 • 저학년에서는 창의력 계발을 저하시킬 수 있으므로 검증단계에 유의하여야 한다. • 학습목표와 관련된 아이디어를 모으는 활동도 검증이 될 수 있다. • 토의단계와 연결되고, 토의단계에서 일부의 평가가 이루어지므로 이 단계에서의 아이디어 평가는 일반화와 연결되는 정리 활동이다.

(2) 교수 · 학습 과정안(제3학년 1학기)

단 원		둘째 마당 - 느끼며 생각하며		학습 요점(판서)	
본시주제		시를 읽고 친구들과 느낌을 나누기			
차 시	3/6	교과서	읽기 38~41쪽		
수업모형		창의성 계발 학습			
수업목표		시를 읽고 친구들과 느낌을 나눌 수 있다.			
학습자료		교 시집, 사진, 봄의 영상 자료 / 학 봄의 사진			

학습 요점(판서):
- 새싹
- 줄다리기
- 영치기 영차
- 벌레
- 큰공밀

단계	시간	◆ 교수 · 학습 활동 ◆	교육정보자료(▲) 및 유의점(○)
준비하기	5′	○ 마음 열기 - 되어 보기 활동 - 신체 표현 　자, 우리 모두 '새싹'이 되어 봅시다. 　● 찬바람이 부는 겨울 　● 따뜻한 바람이 불어옴 　● 봄을 맞는 새싹 ○ '영치기 영차'라는 말을 듣고 　● 무엇이 떠오르나요? (마인드맵) 　● 무엇을 할 때 사용되는 말인가요? 　● 제목을 보고 어떤 느낌이 드나요? 　- 무엇을 하기 위해 애쓰는 느낌 　- 힘을 합쳐 협동하는 느낌 등	▲ 봄 관련 사진 테이프, 노랫말 ▲ 마인드맵을 위한 카드 ▲ 새싹이 트는 모습의 동영상
문제 발견하기 (반응의 형성)	4′	○ 공부할 문제 확인하기 　**'영치기 영차'를 읽고 느낌을 말하여 봅시다.** ○ 공부할 문제 해결 방법 및 순서 알아보기 　● 장면 떠올리며 시 읽기 　● 시에서 재미있는 부분 찾기 　● 흉내 내는 말 바꾸기 　● 새싹들의 모습 그리기 　● 새싹들의 마음을 생각하며 시 읽기 　● 느낌을 살려 소리 내어 시 읽기	
아이디어 생성하기 (반응의 명료화)	10′	○ 장면 떠올리며 시 읽기 　● 어떤 장면이 떠오르나요? 　- 새싹들이 흙덩이를 떠밀고 나오는 모습 　- 돌덩이를 떠밀고 나오는 모습 등 　- 새싹들이 고개를 쏙 내미는 모습 　- 돌팍: 돌멩이의 사투리 　● 새싹들이 '히 - 영치기 영차!' 하고 노래를 부르는 까닭은 무엇인가요? 　- 새싹이 세상 밖으로 나오려고 힘을 모으고 있기 때문, 새싹 위에 흙덩이와 돌이 있어서 등 ☞ 이 부분을 신체 표현하게 한다.	▲ 참고 자료: 봄을 제재로 한 시집 ▲ 인터넷 관련 사이트 ▲ 관련 그림, 새싹이 올라오는 영상 자료(느린 그림)

(반응의 심화)	1 0′	○ 이 시에서 재미있는 부분 찾기 • 시에서 재미있는 생각이 나타난 부분은 어디인가? −히−영치기 영차, 깜장 흙 속의 푸른 새싹들이, 돌파 밑에 예쁜 새싹 　들이 등 ○ 시를 읽고 느낌 나누기 • 새싹들의 행동을 보고 어떤 느낌이 드나요? −봄을 맞이하기 위해 열심히 땅속에서 나오는 모습이 떠오른다. 새싹 　들이 힘들게 나오는 모습이 귀엽다. ○ 흉내 내는 말 바꾸기 • 교과서 41쪽의 □ 안에 들어갈 말을 바꾸어 써 봅시다. 끙끙 머리 내밀고/ 쑥쑥/ 키가 한 뼘씩/ 영치기 영차 형/ 나랑 같이 가/ 언지/ 나랑 같이 가/ 영치기 영차	○ 재미있으면서도 다 양한 신체 표현이 될 수 있도록 유도 한다.
(반응의 일반화)	8′	○ 새싹들의 모습을 만화로(봄과 새싹) 표현하기 • 새싹들이 어떻게 하고 있을지 땅속 세계를 상상하여 그려 봅시다. • 새싹들에게 해 주고 싶은 말은 무엇인가요? −힘내라, 넌 할 수 있어 등 ☞새싹들이 올라오는 모습을 만화로 그리기(말 주머니) ○ 새싹들의 마음을 생각하며 시 읽기 • 친구가 읽을 때, '히−영치기 영차!'를 노래로 불러 봅시다.	○ 학습지를 준비하여 자유롭게 표현하도 록 한다. ○ 컷 수는 제한하지 않는다.
아이디어 평가하기 (정리 확인하기)	3′	○ 느낌을 살려 소리 내어 시 읽기 • 새싹의 마음이 되어 소리 내어 시를 읽어 봅시다. ○ 정리 확인하기−잘된 학습지나 신체 표현으로 마무리 • 학습 활동 정리하기	

◈ 보충·심화 학습 ◈

■ 씨 하나 묻고(윤복진) 　봉숭아나무 　씨 하나 　꽃밭에 묻고 　하루 해도 　다 못가 　파내 보지요 　아침결에 /묻은 걸/ 파내 보지요.	■ 시 제목 붙이기 　○ 다양한 시를 주고 제목 붙이기 　−서로 고쳐 주기 ■ 시 이어서 짓기 　○ 마지막 연을 비워 두고 이어서 짓기−비교하기 ■ 가운데 연 짓기 　○ 가운데 연을 비워 두고 이어서 짓기−비교하기

다. 반응 중심 학습 모형

구 분	주 요 내 용
반응의 형성	○ 학습문제 확인 • 학습동기 유발 및 학습문제를 확인한다. • 학습문제와 관련된 전시 학습내용을 상기하거나 비디오를 보여 준다. ○ 배경지식이나 경험의 활성화 • 자신의 경험과 관련된 내용을 이야기한다. ○ 작품 개관 및 작품 읽기 • 작품에 대한 방해요인을 파악하거나 심미적인 거래를 촉진한다.
반응의 명료화	○ 작품에 대한 개인적 반응의 표현 • 작품에 대하여 자신의 생각이나 느낌을 표현한다. −자신의 생각이나 느낌을 그림으로 나타내기 −자신의 생각이나 느낌을 노래나 몸동작으로 나타내기 −그 밖에 학생들의 생각이나 느낌을 끌어낼 수 있는 활동을 제시한다. ○ 반응에 대한 토의 • 모둠별로 친구들의 의견을 듣고, 궁금한 것을 질문한다. −반응을 명료히 하는 탐사 질문 −거래를 입증하는 질문 −반응의 반성적 질문 −반응의 오류에 대한 질문 ○ 반응에 대한 토의나 역할 놀이를 한다. • 짝과 의견을 교환하기 • 모둠별로 토의하기 • 전체적으로 토의하기 ○ 토의 내용 정리 • 반응의 반성적 쓰기를 자유롭게 한다. −반응에 대하여 자유롭게 글쓰기 −자발적인 발표
반응 심화	○ 다른 작품과 관련짓기 • 모둠별로 토의를 통하여 관련 작품을 찾아본다. ○ 토의하기 • 모둠별로 자신의 의견을 교환하여 반응을 심화한다.
반응의 일반화	○ 일반화 가능성 탐색 • 충분한 협의를 거쳐 자신의 의견을 검증하도록 한다. ○ 일반화 • 유사한 작품이나 이야기를 찾아본다.

라. 총체적 언어 학습 모형

구　분	주 요 내 용
도입 단계	○ 동기 유발 ● 본시 주제와 관련된 비디오나 이야기 들려주기 ○ 학습문제 확인하기 ● 학습주제와 관련된 다양한 표현을 한다. ● 본시 학습문제를 안다. 　－질의응답을 통하여 학습들이 찾아보도록 유도한다. ○ 학습 활동 안내하기 ● 말하기, 듣기, 읽기, 쓰기 등에 대한 자리 학습 순서 및 방법을 안내한다.
전개 단계	○ 학습 계획 세우기 ● 학습 활동에 대한 의문점을 해결한다. ● 학습 활동의 내용과 방법, 자료 활용 방법 등을 숙지한다. ● 학습 활동 중 생활 규칙을 정한다. 　－너무 큰 소리로 말하지 않는다. 　－질문이 있으면 손을 들거나 표시판에 표시를 한다 등 ● 학습 활동 계획을 세운다. 　－여러 자리 활동 중에 어느 것을 할 것인가? 모둠별로 협의를 하여 전체 조정을 한다. ○ 과제 해결하기 ● 제자리에서 공부할 경우 학습자료를 바꾸어 가면서 학습한다. ● 쓰기 활동을 하면서 읽기, 듣기, 말하기, 문학 학습이 병행되어 이들이 하나의 의미화된 활동으로 이루어진다. ● 학습결과를 역할 놀이 등으로 꾸민다. ○ 평가 활동하기 ● 학습 활동내용을 평가한다. 　－자기 평가를 하거나 학생 상호 평가가 이루어지도록 한다. ● 책임 학습이 끝나면 선택 학습을, 그렇지 못한 경우는 보충 학습을 한다.
정리 단계	○ 보고 및 발표하기 ● 학습 활동 중 재미있었던 부분의 시범을 본다. ● 본시 학습에 대한 자기 및 상호 평가를 한다. ● 학습 정리를 한다. ○ 차시 예고 ● 다음 시간에 필요한 학습 준비물이나 미리 알아보아야 할 학습내용을 과제로 제시한다.

2. 도덕과

가. 역할 놀이 학습 모형

구 분	주 요 내 용
상황 설정 하기	○ 집중시키기로 학생들에게 문제를 제시하여 문제를 확인한다. ○ 학생들의 관점, 느낌에 따라 행동 통제 없이 탐색할 수 있도록 분위기를 조성한 후 문제를 분명하게 제시한다. ○ 문제를 소개하고, 문제를 학생들에게 보다 분명하게 전달하기 위하여 해석하고 탐색하게 된다. ○ 상황 설정하기에서는 시연할 역할 놀이에 대한 전반적인 설명이 이루어진다.
준비 및 연습	○ 참여자를 선정하고 연습하고 실연을 준비하는 단계이다. ○ 학생과 교사는 그들이 무엇과 같은지, 어떻게 느끼는지, 무엇을 해야 하는지 등에 대한 다양한 배역들에 대해 설명한다. ○ 학생들에게 역할 놀이에 자원하라는 요청을 한다. 역할 선정 시 교사는 성인을 흉내 내고, 사회적으로 객관화된 설명을 제시하는 학생에게 역할을 배당하지 않도록 해야 한다. ○ 무대를 설치하고 역할 놀이 실연을 준비하는 과정이다. 이 과정은 행동의 순서 결정 - 역할들의 재진술 - 문제 상황의 내면 파악 - 관찰자의 관찰관점 정하기 - 관찰 과제 할당으로 이루어진다. ○ 교사는 학생들에게 어디서 실연을 할 것인가, 그것은 무엇과 같은가 등의 단순한 질문을 하여 준비를 돕는다.
실연 하기	○ 놀이자는 역할을 실행하고 각자 현실적으로 반응하면 자율적으로 그 상황을 그대로 실연한다. ○ 교사는 제안된 행동이 분명하고, 특성이 나타나고, 행동적 기능이 연습되고, 곤경에 도달하고 또는 행동이 그 관점이나 아이디어를 나타낼 때까지만 실연을 진행시켜야 한다. ○ 후속 토의가 사건이나 역할에 대한 학생의 이해를 빠트린 것이라면 교사는 그 장면을 재현하도록 요구할 수 있어야 한다.
평가 하기	○ 역할 놀이 후 관찰자와 놀이자가 서로 토의를 하고 교사가 정리하는 단계이다. ○ 처음의 토의는 묘사한 것에 대한 소로 다른 해석, 그 역할이 어떻게 수행됐어야 하는지에 대한 불일치점에 초점을 둔다. ○ 교사는 놀이자와 관찰자와의 토의를 통해 경험을 교환하고 일반화하게 된다. ○ 관찰자가 역할 놀이자에 따라 생각하는 것을 돕기 위해서는 "○○이 그 말을 했을 때 그가 어떻게 느꼈으리라고 너는 생각하니?"와 같은 질문을 할 수 있다.

나. 가치 갈등 학습 모형

단 계	과 정	교 수 · 학 습 활 동	유 의 점
문제 의식	○갈등 사태 제시	○ 둘 이상의 규범이나 덕목 간의 갈등을 포함하는 　문제 사태 제시 ● 녹음 자료, VTR 자료, 읽기 자료, 극화 자료, 그 　림 자료 등 ○ 직관에 의한 최초의 느낌 발표 ○ 학습문제 제시 ○ 경험 상기	○ 갈등 사태는 학생들에게 수준에 적 　합한 용어로 기술되어야 한다. ○ 갈등 규범들 각자의 입장을 뒷받 　침해 주는 사실적 정보와 상황의 　복합적 설정이 포함되어야 한다.
문제 추구 및 선택	○문제 사태의 분석	○ 여러 관점 찾기 ● 주인공의 입장 파악 ● 관련 덕목, 규범 찾기, 규범 덕목의 일반적 의미 　확인 ● 규범 간의 관계, 차이 파악 ● 규범 간의 갈등 확인	○ 구체적인 문제 사태와 관련되어 　있는 규범이나 덕목을 찾아보게 　한다. ○ 교사는 확인된 규범들을 정확한 　언어로 진술하는 일을 도와준다.
규범의 의미 및 타당성 찾기	○자기 입장의 선택 ○양립된 입장의 결과 예상	○ 입장을 선택하여 제시 ● 유형화한 여러 관점 중에서 자기가 선택한 관점 　발표하기 ○ 자기가 선택한 입장에 대해서 합리적인 근거 제시 ○ 논리적인 일관성, 객관성, 타당성을 검토 ○ 다른 관점의 근거를 들어 장점 찾아보기 ○ 자기 의견에 대한 상대방의 입장 예상 ○ 여러 관점에서 이로움과 해로움 찾아보기	○ 규범을 선택한 이유와 그것을 지 　지한 다른 규범이나 덕목을 찾아 　보게 한다. ○ 상대방의 의견을 전적으로 부정하 　지 않고 받아들이는 태도를 가지 　도록 한다. ○ 모든 관점의 결과 예견, 자기 관 　점, 수정의 근거를 찾도록 한다. ○ 해결에 있어서 제3의 방법도 찾아 　보게 한다.
실천의 의욕화	○자기 입장의 수용화	○ 제시된 문제 사태와 비슷한 다른 사태 알아보기 ○ 자기가 결정한 행동 방향이 다른 사람에게도 적 　용가능한지 생각하기 ○ 자기가 선택한 행동원리가 합당치 못하면 수정하 　거나 대안 찾기 ○ 끝까지 자기 관점의 근거 제시 ○ 교사 개인의 입장 선택하기	○ 학생 자신이 선택한 입장은 반드 　시 타당한 근거에 입각해야 한다. ○ 모든 가치는 관점과 실천 방법에 　따라 다르게 해석될 수 있음을 시 　사하고 계속 생각하게 한다. ○ 교사의 입장이 학생들의 도덕적 　판단력을 신장시킨다는 견지에 서 　도록 한다.

다. 토론 수업모형: 콜버그 이론 모형

(1) 학습 과정

구 분	주요 내용
도입 단계의 질문	○ 다루고자 하는 도덕적 딜레마나 문제 사태를 학생들이 이해하는지 확인한다. ○ 학생들이 그 문제에 내재된 '도덕적' 요소들에 대면하도록 돕는다. ○ 학생들의 판단에 대한 이유나 근거를 이끌어 낸다. ○ 서로 다른 근거를 댄 학생들에게 토론을 하도록 격려한다.
심화 단계의 질문	○ 다듬기 질문들(refining question) 　단계 변화를 자극하기에는 하나의 질문만으로는 충분하지 못하다. 학생들은 확대되고 심화된 논의를 통해서 다른 사람이 하는 주장의 근거를 이해하고 그것에 도전할 수 있어야 한다. ● 명료화를 위한 질문: 진술의 의미를 분명하게 하기 위한 질문을 한다. ● 특정한 문제에 대한 질문: 그 문제 사태와 관련된 하나의 도덕적 문제, 예컨대 권위, 애정의 역할, 계약의 의무, 생명의 가치 중에서 하나의 문서를 더 깊이 탐색해 보도록 한다. ● 갈등 해소를 위한 질문: 두 가지 도덕적 문제들 간의 갈등 해소를 자극하기 위한 질문을 제시한다. 갈등 해소는 결국 대립되는 가치들 간의 우선순위를 정하는 것이라 하겠다. ● 역할 바꾸어 보기: 학생이 취하고 있는 것과는 다른 사람의 관점을 취해 보도록 한다. 예컨대, 이제까지 '아들'의 입장이었다면 '아버지'의 입장이 되어 생각해 보라고 요구한다. 이렇게 함으로써 학생들은 '다른 사람의 눈'을 통해서 그 문제 사태에 접근할 수 있다. ● 보편적 적용의 결과를 생각해 보기: 만약 학생이 취한 입장을 모든 사람이 따르게 된다면 어떤 일이 생길지를 가상해 보게 한다. ○ 인접한 단계의 논의 부각시키기 　학생들의 도덕 발달을 가장 크게 자극하는 것은 그 학생의 수준보다 바로 위의 단계에 있는 사고이다. 그러므로 교사는 토론의 과정에서 +1단계의 논의를 부각시킬 필요가 있다. 만약 그 반 전체의 학생이 아무도 +1단계의 주장을 제시하지 않으면 교사가 제시한다. ○ 명료화와 요약하기 　심화단계에서 교사의 역할은 질문을 적절히 제시하는 것뿐만 아니라, 토론의 진행을 도와 학생들의 발언을 명료화하거나 요약하는 일도 포함된다. ○ 역할 채택을 위한 질문 　역할 채택은 학생들을 자아 중심적 수준으로부터 타인의 사고, 감정, 그리고 권리 등을 고려하도록 가르치기 위해서이다.

(2) 교수 · 학습 과정안(제4학년 1학기)

제 재		1. 바른 몸가짐		학습 요점(판서)
본시주제		은수의 바지		■ 바른 몸가짐
차 시	2/3	교과서	도 덕 10~11쪽	· 남을 나와 같이 아끼고 존중하며
수업모형		토론 학습		사랑하는 마음에서 나옵니다.
수업목표	♣ 일상생활에서 바른 몸가짐을 하려는 마음을 가진다.			○ 바른 몸가짐의 좋은 점 · 우리 모두를 기쁘고, 가깝고, 행
학습자료	📼 녹음 자료: 곧게 자란 나무, 수철이의 깨달음 🖥 학습지, 실천 카드, 오일 펜, TP필름			복하게 해 줍니다.

단계	시간	◆ 교수 · 학습 활동 ◆	교육정보자료(▲) 및 유의점(○)
준비하기	5'	○ 오순도순 모임 '우리 모두 다같이' 노래 부르며 함께 공부할 준비하기 ○ 자유로운 옷차림에 대한 비디오 자료 보기 　● 힙합 바지를 입고 춤을 추는 가수들의 장면 　● 때와 장소에 따라 다양하게 옷을 입고 활동하는 장면 보기 ○ 문제 사태 제시	▲ 음악 테이프 ▲ 비디오 · 힙합 뮤직 비디오, · 다양한 옷차림
문제 발견 (다듬기 질문)	1'	● 교과서 10, 11쪽의 내용을 읽고 학습문제를 발견한다. 　-'은수의 바지'가 왜 소동이 일어났는가? 　-왜 이런 바지가 문제가 될까요? 　-일상생활에서의 바른 몸가짐은 어떤 것일까요? ○ 공부할 문제 확인하기 　　　일상생활에서 경우에 맞는 몸가짐을 알고 실천한다.	▲ 프레젠테이션 자료 -학습 안내 -학습 규칙 -모둠 안내
토론 방법 탐색	10'	○ 학습 활동 안내하기 　-전체 학습: 교과서 '은수의 바지'를 읽고 기본적인 해결방법을 연습 　합니다. 　-모둠별 학습: 문제 사태를 알고 민주적 절차에 의해 해결방안을 찾 　아 전체 학습에 의견을 제시합니다. 　-선택 학습: 수행 평가 자료-나의 몸가짐 실천 반성표 기록하기 ○ 학습 활동 규칙 약속하기 　● 사회자의 진행에 협조하기 　● 다른 사람 방해하지 않기 등	○ 실천 반성표는 수 시로 기록해 둔다.
논의 부각	15'	○ 도덕적 판단의 토론 전개하기 　● 생각을 같이하는 사람끼리 모둠을 만들어 토론해 봅시다. 　-힙합 바지를 입고 와도 좋다고 생각하는 사람들 모둠 　-힙합 바지 입는 것을 찬성하지 않는 사람들 모둠 　-모둠 구성하기: 한 모둠당 4~6명 정도가 적당함. 　-역할 정하기: 사회자 1명, 기록 1명, 보고자 1명, 기타 　● 각 모둠별로 의견을 말하고 결과를 토론 학습지에 기록합니다.	○ 원만한 토론을 위 해서 모둠의 인 원이 고르게 분포 되게 한다.

		<찬성 의견의 예> · 다른 사람에게 직접 피해를 주지 않음 · 복장은 개인의 자유이므로 존중받아야 함 등 <반대 의견의 예> · 다른 사람에게 거부감을 주고 좋은 느낌을 주지 않음 · 유행을 따라 하다 보면 자신이 누구인지 상실됨 · 학생은 마땅히 단정한 옷차림이어야 함 등 <중간 입장인 사람> · 방과 후나 집에서는 자기 마음대로 입어도 좋음 · 학교에 입고 오는 것은 조심해야 함 ● 모둠별 의견을 요약하여 발표를 합니다. · 발표 방법: 실물 화상기나 OHP를 이용함 ● 모둠별 찬반 의견에 대한 토론을 합니다. · 모둠별 발표 후 각자 질문에 근거를 제시하여 답한다. · 의견을 수정하여 타당한 의견에 접근한다.	○ 토론 학습지에 의견을 기록한 후에 모두의 의견을 발표한다. ○ 발표 방법을 다양화한다.
가치의 명료화	6'	○ 사례 듣고 경우에 맞는 몸가짐을 판단하기 ● '곧게 자란 나무'와 '수철이의 깨달음'을 듣고 의견을 말합니다. · 나는 어느 정도 곧은 나무인지 알아봅니다.(실천 반성표) · 내가 남들로부터 피해를 받았을 때의 기분은 어떨까요? 그런 경우는 없었는지 발표해 봅시다. ○ 실천 동기 부여하기	▲ 녹음테이프로 듣기
실천 의지 및 정리	3'	● 동시에 읽고 느낌을 이야기하면서 바른 몸가짐을 가지려는 마음을 다진다. · 동시 '바른 몸가짐'을 큰소리로 읽어 봅시다.(교과서 15쪽) · 바른 몸가짐은 어떤 마음에서 나옵니까? · 바른 몸가짐은 우리 모두를 어떻게 합니까? ● 나의 몸가짐 중에서 부족한 것을 한 가지 정하여 여러 사람 앞에서 언약합시다. 예) 나는 머리를 단정히 하겠습니다. 등 ○ 차시 예고: 바른 몸가짐의 실천(16~21쪽)	○ 엄숙한 언약식을 꾸민다.

◈ 보충·심화 학습 ◈

■ 바르게 인사해야 하는 이유 어른께 높임말을 쓰고, 물건을 드릴 때 사용하시기에 편하도록 드리는 것, 대화할 때에 공손히 하는 것, 식사하거나 길을 걸을 때에 어른께 순서를 양보하는 것 등은 어른을 존중하고 존경하는 공손한 마음의 표현입니다. 바른 마음가짐이 자연스럽게 드러나는 몸가짐을 갖도록 합시다.	■ 토론할 때의 자세 <발표할 때> ○ 바른 자세로 자기의 의견을 똑똑하게 말합니다. ○ 발표할 내용의 요점을 적어서 망설이지 않고 말합니다. <의견이 다를 때> 정중하게 "나는 ○○ 의견과 다릅니다. ~하므로 안 된다고 생각합니다."

3. 사회과

가. 협동학습(STAD) 모형

(1) 학습 과정

수업의 흐름	수업 활동 과정
목표의 상세화	○ 구체적인 내용목표와 행동목표 인식하기
수업 준비	○ 소집단 조직하기 ○ 학습자의 기본 점수 부여하기 ○ 학습 안내문, 과제지, 퀴즈 문제 준비하기 ○ 보상 기준과 방법 알기
교사에 의한 교수 (class presentation)	○ 단원의 전체 개요 안내(1/2~1시간 정도) ○ 학습 활동의 방향 제시 (도입, 전개, 연습 단계별로 지도)
STAD 소집단 학습 활동 (teams)	○ 소집단 구성하기 (4~6명으로 이질적으로 구성) ○ 각자의 역할 분담하기 ○ 활동 규칙 교사가 제시하기 ○ 학습과제지 배부하기 (구성원의 1/2 정도) ○ 과제 해결하기 ○ 정답 토론 및 확인하기 ○ 소집단 활동 결과 반성하기
평가(quizzes)	○ 학습결과 확인 및 준비하기 ○ 개인별 퀴즈 풀이하기 ○ 상호 채점하기 ○ 퀴즈 문제지 제출하기 ○ 과제 해결 확인하기
개인 향상 점수 및 소집단 점수 계산하기 (individual improvement scores)	○ 개별 퀴즈 점수 ○ 향상 점수 계산하기 ○ 소집단 점수 계산하기 ○ 개별 기본 점수 구하기
소집단 점수의 게시 및 보상하기 (team recognition)	○ 우수 소집단 보상하기 (칭호 주기, 스티커, 칭찬 등) ○ 소집단 점수 게시하기

(2) 교수·학습 과정안(제3학년 1학기)

단 원		2-(2) 고장 사람들이 하는 일		학습 요점(판서)
본시주제		① 부모님께서 하시는 일		■ 부모님께서 하시는 일 ○ 고장의 여러 가지 직업 알아보기 • 농부, 목장, 운전수, 상인, 기술자 등 • 어부, 해군, 항해사, 해녀 등 • 스튜어디스, 우주 비행사, 조종사 등 •공무원, 회사원, 변호사 등
차 시	9/16	교과서	사회 54~57쪽	
수업모형		협동 학습		
수업목표		우리 고장 사람들이 하는 일을 알 수 있다.		
학습자료		ⓐ 설문지 ⓗ 자, 색연필, 모조지 등, 면접내용 자료		

단계	시간	◆ 교수·학습 활동 ◆	교육정보자료(▲) 및 유의점(○)
	5'	○ 학습동기 유발 • 교과서 54~55쪽의 그림을 보고, 학생들의 흥미를 유발시킨다. -고장 사람들이 일하는 모습을 살펴보자. -그림 속에서 찾을 수 있는 여러 가지 직업은 무엇이 있는가? -우리 부모님과 같은 일을 하는 사람은 누구일까? ○ 공부할 문제 확인하기 • 동기 유발 단계와 관련지으면서 학습문제 확인하기 우리 고장 사람들이 하는 일을 알아보자. ○ 학습주제 선정하기 • 우리 고장의 직업조사 • 조사한 직업통계표(도표) 만들기 ○ 학습방법 안내하기 • STAD팀 학습 활동하기 • 퀴즈하기 • 팀 점수 계산하기 • 보상하기	▲ 일하는 모습이 그려진 삽화 ▲ 일하는 모습을 찍은 사진
	22'	○ STAD팀 학습 활동 • 팀 구성하기 • 각자의 역할 분담하기 -우리 고장 사람들이 하는 일과 우리에게 주는 도움 조사하기 -조사한 직업을 간단한 표로 정리하기 -통계표를 도표로 나타내기 • 활동규칙 제시하기 -모든 학생이 골고루 참여하기 -기본 점수 및 향상 점수 제시 • 학습과제지 배부하기 -모둠별로 과제지를 배부한다.	○ 학습과제지는 미리 준비한다.

| 적용 발전 | 10' | • 과제 해결하기
　-개별 예습 과제, 면접이나 설문지를 통한 조사 등을 중심으로 모둠별로 토의하여 해결한다.
　-사진, 비디오, 자료, 표 등의 다양한 자료를 활용한다.
　• 정답 토론 및 확인하기
　-질의와 응답을 통해 부족한 내용을 보충하고, 토의한 내용을 중심으로 모둠별로 정답을 확인한다.
　• 팀 활동 결과 반성하기
　-사전 과제 조사, 역할 분담 활동 등에 대해 반성한다.
　○ 퀴즈 하기
　• 학습결과를 확인하고 준비하기
　• 개인별로 퀴즈 문제 풀이하기
　-고장 사람들이 하는 일을 알아보는 방법에 대한 문제 제시
　-우리 고장 사람들이 하는 일과 우리에게 주는 도움에 대한 문제 제시
　• 상호 채점하기
　• 퀴즈 문제지 제출하기
　○ 팀 점수 계산하기
　• 개별 퀴즈 점수, 향상 점수 계산하기
　• 팀 점수 계산하기
　○ 팀 점수의 게시 및 보상
　• 우수팀 보상하기 | |
| 정리 | 3' | • 팀점수 게시하기
　○ 학습결과 정리하기
　• 우리 고장의 직업에 대해 알게 된 내용을 스스로 학습장에 정리한다.
　• 부족한 내용은 교사가 보충 설명해 준다.
　○ 차시 예고
　• 통계표와 도표 해석하기
　• 일과 고장의 발전과의 관계 이해
　• '우리 고장 만들기' 활동을 위한 준비물 갖추기 | |

◈ 보충·심화 학습 ◈

■ 통계표 작성 지도 요령 ○ 처음에는 표로 만들어진 것을 학생들에게 제시하여 표의 빈칸을 채우는 방식으로 지도한다. ○ 표의 칸이나 줄 수는 지정해 주며, 학생들이 항목을 쓰고, 수치를 통계해 내도록 한다. ○ 표의 칸이나 줄도 학생들이 스스로 하도록 지도한다.	■ 통계표와 도표 해석하기 ○ 학습된 통계표나 도표를 보고, 그것을 해석하는 활동을 통해 우리 고장 사람들의 직업 특징을 찾아본다. • 통계표와 도표의 차이점은 무엇이며, 어떤 특징이 있는가? • 그려진 도표를 보고 알아낸 것은 무엇인가?

나. 소집단 토의 학습 모형

단 계	토 의 과 제	지 도 방 법
초보단계	개인의 언어 능력	○ 똑똑한 발음으로 말한다. ○ 자신 있게 자기주장을 한다.
	집단의 형성 유지	○ 무엇을 말하는지 생각하며 듣는다. ○ 의문점은 메모하며 듣는다.
	집단의 과제 수행	○ 상대를 보면서 듣는다. ○ 상대를 보면서 말한다.
심화단계	개인의 언어 능력	○ 듣고 모르는 점을 묻는다. ○ 자신의 주장을 조리 있게 말한다.
	집단의 형성 유지	○ 상대의 말과 관계있는 화제를 골라 말한다. ○ 이야기의 중요한 점을 잘 듣는다. ○ 하나의 화제를 중심으로 말한다. ○ 때와 장소에 맞는 말씨로 말한다.
	집단의 과제 수행	○ 이야기를 끝까지 듣는다. ○ 말씨에 주의하면서 듣는다. ○ 발표자를 서로 도와주도록 한다.
정착단계	개인의 언어 능력	○ 하나의 화제를 발전시키면서 말한다. ○ 들을 때 메모하는 습관을 갖도록 한다.
	집단의 형성 유지	○ 하나의 화제를 발전시키면서 말한다. ○ 자기의 생각을 정리하여 말한다. ○ 소집단의 화제나 의견을 마무리하여 말한다.
	집단의 과제 수행	○ 상대의 의견을 존중하여 말한다. ○ 주어진 문제는 토의를 통해 해결한다.

구분	내용(과정) 및 지도방법
소집단 조직	○ 편성의 기초 자료를 마련하기 위한 조사를 실시한다. ○ 편성의 기초 자료를 활용하여 소집단을 조직한다.
소집단 운영	○ 리더를 뽑고, 역할을 주지시킨다. ○ 소집단의 이름을 짓는다. ○ 협의를 한다.
교사의 역할	○ 토의에 적합한 환경을 구성하여야 한다. ○ 토의 과정에서는 모든 학생들이 적극적으로 참여할 수 있도록 자유로운 발언분위기를 마련하여야 한다. ○ 토의 후의 정리 과정에서는 내용을 요약하고, 여러 가지 자료와 증거에 입각하여 스스로 결론을 내릴 수 있도록 도와주어야 한다.
유의점	○ 논의할 문제 파악 ○ 문제의 해결을 위한 계획 수립 ○ 참고자료의 수집 및 조사 ○ 토의 결과 정리 ○ 전체에게 해결 내용 보고

다. 브레인스토밍(Brain storming) 학습 모형

수업의 흐름	수 업 활 동 과 정
문제의 확인	○ 해결할 문제의 확인 ○ 여러 가지 해결책이 나올 수 있는 문제 제시하기 ○ 주제가 크면 소주제로 나누고 여러 집단으로 구성하기
집단의 구성	○ 집단을 구성하기 ○ 사회, 서기 정하기
문제의 제시	○ 주제를 제시하기 ○ 규칙을 숙지시키기
진 행	○ 진행하며 기록하기
기 록	○ 아이디어 정리하기 ○ 아이디어의 속성에 따라 정리하기

구 분	주요 내용(활동)
이론적 기초	○ Alex Osborn이 개발한 창의적인 아이디어 발견의 기법이다. ○ 집단이 문제를 해결하는 데 주로 사용하며, 아이디어의 양을 질보다 우선하고, 짧은 시간에 많은 아이디어를 창출한다.
기본 규칙 (4S)	○ 제시한 아이디어에 대한 평가는 나중까지 보류한다. 따라서 제시된 아이디어는 비판하지 않는다.(평가하면 발상이 저해) ○ 아이디어는 비현실적이거나 자유분방한 것일수록 좋다. 따라서 모든 아이디어를 받아들이고 자유스런 분위기를 조성한다. ○ 아이디어는 많을수록 더 좋다. 따라서 질에 관계없이 많은 아이디어를 생성해 내도록 격려한다. ○ 2개 이상의 아이디어를 결합하여 제3의 아이디어를 만들 수 있다.
종 류	○ ABC 브레인스토밍 • 알파벳 순서대로 제시하며 그 알파벳이 시작하는 몇 개의 단어를 나열한다. • 새로운 아이디어나 그 단어와 관련되는 사항들을 생각한다. ○ 브레인 라이팅 • 가로 3칸, 세로 7칸(21개)으로 나누어진 종이 배부 • 처음 3칸에 아이디어를 쓴 후 책상 위에 제출한다. • 다른 사람의 종이를 선택하여 아이디어 세 가지를 적는다. • 제한 시간이 될 때까지 계속 반복한다. ○ 종이 돌리기 브레인스토밍 • 아이디어 기록 종이를 한 장씩 나누어 준다. • 아이디어를 기록한 후 옆 사람에게 넘긴다. ○ 걸어 다니며 하는 브레인스토밍 • 큰 인쇄용지를 벽면 여러 곳에 붙여 둔다. • 걸어 다니면서 페이지마다 아이디어를 적는다.

라. 조사 학습 모형

수업의 흐름	수 업 활 동 과 정
S 학습계획 수립	○ 조사 학습의 시작 ○ 학습목표와 방법을 알린다. ○ 주제의 선정은 교사와 학생이 공동 협의하여 결정한다. ○ 주제 또는 문제에 대한 조사 목적을 확인하고, 잠정적인 문제 해결 방안을 찾는다. ○ 조사 학습의 계획에는 조사 목적, 내용, 범위 또는 영역, 조사 방법 등이 명확히 나타나야 한다.
조사활동 1 조사활동 2	○ 조사 방법은 조사 내용에 따라 여러 가지 형태로 나타난다. ○ 문헌 조사인 경우에는 교사가 교실에 이용가능한 문헌 자료를 비치하는 것이 바람직하다. ○ 현장 조사인 경우에는 사고 예방을 위해 주의사항을 철저히 주지시킨다.
보고서작성 보고	○ 조사 학습결과를 개별적으로 정리한다. ○ 조사 결과를 보고하기 위한 준비를 한다. ○ 조사 결과 얻어진 자료를 정리하여 보고서를 작성한다. ○ 문제 해결을 위한 자료를 비판적으로 읽도록 한다. ○ 문헌 조사인 경우 학생은 나름대로 가설을 검증하고 결론을 도출한다.
평 가	○ 작성된 보고서를 개인 또는 그룹의 대표가 보고한다. ○ 보고 결과에 대한 평가를 한다. ○ 평과 결과 보고서를 수정, 보완한다. ○ 개인별, 집단별 발표와 토의를 통해 가설을 수정하고 보다 합리적인 결론을 도출한다.
정리, 일반화 E	○ 조사, 보고한 내용들을 종합적으로 정리하여 일반화한다. ○ 학습결과물을 정리하고 마친다.

4. 수학과

가. 개념 형성 학습 모형

(1) 학습 과정

구 분	주 요 내 용
문제 파악	○ 학습과제를 제시하려면 먼저 그 개념의 이름을 제시해야 할 경우가 있다. 이때에는 학습과제를 제시한 후 이번 시간 공부를 하고 나면 "~인 것과 아닌 것을 구별할 수 있게 될 것입니다."라고 제시할 수 있다. -출발점 행동 고르기 -과제 파악-학습 제재의 제시, 학습목표·과제의 주지
개념의 추구 (유별· 추상)	○ 교사가 의도적으로 준비한 개념의 사례를 제시하는 단계이다. 그것은 실물일 수도 있고 인터넷 자료, 사진 자료, 융판자료, TP자료, 문장일 수도 있다. -분류 또는 유별 조작 활동 -사상의 제시, 관찰 -공통 성질의 발견-귀납추리(추상)
개념화 (일반화)	○ 이 단계에서는 같은 것끼리 모으게 하여 개념의 외연을 확정한 다음 내포를 추상화시킨다. 발표된 공통점이 내포이다. 내포를 확정짓는 데는 특별한 사고가 필요하다. 즉 추상과 사상(捨象)이다. 예를 들면 사각형 가운데 서로 같은 점을 모으는 것이 추상이고, 각의 크기나 변의 길이 등 다른 것을 버리는 것이 사상이다. ○ 다음에는 학습한 개념을 문자화, 기호화, 문장화하여야 한다. -개념의 내포와 외연의 확정-상호 관계 파악, 외연의 범위 확정(다른 개념과 구별), 내포 확정(추상, 사상으로 공통점 발견) -개념의 일반화-개념의 타당성 검토, 기호화, 문자화, 문장화(정의)하여 기초 개념에 편입
적용 발전	○ 개념을 더욱 명확히 하고 활용하는 단계이다. 일반화 단계에서 학습과 사고의 정리가 끝났으면 이제 학습의 결과를 확인해 보아야 한다. ○ 문제는 주로 외연을 들어 개념을 구별하는 문제와 일반화하는 문제로 구별된다. -개념의 활용-연습 문제 해결, 형성평가

(2) 교수·학습 과정안(제4학년 1학기)

단 원		4. 삼각형		학습 요점(판서)
본시주제		이등변삼각형		■ 약속하기
차 시	1/7	교과서	수학 48~49	○ 삼각형의 구성: 각, 꼭짓점, 변
수업모형		개념 형성 학습		○ 삼각형의 종류 직각삼각형, 이등변삼각형, 정삼각형, 예각삼각형, 둔각삼각형
수업목표		이등변삼각형의 특징을 알고, 이등변삼각형 모양을 바르게 그릴 수 있다.		○ 이등변삼각형 두 변(각)의 길이가 같은 삼각형
학습자료		ⓣ 그림 자료, 교수용 자 ⓗ 색종이, 가위, 자		

단계	시간	◈ 교수·학습 활동 ◈	교육정보자료(▲) 및 유의점(○)
준비하기	2'	○ 색종이로 삼각형 오리기 • 가위질을 3번 하여, 2번 하여, 1번 하여 삼각형을 만들어 봅시다. - 접거나 모서리 부분을 이용하여 삼각형 만들기 ○ 학습 제재의 제시 • 이번 시간 공부를 하고 나면 여러분은 이등변삼각형의 성질을 알고 이등변삼각형을 그릴 수 있게 됩니다. ○ 공부할 문제 확인	▲색종이, 가위, 자
문제파악	2'	이등변 삼각형을 알아보자.	▲프레젠테이션 자료
개념의 추구	16'	○ <활동 1> • 다음 도형 중 성질이 같은 삼각형은 어느 것이라고 생각합니까? - 삼각형 ㉮, ㉰, ㉳라고 생각합니다. • 왜 삼각형 ㉮, ㉰, ㉳의 성질이 같다고 생각합니까? - 삼각형 ㉮, ㉰, ㉳는 두 변의 길이가 비슷해 보입니다. • 두 변의 길이가 비슷하다고 했는데 정말로 같은 성질이 있는지 알아보려면 어떻게 하면 좋을까요? - 세 변의 길이를 재어 본다. • 각 삼각형의 세 변의 길이를 재어 각 변에 길이를 표시해 봅시다. - 세 변의 길이를 재어 도형에 표시 • 세변의 길이를 재어 본 후 알게 된 점은 무엇입니까? - 삼각형 ㉮, ㉰, ㉳는 두 변의 길이가 같습니다. - 삼각형 ㉯는 세 변의 길이가 같습니다. • 삼각형 ㉯와 같이 세 변의 길이가 같은 삼각형의 이름은 이미 배웠어요. 발표해 보세요. - 정삼각형 • 그러면 삼각형 ㉮, ㉰, ㉳와 같이 두 변의 길이가 같은 삼각형은 처음 보는 것이니 우리가 이름을 붙여 봅시다. - 둘삼각형, 정두변삼각형, 이등변삼각형 • 이름이 많으면 혼란하니 한 가지로 정하면? - 이등변삼각형	▲삼각형 ㉮, ㉯, ㉰, ㉳ 도형, 자 ▲자 ○ 세 변의 길이를 재어 본 후 학생 스스로 두 변의 길이가 같음을 찾도록 시간을 충분히 준다.

개념화		○ 약속하기
		  두 변의 길이가 같은 삼각형을 이등변삼각형이라고 한다.
		  ● 다음에서 이등변삼각형은 어느 것인지 먼저 예상해 보아라.
		  또 예상이 맞는지 길이를 재어 확인해 보아라.
		  −예상 후 길이를 재어서 이등변삼각형 찾기
		  ○ <활동 2>
		  ● 그림처럼 색종이를 반으로 접어 오려서 삼각형을 만들어 보자.
		  −그림을 보면서 색종이 오리기
		  ● 만들어진 삼각형은 어떤 삼각형이라고 생각하는가? 그 이유는?
		  −두 변의 길이가 겹쳐서 똑같기 때문에 이등변삼각형이다.
		  ● 또 다른 같은 점은 무엇인지 찾아보아라.
		  −접었을 때 두 각이 겹쳐지기 때문에 두 각의 크기가 같다.
		  −색종이를 반으로 접어서 오렸기 때문에 당연히 두 각이 같다.
		  ● 색종이를 오려 삼각형을 만들어 본 후 알게 된 것은 무엇인가?
		  −이등변삼각형은 두 각의 크기가 같다.
		  −이등변삼각형의 두 변의 길이가 같다는 것을 다시 확인했다.
		  ○ 이등변삼각형 그려 보기
		  ● 모눈종이 위에 이등변삼각형을 그려 보아라.
		  −이등변삼각형 그리기
		  ○ 선택 학습문제
		  ● 상수준
		  −모눈종이 위에 모양이 다른 이등변삼각형을 3개 그려라.
		  −컴퍼스를 이용하여 크기가 다른 이등변삼각형을 3개 그려라.
		  −익힘책 54쪽 하단
		  ● 중수준
		  −모눈종이 위에 모양이 다른 이등변삼각형을 3개 그려라.
		  −익힘책 53쪽
		  ● 하수준
		  −모눈종이 위에 이등변삼각형을 3개 그려라.
		  −익힘책 53쪽
			▲ 삼각형 도형
			
			▲ 색종이, 가위, 자
			○ 두 각이 같음을 경험적으로 알게 한다.
			○ 밑각이라는 용어는 사용하지 않도록 한다.
			○ 우선 모눈종이를 이용하여 두 변의 길이가 같음을 이용하여 그리고, 빈 종이에 한 변을 주고 컴퍼스를 이용하여 그리도록 한다.
			▲ 모눈종이, 자, 컴퍼스

적용·발전	10'		
	10'		
정리			

◈ 보충·심화 학습 ◈

■ 이등변삼각형 분류하기 ○ 이등변삼각형을 고른 후 이유를 설명하라. −두 변(각)의 길이가 같기 때문 ○ 고른 이등변삼각형의 변의 길이를 재어 보아라. ○ 고른 이등변삼각형을 반으로 접어 각의 크기가 같은지 알아보아라. ○ 한 각의 크기가 90°인 삼각형의 이름은? −직각삼각형	■ 이등변삼각형 그리기 예각삼각형, 직각삼각형, 둔각삼각형으로 이등변삼각형을 골고루 그릴 수 있도록 유도한다. ○ 모눈종이 위에 크기가 다른 이등변삼각형을 그리시오. ○ 주어진 한 변 위에 자와 컴퍼스를 이용하여 이등변삼각형을 그리시오.

나. 원리 발견 학습 모형

구 분	주 요 내 용

문제
파악
	○ 출발점 행동 고르기
	○ 학습문제의 구성 및 제시(문제 구조의 발견 지도)
	  ● 학습 제재 제시
	  ● 학습문제 제시(문제 파악, 개념 확인)

탐색
(예상)
	○ 문제에 대한 해답이나 문제의 해결방안을 가상하여 보게 하고, 학생들에게 힌트 없이 예상을 시켜 자유롭게 사고하게 한다. 이때 교과서를 보게 해서는 안 된다.
	○ 각자 또는 소집단 토의를 통하여 정리된 생각을 발표시켜 칠판에 기록한 다음 하급의 모든 학생이 어느 의견에 동의하는지 손을 들어 소속시킨다.
	○ 다음에는 그렇게 예상한 이유를 설명하는 등 갑론을박을 거친 다음 예상을 수정할 기회를 주어 예상을 수정하게 한다.
	 - 관련 선수학습의 상기(유비)
	 - 해결 방법의 탐색(직관적 사고)
	  ● 예상(가설, 계획)의 수립(해결 방안 모색)
	  ● 예상의 수정
	 - 결과의 예상

해결
(검증,
일반화,
음미)
	○ 예상 단계에서 나온 것이 긍정되는지 부정되는지 따져 보는 단계로 학생들의 발표가 어느 것이 옳다고 그른지 논리적, 직관적으로 검증한다.
	○ 먼저 검증단계에서 발견된 원리를 다른 사례에 적용하여 연역적으로 타당성을 검토한다. 여러 가지의 검토가 끝나면 확정된 원리를 이미 배운 방법과 연계시켜 기존 지식에 편입시킨다.
	 - 구체적인 조작에 의한 문제 해결 활동(귀납)
	  ● (개인학습) - (소집단) - (전체학습)
	  ● 검증(실험, 관찰, 조사, 검토)
	  ● 원리(법칙)의 발견
	 - 일반적인 방법의 정리(언어화, 기호화)
	  ● 원리(법칙)의 타당성 검토 - 문장화·공식화하여 기초 지식에 편입
	 ※ 형성평가 및 교정·보충 학습 ※ 교과서 활용

적용	○ 지금까지 학습한 원리나 법칙을 활용하여 교과서나 익힘책에 제시된 연습 문제를 풀어 보게 하는 단계이다. 문제 푼 것을 확인하는 것이 곧 형성평가이다. 이때 문제 하나하나마다 문제 해결 학습의 과정을 거치는 것이 바람직하다. - 연습 및 적용 문제 해결 ● 원리, 법칙의 활용(연습 문제 해결) - 형성평가 - 과제 제시

다. 문제 해결 학습 모형

구 분	주 요 내 용
문제이해 (문제파악)	○ 본 수업에서 다루어질 학습문제의 핵심(구조화된 단계)을 밝혀 주고 학습동기를 유발해야 하며, 학생은 본시 수업목표를 확인하게 된다. －동기유발　　　　　－과제 제시　　　　　－목표 인지
해결계획 (예상, 탐색)	○ 학습과제 해결을 위한 예상과 계획을 세우는 단계로 교사는 학생들이 예상과 계획을 세우는 데 도움을 줄 수 있도록 학습과제와 관련된 선수학습내용을 상기시켜, 그와의 관계를 고찰할 수 있도록 조언한다. ○ 기호나 용어의 필요성을 인식시키도록 한다. －직관적 사고　　　　　－해결 방안(예상과 계획 세우기) －선수 학습 상기　　　－과제 고찰　　　　　－기호, 용어의 필요성 인식
계획실행 (해결)	○ 계획된 절차에 따라 구체적으로 사고하고 실천하는 단계로 학생들은 학습과제를 해결하거나 새로운 원리, 법칙을 귀납적 방법에 의해서 발견하게 된다. ○ 이 단계는 탐색의 단계와 밀접히 관련되어 상호 의존적인 관계를 유지하고 있다. 다시 말하면 학습으로 하여 새로운 학습과제를 수행하는 핵심적인 활동이다. －논리적 사고(귀납적 사고)　　　－선수 학습 적용　　　－구체적 조작 －과제 해결－원, 법칙의 발견　　　－기초 용어의 정리
반성(음미)	○ 학생들은 우선 해답의 오류가 없었나를 검토(검산)해 봄은 물론, 답이 맞았다 하더라도 해결의 과정 속에서 시정해야 할 사항이 없었는가를 살핀다. ○ 이 단계는 탐색의 단계와 밀접히 관련되어 상호 의존적인 관계를 유지하고 있다. 다시 말하면 학습으로 하여 새로운 학습과제를 수행하는 핵심적인 활동이다. －논리적 사고(연역적 방법)　　　－해답 검토　　　　　－예상 확인 －원리적인 조작　　　　　　　－발전 문제의 탐색
정리(연습)	○ 연습단계: 이미 습득한 학습내용(원리, 법칙 등)을 반복 연습하여 기능을 숙달시킬 수 있도록 뜻 있는 기본문제와 응용문제를 제시하여 연습하도록 한다. ○ 평가 및 정리의 단계: 학습된 내용을 정리하여 새로 학습한 개념, 원리, 법칙을 학생의 지적 체계의 일부로 구조화하고 내면화하여, 새로운 사태에 적용하고 일반화할 수 있도록 하는 단계이다. －원리 법칙의 적용　　　－기능 숙련(정확성, 속도감)　　　－개념 정리 －원리 법칙의 일반화　　　－학습 정리

라. 과제 선택 학습 모형

모 형	구 분	주 요 내 용
	학습 안내 활동	○ 학습목표와 학습방법을 안내한다. ○ 준비된 학습과제의 내용을 안다.
	과제 선택 활동	○ 자기의 능력이나 특성에 따라 공부할 과제를 선택한다. ○ 과제 해결을 위해 필요한 자료를 준비 ○ 필요하면 과제별 소집단을 편성한다.
	과제 해결 활동	○ 선택한 과제를 순서대로 해결한다. ○ 활동 내용에 따라 조사, 실험, 관찰 등의 다양한 학습 활동을 실천한다. ○ 과제 해결에 필요한 도서, 파일, 영상자료 등 활용가능한 자료를 이용한다. ○ 학습한 결과를 발표할 내용을 정한다.
	평가 활동	○ 학습 활동 내용을 평가한다. ○ 미진한 부분은 재습 활동을 한다. ○ 학습목표를 도달할 경우 심화 또는 선택 학습을 한다.
	보고 및 발표 활동	○ 과제 선택 학습결과를 발표한다. ○ 보고 및 발표를 통해 다른 사람의 학습내용에 대해 알고, 본시 학습에 대한 자기 평가나 상호 평가를 한다. ○ 차시 예고를 한다.

5. 과학과

가. 경험 학습 모형

구 분	주 요 내 용
경험 학습 지도단계	(1) 자유 탐색 단계(자료 관찰, 자료 놀이, 분류) (2) 탐색 결과 발표 단계(결과 발표, 토의) (3) 교사의 인도에 따른 탐색(관찰, 관점 제시, 분류 기준 제시) 　　분류 단계(관찰, 분류, 측정) (4) 탐색 결과 정리 단계(이해, 문장화)
자유 탐색 단계	○ 주어진 학습자료를 학생들이 자유롭게 만져 본다. ○ 모양이나 색 등을 살펴보고, 두드려 보고, 맛을 보고, 냄새를 맡아 보는 등 여러 방법으로 탐색해 보게 하는 단계이다. ○ 이 단계에서는 자료의 관찰뿐만 아니라, 자료 놀이, 분류 등의 활동이 이루어진다.
탐색 결과 발표 단계	○ 학생들이 보고 듣고 만져 보는 등의 관찰을 통하여 얻은 결과를 발표하도록 한다. ○ 교사는 학생들의 발표를 통해 학생들의 활동이 적절했는지 파악한다. ○ 이 단계에서는 자유 탐색 결과의 정리 능력과 학생들의 의사 전달 능력을 길러 줄 수 있다.
교사의 인도에 따른 탐색	○ 학생들은 자유 탐색 활동을 되돌아보고 미숙하거나 잘못된 점이 무엇인지 생각해 본다. ○ 교사는 학생들의 미숙한 점이나 교수·학습의 목표와 내용에 맞는 어떤 기준을 제시한다. ○ 학생은 교사가 제시한 기준에 따라 자기 탐색 활동이나 내용을 수정하며 교사의 인도에 따라 활동하도록 한다. ○ 새로운 탐색 활동의 결과를 정리하거나 자료를 수집한다.
탐색 결과 정리 단계	○ 그동안 관찰한 내용을 토의 활동을 통하여 정리하게 한다. ○ 학습소재에 따라 분류 과정이 필요할 때가 있다. ○ 분류단계가 필요할 경우 교사는 분류기준을 주어 분류해 보게 한다. ○ 분류 활동이 끝난 다음 정리한다.

나. 발견 학습 모형

(1) 일반적인 학습 과정

구 분	주 요 내 용
자료 제시 및 관찰·탐색	○ 가능한 한 다양하고 많은 관찰을 하도록 격려한다. 그러나 관찰은 이론 의존적이기 때문에 학생의 지적 배경에 따라 상당히 제한적일 수 있다는 것을 고려한다. ○ 가능하면 아동 모두에게 각자의 자료를 제공해 주는 것이다. 이것이 불가능할 때는 시범 실험을 여러 번 반복할 수도 있다.
추가 자료 제시 및 관찰·탐색	○ 귀납적인 추론을 자극하는 단계로 자료에 드러나 있는 규칙성을 연결한다. ○ 제시된 추가 자료는 학생이 더 많은 관찰을 하여 그로부터 추리되는 규칙성을 인식하게 하기 위한 것이다. ○ 보충 자료를 제시하는 까닭은 발견 수업모형이 귀납적인 방법으로 개념을 형성하는 데 근거를 두고 있기 때문이다.
추 리	○ 관찰된 규칙성으로부터 일반화를 하게 하는 단계로 관찰결과를 발표하게 하거나 일반화를 유도하도록 질문을 던진다. ○ 추리단계의 의의는 관찰에 대한 설명이나 사고 활동의 결과라고 볼 수 있다. 관찰을 통해 자료를 수집해서 그들 사이의 관계나 이유를 설명하게 한다.
정 리	○ 아동들이 개념이나 일반화(법칙)를 도출해 낸 다음에, 교사는 그들이 추상적 개념을 정확하게 말로 나타내도록 도와주게 한다. ○ 아동들로 하여금 가까이에 있는 자료뿐만 아니라, 아직 대해 보지 않은 다른 예에까지 확장시켜 설명하는 말로 개념을 정의하거나, 법칙을 설명하게 한다. ○ 추상적인 개념은 특수한 용어보다는 일반적인 말로 서술되어야 한다. 만약 그 말을 칠판에 쓰거나, OHP로 투영해 준다면 아동들은 기호화할 수 있다. ○ 추상적인 개념을 판서하는 것은 강화의 역할을 한다. 발견 수업모형은 아동들로 하여금 추상적인 개념을 형성하도록 고안된 것임을 주지해야 한다.
적용 및 응용	○ 이 단계에서는 학습한 추상적 개념을 확장시키거나 응용하는 단계로, 있을지 모르는 어떤 불확실한 점을 아동이 해결하도록 돕는다. ○ 학생들이 학습한 추상적인 개념을 확장시키거나 응용하는 단계이다. ○ 학생은 교실에서 얻은 지식을 실생활에 관련짓는 기회를 얻는다.

(2) 교수·학습 과정안(제6학년 1학기)

단 원 명	1. 힘과 에너지		일시	20○○.2.12	장소	과학실
학습주제	운동량과 질량·속력의 관계		쪽수	54~55	차시	3/22
학습목표	• 운동량과 질량 및 속력의 관계를 알아보기 위한 실험을 바르게 수행할 수 있다. • 운동량과 질량·속력의 관계를 설명할 수 있다.				최적 학습 모형	
					발견학습모형	
수업전략	내용조직		학습집단 조직		중심 체험 활동	
	단일주제 수준별 수업		학급 내 수준별(기본·보충·심화) 학습집단 조직		관찰, 측정, 문제인식, 가설설정, 변인통제 결론도출	

학습과정		교수·학습 활동		자료 및 유의점	시간
단계	내용	도움교수 활동 (교사 활동)	체험 학습 활동 (학생 활동)		
도입	전시 학습 확인	- 운동의 제1, 제2, 제3 법칙은? - 작용과 반작용이란?	- 전시학습을 상기하여 발표 (개별 질문 답변)		2
	탐색 및 문제 인식	- 자동차가 충돌했을 때 에어백의 역할은? - 벽에 승용차가 충돌했을 때보다 버스와 충돌했을 때 더 크게 무너지는 이유는? - 충돌 현상을 힘과 운동의 법칙으로 설명할 수 없는 이유는?	- 충돌현상에 대한 다양한 경험 발표 - 순간적으로 일어나기 때문에 힘과 운동의 법칙으로 설명하기 어려움 - 충돌현상을 잘 설명할 수 있는 새로운 물리량 필요 인식	일간신문 사고기사 스크랩 에어백 사진 PPT 자료	5
	학습목 표	- 학생 스스로 제시하게 유도 - 학생이 제시한 학습목표를 행동 용어로 정리 판서	- 문제인식에 기초한 학습목표 확인		1
전개	자료 제시 및 토의	- 질량과 속력을 변화시키면서 현상관찰 안내 - 토의 후 실험을 통해서 발견해야 할 문제 진술 - 개인별, 분단별로 예상결과 발표 - 예상결과 기록 안내	- 변인통제에 따른 현상 관찰 ·질량과 속력을 달리하여 다양한 충돌 후 현상 관찰 - 현상에 대한 토의 후 실험 설계		3
	실험 설계	- 분단별로 변인통제 조절 - 수준별 분단의 변인 구분 - 보충 및 심화 분단 선택 과제 안내	- 가설 검증을 위한 조절변인, 통제변인, 종속변인 조절(수레의 질량, 속력, 실험대 표면의 거칠기 등) - 보충(운동량이란?) 심화(운동량과 충격량의 관계는?)	운동량과 운동에너 지 차이 유의	3
	실험 및 자료 수집	- 변인통제, 측정 및 기록 - 모둠별 실험 도움 활동 전개 - 순회 시 보충분단 중점 지도	- 변인통제 및 실험수행 - 자료수집 및 기록 - ICT 자료 활용	충분한 시간 확보	23

단 원 명	1. 힘과 에너지		일시	20○○.2.12	장소	과학실
학습주제	운동량과 질량·속력의 관계		쪽수	54~55	차시	3/22
학습목표	• 운동량과 질량 및 속력의 관계를 알아보기 위한 실험을 바르게 수행할 수 있다. • 운동량과 질량·속력의 관계를 설명할 수 있다.				최적 학습 모형	
					발견학습모형	

수업전략	내용조직	학습집단 조직	중심 체험 활동
	단일주제 수준별 수업	학급 내 수준별(기본·보충·심화) 학습집단 조직	관찰, 측정, 문제인식, 가설설정, 변인통제 결론도출

		내용조직	학습집단 조직	중심 체험 활동	
전개	결론 도출	−실험자료 발표 및 해석 −실험 결과로 평가하기 −개인별, 분단별 설정 가설의 수용 및 수정	−운동량과 질량 사이의 관계 자료 발표 및 해석 −운동량과 속력 사이의 관계 자료 발표 및 해석 −가설 수용 및 수정 발표	PPT 자료	3
	규칙성 발견 및 일반화	−운동량과 질량의 관계는? −운동량과 속력의 관계는? −탐구 및 문제 인식의 일반화 ·자동차 에어백의 역할은? ·버스에 충돌한 벽이 승용차가 충돌했을 때보다 크게 무너지는 까닭은? −운동량의 정의는? −운동량의 크기를 질량과 속력의 곱으로 나타내는 까닭은? −심화분단 '충격량' 개념 도입	−운동량과 질량, 운동량과 속력의 관계 발표 −결과의 일반화 −탐색 및 문제인식 단계 피드백 −'운동량＝질량×속력' 명확히 인식 −질량과 속력이 클수록 충돌효과가 크기 때문 −수준별 개념 정립 및 과제 해결	사진자료 PPT 자료	5
정리	형성평가	−수준별 형성평가 문제 제시 및 피드백(부진아 보충 지도에 유의)	−모둠별 형성평가 및 피드백	모둠별 평가지	2
	발전	−정지해 있는 트럭의 운동량과 기어가는 개미의 운동량을 비교하면? −분단별 토의 과제 제시 ·유리 그릇 안전 운반을 위한 방법 ·자동차 에어백의 물리적 역할 ·공에 유리창이 깨질 때의 물리적 현상 설명 ·태권도 선수나 차력사의 격파 시 물리적 현상 설명 −차시예고(동기유발)	−개미> 트럭 −심화분단의 선택 학습자료로 충격량 활용 도입가능 −차시 토론 과제(수행평가 등)로 활용 −차시학습 숙지	운동량은 정의로, 충격량은 운동량의 심화 과정으로 설명	3

다. STS(Science Technology Society: 과학, 기술, 사회) 학습 모형

(1) 학습 과정

단계	수 업 내 용	수 업 활 동
문제 인식	○ 호기심을 위해 주변 환경을 관찰한다. ○ 질문에 대한 가능한 많은 반응을 고려한다. ○ 학생들의 지각이 다양함을 확인한다.	○ 학생의 생각발표 및 지적 호기심 유발 • 문제 상황은 학생에게 지적 호기심을 갖게 하고 가능한 실생활 관련 문제를 제시함 • 교사의 역할은 학생의 문제 인식을 도와주고 학생들의 생각을 정리해 주는 정도
탐색	○ 중심이 된 역할에 참여하여 가능한 대안들을 토의한다. ○ 구체적인 현상을 관찰하고 모형을 설계한다. ○ 자료를 수집하고 분석하고 정리한다. ○ 다른 사람과 해결책을 토의한다. ○ 실험을 설계하고 수행한다. ○ 선택을 평가하고 논쟁에 참여한다.	○ 문제 해결을 위해 자료 수집 및 의견 교환 • 실험 및 관찰 • 관련 내용 조사 • 문제 해결을 위해 실험을 하거나 도움이 되는 자료를 수집하여 자기 생각의 타당성을 알아본다. • 교사는 용어의 혼동을 피하기 위해 관련 용어를 정리해 준다.
해결 방안 제시	○ 정보와 관념으로 의사를 전달한다. ○ 한 모델을 만들거나 설명한다. ○ 해결책을 검토하고 비평한다. ○ 동료의 평가를 이용한다. ○ 다지형 답, 해결을 수집한다. ○ 이미 존재한 지식과 경험에 해결책을 통합한다.	○ 토론을 통해 사전 생각 수정 또는 교정 • 문제 해결방법 설명 • 해결방법을 발표하게 하고 해결 과정에서 해결하지 못한 것을 토론을 통해 이해하게 함 • 문제가 해결되지 않을 경우 교사가 보충 설명
실행	○ 의사 결정을 한다. ○ 지식 및 기능을 응용하고, 전달한다. ○ 정보와 관념을 나눈다. ○ 결과를 발달시키거나 관념을 촉진한다. ○ 다른 사람들에 의한 동의 및 수용을 금지한다.	○ 실생활 문제에 전이 • 학생들의 생각을 확인 및 정착 • 가능한 한 실생활과 관련된 문제에 적용

(2) 교수·학습 과정안(제3학년 1학기)

단 원		4. 온도 재기		학습 요점(판서)
본시주제		여러 가지 온도계의 종류와 쓰임		■ 온도계의 종류와 쓰이는 곳 ○ 알코올 온도계: 과학실에서 사용 ○ 체온계: 몸의 온도 측정 ○ 한란계: 보통 기온을 측정 ○ 지중 온도계: 땅속의 온도를 측정 ■ 온도가 너무 높거나 낮으면 생활에 불편하여 우리 생활에 적당한 온도가 있다.
차 시	7/7	교과서	과학 53~54쪽(관찰 35~36쪽)	
수업모형		STS 학습		
수업목표		여러 가지 온도계의 쓰임을 안다. 우리 생활에 적당한 온도를 안다.		
학습자료		온도와 관련된 사진이나 VCR 자료, (용광로, 냉동실 등) 여러 가지 온도계		

단계	시간	◆ 교수·학습 활동 ◆	교육정보자료(▲) 및 유의점(○)
	5'	○ 전시 학습 상기 및 동기 유발 • 여러 곳의 온도가 다른 까닭은 무엇입니까? • 오늘 날씨에서 교실의 온도가 어느 정도 되는지 발표한다. ○ 탐색 및 문제 파악 • 용광로에서 쇳물이 녹는 온도는 얼마나 될지 이야기해 본다. • 끓는 물의 온도는 몇 도 정도일까? • 회사나 사무실의 온도는 몇 도나 되는지 이야기해 보게 한다. • 아픈 어린이의 체온은 몇 도나 되는지 이야기해 보게 한다. • 냉장고의 실내 온도는 몇 도나 되는지 이야기해 보게 한다. • 사우나 탕 안의 온도는 몇 도나 되는지 이야기해 보게 한다. ○ 공부할 문제 확인하기 여러 가지 온도계의 종류와 쓰임 및 생활에 적당한 온도를 알아보자.	▲ VCR자료 ○ 학생들의 자유로운 발표가 이루어지도록 유도함. ▲ 인터넷사이트 – 에듀넷 (http://www.edunet4u.net) 과학과 멀티미디어 자료실
	15'	○ 온도계의 종류와 쓰이는 곳 • 우리가 가지고 있는 알코올 온도계로 모든 물체의 온도를 잴 수 있을까? • 온도를 잴 수 없는 물체는? –고체 물체, 매우 뜨거운 물체, 매우 작은 물체 등 ○ 여러 가지 온도계를 돌아가며 관찰하여 특징을 쓰고 쓰임새를 추측하게 한다. ○ 각 온도계는 어떤 특징이 있습니까? • 여러 가지 온도계는 온도를 잰다는 것은 같으나 그 쓰임이 다르며 필요에 따라서 온도계를 선택해서 사용해야 한다. ○ 각 온도계는 어느 경우에 사용할까요? • 온도계의 쓰임을 모둠별로 토의한다. • 모둠별로 토의한 내용을 정리한다.	▲ 프FP젠테이션 자료 ▲ 과제 학습지 ▲ 여러 가지 온도계 ○ 온도계의 종류가 다양하며, 그 쓰임이 다름을 인식시킨다.

| 설명 및 해결 방안 제시 | 15' | ○ 정리한 내용 모둠별 또는 개인별 발표 및 토의
　• 알코올 온도계: 보통 정확성은 떨어지나 인체에 무해하고 학교의 과학실에서 많이 사용한다.
　• 체온계: 몸의 온도를 측정한다.
　• 한란계: 보통 기온을 측정한다.
　• 지중 온도계: 땅속의 온도를 측정한다.
　• 최고·최저 온도계: 일정한 시간 동안의 가장 낮은 온도와 가장 높은 온도를 측정해 주는 온도계로 보통 백엽상에 사용한다.
　• 수은 온도: 수은이 들어 있는 온도계로서 수은의 팽창과 수축으로 눈금을 나타내는 온도계로 알코올 온도계보다 정확하고 측정 범위가 넓다.
　• 광온도 측정 장치: 한 물체의 각 부분 온도를 측정하거나 매우 높은 온도를 측정할 때 사용한다.(물체에서 반사하는 빛의 스펙트럼을 분석하여 온도를 측정함)
　• 온도가 너무 높아서 불편했던 점 발표하기
　• 우리가 생활하는 데 불편했던 점 발표하기 | ○ 조사 결과를 모둠별로 정리한다.

○ 학생의 수준에서 정리되도록 유도하고 교사가 순회 지도한다.
▲ 온도계 실물 또는 VCR자료 |
| 실행 | 5' | ○ 결과 종합 정리하기
　• 온도가 너무 높으면 이를 해결하기 위해서 어떻게 해야 하나?
　-부채, 선풍기, 에어컨, 목욕 등
　• 온도가 너무 낮으면 이를 해결하기 위해 어떻게 해야 하는가?
　-난로, 난방기, 몸 움직이기, 옷 두껍게 입기 등
　• 식품을 보관할 때에는 온도와 어떤 관계가 있을까?
　• 우리 생활에 적당한 온도는?
　-냉방 온도 −25~28℃, 난방 온도 −15~20℃
목욕물 −35~40℃, 냉장고 안 −0~4℃
공부방 −15 ~17℃, 수영장 −27~29℃
○ 차시 예고: 온도계로 차고 따뜻한 정도 알아보기 | ○ 일상생활과 관련지어 발표하도록 한다.

▲ 관찰 35쪽 참고 |

◈ 보충·심화 학습 ◈

■ 온도계의 원리에 따른 종류
○ 액체 온도계: −30~350℃의 고온을 재는 데 알맞은 수은 온도계와 −110~50℃의 저온을 재는 데 알맞은 알코올 온도계가 있다.
○ 기체 온도계: 수소, 헬륨, 질소 따위의 기체 팽창을 이용한 것으로 매우 정확하게 온도를 잴 수 있으며 그 범위는 −200~700℃이다.

○ 광고 온도계: 700~3,000℃의 고온을 잴 수 있는 온도계이다.
○ 그 밖에 최고 온도와 최저 온도만을 잴 수 있는 최고·최저 온도계, 온도 변화를 자동적으로 기록하는 자기 온도계, 습도도 함께 잴 수 있는 건습구 온도계가 있다.

라. 가설 검증 학습 모형

(1) 일반적인 학습 과정

구 분	주 요 내 용
탐색 및 문제파악	○ 자유로운 탐색을 통해 문제를 파악하는 단계이다. ○ 문제를 발견하기 어려운 경우에는 시범 활동을 통해 문제를 제기할 수 있다. ○ 과학적 방법에서 관찰은 대단히 중요하다. 관찰에 의해서 문제를 파악하며 또, 관찰에 의해서 일반화가 가능하다고 관찰을 통해서 문제 해결을 위한 가설이 설정된다.
가설 설정	○ 토의를 통해 문제에 대한 잠정적인 해답을 만드는 단계로 검증가능한 일반적인 진술(가설)을 제시하도록 한다. 예를 들면, 위에서 제기된 문제에 대해 '전류의 세기가 세어지면 나침반 바늘이 돌아가는 각의 크기는 더 클 것이다.' 다시 말하면, '전류의 세기가 세어지면 자기장의 세기가 세어질 것이다.'와 같이 가설을 세울 수 있다. ○ 엄밀한 의미에서 가설은 현상에 대한 인과론적 또는 모형적 설명을 의미하나, 초등학교 수준에서는 현상에 대한 서술적 전술(일종의 예상)도 포함할 수 있다.
실험 설계	○ 가설을 검증하기 위하여 변인을 확인하고 통제하는 방법과 실험에 사용될 기구를 정하고 계획을 세우는 단계이다. 예를 들면, 전류의 세기에 차이를 두는 방법으로 전지의 수를 다르게 사용하는 것, 자기장의 세기를 알아볼 때 감도가 같은 것을 쓰는 것, 나침반에 에나멜선 감는 수를 같게 하는 것 등을 생각해야 한다. ○ 교사는 학생이 공정한 검증을 할 수 있도록 유도한다.
실험	○ 변인을 통제하여 실제로 실험하고 관찰, 분류, 측정 등을 통하여, 실험 자료를 수집하여 데이터를 얻는 단계이다. ○ 공통점, 유사점에 따라 사물을 분류하는 능력을 기르는 등의 활동이나 정성으로 실험을 지도하는 것이 바람직하며, 정량적인 실험을 너무 강조하는 것은 초등학생의 발달수준에 미루어 적절하다고 보기 어렵다. ○ 실험은 그 주체에 따라 개별 실험, 모둠별 실험, 시범 실험으로 나눌 수 있다.
가설 검증	○ 실험에서 얻은 자료를 표나 그래프로 정리하고 해석하여, 가설을 수용하거나 수정 또는 기각하는 단계이다. ○ 증거에 문제가 발견되면 관련된 앞의 단계로 돌아간다.
적용 및 새로운 문제발견	○ 앞에서 얻은 지식을 바탕으로 새로운 상황을 예상하거나 실제 상황에 적용하고 응용하는 단계이다. ○ 이 과정에서 새로운 문제를 발견하게 되면 다시 앞의 단계로 돌아간다.

(2) 교수·학습 과정안(제6학년 1학기)

단 원 명	2. 물질의 특성		일시	년 월 일	장소	과학실
학습주제	기체의 용해도와 압력·온도와의 관계		쪽수	64~65	차시	15/18

학습목표	• 기체의 용해도와 압력·온도의 관계를 알아보기 위한 실험을 바르게 수행할 수 있다. • 기체의 용해도와 압력·온도의 관계를 설명할 수 있다.	최적 학습 모형
		가설검증학습모형 (탐구학습 모형)

수업전략	내용조직	학습집단 조직	중심체험활동
	단일주제 수준별 수업	학급 내 수준별(기본·보충·심화) 학습집단 조직	가설설정, 변인통제, 측정·기록, 실험 활동

학습과정		교수·학습 활동		자료 및 유의점	시간
단계	내용	도움교수 활동 (교사 활동)	체험 학습 활동 (학생 활동)		
도입	전시 학습 확인	−고체의 용해도 곡선을 제시하고 온도와 고체의 용해도 관계 질문	−온도가 높을수록 고체의 용해도는 증가하며, 고체의 용해도는 물질의 특성임을 인지	용해도 곡선	2
	탐색 및 문제 인식	−탄산음료를 딸 때 나는 소리와 음료를 마신 후 트림했을 때 등 다양한 경험 질문 −금붕어가 수족관의 수면 위로 뻐금거리는 이유는? −물에 기체를 많이 녹일 수 있는 방법은 무엇일까? (발표를 그대로 수용하고 판정은 유보)	−기체의 용해도와 관련된 생활 속의 다양한 경험 발표 −물속에 녹아 있는 산소의 양에 관련 있음을 인식 −문제인식 및 발표 ·압력을 크게 한다. ·물의 온도를 높인다.	동영상 PPT자료 사진자료 탄산음료	5
	학습목표	−학생 스스로 제시하게 유도 −학생이 제시한 학습목표를 행동 용어로 정리 판서	−문제인식에 기초한 학습목표 확인		1
전개	가설 설정	−개인별, 분단별로 다양한 가설을 설정하게 분위기 조성 −설정한 가설 기록 안내	−온도가 ____수록, 기체의 용해도는____. −다양한 가설설정		3
	실험 설계	−가설 검증방법 설계 ·기체의 용해도와 압력의 관계를 알아보는 방법과 변인통제 설계 ·기체의 용해도와 온도의 관계를 알아보는 방법과 변인통제 설계 −실험 절차 설계 −보충 및 심화 분단 선택 과제 안내	−가설 검증방법 및 실험절차 논의 −수준별 변인통제 조절 ·보충분단: 변인 1개 사용(온도) ·기본분단: 변인 2개 사용(온도, 압력) ·심화분단: 2개 변인과 선택과제 −보충(용해도란?) −심화(용해도가 물질의 상태에 따라 다른 이유는?)	실험 유의 사항 안내	3

단 원 명	2. 물질의 특성		일시	년 월 일	장소	과학실
학습주제	기체의 용해도와 압력·온도와의 관계		쪽수	64~65	차시	15/18
학습목표	• 기체의 용해도와 압력·온도의 관계를 알아보기 위한 실험을 바르게 수행할 수 있다. • 기체의 용해도와 압력·온도의 관계를 설명할 수 있다.				최적 학습 모형	
					가설검증학습모형 (탐구학습 모형)	

수업전략	내용조직		학습집단 조직		중심체험활동	
	단일주제 수준별 수업		학급 내 수준별(기본·보충·심화) 학습집단 조직		가설설정, 변인통제, 측정·기록, 실험 활동	

전개	실험 및 자료 수집	−변인통제, 측정 및 기록 −모둠별 실험 도움 활동 전개 −순회 시 수준별로 실험지도	−변인통제에 따른 분단 실험 수행 −자료수집 및 기록 −ICT활용	컴퓨터	18
	가설 검증	−분단별 실험자료 발표 및 해석 −실험결과로 평가하기 −개인별, 분단별 설정 가설의 수용 및 수정(보충→기본→심화 순)	−기체의 용해도와 압력의 관계 자료 발표 및 해석 −기체의 용해도와 온도의 관계 자료 발표 및 해석 −기체의 용해도와 압력·온도의 관계 가설 수용 및 수정 발표	컴퓨터 실물화상기 OHP	5
	결론 및 일반화	−기체의 용해도와 온도의 관계는? −기체의 용해도와 압력의 관계는? −수족관에 공기를 계속 공급해 주는 까닭은? −맛있는 탄산음료를 마시려면 어떻게 해야 할까? −주변에서 온도·압력에 따라 기체의 용해도가 달라지기 때문에 나타나는 현상은? −심화분단: 기체의 용해도를 분자운동으로 설명할 수 있을까?	−기체의 용해도와 온도 및 압력의 관계를 설명 −결과의 일반화 −탐색 및 문제인식 단계 피드백(음료수, 금붕어, 물에 기체를 많이 녹일 수 있는 방법 등) −고체는 온도가 높을수록, 기체는 낮을수록 용해도 증가(분자의 운동 조건)	사진자료 PPT 자료	5
정리	형성평가	−수준별 형성평가 문제 제시 및 피드백(부진아 보충 지도에 유의)	−모둠별 형성평가 및 피드백	모둠별 평가지	2
	발전	−잠수병의 정의와 원인은? −과제제시 ·발전소에서 더운 물을 계속 방류하면 물속 생태계는 어떻게 될까? ·고체와 기체의 용해도가 온도와 서로 관계가 다른 이유는? −동기유발(잠수함의 원리 등)로 차시 예고	−수압차에 따른 기체의 용해도 차이로 혈관 내 공기 방울 생성으로 통증 유발 −수행과제 숙지 −차시학습 숙지	PPT 자료 사진 자료	1

6. 실과

가. 교수·학습 일반 모형

형식 단계	내용 단계	교수 및 학습 활동 구조	지도상의 유의점	지도관점
도입	○ 수업 전	· 과제분석 · 출발점 행동의 진단과 보충	○ 결석생 배려	
도입	① 문제의식 단계 · 문제인식 · 문제 발견 · 문제의 공통화 (문제 발견력)	① 생활의 장을 중심으로 문제를 의식한다. (생활경험을 살펴 문제를 가진다) ② 문제를 발견한다. (왜 그렇게 되었을까? 꼭 그렇게만 해야 하는가?) ③ 공동으로 학습계획 수립(본시 성취기준 찾기)	○ 문제의 바탕을 탐구 ○ 폭넓은 동기유발로 학습 분위기 조성 ○'나의 문제다.'라는 생각으로 이끈다. (주체성)	○ 의식화 ○ 초점화 ○ 공동이해
전개	② 계획 수립 단계 · 문제 해결방법 모색(문제해결 계획력) · 실습의 설계	④ 문제 해결 방법을 구체적으로 모색 (어떤 일을 어떤 방법으로 실습 조건은?) · 개인→분단→전체→문제의 핵을 찌른다. · 해결 방법 집약 – 어떤 순서로? – 어떤 자료 활용? – 어떤 방법으로? ⑤ 실습 설계의 완전 구상 및 실습 결과의 예견	○주체적·창의적 방법 모색 ○문제의 추구 과정에서 상호 보완 ○⑤와 ⑥을 바꾸어 지도할 수 있다.	○ 자주성 ○ 관점명시 ○ 협동성 (인간관계)
전개	③ 실습단계 · 시범자료(도구) 활용력 · 실습(실기습득)	⑥ 시범: 이론과 실제의 시범 (기본적 태도 방법, 기술) · 실습상의 안전 지도 ⑦ 실습 · 이해한다 ⇔ 실습한다 · 실습 부진아 개별지도	○이해 ⇔ 실습의 상호 관계 체득 ○실습 시 안전에 유의	○ 능 률 과 실질 ○ 창의성

나. 실습 중심 지도 모형

단 계	과 정	활 동 개 요
문제 파악	○ 학습 분위기 조성 ○ '공부할 문제' 잡기	○ 폭넓은 동기 유발로 학습분위기 조성 ○ 실습을 위주로 한 수업에서는 실습 용구의 정돈 ○ 예습과제 + 자신의 생활경험을 종합하여 개별목표를 정정하고 이를 다시 학급단위의 공동 목표로 일원화한다.
문제 추구	○ 해결방법의 모색 (실천계획 수립)	○ 문제의 해결방법을 구체적으로 모색한다. ·학습의 순서와 방법결정, 예습과제 실천경험 반영 ○ (학습에 관계되는 지식, 기능 습득→요소 기능의 시범 관찰→실습계획 세우기)
문제 해결	○ 문제해결(실습)	○ 교제내용 + 생활경험 → 문제해결 ○ 다양한 자료투입 ○ 내용에 따라 개별, 소집단별, 학급단위로 학습(실습) ○ 학습내용과 우리 집을 연관 지으며 학습(같은 점, 다른 점, 개선점) ○ 새로운 문제를 발견해 가며 학습
학습 정리	○ 종합 정리 ○ 성취 수준의 확인 ○ 생활화 계획 수립	○ 학습 과정이나 결과를 음미하며 학습내용을 정리한다. ○ 도착점 행동의 성취수준 평가 ○ 부진아의 보충 학습 ○ 실천계획 세우기(개인별) ○ 실천의지, 개선, 수정 등
과제 파악	○ 예습 과제 파악	○ 차시 학습내용 살피기 ○ 예습과제 실천계획 세우기

7. 체육과

가. 보건 중심 학습의 수업모형

단 계	내 용	학 생 활 동
도입 단계 ↓ 문제 확인 ↓ 동기유발	○ 학습자료 확인 ○ 과제 학습 및 본시 제재 인식 ○ 본시 학습문제와 과제 학습과 비교 발표	○ 활동기, 슬라이드, 괘도, 영사기 등 ○ 전기시설 점검 ○ 질병에 대한 사전조사, 질병의 증세 및 치료 ○ 병을 알아본 경험 발표
전개 단계 ↓ 문제 탐색 ↓ 토론 ↓ 내용 확인	○ 발표된 내용을 소재로 질문 및 발표 ○ 발표된 내용 비교 ○ 비교된 내용을 자기 나름대로 선택하여 검토	○ 감기, 몸살 등 여러 가지 자기가 경험한 병에 대한 발표 ○ 같은 병에 대한 증세가 서로 같은 점, 다른 점 비교 ○ 교과서 내용과 비교 확인
적용 단계	○ 생활과 관련지어 발전 단계로 이끈다.	○ 건강하려면 건강진단, 조기치료에 힘쓴다.
정리 단계	○ 학습내용 정리 및 확인 ○ 본시 목표 도달 여부 확인 ○ 학습과제 실시	○ 질병의 증세와 치료법을 이해 ○ 교과서를 참고하여 과제를 이해

나. 무용 중심 학습의 수업모형

학습 단계	내 용	학 생 활 동
준비단계	○ 학습목표에 적합한 대형 ○ 목표와 관련된 신체부위 운동	○ 6~8열 종대로 정렬 ○ 운동장 트랙 가볍게 달리기
전개 단계 ↓ 탐색 ↓ 동작연습	○ 과제 학습과 관련지어 파악 ○ 특징을 창의적으로 표현할 수 있는 방법을 탐색 ○ 스텝, 보법 등을 익힌다.	○ 특징을 구사하되 리듬에 맞추어 아름답게 표현
숙련단계 ↓ 분단연습 ↓ 합동연습 ↓ 반복연습	○ 리더를 중심으로 소재를 정해서 줄거리 꾸미기 ○ 각자 연습 ○ 전체가 모여 분단별로 발표 ○ 잘된 내용을 합동으로 익힌다. ○ 음악에 맞추어 익힌다.	○ 꾸민 내용에 대하여 서로 의견을 교환 ○ 분단별로 음악에 맞추어 발표 ○ 자기의 능력을 향상시킨다.
정리단계	○ 상호 평가하기 ○ 본시 학습목표 도달 확인 ○ 정리 운동 ○ 차시 안내	○ 잘된 점과 잘 안된 점을 서로 비교 ○ 제자리에서 달리기

다. 기능 중심 학습의 수업모형

단 계	내 용	학 생 활 동
준비단계 ↓ 기본운동 ↓ 준비운동	○ 준비물의 안정도 ○ 집합, 정렬 ○ 정지시간의 동작 ○ 행진시간의 동작 ○ 체온 높이기 ○ 본시 목표와 관련된 신체부위 몸 풀기 일련 체조 ○ 보조 보강을 위하여 기본동작	○ 본시 사용할 준비물의 점검 ○ 정열 ○ 방향 바꾸기·걷기 등 ○ 가볍게 달리기
전개운동 ↓ 탐 색 ↓ 토 론 ↓ 연 습 ↓ 수 정	○ 목표 및 내용 파악 ○ 원리 발견 ~ 경험 관찰 ○ 학습동기 유발 ○ 1차 분단 조직 운동 -기본 동작 연습	○ 시범 동작 및 학습자료로 기본 동작 파악 ○ 능력 분단 조직 및 분단별로 연습
숙련단계 ↓ 훈련 ↓ 능력탐색	○ 능력 분단 조직 운영 ○ 부분기능 반복 연습 ○ 연습 정도에 따라 자기 능력에 맞는 분단 선택	○ 상위 분단으로 이동하면서 연습
정착단계	○ 반복 훈련 및 게임	○ 숙련된 동작 익히기
정리단계 ↓ 정리운동 ↓ 학습반성	○ 대형 갖추며 달리기 ○ 본시 목표 도달 여부 확인 ○ 제재 확인 ○ 학습자료 제 위치에 놓기 ○ 위생지도	○ 제자리에서 또는 가볍게 달리기 ○ 어려웠던 점, 잘된 점 서로 발표 ○ 조를 짜서 서로 협력 ○ 옷 털기, 손 씻기 등

8. 음악과

가. 영역별(표현능력, 감상) 모형

내용 과정	가창(보고 부르기)	기악(가락합주)	창작(곡 짓기)		감 상
문제 확인 및 감지	○ 예습적 과제 　내용 상기 ○ '공부할 문제' 　순서 알기	→	→	문제 확인	→
	○ 전시 학습의 　상기 ○ 본시곡의 가사 　내용 음미 ○ 제재곡 듣기	○ 기습곡 연주 ○ 본시곡의 리듬가락 살펴 　보기	○ 분위기 조성 ○ 곡 짓기 차례 알기	감지	○ 기습곡 노래하기 ○ 감상준비
기초 기능 파악	○ 리듬악기 ○ 계이름 익히기	○ 리듬 익히기 ○ 낮은 가락 계이름 익히기	○ 가사내용 이야기·느 　낌 박자정하기 ○ 기보법 알기	감수	○ 예습 과제를 중심 　으로 감상곡에 대 　한 기초 지식 얻기
표현 방법 탐색 및 연습	○ 계명창(개인→ 　소분단) ○ 가사창(〃) ○ 계명·가사 분 담창	○ 높은 가락 연습 낮은 가 　락 연습 ○ 리듬 합주와 합주하기	○ 곡 짓기 　리듬→가락→가락에 　가사붙이기 ○ 가락악기 연주·수정 ○ 자기 작품 발표	감상	○ 감상 관점 알기 ○ 메모하기 ○ 감상 후 협의
창조적 표현	○ 악상 살려 부 　르기 ○ 릴레이 창 ○ 독창 ○ 신체적 표현 ○ 가락악기연주	○ 2중주 발표 ○ 마침꼴 합주에 맞춰 중 　주·합주하기 ○ 기교표현	○ 확대악보 만들어 불 　러 보기 ○ 합창곡·합주곡 만들 　어 보기	중점 감상	○ 부분적 학습 ○ 감상하며 신체적 표현
내면화	○ 능숙하게 부르기 ○ 자세지도 ○ 가락합주 ○ 형성평가(청음)	○ 바른 자세로 연주하기 ○ 개인별 위주 ○ 청음 위주의 평가	○ 표현 살려 합창 합주 　하기 ○ 잘된 곳 이야기하기	정리	○ 학습한 내용 정리 ○ 이론적인 면 평가
문제 파악	○ 차시학습내용 　파악 ○ 함께 노래 부 　르기	○ 합주·뒤처리　　　→	→	문제 파악	○ 학습내용을 상기하 　며 감상하기　→

9. 미술과

가. 표현 및 감상 지도 일반 모형

(1) 표현 영역

단 계	과정	지 도 내 용	자료 및 유의점
지도단계	준비	○ 목표제시 · 제재 제시 - 동기 유발, 목표 확인, 표현 방법	○ 지도서, 교과서, 파일자료 등
	발상	○ 표현 이미지 탐색 - 주제설정 · 정보 제시 - 이미지 탐색, 주제 설정, 표현 방법 탐색	○ 참고 작품, 관련정보
	구상	○ 표현 이미지 구상 · 소묘 · 주제 정착 - 구상 · 소묘, 표현 방법 결정	○ 재료 · 용구의 예견
	표현	○ 제작(놀이 활동 · 채색 · 조형) · 재료 용구 활용 - 주변의 물체 평면 표현 재료 요구, 입체 표현 재료 · 용구	○ 재료 · 용구의 선정 활용
	감상	○ 관찰 · 작품 전시 - 관찰, 비교, 평가	○ 주제 표현 및 재료의 효과 검증
발전단계	확인	○ 목표 성취 확인 · 작품 평가관점 - 작품 평가, 관찰 평가	○ 수업 중 관찰평가, 작품평가
	보충	○ 심화 · 보충 · 발전교재 활용 - 심화 활동, 보충 활동	○ 과제 학습 특별 활동

(2) 감상 영역

과 정	지 도 내 용
준 비	○ 목표 제시: 제재 제시, 동기유발, 선수학습 관련 경험 ○ 감상 대상 관찰: 작품, 도판 · 입체물, 교과서
감 상	○ 비교 · 분류: 조형품, 자연 ○ 감상관점: 조형미, 미의 발견, 조형미 ○ 감상 관점 확인: 느낌 · 표현 내용의 특징, 생활 관련 이해
확 인	○ 감상 능력 · 태도 진단: 행동관찰, 기록물 평가, 지필검사
보 충	○ 심화 · 보충

나. 회화(繪畫) 지도 모형

단계	과 정	학 습 활 동
발상	○ 조건 설정 및 목적, 재료의 가치 이해	○ 제재 방법 요령, 재료 활동의 설명 듣기 ○ 자연을 그대로 그리는 것이 아니라 재창조해 구성하기 ○ 재료의 무한한 표현가능성 알고 기법이해하기
	○ 참고 작품의 회화성 음미	○ 소재가 다른 참조 작품 선정하여 창의성이 손실되지 않은 상태에서 구도, 형과 색의 표현 방법과 효과 등을 살피기
구상	○ 발견 및 독창적 구상	○ 표현가능성을 생각하기 ○ 어느 것을 중심으로 어떻게 표현할 것인가를 머릿속으로 짜 보고, 순서와 방법 확정하기
표현 제작	○ 착 화	○ 구상한 내용을 화지에 구도하여 밑그림 그리기 ○ 연필을 잡고 팔 전체로 자신감 있게 선 긋기 ○ 전체적 형의 배치와 내용의 조화 검토하기
	○ 착 색	○ 전체적 조화를 생각하며 먼 곳부터 채색하기 ○ 느낌의 조형 언어를 심는 생각으로 채색하기
표현 정리	○ 목적 조건의 보완	○ 관찰하고 비교 감상하기 ○ 수채화의 특징, 표현, 도달도와 독창성 찾기
감상	○ 표현 음미	○ 관찰하고 비교 감상하기 ○ 수채화의 특징, 표현, 도달도와 독창성 찾기
	○ 학습의 반성	○ 각자의 반성과 반성을 자기화하기

다. 꾸미기 지도 모형

단계	과 정	학 습 활 동
발상	○ 이미지 교환	○ 사전 경험과 관찰한 내용 서로 말하기
구상	○ 참고 작품의 조형미 음미와 자기 계획 완성	○ 참고 작품이 재미있게 표현된 곳, 색다르게 표현한 방법 찾아보기 ○ 표현 제작의 방법과 순서 알고, 주체적으로 작업할 수 있는 지식 습득하기 ○ 자기 작품의 주제와 표현단위 및 표현방법 등을 홀로 생각하고 그 내용 발표하기
표현	○ 밑그림 그리기와 채색하여 작품 마무리하기	○ 구상했던 내용을 스케치하기 ○ 색칠할 계획을 세우기 ○ 중심 색과 배경색 정하기 ○ 각 부분의 색칠할 것도 생각하기 ○ 채색 계획에 의하여 색칠에 들어가기 ○ 물감은, 많은 물은 적게 넣기 ○ 충분한 양을 만들어 놓고 칠하기 ○ 같은 색은 모두 칠하고 다른 색칠로 들어가기 ○ 어떻게 꾸밀 것인가 생각하기
감상	○ 자기 작품 평가와 상호 작품 감상	○ 감상의 기준점에 자기 작품을 대입하여 성취된 점, 미성취된 점 찾아보기 ○ 친구들의 작품을 순회 감상하며 내 작품과 비교 감상하기 ○ 일상생활에 이용할 점을 생각하여 발표하기

라. 서예 지도 모형

단계	과 정	학 습 활 동
준비	○ 마묵하기 ○ 범서 살피기	○ 붓, 벼루, 먹을 자리의 오른쪽에 움직이지 않게 놓기 ○ 먹을 갈 때는 가급적 물을 많이 넣고 원형으로 충분히 갈기 ○ 범서 또는 괘도를 보며 살펴보기 ○ 운필, 결구, 간가, 집필, 줄 마루기
발상	○ 임서 계획	○ 범서를 살펴보고 임서 계획 세우기 ○ 글자의 짜임 ○ 획의 이어짐
표현	○ 임서하기	○ 획을 잘 살펴보고 한 글자를 반복해 쓰기 ○ 집필법, 운필법에 어긋나지 않게 쓰기 ○ 글씨 하나를 쓰고 난 다음 먹물을 묻히고는 다음 글씨를 쓰기 ○ 학교, 학년, 낙관 글씨까지 되풀이 연습하기
	○ 정서하기	○ 본문은 물론 낙관까지 생각해서 종이의 간격을 맞추어 접기 ○ 철편, 개침, 개필을 하지 않기 ○ 낙관도 본문을 쓴 붓으로 쓰기 ○ 정서는 3장 이상 하기
	○ 주변 정리하기	○ 도구를 말끔히 치우고 주위를 정리 정돈하기 ○ 먹을 버리기, 붓은 휴지나 걸레에 닦기
감상	○ 자기 작품 평가와 상호 작품 감상하기	○ 정서된 작품 중 1점을 골라 범서와 비교해서 성취된 점을 찾아 보기 ○ 친구들의 작품을 순회 감상하며 내 작품과 비교 감상하기 ○ 잘된 작품을 분석적으로 관찰하여 본받을 점 찾기

10. 외국어(영어)과

가. 교수·학습 일반 지도단계

순	단 계	지도 내용	적용가능 모형
1	제시단계 (1차시)	각 단원을 시작하는 첫 번째 차시로서 단원의 특성을 학습자에게 보다 효과적으로 알려 주고, 앞으로 학습할 내용을 주지시키는 데 그 목적이 있으므로 다양한 매체물을 보여 주거나, 본 매체물을 자기의 생각으로 표현하는 것이 학습의 효과가 높다.	−매체 리터러시 학습 −마인드 맵 학습 −브레인 스토밍학습
2	연습단계 (2차시)	제시단계에서 제시된 학습내용을 심화 발전시키기 위하여 반복 연습하는 단계를 말한다. 단원별로 선정된 학습의 내용을 보다 다양하고 재미 있는 방법으로 전개하기 위해서는 많은 사람에게 연습할 기회를 주는 것이 좋다.	−물레방아학습 −직소우학습 −신문활용학습

순	단 계	지도 내용	적용가능 모형
3	발화단계 (3차시)	연습단계에서 익혔던 단어나 문장을 더욱 숙지시키고 개별화하여 능숙하게 구사하는 단계로서, 학습자 중심의 수업을 하기에 적당하다.	− 자리 활동 학습 − 개별화 학습 − 시뮬레이션 학습 − 역할놀이 학습
4	정리단계 (4차시)	정리단계는 영어과 학습지도에서의 단계로 한 단원이 끝나는 4차시에 이루어지는 마무리단계라고 할 수 있다. 이 단계는 학습한 내용을 보다 심화, 발전시키고, 이미 배운 내용을 통합하는 단계이다.	− 밑다짐학습 − 통합학습 − 주제학습 − 프로젝트 학습

나. 매체 소양(리터러시) 학습 모형

매체 소양(리터러시) 학습은 다양한 매체물, 즉 신문이나 사진은 물론 잡지, 광고물까지도 이용하는 학습으로 가능한 흑백보다는 칼라로 준비해서 학습의 효과를 높인다.

학습 단계	학습의 흐름	학습 활동 내용
분위기 조성	Greeting	○ Let's greet…….
전시 학습 복습	Reviewing	○ Let's play games, ○ Talk, sing, chant…….
학습목표 제시	Presentation	○ Present objectivs.
새로운 언어 제시	매체물 선정	○ Selecting media.
	매체물 보여 주기	○ Look, think…….
	자료 만들기	○ Act, guess, draw, point ○ color, circle, match…….
새로운 언어의 이해 여부 점검	매체물 보고 말하기	○ Listen and answer.
	모둠별 발표하기	○ Listen and talk
	짝끼리 대화하기	○ Listen and talk.
학습 정리	학습내용 정리	○ Let's say. ○ arrangement.
차시 예고	과제 제시	○ Assign Homework…….
	차시 예고	○ introduce next content.

다. 물레방아 학습 모형

물레방아 학습은 전체 인원을 두 개의 원으로 앉혀 서로 마주 보고 말한 뒤 물레방아처럼 돌면서 다음 사람과 대화하는 학습인데 영어과 학습의 특성상 많은 사람과 서로 대화를 나눌 기회를 많이 제공하는 물레방아 학습이 영어과 연습단계에 아주 적합한 학습이라고 할 수 있다.

학습 단계	학습의 흐름	학습 활동 내용
분위기 조성	Greeting	○ Let's greet together
전시 학습 복습	Reviewing	○ Let's play games, ○ Talk, sing, chant…….
의도적 연습	Presentation	○ Present objectivs.
	물레방아 돌릴 준비	○ make two circles and face each other.
	인사하기	○ greet with partners.
	물레방아 돌리기	○ move the seat with making around.
	물레방아 짝끼리 대화하기	○ Let's talk. ○ Converse with partners.
	물레방아 돌리기	○ move the seat with making around.
유의적인 학습 활동의 시범 및 설계	추억 만들기	○ exchange informations with partners.
	보상과 축제	○ praise and give things as award.
학습 정리	학습내용 정리	○ Let's say. ○ arrangement.
차시 예고	과제 제시	○ Assign Homework…….
	차시 예고	○ introduce next content.

라. 자리 활동 학습 모형

자리 활동 학습은 원래 열린교육에서 실시한 코너학습을 우리말로 바꾼 말로서 주어진 코너에 가서 모둠별로 주어진 학습감을 해결하는 학습 형태로 다양한 학습감을 주어야 하고, 코너를 돌 때에 원활하게 운영해야 하는 학습 형태이다.

학습 단계	학습의 흐름	학습 활동 내용
분위기 조성	Greeting	○ Let's greet
전시 학습 복습	Reviewing	○ Let's play games, talk, sing, chant…….
학습목표 제시	Presentation	○ Present objectivs.
학습 활동의 시작	자리 정하기	○ decide the place.
	모둠별 학습 계획 수립	○ discuss and decide, the plan by group?
	모둠별 학습하기	○ do activities in each place by group ○ Let's play games, sing, chant…….
학습 활동의 관찰 및 조정	자리 옮기기	○ move the seat.
	모둠별 학습하기	○ do activities in each place by group. ○ Let's play games, sing, chant…….
언어 사용 여부 점검	확인, 점검	○ confirm. ○ Let's fallc.
학습 정리	학습내용 정리	○ Let's say. ○ arrangement
차시 예고	과제 제시	○ Assign Homework…….
	차시 예고	○ introduce next content.

마. 밑다짐 학습 모형

밑다짐 학습은 영어과 학습을 하면서 미진한 부분을 보충하거나 기초적이고 기본적인 내용을 다시 한 번 확인하는 학습으로서 정리단계에 아주 적당한 학습 형태이다.

학습 단계	학습의 흐름	학습 활동 내용
분위기 조성	Greeting	○ Let's greet
전시 학습 복습	Reviewing	○ Let's play games, talk, sing, chant…….
학습목표 제시	Presentation	○ Present objectivs.
학습 활동의 시작	자리 정하기	○ decide the place.
	모둠별 학습계획 수립	○ discuss and decide, the plan by group?
	모둠별 학습하기	○ do activities in each place by group ○ Let's play games, sing, chant…….
학습 활동의 관찰 및 조정	자리 옮기기	○ move the seat.
	모둠별 학습하기	○ do activities in each place by group. ○ Let's play games, sing, chant…….
언어 사용 여부 점검	확인, 점검	○ confirm. ○ Let's fallc.
학습 정리	학습내용 정리	○ Let's say. ○ arrangement
차시 예고	과제 제시	○ Assign Homework…….
	차시 예고	○ introduce next content.

연구 문제

1. 으뜸 교사와 으뜸 수업의 관계를 교사의 자질과 수업전문성 차원에서 설명하시오.

2. 수업(授業)과 연극(演劇)의 공통점과 차이점에 대해서 서술하시오.

3. 교사의 교직적 발달과 성장 차원에서 전문적 발달, 개인적 발달, 조직적 발달의 특징을 들고 각 발달 상황별 상호 관계에 대해서 설명하시오.

4. 교사가 으뜸 수업을 구안, 실행하고자 할 때 관심을 갖고 노력해야 할 사항에 대해서 설명하시오.

5. 교사가 수업을 전개할 때 학생들의 발문을 유발할 수 있는 방법에 대해서 기술하시오.

6. 으뜸 교사의 수업기술과 그 주안점에 대해서 서술하시오.

7. 교육 사조(思潮)별 수업안 명칭에 대해서 간단히 설명해 보시오.

8. 구성주의 교육관의 핵심인 구조화된 지식으로서의 스키마(Scheme)에 대해서 설명하시오.

9. 훌륭한 수업의 조건을 제시하고, 각각의 특징을 설명하시오.

10. 으뜸 수업을 위하여 학생들의 '학습 방법의 학습(Learning of learning method)'의 구체적 요소와 방법에 대해서 기술하시오.

제  부

◀◀ 수업실행과 수업과정의 초점 ▶▶

[Key Point]
　제6부에서는 실제적으로 수업을 실행하고 전개하는 과정에서 교사로서 유념하고 관심을 가져야 할 핵심적 요소에 대해서 탐구한다. 특히, 수업 도입단계에서 동기유발, 수업분위기 조성, 출발점 행동 진단, 공부할 문제 진술 등, 수업전개 단계에서 교육과정 재구성과 지역화 방법, 수업형태와 자료, 발문, 지시 등 수업 후 단계에서 학습결과물 처리, 수업 협의회 운영 기법 등을 탐구한다. 그리고 수업 후의 교수·학습 평가의 방법과 요령 등에 대해서도 두루 탐구한다.

▊제1장▊ 수업 도입 단계

일반적으로 훌륭하고 바람직한 수업(교수·학습) 활동을 추진해 나가기 위해 지도계획을 세우고, 출발점 행동을 진단하고 그 결과에 대한 후속 조치를 취한 다음 일정한 학습과제에 배당된 시간 중 70~80%를 차지하는 지도 과정을 거치게 된다. 교과의 특성에 따라 지도 과정이 다양하지만 대개 도입 → 전개 → 정리라는 세 단계를 생각해 볼 수 있다. 그중 도입단계는 동기 유발, 학습 분위기 조성, 출발점 행동 진단, 공부할 문제 진술 등의 지도가 이루어진다.

수업의 도입단계에서 동기 유발은 학습하고자 하는 내용을 전개시키려 할 때 학습자 자신이 학습내용에 관해서 명확한 목표, 문제의식, 방향성, 학습의욕을 갖고 자발적으로 학습을 진행시킬 수 있는 역할을 한다. 학습자가 학습에 대한 의욕을 가질 수 있도록 학습 분위기 조성이 필요한 단계이기도 하다.

수업목표를 달성하기 위해서 학습자가 갖추고 있어야 할 능력을 갖추고 있는지 그리고 수업목표에 대하여 무엇을 이미 학습했는지를 파악하는 출발점 행동의 진단은 도입단계에서 수업전략의 결정에 중요한 근거를 제공한다. 또 공부할 문제를 명확하게 제시함으로써 교사와 학생이 불필요한 시간 낭비를 줄이고 학생들의 학습 주의력뿐만 아니라 학습 밀도를 높일 수 있는 단계이다.

따라서 도입 단계에서 이루어지는 활동은 단위시간 교수·학습 과정의 전개 단계를 이어 주는 매우 중요한 첫 단계라고 볼 수 있다.

1. 동기 유발

1) 동기 유발의 필요성

동기 유발이란 동기가 발생한 상태, 즉 무엇인가를 충족시키거나 달성하고자 하는 목표지향적 요구나 행동이 발생되거나 그러한 상태를 의미한다. 동기 형성이란 말을 쓰기도 하는데 수업에서는 매우 중요하고도 전문적인 교육의 과정이자 기술이다. 동기 유발에는 내적 동기 유발과 외적 동기 유발이 있다. 내적 동기 유발이란 내면화된 동기 유발을 의미한다. 자신의 목표를 달성하기 위하여 무엇인가를 하고자 하는 욕구나 에너지가 스스로 발현되는 것을 의미한다. 예컨대 학습 과정에서 지적 희열감을 맛보거나 성취감이나 만족감을 얻을 학생들이 자발적으로 학습 활동을 하는 것이다. 내적 동기 유발에는 대체로 다섯 가지 특징이 있다.

첫째, 진취적인 도전감을 선호한다.

둘째, 흥미와 호기심을 만족시키려 한다.

셋째, 교사의 도움 없이 독립적으로 문제를 해결하려 한다.

넷째, 교실에서 수행할 과제가 무엇인지를 자율적으로 판단한다.

다섯째, 성공에 대한 내면적 기준을 가지고 있다.

2) 동기 유발의 방법과 유의점

수업지도에서 동기 유발은 지도하는 교사가 학습하는 개인이나 집단을 잘 알아야 하는 전제 조건이 필요하다. 즉 효과적인 동기 유발이란 학습문제에 대하여 학습자가 흥미를 갖고 있어야 하며, 또 능력이 있어야 생기는 것이다. 따라서 학습자들에게 어떻게 학습동기를 부여해서 수업목표를 성공적으로 달성시키느냐 하는 것은 전적으로 지도하는 교사에게 달려 있다고 보아야 한다.

동기 유발 방법 자체도 다양할 뿐 아니라 학생 개인의 특성과 교과내용 및 학습상황에 따라 각기 다르게 적용해야 하기 때문에 구체적인 방법을 예시하기는 어렵지만 자주 활용되는 동기 유발 방법은 다음과 같다.

첫째, 현실적인 학습목표를 학습문제나 과제 형태로 분명하게 제시한다.

둘째, 학생들의 학습욕구, 즉 수용, 인정, 성취 등의 욕구를 자극한다.

셋째, 학생들을 칭찬하거나 그들에게 적절한 보상을 준다. 반면에 그들을 무시하거나 힐책하는 것을 피한다.

넷째, 때로는 학생들의 경쟁심을 유발하고 학생들에게 잦은 성취감을 맛보게 한다.

한편, 상기(上記)한 방법 외에도 다음과 같이 흥미 있는 수업방법을 활용해 보는 것도 동기 유발의 좋은 방법이 된다.

첫째, 개인이나 집단에 적합한 특수한 과제를 선정하여 수업한다.

둘째, 시뮬레이션이나 역할 놀이를 활용한다.

셋째, 게임 방법을 활용한다.

넷째, 가치 명료화 방법을 활용한다.

다섯째, 문제 해결 방법을 활용한다.

여섯째, 각종 교육 매체, 즉 OHP, PPT, 지도, 괘도, 그림, 기타 시청각 기자재를 사용한다.

일곱째, 실제적인 토론이나 주제를 설정한다.

어떠한 학습에서든지 학생들의 학습흥미를 도외시하면 그 수업은 성공할 수 없으므로 효과적인 동기 유발을 하기 위해서는 다음 사항을 유념해야 한다.

첫째, 흥미와 호기심을 자극시키고 재미있게 하여야 한다.

둘째, 교실에서 학생들이 편안한 마음으로 생활하게 하고 효과적으로 칭찬하여 자신감과 긍정적인 기대를 갖게 한다.

셋째, 개방적인 질문을 하되 모순, 대비, 부조화 등의 기법을 사용한다.

넷째, 학습의 의미와 가치를 이해하게 한다.

다섯째, 적절한 시기에 적용해야 한다.

3) 동기 유발의 실제

(1) 놀이와 노래를 도입한 동기 유발

학생들은 대체로 놀이나 노래를 좋아하므로 이를 이용하면 학습동기 유발의 효과를 높일 수 있다.
① 주사위 놀이를 도입한 가감산 학습
특히 저학년에서 간단한 수의 가감산을 할 때 짝 또는 분단별로 주사위 굴리기 놀이를 하면 학습에 의욕적인 태도를 보이게 된다.
② 물놀이를 도입한 단위 학습
리터(ℓ), 데시리터($d\ell$) 등 들이 단위 학습을 할 때 물놀이를 도입하여 그룹별로 여러 가지 색소를 탄 물로 색수 놀이를 하면 흥미와 관심을 높일 수 있고, 구체적 조작 활동을 함으로써 학습효과도 높일 수 있다.
③ 글자놀이를 통한 국어 학습
저학년에서 글자를 지도할 때 끝말 잇기, 글자 카드 찾기 등을 도입하는 것이 효과적이다.
④ 팔씨름을 통한 미술 학습
친구 모습 그리기나 인물 그리기를 할 때 짝끼리 팔씨름을 하면서 상대방의 표정을 관찰하도록 하면 흥미를 가지며 다양한 얼굴 표정이 나타나는 그림을 그릴 수 있을 것이다.
⑤ 노래를 통한 동기 유발
학습내용과 관련된 노래를 불러 긴장을 풀고 학습의욕을 높일 수 있게 하는 방법으로 전 교과에서 도입할 수 있으며 특히 학습을 참관하는 손님이 많을 때 효과를 높일 수 있다.

(2) 취미, 특기를 도입한 동기 유발

학생들의 취미나 특기를 끌어내서 학습동기를 유발시키는 방법으로 개인별 학습의욕을 향상시키는 데 도움을 준다.
남학생들 중에는 글을 읽고 쓰는 것이나 독서를 싫어하는 경향이 많은 반면 장난감 조립, 우표 수집 등 나름대로 취미 활동을 하고 있다. 이런 취미를 다른 학생들 앞에 칭찬해 주면 의욕을 높일 수 있으며 그 취미에 관련된 책을 소개해 주면 독서에 흥미를 유발할 수 있을 것이다.
국어, 수학 등 교과 학습에 관심이 적은 학생들 중에는 체육 활동에 특기를 갖는 경우가 있다. 이럴 때는 특기를 소개하여 학습의욕을 고취시킬 수 있다.

(3) 구체물과 체험을 도입한 동기 유발

문자나 말로 표현하는 추상적인 것보다는 구체물이나 생활경험을 도입하면 동기 유발에 효과를 높일 수 있다.
동식물에 관한 내용의 학습을 할 때는 설명보다는 실물이나 사진 등 구체물을 보여 주거나 소풍 또는 개인별 여행 등에서 본 체험을 회상하게 하면 학습의 동기가 포착되어 학생들의 의욕이 커진다.

(4) 협동체제를 이용한 동기 유발

학생 중에는 스스로 학습의 동기를 포착하는 학생과 자신의 힘으로 좀처럼 동기를 잡지 못하는 학생이 있다. 이런 학생을 위해 친구 간에 도와 가며 학습할 수 있는 기회를 준다.

학생 개개인의 학습을 토대로 하여 친구들과 협동하는 학습방법은 일반적으로 손쉽게 할 수 있는 것으로 옆자리 친구와 협동하게 하는 방법과 학생에게 친구를 선택하게끔 하는 방법 등이 있다. 두 번째 방법은 고학년에서 효과적이다.

(5) 감동을 통한 동기 유발

감동을 주어 의욕을 불러일으키는 것은 교육적인 견지에서 가장 효과적이고 현명하다. 교사의 체험 중에서 감동적인 이야기를 통하여 공감하게 하거나 감동적인 교재를 선정하여 제공하는 것은 학생들의 실천 의욕을 더욱더 높게 한다.

(6) 이야기를 통한 동기 유발

이야기를 통하여 의욕을 불러일으키는 분야는 대단히 넓다. 그중에서도 성격 형성에 영향을 주어 의욕을 불러일으키는 방법이 두드러진데
  ① 자주, 자율성 형성에는 바다 이야기, 개구리 임금님, 집 없는 아이, 토끼와 거북이, 임금님 자리를 탐내는 개구리 등이 있고,
  ② 지도성의 성격 형성에는 리빙스톤 이야기가 알맞고,
  ③ 탐구적인 성격 형성에는 아문젠, 갈리레오, 퀴리부인, 파브르 등 위인전이 있으며,
  ④ 인내심 형성에는 개미와 베짱이, 신데렐라, 닐스의 모험, 플란다스의 개, 인어 공주 등의 이야기가 알맞다.

(7) 저항감을 이용한 동기 유발

학생들은 어른들의 하지 마라, 바로 하라 등의 지시 말에 저항감을 갖기 마련이다. 선생님이 안 계시면 떠들거나 공공물을 함부로 사용하는 것 등이 저항감의 표현이다. 이 저항감의 표현으로 기쁨을 맛보는 것이 학생들의 심리라 할 수 있다. 그러므로 그림을 그릴 때,
  ① 오늘은 녹색, 황록색, 주황, 검정을 사용해서는 안 된다.
  ② 하늘을 반드시 그릴 것, 다만 하늘에 그림물감을 사용하지 않는다 등
  제한을 주고 그림을 그리게 하면 처음에는 "와아" 하고 말하지만 오히려 선생님의 저항에 맞서려는 반작용으로 의욕을 불러일으킨다.

(8) 열등의식 제거로 인한 동기 유발

　학습 성취도가 낮은 학생은 학교생활에는 아예 자신감을 버리고 열등의식에 사로잡혀 있는 경우가 대부분이다. 그러나 그 학생에게도 자기 능력 중에서 잘하는 것이 있기 마련이다.
　아주 작은 것이지만 잘하는 것을 한 가지 발견했을 때는 크게 칭찬해 주고 머리를 쓰다듬어 주어 나도 선생님께 칭찬받았다는 자긍심을 심어 주는 것이 가장 효과적이며 향상심에 호소하는 가장 대표적인 동기 유발 방법이라 할 수 있다.

2. 수업분위기·학습분위기 조성

1) 학습분위기 조성의 필요성

　학습 단위시간 내의 도입단계에서 학습분위기를 조성하는 것을 동기 유발이라고 한다. 동기 유발이란 일반적으로 내·외발적 동기로 구분하는데 단위시간 수업에서 내발적·내재적인 방법이 지속적으로 이루어져야 한다. 따라서 도입단계에서 이루어지는 동기 유발을 내발적 동기 유발과 구별하여 학습분위기 조성으로 지칭하는 것이 바람직하다.
　본시 학습문제를 성공적으로 달성하기 위해서는 도입단계에서 학습분위기를 어떻게 조정시키느냐가 큰 비중을 차지한다. 도입단계에서 이루어질 수 있는 교수·학습 활동은 환경을 정비하고, 학습문제나 학습과제를 확인 또는 제시한 후, 선수학습과의 관련 등을 통해 출발점 행동을 진단하는 활동을 전개해야 한다.
　도입은 시간적으로 5분 정도 진행되지만 학습분위기를 조성만 하고, 동기를 유발시킨 후, 그 학습목표를 학습문제나 과제 형태로 분명히 제시하는 데 초점을 맞추어야 한다. 교사가 학습자의 동기를 유발시킨다는 것은 매우 어렵고 고도의 기술을 요하는 영역으로서 단위시간의 학습 상황에서는 학습과제의 특성, 학습 분위기, 학생 개인의 특성, 교사의 지도 능력 등을 고려하여 내발적인 동기 유발을 시켜야 학습효과를 높일 수 있다.

2) 좋은 학습분위기

　학습을 촉진시키고, 효과를 올리는 좋은 학습분위기는 다음과 같은 특징을 갖고 있다.
　첫째, 신뢰하는 분위기이다. 모든 학생을 있는 그대로 수용하려는 노력은 기본적으로 각 아동을 개별적으로 가치 있고 의미 있는 존재로 보는 데서 출발한다. 객관적인 기준에 따라 평가하고 판정하지 않고 각 아동이 가지고 있는 그대로를 받아들이고 존중해 주는 것이다.
　둘째, 자율을 보장하는 분위기이다. 학생이 자기의 학습 활동이나 행동을 자율적으로 결정하도록 하는 것이다. 즉 아동은 자기의 흥미와 관심사, 그리고 학습속도에 맞게 학습할 수 있는 자유를 누릴 수 있다.

셋째, 수평적인 관계를 맺는 분위기이다. 교사와 학생 간의 관계는 수평적인 관계이다. 즉 교사는 무조건적인 권위와 명령권을 부여받은 군림하는 사람이 아니라 학생과 동등한 입장에서 학생의 요구에 귀 기울이고 학생의 의사 결정권을 인정하는 것이다.

넷째, 개방적으로 대하는 분위기이다. 교사는 보다 솔직하게 자신의 모습을 아동 앞에 드러낸다. 물론 그렇다고 자기가 모르는 것이 당연하다는 태도를 취하는 것은 아니다. 다만 자기가 할 수 없는 부분이나 지식이 모자라는 부분에 대해 보다 개방적인 마음으로 직시하고 인정한다는 뜻이다.

다섯째, 자극을 주는 분위기이다. 많은 부분의 학습내용은 각 학생의 개별적 선택에 의해 결정되기 때문에 개인이 얼마든지 자기 나름대로 과제의 종류와 방향, 도달점 등을 정할 수 있다. 이러한 학습환경은 아동에게 상당한 지적 자극이 되고 의욕을 북돋아 주는 촉진제가 될 수 있다.

3) 학습분위기 조성 방법

학습분위기 조성을 위한 전통적인 방법은 다음과 같다.

첫째, 교과서 도입 면을 살펴보면서 본시에 공부할 문제를 추측하게 하는 방법

둘째, 전시 학습내용을 상기시킨 후 그와 연계하여 발전적으로 학습해야 할 본시의 학습문제를 예측하는 방법

셋째, 예습적 과제를 제시하였으면 예습적 과제를 확인하거나, 준비물을 예고하였을 때 준비물을 살펴보는 활동으로 학습분위기를 조성할 수 있다.

특히, 두 번째 항목에 대한 교사의 바른 이해가 있어야 하는데, 학습 활동은 매 시간 독립적일 수 없기 때문이다. 수업은 계통성과 연속성 속에서 이루어지는 것으로 단순한 것에서 복잡한 것으로, 얕은 상태에서 깊은 상태로 변화하는 것으로 지난번 시간의 학습을 완전히 잊으면 다음 시간의 학습은 이루어지지 않는다.

그러나 본시의 학습 활동에 대한 흥미를 배가시키고, 학습 참여를 적극 유도할 수 있는 좀 더 창의적인 방법으로 접근하는 것이 바람직할 것이다. 일반적인 학습분위기 조성방법으로 접근하는 것이 바람직할 것이다. 일반적인 학습분위기 조성방법에서 탈피하여 발전적이고, 창의적으로 실시할 수 있는 몇 가지 학습분위기 조성방안을 소개하면 다음과 같다.

첫째, 문제의식을 갖게 하는 학습분위기 조성방법이 바람직하다. 학습문제, 생활문제는 학생의 주변에 산적해 있다. 그러나 그것을 문제화시키고 해결방안을 연구해 보는 것은 학생들로서 매우 어렵다. 따라서 문제 장면을 담은 한 장의 삽화나 사진, 자료 등으로 문제의식을 갖도록 유도한 후, 학습문제로 발전시키도록 한다.

둘째, 생활 중의 구체적인 사물을 동원하거나 묘사시켜 학습분위기를 조성하는 방법도 바람직하다. 즉 생활 장면에서 이끌어 내는 학습분위기는 학생의 선행 경험을 활용하는 방법이기 때문에 구체적인 목표를 인식하기 용이하기 때문이다.

셋째, 현장을 관찰하거나 학생의 의문 중에서 과제를 발견하도록 한다. 학생의 대화나 신문, 뉴스, 기존

학습 중에서 유연하게 과제를 도출할 수 있도록 학습분위기를 조성하면 도입이 궤도에 오르게 된다.

넷째, 학습분위기 조성이 제대로 이루어지지 않으면 구체적인 학습자료나 작업, 보조 교재, 음악 등을 이용하여 학생의 관심을 이끌어 내거나 의욕을 갖게 한다.

다섯째, 퀴즈, 퍼즐, 스무 고개, 숨은 그림 찾기, 매직 박스 이용, 애니메이션을 이용한 이야기 구연 등 학생의 흥미를 이끌어 낼 수 있는 방법이 바람직하다.

학습분위기 조성 시 유의해야 할 점은 이 단계에서 이루어지는 모든 활동은 학습문제를 자연스럽게 파악할 수 있도록 목표와 연계된 활동이 되어야 한다는 점이다.

3. 출발점 행동 진단

1) 출발점 행동 진단 필요성

새 학기가 시작될 때 학습자들을 똑같은 수준으로 생각하고 수업을 한다. 즉 학급 안의 전 학생을 연속선상의 동일점에 놓고 수업을 진행하고 있는 것이 현실이다. 그러나 그동안 같이 공부를 했어도 학습자의 교육적 배경, 학습능력, 독서력, 흥미 등에 있어서 개인적으로 서로 다른 편차를 보이고 있다. 즉 한 학년이 끝나면 모든 학습자가 똑같이 다음 학년에 진급함으로 출발점 행동에 있어서 더욱 큰 편차를 나타낸다. 따라서 특별한 방법을 강구하지 않으면 고학년으로 갈수록 더욱 심각한 문제가 생긴다.

수준별 학습 상황을 고려해 볼 때 학습자들이 갖고 있는 능력 중 특히 주어진 수업목표를 획득하는 데 관계되는 능력·태도·흥미가 각각 다양하므로 한 단원의 수업목표를 성취해 내기 위해 불가결한 선수적인 지식·기능 및 능력의 집단이 요구된다. 즉 학습자가 학습하게 될 수업목표와 관련하여 사전에 학습한 것은 무엇인지 출발점 행동을 진단함으로써 그 결과에 따라 결핍된 부분을 보완해 주기도 하고 또 학습자가 이미 학습한 수업목표를 가르치지 않고 다음 단계로 넘어가는 등의 수업전략을 세우게 된다.

출발점 행동의 진단을 위해 무엇을, 언제, 어떤 방법으로 진단할 것인가에 대하여 브룸은 다음과 같이 기술하고 있다.

(1) 진단요소 및 기능

• 선수학습능력의 결핍 여부의 판정
• 학습자의 사전학습 성취수준의 판정
• 수업방법과 관련 있는 여러 특성에 따른 학습자 분류
• 반복되는 학습 곤란의 심층적 원인 판명

(2) 진단 실시 시기

• 학년 정치를 위해서는 학년이나 학기 초
• 단원이나 특정 학습과제를 위해서는 매 단원 초

(3) 진단 실시 도구

• 사전 검사용의 형성적 및 총괄적 검사
• 표준화 학력 검사
• 표준화 진단 검사
• 교사 자작의 평가 용구
• 관찰 및 체크리스트

(4) 평가 목표의 표집성

• 선수학습능력의 표집
• 비중을 둔 교과목의 표집
• 특정 수업형태에 관련성을 가진 학습자 변수의 표본
• 신체 · 정서 · 환경적으로 관련된 변수의 표본

(5) 문항 곤란도

• 선수 학습 기능 및 능력의 진단에 있어서는 곤란도가 65% 이상인 용이한 문장

(6) 채점

• 규준 및 준거 지향적

2) 출발점 행동의 진단과 처치

(1) 선수학습능력의 추출

한 단원의 학습을 위한 선수학습능력을 추출해 내는 방법으로는 일반적으로 학습과제분석법을 이
용한다. 최종 수업목표가 결정되고, 이 최종 수업목표를 성취하기 위해서 학습자가 당장 획득하고
있어야 할 하위 학습과제가 무엇인지를 밝히고, 또 이 하위 학습과제를 학습하기 위해서 그 직전에
학습해야 할 것이 무엇인지를 밝혀 나가다 보면 전 학년이나 전 단원에 학습했어야 할 하위 학습과

제가 추출되어 나오게 된다.

(2) 진단을 위한 평가 문항 제작

선수학습능력의 요소가 설정되었으면 그 각 요서에 대해서 진단을 위한 평가 문항을 제작해야 한다. 이때 주의해야 할 점은 흔히 말하는 평가 도구 제작을 위한 주의점이 모두 해당되겠지만 특히 다음 사항에 유의해야 한다.

첫째, 채점의 결과가 절대기준평가의 기본 입장에 합격인지 불합격인지가 명확히 밝혀지도록 검사를 제작해야 한다.

둘째, 각 요소별로 최소한 한 문항 이상을 제작하여야 한다. 이는 타당도와 신뢰도와 관계되기 때문이다.

셋째, 채점이 용이하도록 제작해야 한다.

넷째, 제작된 평가의 각 문항은 어느 선수학습능력의 요소에 해당하는지를 명확히 알 수 있도록 표시되어야 한다.

(3) 진단의 실시와 처치

선수학습능력에 대한 진단을 실시하는 횟수, 실시 방법, 실시 후의 처리 등은 교과에 따라 다르고, 또 어떠한 수업전략을 택할 것인가에 따라 다르다.

개별화 수업에서는 그야말로 학습자의 학습속도에 알맞게 수업이 제공될 수 있어야 하기 때문에 선수학습능력에 있어서 하등의 결손이 없는 학습자는 시간을 지체시키지 말고 바로 본시 수업으로 들어갈 수 있도록 해야 할 것이며, 결손이 있는 학습자들은 그 결손 부분만 보완을 받고 본시 수업으로 들어갈 수 있도록 해야 할 것이다.

일반 학급에서는 학습자의 선수학습 기능을 진단하고, 그 결과에 합당한 처방을 해 주기는 대단히 어려운 일이다. 따라서 학습에 있는 학습자 전체를 대상으로 하여 어떠한 측면에 결손이 있는지를 밝혀 그 부분에 특별한 지도를 해 주는 방법으로 생각해야 할 것이다.

4. 공부할 문제 진술

1) 공부할 문제 진술 필요성

수업의 실행에서 공부할 문제를 진술해야 하는 이유를 요약하면 다음과 같다.

첫째, 수업자는 무엇을 가르쳐야 명확하여 지도 목표 도달이 효과적이다.

둘째, 학습자는 자신의 학습 계획을 세우게 되어 학습효과를 높인다.

셋째, 평가 타당도, 신뢰도를 높일 수 있고 평가의 결과를 재투입하는 데 효과적이다.

넷째, 수업목표가 세분화되면 길러야 할 행동이 무엇인지 분명해져서 어떠한 수업자료를 선정해야 하는지가 명확해진다.

2) 공부할 문제 진술 방법

공부할 문제를 설정했다고 해도 설정된 문제가 다른 사람이 알아볼 수 있고, 가르칠 수 있고, 그 내용을 평가할 수 있도록 다음과 같이 객관화되게 진술되어야 한다.

첫째, 공부할 문제는 교사의 행동이 아닌 학생의 행동으로 진술되어야 한다.

둘째, 공부할 문제의 진술은 그 학습 단위시간 중이나 그 단원의 학습 도중에 나타나는 학생 행동을 강조하기보다는 그 학습 단위시간이나 학습 단원이 끝났을 때 나타날 수 있는 학생의 변화된 행동과 관련지어 진술한다.

셋째, 공부할 문제에는 학습내용과 기대되는 학생의 행동이 동시에 진술되어야 한다.

넷째, 공부할 문제 진술에는 기르고자 하는 또, 변화시키고자 하는 학습능력에 따라 진술되는 동사의 형태가 달라야 한다.

다섯째, 공부할 문제 진술에는 학생들이 학습행위를 나타내는 장면과 조건에 따라 동사의 형태로 바꾸어 진술해야 한다. 즉 애매모호한 암시적인 행위동사 사용보다는 구체적이고 분명한 명시적 행위동사들을 활용해야 한다.

① 암시적 동사의 예(안다, 이해한다, 깨닫는다, 인식한다, 의미를 파악한다, 즐긴다, 믿는다, 감상한다 등)

② 명시적 동사의 예(쓴다, 암송한다, 지적한다, 구별한다, 열거한다, 비교한다, 수집한다, 답을 찾아낸다, 그림을 그린다, 적용한다 등)

여섯째, 공부할 문제 진술에는 학습되어야 할 준거가 제시되어야 한다.

일곱째, 진술한 문장이 너무 길 때는 항목을 나누어 진술한다. 한 문장의 길이는 학년에 따라 다를 수 있으나 15자 내외가 알맞다.

여덟째, 모든 학생이 쉽게 이해할 수 있는 용어를 선택하여 진술한다.

3) 공부할 문제 제시 방법

교수·학습 과정안에 잘 진술된 공부할 문제를 실제 수업시간에 학습자에게 효과 있게 제시하고 인지시키는 일은 본시의 학습 활동을 성공적으로 추진할 수 있는 기초가 된다. 그러므로 지도교사는 어떤 방법으로 본시의 공부할 문제를 제시해야 할 것인가에 대한 사전 계획을 세우고, 제시하는 과정에서도 학습자의 인지 정도를 확인해야 한다.

첫째, 차트나 판서, 구두, TP자료, 컴퓨터 등을 통해 교사가 일방적으로 제시한다. 공부할 문제는 학습자의 학습 활동 방향을 제시하고 학습동기를 유발시키며 학습 후 확인 학습이나 종합 평가의 기준이 되기 때문에 학생이 학습 후에 나타내는 도착점 행동으로 진술하여 학생들에게 제시하고 충분히 인지시켜야 한다. 이와 같은 공부할 문제는 일반적으로 구두로 제시하는 경향이 있으나 학습의 효과를 높이기 위해서는 차트를 작성하여 제시할 수 있고, 직접 칠판에 판서하는 방법도 생각할 수 있으며, OHP나 실물화상기, 컴퓨터 등 다양한 영상 매체를 통해 제시하기도 한다. 그러나 유의해야 할 점은 공부할 문제는 지도교사가 일방적으로 학습자에게 제시하는 것으로 끝나는 것이 아니라, 학습자가 철저히 인지할 수 있도록 해야 한다. 제시된 공부할 문제를 한 학생이나 전체 학생에게 1회 정도 읽게 한다든지 교사가 간단히 설명하는 정도로는 공부할 문제의 인지가 미흡하기 때문에 학습자에게 깊이 인지시킬 수 있는 방법을 미리 계획하여 실천해야 한다.

둘째, 학습자의 의사를 종합하여 공부할 문제를 제시한다. 교사의 일방적인 제시방법을 지양하고 학습자에게 오늘 공부할 문제가 무엇이겠는가를 발문한 후 학습자의 견해를 수합하여 공부할 문제를 제시하는 방법도 있다. 이 방법은 학습자의 참여로 문제인지가 잘 이루어진다는 이점이 있으나, 문제를 추출해 내는 데 많은 시간이 소요된다는 문제점도 생각해야 한다. 이때 시간을 줄이기 위해서는 본시의 정착단계에서 차시의 문제를 학습자들로부터 도출해 내게 하는 것도 시도해 볼 방법 중의 하나이다.

셋째, 확인 학습 문항을 통해 공부할 문제를 제시한다. 공부할 문제를 학습자가 학습 후에 나타내는 구체적인 행동으로 진술하여 제시하는 방법에는 여러 가지가 있으나, 직접 공부할 문제 달성도를 알아볼 수 있는 확인 학습 문항을 만들어 제시함으로써 학습자로 하여금 본시 공부할 문제 인지와 동기 유발에 더 큰 관심을 갖게 하는 방법도 있다.

"여러분은 이 시간의 수업이 끝날 무렵에 다음과 같은 문제를 풀어 그 정답을 구할 수 있어야 합니다."라는 문제를 제시하는 경우, 본시에 풀어야 할 문제가 구체적으로 제시되기 때문에 학습자는 목표 달성을 위한 적극적인 학습을 할 수 있을 것이다. 공부할 문제를 어떠한 형태나 방법으로 제시하더라도 학습자에게 철저히 인지시켜야 한다. 그러기 위해서는 교수·학습 과정안 작성 시에 공부할 문제 인지도를 높이는 방법을 공부할 문제 제시 방법과 함께 생각해야 한다. 또한 공부할 문제를 제시하기 전에 단원명을 칠판에 기입하고 본시의 학습범위도 공부할 문제와 함께 제시하는 것도 학습효과를 높이는 방법이 될 것이다.

"여러분, 이 시간에는 교과서 몇 쪽 줄부터 몇 쪽 줄까지 공부하겠습니다."라는 교사의 지시는 학습자의 학습행위에 도움이 되며, 특히 이와 같은 학습범위 제시는 차시 예고 시 미리 차시 공부할 문제를 같이 제시해 주는 경우 더욱 효과적일 수 있을 것이다.

넷째, 수업 과정 중 계속적으로 학습자가 확인할 수 있도록 제시한다. 공부할 문제는 도입단계에서만 제시하는 것이 아니고 교수·학습 과정 중에도 계속하여 제시하고, 그 목표 달성도를 확인해야 하기 때문에 학습자가 항시 볼 수 있는 곳에 제시한다. OHP나 컴퓨터를 사용하는 경우, 교수·학습 과정 중 필요한 경우에 한해서 학습목표를 제시하기 위한 작동을 해야 하는 불편이 예상되는 판서나 차트로 항시 제시해 놓은 경우보다 어떤 경우에는 그 효과를 더 기대할 수도 있을 것이다. 공부할 어떤 방법을 통하여 제시하더라도 계속적으로 제시되어 학습자의 필요한 경우 언제든지 확인할 수 있어야 한다.

4) 공부할 문제 제시 방법 탐구

교사: 오늘은 삼국 통일의 역사적 의의에 대하여 공부합시다. 오늘 여러분이 학습해야 할 문제를 살펴봅시다.

> 학습 목표: 삼국 통일의 역사적 의의를 5개 이상 발표할 수 있다.
>
> 지시: 이때 학생들에게 조용히 문제를 음미하도록 시간을 준다.
> (교사는 지시봉으로 목표를 가리킨다)
> 교사: 자, 여러분! 여러분이 이 시간에 삼국 통일의 역사적 의의에 대하여 학습한 다음, 내가 여러분에 게 학습결과를 물어볼 것입니다. 여러분은 열심히 공부하여 누구나 역사적 의의를 5개 이상 발표할 수 있어야 합니다. 이 시간에 여러분은 어떤 일이어도 이 목표를 달성해야 합니다. 자, 그러면 다 같이 큰 소리로 목표를 읽어 봅시다.
> 학생: ······.
> 교사: 그러면 이 시간 수업이 끝날 무렵 내가 삼국 통일의 의의에 대해 물었을 때 5개 이상 발표할 수 있는 준비가 된 사람 손을 들어 봐요.
> 학생: (손을 든다.)

이때 공부할 문제 인지 및 확인 결과가 만족스럽지 않은 경우(소수의 학생만 거수한 경우)에는 교사는 최선의 방법을 통하여 다시 한 번 공부할 문제를 학생들에게 인지시킨 다음 학생들의 인지 사실을 또 확인한다. 대부분의 학생이 오늘의 공부할 문제를 확실하게 인지했다는 판단이 섰을 때 수업에 임한다.

　　학교교육에서 가장 중요한 요소는 교육과정이고, 교육과정의 본질은 곧 수업이다. '수업의 질은 교사의 질을 넘어설 수 없다.'는 말이 있듯이 학교교육에서 핵심이 되는 수업의 질을 좌우하는 중요한 요인이 교사라고 말할 수 있다. 따라서 교사는 이를 극대화하고 교육과정이 요구하는 목표에 도달해 나갈 수 있도록 부단히 노력해야 한다.

　　오늘날 교육 현장에서는 수업의 질을 높이기 위해 다양한 수업이론이나 모형들이 개발·적용되고 있으며, 과학화·정보화에 따른 각종 기기의 발달로 VTR, 프레젠테이션, 오디오, 인터넷 등의 매체를 이용하여 수업을 이끌어 가고 있다. 그러나 교사가 아무리 수업이론에 밝고, 각종 교수 매체를 활용한다 하더라도 수업 활동 중에 능숙하게 교수기술을 발휘하지 못한다면 효과적인 수업을 기대할 수 없다.

　　그러므로 교사는 학생 개개인의 특성을 파악하여 짜임새 있게 수업을 설계하고, 효율적으로 수업 목표에 도달하게 하기 위해 능숙한 교수기술이 발휘될 수 있도록 이에 대한 연구에 힘써야 할 것이다.

1. 교육과정 재구성과 지역화

1) 교육과정 재구성 및 지역화의 필요성

　　'교육과정 재구성'이란 이미 구성된 교육과정이 존재하며 이것을 어떤 원칙(시·도교육청의 교육 과정 편성·운영 지침)을 기준으로 학교 환경 및 학생의 흥미, 관심, 능력과 교사의 관심들을 고려하여 지도내용 및 방법을 다시 구성한다는 것을 의미한다. 이러한 재구성 및 지역화 단계는 수업내용의 실제성에 기여하고 학생들의 학습동기 유발에 중요한 역할을 한다. 또한 중앙의 단일 교육과정을 운영하는 데 따르는 부작용을 해소하고 교사의 전문성과 자율성을 향상시킨다는 점에서 커다란 의의를 지닌다.

　　국가수준의 교육과정과 시·도 교육청에서 제시하는 교육과정 편성·운영 지침, 지역 교육청에서 제공하는 장학자료가 아무리 이상적이라고 할지라도 그것을 현장에 적용하는 데에는 한계가 있다. 각 학교가 처한 위치나 환경, 지역 사회의 사회적·문화적 특성, 학생들의 사전 경험 등이 다르기 때문에 그러한 특수 상황에 맞추어 교육과정을 재구성할 필요가 있다. 교육과정을 재구성하면 국가수준의 교육과정이 안고 있는 문제점을 보완할 수 있고, 학생들의 보다 적극적인 학습 참여를 유도할 수 있다. 또한, 교육과정을 재구성하는 과정에서 보다 좋은 수업을 할 수 있는 아이디어가 나올 수 있다. 이를 보다 구체적으로 살펴보면 다음과 같다.

(1) 교육과정 구조의 획일성 극복

교육과정이 국가 차원의 중앙에서 주어진다면 학생들의 적성, 능력, 진로 등에 적합한 이수 과정 및 교과목 선택이 어렵고 전국 어느 학교에서나 동일한 과정, 동일한 교과목을 운영하게 된다. 또한 지역의 특성, 학교의 실정, 학생의 요구 등을 교육과정에서 반영하기 어렵고, 각 지역별로 교원, 학부모, 관계 전문가가 교육내용의 선정과 편성에 참여하기 어렵다. 그러나 국가에서 주어진 교육과정을 학교에서 재구성하게 된다면 이러한 문제가 해결될 수 있다.

(2) 교육과정 내용의 적합성 확보

교육과정이 중앙에서 한번 주어지면, 그 변화의 영향이 크고 영향을 받는 지역의 범위가 넓기 때문에 바꾸기란 쉽지 않다. 따라서 시대적, 사회적 변동, 학문의 발전, 학생의 변화에 따른 교육 내용의 개선이 적절히 이루어지지 못하여 실제 생활 및 문화와 유리된 내용이 많게 된다. 또한 학생의 전인적 발달에 필요한 내용이 균형 있게 정선되지 못하고 학습량과 수준이 적정하지 못하여 학생에게 과중한 부담이 될 수 있다. 그러나 학교수준에서 재구성이 이루어진다면, 변화로 인한 영향이 그 학교 내에서만 미치기 때문에 쉽게 대처할 수 있다. 교육과정에 학교 학생들의 문제를 반영할 수 있어서 학생들의 학습에 대한 의욕을 증강시킬 수 있고, 학생들에게 필요한 내용을, 그들의 수준에 맞게 재구성함으로써 교육과정 내용의 적합성을 확보할 수 있다.

(3) 교육과정에 대한 교사들의 관심 유도

과거에는 국가에서 교육과정을 편성하고 운영 지침을 제시했기 때문에 현장 교사들은 지침에 따라 가르치기만 하면 되었다. 그러나 교육과정이 학교수준에서 재구성되어야 한다면, 교사들은 교육의 목표, 내용, 방법, 평가를 다시 한 번 생각해야 하고, 이런 과정에서 교육자료와의 교류가 일어날 수 있어 창의적인 교육과정을 구성할 수 있다. 교육과정에 대한 교사들의 관심이 증대될수록 학생들에 대한 관심 또한 자연히 높아짐으로 좋은 수업을 설계할 수 있다.

2) 교육과정 재구성 과정

(1) 교과의 성격 및 특성 연구

교육과정을 재구성하기 위하여 가장 먼저 시작하는 부분은 각 교과의 성격과 특성을 정확하게 파악하는 일이다. 이는 국가수준의 교육과정에서 교과들이 설정된 이유와 교육을 통해 무엇을 성취하려고 하는지를 정확하게 알아야 교육이 제대로 이루어질 수 있기 때문이다.

(2) 상황 진단(실태 파악)

각 교사에게 주어진 상황을 정밀하게 분석하는 과정이다. 학생의 실태에서부터, 학교 및 지역사회의 실태, 특히 지역교육청에 직접 방문하여 교육청의 주요 교육정책과 관심사 및 요구를 정밀하게 분석하는 것이 중요하다. 이는 그들의 필요와 요구가 무엇인지를 정확하게 기술할 수 있어야 좋은 교육의 목표를 설정할 수 있기 때문이다.

(3) 목표 설정

각 교과의 성격 및 특성과 주어진 상황이 정밀하게 분석된 후에 각 학년별로 교사들이 모여 각 교과 교육의 목표를 설정하는 일이다. 이때는 국가에서 주어진 각 교과 교육의 목표가 기준이 되어야 한다.

교육목표 설정이 교육의 방향을 좌우하기 때문에 가장 신중을 기하여야 한다. 목표들을 설정할 때는 내용, 방법, 평가에 이르기까지 전체적인 맥락에서 고려되어야 한다. 내용, 방법, 평가 시 고려되지 않은 목표는 그 효율적인 성취가능성이 불투명하기 때문이다.

(4) 내용 선정 및 조직: 학습경험 선정 및 조직

일단 목표 설정이 끝나면, 그 목표를 성취하는 데 필요한 요소인 내용, 즉 학습경험을 선정하여야 한다. 보통 첫째부터 셋째 단계까지는 교사 자신이 혼자서 할 수 있지만, 내용 선정 단계는 학생들과 함께 하는 것이 좋다. 내용을 선정함에 있어서 학습의 기회성, 효율성, 준비성, 경제성 등이 기준이 되어 좋은 학습경험을 선정하여야 한다.

(5) 지도방법 모색

지도 방법의 모색은 주어진 상황, 즉 주어진 학습내용, 아동들의 특성, 수업과 관련된 교사 자신의 장단점, 동료교사의 협조, 학교 시설 등이 잘 반영되어야 한다. 자신이 갖고 있는 장점을 최대한 발휘할 수 있는 방법을 사용하여야 한다. 주어진 시설을 최상급으로 활용할 수 있도록 노력해야 한다. 무엇보다도 중요한 것은 즐거운 수업이 될 수 있도록 방법을 사용하는 것이다.

(6) 평가

교육과정의 재구성에서 마지막 단계는 평가이다. 평가는 교육목표가 과연 어느 정도 성취되었는가를 알아보기 위한 것일 뿐만 아니라, 목표를 성취하기 위해 선정한 내용과 방법이 과연 알맞은가? 주어진 상황이 정확히 분석되었는지 등을 알아보기 위한 것이다. 평가의 주된 목적은 교사 자신의 수업을 평가하는 것이다.

2. 수업형태와 자료

1) 수업형태와 수업자료의 관계

수업자료는 수업형태와 긴밀한 관계를 유지한다. 어떠한 수업방법을 적용하느냐에 따라 활용될 매체는 달라진다. 즉 수업자료의 선정은 학습방법과 수업내용이 무엇이냐에 따라 좌우된다고 볼 수 있다. 수업자료와 수업방법과의 관계는 다음과 같이 제시할 수 있다.

〈표 97〉 수업형태와 수업자료의 관계

수업 형태	가능한 자료	학습자의 활동	방법, 교사의 역할
집단 수업	• 책, 기타 읽기 교재 • 도표, 칠판 • 초청 인사 • 식물, 모델, 실험 장치 • 실물, 동물 • OHP • 영화 • 야외 여행	• 독해 • 청취 • 실험에 대한 관찰 • 대상물 조작, 방문 • 필기 테스트 받기 • 숙제	• 강의 • 토론 • 실험 • 구두 퀴즈, 답안의 수정 • 테스트의 채점 • 학부모나 관리자에 대한 보고서 준비
개별화 수업	• 프로그램화된 교과서 • 모듈 • 학습자가 제어하는 시청각기기 • 급우에 의한 수업	• 독해 • 자기평가 • 연습 문제 완성 • 급우와의 작업	• 학생의 진보 지켜보기 • 교정 수업 • 소집단 형성
개별수업	• 자기 평가 테스트 • 진단 테스트 • 학습 센터, 관련 기구	• 테스트 받기 • 개별 연구과제 받기	• 기록 • 교재와 테스트를 학생이 어떻게 이용하는지 지켜보기 • 급우 중 개인 지도자 찾기 • 교사 도와주는 보조자 감독 • 학부모나 관리자에 대한 보고서 준비
소집단활동	• 책 • 연습 문제 • 실험 교재 • 슬라이드와 테이프에 의한 제시 • 녹음	• 교재 읽기 • 협동해서 실험 작업 수행하기 • 토론 • 제시한 것 함께 보기 • 팀의 연구과제 완성하기	• 학생의 진정 정도 평가 • 특정 수업이나 연습을 위한 소집단 구성 • 개인과 소집단의 진도 평가 • 기록 • 기구를 사용할 때 원조 • 새로운 연구과제 제시
과제 학습	• 프로그램의 일부나 전부	• 프로그램의 일부나 혹은 전부	• 프로그램 학습 부분으로서 위의 어떤 것 혹은 전부
정보 통신 교육	• 책 • 연습 문제 • 테스트 • 교사와 커뮤니케이션	• 읽기, 연습 문제 풀이, 테스트, 지도자와 커뮤니케이션 등에 의한 가정 학습	• 교재, 연습문제, 테스트 주기 • 우편으로 질문 답하기 • 희망자에게 보조적인 교재를 준비하여 우송하기

2) 수업자료의 선정

수업 활동의 제시수단을 선정할 때 고려되어야 할 자료의 선정 기준으로

첫째, 실용성을 들 수 있다. 수업자료가 실용적인지의 여부는 사용할 학습자료 또는 소프트웨어와 기자재 두 측면에서 검토되어야 한다.

둘째, 자료가 학생들의 여러 가지 특성에 비추어 교육적으로 적합한지 고려해야 한다.

셋째, 특정 수업자료의 사용 여부는 또한 그것이 사용되는 수업 활동에 비추어 검토되어야 한다.

수업자료의 선정 절차는 정해져 있는 것이 아니다. 이것은 매우 유동적이기 때문에 특징, 절차만을 고집할 수 없지만 대략 다음과 같은 선정 절차를 고려해 볼 수 있다.

첫째, 수업방법과 학습내용에 적합한 수업자료의 종류를 열거해 본다.

둘째, 수업매체의 특성에 따라 활용가능성 여부를 검토한다.

셋째, 즉각 활용할 수 있는 자료와 그렇지 않은 자료, 수업에 직접 필요한 자료와 간접적으로 필요한 자료를 구분한다.

넷째, 수업자료 선정변인이나 기준에 비추어 최적의 수업자료를 선정한다.

3) 수업자료의 선정방법

수업자료를 선정하는 일은 우선 수업목표의 확인, 수업목표 분석, 수업사태의 항목 예시, 학생들을 자극할 유형 결정, 예정된 수업자료 목록화 등으로 선택되고 활용되는데 각각의 단계에서 이루어지는 활동내용을 보면 다음과 같다.

첫째, 단위 수업목표를 기술한다. 성취할 목표를 확인하고 어떤 자료를 선정할 것인가의 방향을 결정케 한다.

둘째, 단위 수업목표를 분류한다. 자료 선정의 폭을 좁혀 명확하게 한다.

셋째, 수업사태의 항목을 예시한다. 주의 집중, 선수학습 재생, 정보 제공, 파지와 전이, 평가 등 항목을 열거한다.

넷째, 학습을 촉진시키기 위한 자극 유형을 선정한다. 학습자의 연령을 고려하여 학습을 촉진시키기 위한 적절할 자료를 선정한다.

다섯째, 수업의 효과적이고 활용가능한 자료를 목록화한다.

여섯째, 활용가능한 자료 중에서 적합하고, 효과적인 수업자료를 결정한다.

일곱째, 최종적으로 자료를 선정한다.

여덟째, 자료 선택의 이론적 근거를 마련한다. 수업 전략을 개발하면서 자료 선택의 의의, 가능성, 구체적인 방법을 상술한다.

아홉째, 자료 활용을 위한 각본을 작성한다.

4) 효과적인 자료 활용

여러 가지 과정을 거쳐 제작된 수업자료를 활용할 때 다음과 같은 점에 유의하여야 한다.

첫째, 글씨의 크기는 교실의 맨 뒤에 앉아 있는 학생도 알아볼 수 있을 만큼 커야 한다.

둘째, 학습자료를 제시할 때는 판서 내용을 가리지 않는 위치에, 가능하면 자료의 밑 부분의 글씨까지도 모든 학생이 볼 수 있도록 해야 한다.

셋째, 학습자료를 필요한 경우에만 제시하고, 필요하지 않은 경우에는 제거해야 한다.

넷째, 평면적이고 정적인 자료보다는 입체적이고 동적인 자료를 사용하는 것이 좋다.

다섯째, 청각적 자료보다는 시청각적 자료를 사용한다.

여섯째, 비용과 노력이 적게 들면서도 학습효과를 높이는 자료 제작에 관심을 기울여야 한다.

일곱째, 투시적 자료의 사용방법을 잘 알아야 한다.

여덟째, 멀티미디어에 사용할 소프트웨어의 제작과 하드웨어를 활용할 수 있는 능력을 길러야 한다.

아홉째, 노래 방식 교육이 되지 않도록 최첨단 교수자료를 잘 활용해야 한다.

3. 발문(發問)

1) 발문에 대한 연구 필요성

교사의 발문은 학습 활동의 방향을 안내하고 유도하면서 생산적 사고 활동을 유발하는 문제를 제기하여 학습내용을 이해시키는 동시에 학습의 길잡이 역할을 한다. 즉 교사는 발문을 통하여 학습자들의 비판적 사고, 반성적 사고, 합리적 사고 등 다양한 양태, 다양한 수준의 사고를 자극하고 이끌어 준다. 따라서 수업에서 교사의 발문은 학생 개개인의 사고수준을 한층 더 높여 갈 수 있는 중요한 수업의 요소로 교사가 반드시 갖추어야 할 수업기술 중 하나이다. 교사의 발문은 학습자의 사고를 촉진시킬 뿐만 아니라 주의를 환기시키고 호기심과 지적 활동을 일깨워 주며 수업에 참여를 유도한다. 또한 교사와 학습자 또는 학습자 상호간에 의사소통을 증진시키는 매체가 되기도 하고, 이제까지 학습한 내용을 정리하는 수단으로 활용되기도 하며, 다음 시간에 전개될 수업에 대한 시발적 동기수단으로 사용되기도 한다. 따라서 교사의 발문은 학습내용이나 학습자의 능력과 수준 및 학습자의 학습성향에 따라 적합한 발문을, 어느 시기에, 어떤 방법으로, 어느 학생을 대상으로 물어야 할 것인가 하는 발문 기술에 대한 연구가 반드시 필요하다고 하겠다.

'교사의 생명은 수업에 있고, 수업의 설계는 발문에 있다.'는 말이 있다. 이는 수업에서 학생의 학습능력과 사고수준을 높여 주는 데 가장 큰 영향을 미치는 발문의 중요성을 강조하고 있는 것이다. 오늘날 첨단 교수매체에 의한 수업이 강조되고 있지만 교사의 계획적이고 의도적인 발문만큼 수업의 효과를 거두기는 어렵다고 생각된다. 그러므로 교사의 발문에 대한 지속적인 연구와 수업현장에서의 관심과 실천이 요구된다.

2) 발문의 유형

(1) 사고 촉진에 따른 발문의 유형

다양한 응답이 가능한 질문으로 학생으로 하여금 추론·분석하게 하면서 종합적으로 하는 발문이므로 학생은 자신의 느낌, 판단, 의견 등이 포함된 응답을 하게 되어 그 답을 예측하기가 어렵다. 따라서 이 발문은 학습자의 지적 기능을 개발시키는 데 많은 도움을 준다.

(가) 발산적 사고의 발문: 어떤 상황의 결과 또는 불확실한 미래를 예언하거나 가설의 수립 및 추론, 분석적 요소들을 재구성하는 등의 지적 활동을 요구하는 발문(확산적 사고의 학습)

예) 우리나라에 6·25전쟁(한국전쟁)이 일어나지 않았더라면 오늘의 우리나라 모습은 어떻게 되었을까?

(나) 평가적 사고의 발문(인지·기억형의 발문): 어떠한 사실, 개념 또는 기억된 정보의 재생을 요구하는 발문

예) 임진왜란은 언제 일어났는가?

(다) 수렴적 발문: 어떠한 관계를 기술하거나 설명하는 발문

예) 식물은 왜 햇빛 쪽을 향하여 자라는가?

(2) 교사의 교수 행동 전환에 따른 발문의 유형

(가) 개시적 발문: 수업시작 시 학습자의 주의를 환기시키고 흥미를 불러일으키기 위한 발문

예) 횡단보도에서는 어떤 불이 켜져 있을 때 건너야 하는가?

(나) 초점을 맞추기 위한 발문: 교사가 가르치고자 하는 특정 내용에 집중하도록 하는 발문

예) 지금 읽은 이야기에서 영수가 한 행동에 대하여 철수는 어떻게 했어야 할까? (초점을 맞춘 발문)

예) 지금 읽은 이야기에서 느낀 점은 무엇인가? (초점이 흐림)

(다) 사고의 차원을 끌어올리는 발문: 어느 특정 수준에서 충분한 토의가 이루어진 후 토의수준을 한 단계 높이려 할 때 사용되는 발문으로 교사는 학습자의 인지 과정을 정확히 알아야 한다.

예) (몇 가지 응답이 있은 후) 또 다른 의견은 없을까?

(라) 사고를 확장시키는 발문: 학습자들의 사고를 횡적으로 모호하게 느끼고 있거나 응답이 발문자의 기대와 동떨어진 경우에 그 응답을 무시하지 않고 추가로 던지게 되는 발문

예) ～와 비슷한 경우를 생각해 봅시다.

예) 왜 그렇게 생각했어요?

(마) 부가적 보조 발문: 발문에 대하여 학습자가 모호하게 느끼고 있거나 응답이 발문자의 기대와 동떨어진 경우에 그 응답을 무시하지 않고 추가로 던지게 되는 발문

예) 교사: 감자, 배, 무, 사과, 딸기, 고구마, 바나나를 같은 것에 속하는 것끼리 묶는다면 어떻게 묶어야 할까요?

학습자: 배와 감자를 묶어야 합니다.
교　사: 왜 그렇게 묶을 수 있다고 생각했나요? (부가적 보조 질문)

　　(3) 사고력, 표현력, 발표력 신장을 위한 발문

(가) 학습의 희열을 맛볼 수 있도록 하는 발문
(나) 학생들이 명확히 알 수 있는 구체적이고 간결한 발문
(다) 사고를 자극하는 개방적 발문
① 의견이나 해석을 구하는 내용
② 가치나 판단을 묻는 내용
③ 어떤 일을 설명하거나 예증을 구하는 내용
④ 어떤 일의 원인이나 결과를 구하는 내용
(라) 학생들의 수준을 고려한 발문
(마) 생각하는 틈을 주는 발문
(바) 다양한 발표를 할 수 있는 발문
(사) 학생들이 사물을 발견하고 비교할 수 있는 발문
(아) 학습목표 해결을 위해 핵심 발문과 보조 발문이 잘 구조화된 발문
(자) 학생들로 하여금 사고에 도전하도록 구성한 발문
(차) 교사의 의도가 학생의 답에 명확히 나타날 수 있도록 구성한 발문

4. 지시(指示)

1) 바람직한 지시의 방법

　　(1) 학습목표를 결정하는 지시

　학습목표를 매시간 교사 쪽에서 지시하는 것은 그것이 구체적이라고 하더라도 바람직한 일이 아니다. 가능하면 도입단계에서 교사와 학생의 상호 작용을 통해 학생들 스스로 만든 목표를 교사가 구체적으로 지시하면 교사가 지시했다 하더라도 그것은 구체적인 학생의 목표를 받아들여져 학습목표 도달이 더욱 용이해질 것이다.
　따라서 학습목표를 결정하는 지시는 학생들이 이미 구체적인 학습 진행방법을 이해하고, 목표 설정이 끝난 단계에서 구체적인 학습 활동에 들어가도록 하는 지시가 가장 바람직하다.

(2) 학습방법을 이해시키는 지시

수업은 일반적으로 발문 → 지시 → 작업 → 결과의 정리 → 발표 등 과정을 거치도록 계획한다. 이때 학생의 활동인 조작이나 작업, 결과 정리 등은 교사의 지시에 의해 이루어지게 되는데 이는 항상 정확하고 알기 쉽게 표현되어야 한다.

(3) 학습형태를 변화시키는 지시

수업의 형식은 학습목표나 내용과 깊은 관계가 있다. 그런데 수업의 형식이 늘 같으면 학생들로 하여금 지루함을 느끼게 한다. 따라서 학생들의 학습의욕을 높이기 위해 교사가 수업의 형태 및 학습방법에 변화를 줄 수 있는 지시를 많이 활용해야 한다.

(4) 사고를 심화시키는 지시

수업 중에 사고를 심화한다는 것은 학생 앞에 놓인 어떤 장애를 극복하기 위해 일정한 순서에 따라 활동하게 하는 것이다. 따라서 그 일정한 활동을 어떤 순서와 방법으로 하는지를 학생들에게 적절하게 제시해 주는 것이 지시이다. 이에 의해 학생들은 수업을 하면서 효과적으로 사고를 심화시킬 수 있을 것이다.

(5) 소집단으로 학습하게 하는 지시

소집단 활동 시 교사가 제대로 지시하지 못하면 학생들은 목표 도달은커녕 시간만 낭비하게 된다. 따라서 효과적으로 소집단 활동이 이루어지게 하려면 학습자가 소집단 학습의 방법을 잘 알 수 있도록 교사는 미리 그것에 대한 지시를 하여야 한다.

(가) 소집단 과제를 갖게 하는 지시: 무엇에 대하여 학습하는지를 학생 모두에게 분명히 인지할 수 있도록 지시
(나) 개인적으로 과제를 해결하게 하는 지시: 개인이 과제에 대하여 무관심하면 서로 다른 구성원에게 의지하게 되어 깊이 있는 학습이 이루어지지 않기 때문에 소집단 활동 전에 미리 과제를 지시
(다) 소집단 학습의 구체적인 방법 지시: 소집단 활동은 교사보다 학생 위주로 진행되기 때문에 능률적인 소집단 활동과 효과적인 학습목표 도달을 위해 학습방법에 대하여 구체적으로 지시
(라) 정리한 것을 발표하게 하는 지시: 소집단 활동이 끝나면 그 결과를 전체 학습에서 다시 검토하는 활동이 필요하다. 이때 활동 결과를 요약하거나 발표하는 방법을 명확히 지시

(6) 개별적으로 학습하게 하는 지시

교사가 직접 제작한 '학습의 안내'를 이용하거나 이것이 어려울 경우 판서나 PPT 자료 등을 활용해서 모두가 잘 알 수 있도록 지시

5. 응답 처리(應答 處理)

1) 학생의 응답과 교사의 반응

응답 처리는 교사가 어떤 과제나 문제에 대한 발문이나 질문을 하여 학생이 응답했을 때, 학생의 응답에 대한 교사의 반응을 말한다. 이는 중요한 수업기술로서 교사가 발문만 하고 학생의 응답에 대한 적절한 지도가 이루어지지 않으면 발문의 실효성은 없어지거나 최소한의 효과를 거둘 수밖에 없다. 교사의 질문 내용과 방법에 따라 학습자의 대답은 다양하게 나타나는데, 동일한 질문에 대해서도 학습자의 응답은 여러 가지로 나올 수 있다. 이러한 학습자의 답변에 대한 교사의 반응 기법이나 태도는 학습자의 후속학습과 질문 활동을 촉진시키거나 억제시키는 데 중요한 영향을 미친다. 즉 학습자의 답변에 교사가 어떻게 대응하느냐에 따라 학습자의 학습의욕을 높일 수도 있고, 학습의욕을 약화시킬 수도 있다. 따라서 학생의 답변에 대한 응답 처리는 발문만큼이나 중요하다고 할 수 있다.

2) 학생의 응답에 대한 교사의 태도

(1) 학생의 답변에 대하여 관대하고 수용적인 자세를 취하여야 한다.
(2) 학생의 자발적인 답변을 고무시키기 위해 학생의 답변에 대하여 긍정적이어야 한다.
(3) 언어적 기술이 서툴거나 수줍어할 때, 또 긴장할 때는 인내를 가지고 답변을 할 수 있도록 용기를 북돋우는 말이나 행동을 하여야 한다.
(4) 학생들이 실패에 대한 두려움을 가지지 않도록 학습분위기를 유도해야 한다.
(5) 학생의 응답이 오답일지라도 일단 수용하고, 정답에 도움이 되는 추가적 암시나 단서, 보충 설명을 하여 적합한 답을 할 수 있도록 안내해야 한다.
(6) 눈 맞춤을 유지하도록 한다. 눈 맞춤을 유지하는 것은 "나는 너의 의견을 존중하고 있다."는 메시지를 강하게 보내는 것이다.
(7) 대답을 하는 학생 쪽을 향하여 약간 앞쪽으로 기대듯이 서 있도록 한다. 이는 적극적인 청취 의사를 보여 준다.
(8) 학생의 대답에 긍정의 표시를 한다. 즉 학생이 대답하면, 고개를 끄덕거리거나 혹은 재진술을 하여 준다.

(9) 학생의 대답을 들으면서 학생의 흥미와 사고 과정을 발견하도록 한다.

(10) 대답에서 많은 학생들이 범하는 일반적 오류를 찾아낸다.

(11) 학생이 대답하는 도중에는 조언하지 않는다.

3) 효과적인 응답 처리 기법

(1) 발문 후 응답시간 여유

일반적으로 교사들은 발문 후 성급하게 응답을 요구하는 경향이 있다. 즉 교사들은 발문을 하자마자 질문을 반복하거나 지명을 하는데, 한 연구에 의하면 발문 후 학생의 응답을 기다리면 자발적으로 응답하는 학생들이 많아지고, 응답에 실패하는 학생이 줄어들며, 응답에 대한 자신감이 증대되고, 대안적 응답이 현저히 많아졌다고 한다.

교사가 발문 후 응답을 기다리는 시간을 가지는 것은 효과적인 응답 처리에서 우선되어야 한다. 그러나 수업의 연속성이 위협받을 만큼 오래 기다리는 것은 피해야 한다.

(2) 학생의 답변이 잘 나오지 않을 때

학생이 답변을 하지 않는 경우는 질문에 대한 답을 모르거나 자신감이 없고 부끄러워서 대답하기를 주저하기 때문이다. 그러므로 이러한 학습자가 답변을 하지 못할 경우에는 성급하게 다른 학생을 지명하지 말고 다음과 같이 하여 답변을 할 수 있을 때까지 그 학습자와 상호 작용을 하여 무슨 말이라도 반드시 할 수 있도록 인내를 가지고 기다려야 한다.

(가) 몰라서 대답을 못 하는 학습자
① 쉬운 질문을 하여 그 학습자가 대답을 할 수 있도록 유도
② 보충 질문을 하고 충분히 생각할 시간과 기회 제공
(나) 자신감이 없고 부끄러워하는 학습자
① 용기를 가질 수 있는 분위기 조성
② 대답할 수 있도록 격려
(다) 알고 있는 답을 기억해 내지 못하는 학습자
① 기억을 상기시킬 수 있는 단서 제공
② 스무고개와 같은 놀이로 힌트 제공

(3) 학생의 답변이 틀렸을 때(오답 제시)

(가) 가능한 한 학생의 자존심이 상하지 않게 학생의 답이 틀렸다는 것을 알려 준다. 즉 맞는 답의 경우 반복, 칭찬, 박수 등의 맞았다는 표시를 해 주고, 틀린 답의 경우 이런 표시를 하지 않는다. "질문 내용을 잘못 안 것 같은데, 다시 한 번 생각해 볼까요?"
(나) 틀릴 수도 있음을 이해해 주는 발언을 한다. "○○이의 경우는 늘 저축을 많이 하니까 충분히 그렇게 생각할 수도 있겠어요."
(다) 틀린 답변 중에도 좋은 점이 있음을 강조해 줌으로써 학생의 자존심을 보호해 준다. 틀린 답이라고 해서 이를 묵살해서는 안 된다.
(라) 틀린 답변에 대해선 감정적인 반응을 하지 말고, 그렇게 대답한 원인이나 배경에 대해 물어본다.
(마) 실수가 반복되지 않도록 틀린 사실과 틀린 이유를 스스로 깨닫게 만드는 질문을 한다. 이어서 대안을 유도하는 질문이 적절히 연결되면 더 좋다.

(4) 학생의 답변이 불완전할 때

(가) 교사의 질문이 복잡하여 불완전하게 대답하였을 경우 맞는 부분에 대해서는 칭찬을 하고, 틀린 부분에 대해서는 보충 질문을 하여 대답할 수 있는 기회를 다시 주어야 한다.
(나) 교사의 의도를 벗어난 답변이라도 좋은 내용은 수업에 이용함으로써 가치를 인정해 준다.
(다) 학생의 답변이 모호하거나 지나치게 어려운 표현이 사용되었을 경우 교사가 직접 또는 학생 스스로 좀 더 명확하거나 쉬운 표현으로 바꾸도록 한다.

(5) 학생이 맞는 답변을 했을 때(정답)

(가) 답변한 학생에게 답에 대한 이유나 근거를 묻고, 그것이 타당하면 교사가 반복·부연하여 전체 학생에게 알려 준다.
(나) 올바른 답변 시 인정과 칭찬, 격려를 하되, 지나친 칭찬이나 찬사를 아낀다. 이는 오히려 학생의 주의가 산만해지거나 자만심을 갖게 할 수가 있다.
(다) 학생의 답변을 수업에 이용하면 칭찬의 효과뿐만 아니라 답변한 학생의 학습의욕이 더 강화된다.
(라) 학생의 답변내용이나 아이디어를 더 심화할 수 있도록 추가적인 질문을 한다.

6. 지명(指名)

1) 효과적인 지명의 방법

 교사의 발문 시 학생의 경험이나 알고 있는 사실과 지식, 의견이나 근거, 생각이나 느낌, 탐구 결과나 실험 결과 등에 대하여 확인하고자 학생을 지적하여 발표하게 하는 교수적 행동을 지명이라 한다. 이러한 지명은 학생들의 능력을 파악한 후 확고한 교육적 견지에서 학습진행 상황에 따라 적절히 이루어져야 하며 고르게 발표할 수 있도록 배려하여야 한다. 수업 과정 상황에 따라 학생을 적절히 선정하여 답변하도록 하는 것은 학습목표를 도달하는 지름길이기도 하지만, 답변하는 학생의 선정이 잘못되었을 때는 오히려 학습분위기를 흐리거나 시간을 낭비할 수가 있다.

(1) 수업 과정 단계별 지명 방법

(가) 도입단계
발문: 학습 활동 준비의 과정으로서 학습과제 및 학습목표를 인지케 하거나 이와 관련된 지식이나 선수학습의 수준을 파악하는 데 적절한 발문
① 전체를 대상으로 지명
② 학습주제와 관련된 경험담을 알고 있는 학생 지명

(나) 전개단계
발문: 학습의 핵심요소 파악과 학습목표 달성으로 접근할 수 있도록 도와주거나 학습 활동을 촉진하는 발문
 전체 학생 중 하위수준의 학생에서 중위수준, 상위수준 학생 순으로 올라가면서 전 학생이 참여하도록 지명

(다) 정리단계
발문: 학습목표 달성 정도를 확인하는 발문
① 학습목표 성취수준 확인은 하위 → 중위수준으로 지명
② 심화, 발전 시는 상위수준의 학생 지명

(2) 수업 과정 중 수준별 지명 방법

(가) 교과별 기초 학습 지도 시
① 하위, 중위 수준 학생에게 관심을 가지고 지명
② 능동적으로 학생 중심 활동이 되도록 전체적으로 고르게 지명

(나) 발전학습 지도 시
학습목표의 인지와 전이의 효과를 위해 상위수준 학생 지명

(3) 수업 과정 상황별 지명 방법

(가) 학습분위기 환기가 필요할 때
일제 대답 요구 또는 상위 학생 지명
(나) 주의 산만한 학생에게 자극이 필요할 때
주의 산만한 학생 또는 동조 학생 지명
(다) 자신감을 심어 주기 위하여
학습 활동이 양호한 학생
(라) 학습문제의 이해를 돕기 위하여
학습문제 이해 촉구가 필요한 학생 → 알고 있는 학생
(마) 학습 부진을 독려하기 위하여
기초 문제부터 부진 학생 또는 학습 진행이 게으른 학생 지명

(4) 교수 형태별 지명 방법

(가) 분단 학습 지도 시
① 분단별로 의논할 때는 리더를 기점으로 시계 방향으로 차례대로 지명
② 분단과제별 전체 발표 시는 리더 지명(리더는 윤번제로 조정)
(나) 토의학습 지도 시
시간이 다소 지연되더라도 전체 학생을 골고루 지명
(다) 실험·관찰 학습 지도 시
① 분단별로 나누어 지명
② 실험 탐구 결과를 이해하도록 실험·관찰 능력과 발표 요령 감안하여 지명
(라) 실습 학습 지도 시
실습 항목별로 설명과 시범을 보일 수 있는 학생 지명

7. 발표(發表)

1) 발표 의욕 제고(提高)

학습 활동 중의 학생들의 말, 즉 응답은 자기 사고의 외현적 표현 활동이기 때문에 수업에서 매우 중요한 요건 중의 하나로 성공적인 학습을 위해서는 반드시 이러한 학생들의 발표력이 좋다고는 보기 어려우며 학습에서는 일정한 형식을 갖추어 문제의 본질에 접근된 내용을 발표해야 한다. 따라서 이러한 발표방

법이 지도가 되어 학습 활동이 활발하게 이루어지고 효과적으로 학습목표에 도달할 수 있도록 해야 할 것이다.

  (1) 자유롭게 발표할 수 있도록 허용적인 분위기를 조성한다.
  ① 학급 내의 인간관계를 부드럽고 따뜻하게 유지
  ② 학급을 민주적인 절차에 의하여 경영
  ③ 정의적인 활동을 통하여 상호 친밀감 육성
  ④ 응 그럴 수도 있겠다, 좋은 생각이야, 그런데 이 점을 더 생각해 볼까?(수용적 태도)
  (2) 사전에 적절한 자료나 과제를 준다.
  교사가 이끌어 가는 학습의 과정을 학습자들이 알 수 있도록 미리 발표를 준비하도록 사전에 충분한 예습과제를 제시
  (3) 발표하지 않으면 안 될 상황을 만든다.
  의무적으로 발표하도록 하기(이때 발표한 내용 녹음하여 들려주면 효과적)
  (4) 능력을 고려하여 발표하도록 지명한다.
  ① 쉬운 내용은 하위수준 학생, 추론적·적용적 내용은 상위수준 학생
  ② 확실한 목적의식을 갖고 학급 전원의 공감을 얻을 수 있도록 지명
  (5) 학습 지도 과정을 탐구적인 분위기로 이끌어 간다.
  (6) 발표하기 전에 생각할 수 있는 충분한 시간을 준다.
  학생마다 사고수준이 다르기 때문에 빨리 생각한 학생이 손을 들자마자 지명하여 발표시키는 것은 아직까지 생각하고 있는 학생들의 사고 활동을 방해하기 때문에 생각이 늦은 학생들의 사고 의욕 및 발표 의욕 상실(사고할 수 있는 시간 부여)

2) 발표할 때의 일반적인 방법

  (1) 듣는 이를 보면서 발표한다.
  (2) 말하고자 하는 요점을 명확히 밝힌다.
  (3) 결론을 먼저 말하고 보기나 증거 등을 제시한다.
  (4) 이어 주는 말을 사용해서 말한다.

본시 학습 활동이 끝나면 교실에서는 여러 가지 수업 후 활동을 하게 된다. 학생들끼리 학습 활동에 대해 여러 가지 의견을 나누기도 하고, 다음 시간 수업에 대해 준비를 하기도 한다.

이 시간에 우리가 간과해서는 안 될 부분이 바로 학습결과물을 정리하는 것이다. 학습이 끝나면 잠깐 시간을 할애하여 학습 활동에서 생성되는 학습결과물을 정리하여 파일철에 꽂거나 교실 게시판에 알맞게 게시하고 컴퓨터에서 제작된 결과물의 경우에는 학교 또는 학급 홈페이지에 탑재하여 다른 사람과 정보를 공유할 수 있도록 해야 한다.

이러한 활동은 본시 학습결과물을 정리하는 의미도 있지만, 연속되는 후속학습에 유의미하게 활용되고 영향을 미친다는 점에서 더 큰 의미를 지닌다.

공개 수업의 경우 수업이 끝나고 나서 참관자와 함께 수업에 대한 협의를 하게 된다. 이는 교수·학습 방법의 개선에 그 목적이 있으므로 수업자, 참관자, 지도조언자 모두 진지한 자세로 수업 협의에 임해야 할 것이다.

1. 학습결과물 처리

1) 학습결과물의 교육적 의미

본시 수업이 끝나고 나면 여러 가지 학습결과물이 생겨난다. 이 결과물은 학생들의 후속학습에 다양하게 활용될 수 있으며 평가 자료로 쓰인다. 대부분 학습 활동이 끝나면 그 결과물이 생기게 된다. 간단한 메모의 형태에서부터 장기 프로젝트학습 후의 파일철 또는 웹 페이지까지 그 형태가 다양하다.

이와 같은 학습결과물은 두 가지의 의미를 갖는다. 하나는 정보의 공유이다. 학습결과물을 다른 사람과 공유함으로써 서로 보고 배우는 자료로 활용될 수 있다. 또 하나는 평가자료로 활용한다는 점이다. 학습 과정에서 다양한 방법으로 평가를 실시하기도 하지만, 누적된 학습결과물을 통해 학생의 학업성취 정도를 파악할 수 있다.

근래 수행평가의 하나의 방법으로 많이 적용되고 있는 포트폴리오 평가는 학습과정에서 생성되는 결과물을 지속적으로 정리, 보관한 다음 학기 말 또는 학년 말에 그 성취 정도를 파악하는 방법이다. 이와 같이 학습결과물은 포트폴리오 평가를 실시하고자 할 때 중요한 평가자료로 활용된다.

2) 학습결과물의 형태 및 처리방법

과거에는 학습결과물이라고 해야 고작 공책, 스케치북, 시험지 정도가 대부분이었다. 이후 컴퓨터가 발달하고 교육에 직접 활용하면서부터 학습결과물도 디지털화되어 가고 있다. 이와 같은 다양한 학습결과물은 그 특성에 맞게 처리하고 전시해야만 소기의 목적을 달성할 수 있을 것이다.

(1) 교과서, 공책(Note, Work sheet)

(가) 특성
① 교과서, 공책에 기록한 학습결과물은 가장 전통적인 학습결과물이다.
② 별도로 관리하기 위한 공간이나 보관함이 없어도 된다.
(나) 처리방법
① 다른 학생과 학습결과를 공유하기 위해서는 교과서나 공책을 소집단 중심으로 바꾸어 보게 하거나 학습결과를 발표하게 한다.
② 교과서나 공책으로 학업 성취 정도를 평가하고자 할 때에는 수시로 수합하여 평가를 활용한다.
③ 요즈음은 교과서가 직접 기록하면서 학습할 수 있도록 구성되어 있어 공책을 많이 활용하지 않는 경향이 있다. 하지만 교과의 성격이나 내용에 따라 꾸준히 기록할 필요가 있는 경우도 있다. 공책이 필요한 교과, 내용을 면밀히 분석하여 적절히 활용하고 학습결과물을 누가 기록해 나가도록 지도하는 것이 좋다.

(2) 학습지(學習紙, 學習誌)

(가) 특성
① 학생 중심의 학습 활동을 할 때 학생을 도와주는 의미로 많이 활용된다.
② 대부분 낱장으로 인쇄하여 활용하므로 계획적으로 누가 철 하지 않으면 학습결과물이 무의미하게 처리될 가능성이 있다.
(나) 처리방법
① 학습지 크기에 적당한 파일철을 준비하여 누가철 하게 한다.
② 가능하면 개인별 파일로 관리하게 하는 것이 좋으며, 교과별 또는 주제별로 파일철을 준비하여 합리적으로 관리하고 포트폴리오 평가에 활용한다.
③ 고정관념에서 탈피하여 학습지의 크기를 다양하게 활용하고 관리하게 한다. 학습내용 또는 학생의 특성에 따라 A4 용지의 1/4 크기로 잘라 사용하는 것이 학습효과를 높일 수도 있다. 이러한 학습지를 활용할 경우 교실 게시판에 부착하면 학습 후 정보를 공유하는 데 효율적이다.

(3) 스케치북

(가) 특성
① 그림 그리기, 마인드 맵, 단원 학습 계획 세우기 등의 활동에 유용하다.
② 복사지나 공책에 비해 크고 두꺼워서 다양한 표현 활동에 활용하기 좋다.

(나) 처리방법

① 묶여 있는 상태로 보관하게 할 수 있다. 단, 주제별로 여러 개의 스케치북을 사용하여야 영역별 학습 발달 정도를 알아보기에 용이하다.
② 그때그때 사용한 스케치북을 한 장씩 떼어서 별도의 파일철에 보관하게 할 수도 있다. 파일철을 구입해야 하는 부담이 있으나, 크기는 다양하기 때문에 스케치북을 그대로 보관하는 것보다는 편리하다.

(4) 입체 작품

(가) 특성

① 자리를 많이 차지하기 때문에 오랫동안 보관하면서 감상하기 어렵다.
② 학생들이 만든 작품이므로 견고성이 떨어진다.

(나) 처리방법

① 교실의 특정 코너에 비치하여 다른 학생들이 감상하도록 한 다음 1~2주가 지나면 가정으로 보내는 것이 좋다.
② 작품이 완성되면 즉시 평가를 실시하여 학생들로 하여금 학습결과에 대해 자극을 주고 후속학습에 의욕을 갖도록 지도한다.

(5) 대형 작품

(가) 특성

① 소집단 중심의 학습 활동을 할 때 많이 사용한다.
② 크기가 커서 전시하거나 교실에 보관하기가 쉽지 않다.

(나) 처리방법

① 학습 활동이 끝나고 나면 교실의 옆쪽 벽면 또는 복도 벽면에 부착하여 학생들의 학습결과를 공유하도록 한다.
② 괘도와 같은 모양으로 묶어서 벽면에 걸어 두어도 좋다. 이러한 자료를 모아 두면 학년 말 학습 정리를 할 때 유용하게 쓸 수 있다.
③ 오랫동안 교실에 비치된 학습결과물은 학생들의 학습 활동에 큰 도움이 되지 않는다. 특히 대형 작품은 오래되면 찢어져서 보기에도 흉해지므로 교육적으로 역효과가 생기지 않도록 주의해야 한다.

(6) 녹음테이프, 영상자료(아날로그)

(가) 특성
① 학생들의 생생한 음성 또는 영상을 담을 수 있다.
② 학생의 학습의욕을 높일 수 있으며 조사 탐구, 역할 놀이, 언어 표현 활동 등의 학습에 유용하게 쓰이는 자료이다.
(나) 처리방법
① 교실의 어느 한 코너에 녹음기 또는 비디오비전을 설치하고 학생들의 학습 활동에서 만들어진 녹음테이프 또는 비디오테이프를 비치하여 수시로 정보를 공유할 수 있게 한다.
② 아날로그 형태의 음성 또는 영상 데이터를 컴퓨터에서 디지털화하여 학교, 학급 홈페이지에 탑재하여 많은 사람이 공유할 수 있게 하면 더욱 좋다.

(7) 신체 표현

(가) 특성
신체 표현으로 나타나는 학습결과는 무용, 운동 기능, 음악 감상 표현 등이 있으며, 이러한 표현 활동 결과물은 지속적으로 남지 않고 표현 즉시 소멸되는 결과물이라 할 수 있다.
(나) 처리방법
① 신체 표현 활동 결과의 평가는 표현 즉시 이루어야 한다.
② 장기적으로 학습을 한 후 수준 높은 표현 활동이 이루어지는 경우 비디오카메라로 촬영하여 보관하거나 공유하는 것이 좋다. 교사가 촬영, 편집에 기능이 있거나 관심이 많다면 평소의 학습 활동 모습도 촬영하여 편집한 다음 학년 말에 학생들에게 나누어 주어도 좋을 것이다.

(8) 워드 자료(HWP), 프레젠테이션 자료(PPT)

(가) 특성
① 정보를 공유하기에 편리하며 학생의 프로그램 운용 기능에 따라 그림, 소리 자료를 포함한 자료를 만들기에 편리하다.
② 학생의 컴퓨터 기능에 따라 학습결과물의 수준차가 많다.
(나) 처리방법
① 학교, 학급 홈페이지의 게시판에 글을 쓰게 하거나 첨부파일로 탑재하여 다른 사람과 정보를 공유할 수 있게 한다.
② 소집단별로 이메일로 작품을 주고받으며 감상 활동을 전개할 수 있다.

(9) 컴퓨터 그림, 소리 자료

(가) 특성

① 손으로 그림을 그리는 기능이 우수하지 못한 학생도 컴퓨터 프로그램에서 그릴 수 있어 학습에 적극적으로 참여하게 할 수 있다.
② 마이크만 있으면 컴퓨터에서 쉽게 녹음을 할 수 있으며 정보의 공유가 편리하지만. 학생의 컴퓨터 기능이 우수하지 못할 경우 오히려 학습의욕이 저하될 수도 있다.

(나) 처리방법

① 본시 학습에서 제작한 그림, 소리 자료를 곧바로 홈페이지 자료실에 탑재하여 정보를 공유하게 하고, 교사는 언제든지 자료실의 데이터를 통해 평가를 할 수 있다.
② 컴퓨터 그림은 칼라 프린터기로 인쇄하여 파일철에 보관하게 한다.

(10) 디지털 영상 자료(동영상)

(가) 특성

① 컴퓨터가 있으면 어디서든지 학습결과물을 볼 수 있으므로 학습의욕을 높일 수 있다.
② 촬영 및 편집을 교사가 도와주어야 하며, VOD 서비스가 가능한 서버에 탑재하여야만 인터넷 상에서 직접 동영상을 볼 수 있다.

(나) 처리방법

① 학교에 촬영 및 편집 장비가 마련되어 있다면 고학년의 경우 직접 학습 활동 장면을 촬영하고 편집도 할 수 있게 하는 것이 가장 바람직하다. 이것이 여의치 않을 경우 편집 활동은 교사가 도와주어도 좋다.
② 만들어진 작품은 다른 학습결과물에 비해 파일의 크기가 크므로 인터넷 방송 서비스가 가능한 서버에 설치하고 시청할 수 있게 한다.

2. 수업협의회 운영

1) 수업협의회의 목적

공개 수업을 통해 지정된 학급의 수업을 참관하고 나면 수업자와 참관자가 한자리에 모여 수업협의회를 하게 된다. 수업협의회는 수업자의 잘못을 탓하기 위함이 아니라 협의를 통해 상호 간의 교수·학습 방법을 개선하기 위함임을 인지하고 편안하면서도 진지한 협의가 이루어져야 한다.
① 공개 수업을 통해 교수·학습 방법의 효과적인 방안을 모색하기 위함이다.
② 수업자와 참관자 모두가 전문적 성장을 위한 기회를 마련하기 위함이다.

2) 수업 협의회 진행 방향

① 주제를 중심으로 토의한다. 정해진 주제 없이 협의를 하다 보면 심도 있는 협의회가 될 수 없으며, 일상적인 대화로 끝날 수 있기 때문이다.
② 객관적으로 분석한 자료에 의해 토의한다. 수업이 시작되기 전에 미리 수업관찰 방향과 수업분석에 대한 기초자료를 준비한 다음 수업을 관찰하고 이것에 근거하여 협의를 진행해야 한다.
③ 질의와 소감을 분명히 한다. 협의회 시간에 오고 가는 대화가 질의인지 소감 발표인지 불분명한 경우가 많다. 수업자의 응답을 듣기 위한 질의와 단순한 소감 발표는 분명하게 구분하여 말해야 한다.
④ 전원이 고루 참여한다. 다인수가 참여하는 협의회를 진행하다 보면 몇몇 사람들만 참여하고 대부분은 소극적으로 듣기만 하다가 끝나는 경우가 많다. 그러므로 협의회 참여 인원이 10명 이내가 되도록 하고, 모든 참여자가 서로의 의견을 주고받을 수 있는 적극적인 협의회가 되도록 해야 한다.
⑤ 지엽적인 문제보다는 본질적인 문제를 토의한다. 논의되는 문제가 수업을 진행한 담임교사의 학급에 한정되는 것은 협의의 의미가 없다. 수업 본질적인 문제를 논의함으로써 일반화의 가치를 높여야 할 것이다.

3) 수업협의회 운영 절차

(1) 계획 수립을 위한 협의

동료교사 간의 자율적이고 협력적인 분위기를 조성하고, 수업연구 과제 혹은 수업개선 과제를 확인한다. 또 이에 대한 해결방안이나 개선방안에 대해 논의한다. 수업관찰 이전까지 상호간 사전 교재연구를 진행하고, 지도안에 대한 협의를 기초로 수업지도안을 완성하며, 필요한 수업자료를 준비하고 수업환경을 조성한다.

(2) 수업관찰 단계

수업관찰 단계에서 동료교사들은 수업 지도안을 다시 한 번 확인하여 전개될 수업 활동의 전반적인 과정에 대한 이해를 높인다. 그리고 수업공개 교사는 수업지도안에 따라 수업을 실시하고, 수업 참관 교사들은 이미 계획된 역할 분담에 따른 수업관찰을 실시하여 연구과제 해결 도는 수업개선을 위해 구체적이고 객관적인 자료를 수집한다.

(3) 환류협의 단계

수업관찰 결과를 중심으로 수업분석에 참여한 교사들 간의 상호 협동적인 분위기에서 선정된 수업연구 과제의 해결 및 개선 방안을 협의하여 일반화하기 위해 노력해야 한다.

| 수업관찰 결과에
대한 논의 | ⇨ | 수업연구 과제 해결 및
수업개선 방안 설정 | ⇨ | 적용 및 평가 |

[그림 28] 수업 환류협의 단계

4) 바람직한 수업협의회 진행 요령

수업협의회는 그 순기능과 역기능을 동시에 가지고 있다. 수업자, 관찰자는 서로의 인격을 존중하고 진지하게 협의회를 진행해야 한다. 형식적인 협의회, 교사 간의 갈등을 조장하는 협의회, 수업자에게 도움을 주지 못하는 협의회가 되지 않도록 노력해야 할 것이다.

바람직한 수업협의회의 일반적인 순서는 다음과 같다.

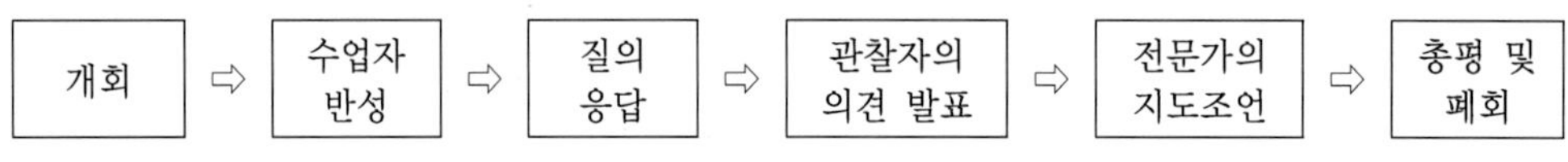

[그림 29] 수업협의회 순서

바람직한 수업협의회가 되기 위해 수업자, 관찰자, 사회자, 지도조언 담당자가 해야 할 역할을 살펴보면 다음과 같다.

(1) 수업자의 역할

수업이 끝난 후 즉시 자기의 수업진행 과정을 면밀히 분석하여 그 문제점을 파악한 다음 협의회 때 자신의 수업에서의 문제점 및 개선할 점 등을 발표해야 한다. 관찰자에게 수업을 관찰해 준 것에 대해 감사를 표하고, 수업의 주안점, 수업설계 및 본 차시 수업에서 목표했던 학습목표 및 성취수준, 수업 과정 중의 오류 및 스스로의 의문점, 부족했던 점 등을 간략하게 발표한다. 또한 관찰자의 의견을 진심으로 받아들일 마음의 준비를 하고 이를 표현하는 것도 중요한 일이다.

(2) 수업관찰자(수업참관자)의 역할

관찰자는 수업자와 같은 마음을 가지고 수업의 본질적인 논의를 통해 수업자에게 도움을 주어야겠다는 마음가짐이 필요하며, 사전에 교수·학습 지도안을 충분히 분석하고 검토한 다음 대안을 제시할 준비를 하여야 한다.

질의할 때나 자신의 의견을 말할 때에는 교육적 이론을 기초로 하여 협의 참여자가 모두 공감할 수 있도록 타당한 근거를 가지고 발표해야 한다. 또한 수업에 대한 소감을 말할 대에는 객관적인 근거 자료를 가지고 이야기하되, 먼저 긍정적인 면을 말하고 개선할 점을 제시한다.

(3) 사회자의 역할

　사회자는 수업연구의 핵심을 인식하고 수업에 대한 특징과 장점을 사전에 미리 파악하여 적절한 때에 표현할 줄 알아야 하며, 수업자나 관찰자의 의견을 파악하여 적절한 때에 표현할 줄 알아야 하며, 수업자나 관찰자의 의견을 요약하고 주요 관점을 표현할 수 있어야 한다.
　또한 협의회 진행 중에 감정적인 표현, 주관적인 의견, 반복적인 관찰자의 의견에 적절하게 대처해야 하며, 협의회가 끝난 다음 수집된 자료를 정리하여 수업자에게 피드백할 수 있게 해 주어야 한다.

(4) 지도조언, 총평 담당자의 역할

　관찰자가 수업자에게 수업을 보는 안목과 관찰자의 바람직한 자세, 결과의 환류, 협의회 요령 등에 대한 전문적이고 폭넓은 식견을 제공할 수 있어야 한다. 또 수업협의회가 어느 수준에서 진행되는지를 빨리 파악하고 이에 적절한 지도조언 및 총평을 해야 한다. 특히 수업자에게 용기와 만족감을 줄 수 있는 역할에 최선을 다해야 하며, 단위 수업에서 벗어나 폭넓은 차원에서 교사로서 필요한 노력을 권고하는 것도 잊지 말아야 할 것이다.

5) 협의록 기록 및 협의회 결과 처리

　수업 협의록은 일시, 수업자, 수업반, 학습주제, 학습문제, 수업자 소감, 질의응답, 지도 조언 순으로 기록한다. 사회자가 미리 협의록을 기록할 교사를 선정하고 핵심적인 논의점을 중심으로 기록하게 해야 한다.
　기록한 수업 협의록은 협의회가 끝나고 잘 정리하여 참관록과 함께 수업자에게 제공하여 피드백하는 데 참고할 수 있도록 한다. 수업자는 수업협의회에서 논의된 사항을 토대로 수업안을 재수정하여 디스켓과 함께 제출하면 연구실에 보관하여 차후 수업에 활용한다.

▌제4장▐ 수업결과 평가단계: 교수·학습 평가

　학교교육에서의 평가는 교수·학습 활동과 관련하여 학생들의 성취도를 알아보기 위한 활동이다. 평가를 통해 학생들의 학습성취 정도를 파악한 다음 환류(Feed－back)하여 학습목표를 도달하게 하는 데 가장 큰 목적이 있다.

　또한 학생의 입장에서 보면 평가결과가 만족스러울 경우 다음 학습에 강한 자극이 되면서 학습의 욕을 높일 수 있는 계기가 될 것이며, 반대로 자신이 부족한 점은 무엇인지, 자신의 학습방법에 문제가 없는지 등을 반성하는 근거자료로 활용될 수 있다. 물론 이와 같이 평가결과에 대해 긍정적인 사고를 하면서 실력 향상의 계기로 삼게 하기 위해서는 교사의 역할이 중요하다. 교사는 학생들이 평가결과에 자만이나 좌절을 느끼게 하지 않도록 각별한 개별지도를 해 주어야 한다.

　교수·학습 평가방법은 매우 다양하며, 특히 최근에는 학생들의 학습 활동 전반에 걸쳐 평가하는 수행평가가 부각되고 있다. 교수·학습 평가에 대한 기초 지식 및 방법 등을 충분히 이해하고, 목적에 맞는 평가를 시행하도록 해야 할 것이다.

1. 교수·학습 평가

1) 교수·학습 평가의 개념 및 기능

　교육이 이루어지고 있는 곳에는 어떤 방식이든 평가가 이루어지고 있다. 학교에서도 마찬가지로 교수·학습과 활동에 따라 학생들이 얼마만큼의 성취 정도를 보이는가를 알아보는 평가를 실시한다. 교수·학습과 관련하여 평가에 대한 기초지식, 평가의 유형, 평가도구의 질을 판단하는 기준, 최근 평가의 방향 등에 대해 개괄적으로 알아본다. 교수·학습 평가란 교사와 학생 사이에 이루어진 수업이라는 과정을 통해 목표했던 바를 얼마만큼 실현하는지, 학생의 학업 성취 정도가 어느 정도인지를 밝히는 과정이라고 할 수 있다. 교수·학습 평가가 학교교육에서 갖는 기능은 첫째, 학생 개개인의 학업성취도를 평가하는 일을 한다. 둘째, 평가는 학습자 개개인 또는 한 학급 전체가 직면하고 있는 학습 곤란점을 진단하는 일을 한다. 셋째, 교육 과정, 수업자료, 수업절차 그리고 학급조직 등의 교육적 효과를 평가하는 일을 한다. 마지막으로 평가는 교육의 여러 가지 문제를 이해하고 건전한 교육정책을 수립하는 데 도움을 주기도 한다.

2) 교수 · 학습 평가의 유형

(1) 절대기준평가와 상대기준평가

절대기준평가와 상대기준평가의 구분은 '어떤 기준'에 비추어 해석하는가에 따라 이루어진다. 상대기준평가는 평가결과에 대한 해석의 기준을 집단 내의 상대적 위치에서 구하는 평가방법이며, 서열을 정하고자 할 때 사용하는 방법이다. 절대기준평가는 평가의 준거를 교육을 통해 달성하려고 하는 수업목표에 두는 것으로 '목표지향적 평가'라고도 한다. 이것은 인간의 무한한 가능성과 교육적 효과에 대한 신념을 기초로 하고 있고 학생들에게 보다 많은 성취감과 성공감을 줄 수 있다.

(2) 진단평가, 형성평가, 총괄평가, 수행평가

평가 유형에 대한 구분은 평가시기, 평가목적 등에 따라 이루어진다. 진단평가는 수업이 시작되기 전에 실시하는 사전 진단의 목적과 학습 실패의 여러 가지 원인을 알아보고자 하는 평가이다. 형성평가는 수업 중에 이루어지며, 수업과 학습 전반의 진전 상황에 대한 정보를 수집하고 분석하여 그 수업 및 학습의 개선에 이바지하려는 데 그 목적이 있는 평가이다. 총괄평가는 단원, 학기, 학년이 끝난 다음 학생의 학원성취도를 알아보기 위해 실시하는 평가이다. 수행평가는 수업 도중 또는 수업이 끝난 후에 실시하며, 학생의 학습수행에 대한 종합적인 정보를 얻는 데 그 목적이 있다.

3) 평가 도구의 질 판단기준: 타당도, 신뢰도

(1) 타당도

타당도는 평가결과와 해석이 의도한 특정 사용목적에 부합되는 정도를 말한다. 평가결과가 학생의 성취도를 알아보는 데 사용되는 것이라면 평가도구나 기법은 기술된 성취도를 측정해야지 다른 어떤 것을 측정해서는 안 된다는 것이 중요하다.

(2) 신뢰도

신뢰도는 측정의 일관성을 말한다. 즉 평가 점수나 어떤 결과가 한번 측정에서부터 다음 번 측정까지 또는 평가의 한 부분에서부터 또 다른 부분까지 일관성을 유지하는 정도이다. 신뢰성이 있는 평가도구나 기법은 어떤 다른 변수로 학생들의 능력이나 성취도에 영향을 미치지 않는 한 다른 여러 상황에서도 같은 결과가 나올 수 있어야 한다.

4) 최근 교수·학습 평가의 방향

(1) 총괄평가보다는 진단평가와 형성평가에 더 큰 비중을 두고 있다.
(2) 학습결과 중심 평가에서 학습 과정 중심의 수행평가로 전환하고 있다.
(3) 평가방법, 평가시기, 절대평가를 지향하고 있다.
(4) 상대평가를 지양하고, 절대평가를 지향하고 있다.
(5) 지필, 선다형 중심 평가에서 관찰, 기술식 평가를 확대하고 있다.
(6) 학생의 현재 능력수준에서 성장, 발달 과정을 중시하는 총체적인 평가를 지향하고 있다.
(7) 학습 과정 중에 수시 평가를 실시하여 평가에 대한 부담을 줄이고 있다.

2. 지필평가 문항 작성 요령

1) 좋은 평가문항 작성

　학교에서 실시하고 있는 진단평가, 형성평가, 총괄평가 등은 대부분 지필평가의 형태로 제작·활용하고 있다. 이러한 지필평가를 하기 위한 평가문항은 교사의 손으로 직접 제작하고 있다. 평가문항은 교육의 성과를 파악하는 잣대이다. 좋은 진단평가 문항으로 학습이 시작되기 전에 학생의 선수학습능력이 어느 정도인지 정확히 파악해야만 본시 학습에서 어떤 교육방법을 투입하여 학습목표 도달도를 높일 것인지 계획을 수립할 수 있다. 또 학습목표에 부합하는 형성평가, 총괄평가 문항이어야만 학습이 진행되는 순간이나 학습이 끝난 다음에 학생의 학업성취도를 파악할 수 있을 것이다. 따라서 교사들은 좋은 평가문항을 개발하여 학생의 학습결과를 정확히 파악할 수 있어야 한다.

2) 선택형 문항 작성 방법

(1) 문항에는 중요한 학습내용을 포함하여야 한다.
매년 비슷한 문제가 출제되는 것을 피한다고 해서 극히 지엽적인 문항을 작성해서는 안 된다.
(2) 질문의 내용은 하나의 사실을 묻도록 단순 명쾌하게 구조화해야 한다.
　수정 전) 춘추전국시대의 여러 가지 변화에 대한 설명으로 바른 것은?
　수정 후) 춘추전국시대의 사회·문화적 변화에 대한 설명으로 바른 것은?
(3) 문항이나 답지는 간단하고 명확한 단어로 서술하여야 한다.
　수정 전) 철수는 도시가 성장함에 따라 근교 농촌이 어떻게 변화되어 가는가에 대하여 궁금하게 생각해 왔다. 그래서 대도시 근교의 농촌과 대도시로부터 멀리 떨어져 있는 전통적인 농촌을 선정하여 두 지역을 비교 연구해 보기로 하였다. 조사항목으로 가장 적절한 것은?

수정 후) 도시 성장에 따른 근교 농촌의 변화를 알아보기 위해 대도시 근교의 농촌과 전통적 농촌을 비교 연구하고자 할 때 조사항목으로 가장 적절한 것은?

(4) 문항의 질문형태는 가능하면 긍정문이어야 한다.

틀린 답을 찾는 것보다 맞는 답을 찾게 하는 것이 보다 교육적이다. 검사도 교육적 행위의 일환이므로 옳은 답을, 그리고 가장 옳은 답을 찾게 하는 것이 가장 바람직하다. 부정적 질문은 일반적으로 10% 이내로 제한함이 현재 추세이다.

(5) 문항의 질문내용 속에 답을 암시하는 내용이 포함되어 있지 않아야 한다.

옳지 않은 예) 다음 중 겨울철 산란계의 산란율을 높이기 위하여 밤에 전등불을 밝혀 주는 닭장의 관리방법은? 정답) 전등 관리

(6) 답지 중 정답은 분명하고 정확하게, 오답은 매력 있게 제작한다.

(7) 정답이 두 개 이상일 경우, 최선의 답을 선택하도록 환기시켜야 한다.

예) 산림 보호를 위해 가장 중요한 일은?

① 산에 풀과 작은 나무를 많이 심는다. ② 등산객에게 산을 개방하지 않는다.

③ 나무를 베지 않고, 열매도 따지 않는다. ④ 산림의 관리를 잘하고, 산불을 예방한다.

(8) 피험자에게 옳은 답지를 선택하거나 틀린 답지를 제거시킬 수 있는 단서를 제공하지 말아야 한다.

① 답지 중 한 가지만 길고 구체적으로 하지 않도록 한다.

② 특이한 형태로 서술하지 않도록 한다.

③ 교재 문장을 그대로 서술하지 않도록 한다.

(9) 합답형 문항에서 답지에 공통으로 나오는 기호의 빈도수를 같게 한다.

예) <보기>에서 조선 시대의 인물만을 골라서 묶은 것은?

ㄱ. 이퇴계   ㄴ. 이율곡   ㄷ. 박혁거세   ㄹ. 강감찬

①ㄱ, ㄴ   ②ㄱ, ㄹ   ③ㄴ, ㄷ   ④ㄷ, ㄹ

(10) 가능하면 답지를 짧게 하는 것이 바람직하다.

질문이 짧고 답지들이 긴 질문은 피험자들이 응답하기에 많은 시간과 더불어 집중력이 소모된다. 그러므로 질문을 자세하고 길게 하더라도 답지는 짧게 하는 것이 바람직하다.

(11) 문항 답지들의 내용이 상호 독립적이어야 한다.

(12) 각 답지에 똑같은 단어들이 반복되지 않게 한다.

수정 전) 현대 스포츠의 특징이 아닌 것은?

① 스포츠의 과학화 ② 스포츠의 상업화 ③ 스포츠의 귀족화 ④ 스포츠의 국제화

수정 후) 현대 스포츠의 특징이 아닌 것은?

① 과학화 ② 상업화 ③ 귀족화 ④ 국제화

(13) 답지 사이에 중복을 피해야 한다.

좋지 않은 예) 빵을 굽기에 적당한 온도는?

　① 150℃ 이상　② 200℃ 이상　③ 300℃ 이상　④ 400℃ 이하

(14) 답지의 길이가 서로 다를 때 짧은 길이의 답지부터 배열하며, 숫자를 쓸 때에는 일반적으로 작은 수부터 큰 수로 배열한다.

(15) 답지에 논리적 순서가 있으면 그에 따라 배열한다.

　예) 나무를 벌목하기에 가장 좋은 계절은?　① 봄　② 여름　③ 가을　④ 겨울

(16) 정답의 번호가 특정 번호에 치우치는 것을 삼가야 한다.

20문항으로 제작된 검사에서 특정 보기인 3에 15문항이 정답이 된다든지 혹은 2에 10문항 이상 정답이 되게 제작하지 말아야 한다. 정답 문항의 균형을 유지해야 한다.

(17) 지엽적, 세부적이거나 특수한 지식보다는 내용의 핵심을 묻도록 한다.

과거에 출제되었던 문항이라도 핵심적이고 중요한 것이라면 문항 형식을 바꾸어서라도 출제하도록 한다.

(18) 지나치게 생소한 용어는 금한다.

　예) 다음 중 고려조를 멸망시키고 조선조를 건국한 사람은?

　(바람직하지 못한 예) ① 견훤　② 궁예　③ 최영　④ 이성계　⑤ 프로이트

3) 단답형 문항 작성 방법

(1) 응답이 간단한 개념, 정의, 수식, 공식, 법칙, 사실 등으로 답할 수 있는 내용을 선택한다.

　수정 전) 잎·줄기채소의 명칭을 쓰시오

　답: 배추, 상추, 쑥갓, 아스파라거스, 시금치, 아욱…… 등 무수히 많다

　수정 후) 배추, 쑥갓 등은 이용 부위별로 분류할 때 무슨 채소류에 속하는가?

　답: 잎줄기 채소

(2) 불완전 문장보다는 완전 문장으로 질문한다.

　수정 전) 잣나무 묘목을 일정한 면적에 조림하고자 한다. 필요한 묘목의 그루 수는?

　수정 후) 잣나무 묘목을 1ha의 면적에 조림하고자 한다. 필요한 묘목의 그루 수를 구하시오.

　　　　　　(단, 간격은 가로 2m × 세로 2.5m) 답: 2,000그루

(3) 교과서에 있는 구절의 형태와 똑같은 문장으로 질문하지 않는다.

(4) 계산 문제의 경우 답이 되기 위한 계산의 정확성 정도나 계산 절차의 수준을 명시해야 한다.

　수정 전) 밑변의 길이가 9cm이고 높이가 7cm인 삼각형의 넓이를 구하시오.

　수정 후) 밑변의 길이가 9cm이고 높이가 7cm인 삼각형의 넓이를 소수점 이하 둘째 자리에서 반올림하여 쓰시오.

(5) 한 가지 뜻으로 해석될 수 있도록 명료한 질문 형식을 취한다.

　수정 전) 우리나라에서 가장 유명한 화가의 이름을 쓰시오.

　(어느 시대인지, 무슨 부문인지에 따라 무수히 많은 답이 예상된다.)

　수정 후) 조선시대 후기 씨름, 서당 등의 풍속도로 유명한 화가의 이름을 쓰시오.

답: 김홍도

(6) 답을 쓸 수 있는 여백을 적절히 제공한다. 답의 길이에 비교해 답란의 여백이 너무 길어 수험생에게 혼란을 줄 수 있기 때문이다.

(7) 내용을 묻는 문항일 때는 철자법, 맞춤법, 띄어쓰기 등에 의해서 감점되지 않도록 한다.

(8) 정답이 수(數)로 표기될 때는 단위를 명확히 표기해 주어야 한다.

　수정 전) 하루는 얼마인가?

　수정 후) 하루는 몇 시간인가?

(9) 질문이 의도하는 바를 명확히 하여 여러 개의 정답이 나오지 않도록 한다.

　수정 전) 토끼는 어떤 동물인가?

　수정 후) 먹는 습성으로 볼 때 토끼는 어떤 동물류에 속하는가?

4) 완성형 문항 작성 방법

(1) 문장 중에서 중요한 학습요소만을 ( )로 처리하도록 한다.

　수정 전) 우리나라의 삼림대를 크게 분류할 때 사철나무, ( ) 등은 난대림에 속하고, 참나무류, 밤나무, ( ) 등은 온대림에 속한다.

　수정 후) 우리나라의 삼림대를 크게 분류할 때 사철나무, 동백나무 등은 ( )에 속하고, 참나무류, 밤나무 등은 온대림에 속한다.

(2) ( ) 안에 들어갈 노용에 따라 조사를 이중으로 표시한다. 토씨를 이중으로 표시하여 정답이라는 추측을 주지 않도록 한다.

　예) 닭은 (알, 새끼)을(를) 낳아 번식한다.

(3) ( )는 가급적 문장의 중반부 이후에 두도록 한다.

　수정 전) ( )을(를) 전기분해하면 수소와 산소로 나누어진다.

　수정 후) 전기분해하면 수소와 산소로 나누어지는 물질의 명칭은 ( )이다.

(4) 하나의 문항에 ( )가 두 개 이상일 때에는 답의 순서가 바뀌어도 무방한지 여부를 반드시 기입한다.

　예) 답을 작성할 때에는 ( )의 순서에 따라 쓰시오

모든 국민은 자기의 ( )을(를) 주장하기에 앞서 자기에게 주어진 ( )을(를) 다해야 한다.

(5) 정답의 길이에 관계없이 ( )의 길이는 일정하게 통일한다.

　수정 전) 돼지의 품종 중 ( )종은 온몸이 흰색이며, ( )종은 붉은색이다.

　수정 후) 돼지의 품종 중 ( )종은 온몸이 흰색이며, ( )종은 붉은색이다.

(6) ( )의 수는 적절히 제한한다. ( )가 너무 많으면 복잡한 퀴즈 문제와 비슷해져 출제 의도와는 달라질 수가 있다.

　수정 전) ( )의 ( )방법에는 크게 ( )과(와) ( )가(이) 있다.

　수정 후) 과수의 번식방법에는 크게 실행번식(씨뿌리기)과 ( )가(이) 있다.

5) 논술형 문항 작성 방법

(1) 복잡한 학습내용의 인지 여부는 물론 분석·종합 등의 고등정신능력을 측정할 수 있도록 하여야 한다.
(2) 논술문항의 지시문은 '비교 분석하라', '이유를 설명하라', '견해를 논하라' 등으로 한다.
(3) 논쟁을 다루는 논술형 문항은 어느 한편의 견해를 지지하는 입장에서 논술을 지시하지 말고, 피험자의 견해를 밝히고 그의 견해를 논리적으로 전개할 수 있도록 유도하여야 한다.
(4) 질문의 요지가 분명하고, 구조화되어야 한다.
(5) 응답에 제한을 두도록 한다(길이, 내용, 양식).
(6) 논술문의 제한된 내용이나 지시문 등의 어휘수준이 피험자의 어휘능력수준 이하여야 한다.
(7) 여러 논술형 문항 중 선택하여 응답하는 것은 지양한다.
(8) 질문의 내용이 광범위한 소수의 문항보다는 협소하더라도 다수의 문항으로 질문한다.
(9) 문항을 배열할 때는 쉬운 문항에서 어려운 문항으로 배열한다.
(10) 각 문항에 응답할 수 있도록 적절한 응답시간을 배려한다.
(11) 문항당 배점을 미리 제시하여 수험자를 돕는다.
(12) 명확한 채점기준을 마련하여 채점자 주관을 최소화한다.

3. 수행평가

1) 수행평가의 개념

　수행평가는 과거의 단편적인 지식의 암기수준을 평가하는 평가방식에서 탈피하여 학생의 창의성과 문제 해결 능력 등의 고등정신기능을 파악하고 개별적인 학습능력을 신장시켜야 한다는 관점에서 시작되었다. '수행'이란 뜻은 행동으로만 나타내는 것이 아니라 말을 하는 것, 글을 쓰는 것, 작품을 만드는 것, 제품을 만들기 위하여 구상하고, 그 구상에 의해 제품을 만드는 것 등의 모든 것을 포함한다. 따라서 수행평가란 학생 스스로가 자신의 지식이나 기능을 나타낼 수 있도록 산출물을 만들거나 행동으로 나타내거나 답을 작성(구성)하도록 요구하는 평가의 방식이라고 할 수 있다.
　수행평가에서는 이미 만들어진 답지 속에서 학생이 정답을 고르는 것이 아니라 학생이 이미 알고 있는 지식이나 기능을 직접 평가하는 방식으로 옛날 과거시험에서 시문 짓기, 활쏘기, 말 타기, 칼 쓰기 등을 직접 하도록 한 것과 같은 맥락이라 할 수 있다.

2) 수행평가의 일반적 특징

(1) 수행평가는 학생 스스로가 문제의 정답을 작성(구성)하거나 행동으로 나타내는 방식이다.
(2) 수행평가는 추구하고자 하는 교육목표를 가능한 한 실제 상황에서 달성했는지의 여부를 파악한다.
(3) 수행평가는 교육의 결과뿐만 아니라 과정도 중시한다.
(4) 수행평가는 학생 개개인의 변화와 발달 과정을 종합적으로 평가하기 위해 전체적이면서도 지속적으로 이루어지는 것을 강조한다.
(5) 수행평가는 학생 개개인도 평가하고 팀의 활동도 평가한다.
(6) 수행평가는 학생의 학습 과정을 진단하고 개별 학습 촉진을 목표로 한다.
(7) 수행평가는 인지적 성취뿐만 아니라 정의적·신체적 측면까지 평가한다.

3) 수행평가의 필요성

(1) 학생이 아는 것도 중요하지만, 아는 것을 실제로 적용할 수 있는 것도 중요하기 때문에 필요하다.
(2) 현대 사회의 특징이 전문화, 다양화되고 있기 때문에 그러한 시대에 적용할 수 있는 사람을 기르기 위해 수행평가는 필요하다.
(3) 평가가 학습의 마지막 단계에서 단편적으로 평가하는 것보다는 학생 개개인의 변화와 발달 과정을 종합적이면서도 지속적인 평가를 하는 것이 더욱 바람직하기 때문에 필요하다.
(4) 학생의 학습결과뿐만 아니라 학습의 과정도 정확히 진단하여 개별 학습을 촉진하기 위하여 필요하다.

4) 수행평가의 유형

현재 널리 사용되고 있는 수행평가의 유형으로는 서술형, 논술형, 구술, 찬·반 토론법, 실기 평가, 실험·실습법, 면접법, 관찰법, 연구보고서, 포트폴리오 등이 있다.

(1) 서술형

학생이 이미 만들어진 정답을 선택하는 것이 아니라 직접 자신의 생각을 쓰는 방식으로 흔히 주관식이라고도 한다. 서술형이 반응형태에서는 선택형과 비슷하지만, 사고의 과정에서는 복잡한 고등 정신기능을 필요로 하게 된다.

예) 다음 지도에서 신라의 수도를 찾고, 수도를 그곳으로 정한 이유를 설명해 보시오.

(2) 논술형

  일종의 서술형 평가이기는 하지만 특별히 상정하고 있는 정답이 없는 상태에서 개인 나름의 생각이나 주장을 창의적이고 논리적이면서도 설득력 있게 조직하여 작성해야 함을 강조한다는 점에서 서로 구별된다. 논술형 평가는 서술된 내용의 깊이와 넓이뿐만 아니라 글을 조직하고 구성하는 능력을 동시에 평가하게 된다. 이러한 논술형 평가를 통해서 학생들의 창의력, 문제해결력, 비판력, 조직력, 정보 수집 및 분석력 등의 고등 사고 기능을 평가할 수 있게 된다.
  예) 우리나라 지형도를 보고, 사람들의 생활이 자연조건과 밀접한 관계가 있다면 어느 쪽에 사람들이 많이 집중하여 살고 있을까? 그 이유는 무엇이라고 생각하는지 쓰시오.

(3) 구술시험

  구술시험은 종이와 붓이 발명되기 전부터 시행되어 오던 가장 오래된 수행평가의 한 형태로서, 학생으로 하여금 특정 교육내용이나 주제에 대해서 자신의 의견이나 생각을 발표하도록 하여 학생의 준비도, 이해력, 표현력, 판단력, 의사소통 능력 등을 직접 평가하기 위한 방법이다.

(4) 찬·반 토론법

  사회적으로나 개인적으로 서로 다른 의견을 제시할 수 있도록 주제(예: 자동차 10부제 시행 여부)를 가지고, 개인별 또는 집단별 찬·반 토론을 하도록 한다. 여기에서의 평가는 찬성과 반대의견을 토론하기 위해 사전에 준비한 자료의 다양성이나 충실성, 그리고 토론내용의 충실성과 논리성, 반대의견을 존중하는 태도, 토론 진행방법 등을 총체적으로 평가하는 방법이다.

(5) 실기평가

  수행평가에서 언급하는 실기평가와 기존의 실기평가의 가장 큰 차이점은 실기를 하는 상황의 성격이 다른 것이다. 기존의 실기시험에서는 평가가 이루어지는 상황이 통제되거나 강요되는 경우가 대부분이다. 실기평가는 과학이나 예·체능 분야에서 주로 사용하는 평가방법으로 학생 스스로가 행동으로 나타내거나 작품을 만들어 내는 기능을 재는 평가방식이다.

(6) 실험·실습법

  실험·실습법은 자연과학 분야에서 많이 사용되는 것으로 어떤 과제에 대해서 학생들로 하여금 직접 실험·실습을 하게 한 후 그 결과 보고서를 제출하게 한다. 이때 개인 단위로 실험·실습을 하게 할 수도 있고 팀을 구성하여 공동 작업을 하게 할 수도 있다.

(7) 면접법

면접법이란 평가자와 학생이 서로 대화를 통해서 얻고자 하는 정보나 자료를 수집하여 평가하는 방법이다. 즉 평가자가 학생과 직접 대면하여 질문하고 대답하는 과정을 통해 지필식 평가나 보고서만으로 알 수 없는 사항들을 알아보고 그것을 평가하는 방법이다.

(8) 관찰법

관찰은 학생을 이해하고 평가하기 위한 가장 보편적인 방법 중의 하나이다. 교사들은 늘 학생들을 대하고 있으며 개별 학생 단위나 집단 단위로 항상 관찰하게 된다. 예컨대, 학생들 간의 사회적 관계 구조를 파악하기 위해 한 집단 내에서 개인 간 또는 소집단 간의 역동적 관계를 집중적으로 관찰하는 것이다.

(9) 연구보고서

연구보고서는 각 교과별 또는 범교과적으로 여러 가지 연구주제 중에서 학생의 능력이나 흥미에 적합한 주제를 선택하되, 그 주제에 대해서 자기 나름대로 자료를 수집하고 분석·종합하여 연구보고서를 적성하도록 한다. 이때 연구의 주제나 범위에 따라 개인적으로 할 수도 있고, 관심 있는 학생들이 함께 모여서 단체로 할 수도 있다.

(10) 포트폴리오(portfolio)

포트폴리오란 자신이 만든 작품을 지속적으로 모아 둔 작품집을 이용한 평가방식이라 할 수 있다. 예컨대, 어떤 화가 지망생이 유명한 화가에게 지속적으로 지도를 받으면서 자신의 작품을 그린 순서대로 차곡차곡 모아 둠으로써 자기 자신의 변화·발전 과정을 스스로 파악할 수 있도록 하고, 그 작품집을 이용하여 자기의 스승뿐만 아니라 다른 사람에게도 쉽게 평가받을 수 있게 하는 것과 유사한 것이다.

5) 수행평가의 문제점 및 해결방안

(1) 수행평가는 대규모 실시가 어렵고 시간이 많이 걸린다.

해결방안으로는 ① 학생의 발달 과정을 전체적으로 파악할 수 있는 교사의 전문적 자질이 제고되어야 하고, ② 해당 학년의 교과목에 대한 충분한 지식을 갖고 필수 교육목표 중심의 평가를 실시해야 한다.

(2) 수행평가에서는 평정자의 주관이 개입될 우려가 있다.

해결방안으로는 ① 필수 교육목표에 합당한 채점 기준표나 체크리스트 또는 평정척도 등을 동 학년에서 개발하여 이용하고, ② 필수 교육목표에 대한 평가내용과 관점을 같게 하기 위한 학년 단위의 연수를 강화하며, ③ 평가결과에 대한 학급 간의 비교를 삼가야 한다. 평가의 궁극적 목적은 학생의 학습능력에 대한 학급 간의 비교를 삼가야 한다. 평가의 궁극적 목적은 학생의 학습능력을 파악하여 교수·학습의 과정을 돕고 개선하는 데 있기 때문이다.

(3) 학부모와 일부 교사들의 전통적인 학습관과 수행평가에 대한 이해의 부족이다.

해결방안은 학부모와 교사 연수를 통하여 바른 학습관(지식과 정보를 수정, 적용, 재구성하는 학습능력)과 수행평가의 당위성(학생의 학습을 돕기 위한 교육의 과정)에 대한 인식을 높여야 한다.

연구 문제

1. 수업(Instruction)의 도입단계에서 동기유발을 할 수 있는 구체적 방법에 대해서 기술하시오.

2. 단위시간 수업전개 시 수업분위기(학습분위기) 조성의 구체적인 방법에 대해서 서술하시오.

3. 진단 평가의 도구를 제시하고, 표준화 검사의 특징을 설명하시오.

4. 교육과정의 재구성과 지역화의 필요성과 구체적 방안에 대해서 서술하시오.

5. 수업전개 시 교수매체와 교수자료의 교육적 효과를 극대화할 수 있는 방안에 대해서 서술하시오.

6. 수업자료 선정 시 고려할 점에 대해서 서술하시오.

7. 학생들의 발문, 발표 등에 대한 교사의 바람직한 응답과 지도방법에 대해서 설명하시오.

8. 수업(학습) 결과물의 종류와 교육적 의의에 대해서 약술하시오.

9. 수업협의회의 진행순서와 구체적 방법에 대해서 서술하시오.

10. 교수·학습 평가의 타당도와 신뢰도에 대해서 구체적으로 예를 들어 설명하시오.

◀◀◀ 수업장학 컨설팅(consulting) ▶▶▶

[Key Point]
　　제7부에서는 수업장학 컨설팅(Consulting)에 대해서 종합적으로 탐색한다. 수업장학 컨설팅은 수업의 전문가인 수업 컨설턴트가 의뢰 교사인 컨설턴티에게 수업에 관한 문제와 방법, 쟁점 등에 대해서 조언, 지원, 처방하는 과정이다. 물론 수업장학 컨설팅의 최종 지향점은 수업의 질 개선과 교사의 수업전문성 신장이다. 이를 위하여 이 장에서는 수업장학 컨설팅에 대한 개념, 유형, 요소, 원리, 방향, 특성, 단계 그리고 수업장학 컨설팅의 실제적 적용방법 등에 대해서 심층적으로 탐구한다.

▌제1장▐ 수업장학 컨설팅의 개념

수업 컨설팅(consulting)에 대한 개념 정의는 학자마다 다르게 제시하고 있다. 수업 컨설팅이란 수업에 관한 문제를 의뢰하면, 컨설턴트 교사가 수업전문성 기준과 수업관찰이나 면담, 자료 등에 기초하여 문제점을 확인하고, 수집된 객관적 자료를 분석하여 문제와 관련된 교사의 수행수준을 진단하고, 진단결과에 대해 적절한 조언과 처방을 내리는 일련의 문제 해결력의 지원과정이다(이화진 외, 2006: 89). 아울러 수업 컨설팅은 수업능력이 검증된 교사가 동료교사의 수업개선을 위하여 지도, 조언하는 일련의 체계적인 과정이다.

따라서 수업 컨설팅은 수업개선을 목적으로 주로 교사를 대상으로 하여, 동료교사나 교육 전문가가 컨설턴트 역할을 수행하여 행하는 일련의 활동이다. 수업 컨설팅은 수업 관련 문제를 해결하기 위해서 도움을 요청한 교원에게 교내·외의 전문적 컨설턴트들이 학교 컨설팅의 방법과 원리에 따라 제공하는 종합적 자문 활동이다(진동섭 외, 2009: 220).

▌제2장▐ 수업장학 컨설팅의 요소

1. 목표

일반적으로 수업 컨설팅(consulting)의 목표는 컨설팅을 받는 교사의 수업능력과 자질 및 기술 향상과 개선이다. 즉 수업과 관련하여 문제와 과제 등을 안고 있는 교사가 컨설팅을 의뢰하면, 컨설턴트는 이에 대한 다양한 해결방법을 개발하여 의뢰인에게 제공하고, 의뢰인은 컨설턴트가 제안한 해결방안을 실행에 옮겨 자신의 당면 문제나 과제 등을 해결하게 된다. 의뢰인의 당면 과제나 문제의 지속적인 해결은 결국 해당 교사의 지속적인 노력을 통한 수업개선을 지향하게 된다.

2. 대상

수업 컨설팅(consulting)의 대상은 교사의 수업과 직접적, 간접적으로 관련된 문제와 과제이다. 수업방법 개선, 수업설계 능력 향상, 수업기술 능력 신장, 새로운 수업방법 습득, 새로운 수업방법 및 교수공학 개발 등이 모두 수업 컨설팅의 대상이다. 그러므로 수업 컨설팅의 대상은 교사의 수업과 관련된 다양하고도 종합적인 교육 활동 모두를 포함하는 것이다.

3. 과업

　　수업 컨설팅(consulting)의 가장 중요한 과업은 의뢰 교사가 필요로 하는 전문적 도움을 제공함으로써 수업과 관련된 전문적 성장과 발달을 돕는 것이다. 수업 컨설팅의 가장 중요한 과업인 수업개선을 위하여 ① 의뢰 교사의 문제에 대한 정확한 진단, ② 의뢰 교사의 문제를 해결할 수 있는 방안의 개발과 이의 실행에 필요한 여러 가지 지원, ③ 의뢰 교사를 대상으로 한 교육과 훈련, ④ 수업 또는 수업 컨설팅 우수 사례의 발굴 및 의뢰인과 비슷한 어려움에 처한 교사들에 대한 문제 해결에 관한 정보 제공, ⑤ 기타 수업과 관련된 교사의 장애와 애로에 관련된 문제 등이다.

4. 의뢰인

　　일반적으로 수업 컨설팅(consulting)의 의뢰인은 교사이다. 기본적으로 교사가 아닌 교장, 교감 등도 의뢰인이 될 수는 있지만, 교장과 교감은 수업을 직접 담당하지 않는다는 점에서 수업에 관한 컨설팅을 의뢰할 가능성은 크지 않다. 따라서 수업 컨설팅의 의뢰인은 기본적으로 흔히 평교사라고 불리는 교사, 교실 현장에서 직접 수업을 담당하는 교사들이라고 할 수 있다.

5. 대상

　　수업 컨설턴트의 자격은 별도로 정해져 있지는 않다. 다만, 수업 컨설턴트는 고도의 수업전문성을 구비하고 있어야 한다. 즉 전문성의 원리에 입각하여 의뢰인인 교사의 문제를 해결할 수 있는 수업전문성을 가지고 있으면 누구나 컨설턴트가 될 수 있다.

　　수업 컨설팅에서는 의뢰인이 교사와 컨설턴트 사이에 친화감(rapport)을 형성한 가운데, 수평적이고도 편안한 관계가 뒷받침되어야 한다. 이들 간의 수평적이고도 편안하며 원만한 인간관계 형성은 컨설팅 과제 해결에 중요한 영향을 미친다. 따라서 원활하고 수평적인 의사소통이 가능하고 교사들이 선호하는 동료교사가 중요한 컨설턴트가 될 수 있다. 초등학교의 동 학년 담임교사, 중등학교의 동 교과 담당교사들이 컨설턴트가 될 수 있다. 최근 교육인사제도에 도입한 수석교사도 중요한 수업 컨설턴트 자원이다. 물론 교육과 수업 대학교 관련 교수, 교육 전문직, 교장, 교감, 퇴직 교원 등도 컨설턴트 자원이자 후보이다.

6. 수업 컨설팅 관리자

　수업 컨설팅(consulting)이 바람직하게 이루어지려면 도움을 받고 싶은 의뢰교사와 도움을 줄 수 있는 컨설턴트를 연결해 주는 고리가 필요하다. 결혼 중매쟁이처럼 이 연결고리의 역할을 하는 사람이나 조직(집단)을 수업 컨설팅 관리자라고 한다.

　수업 컨설팅 관리자는 개인일 수도 있고 조직일 수도 있다. 교내에서 실시하는 수업 컨설팅의 경우, 특정 교사, 교장, 교감 등이 수업 컨설턴트 역할을 수행할 수 있다. 하지만 교육청 단위, 교과 연구회 단위 등에서 수업 컨설팅이 진행된다면 컨설팅 관리자는 집단이나 조직이 된다. 각 시·도교육청에서 조직, 운영 중인 장학지원단이 집단 컨설턴트의 한 사례이다.

1. 교과별 수업 컨설팅: 수업 컨설팅의 기본 단위

일반적으로 교과별 수업 컨설팅(consulting)은 가장 일반적인 수업 컨설팅의 유형이다. 수업 컨설팅의 과제 교과에 따라서 국어과 수업 컨설팅, 수학과 수업 컨설팅, 사회과 수업 컨설팅, 과학과 수업 컨설팅 등으로 구분한다. 우리나라 초·중등학교 대부분이 교과 단위로 수업이 실행된다는 점에서 수업 컨설팅의 기본 단위는 교과별 수업 컨설팅이라고 할 수 있다.

2. 접촉방식별 수업 컨설팅: 면대면 및 비면대면

수업 컨설팅에서 의뢰인인 교사와 컨설턴트가 어떤 방식으로 접촉하는가에 따라 온라인 수업 컨설팅, 오프라인 수업 컨설팅으로 구분한다. 의뢰인인 교사와 컨설턴트가 직접 만나지 않고 인터넷 게시판, 이메일, 전화, 팩스(fax), 인터넷 메신저, 문자 메시지 등으로 컨설팅에 임하는 것이 온라인 수업 컨설팅이다. 반면, 온라인 컨설팅을 제외한 의뢰인인 교사와 컨설턴트가 면 대 면으로 직접 만나서 이루어지는 방식은 오프라인 컨설팅이다.

3. 지원 주체별 수업 컨설팅: 수업 컨설팅 규모

수업 컨설팅(consulting)의 관리자 역할을 누가 수행하느냐에 따라 전국 단위 수업 컨설팅, 시·도 교육청 단위 수업 컨설팅, 학교 단위 수업 컨설팅, 교과 연구회 단위 수업 컨설팅 등으로 구분한다. 이는 지원 주체별 수업 컨설팅의 구분 단위이다.

첫째, 전국 단위 수업 컨설팅은 의뢰 교사와 수업 컨설턴트를 연결해 주는 수업 컨설팅 관리자의 역할을 전국 단위 기관에서 수행하는 유형이다. 한국교육학술정보원(KERIS)은 온라인을 통해서 수업 컨설팅을 수행하고, 지식 교류를 통해 수업개선의 아이디어를 공유하고 축적하는 방식의 에듀넷 중앙 교수학습센터를 운영하고 있는데, 이는 전형적인 전국 단위 수업 컨설팅이다.

둘째, 시·도 교육청 단위 수업 컨설팅은 의뢰 교사와 수업 컨설턴트를 연결해 주는 수업 컨설팅 관리자 역할을 시·도 교육청, 시·도 교육청의 직속 기관에서 수행하는 유형이다.

셋째, 학교 단위 수업 컨설팅은 의뢰교사와 수업 컨설턴트를 연결해 주는 수업 컨설팅 관리자의 역할을 학교 내부의 인사가 수행하는 유형이다.

컨설팅(consulting)의 사전적 의미는 전문적 지식을 가진 사람(consultant)이 상담이나 자문에 응하는 일로 정의하고 있으나, 이를 광의로 해석하여 "일정한 전문성을 갖춘 전문가들이 의뢰인의 요청에 따라 조직의 문제와 기회를 조사, 확인, 발견하며, 이것의 해결, 변화, 발전을 위한 방안과 대안들을 제시하고, 필요한 경우 시행을 돕는 활동"을 의미한다.

이러한 컨설팅의 의미와 원리를 수업장학에 적용한 것이 수업장학 컨설팅이다. 즉 수업장학 컨설팅은 교원들의 요청과 의뢰에 의해 전문성을 갖춘 사람들이 제공하는 지원 활동이요, 자문 활동으로 궁극적인 목표는 교원의 수업전문성을 신장시키는 데 있다. 수업장학 컨설팅이란 전문성을 갖춘 장학요원이 교원의 의뢰에 따라 이들이 직무 수행상 필요로 하는 지식(수업내용), 기술(수업전략), 능력(지도력)에 관해 진단하고, 그것의 해결과 계발을 위한 대안들을 마련하고, 그 과정을 지원하는 총체적 활동이다.

이러한 컨설팅의 의미를 그림으로 구조화하면 [그림 30]과 같다.

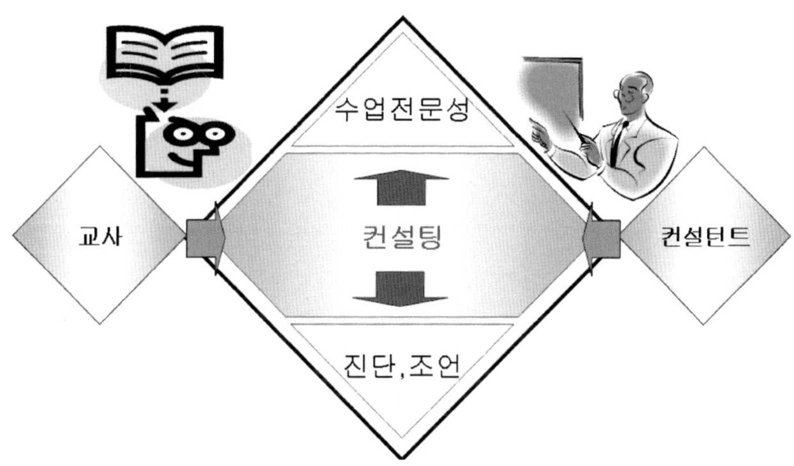

[그림 30] 수업장학 컨설팅의 의미와 구조

▌제5장▐ 수업장학 컨설팅의 원리

일반적인 수업장학 컨설팅의 의미와 구조도의 함의(含意)는 교사와 컨설턴트의 상호관계를 통해 수업장학의 목표를 전문성 신장에 두고 있다. 수업장학의 목표인 전문성 신장을 성공적으로 완성하기 위해서는 ① 조직 → ② 실행 → ③ 평가라는 3단계에 비추어 접근되어야 하며 적어도 다음과 같은 6개의 원리와 특성이 내포된 운영이 이루어져야 할 것이다.

　　가. 자발성의 원리 - 문제 해결에 대한 컨설턴트의 자발적 접근
　　나. 전문성의 원리 - 당면 문제나 영역에 대한 컨설턴트의 전문성
　　다. 자문성의 원리 - 당면 문제에 대한 자문역할 수행
　　라. 독립성의 원리 - 컨설턴트의 독자적인 역할 수행과 자율권 존중
　　마. 일시성의 원리 - 계약기간 내 일시적 수행
　　바. 교육성의 원리 - 수업장학 컨설팅 자체에 관한 교육적 이해

수업장학 컨설팅은 교수·학습 방법 개선과 관련한 문제나 과제에 대하여 의뢰가 필요한 교원이 스스로의 필요성을 느끼고 자발적으로 도움을 요청함으로써 시작된다. 컨설턴트가 교원의 요구와 무관하게 장학 서비스를 제공하려 한다면 아마도 컨설팅이 제대로 이루어지지 않을 것이다. 그래서 수업장학 컨설팅의 시작이 되는 원리가 바로 자발성의 원리이다. 자발성 원리는 교사의 필요에 의해 요청된 장학 활동이어서 긍정적이고 포용적인 장점을 부각시키는 원리라고 볼 수 있다.

수업장학 컨설팅의 성패는 교수·학습 방법 개선에 관련한 컨설턴트의 고도 전문성에 달려 있다고 볼 수 있다. 따라서 컨설턴트는 수업에 관련한 다양한 기법과 전략을 소유한 전문적 자질이 요구된다. 바로 그 원리가 전문성 원리이다. 그렇다고 고정관념에 사로잡혀 상급기관의 교육 전문직, 즉 장학사나 장학관만이 될 수 있는 것은 아니다. 지위의 고하, 직책의 성격을 막론하고, 교원이 필요로 하는 과제의 해결에 전문성이 있는 사람이 수업장학 컨설턴트가 되는 것이다. 이렇게 전문성의 원리는 컨설턴트의 조직과 구성원의 전문적 자질이 요구되는 원리라고 볼 수 있다.

수업장학 컨설턴트는 교원을 대신해서 수업방법 개선과 관련된 문제나 과제를 직접 해결하는 것이 아니라 의뢰 교원이 그것을 해결하도록 자문하는 역할을 수행해야 한다. 이것이 자문성의 원리이다. 따라서 장학의 결과에 대한 최종적인 책임은 컨설턴트에게 있지 않고 교원에게 있다. 물론 컨설턴트에게도 장학 서비스의 질에 대한 책임이 없는 것은 아니다. 그러나 교원이 전문성이 떨어지는 장학요원을 선택했기 때문에 만족스러운 결과를 보지 못했고, 따라서 더 큰 책임이 선택권을 행사한 교원에게 있다는 것이다. 능력이 없는 컨설턴트는 다음에 고객을 확보할 수 없기 때문에 간접적으로 평가를 받는 셈이다. 즉 컨설턴트가 제공하는 서비스의 질은 의뢰자인 교원의 선택권에 의해 통제된다고 볼 때 의뢰자인 교원과 컨설턴트의 조화로운 역할수행과 협조가 매우 중요하다.

도움을 요청한 교원은 컨설턴트와 하급자↔상급자의 입장이 아니라 장학 의뢰인↔제공자의 입장에서 상호 지원을 해야 한다. 수업장학 컨설턴트는 교원과의 합의에 따라 독립적으로 전문적인 조

언과 도움을 제공해야 한다. 이것이 독립성의 원리이며 그 원리에 따라 자율적이고 독립적인 전문성이 인정받게 된다. 이러한 측면에서 보면, 수업장학 컨설턴트는 학교의 내부인보다는 외부인이 더 효과적인 활동을 기대할 수 있는 위치에 있다고 볼 수 있다. 수업장학 컨설팅은 이러한 관계 속에서 이루어지는 활동이기 때문에, 교장이나 교감이 개입할 여지가 거의 없다.

하지만 이 원리는 현실적으로 학교 현장성을 고려할 때 오히려 교장, 교감의 협조와 지원이 수반될 때 활성화가 잘될 수 있다. 즉 컨설턴트의 독자적인 역할 수행과 자율권이 보장되는 특성은 있으나 학교의 적극적인 도움이 수반될 때 독립성이 더욱 보장될 것이다.

교원에게 제공되는 수업장학 컨설팅은 계약 기간 동안 제공되는 일시적인 서비스가 되어야 한다. 이것이 일시성의 원리이다. 수업장학 컨설팅의 목표는 똑같은 과제나 문제에 대해 교원이 컨설턴트의 도움이 필요하지 않게 만드는 것이다. 합의한 수업개선 문제나 과제가 해결되면, 수업장학 컨설팅 관계는 종료된다. 이러한 수업장학 컨설팅의 일시성은 컨설팅의 효과를 높이는 데 긍정적으로 작용한다. 어떻게 보면 이 원리는 수업의 다변성과 복합성을 고려할 때 지속적으로 지원해야 한다는 측면에서 재고할 필요가 있다.

수업장학 컨설팅은 컨설턴트와 의회 교원 간에 수업방법 개선에 필요한 지식, 기술, 능력 혹은 식견에 차이가 있음을 전제로 이루어진다. 그런데 교원은 전문직이고 교육 전문가이다. 따라서 교원은 수업장학 컨설팅의 전 과정에서 컨설턴트로부터 수업장학 컨설팅 자체에 관해서도 잘 학습할 수 있다. 따라서 수업장학 컨설팅의 전 과정은 교원에게는 컨설턴트로부터 수업장학 컨설팅 자체에 관한 학습의 과정이 되어야 한다. 이것이 곧 교육성의 원리이다.

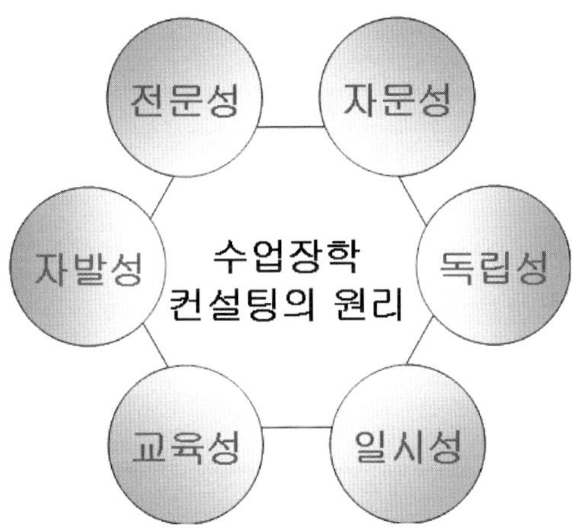

[그림 31] 수업장학 컨설팅의 일반적 원리

　　수업장학 컨설팅은 지역 및 학교로 구분하여 접근할 수 있다. 하지만 학교 자체적으로 조직하여 운영하는 것은 현장성에 비추어 볼 때 많은 한계가 있다. 그래서 지역별 수업장학 컨설팅은 지역에 소속된 학교별 수업 현안 문제를 1~2개 정도 공동으로 선정하여 문제 영역에 맞는 컨설턴트를 조직하여 다음과 같은 기본 방침을 정하여 운영해야 할 것이다.

　　첫째, 수업 컨설팅은 의뢰하는 지역별 학교의 공동 현안 문제 해결을 중심으로 운영한다. 이를 위하여 공동 현안 문제나 교사 유형별, 실태를 다각적으로 분석·점검하여 지원하기 위한 정보를 제공한다.

　　둘째, 대상 기관 구성원인 교원의 의견을 최대한 수렴하고 사전 협의 과정을 거쳐 수업장학 컨설팅의 영역 및 범위, 수업장학 컨설턴트를 결정한다.

　　셋째, 수업장학 컨설팅 영역은 교과별, 교사유형별, 수업과정별 등을 중심으로 선정하되 필요에 따라 특정 영역이나 교사를 선정할 수 있다.

　　넷째, 수업장학 컨설턴트 조직은 수업의 특성에 따라 동료교사, 교육 전문직, 일반직, 외부인사, 장학요원 등으로 폭넓게 구성할 수 있으나 중요한 것은 수업에 대한 전문적 자질이 있는 사람으로 구성되어야 한다는 점이다.

　　다섯째, 수업장학 컨설팅의 실효성 제고를 위하여 사후 의견 조사 및 자체 평가를 실시하여 질을 높여야 한다.

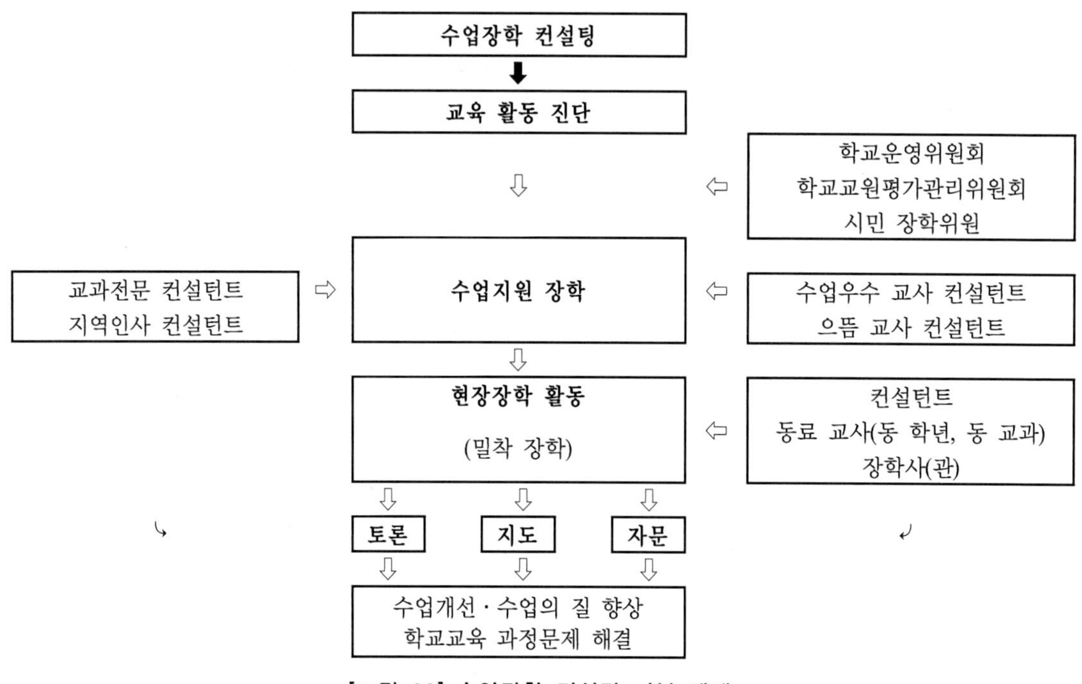

[그림 32] 수업장학 컨설팅 기본 체제

▮제7장▮ 수업장학 컨설팅의 특성

1. 학교(교사)의 자발적인 의뢰에 의거 실시

수업장학 컨설팅은 수업방법 개선의 필요성을 지니고 있는 교사의 자발적인 의뢰에 의하여 실시하는 장학기법이다. 어떻게 보면 수업장학의 시작이 자율적 접근에서 비롯되는 것이 매우 고무적이라고 생각할 수 있으나 현재 학교의 현장성과 교원의 심리를 생각할 때 자율적으로 참여한다는 측면이 오히려 적극성을 떨어뜨릴 수 있다. 따라서 학교 관리자 및 교원들에게 수업장학 컨설팅의 목적 및 방법, 효과에 대한 홍보를 통하여 자발적 의뢰를 유도하여야 한다.

2. 학교별 · 교사별 전문적 맞춤형 장학 활동

컨설팅을 희망하는 교사들의 컨설팅 요구 영역 및 방법에 기초하여 공동으로 지원 과제를 선정하고, 과제별 장학진의 구성 및 장학방법을 협의에 의하여 결정한다. 장학의 내용은 교사들의 수업장학에 초점을 두고 구체적이며 직접적인 도움이 될 수 있는 방안을 모색한다. 예를 들면 교과별, 학년별, 교사유형별, 학생 학습성향별 등을 중심으로 다양하게 이루어질 수 있도록 해야 한다.

하지만 수업이라는 특성을 고려할 때 전문적 맞춤형 장학 활동으로 운영할 수 있는 컨설팅 수준의 장학 활동은 쉽게 결정되는 것이 아니라고 생각한다. 그래서 학교별 · 교사별 공동 협의를 통해 실질적으로 도움을 받고 개선할 수 있는 장학 지원을 받아야 할 것이다. 물론 수업 컨설팅의 최종 지향점은 수업의 질 개선이다.

3. 컨설턴트 장학요원의 다양한 구성

기존의 장학 활동은 주로 교육전문직이 담당하였다. 수업장학 컨설팅은 다양한 영역의 장학 활동을 요구하며 과제에 따라 장기간이 소요될 수도 있는 특성이 있다. 수업방법 개선 과제에 대한 심도 있는 분석이 이루어지고 전문성 있는 지원이 이루어질 수 있도록 하기 위해서는 많은 전문 인력이 필요하다. 따라서 의뢰된 과제 영역별 전문성을 고려하여, 교육전문직은 물론 교육 현장의 우수한 교원과 외부 인사를 컨설턴트로 활용하며, 수업장학 방향에 따라 별도의 장학 팀을 구성해야 할 것이다. 특히 컨설턴트를 구성하는 과정에서 가장 중시해야 할 자격 요건은 무엇보다도 현장 수업경험이 풍부하거나 수업에 대하여 잘 아는 사람(실제 실무경험)으로 구성해야 한다.

4. 컨설팅 장학내용별 다양한 활동방법

　　기존의 장학 활동이 주로 확인·점검 및 공개수업에 대한 참관과 교과별 협의로 이루어져 왔음에 비하여 수업장학 컨설팅은 의뢰된 과제 중심으로 진행한다. 여기서 의뢰된 과제라 함은 수업방법 개선과 직결되는 수업설계, 발문, 학습자료 등이 중심이 되는 내용과 방법의 총체적 구안을 의미한다.

　　또한 컨설팅 접근방법에 있어서는 수업장학의 유형에 따라 맞춤식 1 : 1 또는 여러 명을 대상으로 협의 형식으로 진행될 수도 있고, 해당 학교 교사 전체나 지역 내 동일 교과 교사 중 희망자 등 대규모 인원을 대상으로 연수 형태로 이루어질 수도 있다.

　　경우에 따라서는 공개 수업과 더불어 장학요원이 시범수업을 실시하거나, 장기 과제 수행을 위해서는 지속적인 연계를 이루며 지원할 수도 있다.

수업장학 컨설팅은 교원이 당면한 수업개선을 스스로 해결하기 어렵다고 판단하거나, 현재보다 더 나은 지식, 방법, 기술이 필요하다고 느끼고 이것의 해결을 위해 도움을 컨설턴트에게 청함으로써 시작된다. 일반적으로 이러한 수업장학 컨설팅은 다음과 같은 과정을 거쳐 이루어진다.
① 수업장학 컨설팅 협약단계, ② 교원의 수업장학 의뢰과제 진단단계, ③ 해결방안 구안단계, ④ 해결방안 시행단계, ⑤ 종료단계 등 모두 5단계로 구분할 수 있으며 각 단계별 특징을 살펴보면 다음과 같다.

1. 수업장학 컨설팅 협약단계

수업장학 컨설팅의 협약단계에서 의뢰교원(교사)과 컨설턴트가 최초의 만남이 이루어진다. 그리고 장학 협약을 맺기 위한 예비 진단이 이루어지며, 이에 기초해서 장학 협약을 자발적으로 맺어야 한다.
수업장학 컨설팅은 교원이 컨설턴트에게 요청을 해 옴으로써 시작이 된다. 교원이 컨설턴트에게 요청해 오면 자신이 왜 선택되었는지, 무엇을 도와줄 것인지를 명확하게 파악하고 준비하는 것이 필수적이다. 이때 중요한 것은 지도 요청을 할 때 해당 교원으로부터 도움을 줄 수 있는 분석 자료인 자기 수업 동영상 테이프, 관련 수업안, 지도할 교과, 수업내용과 관련된 구체적인 협의자료 등과 함께 구체적으로 지도받고 싶은 내용을 작성하여 제시하는 것이 더 큰 컨설팅 효과를 높일 수 있다.

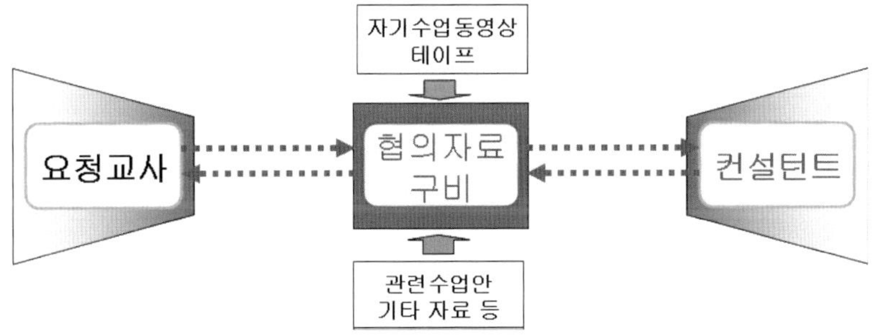

[그림 33] 수업장학 컨설팅 협약단계

2. 교원의 수업장학 초점(과제) 진단단계

교원의 수업장학 의뢰과제의 진단단계에서는 교원이 당면하고 있는 수업능력에 대한 문제나 앞으로 해결할 필요가 있는 과제가 무엇인지 확인하고 분석하는 활동이 이루어진다. 특히 이 단계에서는 도움 요청의 근거가 되는 도움자료, 즉 자기 수업동영상 테이프나 수업안 등 의뢰 교원으로부터 받은 관련 자료들을 중심으로 면밀히 분석하여 해당 교원 수업장학에 정말 필요한 분야와 도움 줄 내용을 찾아야 한다. 수업장학 컨설팅이 성공적으로 원만하게 이루어지기 위해서는 바로 이 단계에서 이루어지는 진단 활동이 세밀하고 깊이 있게 이루어져야 할 것이다.

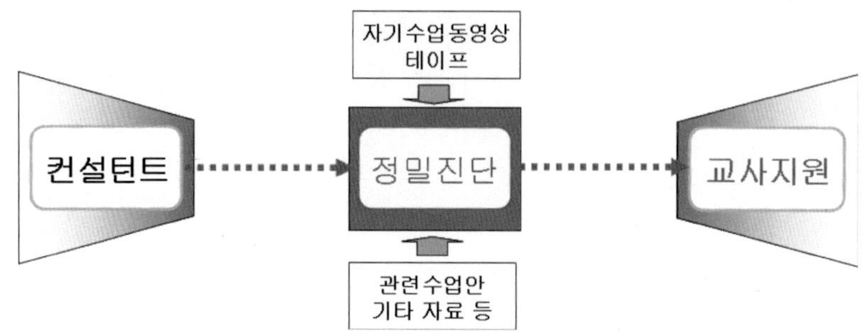

[그림 34] 수업장학 컨설팅 진단단계

3. 교원의 수업장학 의뢰과제 해결방안 구안단계

교원의 수업장학 의뢰과제 해결방안 구안단계에서는 진단단계에서 규명한 내용을 해결할 수 있는 대안들을 개발한다. 대안 개발은 가능하면 공동으로 역할 분담을 통하여 깊이 있게 이루어져야 하며 단일 대안보다는 2~3개 정도의 복수 대안을 개발하여 제공하는 것이 좋겠다.

이 단계에서는 새로운 방안을 탐색하고 개발해야 하기 때문에 진단이나 분석작업보다 창의력이 필요하며, 그에 따른 컨설턴트의 전문적 식견과 수업방법 대안이 구체적으로 제공되어야 할 것이다.

지금까지 수업장학 컨설팅이 성공적으로 정착하지 못하는 이유는 바로 수업방법 대안의 독창성이 없었기 때문이라고 생각한다.

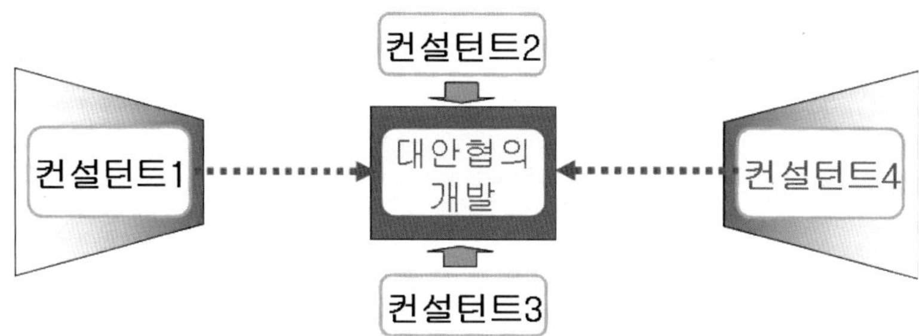

[그림 35] 수업장학 컨설팅 대안 협의 개발 과정

4. 교원의 수업장학 의뢰과제 해결방안 실행 지도 및 조언단계

　　장학의 근본적인 목적은 교원의 수업전문성을 신장시키는 데 있다. 이 단계에서 컨설턴트는 교원의 수업능력이나 과제를 해결할 수 있는 방안의 구체적인 실행계획을 수립해서 실시한다. 이 과정에서 컨설턴트는 수업능력/의뢰과제의 성격과 해결 방안의 특성에 따라 다양한 활동을 할 수 있다. 예를 들면, 수업전략에 필요한 지식을 제공할 수도 있고, 구체적인 기술과 기능을 습득하도록 훈련시킬 수도 있고, 태도와 가치관의 변화를 도와줄 수도 있다. 거기에다 의뢰교사의 수업장학에 대한 내적 수용태도가 각각 다르기 때문에 교사의 유형별 특성을 고려하여 접근하는 것도 컨설턴트의 전문능력이라고 볼 수 있다.

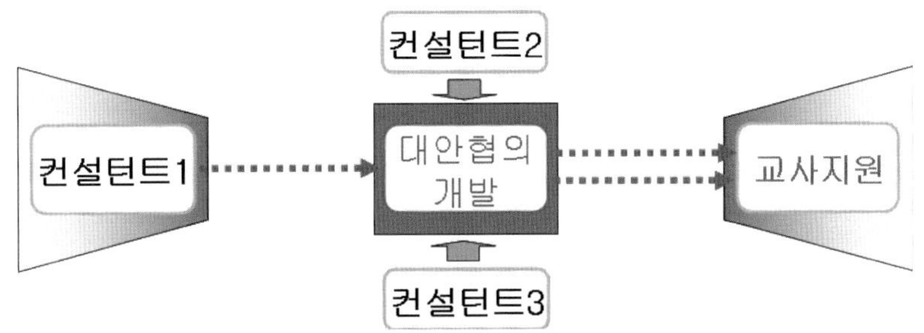

[그림 36] 수업장학 과제 실행 및 조언 과정

5. 수업장학 컨설팅 종료단계

　　수업장학 컨설팅 종료단계는 교원의 수업능력, 의뢰과제가 해결되어 더 이상 컨설턴트의 도움이 필요하지 않은 단계이다. 수업장학 컨설팅의 일시성은 정해진 기간 내에 교원으로 하여금 자신의 문제/과제 해결 방법을 습득함으로써 더 이상 똑같은 과제에 대해 컨설턴트의 도움을 받지 않도록 하기 위해 요구되는 원리이다.

　　수업장학 컨설팅 종료단계에서는 협약단계에서 작성한 장학 협약, 진단단계에서 작성한 진단 보고서, 해결방안 구안단계에서 작성한 제안서, 그리고 실행의 결과를 종합하여 최종 보고서를 작성해서 교원에게 제공한다. 그리고 교원이 원한다면, 새로운 문제/과제에 대한 협의가 이루어지고, 새로운 수업장학 컨설팅 활동으로 연결될 수 있다.

　　특히 이 단계에서 컨설턴트의 만족도인 수업장학 지도능력이나 전문성을 역으로 평가받을 수 있는 활동도 함께 이루어지면 더욱 좋을 것이다.

<표 98> 수업장학 컨설팅의 단계별 장학 방법

단계(내용)		장소(예)	장학 방법	주요 장학 내용
1단계	사전 협의	교육청	토론 및 협의	· 교육 전문가를 중심으로 장학 컨설턴트 위촉 · 장학 대상 학교 교감과 컨설턴트 연석 모임 · 장학지도 관련 사전 협의, 방법 안내, 연계 조성
	문제 발견 및 실태 파악	장학 학교	현장 파악 분석 및 대답	· 장학 대상 학교에 특별연구교사 배치(3명) - 학교교육 활동에 대한 장학자료 수집활동 - 현안 교육문제에 대한 산전 협의
2단계	수업 지원	장학 학교	수업설계 지원	· 수업개선 연구 교사 투입(수석교사 등) - 시범 수업계획, 교수·학습과정안 작성 등
3단계	협동 장학	교육청, 장학 학교	현장 장학	· 현장 지원 장학 컨설턴트 협의회: 분위기 조성, 현황 청취 · 수업장학: 장학컨설턴트와 인근학교 교원 · 교육 현장 참관 · 시민 장학위원 활동: 학부모, 지역 인사 등 · 장학협의: 토론 중심(수업 및 현안 문제)
4단계	발전 장학	통신망	활동분석 및추수 지도	· 장학컨설팅 종합 보고서 작성 · 사이버 통신 장학: 홈페이지 '장학마당' 이용 · 장학지도 결과 반영: 장학계획, 학교교육 과정 등

▌제9장▐ 수업장학 컨설팅의 발전 방향

　수업장학 컨설팅이 학교 현장에 정착되고 성공적인 효과를 거두려면 무엇보다도 수업장학 컨설팅의 성공적인 정착과 활동을 위한 학교 문화와 정서가 개선되어야 한다. 우선 수업장학 컨설팅은 지금까지의 장학방법과 차별화를 둔다면 접근방법에서 교원의 자율적인 지원 의뢰 요청이 수반되어야 한다는 점에서 가장 큰 차이가 있다.

　첫째, 수업장학 컨설팅이 바람직한 방향으로 이루어지려면, 학교 현장에서 교원의 자율적인 참여가 활발히 이루어질 수 있도록 제반 여건과 제도가 마련되어야 하겠다. 솔직히 지금까지의 컨설팅장학의 운영 현황을 고려해 볼 때 학교 현장성과 현실성이 떨어져 제대로 정착되지 않고 있다. 즉 전문적인 컨설턴트의 부재와 교사들의 자율적인 참여가 미흡하다는 뜻이다.

　둘째, 수업장학 컨설팅의 가장 우선 과제로 구성원인 컨설턴트의 전문성과 능력의 객관성이 수반된 구성원이 부족하다는 문제점이 있다. 이를 개선하기 위해 컨설턴트의 전문성 함양을 위한 연수와 연구, 그리고 인센티브 부여로 참여 동기를 높여 주어 많은 컨설턴트가 알려지도록 다양성과 참여를 제고해야 한다.

　셋째, 수업장학 컨설팅의 활성화를 위한 행정적·재정적 지원과 제도 개선이 수반되어야 한다. 우선 행정적으로 많은 교사들이 컨설턴트에게 수업장학을 의뢰하는 활동이 활성화되도록 홍보하고 안내하여야 한다. 물론 지금까지의 학교 현장 특성을 고려할 때 자율적으로 컨설턴트에게 자문을 요청하는 예가 적을 것이다. 그래서 행정적으로 컨설턴트의 자문을 받도록 행정적으로 제도화할 필요가 있다. 여기에 학교 현장의 수업장학에 몰입할 수 있는 여건 조성을 위하여 교사 업무 경감은 물론 연구 활동을 적극 지원해 주어야 한다.

　넷째, 컨설팅 장학은 운영 면에서 자율적이고, 기대 면에서 공감이 가는 부분이 많으나 교직 사회의 정서와 문화를 고려할 때 저경력교사나 특별 연구수업을 목적으로 하는 교사들에게만 치우칠 경향이 있다. 그러다 보니 일부 교사들에게만 국한된 운영이 될 수 있는 문제의 개연성이 높아 이를 개선할 수 있는 다양한 운영방안이 나와야 할 것이다.

　결국 수업장학 컨설팅은 조직 면에서 전문성이 뛰어난 컨설턴트가 많이 배출되어야 하며, 운영 면에서는 컨설팅 장학이 자율적으로 정착되고 활성화되도록 하는 교직 사회의 여건과 정서가 변화된 문화가 조성되어야 할 것이다.

1. 단위 학교 컨설팅의 절차

단위 학교 수업주제와 적용되는 다양한 교수법을 협의하고, 이 내용으로 의뢰인인 교사가 교수·학습 과정안을 작성하며, 다시 협의를 거치는 반복적인 과정으로 수업 컨설팅을 전개하여야 한다. 단위 학교에서의 수업 컨설팅의 일반적인 절차는 다음과 같다.

1) 사전 협의회 일주일 전까지 교수·학습 과정안 작성
2) 사전 컨설팅(제1차): 수업 실행 일주일 전까지 전 교원 참석하에 진행
3) 동 학년(동 교과) 사전수업 실시: 제1차 수업 컨설팅을 통하여 작성된 교수·학습 과정안으로 동 학년 교사, 동 교과 교사의 사전 수업 실시
4) 사전 컨설팅(제2차): 동 학년, 동 교과 사전수업 후 실시
5) 수업공개: 많은 교사들의 참관을 위해 오후에 실행
6) 수업분석: 동 학년, 동 교과 및 평가분석 분과의 수업분석 실시
7) 수업 촬영: 동영상, 사진 촬영 실시
8) 수업 참관록 작성: 수업 참관자들이 참관록 작성
9) 수업 후 사후 컨설팅: 수업 후 사후 컨설팅(전 교원 참석)
10) 수업자 환류 계획 수립: 수업자료 분석 및 사후 컨설팅 내용을 수업자에게 제공

2. 수업장학 컨설턴트의 조직(구성원 조직하기)

컨설턴트 조직	소속	직위	성명	주 업무, 역할 또는 수업 경력
팀 장				
팀원 1				
팀원 2				
팀원 3				
팀원 4				

3. 수업장학 컨설팅 운영의 실제(단계별 활동 구안 작성하기)

컨설팅 단계	주요 영역	활동 세부 내용
협약 단계	의뢰 과제 및 제공받은 자료는?	
진단 단계	진단 내용 및 주요 특징은?	
구안 단계	최종 구안 개발한 내용은?	자료, 발문, 방법 등
실행 및 조언 단계	지도 및 조언할 내용은?	
종료 및 평가 단계	반응 및 성과, 평가 내용은?	

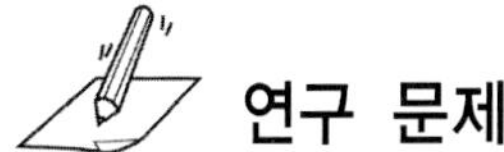 # 연구 문제

1. 수업장학 컨설팅(Consulting)의 개념과 필요성에 대하여 설명하시오.

2. 수업장학 컨설팅(Consulting) 핵심요소에 대하여 기술하시오.

3. 수업장학 컨설팅(Consulting)의 유형인 교과별 수업 컨설팅, 접촉방식별 수업 컨설팅, 지원 주체별 수업 컨설팅 등 각각에 대해서 구체적으로 설명하시오.

4. 수업전문성 신장 차원에서 수업장학 컨설팅(Consulting)의 구조에 대해서 약술하시오.

5. 수업장학 컨설팅(Consulting)의 원리를 제시하고 이를 조직, 실행, 평가 차원에서 설명해 보시오.

6. 수업장학 컨설팅(Consulting)의 특징과 발전 방향에 대해서 기술하시오.

7. 수업장학 컨설팅(Consulting)의 단계에 대해서 구체적으로 설명하시오.

8. 수업장학 컨설팅(Consulting)의 단계별 장학방법에 대해서 서술하시오.

9. 단위 학교 수업장학 컨설팅(Consulting) 수행 시 중요한 초점에 대해서 설명하시오.

10. 단위 학교 수업장학 컨설팅(Consulting) 조직과 실행방안에 대해서 약술하시오.

제 **8** 부

◀◀ 교원평가(교원능력개발평가) 탐구 ▶▶

[Key Point]
　　제8부에서는 한국에서 여러 해 동안 교육계를 비롯한 국민들의 논란과 쟁점의 대상이었다가 전국의 초·중·고교에 일제히 도입, 적용되고 있는 교원평가(교원능력개발평가)에 대해서 이해하고 탐구한다. 즉 교원평가제의 제도적 의의와 내용, 방법, 사례 등을 집중적으로 파악한 후에 우리나라 교육계 현실에서 바람직한 방향으로의 발전방향을 모색한다. 아울러 국내 학교의 교원평가 시범학교 운영 사례와 외국의 교원평가 사례를 비교 분석하고 개선 방향을 탐구한다.

우리나라에서 오랫동안 진통과 논란 끝에, 2010년 3월부터 전국의 초·중·고교에 일제히 도입, 시행되고 있는 교원능력개발평가제(교원평가제)는 ① 학생들이 교사(담임교사 및 교과목 교사)를 평가, ② 학부모가 교원(교장·교감·교사)을 평가, ③ 교원들이 동료 교원을 평가하는 등 세 가지 방식으로 진행된다. 교원들이 교육 소비자인 학생·학부모와 동료 교원들로부터 사실상 전 방위적인 평가를 받게 되는 셈이다. 교육과학기술부는 2010년 1월 8일 발표한 교원평가계획을 각 시·도 교육청별 '교육 규칙'으로 제정해 3월부터 전면 시행하고 있다. 국회에서 별도의 교원평가법의 통과 여부에 관계없이 이 계획을 시행령으로 전환하여 교원평가제 세부 사항은 2010년 1학기부터 전국의 국·공·사립 초·중·고교에서 전면 도입, 시행되고 있다.

▌제1장▐ 교원평가제 개관

1. 교원평가의 필요성

21세기는 지식과 정보, 창의성이 중시되는 지식기반사회로서 핵심자원은 인적 자원이다. 따라서 한 국가의 성장과 발전은 우수한 인적 자원을 얼마나 배양해 낼 수 있는가에 달려 있다. 우수한 인적 자원을 배양하기 위해서는 무엇보다 학교교육력 향상이 중요하다.

교원은 학교교육력 향상에 직결되는 핵심요소로 학교교육력 향상을 위해서는 교원의 질 향상이 우선되어야 한다. 교원의 질을 향상시키기 위해서는 양성, 자격, 임용단계는 물론, 임용 후에도 지속적으로 전문성 신장을 유도하고 교원의 역할과 기능이 제대로 발휘되고 있는지를 점검하는 질적 관리가 필요하다.

2. 교원평가의 목적

대부분의 국가들은 교원의 전문성 신장, 승진 후보자 발탁, 봉급 인상, 부적격 교사 대응 등의 활용을 목적으로 교원평가를 실시하고 있으며 교원에 대한 책무성 검증의 차원에서 정기적인 평가를 실시하기도 한다. OECD(2005)에서 주관했던 '국제공동연구'는 참여국 26개국 중 13개국이 정기적인 교원평가를 실시하고 있으며 평가결과의 활용 면에서 다소 차이가 있는 것으로 보고하였다.

　가. 봉급 인상이나 수당 지급 국가: 호주, 칠레, 독일, 헝가리, 멕시코, 스웨덴, 스위스, 영국, 미국 등
　나. 교사에 대하여 개선계획을 작성, 해임 국가: 벨기에, 아일랜드, 덴마크, 슬로바키아공화국 등
　다. 승진에 절대적 영향 부여 국가: 캐나다, 프랑스, 일본, 멕시코, 스웨덴 등

3. 교원평가의 유형

교원평가에서 단일 시스템을 가지고 서로 상충하는 목표를 달성하도록 하는 제도는 1980년대 초부터 비판을 받기 시작하였다. 이론적으로는 책무성과 전문성을 하나의 평가 틀 안에서 동시에 추구하는 것이 가능하지만, 실제에 있어서는 상당한 어려움이 있다. 개혁론자들은 교원평가제도를 평가의 목적에 따라 분화할 것을 주장하였는데 그 유형을 살펴보면 다음과 같다.

가. 교원평가의 목적에 따른 유형

(1) 전문성 신장을 위한 평가: 교원의 전문성 부족 분야를 진단하고 개선을 유도, 교원의 우수성과 경쟁력 유지를 위하여 전문성 개발을 제도적으로 보장
(2) 우수 교사 인정을 위한 평가: 교사로 남되 타의 모범이 되는 우수 교사를 인정하고 보상(교사 동기유발), 합당한 방법, 절차에 따라 우수 교사를 선발하고 선발된 교사에게 인센티브 부여(자격 부여, 전보 우대, 포상 등)
(3) 승진 대상자 선발을 위한 평가: 승진 적격자를 찾아내기 위한 평가, 적합한 승진 대상자 선발을 통해 동기를 유발하고 조직의 성과성 제고
(4) 부적격 교사 판별을 위한 평가: 교직생활이 적절하지 못한 교사를 가려내어 조치, 부적격 교사로 인한 교단 이미지 저하를 막고 학생의 학습권 보호

나. 교원평가 유형과 목표와의 관계 모형

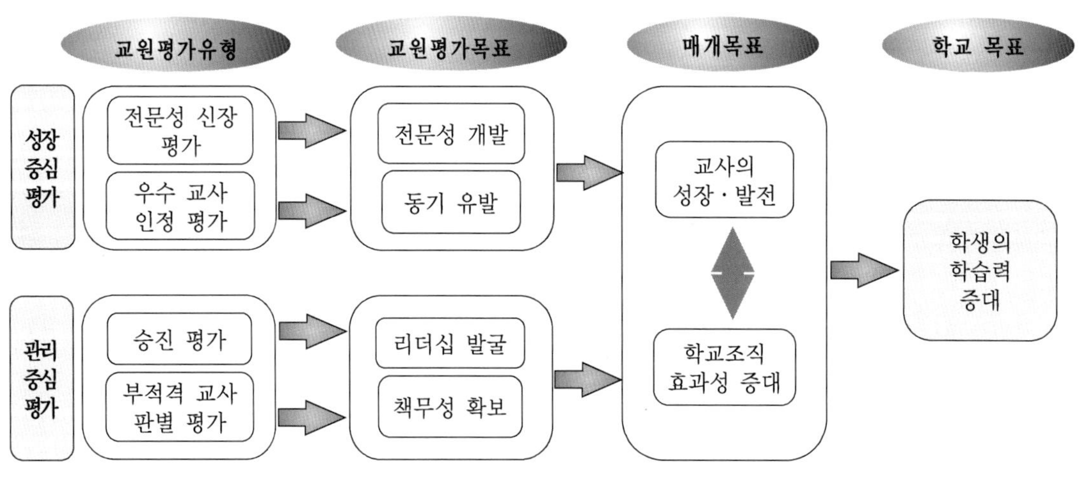

[그림 37] 교원평가와 목표의 관계 모형

4. 한국의 교원평가제도

가. 교원 근무성적평정, 성과급(성과 상여금), 교원능력개발평가

(1) 근무성적평정제도(근평제도)

근무성적평정은 1964년부터 시행해 온 교육공무원승진규정에 의하여 교원 직무 수행의 실적과 능력을 평가하여 교감, 교장 등 관리직 후보자를 선별하기 위한 총괄적 성격의 상대평가로서 교원의 전문성 신장에 도움을 줄 수 있는 feedback 기능이 없다는 점이 문제점으로 지적되고 있다.
(2007.5.25. 교육공무원승진규정 개정, 동료교사 다면평가 도입, 결과의 본인 공개 허용)

(2) 성과급(성과 상여금)제도

최근 도입된 성과급(성과 상여금) 차등지급을 위한 평가로 총괄평가이며 객관적인 차이를 내는 상대평가이다. 이의 제기에 대비하여 변별력과 투명성을 제1의 원리로 하므로, 교직 수행에 필요한 전문성 신장을 위한 환류(feedback) 기능이 없다.

(3) 교원능력개발평가제도

2007년 선도학교운영 결과분석 및 참여자 의견수렴, 시행령(안) 마련, 공청회 등을 거쳐 2008년~2009년 시범학교 운영, 2010년 3월 본격 시행되는 새로운 교원평가제도로서 교원들의 전문성 신장에 도움을 주는 진단적이며 형성적인 성격을 가진 평가로서 환류(feedback) 기능이 있다.

5. 교원능력개발평가제도 도입 배경

가. 근무성적평정제에 대한 비판

(1) 근평은 승진, 전보 등의 자료 활용을 위한 연공서열식 상대평가
(2) 근평은 평가대상에서 교장 제외, 관리자에 의한 일방적 평가
(3) 근평은 교원의 능력개발(전문성 제고)을 위한 환류(feedback) 기능 미흡

나. 교직환경의 변화

(1) 교직의 높은 직업적 안정성과 보수수준: 전문성 신장 노력 시급

(가) 62세 정년 보장 - 높은 직업적 안정성과 보수 수준 - 우수인력 입직
(나) 지속적인 능력 개발 기제의 부족(OECD 교원정책검토단, 2003)
(다) 독립적 자율적 직무 수행 - 불안한 주관성과 고립성 우려
　　　(2) 교직은 '철밥그릇': 교원과 교직의 신뢰도 및 이미지 제고 시급
(가) 교원들은 노력하지 않는다?
(나) '성직자 같은 스승' → '노동자'
　　　(3) 교직 문화의 변화: 인사관리 중심에서 전문성관리 중심으로
(가) 승진경쟁 문화 → 학습 중심 문화(교원의 능력개발이 학습에 반영)
(나) 교원 40만 명 중 교장, 교감은 1만 명

다. 국가, 사회적 요구

　　(1) 교원의 전문성 향상은 국가적 책무
(가) 교육은 비용이 매우 높은 산업 - 인건비가 학교교육비의 80% 이상
(나) 교원의 자질과 능력의 평가, 관리방안 강구 - 국가적인 책무
　　　(2) 학생의 학습권 보장 요구
(가) 교원의 수업능력 개선 - 학생의 학습력 증진과 학습권 보장
(나) 학생이 참여하는 교원평가 - 수업개선, 전문성 신장 feedback 제공
　　　(3) 학부모의 알권리 보장과 만족도 제고
(가) 교육은 국민의 세금으로 운영되는 국가의 가장 중요한 공공 서비스
(나) 자녀의 학습 향상을 위한 동반자, 협력자. 학교 주요과정의 핵심 주체

라. 교원평가제도의 세계적 추세

(1) 21세기는 '평가의 시대' - 개인이나 기관도 평가로부터 자유로울 수 없음
(2) 승진, 보수, 처벌을 위한 교원평가 또는 교사의 책무성 검증을 위한 정기적인 교원평가 실시
　　OECD(2005)는 국제공동연구를 통하여
　　• 교원평가는 교원 직무의 중요한 일부, 일상화될 수 있어야 한다고 강조
　　• 개선을 목적으로 삼는 성장지향적 평가(전문성 개발) 강조

6. 교원능력개발평가제도 도입 배경

가. 기본 방향, 절차 및 내용

(1) 기본 방향

교원능력개발평가가 지향하는 기본 방향은 다음과 같이 요약될 수 있다.
(가) 목적: 능력개발 자료로 활용(수업평가를 통한 지도능력, 전문성 향상)
(나) 대상: 교사, 교감, 교장 추가(학교경영능력 제고, 교사지원에 도움)
(다) 평가자: 교장, 교감, 교사, 학부모, 학생(다면평가 도입)
(라) 운영: 평가기준·방법·절차 − 단위 학교에서 자율적으로 결정·운영

(2) 교원능력개발평가제의 도입 절차

(가) 1단계: 준비단계('05 − '07, 시범운영) − 문제점 보완, 확대방안 마련
(나) 2단계: 제도화단계('08 − '09. 시범 운영, 운영확산) − 적용가능학교 확대, 법제화추진
(다) 3단계: 제도정착단계('10 − 전면 도입) − 유치원 교원 등 단계적 확대 및 제도 정착

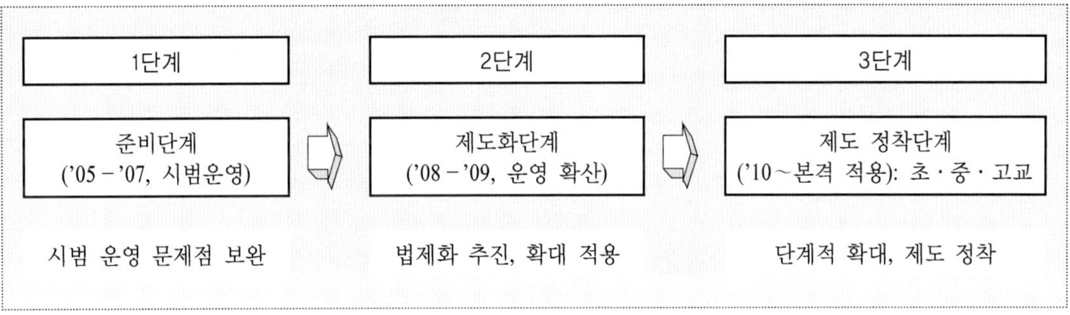

[그림 38] 교원능력개발평가 단계

6. 교원능력개발평가의 실제

가. 연수 및 홍보

평가편람 제작	⇨	연수 및 홍보 계획 수립	⇨	연수 및 홍보 자료 제작	⇨	연수 및 홍보 실시

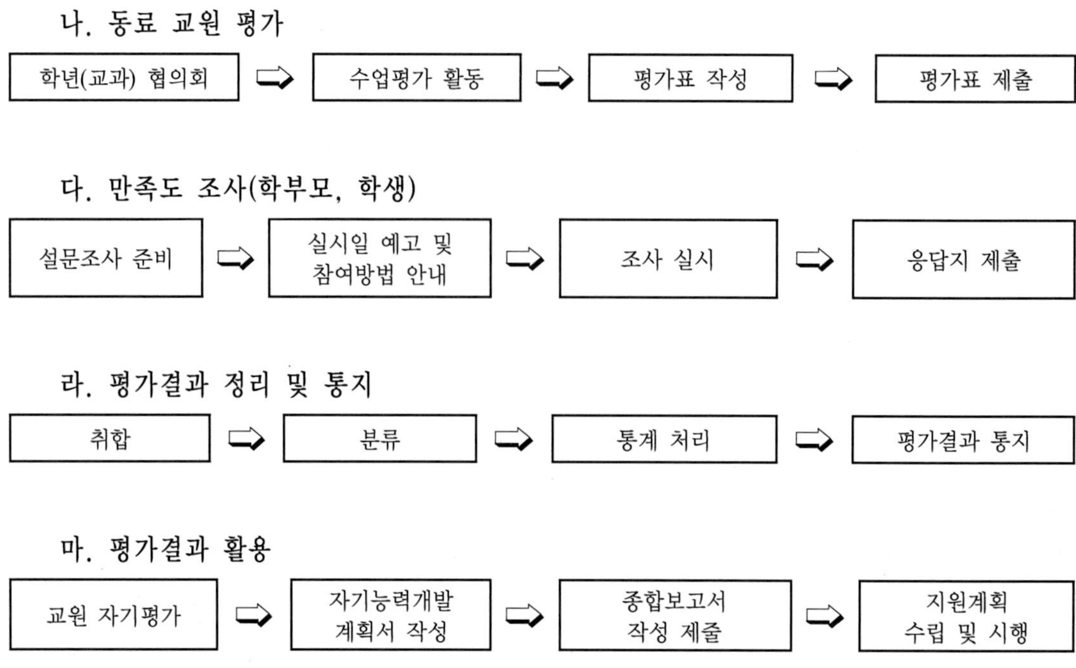

[그림 39] 교원능력개발평가 실제

7. 교장, 교감 능력개발 평가결과 처리 및 활용

가. 평가결과 처리

(가) 교육청 평가관리자 – 학교로부터 통계 처리된 결과를 수합·통계 처리
(나) 교장(교감)은 평가자들의 평가결과를 받아 자기 평가를 실시
(다) 교육청은 평가종합보고서 작성, 평가관리위원회 심의, 보고(교육감)

나. 평가결과 활용

(가) 교장은 평가결과를 자기 점검 및 자기 개선 계획 수립에 활용
(나) 교육청은 평가결과에 따른 연수계획 수립 – 능력개발을 위한 행정·재정 지원 대책을 마련

1. 학생·학부모의 교사 평가

교사들의 수업방식과 학생지도 방식에 대해 총 18개 지표로 나누어 '만족도' 형태로 평가한다. 수업지도 부문에선 '① 선생님은 수업시간마다 무엇을 공부할지 자세히 알려 주십니다. ② 선생님은 우리들의 의견이나 생각을 발표할 때 열심히 들어 주십니다. ③ 선생님은 적당한 양과 내용의 숙제를 내 주십니다.' 등과 같은 문항이 지표별로 최대 5항목까지 학생들에게 제시된다.

생활지도 부문에선 '① 선생님은 나의 개인적인 생활에 대해서도 관심을 보여 주십니다. ②선생님은 내가 친구들과 잘 지내는지 관심을 보이십니다.' 등과 같은 문항이 제시되며, 학생들은 여기에 대해 '매우 그렇다', '그렇다', '보통이다', '그렇지 않다', '전혀 그렇지 않다' 중 하나를 선택해 답하면 된다. 일종의 수·우·미·양·가 평가방식인 셈이다.

〈표 99〉 교원평가의 종류와 내용

평가 종류	평가 주체	평가 대상	평가 영역(평가 요소)
동료 교원 평가	교장·교감·교사	교장·교감	−학교경영(학교교육계획, 학교교육 과정, 교내장학, 교원인사, 시설 및 예산)
		교사	−수업지도(수업준비, 수업실행, 평가 및 활용) −학생지도(개인생활지도, 사회생활지도)
학생 만족도(초4~고3)	학생	교사	−수업지도 −학생지도
담임의 학급경영에 대한 학부모 만족도(초1~초3)	학부모	교사	−수업지도 −학생지도
자녀의 학교생활에 대한 학부모 만족도	학부모	교장·교감	−학교경영

구분		주요 내용
평가 대상		국공사립 초·중·고교 및 특수학교 재직 교원(보건·영양·사서·상담 등 비교과 담당 교사 포함)
평가 지표	교사	교수 학습전략 수립, 교사와 학생 간 상호작용, 가정 연계 지도, 기본생활습관 지도 등 (총 18개 지표)
	교장·교감	학교경영 목표 관리, 자율장학 운영, 학생관리, 교원인사관리 등(총 8개 지표)
평가 문항		평가 지표당 각 2~5개 문항으로 구성
평가 주기		매년 1회 이상
평가 참여자		−소속 학교 동료 교원의 평가 −학생의 수업 만족도 평가 −자녀의 학교생활 만족도 평가
평가 방법		5점 척도 절대 평가방식과 서술형 응답식 병행
평가관리 기구		교육청 및 학교에 교원능력개발평가관리위원회 설치(교원, 학부모, 외부전문가, 교육청 관계자 등 5~11명으로 구성)
결과 통보		학교장, 교감, 개별 교사에게 평가지표별 점수 통보 단위 학교 전체 평가결과 값은 정보공시제를 통해 공개
결과 활용		능력 개발 지원을 위한 맞춤형 연수 등 자료 활용 우수자와 '전문성 지원 필요' 교원에 대한 우대 방안과 의무(집중) 연수제 병행

아울러, 초등학교 저학년(제1학년~제3학년) 학생들은 발달 상태를 고려해 직접 교사를 평가하지 않도록 하되, 대신 학부모들이 담임교사의 학급 경영에 대해 평가하도록 했다. 문항은 학생 만족도 조사와 비슷하게 구성된다. 학생들이 교사평가에 참여하지 않아도 별도의 벌칙은 없지만 모두 의무적으로 참여토록 규정되어 있다.

평가대상 교사들은 초등학교의 경우 담임교사 위주로, 중·고교는 담임교사와 해당 교과목 교사 모두를 평가하게 된다. 이와는 별개로 초·중·고 학부모들은 자녀의 학년과 무관하게 학교 경영과 관련해 교장·교감에 대한 평가도 실시한다. 학교가 교육 과정을 편성·운영하는 방식부터 인사·시설관리 등에 대한 포괄적인 문항이 학부모들에게 제공된다.

2. 교원 간 상호 평가

교원끼리의 상호 평가 역시 ① 교장 → 교감·교사 평가, ② 교감 → 교장·교사 평가, ③ 교사 → 교장·교감·교사 평가 등 전 방위적으로 이뤄진다. 평가영역은 수업지도·학생지도 부문이다. 수업지도 부문에서는 수업준비·수업실행·평가 및 활용 등 세 가지 요소를 평가하는데, ① 교육 과정의 의도 및 원리를 정확하게 파악하고 있는가, ② 수업에 대해 열의가 있는가 등 문항이 제시된다. 교사들은 동료교사들의 공개수업에 참관하거나 수업 활동 자료 등을 검토한 뒤 평가를 실시하게 된다. 학생지도 영역은 개인생활지도·사회생활지도로 나뉜다. 개인생활지도에서는 ① 학생들의 학교생활에 대해 학부모에게 필요한 정보를 제공하는가, ② 학생의 진로·직업·특기를 파악하기 위해 노력하는가 등 문항이, 사회생활지도 영역에서는 ③ 학교의 생활규칙을 잘 준수하도록 지도하는가, ④ 협동·봉사 정신을 기르도록 지도하는가와 같은 내용이 포함된다. 교원들은 여기에 대해 '매우 우수', '우수', '보통', '미흡', '매우 미흡' 중 하나를 선택해서 답변해야 한다.

3. 평가결과의 활용

교육과학기술부는 평가결과를 교원 개개인의 전문성을 높이는 데 활용할 방침이다. 예를 들어 평가결과가 우수한 교원에게는 '안식년(학습연구년)'을 줘 국내외에서 연수할 수 있도록 하고, 평가결과가 좋지 않은 교원들은 별도의 심층 심사를 거쳐 평가등급별·단계별로 연수를 의무적으로 받게 하겠다는 것이다. 전국 16개 시·도 교육청이 2010년 3월부터 교사 연수 프로그램을 개발해 온라인 혹은 오프라인에서 연수를 실행할 수 있도록 준비하였으며, 평가 실효성 확보와 학부모의 알권리 충족 등을 위해 2011년 2월 학교정보공시 때부터는 지표별로 각 학교의 교원평가 평균 등급을 공시하도록 규정하였다.

〈표 101〉 근무성적평정과 교원평가의 비교

구분	근무성적평정제도(기존)	교원능력개발평가제도(2010년 도입)
평가 철학	외재적 보상 가치(서열화)	내재적 보상 가치(기준 부합, 본질적 가치)
평가 목적	승진, 전보(인사 자료) 적용	교원의 전문적 능력 개발 지향
평가 시기	연 1회(연말)	연 1회 이상(학교별 자율)
인사 연계	승진 등 인사자료 활용	연계하지 않음(전문성 신장 자료로만 활용)
평가 방법	상대평가(강제 배분)	절대평가
평가 대상	교사·교감	교사·교감·교장
평가자	−교장·교감이 평교사 평가 −동료 교사 간 다면평가	−평교사가 교장·교감 평가 −동료 교사 간 다면 평가 −학생 학부모가 교사 만족도 평가 −학부모가 교장·교감 만족도 평가
평가 영역	−교육자로서의 품성 −공직자로서의 자세 −학습지도·생활지도·교육연구 등(총 5개 영역)	−교사: 수업과 생활지도(총 18개 지표) −교장, 교감: 학교경영(총 8개 지표)
평가 등급	4단계(수, 우, 미, 양)	5단계(매우 우수, 우수, 보통, 미흡, 매우 미흡)
결과 환류	결과 비공개(feedback 미흡)	본인 공개, 단위 학교 정보 공시(feedback 양호)

1. 교원평가 시기

교원평가의 평가시기는 '12월 31일 이전에 1회 이상' 하는 것이 원칙이다. 학교에서 사정에 따라 자율적으로 평가시기를 조정할 수 있다. 지난 5년간 교원평가를 시범 운영한 결과 학생·학부모 만족도 조사는 1학기가 끝나는 6월, 동료교사 평가는 연말에 하는 것이 보통이었다.

2. 학부모 평가 방법

학교별로 온라인 또는 서면 응답 중에서 선택할 수 있다. 많은 학교에서 인터넷을 통한 온라인 평가를 선택할 것으로 보인다. 통계 처리가 쉽기 때문이다. 온라인으로 평가에 참여하면 집 컴퓨터로 만족도 조사에 참여할 수 있다. 현재는 평가 사이트를 각 학교에서 만들지만 앞으로 국가수준에서 교육행정정보시스템(NEIS) 같은 사이트를 개설할 계획도 있다.

3. 평가 참여 방식

설문조사처럼 5단계로 만족도를 답하면 된다. 문항의 경우 평교사는 '수업과 학생지도를 얼마나 열심히 하느냐', 교장·교감은 '학교 경영을 얼마나 잘하느냐'를 다룬다. 학생은 '선생님의 수업은 재미있습니다', 동료교사는 '수업목표가 명확하고 구체적인가' 같은 문항에 점수를 주게 된다.

구체적으로 어떤 문항을 낼지는 학교에서 정한다. 교과부 예시안 중에서 골라도 되고 새로운 문항을 만들어도 된다. 대신 각 학교는 학교 정보 공개사이트 '학교알리미(www.schoolinfo.go.kr)'에 어떤 문항으로 평가했는지 공개해야 한다. 학교에 따라 문항 수도 조절할 수 있다. 교과부 예시안은 70여 개 문항이다.

4. 초등학교 저학년 학생 평가: 학부모 대행

초등학교 제1학년~제3학년 자녀가 있다면 학생 만족도 조사도 학부모가 대신한다. 학생 응답 신뢰도에 물음표가 붙을 수 있기 때문이다. 또 학부모 만족도 조사는 특정 선생님을 평가하는 게 아니다. 자녀가 다니는 학교 선생님 전체에 대한 만족도를 조사하는 것이다. 현재 초등학교는 학부모도 담임선생님 만족도를 평가하는 방안이 시행되고 있다.

5. 중학생의 평가

초등학교 제4학년~제6학년은 자기 담임선생님 만족도 조사에만 참여한다. 중학생이나 고등학생은 교과목별 선생님 모두에 대한 만족도 조사를 하게 된다. 교사 관점에서는 자기가 가르치는 모든 학생이 자기를 평가하게 되는 것이다.

6. 교사의 평가결과 환류

교사들은 학생, 학부모, 동료 평가결과를 환산점수로 받게 된다. 환산점수는 5단계 척도로 평가한 점수를 100점 만점으로 환산한 점수다. 평가결과는 평가 주체별 점수가 따로따로 나온다. 총점으로 나오지는 않는다.

7. 평가결과 공개

교사 개인별 성적을 공개하지는 않는다. 학교 평균만 공개한다.

8. 온정주의 교사 평가 우려

평가에서 온정주의 우려가 있는 것은 사실이다. 하지만 시범 운영 결과 교원평가 운영을 오래한 학교일수록 객관적 평가가 늘어났다. 교육 당국은 시간이 흐르면 문화가 바뀔 것으로 기대하고 있다.

9. 교사의 교장·교감 평가

교장·교감 평가는 해당 학교가 아니라 교육청에서 주관한다. 교장·교감 평가에는 소속 학교 교

사 전체가 참여한다. 교장·교감은 평가결과를 받아 보지만 어떤 선생님이 어떤 평가를 내렸는지 알
수 없다.

10. 비담임교사 평가: 보건교사·영양교사·상담교사 등

　동료 평가는, 초등학교는 같은 학년, 중·고등학교는 같은 과목 교사 3명 이상에게 받게 된다. 그
러나 교사 수가 적어 이런 식으로 평가조를 구성하기 어려우면 인근 학교 선생님이 평가를 하게 된
다. 또 교육청에서 같은 업무를 담당하는 교육전문직이 평가를 하게 될 수도 있다. 구체적인 평가조
구성 방식은 학부모, 외부 전문가, 교육청 관계자로 구성된 평가위원회에서 결정한다.

▌제4장▐ 교원 다면평가 제도

1. 교원평가제도 개관

1) 교원 다면평가제도의 의의

○ 학년 또는 교과별로 교육 과정의 편성 및 운영이 이루어지고, 교실 내의 활동이 주가 되는 교원 업무의 특성상 현행 근무성적평정의 객관성 및 타당성을 확보하기 어려움
○ 이에, 교사에 대하여 동료교사 다면평가를 실시하고, 그 결과를 근무성적평정 결과와 합산하여 승진에 반영함으로써 현행 관리자 중심의 근무성적평정을 보완하고자 함

2) 실시 근거:「교육공무원승진규정」제28조의2∼제28조의9

○ 교사에 대하여는 매년 12월 31일을 기준으로 하여 해당 교사의 근무실적·근무수행능력 및 근무수행태도에 관하여 근무성적평정과 다면평가를 정기적으로 실시하고, 각각의 결과를 합산함 (매년 교원근무성적평정점의 30% 가산, 100점 만점 중 30점 부여)
○ 다면평가자는 근무성적의 확인자로 구성하되, 평가대상자의 근무실적·근무수행능력 및 근무수행태도를 잘 아는 동료교사 중에서 3인 이상으로 구성함
　－다면평가자 구성에 관한 기준 및 절차 등에 관하여 필요한 사항은 승진후보자명부작성권자가 정함
○ 근무성적평정과 다면평가결과의 합산은 근무성적의 평정자와 확인자가 행함－합산점은 특별한 사정이 없는 한 동일하지 아니하도록 하여야 함

3) 적용대상:「교육공무원승진규정」제2조

○ 교육공무원으로서 각급 학교에 근무하는 교사
※ 각급 학교: 유치원, 초·중·고 및 이와 동 등급 학교, 특수학교, 각종 학교 (유아교육법 제2조, 초·중등교육법 제2조)

2. 다면평가 내용

1) 평가시기: 「교육공무원승진규정」 제28조의2 ①항

○ 매년 12월 31일을 기준으로 근무성적평정과 함께 실시

2) 평가기준: 「교육공무원승진규정」 제28조의2 ②항

○ 다면평가자는 다음의 기준과 평가대상자가 작성하여 제출한 자기실적평가서(별지 제3호의 2서식)를 참작하여 평가하여야 함
  - 타당한 요소의 기준에 의하여 평정할 것
  - 평가자의 주관을 배제하고 객관적 근거에 의하여 평정할 것
  - 신뢰성과 타당성을 보장하도록 할 것
  - 평가대상자의 근무성적을 종합적으로 분석·평가할 것

3) 다면평가자 구성: 「교육공무원승진규정」 제28조의4 ②항

○ 평가대상자의 근무실적·근무수행능력 및 근무수행태도를 잘 알고 있으며, 공정하고 객관적으로 평가할 수 있는 교사로 구성
  - 학교별로 교장·교감의 주관하에 적정 수(3인 이상)의 교사를 선정하여 단일의 다면평가단을 구성(단, 분교장, 병설유치원 등은 기관장의 판단하에 별도의 다면평가단을 구성할 수 있음)
  - 교사 선정 시에는 당해 학교 근무기간, 교육경력, 담당 과목, 학년, 업무 부서 및 교사 성별 등을 고려하여 구성하되, 평가단 구성이 불가능할 경우 학교장이 지정할 수 있음
  - 다면평가자로 선정된 교사에게는 서약서(※ 붙임 1 참조)를 제출받고 서약서의 내용을 위배한 경우에는 평가자에서 제외시키며, 해당 교사의 다면평가 행위를 무효화함
  - 다면평가자로 선정된 교사의 평가 시에는 평가자 본인을 제외한 나머지 평가자들만이 평가단이 됨
  ※ 지역교육청 소속 순회교사는 근무성적확인자가 지역교육청 내 관할 교육기관(학교, 교육청 등)에 소속 또는 근무하는 3인 이상의 교육공무원인 교사를 선정하여 다면평가단 구성

〈예시: 다면평가자 선정기준 및 절차 등〉

○ 선정기준
 - 평가일 현재(당해 년도 12.31.) 당해 학교에서 10개월 이상 실제 근무한 교사
 - 평가대상자의 업무 실적 등을 종합적으로 파악할 수 있는 교사
※ 다면평가자 선정 제한 사유
·휴직, 파견, 직위해제 중인 교사
·계약직 교사(기간제교사, 산학겸임교사, 전일제강사, 종일반강사 등)
○ 선정 절차

구 분	내용
1단계	❖ 다면평가자 선정 기준에 따른 연명부 작성 　- 교육경력별, 학년별(초등), 교과별(중등)
2단계	❖ 다면평가자 선정 기준 확정 　- 확인자가 교육경력별, 학년별(초등), 교과별(중등) 등의 요소를 고려하여 기준 결정
3단계	❖ 다면평가자 선정 　-2단계에서 결정한 기준에 의해 다면평가자를 선정

※ 다면평가 대상자가 소수인 경우, 교사 전원이 참여하는 방법도 고려할 수 있음

※ 선정기준에 따라 선정절차의 단계구분의 수 및 순서를 조정할 수 있음
○ 평가자 구성(예시)
<초등학교>

초등학교 [10명]				중등학교(중·고교) [10명]			
교육경력별	평가자수	학년별	평가자수	교육경력별	평가자수	교과별	평가자수
10년 이내	1명	1학년	1명	10년 이내	1명	국어, 한문	1명
10~15년	1명	2학년	1명	10~15년	1명	사회, 국사, 도덕	1명
15~20년	1명	3학년	1명	15~20년	1명	외국어	1명
20년 이상	1명	4학년	1명	20년 이상	1명	수학	1명
		5학년	1명			과학, 실업	1명
		6학년	1명			예체능, 비교과	1명
계	4명		6명	계	4명		6명

※ 교육경력 및 학년, 교과별 교사 수 또는 학교 상황에 따라 평가자 수를 달리 정할 수 있음

4) 평가 사항 및 방법

○ 평가 사항 및 요소 등:「교육공무원승진규정」 별지 제4호의2 서식

구분＼평가사항 평가요소	자질 및 태도		근무실적 및 근무수행능력			평가점	환산점
	교육자로서의 품성	공직자로서의 자세	학습 지도	생활 지도	교육연구 및 담당업무		
평가점	10	10	40	20	20	100	30

※ 수업을 담당하지 않은 교사의 경우 교과교사와 동일하게 평가하되 '학습 지도' 평가요소에 대한 평가는 교육연구 및 담당업무 평가요소에 해당하는 비율의 점수를 부여(※ 동일양식 사용)
○ 평가방법: 강제배분법
 - 평가점수의 변별력 확보를 위해 다면평가자 개개인은 평가대상자의 다면평가점(총점)을 등급별 분포비율에 맞춰 상대평가 실시

〈분포비율〉

등급	점수(점)	비율(%)
수	95점 이상	30퍼센트
우	90점 이상 95점 미만	40퍼센트
미	85점 이상 90점 미만	20퍼센트
양	85점 미만	10퍼센트

· '양'에 해당하는 자가 없거나 그 비율 이하일 때는 이를 '미'에 가산할 수 있음
· 평가대상자의 평가점은 특별한 사정이 없는 한 동일하지 아니하도록 하여야 함

○ 평가등급에 따른 측정기준

평가 등급	비율	수준	설명
수 (95점 이상)	30%	탁월	모든 기대수준을 훨씬 상회하여 매우 우수함
우 (90점 이상 95점 미만)	40%	우수	기대수준을 대부분 충족시키며 일부에서는 기대수준을 훨씬 뛰어넘음
미 (85점 이상 90점 미만)	20%	보통	기대수준을 충족시킴
양 (85점 미만)	10%	미흡 또는 부진	기대수준에 미치지 못하거나 전혀 도달하지 못함

3. 다면평가 실시 요령

1) 사전교육

○ 전 교원에게 평가기준을 사전 고지하여 다면평가에 대한 사전 이해와 관심을 갖도록 함
○ 정실(情實) 등으로 인한 평가의 폐해를 설명하고, 서약내용을 위배할 경우 다면평가자에게 따르는 불이익 등도 명확하게 공지

〈사전교육 방법〉

○ 1, 2차 사전교육 실시

구분	1차 사전교육	2차 사전교육
주관	시·도교육청	각급 학교
대상	각급 학교 교장·교감, 지역교육청 장학사	전 교원
내용	다면평가의 의의 및 내용 설명, 평가자 선정 등 다면평가 시행절차 관리를 위한 연수	다면평가의 의의 및 내용 설명, 평가의 기준 및 평가방법, 평가자 주의사항 등을 공지

○ 중점교육 항목
 - 다면평가 의의 및 내용, 일정 등
 - 다면평가 방법 및 절차, 결과 처리
   · 평가 요소 및 기준
   · 다면평가자별 평가표 작성 방법
   · 다면평가요소별 집계표 작성 방법
   · 교사다면평가표 평가점 및 환산점 산출 방법 등
 - 강조할 사항
   · 부정확한 정보, 편견 및 주관 등으로 인한 판단 오류가 평가 과정에 수반되지 않도록 정확하고 객관적인 평가 강조
   · 학연·지연에 얽매이지 않는 공정한 평가가 이루어지도록 주의를 촉구하고, 특히 사적 감정으로 특정교사에 대해 지나치게 악의적이거나 호의적인 평가를 하지 않도록 당부
   · 평가의 신뢰성을 확보하기 위해 평가기준 이상으로 지나치게 관대하거나, 엄격하게 평가하는 경우에 대한 제재 장치를 사전에 공지
   · 다면평가 관련 정보가 유출되지 않도록 엄중 관리 및 대외 보안 유지

2) 평가 실시

○ 유·초·중학교 및 이와 동 등급 학교는 지역교육청, 고등학교 및 이와 동 등급 학교는 도교육청 지도·감독하에 학교별로 실시

○ 평가를 산발적으로 하게 되면 일관성이 결여될 수 있으므로 세부추진계획에 따른 평가실시 기간을 정해 두고 그 기간 동안 평가 진행

○ 학교 전산망을 이용하여 웹(Web)상에서 개인별 PC로 평가(온라인 평가)하거나, 전산환경이 미비할 경우에는 다면평가자별로 서면평가 실시

○ 다면평가자는 사전에 제출받은 평가대상자의 자기실적평가서 내용과 업무수행에 대한 평소 관찰결과 등을 참고하여 평가 실시

○ 수업을 담당하지 않는 교사의 경우 교과교사와 동일하게 평가하되 '학습 지도' 평가요소에 대한 평가는 담당업무 평가요소에 해당하는 비율의 점수를 부여(※동일양식 사용), 계열을 분리하여 평정

4. 다면평가결과 정리

1) 다면평가표 등 작성

○ 1단계: 다면평가자별 평가표 작성

〈양식 1(예시)〉

≪ 다면평가자별 평가표 ≫

· 다면평가자　　성명:　　　　　(인)

평가대상자		평가사항					다면평가점 (총점) (100)
		자질 및 태도		근무실적 및 근무수행능력			
연번	성명	교육자로서의 품성(10)	공직자로서의 자세(10)	학습지도 (40)	생활지도 (20)	교육연구 및 담당업무(20)	
1							
2							
3							
4							
5							
……							

○ 다면평가자는 본인 평가를 실시하지 않음
○ 다면평가점(총점)은 등급별 분포비율에 맞춰 상대평가 실시(강제배분)
　- 수(95점 이상) 30퍼센트
　- 우(90점 이상 95점 미만) 40퍼센트
　- 미(85점 이상 90점 미만) 20퍼센트
　- 양(85점 미만) 10퍼센트
※ 평가점 '양'에 해당하는 자가 없거나, 그 비율 이하일 때에는 '양'의 비율을 '미'에 가산

○ 2단계: 다면평가요소별 집계표 작성

〈양식 2(예시)〉

≪ 다면평가요소별 집계표 ≫							
평가요소: 교육자로서의 품성(10)							
평가대상자		다면평가자별 평가점				계	평균 (10점 만점)
연번	성명	김갑돌	박을순	홍길동	……	……	
1							
2							
3							
4							
5							
……							

○ 다면평가자별 평가점은 <양식 1>의 해당 평가요소별 평가점을 그대로 기재
○ '계'는 다면평가자의 최고점과 최저점을 제외한 점수의 합계(평가자 수가 4인 이상인 경우만 적용)
○ '평균'은 '계 ÷ 다면평가자 수(최고점과 최저점을 부여한 2인 제외)'
◦ 작성자   교감   (인)   ◦확인자   교장   (인)

○ 3단계: 교사다면평가표(별지 제4호의2서식) 작성
 - '교사다면평가표'의 평가점은 평가요소별 점수를 합산하고, 환산점은 평가점을 30%로 환산하여 산출함
   ※ (별지 제4호의2 서식)의 평가자 칸의 다면평가자는 전체 평가자를 의미하고, 비고의 다면평가자는 다면평가자 개인을 의미함
○ 4단계: 교사근무성적평정 및 다면평가 합산표(별지 제4호의3 서식) 작성
 - '교사근무성적평정 및 다면평가 합산표'의 총점은 근무성적평정 환산점(70점만점)과 교사다면평가 환산점(30점 만점)을 합산하여 산출하고,
 - 조정점은 근무성적평정조정위원회에서 조정점 부여에 대한 심의를 하여 분포비율에 맞게 부여함

2) 기타: 관련서류 제출

○ 학교에서는 다면평가를 실시한 후 교육청에 다음의 서류를 제출
 - 교사근무성적평정표(별지 제4호 서식) 각 1부
 - 교사다면평가표(별지 제4호의2 서식) 1부(※ 확인자 및 평정자 서명 확인 必)
 - 교사근무성적평정 및 다면평가 합산표(별지 제4호의3 서식) 1부

▌제5장▐ 교원평가 제도의 과제

2000년 2월 당시의 교육부 장관은 교사들의 경쟁을 유도하기 위해 교원평가제를 도입하겠다는 뜻을 밝혔다. 그러나 10년간 교원평가제는 헛돌았다. 교원(교직)단체가 반발하자 국회는 법제화를 미뤘고, 교육당국도 적극적인 의지를 보이지 않았다.

그런 곡절을 겪은 교원평가제가 올해 전격 시행된다. 현행 근평제도(근무성적평정제도)에서는 교장은 평가를 받지 않고, 학생·학부모도 평가에 참여하지 못한다. 이 때문에 연공서열식 평가가 나온다는 지적이 있었다. 하지만 새 교원평가제는 교장도 교사들에게 평가를 받고, 학생과 학부모는 교사들이 잘 가르치는지 따져 볼 수 있게 된다. 그러나 교육과학기술부는 절대평가로 진행하고, 결과도 공개하지 않으며, 인사에도 반영하지 않는다는 방침이어서 '무늬만 교원평가'라는 비판이 나오고 있다.

우선 교원평가 대상은 전국의 국·공·사립 등 모든 초·중·고교와 특수학교 교원이다. 교장·교감·교사를 포함한다. 물론, 보건교사, 영양교사, 사서교사, 상담교사 등 비교과 담당교사들도 모두 포함한다. 평가방식은 동료교사에 의한 다면평가와 학생·학부모 만족도 조사 두 가지다. 교장과 교감도 교사와 학부모한테 평가를 받는다. 연차적으로 유치원 교원도 평가 대상에 포함시킬 계획이다.

개별 교사평가에는 동료교사 3명 이상이 참가한다. 초등학교는 같은 학년(동 학년)의 교사가, 중·고교는 같은 교과(동 교과)를 가르치는 교사가 서로 평가한다. 학생과 학부모는 '학생 지도를 성실히 하느냐' 등 70개 항목에 대해 공개수업 참관 경험 등을 반영해 문항별로 평가한다. 종합 등급은 5개(매우 우수, 우수, 보통, 미흡, 매우 미흡)로 매긴다.

일반적으로 평가시기는 학교별로 결정하지만 동료교사 평가는 연말에, 학생·학부모 만족도 조사는 1학기가 끝나는 6월께 실시하는 것이 적당할 것이다. 다만 세부적인 사항은 학교장, 단위학교 교원평가관리위원회를 구성하여 결정, 시행하도록 되어 있다. 평가결과는 교사 개인에게 100점으로 환산돼 지표별·평가자별로 통보된다. 우수 교사에게는 연구년(1년) 같은 인센티브가 주어지지만, '문제' 교사는 6개월 이상의 의무 집중연수를 받아야 한다.

현행 매년 연말에 실시하는 교사근무성적평정제도(근무성적평정제)는 4단계(수·우·미·양)의 상대평가다. 학교별 교원 중 10%는 강제할당으로 '양'을 주도록 되어 있다. 하지만 '양'은 '미'에 합산할 수 있도록 되어 있다. 교원능력개발평가는 현재의 근평보다 더 공정하게 시행되어야 한다는 과제를 안고 있다.

평가결과를 인사에 반영하지 않는 것은 승진 등에 가산점을 주는 현행 근무평정제도보다도 후퇴했다는 지적도 없지 않다. 현행 근평제도하에서는 문제 교사를 전보, 구조조정할 수 없는 점이 학교 운영의 가장 큰 한계인데, 교원능력개발평가제에서도 인사에 반영하지 않기 때문에 달라진 게 없다는 비판이 있다. 영국·중국 등 다른 나라들은 평가결과를 인사에 반영한다.

또한, 평가결과 미공개 원칙도 논란이 되고 있다. 교육과학기술부는 서열화 방지를 위해 학교 홈페이지에 평가항목별 평균 점수만 공개할 방침이다. 시민 단체, 학부모 단체 등에서는 "학부모가 교사의 평가결과를 알지 못하면 효과를 거두기 어렵다."고 지적하고, 교원평가결과를 반드시 인사 고과에 반영하라고 요구하고 있는 실정이다.

1. 평가자의 신뢰성 제고

성공적인 교원능력개발평가의 첫째 요건은 평가자 신뢰성이다. 평가자 신뢰성은 평가자가 얼마나 정확하고 객관적인 평가를 내릴 수 있는가의 문제로 '평가자가 충분한 평가능력을 가지고 있는가?' 와 '진실하고 공정한 평가의도가 있는가?'에 달려 있다.

평가자의 신뢰성을 높이려면 평가자가 평가하는 데 필요한 정보를 충분히 가지고 있어야 하는데 이를 위해서는 평가자와 피평가자가 업무상 연관이 있고 충분히 관찰할 기회가 주어져야 한다. 또 피평가자가 신뢰할 수 있는 평가를 위하여 평가자에 대한 교육 훈련이 필요하다.

특히 만족도 설문조사로 참여하는 학생과 학부모의 경우 설문조사 항목은 학생과 학부모가 충분한 정보를 가지고 잘 알 수 있는 내용이어야 한다.

2. 의미 있는 피드백 제공

교원능력개발평가의 결과는 반드시 본인에게 피드백되어야 한다. 교원능력개발평가의 목적이 피평가자의 능력개발을 위한 정보를 제공하여 개선시키는 데 있기 때문이다. 피드백의 적절성은 피평가자에게 제공된 피드백의 특성에 관한 것으로 피평정자에게 제공되는 피드백이 긍정적일 뿐만 아니라 구체적, 정기적으로 제공되고 충분한 내용을 포함하고 있어야 피드백을 제공한 평가자에 대한 반응이 긍정적으로 형성될 수 있다.

3. 평가자의 익명성(匿名性) 보장

교원능력개발평가에서는 평가자의 익명성이 철저히 보장되어야 한다. 평가를 하는 하급 직원이나 동료들이 자신의 신분이 해당 피평가자에게 노출되지 않는다는 확신이 없다면 솔직하고 성실한 평가를 내기 어렵기 때문이다.

학생 및 학부모도 익명이 보장되지 않을 경우 부정적인 피드백을 제공하는 것을 회피하게 되고 동정적 관대화 경향이 나타날 수 있으며 평가 참여율도 크게 낮아질 수 있다.

1. 한국의 교원평가 시범학교 운영 사례

1) 중동고등학교(서울) 사례

☐ **평가 목적**
○ 교사의 발전방향 설정과 자기 계발의 계기 마련
○ 효율적인 인사관리 및 동기부여와 합리적인 학교경영 실현
○ 학교의 교육력 제고

☐ **평가연혁**
○ 1994년: 시범 실시
○ 1996년: 학교장 평가 실시
○ 2000년: 동료평가제 도입

☐ **평가의 개요**
○ 평가대상: 교사와 직원 전체
○ 평가시기: 매년 연말
○ 평가 주체: 동료교사, 과장, 부장, 교감, 교장, 기타(학부모, 재단)
○ 평가영역
-교육 활동 평가: 교과지도, 담임업무, 보직업무, 인성지도, 클럽활동, 부서업무
※ 피평가자군(교사, 과장, 부장, 선임교사, 수석교사)에 따라 다름
-자기계발 평가: 자기계발 노력 및 성과
-교육기여도 평가: 경력
○ 평가등급: 3등급(우수, 양호, 보통)
○ 평가결과 활용
-특별상여 및 포상: 우수(250%), 양호(230%), 보통(200%)

☐ **평가 대상 및 방법**
○ 교장·교감
-평가영역: 교육 활동, 리더십
-평가내용: 교육계획서항목(70%) ＋ 리더십·교사관계·지도감독(30%)

※ 인품은 평가대상 아님
- 평가 주체: 교감, 교사대표(3), 학부모대표(3), 재단(1)
※ 학부모는 소수인원이 좋음(객관성 가능 확보 가능자)
※ 학부모평가 비율은 낮아도 됨

○ 교사
- 평가 주체
· 일반 교사: 동료교사(부서, 학과) 40% + 과장·부장 30% + 교감 15% + 교장 15%
· 과장: 부장 30% + 교감 30% + 교장 40%
· 부장: 교감 50% + 교장 50%
· 선임교사: 동료교사 40% + 부장 30% + 교감 15% + 교장 15%
· 수석교사: 동료교사 40% + 교장 60%
※ 학부모평가는 없음

□ 평가결과
○ 결과는 비공개
○ 평가결과 인센티브
- 현재: 250%~200%(초기: 400%~200%)
- 5월에 우수 교사 표창을 함
○ 평가결과 활용을 명확히 하는 것이 필요

□ 평가의 유의사항
○ 적극적 홍보 필요(교사의견 최대한 수렴)
○ 개인적 친분, 즉 친소관계가 평가에 영향을 주지 않아야 함
○ 평소에 관찰해서 연말에 평가
○ 평가에 대한 좋은 인식이 필요
○ 부적격교사 퇴출기제 등으로 사용은 위험

□ 평가의 문제점
○ 평가결과가 피드백이 제대로 되지 않음
○ 일부 교사는 평가결과에 대해 무관심하거나 역반응을 보임
○ 자기반성이 필요한 분이 평가결과 미수용

2) 가야고등학교(부산) 사례

○ 평가목적

- 교육 수요자인 학생들의 욕구에 부응
- 교사의 전문성과 책무성을 고양하여 교육 효과를 극대화
○ **평가연혁**
- 1995년부터 교사평가제 실시
○ **교원평가를 위한 여건**
- 평가에 대한 합리적인 교사 인식
- 평가 환류체제 활용
- 평가결과를 토대로 연수 및 교과협의회 활성화
- 7차 교육 과정에 따른 수준별 평가문항 개발
- 교과별 특성을 고려한 평가문항 개발
- 교사에 대한 권한 부여
· 인센티브 도입으로 자기개발 의지 고취
· 교육 과정 편성·운영 자율성
· 교사의 예산편성 참여
○ **교원평가의 개요**
- 대상: 교사, 교장
- 시기: 학기 및 학년 말(단, 도서관이용 평가는 2개월마다)
- 주체: 교장, 교감, 동료교사, 학부모, 학생
- 방법
· 체크리스트에 의한 평가항목별 계량화 및 서열화
· 교육계획서 작성 시 교장 평가항목을 포함하는 학교경영평가 실시
○ **평가결과 공개 여부 및 활용**
- 공개 여부: 비공개(단, 인사자문위원회에서는 공개)
- 결과 활용
· 3학년 담임 및 교과 배정 시 고려
· 학생의 수업평가결과: 평가 다음 학년 초 개인평가 파일을 해당 교사에게 전달, 수업에 반영토록 권고
○ **평가의 긍정적 효과**
- 교사의 교과에 대한 전문성 신장과 책무성이 제고되어 교육의 질 향상
- 임상장학평가로 교과협의회와 교사 상호간 아이디어 교환 활성화
- 학생이 원하는 수업을 할 수 있는 여건 조성
- 학생은 수업의 주체라는 능동적 자세 고취
- 학부모의 요구를 수업 및 학급경영에 점진적으로 반영
- 전일제 클럽활동평가로 교사의 인성교육 지도 역량 배양
- 교사 및 학생의 도서관 이용 활성화
○ **교원평가 유형별 내용**

〈표 102〉 교원평가 유형별 내용

평가 종류	평가 주체	평가 내용
수업평가	학생	수업의 준비, 학생활동, 수능과의 관련성 등 6개
수업연구 평가	동료 교사	수업의 지도안, 수업목표, 수업준비, 수업모형 적용 여부, 매체활용 여부, 형성평가 관련
임상장학 평가	교장, 교감, 동료교사	−1단계: 체크리스트 평가 　·내용: 교수·학습 활동관련 10개 항목 −2단계: 비디오 촬영 평가 　·내용: 교수·학습 활동관련 4개 항목 −3단계: 교과협의회 평가 　·내용: 교수·학습 활동관련 모든 항목 　·방법: 체크리스트 환류, 비디오 감상, 토론
수업 및 학급경영	학부모	학습 분위기, 수업의 친밀도 등 6개 항목 실시시기: 연 2회(수업연구 및 공개수업)
전일제클럽활동	학생	클럽활동 내용의 유용성, 장소의 적절성 등 4개 항목
도서실이용실태	학생	필독서 권장 여부, 과제학습자료 제시 여부 등 3개 항목
학년별 학급경영	학생	조·종례 시 예의 또는 생활지도 여부, 교칙준수 지도 여부 등 11개 항목
학교경영	교사	교장·교감 평가 등 학교운영 전반

2. 외국의 교원평가제도와 사례

1) 미국의 교원평가

○ 평가 목적 및 내용

> ▶ 학생의 성취도를 향상시킬 수 있도록 수업의 질을 개선
> ▶ 교사의 자질과 수업의 질을 평가함으로써 개별 교사의 미래지향적 개선과 전문성 신장
> ▶ 인사관리 및 보수결정을 위한 자료 생성

평가 내용 및 기준　　　　　　　　　　　　**평가 도구**

평가 내용 및 기준	평가 도구
▶ 학습 중심 수업 ▶ 학생에 대한 평가와 피드백 ▶ 학생 훈육, 수업 전략, 시간과 자료관리 ▶ 전문적 의사소통 기술 ▶ 전문성 개발 ▶ 정책, 규정, 지침 준수 ▶ 학생들의 학업성취도	▶ 필기시험(언어, 수리, 교과지식 등 측정) ▶ 교사 자기평가서 ▶ 평가자가 교실수업 관찰 ☞ 우수한 교사의 특성을 나열한 체크리스트로 교실을 관찰하고 평점 부여

○ 평가 방법 및 절차

주관	▶ 주로 주 정부 혹은 학교구에서 교사평가에 대한 의무/선택규정을 마련하여 교사평가 시행 ▶ 규정에 따라 단위학교 자체적으로 평가 실시
평가자	▶ 대체로 학교장이 평가자가 되지만, 교장이 지명한 자가 평가(교감, 수석교사 등)를 실시하는 경우도 있음
대상	▶ 모든 교사 및 계약제 교사 포함
주기/횟수	▶ 임용 후 최초 3년간 매년 실시한다. ▶ 대체로 3년에 1회를 기준으로 평가, 조건부 재임용 시, 그다음 해에 평가

평가 준비단계	평가 실시단계	평가 후 단계
▶ 교사가 자기 평가 보고서 작성 ▶ 목표설정회의 ▶ 직원연수	▶ 교실관찰 ▶ 문서의 제출 ▶ 면담	▶ 평가회의 ▶ 이의 제기 시, 추가자료 수집 및 재평가

○ 평가결과의 활용

영역(활용 내용)	세부 활용(적용) 방법
① 교직 전문성 신장	▶ 평가결과가 나쁜 교사 전문성 신장을 위한 연수프로그램 의무 참여
② 책무성 담보	▶ 재임용의 결정, 봉급인상 결정에 공식적 평가결과를 활용
③ 평가결과 공개 여부	▶ 공식적 평가결과는 개인인사 사항에 기록

2) 영국의 교원평가

○ 평가 목적 및 내용

▶ 교사들이 자신의 직무에 자신감을 가지고 더욱 잘 수행하도록 전문성을 인정하고, 필요한 부분을 개발
▶ 교사의 전문성 제고를 통하여 학생의 학업성취도를 높이고 교육의 질을 향상

평가 내용 및 기준	평가 도구

▶ 『교육규정 2001』에 따라 교사들이 스스로 목표를 수립하되, 다음 내용 포함 ‒ 교사전문성 향상 및 개발 ‒ 학생 학업성취 향상 정도 ▶ 교사 스스로 수립한 목표와 진술 내용을 평가 기준과 내용으로 활용	▶ 평가자는 수업을 1회 이상 참관 ▶ 평가자‒피평가자 면담: 교사의 수행능력에 대해 면담 ▶ 교사의 업무 수행 능력에 대한 정보를 한 사람 이상에게서 수집

○ 평가 방법 및 절차

주관	▶ 『교육규정 2001』에 따라 단위 학교가 의무적 평가 실시
평가자	▶ 주로 학교장 혹은 수석교사 등의 직속 상급자가 평가 ▶ 수석교사가 지정한 경력교사가 평가를 담당하기도 하며, 이 경우 다른 교사로부터 신뢰를 받는 교사
대상	▶ 지방교육청 소속 혹은 사립학교의 모든 교사 ▶ 계약제 교사의 경우, 한 학기 이상을 근무하는 경우 평가
주기/횟수	○ 1년 주기(단위 학교에서 자율적 규정가능)

평가 준비단계	평가 실시단계	평가 후 단계
▶ 평가 목표설정 ⇒ 평가자-피평가자의 합의에 의해 결정 ▶ 교사가 작성한 직무설명서를 기초자료로 활용	▶ 수업관찰 ▶ 수행능력과 관련한 평가자-피평가자 면담 ▶ 평가정보수집 ▶ 평가면담 ⇒ 직무 수행정도 및 수준 검토	▶ 평가검토회의 실시 ▶ 평가보고서 작성 ⇒ 최종적으로 피평가자의 확인 ▶ 이의 제기 시, 결과 재검토, 재평가 등 실시

※ 교사평가의 구체적인 절차는 단위 학교의 학교운영위원회가 결정하며, 단위 학교별로 각기 다름

○ 평가결과 활용

영역(활용 내용)	세부 활용(적용) 방법
① 교직 전문성 신장	▶ 평가결과에 따라 교사의 전문성 신장을 위해 필요한 교육/훈련 프로그램을 제공
② 책무성 담보	▶ 교사의 승진, 보수의 결정 등 인사상의 목적에 활용
③ 평가결과 공개 여부	▶ 평가결과보고서 개인 통보, 보고서를 학교장, 학교운영위원회, 지방교육청 등의 관료에게도 공개

○ 기타 특이 사항

〈영국 교원평가의 발전〉
▶ 1992년부터 교원평가(Teacher's Apprasial)를 시행해 오다가 용어상의 저항감을 줄이기 위해 약 5년 전에 'Performance management'로 명칭 변경
  - 교원평가에 대해서 법으로 규정하였고 각 학교별 평가운영 실태에 대해 OfSTED에서 점검
  - 현재 교원노조에서도 별문제 없이 수용
  - 처음에는 감시당하거나 평가받는다는 것을 이유로 거부감을 표현하였으나 자기 발전기회 제공이라는 측면에서 수용
▶ 사립학교에서도 4~5년 전부터 교원평가 시작
  - **처음에 약간의 저항과 자료 준비 등에 어려움이 있었으나 현재는 전문성 신장 등 안정적으로 운영되어 긍정적 효과 거양**
  - **과거에는 개개인의 노력으로 이루어졌던 전문성 신장이 현재는 모든 교사가 수준을 높일 수 있는 계기가 됨**
▶ 사립학교의 경우 승진과는 연계하지 않고 성과급 형식으로 소액의 인센티브 제공

▶ 평가결과에 의거하여 지도능력이 부족한 교원을 지원하되, 결과에 따라 재계약하지 않은 사례는 거의 없음(구조조정 수단으로 미활용)
▶ 1년에 4차례 정도 외부강사 초빙 전 교원 교육(사립학교)
 −개별 희망 외부 연수 지원: 경비 및 수업 대체(연간 2∼3일)
▶ 학생, 학부모의 평가 참여에 대해서는 부정적 반응
▶ 평가자는 선임교사로 하되, 본인 희망에 따라 교체가능
 −대부분 객관적 증거에 의거 평가하기 때문에 1인 평가에 따른 객관성, 신뢰성이 크게 문제되지 않는다는 반응
 −실적을 평가자에게 입증하는 책임은 교사 개인의 문제로 인식

3) 프랑스의 교원평가

➲ 프랑스는 공교육 이념과 중앙집권적인 교육제도로 인해 90년대 초까지 교사평가의 필요성을 느끼지 못했으나, 최근 들어 국가교육제도의 원활한 기능을 위해서는 교사평가가 반드시 이뤄져야 한다는 인식이 확산

○ 평가목적

▶ 교수 활동의 질적 수준을 높이고, 양질의 교수 활동이 계속되도록 교사 및 교수 활동을 지원
▶ 교사 업무수행 및 교사활동에 대하여 적절한 보상을 제공

○ 평가 내용 및 도구

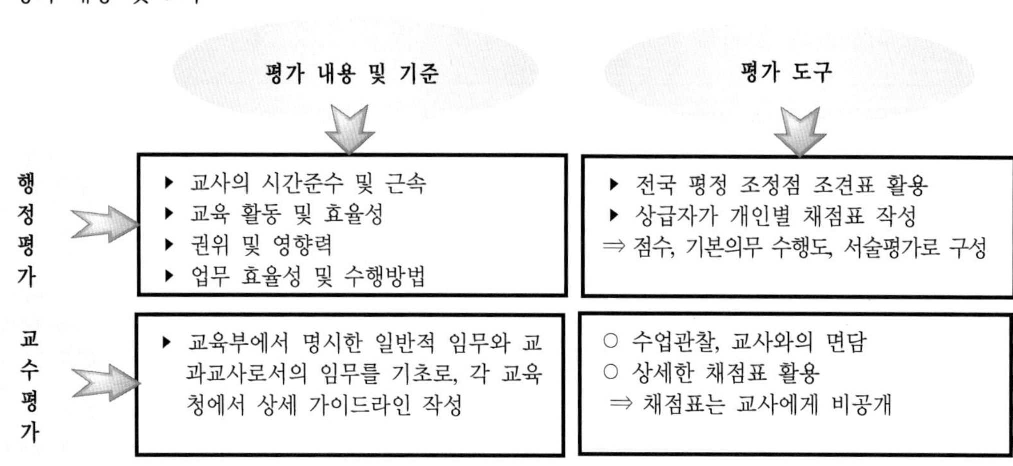

○ 평가 방법 및 절차

주관	▶ 국가교육총장학위원회(IGEN) ▶ 아카데미 장학위원회 및 지역교수장학위원회(IA – IPR) ▶ 국가장학위원회(IEN)
평가자	▶ 행정평가: 교장 ▶ 교수평가: 장학사
대상	▶ 모든 교사
주기/횟수	▶ 행정평가: 매년 실시 ▶ 교수평가: 초등 경우 3~4년, 중등 6~7년에 1회 평가

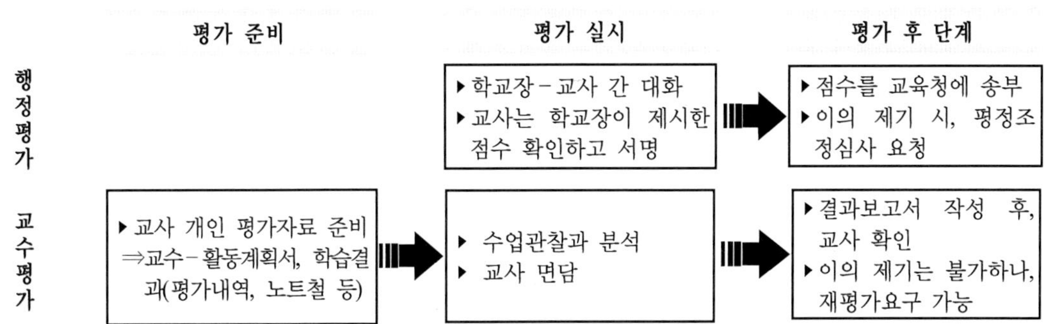

○ 결과 활용

영역(활용 내용)	세부 활용(적용) 방법
① 교직 전문성 신장	▶ 무능 교사로 평가되었을 경우, 교수 자문 교사의 지원
② 책무성 담보	▶ 교원의 전보 발령 및 승진 판단의 준거로 활용
③ 평가결과 공개 여부	▶ 평가 보고서 교사 개인에게 공개·확인을 받은 후, 소속 교육청의장학관에게 제출

4) 독일의 교원평가

➲ 바이에른, 작센, 자를란트, 바덴뷔르템베르크, 노르트라인베스트팔렌, 베를린, 라인란트팔츠, 튀링겐 주 등 8개는 4~5년 주기로 평가를 실시하고 있으나, 니더작센, 함부르크, 작센안할트 주 등에서는 평가 이유가 있을 때만 실시

➲ 그러나 '06~'07학년도부터는 대부분 주가 학교교육평가라는 틀 속에서 교원평가를 정기적으로 실시할 예정

○ 평가 목적 및 내용

> ▸ 수업전문성 신장
> ▸ 승진 및 보수지급의 기준 마련

평가 내용 및 기준

> ▸ 전문교과 능력
> ▸ 적성 및 자격
> ⇒ 수업과 교육을 가장 중요시

평가 도구

> ▸ 수업 내외적인 관찰(사전 통보 없는 수회의 수업 참관)
> ▸ 문서검토(학생 과제물 등)
> ▸ 다른 평가자의 의견 참고
> ▸ 평가자와 피평가자(교사)의 대화

○ 평가 방법 및 절차

평가자	▸ 교육청 장학사 및 학교장 ▸ 전문가 등 제3자의 의견도 고려
대상	▸ 정규직 공무원 신분의 모든 교사
주기/횟수	▸ 주마다 다르지만, 대체로 4~5년의 주기로 평가 실시 ▸ 정기적 평가가 없는 주는 사유가 발생 시 평가

평가 실시단계

> ▸ 수업관찰, 면담, 문서검토 등 다양한 방법을 활용하여 평가

평가 후 단계

> ▸ 결과에 이의 제기가 있을 경우, 3주 내에 이의 제기하고 재검토
> ▸ 확정된 평가결과를 교육위원회에 서면 제출

※ 바이에른 주의 경우, 점수제(1~16점)를 활용하여 평가결과 단계화

> ▪ 1~2점: 개별 평가요소가 모두 부족한 수준
> ▪ 3~6점: 개별 평가요소가 부분적 부족 혹은 대체로 평균적인 수준
> ▪ 7~10점: 모든 부분에서 조건을 충족시키는 수준
> ▪ 11~14점: 개별 요소가 조건 이상이거나, 특별히 우수한 수준
> ▪ 15~16점: 모든 관점에서 매우 우수한 수준

○ 결과 활용

영역(활용 내용)	세부 활용(적용) 방법
① 교직 전문성 신장	▸ 평가결과를 다양한 교사 연수, 연찬 등 전문성 향상 지원 등 반영
② 책무성 담보	▸ 평가결과에 따라 교사 등급 조정 및 보수 결정
③ 평가결과 공개 여부	▸ 평가결과를 교사에게 공개하고 교장 – 교사 간 면담 실시

5) 호주의 교원평가

➌ TARS(Teacher Assessment and Review Schedule)이라는 평가제도에 근거하여 교사평가가 이루어짐

○ 평가 목적 및 내용

▸ 교사 전문성 신장 및 유능한 교사를 개발
▸ 교사 이해와 기술을 강화
▸ 보상과 징계를 통한 교육의 책무성을 제고

<table>
<tr><td>

평가 내용 및 기준

▸ 교사의 다양한 교육 활동
 - 학급운영 및 관리
 - 학생 학업 성취정도
 - 수업계획 및 실행
 - 특별활동 지도 실적

</td><td>

평가 도구

▸ 평가자 - 피평가자의 면담
▸ 교육 활동 관찰
⇒ 학급운영 및 관리, 특별활동 지도내용 및 실적, 견학실적, 자원봉사 활동, 소년단 등
▸ 교재준비, 과제물, 학습결과 및 성적표 등 문서 검토

</td></tr>
</table>

○ 평가 방법 및 절차

평가자	▸ 주로 교장이 평가, 때로는 교장이 지명한 교사(주로 주임교사)가 평가자 역할
대상	▸ 모든 교사
주기/횟수	▸ 매년 1회

평가 실시단계

▸ 평가자와 피평가자의 면담
▸ 교사의 교육 활동 관찰
▸ 관련 문서 검토

평가 후 단계

▸ 평가결과를 토대로 교사를 3등급으로 구분
▸ 교장과의 면담을 통해 평가결과에 대하여 상호 합의한 후 서명

※ 교사 등급별 판정

▷ 효율적인 교수 활동을 계속할 수 있음이 입증된 교사
▷ 교생 등 수습기간 중에 있는 교사
▷ 개선 프로그램 해당 교사 또는 효율성이 우려할 수준인 교사

○ 결과 활용

영역(활용 내용)	세부 활용(적용) 방법
① 교직 전문성 신장	▶ '개선요망' 등급으로 평가된 교사는 관련 개선 프로그램 이수 의무화
② 책무성 담보	▶ 평가결과에 따라 승진 여부 및 보수수준 결정 ▶ 평가결과가 좋지 않은 교사는 징계위원회의 결정에 따라 학교에 복귀 혹은 전근을 가거나, 교육청에서 업무보조의 역할로 근무
③ 평가결과 공개 여부	▶ 평가결과는 본인에게 공개되며, 결과에 합의하고 서명

6) 일본의 교원평가

➲ 최근 어린이의 학습의욕 저하, 규범의식 및 자율심의 저하, 사회성 부족, 왕따 등 학교교육이 안고 있는 문제가 심각

➲ 교육개혁이 소기의 성과를 얻기 위해서는 교원의 역할이 중요하다고 보고, 교원의 자질을 향상시키기 위한 다양한 시책을 마련하고 있으며, 그중 하나로 교원평가제도를 활용

○ 평가목적

▶ 능력과 업적에 입각한 인사관리에 초점

○ 평가내용

직 위	관리직(교장, 교감)	교 사
평가내용	▶ 직무 상황 ▶ 근무 상황 ▶ 특성·능력	▶ 학습 지도 ▶ 생활·진로지도 ▶ 특별활동 ▶ 연구·연수 ▶ 학교 운영

○ 평가방법

주관	▶ 각 도도부현 및 시의 교육위원회
평가자	▶ 교장은 교육위 인사부장이 평정한 후 최종적으로 교육장이 평가 ▶ 교감은 1차 교육위 인사부장, 2차 교장이 평가하고 최종 평정 시에는 교육장이 평가 ▶ 교사는 1, 2차 평정 시에는 교장, 최종 평정 시에는 교육장이 평가
대상	▶ 전 교원
주기/횟수	▶ 연 1회

○ 평가절차
- 평가절차는 1차 평정 → 2차 평정 → 최종평정 → 평정조정의 순서로 진행되며 1, 2차 평정은 절대평가, 최종평정은 상대평가
- 평정결과는 S(특히 뛰어남), A(뛰어남), B(보통), C(약간 저조함), D(저조함) 다섯 난계로 나누어 산출

○ 결과 활용
- 교장, 교감과 같은 관리직의 경우 평가결과를 승급, 승진, 보수, 인사이동에 활용하고, 교장, 교감을 제외한 교사는 인사 관리에 활용하는 동시에 연수대상자 선발, 부적격 교원 판단 등의 자료로도 활용

영역(활용 내용)	세부 활용(적용) 방법
① 교직 전문성 신장	▶ S등급, A등급 평정 획득자에게 연찬 파견, 특별 연수 지원 등
② 책무성 담보	▶ 교장, 교감: 승급, 승진, 보수, 인사 이동 등의 인사 관리 자료로 활용 ▶ 교사: 인사 관리 자료 및 연수 대상자 선발, 부적격 교원의 판단 자료
③ 평가결과 공개 여부	▶ 교장, 교감을 제외한 교원의 평가결과는 본인에게 공개

■ 교원평가에 학부모·학생이 참여하는 사례

○ 미국
- 교사평가는 전통적으로 학교 교장들에 의해 행해지는 것이 관례이나 점점 더 많은 학교들이 다양한 교사평가제를 도입하고 있음
- 뉴욕 주 학교 연합(NYSSBA: New York State School Board Association)의 조사에 의하면, 뉴욕에 있는 학교들 중 60% 이상이 교사평가 절차에 학생, 학부모들을 참여시키고 있음
- 서포크 지역(Suffolk County)의 리버헤드(Riverhead) 교육구는 360도 피드백(360-degree feedback)이라는 교사평가제를 운영하고 있음. 이는 교원들의 수행평가를 모든 방향에서 실시하자는 의미로, 교사, 학생, 학부모, 동료교사들이 교사 수행평가절차에 참여하게 되는 제도임
- 알바니 지역(Albany County)의 부얼히스빌(Voorheesville) 교육구에서는 5년 전부터 자신이 가르친 학생들과 그들의 학부모들에게 교과 과정에 대하여 피드백을 받고 이에 따라 수업방식을 조정하는 교사들이 점점 늘어나고 있음
- 와이오밍(Wyoming) 학교구의 자료에 의하면 학생들이 교사들을 평가한 척도가 가장 정확하며, 학부모들의 교사평가가 그다음으로 신뢰할 만한 정보였다고 소개함

○ 중국
- 교사평가 9가지 평가자료 중 교과담당교사를 대상으로 한 학생설문조사 시행
※ 교학태도, 연구개발, 교학언어, 표준어 사용, 해당 과목 흥미 정도 등 15가지 지표로 최우수, 우수, 보통, 부족 등 4개 등급으로 구분하여 학생들이 평가
- 학급담임 교사를 대상으로 한 학생설문조사 시행
※ 학급에 대한 열정, 담임 역할, 학급회의와 집단 활동, 학생에 대한 열정 등 10개 지표로 최우수, 우수, 보통, 부족 등 4개 등급으로 구분하여 학생들이 평가

○ 영국
- 1990년 작센 주에서 학생에 의한 교사평가가 시범적으로 시행되어 평가자료는 익명으로 교육부에 보고되었음

■ 교원평가에 동료교사가 참여하는 사례

○ 영국: 수석교사, 수석교사가 지정한 경력교사
- 교장 자신이나 학교의 교사를 평가위원으로 임명하여 다른 교사의 수행능력을 평가함

○ 미국: 주에 따라 동료교사가 평가에 참여
- 서포크 지역(Suffolk County)의 리버해드(Riverhead) 교육구는 360도 피드백(360-degree feedback)
  이라는 교사평가제를 운영하고 있음. 이는 교원들의 수행평가를 모든 방향에서 실시하자는 의
  미로, 교장, 학생, 학부모, 동료교사들이 교사 수행평가절차에 참여하게 되는 제도임

○ 독일 - 김나지움, 레알슐레, 직업학교의 경우 평가인은 학교장이지만, 교감이나 담당과목 전문가
  의 의견을 수용할 수도 있으며, 이들이 수업참관을 할 수 있음

○ 싱가포르: 평가자(평가관리자 검토관)는 교장이 아닌 교감, 부서장
  (department heads), 교과목 부장(subject heads), 학년부장(level heads)과 같은 단위학교의 중간
  관리자가 참여
- 평가자는 단위학교에서 결정

■ 교원평가에 수업참관을 활용하는 경우

○ 영국: 평가위원은 평가기간 동안 평가대상 교사의 수업을 1회 이상 참관함

○ 미국: 수업관찰이 가장 빈번하게 사용됨
- 우수한 교사의 특성을 중심으로 학교구에서 개발한 일종의 표준화된 체크리스트에 의거하여 평
  가자 교실을 방문하여 평정점을 부여함
※ 2003년 현재 2개 주만이 교사평가와 학생의 학업성취도를 직결시키고 있음

○ 독일: 김나지움, 레알슐레, 직업학교의 경우 평가인은 학교장이지만, 교감이나 담당과목 전문가
  의 의견을 수용할 수도 있으며, 이들이 수업참관을 할 수 있음

○ 프랑스: 행정평가와 교수평가(교사평가의 핵심)로 나누어짐. 평가자(장학사)는 15일 이내로 교
  수평가를 받을 것이라는 서한 통고를 보내지만 정확한 방문일자를 밝히지는 않음
- 평가 장면의 일상성을 최대한 보장하기 위한 것임

연구 문제

1. 시대적·사회적 흐름(Trend) 차원에서 교원평가제 도입의 의의를 설명하시오.

2. 한국에서 오랜 진통 끝에 교원평가제(교원능력개발평가제)가 전면 도입, 시행되게 된 배경에 대해서 설명하시오.

3. 교원평가의 목표와 유형에 대해서 구체적으로 기술하시오.

4. 교원평가를 종래의 교원근무성적평정제도, 다면평가제도 등과 비교하여 설명하시오.

5. 교원평가에 직접 참여하는 동료 교원, 학부모, 학생들의 자세에 대해서 간단히 설명하시오.

6. 교원평가의 주요 내용과 그 결과 처리에 대해서 설명하시오.

7. 교원평가에서 동료 교원 간 평가 방법과 요소에 대해서 서술하시오.

8. 교원평가에서 평가자와 피평가자가 공히 유의해야 할 점에 대해서 기술하시오.

9. 현행 근무성적평정제도에 만점의 30%를 가산하는 다면평가제도와 교원평가제도를 통합 운영할 수 있는 개선 방안에 대하여 논하시오.

10. 외국의 교원평가제도 사례에서 우리나라에 도입, 적용(벤치마킹)해야 할 우수 사례에 대해서 설명하시오.

제 **9** 부

◀◀◀ 수업장학 실천 사례 ▶▶▶

[Key Point]

　제9부에서는 단위 학교 자율장학을 중심으로 한 수업장학 사례를 탐구한다. 수범적인 몇 개 학교의 수업장학 사례를 통하여 각 학교의 교내 자율장학의 특성을 파악하고 이를 벤치마킹할 방법에 대해서 탐구한다. 단위 학교에서의 수업장학은 학교장을 중심으로 한 교내 자율장학이 핵심이면서도 중요함을 깨닫고 창의적인 방법을 구안하여 적용할 수 있는 자질과 능력을 함양한다. 아울러 교육과정 전문가와 수업 전문가로서의 교사의 덕목에다가 수업장학 전문가라는 자질까지 추가해야 한다는 시대적·사회적·교육적 소명을 인식하고 이를 위해 부단히 노력하는 21세기 세계화 시대 혁신적인 교사의 자세를 정립한다.

▌제1장▐ 사례 1: 수업장학을 통한 수업의 질 개선

1. 수업장학의 특징

수업장학의 핵심적인 기능은 교사의 수업기술 개선 및 교사와 수업행위를 바람직한 방향으로 개선시켜 줌으로써 수업의 질적 개선을 도모하고 수업의 효과를 증진시키는 일이다.

〈표 103〉 일반장학과 수업장학의 비교

구 분	일반장학의 특징	수업장학의 특징
목적	-교육의 질 개선과 교육 효과 중심 -학교교육 전반에 걸친 개선을 도모 -행정 및 운영 관리의 효율화	-교육의 질 개선과 교육 효과 증대 -교사의 교수행위나 교수기술의 개선에 초점을 둠 -수업기술의 효율화
장학의 범위 혹은 영역	-교육 과정의 운영·개발·개선 -수업의 계획·준비 -교원의 확보, 인사, 평가 -학습자료의 확충 -신임 교원의 오리엔테이션 -새로운 교육 정보의 제공 등	-장학 활동의 대상과 영역을 교사에 국한시킴 -현장 학급 중심 -수업의 관찰·분석·협의회
장학 담당자	-제도적으로 임명된 장학사	-제도적으로 임명된 장학사 -학교장, 교감 -동료 교사 -외부의 전문가
장학의 실시 시기	-불시 방문 및 순시	-학교 조직이나 교사의 요구와 필요에 따라서
장학의 수행 방식	-지시적, 감독적, 권위적 성격 -무계획적 사후평가 -장학사 임의적 강평 -주관적 기준에 의한 판단 -일시적 비체계적 절차 적용 -문서중심(학습지도안 등) -일시적, 방문식 평가 -일방적 대화	-지도·조언의 민주적 성격 -사전 협의회와 계획에 따른 평가 -정확한 정보를 가지고 협의 -객관적 기준에 의한 판단 -합리적이고 체계적인 절차 적용 -임상장학, 동료장학, 마이크로티칭 -장기적, 지속적, 반복적 -내재적, 자체적 평가 -쌍방적 대화
장학의 효과	-일시적, 단기적 -학교교육 전반의 행정 운영관리에 대한 개선	-지속적, 장기적 -교사의 수업기술 개선과 학습효과 증진

2. 수업장학 실천 사례

1) 수업의 질 개선과 수업 모니터링제 운영(동 학년 중심)

교사가 갖추어야 할 전문성 중에서 가장 중요한 부분이 수요자 중심의 질 높은 수업을 전개할 수 있는 수업의 전문성 신장을 위해 교육 경력이 부족한 교사, 초임교사 등에게 적용한 실천 사례로서 다음과 같이 실천하였다.

가. 동 학년별로 가장 선호하는 교과 배정
나. 다른 학급보다 1주일 전에 수업공개
다. 동 학년별 수업 협의회 및 과정안, 지도자료 보완
라. 다른 학급 일반화

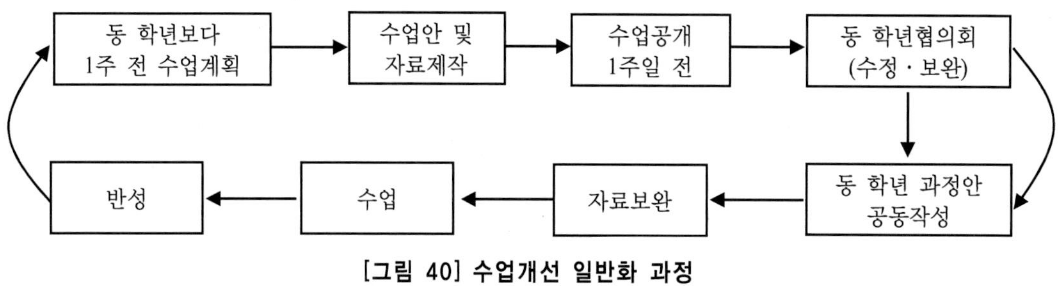

[그림 40] 수업개선 일반화 과정

2) 교실 수업개선을 위한 업무 경감 실천 사례

가. 학급 환경 구실 사례
나. 학교 환경 구성 실천 사례

3) 교육과정 운영의 실천 사례

가. 주당 수업 시수 3시간 이상의 교과 → 체험 학습문제
나. 현장 학습 계획 및 실천 방법 – 치밀한 계획
다. 교재 활용 문제(티나라)
    www.yahoo.co.kr → 꾸러기 → 멀티 학습
라. 학습에 필요한 교재 교구 확충 사례: 교재 교구령
마. 음악수업의 실천 사례
바. 교육과정의 재구성 실천 사례 → 교과 간 통합, 교과 내용 지역화

4) 교사를 우습게 보는 풍토 해소 방안

가. 학부모들의 고학력 현상으로 교사들을 보는 입장이 과거와 매우 다르다. 누구나 교사를 할 수 있다는 경향
나. 학부모들의 대학 입학을 위한 지나친 지식 위주, 암기식 교육, 시험점수 위주의 평가로 인한 학원 선호도 경향
  - 해소 방안으로 스승의 날 명예 교사 초청 수업
  - 최대한의 지원 → 실제 체험 → 반성

5) 공동체 의식 함양을 위한 학년 배정 문제(교사들의 학년 배정)

가. 교사들도 모든 면에서 잘할 수 있다고 믿는 생각 - 부장 중심
나. 항상 관리자는 교사의 역량을 이해(저학년 - 고학년)
  (학년 발달단계에 맞는 지도 기술 필요)
다. 동 학년 중심의 학교 경영체제 확립

6) 교사들의 부정적인 요소 해소 방안

가. 전 직원 회의, 집회의 문제
나. 학년 단위의 협의회 지향 → 쪽지 상담
다. 학년 부장의 위상을 높여 주는 방법 - 학년 부장 중심

7) 신임(신규) 교사들의 지도 사례

가. 모든 일을 긍정적으로 보고 실천하는 자세
나. 선배들의 교수 - 학습 지도 참관 후, 잘된 점, 좋은 점을 배울 수 있는 기회 제공(2개월간 과제 제시)
다. 과거의 잘못된 지적 위주 - 긍정적 인지도 체제
라. 자기 발전, 전문성 신장을 위한 풍토 조성

8) 적당한 지도, 조언 확인 사례

가. 일기장 검사를 통한 지도
나. 이메일을 통한 여론 수렴 및 지도

다. 대표자 선발 지도 사례(운동회 계주 선수)

9) 관리자의 모범을 통한 지도 사례

가. 녹색 교통 대 지도
나. 생활 당번에 대한 문제
다. 학교 청결 관리

10) 학부형들의 불만요소 해소 사례

가. 편애한다
나. 담임을 바꾸어 달라
다. 반장 및 회장

11) 교사들의 의식 전환 지도 사례

가. 교사들이 곧 자료이다.
　　－어린이들은 담임교사를 닮아 간다(머리, 옷).
나. 교수·학습 개선을 위한 다양한 자료 활용
　　(맨손 수업, 성의 없는 자료)
다. 다양한 방과 후 특기 적성 교육－전 교직원 참여
　　－가급적이면 전 교직원이 참여하여 다양한 지도
라. 1인 1기 특기 기능 신장－교사, 학생
　　(남을 시기하기 전에 자기 소양 갖추기)

12) 신뢰받는 학교 경영: 비전 있는 교육 철학

가. 교사들로부터 인정받는 학교, 직원 관리, 학부모 관리
　　(중견 교사들의－승진 기회 확대, 불만 해소)
나. 관리자의 능력 발휘－관심 갖기
　　(직원과의 대화, 직원 가족에 대한 관심)
다. win win 정책(상생 정책, Blue ocean 정책)

13) 다양한 교육 정보나 지도 자료의 제공 및 활용

요즈음 우리 교사들은 조금만 부지런하면 많은 자료를 손쉽게 얻을 수 있으나 그 자료들을 어떻게 정리하여 교수·학습 현장에 적용시키는가의 문제가 크나큰 과제라고 할 수 있다. 일부 학교에서는 'T'나라의 자료를 교사들의 전문성이나 새로운 아이디어 제공의 기회를 막을 수 있다고 하여 반대하는 경향도 있으나 다양한 교육 정보 자료를 선택하여 교과 특질에 맞도록 활용하도록 하는 것도 바람직하다고 본다.

가. 2009년 개정 교육과정에 적합한 교재 교구 학습자료 제공

(1학급분의 공동자료)

나. 다목적 교실 설치 운영

다. 개인이 꼭 필요한 개별 지참자료의 홍보(피리, 퉁소)

라. 2009년 개정 교육과정에 적합한 교재 교구 학습 자료 제공

14) 교수·학습 과정의 적용 사례

질 높은 교수·학습 전개를 위해서는 교과 특질에 맞는 교수·학습 모형이나 다양한 학습 형태를 적용하도록 교내 연수 활동을 강화하기 위한 교내 교과 연구회를 조직하여 주 1회 연수할 수 있는 기회를 제공해 주어야 하겠다.

가. 교수·학습 지도안 작성 시, 도입·전개·정리의 문제

－일정한 틀 지양

나. 교과 특질에 맞는 수업모형 적용

－다양한 수업모형 적용

다. 다양한 교수·학습 평가

(수행평가, 포트폴리오, 진단평가, 형성평가)

라. 종래의 수업: 결과를 소중히 여기는 수업

21세기 수업: 과정을 소중히 여기는 수업

15) 수업공개 후 수업협의 방법 개선 사례

과거의 형식적인 수업협의 방법에서 벗어나 교수－학습 개선을 위해 실질적이고 교육 현장에서 필요한 수업협의를 갖도록 관리자는 세심한 배려를 해 주어야 하겠으며 격려, 칭찬으로 교사들의 사기를 북돋우어 주어야 하겠다.

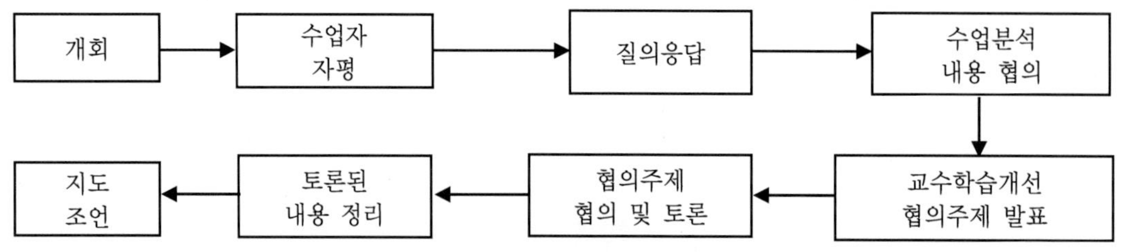

[그림 41] 수업협의회 과정

가. 수업자가 알고 싶은 내용, 일반화하고자 하는 내용을 협의 주제로 선정

나. 수업협의 후 교수·학습 개선을 위한 협의주제 토론

다. 토론내용 정리 각 학년에 배부

라. 수업협의 시에는 칭찬과 격려를 주로 하고 개선해야 할 사항은 개별 상담 및 이메일이나 쪽지 상담으로 하는 것도 매우 효과적임

마. 종래의 수업협의 방법 개선

　　－선 수업, 후 협의 체제(지양)

　　－선 협의, 후 수업－피드백(feedback)을 위한 수업협의

　　－잘못된 점 찾기에서 → 일반화할 수 있는 방향, 방법 기술 찾기 → 피드백(feedback)하기

16) 수업분석을 통한 교수·학습 방법 개선

교장과 교감, 수업분석자는 단위 수업시간 중 간단한 수업분석을 통해 학습 과정 및 발문방법, 발문횟수, 교사와 학생 간의 수업 흐름, 학습기준 등을 분석하여 교수－학습을 개선해 가도록 하여야 하겠다.

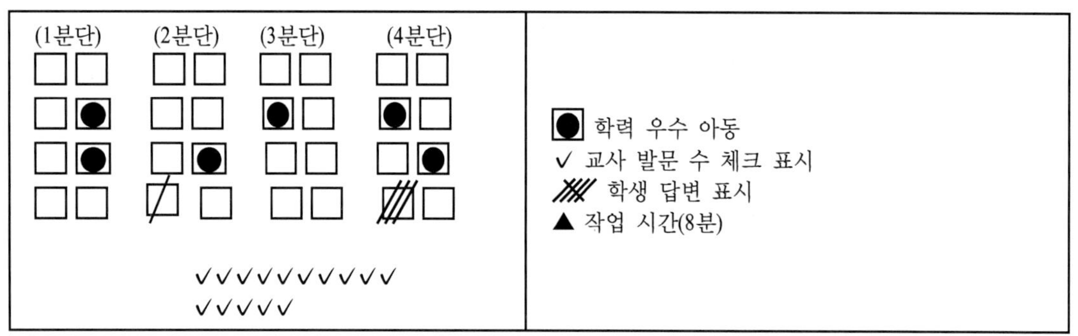

[그림 42] 수업분석표

가. 우수 학력 아동 중심의 수업(6~7명 우수 학생 중심 수업)

나. 1문1답식 수업(창의력 신장을 위한 발문)

다. 발문에 대한 답변의 다양화(격려, 칭찬)

라. 많은 어린이들의 수업 참여(상·중·하 집단 고려)

마. 생각할 수 있는 시간 부여(단순 답변보다 다양한 답변)

바. 21세기 교수 학습 활동은 → 생각과 즐김, 감동의 교수 학습 활동으로 전환 활동 중심, 체험
중심 교육

17) 수업장학에 대한 문제점 해결방안 모색

가. 소극적인 참여 태도 및 기피 현상(자발적으로 참여 유도)

나. 부담스럽고 불필요한 활동으로 인식

다. 장학 지도력의 약화(부단한 연구와 연찬)

라. 단순하고 획일적이며 집단적인 장학(형식적인 장학지향)

18) 수업개선을 위한 자기 개발 방법

교실 현장에서 교사들이 일반적으로 자기 발전, 자기 개발을 위한 의지와 능력을 가지고 있음을
충분히 이해하고 이를 격려 촉진하기 위하여 필요한 여건 조성과 지원을 아끼지 말아야 한다.

〈표 104〉 교사의 자기 개발 방법

형태	구체적인 방법
혼자 할 수 있는 활동 (자기 장학 형태)	① 스스로 자신의 수업을 녹음 또는 녹화하고 이를 분석하여 자기반성·자기 발전의 자료로 삼는 방법 ② 스스로 교사평가체크리스트를 이용하여 자신의 교육 활동을 평가·분석하여 자기반성·자기 발전의 자료로 삼는 방법 ③ 자신의 수업이나 특별 활동지도, 생활지도, 그리고 학급경영 등에 관련하여 학생들과의 면담이나 학생을 대상으로 한 의견조사를 통하여 자기반성·자기 발전의 자료를 수집하는 방법 ④ 1인1과제연구 혹은 개인(현장)연구 등을 통하여 자기 발전을 도모하는 방법 ⑤ 교직활동 전반에 관련된 전문서적이나 전문자료를 탐독·활용하여 자기 발전의 자료로 삼는 방법 ⑥ 전공교과 영역, 교육학 영역 또는 관련 영역에서의 대학원 과정(4년제 대학과정, 방통대 과정 등 포함) 수강을 통하여 자기 발전을 도모하는 방법 ⑦ 교직 전문단체, 연구기관, 학술단체, 대학 또는 관련 사회기관이나 단체 등 자료를 수집하는 방법 ⑧ 교육 활동에 관련이 되는 현장에 대한 방문이나 견학 등을 통하여 자기발전의 자료를 수집하는 방법 ⑨ 각종 연수회, 교과연구회, 학술발표회, 강연회, 시범수업공개회 등에 참석하거나 학교 상호 방문 프로그램에 참여하여 자기 발전을 도모하는 방법 ⑩ TV와 라디오 등의 방송매체가 제공하는 교원연수 프로그램이나 교원연수와 관련된 비디오 테이프 등의 시청을 통하여 자기 발전을 도모하는 방법 ⑪ 인터넷을 이용하여 에듀넷이나 각종 교육관련 기관·단체 등에서 자기 발전의 정보·자료를 검색·수집하는 방법

형태		구체적인 방법
동료 교사와 함께할 수 있는 활동	동료장학	① 수업연구(공개) 중심 동료 장학 ·동 학년 수업연구(수업공개) ·동 교과 수업연구(수업공개) 등 ② 협의 중심 동료장학 ·부장 교사 협의 ·스터디그룹 활동 ·각종 공식적·비공식적 협의 등 ③ 연구과제 중심 동료 장학 ·공동 연구과제 추진 ·공동 시범과제 추진 ·공동 연구자료·작품 제작 등 ④ 일대일 동료 장학 ·초임교사와 경력교사 간 짝 짓기 ⑤ 동호인 활동 중심 동료 장학 ·각종 건전한 동호인 활동
	자체연수	교내·교외의 인적·물적 자원을 활용하여 학교 주도하에 실시하는 각종 연수 활동

◎ 수업개선을 위한 자기평가(예시)

교사는 항상 자기 발전과 전문성 신장을 위해서 자기평가도구를 활용하여 반성의 기회를 갖는 것도 바람직하다고 본다.

〈표 105〉 자기평가도구

교사 자기평가도구					
1. 작성일:　　년　월　일　요일　　　2. 교사명: 3. 담당교과:　　　　　　　　　　　4. 담당학년:　　　　　5. 담당 교무 업무:					

영역		평 가 항 목	우수 보동 미흡
교과지도	1. 수업준비	1.1 교재연구를 충실히 하고 있는가?	5　4　3　2　1
		1.2 학습지도안 작성을 충실히 하고 있는가?	5　4　3　2　1
	2. 수업진행	2.1 학생의 동기를 적절하게 유발하고 있는가?	5　4　3　2　1
		2.2 수업 주제 및 목표를 명료하게 제시하고 있는가?	5　4　3　2　1
		2.3 학습지도안을 잘 활용하고 있는가?	5　4　3　2　1
		2.4 적절한 학습지도 방법을 활용하고 있는가?	5　4　3　2　1
		2.5 수업자료와 각종 기자재를 적절하게 활용하고 있는가?	5　4　3　2　1
		2.6 발문·의사소통을 효과적으로 하고 있는가?	5　4　3　2　1
	3. 수업의 정리·평가	3.1 수업내용의 정리 및 차시예고를 잘 하고 있는가?	5　4　3　2　1
		3.2 학생들의 학습 활동을 적절하게 평가하고 있는가?	5　4　3　2　1
		소 계	5　4　3　2　1

재량 활동·특별 활동 지도		1. 적절한 재량 활동·특별 활동 계획을 수립하고 있는가?	5 4 3 2 1
		2. 재량 활동·특별 활동 지도에 필요한 능력과 기능을 갖추고 있는가?	5 4 3 2 1
		3. 적극적인 자세로 재량 활동·특별 활동 지도에 임하고 있는가?	5 4 3 2 1
		4. 학생들의 재량 활동·특별 활동 결과를 적절히 평가하고 있는가?	5 4 3 2 1
		소 계	5 4 3 2 1
학급담임으로서의 생활지도	1. 생활지도 계획	1.1 구체적인 생활지도계획을 수립하고 있는가?	5 4 3 2 1
	2. 생활지도 실행	2.1 적절한 생활지도 방법을 활용하고 있는가?	5 4 3 2 1
		2.2 기본 생활습관의 생활화를 꾸준히 지도하고 있는가?	5 4 3 2 1
		2.3 적극적인 자세로 생활지도에 임하고 있는가?	5 4 3 2 1
	3. 생활지도 결과정리·평가	3.1 생활지도 과정 및 결과를 제대로 정리·기록하고 있는가?	5 4 3 2 1
	4. 학생들에 대한 진로(진학)지도	4.1 학생들의 진로(진학)지도 관련 자료를 최대한 수집·활용하고 있는가?	5 4 3 2 1
		4.2 조직적·체계적으로 진로(진학)지도를 행하고 있는가?	5 4 3 2 1
		소 계	5 4 3 2 1
학 급 경 영		1. HR 및 학급 생활위원회 활동을 열심히 지도하고 있는가?	5 4 3 2 1
		2. 학급 환경 조성(청소, 환경미화)을 잘하고 있는가?	5 4 3 2 1
		3. 학급 내 제 장부(출석부, 학급경영부, 건강기록부, 학급일지) 관리를 잘하고 있는가?	5 4 3 2 1
		4. 학생들의 신상(교우관계, 가정환경, 취미 등)을 면밀하게 파악하고 있는가?	5 4 3 2 1
		5. 학급 내 규율·질서를 잘 유지하고 있는가?	5 4 3 2 1
		소 계	5 4 3 2 1
학 교 경 영 참 여		1. 직원회의·각종 위원회·각종 학교행사에 성실하게 참여하고 있는가?	5 4 3 2 1
		2. 담당 교무분장 업무를 성실하게 처리하고 있는가?	5 4 3 2 1
		소 계	5 4 3 2 1
학부모 및 지역 사회 관계		1. 학생의 학교 및 가정생활에 대해 학부모와 긴밀하게 협조하고 있는가?	5 4 3 2 1
		2. 학교·학급 일에 대한 학부모의 관심과 참여를 잘 유도하고 원만한 인간관계를 유지하고 있는가?	5 4 3 2 1
		소 계	5 4 3 2 1
보직교사로서의 능력 (보직교사의 경우)		1. 소속 교사를 원만하게 통솔하고 있는가?	5 4 3 2 1
		2. 부서 업무 처리에 필요한 지식과 기술을 갖추고 있는가?	5 4 3 2 1
		3. 부서 업무를 참신하게 기획하고 추진력 있게 처리하는가?	5 4 3 2 1
		소 계	5 4 3 2 1

인간관계	1. 타인의 고충에 대한 관심과 이해	1.1 상급자의 개인적·직무상 고충에 대해 관심과 이해를 보이고 있는가?	5 4 3 2 1
		1.2 동료교사의 개인적·직무상 고충에 대해 관심과 이해를 보이고 있는가?	5 4 3 2 1
	2. 기본적인 예의범절	2.1 상급자에 대해 예의범절을 갖추고 있는가?	5 4 3 2 1
		2.2 동료교사에 대해 예의범절을 갖추고 있는가?	5 4 3 2 1
	3. 다른 사람으로부터의 신뢰감	3.1 상급자로부터 신뢰를 얻고 있는가?	5 4 3 2 1
		3.2 동료교사로부터 신뢰를 얻고 있는가?	5 4 3 2 1
	소 계		5 4 3 2 1
교사로서의 자세와 소양	1. 교사로서의 기본자세	1.1 건전한 교육관·교직관을 가지고 학생을 사랑으로 대하고 있는가?	5 4 3 2 1
		1.2 제반 복무규정을 준수하고 있는가?	5 4 3 2 1
	2. 교사로서의 품위	2.1 상급자에 대해 예의범절을 갖추고 있는가?	5 4 3 2 1
		2.2 동료교사에 대해 예의범절을 갖추고 있는가?	5 4 3 2 1
	3. 일반적 자질과 소양	3.1 교사로서의 업무수행에 필요한 지적 능력을 갖추고 있는가?	5 4 3 2 1
		3.2 교사로서의 업무수행을 충실히 할 수 있을 정도의 신체적·정서적 건강을 유지하고 있는가?	5 4 3 2 1
	소 계		

19) 테마 학습 우수 사례

좁은 장소에 많은 어린이들이 한꺼번에 몰려서 학습하는 단점을 보완하고 경비 절감 및 자율적인 학습을 위해서 테마 학습을 권장하고 있으나 많은 어려움이 있다.

그러나 꼭 필요한 교과의 학습을 위해서는 필요하다.

[예시] 제6학년에서의 우리나라 고궁에 대한 공부(제6학년)

－5～6명씩 조를 편성하여 각 조가 원하는 토요일 오후나 일요일을 이용하여 현장에 가서 조사하도록 하는 것도 좋다.

－사전에 조별로 치밀한 계획을 세워 가도록 지도하고

－부모의 동의를 얻어 학교장의 결재를 득한 후에 실시

20) 기능 중심 교육 소집단 활동 교육

－관내 ○○초등학교에서 실과 교육과정 운영을 팀티칭 교육을 통해서 질 높은 수업을 전개하고 있어 소개한다.

제5, 6학년 실과 교육에서 이론 중심 교육, 실습, 실기 중심 교육을 동 학년별로 분담하여 지도하니까 어린이들이 학습에 흥미를 갖고 참여할 뿐만 아니라 질 높은 수업을 전개하는 방법이 매우 바람직하다고 생각한다.
-A 교사는 이론반을 전담하여 순회 지도
-B 교사는 실습, 실기 중심으로 순회 지도

21) 교실 수업개선을 위해 개선되어야 할 교육의 방향

오늘날 우리는 급격히 발전하고 변화하는 사회에 살고 있기 때문에 새로운 사태와 어려움을 더욱 겪게 되는 것이 사실이다. 그러므로 우리 학생들이 이러한 상황에서 능동적으로 사고하고 창의적으로 문제를 스스로 해결하는 능력을 갖게 하기 위해서는 교육의 방향도 개선되어야 하리라고 본다.

가. 지식 위주 교육에서 사람됨을 중시하는 교육으로
나. 획일화된 교육에서 자율화, 다양화, 특성화된 교육으로
다. 공급자 중심 교육에서 수요자 중심 교육으로
라. 학교 울타리 안의 교육에서 열린 평생 교육으로
마. 학벌 중시 교육에서 능력 중시 교육으로
바. 양적 확대보다 경쟁력 있는 질 높은 교육으로
사. 재미없는 교육에서 재미있는 교육으로
아. 주입식 교육에서 참여와 발견의 교육으로

22) 교실 수업개선을 위한 바람직한 교수·학습 활동 방향

가. 학생 중심의 수업이어야 한다.
나. 허용, 칭찬, 격려 분위기 속에서 수업이 진행되어야 한다.
다. 학습하는 방법을 터득게 하는 수업이어야 한다.
라. 문제 사태의 부딪힘과 해결의 과정이 연속되어야 한다.
마. 다양한 교수·학습자료, 도구를 이용하여야 한다.
바. 다양한 읽을거리, 학습 활동 자료를 제시하여야 한다.
사. 교사가 교육 과정의 정신을 꿰뚫은 후 지도하여야 한다.
아. 교수·학습 방법이 다양하게 지도되어야 한다.

23) 토론 주제 ①: 교실 수업개선을 위한 교내 수업장학의 활성화 방안

가. 효율적인 학년별 수업장학 협의
나. 수업 협의 방법 협의

토론 주제 ②: 교실 수업개선을 위한 수업평가 방안
가. 다양한 평가 방법 협의
나. 평가의 활용 방안 협의

24) 교실 수업개선을 위한 수업자의 자세

가. 자신의 수업을 스스로 개선한다는 전문직으로서의 확고한 신념을 가져야 함
나. 자신의 수업을 정직하게 개방적으로 관찰하게 하고 겸허하게 수용하는 자세가 필요함
다. 수업분석과 같은 장학을 통해 스스로 성장하려는 의지가 필요함
라. 학습의 개별화, 소집단 학습을 강화하여야 하겠음
마. 교육 과정 범위 안에서 교사의 창의적 내용으로 다양한 재구성 요령이 필요함
바. 즐거운 마음으로 수업을 공개하는 풍토 조성

25) 수업 참관자의 자세

가. 수업자에게 수업 과정에 관한 피드백(feedback)을 제공하는 자세가 필요함
나. 수업의 문제점을 진단, 해결해 주는 자세가 필요함
다. 수업전략 활용 개발에 기여할 수 있어야 함
라. 수업 과정의 합리적 분석기술이 있어야 함
마. '선 수업 → 후 협의'보다는 '선 협의 → 후 수업'으로 협의 방향을 바꾸어야 하겠음 → 피드백
   (feedback)
바. 학년·교과별 또는 학년 단위로 수업 혁신을 위한 전략을 가져야 하겠음
사. 시너지 효과를 최대한 발휘할 수 있도록 지도하는 자세가 필요함

3. 마무리하며

  교실수업 개선을 위해서는 학교의 모든 관리체제가 변화되어야 한다. 특히 관리직에 있는 사람들의 인식이 변화되어야 하겠으며 모든 행정이 교실수업 개선 쪽으로 전환되어야 하겠다. 학교장으로서 수업장학을 하려면 수업에 대한 식견과 풍부한 경험을 바탕으로 교사들이 긍정적인 자세로 스스로 수준 높은 교수·학습을 전개할 수 있는 학교 풍토를 조정해 주어야 하겠다. 과거처럼 미세하고 복잡한 수업분석 방법을 적용하여 수업의 잘잘못을 따지거나 수업자의 조그마한 언어동작을 지적하는 지도에서 탈피하여 서로 격려하고 칭찬하면서 교사들이 수업에 전념할 수 있도록 행정적·재정적인 지원은 물론 전 직원이 공동체 의식을 갖고 수업개선에 노력할 수 있도록 학교장의 투철한 경영 철학이 있어야 하겠으며, 자기 발전, 자기 연찬, 자기 연수 기회를 최대한 제공해 주어야 하겠다.

■제2장■ 사례2: 창의적 장학을 통한 교육의 미래 디자인

우리는 변화에 대한 논의에서 '이상과 현실', '이론과 실제', '현재와 미래'를 많이 이야기한다. 교육에서도 변화에 성공한 개인이나 학교의 공통점은 창조적으로 미래를 디자인해 간다는 것을 발견할 수 있다. 물론 여기서 디자인이라는 말의 뜻은 '변화를 추구하는 것'이다. 다가올 미래에 대해 설득력 있는 청사진을 그리며 과감하게 변화와 개혁을 시도한 경우이다. 이는 변화를 두려워하지 않는 도전 정신에서 새로운 아이디어를 창출해 실천한 것이다. 아이디어는 이데아(Idea), 곧 이상을 추구하는 데서 나온다. 이상과 삶의 변화를 꾀하는 아이디어는 도전 정신에서 나오고, 변화의 출발점은 세상을 뒤집어 보는 것이다.

그런데 교육에서의 변화는 어떠한 기발한 아이디어도 중요하지만 교사 개인이나 학교 나름으로 시대 상황 변화와 지역 여건을 고려한 창의적 교육 활동이나 의미 있는 교육 실천이 그 중심이 된다는 것을 부인할 수 없다(나라를 위한 천재 키우기).

우리는 주변 '변화'에서 흔하게, 나무만 보고 숲을 보지 못하는 경우를 본다. '미래를 향해 큰 틀을 조망하는 동시에 당면 현안을 꼼꼼히 점검'하며 변화를 시도하자는 의미에서 '망원경·현미경'론(論)을 거론하기도 한다. 이는 수사(修辭)는 다르지만 '숲과 나무를 동시에 보자'는 말이나 같다고 할 수 있다. 그런데 망원경과 현미경의 기능을 동시에 갖춘 그런 이상적인 눈이 실제로 있다. 바로 새의 눈이다. 새의 눈은 어떤 동물의 눈보다 압도적으로 예민해 먼 곳과 가까운 곳의 사물을 동시에 똑똑히 본다. 새는 사람보다 망막의 돌기 세포가 12배 이상 많으며, 강력한 조절근의 작용으로 납작한 안구렌즈를 순간적으로 둥글게 만들어 초점을 맞출 수 있기 때문이다.

1,500m 상공의 독수리가 동물 시체를 금방 찾아내고, 상공을 순찰하던 매가 수직 급강하해 지상의 쥐 한 마리를 정확하게 낚아챌 수 있는 것은 그 때문이다. 솔개가 먼 곳의 매를 경계하는 동시에 2m 앞 나뭇잎 뒷면의 작은 벌레 알을 찾아내는 것도 같은 이 이치이며, 망원경과 현미경의 기능에다 시야가 레이더처럼 넓은 새도 있습니다. 멧도요는 두 눈으로 뒤나 위까지 360도를 다 볼 수 있다.

새가 이처럼 잘 보려면 우선 날아야 하고 날기 위해선 날개가 필요하고, '멀리 보는 새는 높이 날아야 한다.'는 말은 다시 말해 날개가 좋아야 한다는 뜻이다. 새가 제아무리 눈이 좋아도 날개가 상해 날지 못한다면 아무런 소용이 없다. 새는 날개로써 비행할 때 무게를 이기는 양력(揚力)과, 공기 저항을 이기는 추진력을 얻는다. 또 좌우 날개의 크기가 비슷해야 균형을 잡는다. 변화도 안정과, 이론도 실제와 열림도 전통과 조화를 이룰 때 진정한 가치를 발휘할 수 있는 것이다(비전 상실 증후군).

이제 우리는 산업 사회적 교육의 틀을 과감히 털어 버려야 한다. 이제 사람은 얼굴이 저마다 다르듯이 관심과 흥미와 능력과 적성이 다른 것을 인정하는 '인간은 다양하다'는 인간 존중 사상과 교육 본질을 추구하는 교육이 되도록 교육이 개혁되어야 하고, 그 일을 우리 교장선생님들이 앞장서 교육 패러다임(Paradigm)을 바꿔야 한다.

(산업사회: → 지식 기반 사회, 아날로그 장학담당자: → 디지털 장학담당자)

① 제7차 교육과정, 2007년 개정 교육과정, 2009년 개정 교육과정(미래형 교육과정)은 산업사회가 지식기반사회로 변화함에 따라 요구되는 창의적 인재 양성을 위한 교육체제 개혁의 핵심이다.

② 학교교육 구조의 개선 없이 학교교육의 발전은 거의 불가능하다고 본다. 그러므로 학교기능의 활성화는 교육구조의 개편을 전제로 한다.
③ 먼저 가치 창조적 리더십을 알아보고, 교육의 동향을 살펴보며, 모의 상황 기법을 도입해 협동의 지혜로 함께 '생각'과 '즐김'·'감동'의 학습 활동 시스템으로 지식 생산자를 기르는 수업장학이 중요하다.

1. 새로 보기: 가치 창조적 리더십(Humanware)

"생각을 바꾸면 또 다른 세상이 보입니다!"~(인정·칭찬하는 문화)
(역발상, 전파견문록)
~ 지금, 태백은-!?

1) 사회 환경의 변화와 패러다임의 전환

(1) 산업 사회: 닦고 조이고 기름 치고, 자원 기반 경제(개미속성)
(2) 지식기반사회: 무형재산(지식＝생각), 지식 기반 경제(거미속성)
(3) 패러다임의 전환: 마인드 셋(Mind-set)을 바꿀 것을 요구
    ① 우리는 툴 셋(Tool-set)을 바꾸려는 데는 '토끼'였지만, 마인드 셋을 바꾸는 데는 '거북이'
    ② 변화하는 시대의 자기 계발 전략을-
    ③ '교육 혼의 소유자'
    ④ '균형 잡힌 감각, 인간적인 매력과 감동시키는 능력'
      (남자들이 가장 겁내는-)
    ⑤ '전문성과 판단력, 자긍심'
    ⑥ '변화와 개혁의 시대에 맞는 비전을 줄 수 있는 지적 능력의 소유자'

2) 자기 혁신 전략

   (1) 알을 깨고 나오려면……

스스로 알을 깨고 나오면 한 마리의 생명력 있는 새가 되고, 남이 깨 주면 1회용 계란 프라이
① 긍정적인 생각: "강한 자가 살아남는 것이 아니라, 변화에 순응하는 자가 살아남는다." "그 일을 Enjoy 하라."(웃음과 활력)
    (긍정적: 소극적, 수용적: 배타적, 적극적: 소극적)

② 다르다(Different)와 틀리다(Wrong): "다름에서 창조적 혁신과 자율이……"
③ 5Why: '호기심과 무관한 탐구심'
④ 5Try: '실패는 더 큰 성공을 위한 신의 선물'
⑤ 끊임없는 학습: '지식 반감 시대, 평생 학습'

3) 끝없는 도전과 용기

- 현대 리더십 4E가 필수 요소 -
① 활력(Energy): 활동과 변화를 좋아하는 -
② 동기부여(Energize): 할 수 있다는 신념을 갖게 할 만큼 - 날카로운
③ 실행력(Execute): 일을 실행할 수 있는 -
④ 기발함(Eccentricity): 남다른 개성, 독특함(자신만의 특장(特長))
※ 웰치는 "만약 '4E'가 모두 있다면 마지막 요소로 삶과 일에 대해 '열정(Passion)'이 있는지 확인해야 한다."고 말했다.
※ '4E'와 '열정'이 있는지 확인하기 전에 반드시 체크해 봐야 할 두 가지 질문
① 성실성(integrity)을 갖고 있느냐?
② 다른 우수한 사람을 지휘할 만큼 폭넓은 지식을 가진 '똑똑한(intelligent)' 사람인가?

4) 가치 창조적 리더십

① 지도자의 철학: 우리는 왜 여기에 있는가?
② 지도자의 비전: 보이지 않는 것을 볼 수 있는 것
③ 전략적 사고: 자기만의 멋있게 일할 수 있는 전략
④ 열정과 덕: 권위, 신뢰, 보람, 긍지, 자율, 창의, 느긋함
⑤ 솔선수범의 자기 관리: 외적 배려, 사랑, 내적 강함

5) 리더십 배양 요소 · 자세

① 원칙 지키기: 법, 규정, 기준
② 물의 성질로 -: 물은 흐름을 멈추지 않는다.
③ 존재 변화: 처음은 알게 가르치고, 차츰 스스로 굴러가게
④ 마주 물: 솔선수범, 어려운 일 내가 먼저 하기
⑤ 공부합시다: 독서, 또 독서(프로페셔널의 조건)

2. 느낌 되찾기: 학교장의 역할 지각(Software & Hardware & HumanWare)

1) 이 시대의 교장은 교육 개혁의 선도자, 교수·학습의 지도자, 학교 경영의 전문가로서의 역할을 잘 수행하는 능력이 요구된다.

첫째, 교육 개혁의 선도자 역할이다. 분명히 이제 우리 교육은 이대로는 안 된다. 산업 사회적 교육의 틀을 과감히 털어 버려야 한다. 세계화 시대의 교육을 지향해야 한다.

둘째, 교육 활동 지원자의 역할이다. 이것이 전문가로서의 활동이다. 여기에는 이론적·실제적 뒷받침은 물론 행정적·재정적인 지원과 심리적인 지원도 포함된다. 새 시대 새 교장상은 우리 교육에서 해 오던 대로, 남이 하는 대로, 그럭저럭 대강대강 하는 비전문적인 행태는 버려야 한다. 다양화·전문화·특성화를 선도하는 전문직으로서의 교원상이 그리운 게 현실이다.

셋째, 장학지도자의 역할이다. 교장은 교원을 지도할 권한과 의무가 있다. 이를 위해 전문적 자질 함양과 지도력을 길러야 한다. 이것이 교수·학습 지도자의 역할이다. 지시·감독의 자세라든가, 권위적이 아닌 열린 마음으로, 지도를 할 만한 실력을 갖추도록 공부해야 하고 그들보다 한층 높은 안목을 가져야 지도력을 발휘할 수 있다. 지도력은 그 가운데서 절로 나타나게 된다. <역할속(役割束), 역할 기대, 역할 지각, 역할 갈등, 역할 일치, 역할 동화>

2) 얼마 전 'OECD 교육지표 2002' 보고서에서 우리나라 학생들의 '교사에 대한 불만'이 회원국 중 최고라는 사실을 보았다. 또한 한국 교육 개발원은 2002년 전국의 초·중·고교 100곳을 1년간 방문 조사해 발표한 '학교 종합 평가결과'에서 각급 학교 공히 '획일적이고 훈육적 분위기 속에서 창의성 없는 교육', '대학 입시 중심 단순 반복 학습 계속' 등으로 '관행적·획일적' 학교교육이 개선되지 않고 있음을 지적하였다.

3) 또 우리나라가 경제협력개발기구(OECD) 국가 중 스스로 알아서 학습하는 능력이 떨어지는 학생 비율이 가장 높은 것으로 나타났다.

2003년 10월 발행된 OECD보고서 'Learners for life'에 따르면, 우리나라는 평가에 참가한 OECD 소속 21개국 중 자기 주도적 학습능력(Self-Regulated Learning)이 취약한 학생 비율이 22%로 최하위를 기록했다.

자기 주도적 학습능력이 취약한 학생 비율이 가장 낮은 나라는 스위스 등 4개국으로 전체 대비 17%였다. 이번 조사는 학생들이 평생 지속적으로 즐겁게 학습해 나갈 수 있는가를 평가하기 위한 것으로 지난 2000~2001년 OECD국가 등 총 41개국에 대해 국가별로 만 15세 학생 5,000~6,000명씩을 표본으로 실시했다.

조사 결과 우리나라 학생들은 자기 주도적 학습능력 평가항목인 어려운 문제를 대할 때 느끼는 자신감, 동기 부여 능력, 흥미도 등에서 골고루 낮은 점수를 보였다.

특히 흥미도-성취도 대조 조사 결과, 우리나라 학생들의 읽기 성적은 6위이나, 읽기에 대한 흥미도는 평가대상 21개국 가운데 최하위였고, 수학 과목도 학과 성취도는 3위였지만, 흥미도 면에서는 역시 최하위를 기록했다.

이 같은 현상에 대해 한국교육과정평가원에서는 "우리나라 학생들의 성취도가 높게 나오는 것은 문제 풀이 위주의 학습을 통해 수학·과학 등 문제 풀이 위주 평가에 익숙하기 때문"이라며 "역으로 흥미도가 떨어지는 것도 설명과 문제 풀이 위주의 선행 학습이 지나치게 진행돼 학생들 스스로 동기부여를 하며 알아서 학습하는 능력을 키우지 못하고 있는 것"이라고 분석하였다.

　4) 제7차 교육과정, 2007년 개정 교육과정, 2009년 개정 교육과정(미래형 교육 과정)은 산업 사회가 지식기반사회로 변화함에 따라 요구되는 창의적 인재 양성을 위한 교육체제 개혁의 핵심이다. 이를 위한 과정 중심·활동 중심·체험 중심 학습 활동을 통해 지식 생산자를 기르는 '의미 형성'의 수업으로 개선하기 위한 학교 단위 노력이 절실한 게 현실이다.

3. 떨쳐나서기: 수업의 동향(Software & Humanware)

　정보와 지식의 홍수 시대에서 생존하기 위해서는 이전처럼 지식의 암기와 축적이라는 형태로는 곤란하다. 많은 지식과 정보 중에서 자신에게 필요한 것이 무엇인지 파악하여 선택할 수 있고, 그것을 자신의 필요에 맞게 가공, 활용할 수 있는 능력, 그리고 급격하게 변화해 가는 상황에 유연하게 대처할 수 있는 능력, 지속적으로 자신의 능력을 개발시켜 나갈 수 있는 능력, 새로운 정보를 창조하는 능력 등이 필요하며, 이와 같은 창의력, 문제 해결력이 있는 평생 학습인을 길러 자기 학습력을 기르는 일이 학교교육이 수행해야 할 중요한 역할인 것이다.

1) 사회 변화와 수업의 방향

세계화 시대의 제4의 물결 추구 중요
　-'우리는 하나이며 공동 창조를 선택한다.'(공동체 모델) - 앞서야 산다.
　-열린 교육 + 교수 학습에 관한 구성주의적 관점 + 구조적 협동 학습 접목

2) 티칭(Teaching)·러닝(Learning)에서 싱킹(Thinking)으로 -

　지식 생산자-어릴 때부터, 유치원, 초·중·고교 때부터 지식을 흡수하면서 동시에 지식을 생산할 수 있도록 유도
　-상상력과 지적 호기심 넘치는 교육으로-, 생각하기, 느끼기, 깨닫기

3) 과정을 소중히 하는 수업

① 종래의 수업: '결과를 소중히 여기는 수업'
　　○ 사고하지 않고-　　　○ 피동적이고-　　　○ 묻지 않으며-

○ 단 하나의 정답 포로로 —
② 21세기 수업: '과정(過程, Process)을 소중히 하는 수업'
    ○ 학습자가 부딪힌 문제와 정면으로 맞서 —
    ○ 그것을 해결하기 위한 '지적 고뇌' 과정을 —
    ○ 온몸으로 체험하게 하는 과정 중시의 학습이 —
  <들고양이 이야기>, <국화꽃 기르기>, <누에나방 이야기>

4) 학습에 관한 구성주의적 관점 접목하기

① 객관주의: 지식이 인간의 경험을 떠나 객관적으로 만들어지고 객관적으로 존재한다고 보는 관점
② 구성주의: 지식은 인간의 경험을 바탕으로 내적으로 창출되고 사회적인 환경의 영향을 받아 변화한다는 견해
③ 의미 형성: 어떤 지식이 실생활과 관련되어 있나? 의미 있나? (질적 변화)

5) '생각'과 '즐김' · '감동'의 교수 · 학습 활동

창의력과 사고력, 문제 해결력, 감수성을 기르는 일련의 노력들이야말로 '생각'과 '즐김' · '감동'의 교실 문화를 만드는 일이라 할 수 있다.
따라서 21세기가 요구하는 인간상인 '생각하는 사람'을 기르는 교육과 '일과 놀이가 하나 되는 문화', '학습과 놀이가 하나 되는 교육'에 대한 준비가 필요하고, '감동이 있는 학습'으로 평생 즐겨 공부하는 학습 활동이 요구된다.
① 21세기: 생각의 대가, 사고력, 창의력, 문제 해결력, 결단력
(대구 지하철 참사, 3월 폭설 고속도로 대란, 2010년 초 아이티 대지진 교훈)
② 과정 중심 · 활동 중심 · 체험 중심으로 느낌, 감동이 있는 교수 · 학습

4. 이어 보기: 함께 '질 관리' 시스템으로(Software & Humanware)

1) 협동의 지혜로 함께 생각하며 가르치며

① 협동(cooperation)은 공유된 목표에 대한 개인 간의 관계에서 생기는 협동으로서 사회학적 용어로 수평적 관계 중심
○ 협력(helpfulness)은 타인의 목표 달성을 도와주는 것이 주된 목표가 되는 정치학적 용어로 수직적 관계 중심 <4명의 동업자 이야기>

② 협동의 지혜: 1 + 1 ≠ 4배(?), 2 + 2 ≠ 8배, 16배(?)의 힘, 단순 합산이 아님, 시너지 효과 (합을 넘어 곱, 자승의 효과)
○ 팀 가치를 추구하는 학교 변화 전략
○ 널뛰기의 원리: 경쟁과 협동의 하나 되기
③ 구조적 협동 학습
○ 협동 학습은 전통적인 경쟁 학습구조와 개별 학습구조의 인지적 효과의 한계를 극복하기 위한 대안으로 등장 - 개별화 · 개성화 교육에 대한 보완 관계

2) '새로운 학교 자율 장학 문화 창출' 시스템으로 -

우리 교육도 이제 해 오던 대로, 남이 하는 대로 대강대강, 자기 편의적, 내 방식 사고, 관행, 행태, 내용, 방법에서 시스템을 바꾸는 노력이 절실한 시점
① 바뀐 시스템을 따라 성공하는 사례
② 우리 '새로운 교육 문화 창출', 해법도 이제 시스템에서 찾아야 -
③ 시스템으로 접근하는 '태백교육비전21 프로젝트'
④ 활동 · 체험 중심 워크숍(Work Shop) 활성화
※ 듣기만 하는 것은 잊어버리고(I hear and forget): 연구 결과 10%
    본 것은 얼마간 기억되지만(I see and remember): 30% 정도
    해본 것은 이해하고 할 수 있다.(I do and understand): 90% 효과
⑤ 수업의 '질 관리'를 위한 모의 상황기법 '선 협의 · 후 수업' 과정

<표 106> 선 협의 · 후 수업 과정

종래의 '선 수업' 연구 방법	개선 '선 협의' 연구 방법
○ 교사 개인 중심으로 수업연구가 추진되어 개인의 한계를 벗어나지 못하고 있다.	○ 교사 모두가 참여하는 공동 연구로 집단지(集團知)를 통해 개인의 한계를 보완한다.
○ 수업의 흐름이 강의식 · 일제수업 일변도로 흐르고 있다.	○ 학습의 개별화를 위한 개별 · 소집단 학습을 강화한다.
○ 수업내용이 '교사용 지도서'에 의해 획일화되어 있다.	○ 교육 과정의 범위 안에서 교사의 창의적 내용으로 재구성한다.
○ 수업연구 공개는 선 수업 · 후 협의 형식이 되어 실질적 수업개선에 도움이 되지 않는다.	○ 수업지도 기초안에 대해 공동으로 선 협의 · 후 수업을 통해 수정 · 보완 과정을 거쳐 최적의 대안을 마련한다.
○ 교사평가를 위한 수업공개이고, 부정적 평가 중심으로 협의가 이루어져 잘 보이기 위한 조작 수업이 많으며, 공개를 꺼린다.	○ 진정한 수업개선을 위한 연구적 자세가 필요하며, 함께 참여하는 선 협의를 통해 수업의 질 관리 중심으로 운영함으로써 즐겨 수업을 공개하는 풍토를 만든다.
○ 학급의 실제 상황을 고려하지 않은 수업 구상으로 현실성이 떨어지고, 수업 과정의 시행착오와 오류를 줄일 수 있는 장치가 없다.	○ 실제 상황을 가상화한 모의 상황연습, 수업연구의 현실성을 높임으로써 시행착오와 오류를 최소화한다.
○ 교사의 수업혁신을 위한 구체적 의지와 수업연구 전략이 없다.	○ 학년 · 교과별 또는 학교 단위로 수업혁신을 위한 전략이 필요하다.
-선 수업 · 후 협의에서 -	-선 협의 · 후 수업-

3) 장학 과정에서의 협동과 시스템 접근 사례

① 교원의 전문성과 협동의 지혜를 활용한 수업의 질 관리 시스템
　　○ 모의 상황 기법을 도입, 수업 과정의 시행착오와 오류를 최소화하는 '선 협의 · 후 수업' 연구(수업의 질 관리)
　　○ 교수 능력을 배가하는 팀 티칭과 팀장제 운영(팀 가치 추구)
　　○ 보고, 듣고, 느끼며 행동으로 배우는 워크숍 중심의 연수 운영(공동 창조) 등
② 자기 사상을 자기 언어로 나타내는 표현력 신장 프로젝트 시스템 등

〈표 107〉 '생각'과 '즐김' · '감동'이 있는 교수 · 학습 활동 시스템 장학자료

장학자료 번 호	교육비전21 프로젝트 (장학 자료명)	담 당 장학사	장학자료의 내용 및 구성 (학습자료 · 교수자료 · 일반자료 · 사례집)
1	자유롭게 자기 생각을 자기 언어로 표현	○○○	논술 교수 · 학습자료
2	현장체험학습 도움자료 - 찾아서 배우는 우리	○○○	체험 교수 · 학습 통합안
3	따로 또 같이 더불어 생각하고 깨닫는 협동 학습	○○○	협동학습구조 및 에피소드 학습
4	평생학습안을 기르는 생각, 즐김, 감동의 학습놀이	○○○	학습놀이 논거 및 프로그램
5	'주제가 있는 학습'으로 자기 학습력 신장	○○○	자기 학습력 신장 교수 · 학습자료
6	스스로 계획 · 실천하고 함께 해결하는 주제 학습	○○○	주제학습 논거 및 토픽 · 프로젝트학습
7	'학습 방법의 학습'으로 사고력 신장	○○○	NIE, Mind map 교수 · 학습자료

5. 빠져나오기: 중심을 잡아서(Software & Hardware & Humanware)

1) 21세기의 키워드(Key word)는 변화이며, 이 변화는 급속한 정보화 · 세계화 추세에 따라 전 분야에서 문화체계와 개개인의 삶의 양식이 완전히 새로운 패러다임(Paradigm)으로 바뀌는 문명사적 대전환이다. 변화를 두려워하는 개인이나 조직, 국가는 발전할 수 없고 변화에 적응 못 하면 도태되는 것이 생태계의 원리이다.

2) 우리의 교육 현장은 칼슨(R. Calson)이 일컬은 것처럼 '야생적 조직(野生的組織)'이 되지못하고, '온상적 조직(溫床的組織)'이기 때문에 개인이나 조직의 혁신이 없거나 느린 것이 사실이다.

이제는 학교가 달라지고 가르치는 방법이 변화되어야 한다. 획일화로 대변되는 일제식 · 주입식 · 암기식과 규격화 · 타율화 교육에서 벗어나, 지도를 개별화하고, 학습이 개성화되며, 활동이 자율화됨으로써, 다양한 교육을 통해 배우는 일은 고통이 아니라 즐거움이며, 교실은 성취감을 맛보는 재미있는 방이 되고, 학교는 늘 오고 싶고 있고 싶으며 신나는 곳이 되는 생동감 넘치는 곳으로 변모되

어야 한다. 이것이 학생 중심 교육이고 인간 존중 교육이며 교육의 본질 추구 활동이자 새로운 교육 과정의 정신이고 방법이다.

3) 교직은 가르치는 일을 사랑하고, 배우는 일을 사랑하는, 사랑을 실천하는 길이다. 우리는 능력을 발휘하고, 그 능력을 인정받을 때 행복하다. 멋있게 가르친다는 것은 우리가 평생을 긴 도전이다. 정년까지 수업을 해도 멋있는 수업을 한 시간 하기가 어렵다는 말을 한다(good bye lecture).

교사는 가르치는 일을 하는 사람이지만 가르쳐야 할 것을 가르쳐야 하며 가르치되 가르치는 대상인 인간의 발달단계에 따른 특성을 교육적인 시각에서 잘 알고 그에 대해 아무나 할 수 없는 특수한 전문적 이론과 지식과 기술에 기초를 두고 가르쳐야 하기 때문에 우리의 연구는 계속되어야 한다. 가르치는 데 싫증을 느끼지 않고 평생을 바쳐 배우는 데 권태를 느끼지 말아야 존경받는 교원이 된다.

"지식 정보화 사회에서 산업 사회에 필요한 공장형 교육은 더 이상 필요 없다. 혁신과 독립적 사고가 가능한 교육이 되도록, 학교는 물론 교수법과 학습 과정을 보다 다양화해 나가야 한다."(Alvin Toffler)는 것이다.

교내 자율장학은 교직원과 학교의 변화와 혁신의 초석이다. 그러므로 장학 변화와 개혁, 나부터·지금부터·작은 것부터·쉬운 것부터 시작하는 것이다. 인간은 능력을 발휘하고 그 능력을 인정받을 때 행복한 것이다. 이 땅의 여러 교원들의 멋진 교직생애를 기원하는 바이다.

■제3장■ 사례 3: 교내 수업장학 중심 장율장학

1. 들어가며

　지식기반사회의 전환에 따라 우리 사회의 모든 부문의 의식과 체제를 개선해 가야 하지만 가장 많은 변화와 개혁을 해야 할 분야는 우리가 지금 몸담고 있는 교육 부문이라고 생각한다.

　교육은 사회의 변화 속도에 맞추어 변화해 나가야 하며, 더 나아가 사회의 변화를 주도하고 촉진해 나가도록 해야 하나 현실은 그렇지 못한 것이 사실이다.

　지식이 폭발적으로 증가하는 지식 혁명 시대에 급증하는 지식을 소화하기 위해서는 암기 위주의 학습에서 벗어나 기본 개념에 대한 이해를 바탕으로 이를 적용하고 확산적으로 활용하는 자기 주도적 학습능력을 기르는 학습 활동이 보편화되어야 하는 것이다.

　급격하게 변화해 가는 상황에 유연하게 대처할 수 있는 능력, 지속적으로 자신의 능력을 개발시켜 나갈 수 있는 능력, 새로운 정보를 창조할 수 있는 능력, 한발 더 나아가 필요한 지식을 어디에서 구할 수 있는지, 어떤 정보 수단을 활용할 것인지를 알아야 하며 무엇보다 평생을 두고 필요한 학습을 꾸준히 계속할 수 있는 자기 학습력을 갖게 해 주는 것이 절실하다. 이를 위해 한 시간 한 시간 수업에 대한 엄정한 '질 관리'가 지속적으로 이루어져야 하는 것이다.

　우리는 이제 수업개혁의 틀을 다시 세우고 다시 시작해야 할 때이다. 이에, 교내장학의 책임자인 학교장은 교감, 교사들과 함께 우리의 교육적 시각을 정리하고, 교직생애 개발 차원에서 수업장학에서의 수업연구와 그 '질 관리' 방향과 방법을 탐색하여, 수업장학의 유형에 따라 다양하게 상호 수업관찰과 자성의 기회를 갖고 수업장학의 내실화를 모색하여야 한다.

1) 수업장학에 대한 단상(斷想)

　수업장학이란 학생들이 학습기회를 향상시키기 위하여 교사의 교수행위에 직접적으로 영향을 주는 학교 내에서의 제반 지도 활동을 말한다. 수업장학의 개념은 미국을 중심으로 발달하였다.

　오늘날 장학의 중심 개념은 주로 수업장학에 기초를 두고 있고 학교에서의 교수·학습 과정을 성공적으로 성취할 수 있도록 교사를 지도·조언하는 활동에 장학의 초점을 두고 있다.

　해리스(Harris)에 의하면 "수업장학은 학교 교원들이 인적·물적 자원을 가지고 학생의 학습을 증진시킬 교수 과정에 직접적으로 영향을 미치는 방법으로 학교 운영을 유지 내지 변화하도록 하는 것"이라고 개념을 설명하고 있으며 이 개념에 따르면 수업장학이란 교수 과정과 직접 관련된 교사에게 영향을 미침으로써 학교에서 갖는 아주 중요한 활동임을 알 수 있다.

　조병효는 수업장학을 "학생의 학습을 향상하고 학교의 교수-학습 과정을 유지 또는 개선하기 위하여 교사의 교수행위에 직접적으로 영향을 줄 수 있도록 학교가 공식적으로 제공하는 제반 활동"

이라고 규정하고, 이는 곧 학교장을 중심으로 한 교내장학이라고 보고 있으며 이윤식은 수업장학의 개념을 "교사들의 수업기술 향상을 위한 체계적이고 개별적인 과정"이라고 정의하고 있다.

이상의 수업장학에 관하여 주장하고 있는 점을 종합해 볼 때, 수업장학이란 "학교 조직의 핵인 교수－학습 활동의 질을 개선하여 궁극적으로는 학생 교육의 질을 향상시킬 수 있도록 직접적으로 교사의 교수 활동을 돕고, 지원하는 활동"이라고 말할 수 있다.

2) 수업장학의 기능과 담당자의 업무

가. 기능

수업장학의 기능은 수업장학에서 수행되는 구체적인 장학 활동으로서 학자들의 관심대상이 되어 왔다.

와일즈와 로벨은 그들의 저서 『Supervision for Better School』에서 수업장학 행동의 기능으로 목표 전개, 프로그램 개발, 조정, 동기 유발, 문제 해결, 전문성 개발, 교육성과 평가, 등 7가지를 들고 있고 일반장학에서 수행하는 과업으로서 다음과 같이 10개의 영역을 제시하고 있는데 이 과업들이 교사를 도와주는 장학 활동 영역이라고 볼 수 있기 때문에 수업장학의 기능이라고 말할 수도 있다.

10개 기능으로는 첫째, 교육 과정 개발, 둘째, 수업을 위한 조직, 셋째, 교원의 확보, 넷째, 시설 구비, 다섯째, 교육 재료 구비, 여섯째, 현직 교육 준비, 일곱째, 교원의 오리엔테이션, 여덟째, 특수 아 지도, 아홉째, 대민관계 확립, 열째, 수업평가 등이다.

나. 담당자의 업무

수업장학의 기능이 장학담당자로 하여금 교사를 도와 학교에서 교수·학습 활동이 잘 이루어지도록 조장하는 일이라면 이 일들은 장학담당자들의 주요 업무가 될 것이다. 이들 주요 업무는 두 가지 차원으로 구분하여 설명할 수 있다. 한 가지 차원은 과업적 면에서 교사를 도와주고 지원해 주는 일이며 다른 한 차원은 인간적 면에서 교사를 지원해 주고 도와주는 일이다. 과업적 차원과 관계된 업무로는 교육목표 설정, 교육 과정 개발, 교수기술 향상, 현직 교육, 평가, 의사소통을 통한 조정, 현장 연구 등을 들 수 있고 인간적 차원과 관계된 업무로는 동기 유발, 민주적 인간관계 유지들을 들 수 있다.

3) 수업장학의 요소

조이스와 샤워스(1995)는, 장학에서 최대한의 효과를 얻기 위해서는 다음의 네 가지 요소가 필요 하다고 설명하고 있다.

첫 번째 요소는 특정한 교수모형이나 방법의 이론적 근거와 그것을 사용할 때 필요한 원리를 이 해하는 것이다. 이론과 원리의 탐색은 토론, 독서, 강의 등의 방법을 통하여 이루어질 수 있다.

두 번째 요소는 필요한 기술을 학습하는 것이다. 시범의 예는 카세트테이프, 비디오테이프, 컴퓨터 가상 상황, 그리고 실제 수업 등을 포함한다.

세 번째 요소는 가상 상황이나 실험실 상황 혹은 훈련을 위한 시설에서 새로 학습한 모형이나 기술을 연습하는 것이다.

네 번째 요소는 교사들 간의 협동이다. 교수 행동에 대인간 모형을 적용시키는 방법에 관심이 있는 교사들은 이 새로운 모형을 익히는 동안 서로 지원하고 도움을 줄 수 있다.

4) 수업장학의 문제와 과제

일선 학교 초등학교 교감들을 대상으로 한 연구에서 수업장학의 문제로 장학 요원의 수업개선에 대한 이해 부족, 전시 효과적 장학, 장학요원의 지도성 개발 부족, 교사의 교직 전문성 개발에 무관심, 수업장학의 비민주적인 방법들이 빈번히 지적되고 있음을 찾을 수 있다.

가. 수업개선에 대한 이해 부족

이러한 문제의 원인은 첫째, 수업장학 담당자인 장학사, 교장, 교감, 교사들의 자질에 있고 둘째, 수업개선에 대한 수업장학 요원의 이해 부족을 들고 있다.

나. 과업 중심의 전시 효과적 장학

이 문제의 원인으로 지각된 적은 평가의 목적이 수업개선보다 행정적인 데 중점을 두고 있고 또 학교장이 교육에 대한 철학이나 신념이 부족한 데서 문제가 있으며 장학 지도의 방법이 지시 일변도이기 때문이라고 볼 수 있다.

다. 수업장학 요원의 지도성 개발 부족

수업장학을 위해 바람직한 지도성을 발휘하는 학교장이 적다. 그 원인은 현재 교원들의 정서가 수업장학을 꼭 해야겠다는 의지가 부족하고 수업장학이 자율성을 저해한다는 의식이 팽배하고 있어 용기 있는 학교장도 접근하기 어려운 실정 때문이라고도 보고 있다.

수업장학 지도성 개발이 부족한 원인으로는 첫째, 수업장학 요원의 자질 부족, 둘째, 수업장학 과다한 업무, 셋째, 수업장학 연수 및 연구의 부족, 넷째, 장학 요원의 권위 의식이 강하고, 지도성을 개발하려는 의욕이 부족하고, 다섯째, 학교의 분위기를 들 수 있다. 학교 운영이 자율적으로 이루어지지 못하는 풍토에서는 수업장학 지도성 개발이란 어려운 것이다.

라. 교사의 교직 전문성 개발 의식 부족

수업장학에서 지적되고 있는 또 다른 하나의 문제는 교사의 교직 전문성 개발에 대한 의식이 부족하다는 것이다. 수업장학에서 교사의 전문성을 개발하지 못하는 가장 큰 원인은 첫째, 교사 자신의 수업에 대한 자신감의 부족, 둘째, 장학 요원의 지도 조언 부족, 편견, 자질 부족, 수의 부족, 관료적 자세 등을 들 수 있다. 셋째, 교사들이 교수 이외에 잡다한 일에 시간을 빼앗기고 있다. 넷째, 교사들이 수업에 관한 연수 부족, 공개 수업 기피, 사기 저하, 구태의연한 수업 장법 전개 등을 들 수 있다.

5) 교내 자율 수업장학 활성화: 학교장의 의지 변화

① 수업장학에 관한 확고한 신념과 철학이 있어야 한다.
② 인간적인 면에서나 전문적인 면에서 솔선수범해야 한다.
③ 수업개선을 위해 협동해서 일할 수 있는 여건을 조성해야 한다.
④ 수업개선을 위해 노력하는 교사에게 칭찬과 격려를 아끼지 말아야 한다.
⑤ 수업에 관한 새로운 지도방법에 대해 연구하는 의지를 갖는다.
⑥ 학교조직을(연구 중심으로) 개선하고 이 조직을 활용하려는 노력이 요구된다.
⑦ 수업에 관한 전문적인 태도, 이해, 지식, 기술을 갖추어야 한다.
⑧ 장학 방법에 관한 지도성을 키우고 적절히 적용하는 노력을 기울여야 한다.
⑨ 수업장학에 대한 여건의 충실화를 위하여 노력하여야 한다.

2. 수업장학의 실천방법

1) 수업장학의 개선 방향

가. 교내 자율 수업장학 계획 수립
(1) 수업개선을 위한 구체적이며 면밀한 교내 수업장학 계획 수립
(2) 수업공개 그 자체로 수업장학이 이루어진다는 생각에서 탈피
(3) 강제 분배적 연구수업 및 참관자들이 진지한 태도 갖기

나. 교사의 요구수준에 맞는 다양한 수업장학 방법 적용
(1) 개인차가 다양한 교사들의 수준 고려(경력, 교육 과정, 연구 분야 등)
(2) 임상 장학의 방법을 다양하게 연구하여 적용

다. 교내 수업장학 담당자 확보
(1) 교과 교육에 대한 전문적이 소양 기르기
(2) 교수·학습에 대한 새로운 정보 수집

(3) 특정 교과에 전문성이 있는 교사를 선정하여 장학담당자 역할 양성

라. 교내 수업장학 여건 조성

(1) 학교장 중심의 교내 수업장학 활성화 여건 조성
(2) 교수·학습 매체 및 특별실 확보로 교수-학습 활동 지원
(3) 수업기술 우수 교사에게 대한 우대 풍토 조성
(4) 교사들의 수업 부담과 잡무 부담을 최대한으로 경감시켜 교사들이 교내 자율 수업장학에 적극적이고 자발적으로 참여할 수 있는 여건을 조성한다.

마. 체계적인 연수 활동 강화 및 지도성 발휘

(1) 교장과 교감 등 학교 행정가를 대상으로 교내 수업장학에 대한 전문적 태도, 지식, 기술 등을 함양하기 위한 구체적이고 체계적인 교육 연수 활동을 강화한다.
(2) 부장 교사와 경력교사 그리고 일반 교사들을 대상으로 교내 자율 수업장학에 대한 전문적 태도, 지식, 기술 등을 함양하기 위한 구체적이고 체계적인 교육, 연수 활동을 강화한다.
(3) 학교별로 교장, 교감이나 전문적 자질과 신망을 갖춘 경력교사 중에서 교내 자율 수업장학 요원을 선정, 확보하여 수업장학의 계획, 실행, 평가, 연구의 전반적인 영역에 지도성을 발휘할 수 있도록 한다.

2) 수업장학의 실천 사례

가. 접근의 기본 태도

수업장학이란 수업개선으로 학생의 학업성취를 높이고자 교육 과정과 학습환경, 교사의 교수행위에 직접적으로 영향을 주는 교육 활동이라고 할 수 있다. 그동안 우리는 장학이라고 하면 의례적, 피동적, 행정적 접근을 우선 고려했으나, 외국에서는 당연히 수업을 최고로 생각했고 수업개선에 초점을 맞췄다.

상부의 장학만을 장학으로 생각하는 우리의 전통적 사고가 교내장학의 활성화에 장애가 되고 있다. 심지어 교장까지도 상부의 장학을 받는 것으로 착각하는 피동적 장학의 사고에서 아직도 벗어나지 못하고 있다.

교사는 장학에서 더욱 피동적·소극적일 수밖에 없었다. 장학은 교사와 교장의 필요에 의하여 이루어지는 것이라는 사고의 전환이 절실히 요구된다. 이를 위해서는 장학에 관한 연수를 강조해야 할 것이다.

상부 교육청의 장학은 교내장학이 잘 이루어지도록 도와주고, 필요할 경우 교내장학팀과 같이 팀을 구성하여 도와주는 입장으로 바뀌어야 한다.

장학에서는 전적으로 교장이 중심인물이라는 것을 교육청도, 교장도, 교감도, 교사도 올바르게 인식해야 한다. 이런 인식 전환을 위한 연수를 필요로 한다. 교사에 관한, 교사의 수업에 관한 한 전적

으로 교장에게 책임이 있다. 교장의 교육적 지도력, 장학지도력, 수업지도력이 강조되는 새로운 전통을 창조해야 한다. 이러한 장학 활동을 기초로 본교에서 실천한 몇 가지 수업장학 사례를 살펴보면 다음과 같다.

나. 수업장학 실천 사례

(1) 학습지도연구대회를 통한 수업장학

학습 지도는 학생을 바람직하게 성장하도록 돕기 위한 가장 적극적인 방법이며 교원의 핵심 활동이지만 학습지도연구대회에 나가 보라고 권하면 자기 반 아이들 수업 결손을 해 가면서 무슨 도움이 되느냐는 말을 흔히 한다. 그러나 교실에서 이루어지고 있는 수업에 어떤 결함이나 문제점이 있어도 아무도 바르게 지도해 줄 사람은 없다. 혹시 교사의 발문이 인성이나 창의성 신장을 저해하는 수업을 자신도 모르게 계속하고 있다면 얼마나 많은 아이들이 피해를 입을 수 있을까 생각해 보면 끔찍하기조차 하다.

이러한 우를 범하는 것을 방지하고 수업의 질을 높이기 위해서는 모두가 수업 대회에 참여함이 바람직하나 그렇지 못한 현실을 감안하여 본교에서는 학습지도연구대회에 참여하는 교사의 일을 전 교사가 도와주면서 수업에 참여토록 하였다.

학습지도연구대회에 참가할 교사가 선발되면 교과와 단원의 선정지도안 만들기, 자료 만들기, 첨단 기교재 활용 등 수업자가 할 일을 전 직원이 참여하도록 계획을 세운다. 수업자만의 행사가 아니라 전 직원이 참여하는 수업 활동이 되기 위해서 수업자의 연습 수업이 계속되는 동안 다른 교사들은 관찰 전 협의회-수업의 관찰 분석-관찰 후 협의회를 통하여 치밀하고 발전적인 생각을 할 수 있도록 수업 대회가 계속되는 한 달 정도의 기간은 전 교사가 자신이 수업장학에 참여한다는 생각과 연구를 할 수 있도록 다른 행사는 의도적으로 줄이고 모두가 참여한다는 결과 교직 경력 1년도 안 되는 교사가 학습지도연구대회 1등급을 차지하는 성과는 본교의 계획적인 수업장학 활동의 결과라고 생각된다.

(2) 수업 선도 교사를 활용한 수업장학

본교 교원들은 수업연구대회가 수업의 질을 높이기 위해 실시하는 대회라면, 선도교사연구대회는 선도 교사 자신이 어떤 모형의 수업을 연구하는 발전적인 모습을 보여 줌으로써 다른 교사의 수업에 활용할 수 있도록 함을 목적으로 한다. 즉 본교에서는 'STS 기법을 적용한 사회과 수업'과 '협동학습구조를 적용한 수업'을 공개하였다.

선도 교사가 수업을 공개할 때 본교 교사는 선도 교사가 공개할 수업내용을 사전에 파악하고 수업의 흐름을 연구하는 과정에서 자신도 수업자와 같은 수업연구에 참여토록 하여 일 년 내내 더 좋은 수업을 위한 장학이 자연스럽게 이루어지도록 하고 학부모를 초청하여 수업을 공개함으로써 수업장학을 하고 있는 것이다.

수업을 위해 준비하는 과정을 학부모에게 알리고 학부모는 학교에서 요구하는 사항을 미리 알 수 있도록 학교와 지역 사회가 학생 교육을 위해 언제나 한 마음이 되도록 하고 있다.

(3) 교실 수업개선 실천 연구를 통한 수업장학

교사의 연구 활동이 교육의 질을 높이는 준비단계라면 그중에서도 학습지도연구대회와 선도 교사, 교실 수업개선 실천 연구는 그 어떤 연구 활동보다도 가치 있고 가르치는 아이들을 위한 연구 활동이라 할 수 있다.

1년 동안 교실 수업개선을 위해 다각적인 활동으로 주제를 가지고 실천하여 그 실천 사례를 발표함으로써 연구하는 교사만의 활동이 아니라 동료교사에게도 교실을 알차게 가꾸고 또 수업을 연구하면서 많은 실천 사례들을 가꾸는 것을 보면서 자연스럽게 수업장학 활동으로 연결되도록 하였다. 이를 계기로 본교는 1년 내내 연구하는 분위기를 조성했다.

(4) 교장·교감의 초임교사 대상 수업장학

본교에서는 경력이 일천한 초임교사·신규교사들의 수업장학을 위하여, 교사들에게 수업장학의 필요성을 인식하고 해당 교사들과 협의하여 3월부터 12월까지 수업에 필요한 수업장학, 동료장학 등을 실시하기로 하고 다음과 같은 계획으로 실행할 것이다.

〈표 109〉 교장·교감의 수업장학 활동(예)

기간	교장·교감의 수업장학	초임교사 활동	비 고
3월 9월	·신뢰로운 분위기 조성 및 교직 오리엔테이션 ·교재연구를 위한 지원 조치 제공 ·선배교사 수업에 대한 참관 기회 제공 ·초임교사 자기수업 녹음 녹화 반성 기회 제공 ·학습지도안 지도 및 수업참관 - 1회	·자기 수업 녹음, 녹화 반성 ·학습지도안 작성 및 수업참관 준비	교장, 교감의 지도 조언과 초임교사의 자기장학, 동료장학, 임상장학이 자연스럽게 연결 되도록 함
4월 10월	·학습지도안 지도 및 수업참관 - 2회 (필요시 관련 부장교사 참여) ·동료 장학 기회 제공 (초임교사 상호간 동료 장학, 동 학년 교사들 간)	·학습지도안 작성 및 수업참관 준비 ·동료 장학 참여	
5월 11월	·학습지도안 지도 및 수업 참관 - 1회 (필요시 관련 부장교사 참여) ·동료 장학 기회 제공 (초임교사 상호간 동료 장학, 동 학년 교사들 간)	·학습지도안 작성 및 수업참관 준비 ·동료 장학 참여	
6월 12월	·임상 장학 - 1회 (필요시 관련 부장교사 및 동료교사 참여)	·임상장학 준비	

(5) 임상장학 모형 적용 수업장학

수업장학을 위하여 다음과 같은 수업연구 중심의 임상장학 모형을 적용하여 실시하였더니 수업장학에 관해 거부감을 갖고 있던 교사들에게도 교실 수업개선을 위한 임상 장학의 효과를 인식하고 함께 노력하는 분위기가 형성되었다.

우리나라에서 개발된 수업을 중심으로 전개되는 임상장학의 여러 모형을 살펴보면, 한국교육개발원(1983), 주삼환(1985), 인천교육과학연구원(1988), 장이권(1989), 한국교육개발원(1989)에서 개발한 모형들이 있지만, 종합적으로 분석해 보면 첫째, 계획 수립의 단계, 둘째, 수업관찰의 단계, 셋째, 결과

협의의 단계를 거치면서 수업방법 개선 및 교사의 자질 향상을 목적으로 학교별로 다양하게 실시되고 있었다.

　본교에서 적용한 모형의 단계별 성격 및 활동 내용을 살펴보면 다음과 같다.

(가) 단계별 성격

제1단계	제2단계	제3단계
1-1. 신뢰로운 관계조성 1-2. 수업연구(수업개선) 과제 선정 1-3. 학생·수업에 대한 정보교환 1-4. 수업관찰계획 수립	2-1. 학습지도안 검토 2-2. 수업관찰 2-3. 수업관찰 결과 정리	3-1. 수업관찰 결과논의 3-2. 수업연구 과제 해결 및 수업개선방안설정 3-3. 적용 및 평가

[그림 43] 임상장학의 단계별 성격

(나) 단계별 활동내용

① 1단계: 계획단계

㉮ 신뢰로운 관계 조성 – 오리엔테이션(개별, 형태, 영역, 과정), 안락한 장소

㉯ 수업연구(수업개선)과제 선정

· 장학 담당자에게 도움이 필요한 사항 설명

· 교사 자기진단평가(수업연구, 기본 교수법, 기본 학습법, 지도 과정, 학습 형태 및 활동, 자료 활용, 정리 발전, 학력 정착)

· 수업개선 과제를 구체화하고, 잠정적인 해결·개선 방안 협의

㉰ 학생 수업에 대한 정보 교환

· 학습능력, 학습태도, 학습의욕 등 의견 교환

· 수업진도, 수업내용, 수업방법 등 제반 사항 설명

㉱ 수업관찰 계획 수립

· 수업의 시기, 목표, 내용, 방법 등 협의: 1~2주 전

· 관찰내용(무초점 관찰, 초점 관찰, 관찰 내용의 우선순위 등), 관찰 기록방법(서술식 기록, 약어 부호 사용 기록, 체크리스트 기록, 녹음기, 녹화기 사용 등), 관찰시기, 시간, 관찰장소, 관찰위치에 관하여 협의

· 서면으로 정리 상호 확인

· 결과 협의 계획(시간, 장소, 참석자, 절차 및 방법 등) 논의

② 2단계: 수업관찰

㉮ 교수·학습 과정안

· 컴퓨터 활용 교수·학습 과정안 작성 – 수시 수정·보완

· 필요한 경우 교사의 설명 듣기

· 수업관찰 2~3일 전 검토, 지도, 조언

㉯ 수업관찰

<관찰 내용>
· 무초점 관찰: 전반적인 사항을 관찰
· 초점 관찰: 사전에 합의된 몇 가지 사항 중점 관찰
<관찰 기록방법>
· 서술식 기록방법 – 전체적인 기록, 부분적 기록
· 약어나 부호를 사용하는 방법
– 학생의 과업 집중도 기록하는 방법
– 교사와 학생들 간의 언어 흐름 기록하는 방법 – 언어적 상호 작용 형태
– 교사와 학생들의 움직임 기록하는 방법
– Flanders의 상호작용분석법
· 관찰된 사항을 체크리스트를 사용하여 기록하는 방법
· 녹음기, 녹화기(VTR카메라)를 사용하는 방법
– 전체 녹음 · 녹화, 부분 녹음 · 녹화
<유의사항>
· 교사와 학생에게 불안감, 불쾌감, 심적 부담감을 주는 발언 신체적 동작, 표정 등은 금물
· 관찰 기록행위가 교사와 학생들의 주의를 끌지 않도록
· 교사와 학생의 노고에 격려
㉯ 수업관찰 결과 정리
· 차후 결과 협의 대비
· 수업개선 관계에 관련하여 추가적인 정보나 자료 준비
③ 3단계: 결과 협의
㉮ 수업관찰 결과 논의
· 자신의 수업에 대한 개략적인 자기 평가
· 상호 협동적이며 부드러운 분위기 조성, 장학담당자는 개략적인 느낌 발표
· 만족스러운 점과 개선이 요구되는 점 논의(기록물, 녹음테이프, 녹화 테이프)
· 학생들을 대상으로 수업내용, 방법, 교사의 강의 스타일에 관한 의견 조사 실시
· 교사 스스로 자신의 수업개선을 위한 아이디어를 끌어내도록 도와주고 격려
㉯ 수업연구 과제 해결 및 수업개선 방안 설정
· 수업연구 과제의 해결, 개선 또는 수업개선을 위한 방안 설정
· 계속적인 도움을 제공할 수 있는 방법 의견 교환
㉰ 적용 평가
· 2차 수업관찰을 계획하거나 교사 스스로 자기 적용, 자기 평가의 노력을 하도록 유도, 격려
· 수업개선 방안의 일반화와 결과를 위한 노력(자료 정리, 배포 – 자체 연수 시 발표 또는 각종 연
  수회, 대회 참석 발표 등)
· 논의된 주요 내용은 서면으로 정리, 차후 장학 활동 개선에 참고

(다) '초임교사 대상 수업 관련 지도·조언 활동' 모형

① 학교 적응을 위한 소개 활동

② 교새 연구 및 교수, 하습 과정 작성을 위한 지도·조언 활용

③ 선배교사들의 수업 참관

④ 교장, 교감의 초임교사에 대한 수업 참관

⑤ 교육 평가에 관한 연수·지도 활용

⑥ 생활 지도, 인성 지도에 관한 연수·지도 활동

⑦ 담임 업무, 교무 분장 업무 체제 및 주요 규정에 관한 연수·지도 활동

(6) 학부모 수업공개를 통한 수업장학

(가) 목적

우리 교사들의 의무인 수업공개를 통하여 학교 학부모가 공동체 의식을 갖고 공교육의 중요성과 교육 공동체를 형성해 나간다.

(나) 방침

① 학년 부장 주관하에 교과목은 협의하여 정하며, 공동으로 추진한다.

② 수업공개, 교사와 학부모 상담, 학교장과의 대화 시간, 동 학년 결과 협의로 구성하여 추진한다.

③ 수업공개의 날 운영에 따른 결과는 학교 및 학년, 학급 경영에 반영토록 한다.

(다) 세부 실천 계획

〈표 109〉 학부모 공개수업 계획

순	구분	내용	담당자	일시	비고
1	안내장 작성	가. 기본안 작성	학년부장	1주 전	
2	수업 지도안 작성	가. 동 학년 함께 결재	학년부장	3일 전	
3	안내장 인쇄 및 배부	가. 행정실과 협조 나. 배부: 학년에서 배부	학년부장	4일 전	
4	수업 지도안 제출	가. 부수: 15부 나. 제출: 계원	학년부장	1일 전	
5	공개 수업의 날 운영	가. 안내 및 실내화 준비 나. 수업 지도안과 참관록 준비	행정실 참관교사	당일	
6	결과 평가서	가. 기본 양식 나. 동 학년 협의하여 작성	학년부장	1~2일 후	

3. 맺고 나오며

우리 교사들은 수업을 잘하기 위하여 많은 준비를 하고 수업에 임한다. 그렇지만 수업을 끝내고 나서 생각하면 '잘 하지 못했구나.' 하는 아쉬움이 많다. 이것은 도대체 어디에 문제가 있고 무엇에 원인이 있을까? 한마디로 말해서 그만큼 수업의 방법은 어려운 것이기 때문이라고 생각한다. 멋있게 가르친다는 것은 우리가 평생을 건 도전이다.

교직이 전문직이어야 한다는 데에는 이의가 있을 수 없다. 그러나 의사, 변호사, 성직자, 교수와 같은 완전한 전문직이냐에는 논란의 여지가 있다. 우리가 완전한 전문직으로 인정받을 때 누구도 도전하거나 침범할 수 없는 권위와 자율을 누릴 수 있을 것이다. 그러기 위해서는 그들 이상으로 수업 개선에 피나는 노력을 해야 한다.

교사는 가르치는 일을 하는 사람이지만 가르쳐야 할 것을 가르쳐야 하며, 가르치되 아무나 할 수 없는 특수한 전문적 이론과 지식과 기술에 기초를 두고 가르쳐야 한다. 자기가 하는 일에 대하여서는 세계의 제일인자가 된다는 신념으로 노력해야 한다.

교사의 하루 일과는 수업으로부터 시작된다. 그러나 수업을 하다가도 수업을 하기 위해 존재하는 교사는 언제나 수업을 뒤로 하는 경우가 있다. 학교교육의 성패는 각 교실에서 이루어지고 있는 수업의 질 여하에 달려 있다. 이 수업의 질 결정은 무엇보다도 그 수업의 수업자가 어떻게 수업을 이끌어 가느냐에 따라 달라진다. 그리고 수업자들이 수업을 성공적으로 수행할 수 있는 능력이나 기술이 수업경험이나 현직 연수를 통하여 길러진다면 학교 경영자는 자기장학을 통해 연구하여 이론을 습득하고 또 지도기술을 익혀서 교사들이 수업을 위해 활동하는 일에 적극적으로 도와주는 방향으로 나아가야 한다.

▌제4장▐ 사례 4: 수업장학의 활성화를 통한 교육 전문성 신장

1. 들어가며

지식이나 기예를 알게 하거나 모르는 사실을 알려 주며, 도리를 깨닫게 하거나 잘못된 것을 올바르게 바로잡아 주는 일 등을 우리는 보통 가르친다(teaching)고 하면서 교육 활동의 주체라고 할 수 있는 학생과 교사가 상호작용하는 가운데 교육매체를 통하여 특정행동에 도달하도록 학습하거나, 교육적 의도를 가지고 계획적으로 조작하는 과정을 수업이라고 한다. 이 활동은 다양한 학습공간에서 이루어지는 모든 교수·학습 활동으로 교화(敎化·indoctrination), 교수(敎授·instruction), 훈련(訓練·training), 조건화(條件化·conditioning)를 포함하고 있어서 그 활동의 결과는 그 대상인 학습자에게 다양하고 바람직한 변화를 기대하게 된다.

따라서 수업이 질적으로 우수하면 그 가르침을 받는 학생들은 지적, 도덕적, 인격적으로 크게 발전된 사람으로 성장될 것이며, 이런 일을 책임껏 수행할 사람이 바로 교원이고, 그 행위가 곧 수업이다.

교사는 미성숙한 학생을 맞아 가정과 학교 그리고 사회생활을 통해 지식을 익히고 사물을 체험하면서 생활의 지혜도 얻고, 인간적 도리도 깨달으면서 성숙한 개체로 자신을 가지고 활기찬 삶을 영위할 수 있도록 가르쳐 내보내고 있다.

한 명의 학생이 성숙된 인간으로 성장·발달하는 과정 모두를 한 분의 교사가 맡아 가르치던 시절에는 훌륭한 교사 한 분만 잘 만나면 되었으나 이제는 상황이 크게 달라졌다. 시대의 변화와 함께 다양한 교육이 필요했을 것이며, 수요자들의 다양한 학습욕구를 충족시켜 주기 위해서도 변화해야 했을 것이다.

여러 명의 교사가 단계별로 다양하게 가르쳐야 학생도 조화로운 학력을 갖추게 되며, 이를 위해 교사들은 가르침의 전문가가 되어야 하고, 장학담당자들은 수업의 결과가 목표한 대로 성취될 수 있도록 협조하고 지원하며 조언하고 바로잡아 주는 그런 형태의 장학이 이루어지도록 노력해야 할 것이다.

2. 교내장학

1) 장학

새로운 것이나 모르는 것을 알고 싶어 하는 학생들의 학습욕구 충족을 위해 노력하는 교사들에게 '어떻게 가르쳐야 학생들이 쉽게 이해하고 학습한 것을 유용하게 활용할 수 있을까' 하는 방법을 일깨워 주어 학생들의 학력 향상에 기여하도록 도와주는 일이나 학교운영과 그 구성원 관리가 원활하도록 지원해 주는 일을 통틀어서 장학이라고 한다.

따라서 장학은 교육행정, 교육 과정, 수업, 인간관계, 경영, 지도성을 종합하는 일로 장학을 담당하는 사람은 이를 모두 수행하거나 일부 영역을 전문적으로 수행할 수 있는 전문가로서의 역할을 할 수 있어야 하는데, 특히 학교장은 모든 영역에 전문성을 가지고 있어야 장학담당자로서의 권위를 인정받게 된다.

장학의 종류와 형태 및 방법은 장학담당자와 그 대상 및 상황에 따라 상당히 다양하나 어떤 형태이든 그 귀결점은 같다. 단위학교나 교육청 장학 활동의 대부분은 학생들의 학력 향상에 직접적인 영향을 미치는 교사들의 교수·학습 방법의 향상·발전을 위한 것으로 이런 형태를 수업장학이라고 한다.

학교 내 장학 형태인 임상장학, 동료장학, 집단장학, 자기장학, 약식장학, 선택적 장학, 교내연수 등은 장학 활동의 방법만 서로 다를 뿐 모두 다 수업장학의 형태로 교수·학습 방법의 향상·발전을 꾀하여 학생들의 종합적인 학력을 제고시켜 바람직한 인간육성에 기여하려는 것이다.

2) 수업장학

수업장학은 교사들의 수업기술 향상을 위하여 교장, 교감이나 외부 장학요원 또는 교육전문가나 자원인사 등이 주도하는 개별적이고 체계적인 지도·조언 활동으로 임상장학, 마이크로티칭, 수업연구, 초임교사 대상의 수업관련 지도·조언 활동 등이 이에 포함된다.

수업장학이 효과적으로 이루어지기 위해서는 '장학담당자와 교사 간에 개방적이며, 우호적이고, 상호 협조·존경·의존적이며 신뢰적이어야 한다.'는 기본 철학과 '비공식적 대화, 교실방문, 체계적인 수업관찰, 토의·반성 등의 과정을 거쳐 얻은 자료를 활용하여 자신의 수업관련 문제를 해결해 보겠다는 의지'가 전제되어야 한다.

교육의 질은 교사의 질을 능가할 수 없으며, 교사의 질은 수업의 질에 달려 있고, 수업의 질은 교사의 교육자적 소양과 정성스런 노력에 따른다고 한다. 교사가 교원 양성 과정이나 직전 및 임용 후의 연찬을 통하여 학생들의 종합적인 학력 신장에 부족함이 없는 자질을 함양하고, 대상학생들의 학습능력에 맞도록 지도할 수 있는 수업기술의 습득과 훈련은 교사의 질을 향상시키는 바탕이 되어 교육의 질적 수준 향상에 크게 기여할 수 있게 된다.

수업기술은 교수·학습 이론을 바탕으로 개발된 일반적인 수업모형이나 교수·학습 과정안을 교과별, 학습요소별, 대상학생별, 지도교사의 교수 유형에 따라 적정하게 조정하여 운영하는 교수 기법이다. 교사들은 어느 학년의 어떤 교재를 활용하거나 대상학생의 다양한 변화에도 불구하고 아무런 영향을 받지 않고 학습목표를 도달시킬 수 있어야 유능한 교사로 자리매김되고 그가 활용한 수업기술은 훌륭한 수업장학 자료로 활용될 수 있을 것이다.

교사의 수업기술을 향상, 발전시켜 학습효과를 제고시키고 학력 향상에 적극적인 도움을 주고자 수행하는 수업장학은 1960년대부터 선진 외국의 다양한 학습이론을 그대로 교실 현장에 도입, 적용하는 과정에서 파생된 문제점들을 개선하고자 노력하기 시작한 1980년대부터 그 필요성과 방법 및 효과가 현장 중심으로 논의되고 제기되어 교사들의 수업방법과 기술이 어떻게 향상, 발전되어야 학생들의 전반적인 학력 향상에 기여할 수 있는가를 교실 현장 중심으로 협의하여 지도하고 도움을 주는 활동이 전개되었다.

수업기술을 향상, 발전시키기 위해서는 새로운 교수·학습 이론에 대한 다양한 정보도 접해야 하고, 수업을 잘하여 학력 향상에 크게 기여하는 타인의 수업도 자주 관찰하면서 자기의 수업이 어떠한지를 정확하게 되돌아볼 수 있는 기회를 가져야 한다. 특히, 자기 수업에 대하여 과학적이고 정확한 평가와 분석을 통해 어떤 점이 강점이며, 어떤 점이 약점인지에 관한 반성과 새로운 학습모형 구안에 대한 평가를 받을 수 있는 기회도 꼭 필요하다.

3) 학교장의 수업장학

수업장학은 장학담당자에 따라 지도방법이 매우 다양하겠지만 그 지향하는 목표는 하나다. 학교장으로서 장학의 모든 영역에서 전문성을 발휘하는 일도 중요하지만, 학생들의 인성교육과 함께 교과교육을 통해 사람다운 사람을 기르기 위해 노력하는 교사들의 효과적인 학생 지도 기법을 지도하는 수업장학은 학교장의 중요한 책무 중에서도 가장 중요한 일이다.

장학담당자는 수업의 효과는 교사가 지니고 있는 여러 가지 개인적 특성과 교수·학습 상황에서 표출되는 교사의 다양한 수업행동에 많은 영향을 받는다는 사실을 유념하면서 당해 교사를 무엇 때문에 어떻게 지도해야 할 것인지를 정확히 이해하고 그에 따른 개선안을 마련하여 상담을 통해 실천방법을 탐색·제시할 수 있어야 한다.

수업장학에 임하는 학교장은 수업 지도자이자 자율과 참여의 수업장학 풍토 조성자로서 인적·물적 환경을 정비하고 수업에 관한 상담·자문·평가자의 역할을 수행하면서 교사의 수업기술을 발전시키도록 도와주고, 학력 향상에 기여할 것으로 판단되는 새로운 수업방법을 도입, 적용하는 데 소신과 자신을 가져야 하며, 수업자를 격려하고 조력하는 데 노력해야 한다.

또한, 학교장은 수업기술에 관한 자신의 생각을 교사에게 강요하기보다는 교사들이 펼치는 수업 방식을 가치 있게 여기고 관심을 기울이면서 교사 스스로 자기의 단점이나 잘못을 이해하고 개선하도록 긍정적으로 격려하는 비언어적 행위를 사용해야 하며, 대화를 독점하지 말고 교사에게 자신의 성취를 평가할 기회도 주어야 한다. 학교장이 교사들로부터 전공 영역이 다르다고 수업장학을 거부당한다면 다른 영역의 장학도 수용될 수 없으므로 어떤 문제 상황에서도 학교장은 그 해결을 위해 소신을 가지고 적극적으로 참여하여 협의를 통해 이해시키고 합리적인 개선안과 발전방안을 탐색하여 공감대를 형성함으로써 교사들로부터 신뢰와 권위를 인정받아 학교장은 아무나 할 수 있는 것이 아니라는 것을 느낄 수 있게 해야 한다.

학교장은 학생들의 종합적인 학력 제고에 직·간접적으로 영향을 미칠 수 있는 기본 생활 자세와 같은 아주 작은 일에서부터 학습내용을 아주 쉽게 이해시키고 활용하는 데 도움이 되는 교수·학습이론과 기법까지 지도할 수 있을 정도로 권위를 확보하는 일은 아주 중요하다.

4) 수업장학의 실제

학교장은 학교 내 장학 활동의 핵심인 수업장학을 통하여 교육의 질적 향상을 도모해야 하는데, 이를 위한 과정은 사전협의회 → 자료수집 → 분석 및 전략수집 → 사후협의회 → 적용 → 평가 등

6단계로 하거나 계획 수립 → 수업관찰 → 환류협의 등 3단계로 진행되는 것이 보통이다.

1) 계획 수립

　제1단계 계획 수립에서는 교사와 장학담당자 간에 상호 신뢰적이고 허용적인 관계를 조성하고, 교사의 요구와 필요에 기초하여 수업연구과제 혹은 수업개선과제를 확인·선정하며, 개략적이고 잠정적인 해결·개선방안에 대하여 논의하고, 수업상황에 대한 정보를 교환하며, 수업관찰 계획을 수립한다.

가. 신뢰로운 관계 조성
　쾌적하고 안락한 장소에서 오리엔테이션을 통해 수업장학의 개념 특징과 과정 및 절차 그리고 상호 협조 사항 등에 대한 이해를 높여 상호 신뢰롭고 원만한 관계를 조성한다.

나. 수업연구(수업개선)과제 선정
　교사가 수업과 관련하여 연구해 보자고 하는 사항이나 수업개선을 위해 도움이 필요한 사항에 대한 설명과 의견을 교환하고 수업 활동에 대한 자기진단평가를 실시하기도 하는데, 그 영역으로는 교재연구, 기본교수법, 기본학습법, 지도과정, 학습형태 및 활동, 자료 활용, 정리·발전, 학력정착 등이 포함될 수 있다.

다. 학생수업에 대한 정보교환
　교사가 학생들의 학습능력, 학습태도, 학습의욕 등을 장학담당자에게 설명하고, 교사 자신의 수업진도나 수업내용 및 방법 등을 장학담당자에게 설명하고 의견을 교환한다.

라. 수업관찰 계획 수립
　교사와 장학담당자가 함께 관찰한 수업의 시기, 목표, 내용, 방법 등을 협의하여 수업관찰 계획을 수립하는데, 관찰방법 우선순위, 관찰 기록방법, 시간, 관찰장소, 관찰위치, 관련기자재, 보조요원 활용 등의 계획도 구체적으로 제시되어야 한다.

2) 수업관찰

　제2단계인 수업관찰에서는 교사와 장학담당자가 학습지도안을 검토하여 수업 활동의 전반적인 과정을 이해하고, 교사는 학습지도안에 따라 수업을 실시하면서 장학담당자는 수업관찰 계획에 따라 관찰하여 연구과제 해결 또는 수업기술 향상을 위한 구체적이고 객관적인 자료를 수집하고 분석·정리하여 결과협의회 자료를 작성한다.

가. 학습지도안 검토

장학담당자는 계획 수립 이후 교사가 구체화시킨 학습지도안을 검토하고, 수업관찰 2~3일 전까지 지도·조언한다.

나. 수업관찰

관찰내용: 전반적인 사항 또는 합의된 중점사항
관찰기록 방법: 플랜더즈(Flanders)의 상호작용분석법, 체크리스트, 녹음·녹화

다. 수업관찰결과 정리

수업 참관록 작성, 추가적인 정보와 자료준비

라. 참관 시 유의점

(1) 계획된 영역과 분담된 내용의 참관을 정확하게 하여 자기 수업기록의 신뢰도를 높이도록 노력
(2) 수업에 직접적인 영향을 주지 않는 교실환경이나 시설에 관심을 갖기보다는 수업진행 과정에 학습자의 자세로 열중하기
(3) 학생들과 같이 수업이 시작되기 전에 수업장소에 도착하기
(4) 수업 중의 사태에 대해 옆 사람과 토론하거나 학생의 교과서와 학습장 등의 자료를 빌려 보거나 학생에게 질문을 하는 등 수업에 방해를 주는 행위 금지
(5) 특별한 이유가 없는 한 서서 참관하기
(6) 수업기록을 위해 녹화나 녹음을 할 때 학생의 주위를 끌거나 방해가 되지 않도록 유의
(7) 수업이 끝나면 수업자의 노고에 감사 표시하기

3) 수업관찰 후 협의회

수업관찰 결과를 중심으로 장학담당자와 교사 간에 상호 협동적인 논의를 통하여 수업연구과제의 해결·자기 평가의 노력을 하도록 유도·격려한다. 이 단계는 가능한 한 수업실시·관찰의 기억이 생생한 수업관찰 당일에 실시하는 것이 바람직하다.

가. 수업관찰 결과 논의

교사가 먼저 자신의 수업에 대한 개략적인 자기 평가를 하고, 장학담당자와 함께 수업 의 만족스러운 점과 개선이 요구되는 점에 관하여 논의한다.

보다 많은 환류(feedback)가 가능하도록 학생 대상으로부터 수업내용, 수업방법, 교사의 수업형태 등에 대한 의견조사를 실시하여 교사 자신이 스스로 자신의 수업개선을 위한 아이디어를 끌어내도록 도와주고 격려한다.

나. 수업연구 과제 해결 및 수업개선 방안 설정

① 교사 스스로 자기 적용 및 자기 평가 노력을 하도록 유도하고,

② 설정된 수업연구과제 해결 및 수업개선방안의 일반화와 전파를 위해 노력하면서 수행된 장학 활동의 전체 과정에 대한 평가와 반성을 하도록 하며,

③ 논의된 주요내용인 계획협의, 수업관찰 결과, 수업연구과제 해결, 수업개선 방안, 차후 수업개선이나 장학 활동 개선에 참고하도록 지도한다.

5. 학교장의 역할

1) 학교장의 수업지도성

교육 현장에서 학교장의 수업참관이나 교실순회에 대하여 일부 교사들이 거부반응을 일으키는 사례가 있는데, 이는 그에 대한 취지나 방법·절차와 관련하여 교장과 교사들의 이해 부족에서 비롯되는 것으로 학교장은 단위 학교 내의 최종적인 교육책임자요 장학책임자로서 교사들을 대상으로 장학 활동을 수행해야 할 책무성과 당위성이 있음을 이해시켜야 하며, 강한 수행 의지를 보여야 할 것이다.

2) 학교장의 권위

학교장은 평소 교사들로부터 전문적인 권위와 인간적인 권위를 얻도록 꾸준히 연구·노력해야 한다. 교사들로부터 인정받아야 하는 권위는 대체로 법적 권위(legal authority)와 전문적인 권위(professional authority) 및 인간적인 권위(personal authority)를 들 수 있다.

학교장의 학교 경영과 구성원에 대한 관리 지도성을 뒷받침해 주는 권위는 법적(지위) 권위와 인간적 권위가 있고, 학교장의 수업지도성을 행사하도록 하는 권위는 전문적 권위와 인간적 권위에 바탕하고 있는데, 객관적이고 가시적인 학교장의 법적 권위는 지위에 부여된 권한으로 초·중등교육법 제20조에 명시된 교직원의 임무에 기초하여 갖게 된 것이다. 그러나 이 권위는 교장 직에서 물러나게 되면 자동적으로 소멸되는 한시적인 것이기도 하다.

학교장이 효과적인 수업참관을 하기 위해서는 충분한 수준의 전문적 권위와 인간적 권위를 평상시에 꾸준히 쌓아 두는 일이 필요하다. 전문적 권위는 오랜 기간의 교직생활이나 연구 활동, 자기 발전을 위한 연찬 활동 등을 통하여 수업 활동을 포함한 모든 교육 활동에 관해 남보다 많은 지식, 경험, 능력·업적을 갖고 있음을 교사들로부터 인정받을 때 생기는 권위로서 주어지는 것이 아니라 자신의 노력으로 얻어지는 것이다.

교사들로부터 실력 있는 교장이라는 말을 듣는 것은 곧 전문적 권위를 인정받고 있는 것으로 수업장학에 대해서도 긍정적 인식을 가지게 될 가능성이 높다. 학교장이 교사들로부터 훌륭한 인격을 갖추고 교직원 관리기술과 능력이 탁월하다고 인정받을 때 그에게는 인간적 권위가 있다고 말한다.

학교장의 인간적 권위는 교사들과 친밀하고 따뜻한 인간관계를 맺고, 즐겁고 명확하게 의사소통이나 대화를 유지해 나가는 기술이나 능력을 갖추고, 공사간의 구분이 분명하며, 언행이 일치하고 도덕적·모범적인 생활 모습을 보여 줄 때 얻어지게 된다.

이런 전문적 권위와 인간적 권위는 학교장이 교사들로부터 인생의 선배로서 인간적인 존경과 신뢰감을 느끼게 하는 것으로 그 생명이 길어서 교장 직을 떠나더라도 교사들로부터 오랜 기간 동안 그러한 권위를 인정받게 되는 것이다. 이러한 권위를 바탕으로 해서 교육 활동이나 학교경영 활동과 관련하여 지도성을 발휘할 때 그 효과는 높아지게 된다.

3) 과제와 전망

'수업에는 왕도가 없다.'는 말은, 어떤 학습요소를 지도할 때 그에 적합한 방법이 하나가 아니고 수없이 많음을 의미하기도 하지만, 한 시간의 교수학습이 하나의 학습이론이나 모형 또는 과정안만으로 일관할 수 없다는 의미도 된다. 따라서 다양한 상황에 적절한 수업방법의 탐색은 끝없이 연구·노력하여 창조되어야 할 것이다. 사회가 변화하고 학생이 변하며 교육여건이 달라지고 있는데 종래의 수업기술과 교육자료로 진행되는 교수·학습방법만으로는 교육의 질을 높일 수 없으므로 수업장학이 성공적으로 수행되기 위해서는 교사 자신이 변화에 적응하고 발전시켜 나가려는 자세를 갖도록 하는 의식의 전환 노력이 선행되어야 한다.

1980년대에 초등학교의 영어교육과 교육정보화로 컴퓨터가 교단에 등장했을 때 그 변화에 적응하지 못한 상당수의 고령 교사들이 교직을 떠났지만, 이를 극복하기 위해 노력한 교사들은 지금 선도적 역할을 하면서 교단을 굳건히 지키고 있다. 교직은 끝없는 자아 연찬이 필요하며 이를 통하여 전문가로서의 소양을 갖추어야 존경받는 스승이 될 수 있고, 수업전문가로서 인정도 받게 된다. 우수한 수업장학 조언자로서의 교장이 되기 위해서는 스스로 우수한 수업을 많이 참관하고, 최신의 정보를 다양하게 수집하여 교사들에게 그 기법을 전달하고 지도할 수 있도록 수업연구에 노력하는 솔선을 보여야 한다.

수업장학을 통해서 교사들의 수업기술 향상 변화로 학생들의 학력 향상을 기대한다면, 수업장학을 담당하는 학교장과 수업을 전개하는 교사가 서로 원만한 인간관계를 형성하고, 변화, 발전을 위해 함께 최선을 다하겠다는 강한 의지가 형성되어야 하며, 수업의 질 향상 발전을 위한 연구 노력도 지속적으로 이루어져야 한다. 이를 위해서는 먼저 변화에 지나치게 보수적인 학교장의 의식 전환이 되어야 할 것이다.

향상, 발전은 변화를 전제로 하므로 변화된 학교장의 모습에서 그 학교가 생기를 느끼고, 교사들은 열심히 가르치면서 보람을 느끼며, 학생들은 부지런히 공부하며 배우는 즐거움을 맛보고, 학부모와 지역사회는 그를 신뢰하고 마음으로부터 감사하며 지원을 아끼지 않게 된다.

'누군가 해야 할 일이라면 내가 하고, 언젠가 해야 할 일이라면 지금 하고, 어차피 해야 할 일이라면 잘해 보자.'는 말과 함께 '선생님이 질문하고 스스로 답하는 수업은 최하위 수준의 수업이지만, 선생님이 질문하고 학생이 답하면 조금 발전된 것이고, 학생의 질문에 선생님이 답하면 바람직한 것이지만, 가장 좋은 수업은 학생의 질문에 학생이 답할 수 있게 하는 것이다.'라는 말도 깊이 음미해 보았으면 한다.

연구 문제

1. 수업장학과 일반장학을 비교, 설명하시오.

2. 수업의 질 개선을 위한 일반화 과정을 제시하고 각 단계별 특징을 설명하시오.

3. 신뢰받는 학교 경영 차원에서 훌륭한 수업장학 방법을 사례를 들어 설명하시오.

4. 일선 학교 현장에서 단위 학교 수업장학의 개선방안에 대하여 설명하시오.

5. 창의적 수업장학의 구체적 방안에 대해서 논하시오.

6. 21세기 세계화 시대에 부합되는 수업장학 담당자의 리더십(Leadership)에 대해서 약술하시오.

7. 수업장학 차원에서 티칭(Teaching: 교수), 러닝(Learning: 학습)이 싱킹(Thinking: 사고)으로 전환되어야 하는 이유를 설명하시오.

8. 수업장학에서 '선 협의 후 수업 방법'과 '선 수업 후 협의 방법'의 장단점을을 들고 상호 비교, 분석하시오.

9. 단위 학교의 교내 자율장학 차원에서 가장 중점을 두어야 할 사항에 대하여 설명하시오.

10. 타 학교의 수업장학 사례를 일반화·벤치마킹할 때 특히 유의해야 할 사항에 대하여 기술하시오.

제 **10** 부

◀◀ **수업장학 지도(협의) 가이드** ▶▶

제1장 수업장학 지도(협의) 계획
제2장 수업장학 지도 및 지원
연구 문제

[Key Point]
　제10부에서는 교육청 장학을 중심으로 한 일선 학교 학무장학의 방법과 기법에 대해서 탐구한다. 즉 수업장학 지도와 지원 방법과 요령에 대해서 실제적으로 이해한다. 장학 수행자(담당자)는 장학 지도를 하고, 장학 협의 주관자로서 다양하고도 창의적인 장학 방법 구안, 적용이 중요하고, 장학 대상자(학교)는 장학 지도(협의)에 대한 여러 가지 준비와 방법, 기법 등을 인지하고 실행하여야 한다. 이를 위하여 단위 학교 차원, 학교 군(群), 지역 차원에서 창의적인 장학 지도와 협의 방법과 방향에 대해서 탐구한다.

교육 전문성 신장을 추구하는 내실 있는 장학 지향

> 1) 교육과정 충실 ⇒ 창의적 교육 과정 운영 ⇒ 으뜸 행복교실 운영
> 2) 수업중심 장학 ⇒ 벨트형 릴레이 수업장학 ⇒ 으뜸 수업명인 육성
> 3) 교육시책 추진 ⇒ 학교자율책임장학 ⇒ 으뜸 지역교육 실현

① 단위학교 자율장학제 구안운영  교내자율장학과 학무장학 연계로 수업공개일 수업축제의 날 운영

② 학교 간 연계형 수업장학제 실행  으뜸 명품수업 · 수업명인제 운영

③ 상시장학지도제 조직 실행  상시장학과 요청장학 연계 추진 운영

장학유형 / 내용	권역별 자율장학	실천단계 장학 (학교자율책임장학제)	평가단계 장학 (벨트형릴레이수업장학제)
장학 목적	교육혁신 관련 연수활동	수업축제의 날 운영	수업벨트형 릴레이수업
장학 시기	20○○. 04월~11월(1년)	4월 말~5월 중	11월
운영 형태	10 권역별 운영	초등 ○교, 중등 ○개교	초등 ○교, 중등 ○개교
장학 교과	업무담당 교과	자율	학교 간 협의하에 결정
장학 학년	동 학년 협의	자율	교육청에서 학년과 차시 지정
수 업 자	교실수업개선 시범학급 지역장학요원 수업공개	자율	해당 학년 지정
수업 일정	자율	10-7-5-3제 운영 (조언-협의-결재-리허설)	10-7-5-3제 운영 (조언-협의-결재-리허설)
참 관 자	권역별 해당 학교 교사	벨트형 릴레이수업 학교군(群) 학교 교감 및 장학요원	벨트형 릴레이수업 인근학교 교감 및 수업자, 신규교사, 장학요원

장학 목표	장학 내용	장학 방법	장학 제도
▪ 교육 과정 운영 충실 ▪ 수업연구강화 ▪ 수업기술 함양 ▪ 교육시책 현장적용	▪ 학교자율책임장학제 ▪ 벨트형 릴레이수업장학제 ▪ 연간 담당장학제	▪ 상반기: 학교자율 ▪ 하반기: 학년, 교과, 차시 조정 릴레이수업 ▪ 연간: 요청장학	▪ 수업축제의 날로 승화 ▪ 프라이드공주수업명인제 연계 ▪ 요청장학제 연계

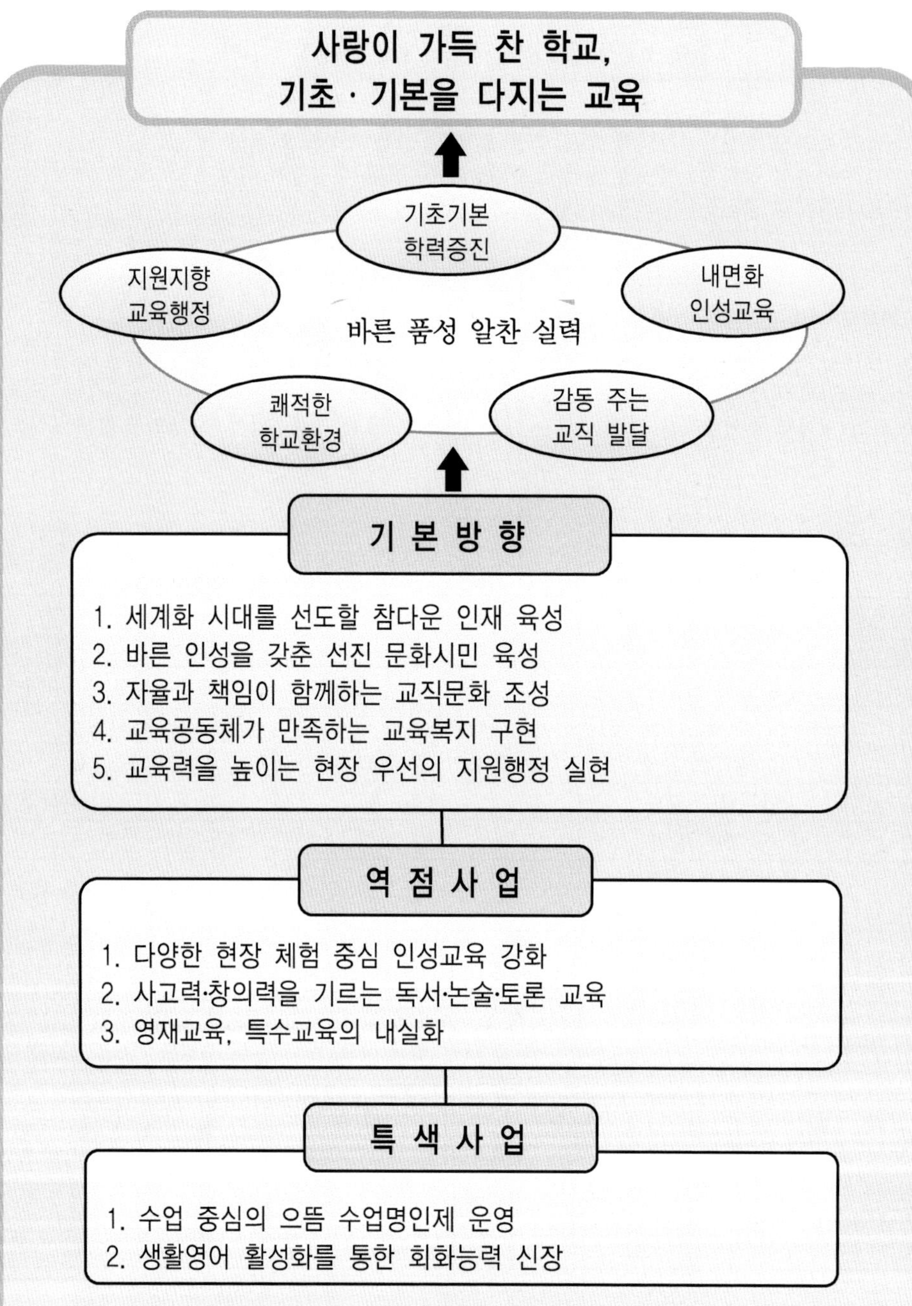
사랑이 가득 찬 학교,
기초ㆍ기본을 다지는 교육
기초기본
학력증진
지원지향
교육행정
내면화
인성교육
바른 품성 알찬 실력
쾌적한
학교환경
감동 주는
교직 발달
기 본 방 향
1. 세계화 시대를 선도할 참다운 인재 육성
2. 바른 인성을 갖춘 선진 문화시민 육성
3. 자율과 책임이 함께하는 교직문화 조성
4. 교육공동체가 만족하는 교육복지 구현
5. 교육력을 높이는 현장 우선의 지원행정 실현
역 점 사 업
1. 다양한 현장 체험 중심 인성교육 강화
2. 사고력·창의력을 기르는 독서·논술·토론 교육
3. 영재교육, 특수교육의 내실화
특 색 사 업
1. 수업 중심의 으뜸 수업명인제 운영
2. 생활영어 활성화를 통한 회화능력 신장
교육공동체가 만족하는 행복한 배움터

▌제1장▐ 수업장학 지도(협의) 계획

1. 장학지도계획 수립 기저

1) 장학지도의 현실

가. 교육전문직으로서 장학사의 장학 활동 현실

- 장학사가 실제로 수행하고 있는 직무에 대해 장학사는 교수·학습방법 지도와 교육 과정 운영에 관련된 활동을 철저하게 지도하고 있다고 생각하고 있으나, 교사의 경우는 이 두 가지 활동의 지도가 약하게 이루어지고 있다고 생각한다(한국 장학 행정의 고질적 문제점).
- 일선학교에 대한 장학지도 시 장학사가 주로 수행하는 활동을, 장학사는 수업관찰, 교사와의 협의 및 상담이라고 생각하는 반면, 교사는 서류상의 확인 평가, 교장(감)과의 협의를 통한 지도라고 생각하여 서로의 견해가 다르다(장학에 대한 인식의 차이가 매우 심함).
- 일선학교에 대한 장학지도 시 바람직한 장학사의 장학 활동에 대해 장학사의 대다수는 교사와의 협의 및 상담과 수업관찰이라고 생각하는 데 비해, 교사의 절대다수는 실제 시범 또는 강의를 통한 지도와 교사와의 협의 및 상담을 원하고 있는 것으로 나타났다(장학사의 시범적 장학 요구).
- 교사들의 대다수는 장학지도의 효과에 대해 부정적인 인식이 자리 잡고 있다(관행적 장학).
- 장학사들이 이상적으로 생각하는 직무수행 순위는 학교수업장학, 교육 과정 운영, 학생생활지도 등과 같은 학교교육 본질에 관계된 내용으로 현실과 이상에 괴리가 있다(장학의 계륵화 문제).

2) 교내 자율장학의 현실

가. 장학의 실제와 문화에 관한 연구

- 우리나라 장학이 일선학교 교사들로부터 환영받지 못하고 있을 뿐 아니라 상당히 형식적으로 이루어지는 경향이 많음을 보여 주고 있다.
- 교내자율장학에 대한 교사들의 인식(초·중·고교 대동소이)
  임상장학의 운영 방식 = '벽을 허물지 못하는 장학'
  학년별 수업공개의 운영방식 = '수박 겉핥기식 장학'
  ⇒ 이러한 장학 활동 = '한 시간만 적당히 때우면 된다'
  교내연수의 운영방식 = '마이동풍 식 연수'

자율연수 운영방식 = '필요한 사람이 알아서 해야 한다'
⇒ 이러한 연수 운영방식 = '나에게 필요한 연수만 받는다'
동료장학을 가장 효과적인 장학 활동으로 판단
자기장학 = '교사의 양심에 맡겨 스스로 힘쓰게 하는 장학'
학교행정가의 약식장학은 교사들을 통제하는 수단
💎 교내자율장학에 대하여 부정적 인식과 태도를 보이고 있음

3) 일반적인 교육여건 분석

영 역	요 소	실태 분석 결과
지 역 실 태	사회적 환 경	○교육도시로서 시내에는 주로 교육공무원들이 많은 편이고, 농산촌인 읍면 지역의 주민은 주로 농업에 종사하는 사람이 많으며 저출산 및 학교 통폐합으로 인한 도시로의 인구 유출로 농촌 인구가 계속 감소하고 있음
	교 육 환 경	○교사 양성기관인 ○○대학교 사범대학과 ○○교육대학교가 소재하고 있고, 전문대학인 ○○영상정보대가 있으며 타 시군에 비하여 고등학교가 많아 교육도시로서 대체로 좋은 여건을 갖추고 있음
학 생 실 태	학 업 성 취 능 력	○20○○학년도 도교육청 시행 11월 학업성취도 검사결과 ○○도 전체 평균보다 상위권에 있으나 기초학력 부진학교가 있고 지역별, 학교별 차이가 있음 ○영어과 등에서 개인 간 우열차가 심함
	생 활 습 관	○기본질서의식과 습관 정착이 되어 있으나 결손 가정의 학생들은 심리적 안정감이 낮고 학습과제 해결력이 현저히 떨어짐 ○전반적으로 순박하며 고운 심성을 가진 학생들이 많음
학부모 실 태	일반적 실 태	○이혼율 증가에 따른 결손가정이 증가하고 있고 국제결혼이민자 자녀수가 증가해 감으로써 국제결혼가정의 엄마와 자녀에 대한 원활한 커뮤니케이션을 도울 수 있는 교육 프로그램이 절실함
	교육적 욕 구	○학부모들의 학교교육에 대한 참여 의식은 타 시·군에 비해 높은 편이나 농산촌 학부모들은 생업에 바쁘다 보니 방과 후 자녀 관리를 학교나 학원에 의존해야 하는 형편임
교 사 실 태	일반적 실 태	○교사들이 경력별로 다양하게 분포되어 있어서 교사 개개인의 희망에 따른 자율장학방법이 요구됨 ○고경력자와 저경력자의 수업장학 지원을 강하게 요구함
	교육적 욕 구	○수업개선을 위한 노력이 강하고 수업연구대회에 참가율과 입상 비율이 지역교육청 간에 가장 높아 수업장학을 기대함 ○수업기술 향상을 위한 지원이 필요함
장학사 실 태	일반적 실 태	○연령층이 고르게 분포되어 있어 해당 업무 처리에 효율적임 ○지역 인근 거리에 거주하고 있어 생활이 정착되었으며 인간 자원 장학을 하기에 용이함 ○성별 분포가 알맞고 업무 분장에 합당한 인력구조임
	교육적 욕 구	○학교교육에 대한 장학지원 의식이 높음 ○교육의 도시답게 열정적이고 기획력이 뛰어남 ○자율과 책임을 가지고 교육적 욕구와 장학마인드가 높음 ○장학사들이 이상적으로 생각하는 직무수행 순위는 학교수업장학, 교육과정 운영, 학생 생활지도 등으로 수업장학에 자신감을 가짐

4) 교육환경 분석

가. 분석방법: SWOT분석을 통하여 ○○시의 강점, 약점, 기회 및 위협요인을 분석하고, 이를 고려
하여 본 계획의 수립에 활용함(강점, 약점, 기회, 위협)

나. 분석결과

① 강점(Strength)

- 학교장과 교감의 교육경력이 많고 경험이 풍부함
- 교무부장의 교육적 마인드와 교육열이 높음
- 2개의 교사양성대학이 있어 지도 조언자를 확보할 수 있음
- 수업연구대회 참가희망교사가 많고 연구 열의가 높음

② 약점(Weakness)

- 변화 수용에 느리고 전통적 장학 방법을 고수하려 함
- 저출산, 이농현상에 의한 복식학급 증가 및 학교 통폐합 대상교가 확대됨
- 교원의 연령층 급간이 심하고 고령교사와 신규교사가 많아 다양한 교육 접근 방법 필요

③ 기회(Opportunity)

- 풍부한 교육경험과 교육행정을 살린 장학 방법 적용
- 학교 자율권 확대에 따른 장학지도 적용
- 지역사회시설 및 자원인사의 효과적 활용 인프라구축
- ○○교육대학교 교수와 학생을 활용한 수업방법 개선 및 학력 신장
- 수업연구경연의 장 확대와 장학 방법 적용

④ 위협(Threat)

- 교육 피로도로 인하여 수업개선 및 장학방법 변화를 기피함
- 변화하는 교육 민감도가 느리고 고전적 교육방법을 고집함
- 학부모의 높은 교육열에 의한 교과 중심의 학력관
- 새로운 장학방법에 대한 장학담당자의 이해도

5) 장학방법 선정

가. 교육환경 분석에 따른 시사점

나. 20○○학년도 장학지도 방법 선정

목 표	내 용	방 법	제 도
▪교육 과정 충실 ▪수업연구강화 ▪수업기술 향상 ▪교육시책추진	▪학교자율책임장학제 ▪벨트형 릴레이수업장학제 ▪연간담당장학제	▪상반기: 학교자율 ▪하반기: 학년, 교과, 차시 통일 릴레이수업 ▪연간: 요청장학	▪수업축제의 날로 승화 ▪프라이드 수업명인제 연계 ▪요청장학제 연계

2. 교육청 장학지도계획

1) 근거

- 초·중등교육법 제7조(장학지도): 교육과학기술부장관 및 교육감은 학교에 대하여 교육 과정 운영 및 교수·학습 방법 등에 대한 장학지도를 실시할 수 있다.
- 초·중등교육법시행령 제8조(장학지도): 교육과학기술부장관 및 교육감은 법 제7조의 규정에 의한 장학지도를 실시함에 있어서 매 학년도 장학지도의 대상·절차·항목·방법 및 결과처리 등에 관한 세부계획을 수립하여 이를 장학지도 대상학교에 미리 통보하여야 한다.

2) 장학지도의 목적

- 교장, 교감 등 장학담당자의 장학력 제고 및 책무성 강화(단위 학교 장학력 지원)
- 명품수업 브랜드 갖기 수업장학을 위한 지원(수업 중심 수업장학)
- 현장 수업 혁신과 교육 과정 중심의 학교 운영 지원(학교교육 과정 운영 내실화 지원)
- 교육청 역점 교육 실현을 위한 학력 증진 도모(교육시책, 역점사업 추진 지원)
- 소규모 학교의 교육력 향상을 지원하여 도·농 간의 교육격차 해소(교육과 교육행정의 균형성)

3) 방침

- 학교자율책임장학제로 학교 장학력 제고에 초점을 두고 실시한다.
- 단위학교별 학력증진과 연계하여 장학지도를 실시한다.
- 벨트형 릴레이수업 전개로 수업력을 강화한다.
- 교별 전반기, 후반기 각 1회 장학지도를 실시한다.
- 전반기에는 학교별 학교자율책임장학제를 실시하여 학무장학으로 승화시킨다.
- 후반기에는 권역별 릴레이수업을 같은 학년·교과·단원·차시를 대상으로 실시한다.
- 프라이드 수업 명인을 선정하여 포상금과 함께 표창하며 우수수업기술은 교육청 홈페이지 탑재한다.
- 권역별로 수업장학요원을 배치하여 수업연구를 지원하며 모범수업을 병행한다.
- 현장 문제해결 중심의 장학 활동을 전개한다.
- 교육청 중점 시책이 알차게 실현되도록 한다.
- 학교 규모에 따른 특성화된 장학 활동을 전개한다.
- 단위학교 내 학년 간, 학급 간 교환수업을 전개한다.

4) 운영조직

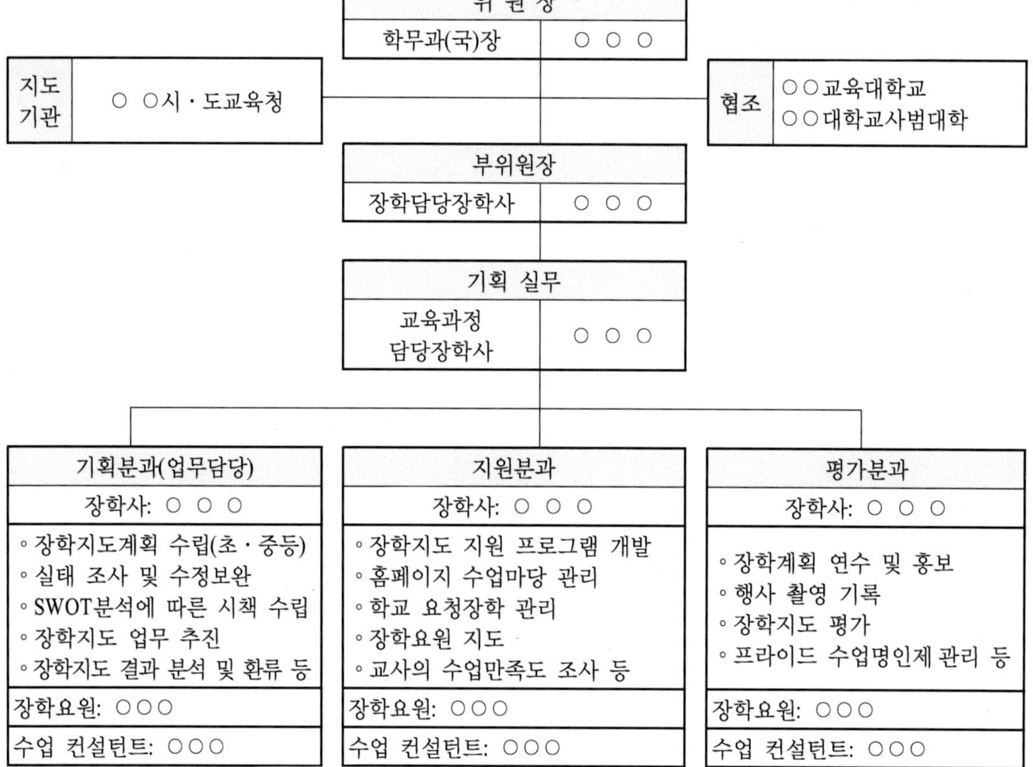

5) 장학지도의 실제

가. 지역 교육청 장학지도 방법

구분	장학유형	주 요 지 도 내 용
학교 자율장학	교내장학	○ 교장, 교감의 수업장학 강화 ○ 특색 있는 학교, 학급 운영 ○ 교내 수업연구 실시 ○ 임상, 동료(멘토링), 자기장학 충실 ○ 1교사 1교과 교육 연구 추진 ○ 주간 교수·학습 계획안의 작성 활용 ○ 다양한 교원 연수 추진
	권역별 자율장학	○ 수업혁신과 관련한 연수 활동 중심 ○ 상호 보완적 정보 교환 및 일반화 ○ 각종 교원 협의회 활동과 연계 운영 ○ 지역중심학교 협의회와 연계 운영

구분	장학유형		주 요 지 도 내 용
교육청 장학	정기 종합 장학	실천 단계	○ 지역교육청 장학지도 매뉴얼을 참고하여 단위학교 학교자율책임장학제를 실시 학무장학으로 연계시켜 '수업축제의 날 운영' ○ 평가단계 지정수업 학년 수업자를 제외하고 수업공개자, 장학내용, 장학방법, 장학형식, 참석자, 연수자 등은 학교자율 선택 ○ 필수참석자: 수업벨트형 인근학교 교감(하루일정 모두 참관), 장학요원(오후 참석)
		평가 단계	○ 수업벨트형 릴레이수업 전개 ○ 수업공개 학년, 교과, 차시를 지정 제공하여 1~2주 사이에 실시 ○ 수업공개 7일 전 수업자 모두와 담당 장학사 교수·학습 과정안 지참하여 사전협의회 실시 ○ 프라이드수업명인 선정 및 포상 ○ 참석자: 수업벨트형 인근학교 교감 및 수업자·신규교사·장학요원(오후 참석)
	찾아가는 현장장학		○ 학교장의 요청에 따른 장학 활동 전개 – 사전 연구 및 준비 철저 ○ 교수·학습 활동 지원 – 지역장학요원 활용 ○ 학교 현안 문제 해결 협의 ○ 교육 과정 운영상 문제점 분석 및 해결책 강구 ○ 현장의 의견 수렴, 모니터링, 친목 도모 ○ 교육청 담당 부서와 협의 지원
	멘토링 장학 (별도 계획)		○ 신규교사 및 기간제 교사, 저경력교사를 대상으로 멘토링 장학 활동 전개 ○ 신규교사의 교수·학습 방법 개선
	사이버(Cyber)장학		○ 교육청 홈페이지를 활용한 장학 ○ 전자문서 편지, 이메일, SMS 활용 교육사랑 A/S장학
	연구학교 지도장학(별도계획)		○ 연구학교의 계획 추진 점검 ○ 연구문제 해결을 위한 전문적 지원 ○ 연구결과의 일반화 도모
	담당업무 장학		○ 업무별 담당장학사의 현장 지원 ○ 업무추진 내용 협의 및 추진 상황 점검 ○ 학무 영역 지도 감사

장학유형 내용	권역별 자율장학	실천단계 장학 (학교자율책임장학제)	평가단계 장학 (릴레이수업장학제)
장학 목적	교육혁신 관련 연수활동	수업축제의 날 운영	수업벨트형 릴레이수업
장학 시기	20○○. 04월~11월(1년)	4월 말~5월 중	11월
운영 형태	10 권역별 운영	초등 교, 중등 교	초등 교, 중등 교
장학 교과	업무담당 교과	자율	학교 간 협의하에 결정
장학 학년	동 학년 협의	자율	교육청에서 학년과 차시 지정
수 업 자	교실수업개선 시범학급 지역장학요원 수업공개	자율	해당 학년 지정
수업 일정	자율	10－7－5－3제 운영 (조언－협의－결재－리허설)	10－7－5－3제 운영 (조언－협의－결재－리허설)
참 관 자	권역별 해당 학교 교사	벨트형 릴레이수업 학교군학교 교감 및 장학요원	벨트형 릴레이수업 인근학교 교감 및 수업자, 신규교사, 장학요원

2) 학교 자율 장학

가. 기본 방향

🔲 교육청 실천단계 장학지도와 연계 실시
🔲 학교 자율장학의 일정을 학무장학으로 연계하여 운영할 수 있도록 사전준비
🔲 교내 장학담당자의 역할과 책무성을 강화하여 교수·학습 방법 혁신 도모
🔲 자기장학(수업혁신 플러스제)을 충실히 실천하여 교사의 전문성 신장
🔲 학교별 연구 교과 동아리를 선정하여 중점 운영(국, 수, 사, 과, 영 중 선택)
🔲 학업성적관리규정 및 학교생활기록부 점검 철저

나. 추진내용 및 방법

학교 규모	주요 내용	지향점	연구교과
12학급 미만	·전교 단위 공동 수업연구	전 교사 연 2회 이상 수업연구	학교별 연구 교과를 선정하여 1년간 운영
12~23 학급	·저, 고학년 공동 수업연구		
24학급 이상	·학년단위 공동 수업연구		

🔲 학교별 교내장학 활성화 계획을 수립하여 지속적으로 실천
🔲 교내수업장학 절차의 충실한 이행: 학년별, 교과별 수업 전 협의 → 수업연구 → 수업 후 협의 및 환류
🔲 교육청 장학지도 매뉴얼을 참조하여 학교자율로 진행
🔲 맞춤지도 수업혁신 명품플러스카드제 운영 충실

3) 권역별 자율 장학

가. 기본 방향

🔲 수업연구 및 주제 해결 중심의 자율장학 활동
🔲 상호 보완적 정보 교환 및 일반화
🔲 권역별 자율장학협의회를 지역중심학교 협의회와 연계 운영
🔲 동학년협의회, 업무담당 교사협의회 활동과 연계 운영

나. 추진내용 및 방법

🔹 권역 구분: 1~9권역(읍 소재학교는 2권역에 포함), 중부권(시내 학교)/총 10권역
🔹 권역별 자율 장학협의회는 수업혁신 관련 연수활동 중심으로 운영한다.
🔹 지역장학요원 수업공개, 권역별 동학년협의회, 학교 간 친목 활동과 연계하여 운영한다.
🔹 주관학교에서는 1주일 전에 회원 학교에 안내 공문을 발송한다(일정, 주제, 연수 내용, 참석대상, 준비물 등 명시).
🔹 1차 모임에서는 시 장학지도계획 설명 및 권역별 협의회 운영 계획을 수립한다.
🔹 1차 모임 일정(예시)

일 시	장 소	참석 대상	활동 내용	비고
20○○.04.03( ) 15 : 30 –	권역별 중심 학교 (중부권은 ○○초·중학교)	교감 교무부장	권역별 운영 계획 협의	

🔹 2차 모임부터는 권역별 운영계획에 의거 주제발표, 현안문제 협의 등 협의회를 운영한다.

※ 권역별 자율장학 학교군

권역명	학교군	중심학교	협력학교			비고
1	A 형	○○교(초, 중)	○○교	○○교	○○교	
2	A 형	○○교	○○교	○○교	○○교	
3	A 형	○○교	○○교	○○교	○○교	
4	A 형	○○교	○○교	○○교	○○교	① 장학 계획서 제출:
5	A 형	○○교	○○교	○○교	○○교	20 년 월 일(요일)
6	A 형	○○교	○○교	○○교	○○교	
7	A 형	○○교	○○교	○○교	○○교	② 장학 보고서 제출:
8	B 형	○○교	○○교	○○교	○○교	20 년 월 일(요일)
9	B 형	○○교	○○교	○○교	○○교	
10 (통합)	C 형	○○교	○○교, ○○교, ○○교, ○○교			

4) 교육청 정기 종합장학

가. 기본방향

🔹 학교별 전반기, 후반기 각 1회 장학지도를 실시한다.
🔹 전반기에는 학교별 학교자율책임장학제를 실시하여 학무장학으로 승화시킨다.
🔹 후반기에는 벨트형 릴레이수업장학제를 실시하여 같은 학년·교과·단원·차시를 대상으로 실시한다.

■ 수업명인을 선정하여 포상금과 함께 표창하며 우수수업 장면을 우리 교육청 홈페이지 탑재한다.

■ 권역별로 수업장학요원을 배치하여 수업연구를 지원하며 모범수업을 병행한다.

■ 현장 문제해결 중심의 장학 활동을 전개한다.

■ 교육청 중점 시책이 알차게 실현되도록 한다.

■ 학교 규모에 따른 특성화된 장학 활동을 전개한다.

■ 단위 학교 내 학년 간, 학급 간 교환수업을 전개한다.

나. 추진내용 및 방법

(1) 실천단계 장학지도(전반기): 학교자율책임장학제

대상학교	교과	학년	수업자	참 관 자	시기	담당장학사
초등 교 중등 교	자율	자율	자율	−학부모, 교사 등 자율 −학교군 교감(오전, 오후) −장학요원(오후)	4월 말− 5월 중	조정

■ 교육청 장학지도매뉴얼을 참고하여 단위학교 학교자율책임장학을 실시 학무장학으로 연계시켜 '수업축제의 날 운영'

■ 평가단계 지정수업 학년 수업자를 제외하고 수업공개자, 장학내용, 장학방법, 장학형식, 참석자, 연수자 등은 학교자율 선택(평가단계 지정수업 학년은 교육청에서 결정 통보)

■ 필수참석자: 벨트형 릴레이수업 학교군학교 교감(하루 일정 모두 참관), 장학요원(오후 참석) 학교군은 평가단계 장학지도와 동일

■ 장학지도 준비는 행정사항을 참조하여 진행

(2) 평가단계 장학지도(후반기): 벨트형 릴레이수업장학제

대상학교	교과	학년	수업자	참관자	시기	담당장학사
초등 교 중등 교	학교 간 협의하에 결정	교육청에서 학년과 차시 지정	해당 학년	−학부모, 교사 등 자율 −학교군교감·신규교사((오후)~장학요원(오후)	10월 중− 11월 초	조정

■ 수업벨트형 릴레이수업 전개

■ 수업공개 학년, 교과, 차시를 지정, 제공하여 2주 사이에 일정 조정하여 실시

■ 수업공개 7일 전 수업자 모두와 담당장학사 사전협의회 실시, 장소는 추후결정

■ 프라이드수업명인 선정 및 포상

■ 참석자: 수업벨트형 인근학교 교감·수업자·신규교사·장학요원−오후 참석

■ 장학지도일 및 담당자

■ 실천단계 및 평가단계 장학지도 학교군

권역명	학교군	중심학교	협력학교			학교 수	장학요원	담당장학사
1	A 형	○○교 ○○교	○○교 ○○교	○○교 ○○교	○○교 ○○교	8	○○○	○○○ (1명)
2	A 형	○○교 ○○교	○○교 ○○교	○○교 ○○교	○○교 ○○교	8	○○○	○○○ (1명)
3	A 형	○○교 ○○교	○○교 ○○교	○○교 ○○교	○○교 ○○교	8	○○○	○○○ (1명)
4	A 형	○○교 ○○교	○○교 ○○교	○○교 ○○교	○○교 ○○교	8	○○○	○○○ (1명)
5	A 형	○○교 ○○교	○○교 ○○교	○○교 ○○교	○○교 ○○교	8	○○○	○○○ (1명)
6	A 형	○○교 ○○교	○○교 ○○교	○○교 ○○교	○○교 ○○교	8	○○○	○○○ (1명)
7	A 형	○○교 ○○교	○○교 ○○교	○○교 ○○교	○○교 ○○교	8	○○○	○○○ (1명)
8	B 형	○○교 ○○교	○○교 ○○교	○○교 ○○교	○○교 ○○교	8	○○○	○○○ (1명)
9	B 형	○○교 ○○교	○○교 ○○교	○○교 ○○교	○○교 ○○교	8	○○○	○○○ (1명)
10 (통합)	C 형	○○교 ○○교	○○교, ○○교, ○○교 ○○교, ○○교, ○○교			8	○○○ ○○○	○○○ (3명)
	C 형	○○교 ○○교	○○교, ○○교, ○○교 ○○교, ○○교, ○○교			8	○○○ ○○○	○○○ (3명)
	C 형	○○교 ○○교	○○교, ○○교, ○○교 ○○교, ○○교, ○○교			8	○○○ ○○○	○○○ (3명)

(3) 장학지도 시기별 참석자

구분		계획단계, 실천단계	평가단계
학교 군형	오전 09:00~12:00	·학교군내(群內) 교감	·학교군내(群內) 교장
	오후 13:00~17:00	·학교군내 교감 ·학교군내 수업공개 학년 담임 ·학교군내 신규임용 교사 전원(신규 임용 5년 이내) ·주관학교 교사	

(4) 장학지도 일정(예시): 일정과 프로그램은 학교 자율로 조정

시간 운영		주 요 내 용	비 고
오 전	1교시	▷학교교육 현황 청취(학교군내 교감 참석)	▷학교군내 교감 온종일 참관
	2교시	−학교별 학교 경영 및 학교교육 과정 운영 계획(계획 및 실천단계)	
	3교시	−학교별 학교 경영 및 학교교육 과정 운영 결과(평가단계) ▷교내자율장학 활동 모습 반영	
	4교시	▷일반수업 참관 및 학교 순회	
오 후	**5교시**	▷학교별 학교혁신, 교내장학, 학력증진 계획 및 지도 실적	
	6교시	▷**수업연구 참관: 평가단계 장학 시는 반드시 오후 일정으로 조정** ▷**기초기본학력평가실시(2~6학년 중 한 학년 선정 평가: 수학, 1학년은 2 학기에 받아쓰기)**	
	7교시	▷주요 시책 추진 상황 점검 　(교육 과정, 수업개선노력, 교내장학, 학력증진 추진, 각계업무 추진 등) ▷수업 협의회(교내장학 과정 참관) ▷**장학사 수업관련 연수(20~30분)** ▷기타 현안 문제 협의	
	8교시	• 전체 협의	

※ 장학지도 대상학교는 장학지도 일정 및 수업연구 참관 자료를 5일 전에 해당 학교에 안내

(5) 장학 지도 시 학교별 필수 준비 사항(대상학교만 준비)

구 분	필수 준비 사항	비 고
실천단계	▷학교 현황 ▷학교교육 과정 운영 계획 ▷학력 실태 −한글미해득자 현황 및 지도 상황 −기초학습 부진아, 교과학습부진아 실태 및 구제 현황 −2009 성취도평가결과(정보원) −2010 초등 2~6학년 진단평가결과(한국교육과정평가원, 교육연구정보원) −위 평가결과 분석 및 학업성취목표제 설정 근거 ▷2010학년도 학력증진 종합추진 계획 ▷2009학년도 수업연구 및 연수 결과 ▷**2010학년도 교내장학(수업연구 및 연수, 자기장학 등) 계획 및 추진 상황** ▷일반수업 및 연구수업안 ▷각계 추진 업무계획서 등	▷학교별 특색사 업 및 기타 사 항 포함
평가단계	▷학교교육 과정 운영 결과: 법정 수업시수 이수 확인 자료 ▷2010학년도 학력 실태 −한글미해득자 현황 및 지도 상황, 기초학력부진학생 의무학습제운영비 연 간 60시간 × 20,000원 집행 현황 −기초기본학습 부진아, 교과학습부진아 실태 및 지도 상황(지도록), 구제현황 −2009 초3 국가수준 기초학력진단평가결과 및 분석, 대책 −2009 국가수준 학업성취도평가결과 및 분석, 대책 −2009 성취도평가결과(정보원)는 추후 정리 ▷2010학년도 학력증진 계획 실천 내용 ▷**2010학년도 교내장학(수업연구 및 연수, 자기장학 등) 추진 결과** ▷일반수업 및 연구수업안 ▷각 담당 업무 추진 실적 등	▷교내자율장학 우 수 학 교 는 학력증진공모 제에 적극 반영 하여 학교 표창

(6) 장학 시기별 수업자 수업 일정: 10 - 7 - 5 - 3제

수업개시 / 구분	10일전	7일전	5일전	3일전	수업공개 참관
실천 단계	◦ 수업안 장학요원과 수업컨설턴트에게 조언 받기	◦ 담당장학사와 수업안 협의(학무과)	◦ 결재 후 학교군 교감, 장학요원에게 편지함 통보 ◦ 교육청에 장학안내 제출	◦ 반 바꾸어 수업하기 ◦ 소규모학교 수업리허설 실시	◦ 해당학교 참관자 ◦ 학교군 교감 ◦ 장학요원 참관
평가 단계	◦ 수업안 장학요원과 수업컨설턴트에게 조언 받기	◦ 학교군 수업자 모두 수업안 협의(학무과)	◦ 결재 후 학교군 교감, 장학요원, 신규교사에게 편지함 통보 ◦ 교육청에 장학안내 제출	◦ 반 바꾸어 수업하기 ◦ 소규모학교 수업리허설 실시	◦ 해당학교 참관자 ◦ 학교군 교감 ◦ 장학요원 ◦ 학교군 수업자 ◦ 신규교사 참관

(7) 학교군별 중심학교의 역할

구 분	역 할	비고
권역별 자율장학 학교군	계획 수립과 결과보고서 작성	
장학지도 학교군	◦ 평가단계 릴레이수업교과목 정하기 ◦ 공동 수업연구동아리 계획 수립 및 운영 권장	

🔲 농어촌공동교육 과정 운영은 별도

🔲 수업혁신 및 교육력 향상을 위한 방안 공동 모색 및 실천

(8) 소요예산: 수업개선지원비 (　　　　　　)원

5) 찾아가는 현장장학

가. 기본방향

🔲 학교장의 요청에 따른 장학 활동 전개

🔲 학교 현안 문제 해결 협의

🔲 현장의 의견 수렴, 모니터링, 친목 도모

나. 추진내용 및 방법

🔲 추진내용
- 학교장 요청: <양식 1>을 참고하여 요청(수업안 첨부) 혹은 전화로 요청
- 교육청 검토 후 장학지도일 통보

- 찾아가는 현장장학 실시 후 평가 및 환류

🔲 **추진방법**
- 학교 현안 문제 해결: 관련 부서와 협의하여 지원
- 교육 과정 운영상 문제점 분석 및 해결책 강구: 2009년도 개정 교육 과정의 현장 적용 지원
- 현장의 의견 수렴: 주요 시책 모니터링 실시
- 친목 도모 활동 전개: 체육 활동, 등산 활동 등

6) 사이버 장학

가. 기본방향

🔲 교육사랑 A/S운동과 연계
🔲 우리 교육청 홈페이지, 이메일(편지), SMS 등 활용 전 방위 장학 활동 전개

나. 추진내용 및 방법

🔲 우리 교육청 교육사랑 A/S 운동 추진 계획과 연계하여 추진
🔲 각종 우수 사례를 홈페이지에 탑재하여 활용토록 추진
🔲 다양한 사이버 매체를 활용하여 정보 공유 및 교육 홍보 추진

7) 단위학교 내 교환수업

가. 기본방향

🔲 학교교육력 향상, 학력 신장, 교수·학습방법 개선
🔲 교내 교과전담교사와 학년
  교환수업으로 운영

나. 추진내용 및 방법

🔲 10학급 이상 학교는 필히 운영, 10학급 미만은 적극 권장
🔲 교내 교과전담교사 배치를 우선 결정하고 주지교과 외 도덕, 음악, 미술, 체육, 실과, 영어, 재

량에서 연중 운영

🔹 학년교환수업은 초등 제3, 4, 5, 6학년(중등 제1, 2, 3학년)을 대상으로 함

🔹 교과를 담당하는 교사가 평가를 실시하며, NEIS 작업 자료를 지원

🔹 교내 교환수업 운영 예시

구분 반	제( )학년			제( )학년			제( )학년		
	교사	교과	교환반	교사	교 과	교환반	교사	교 과	교환반
1		도덕	2		실과	2		영어	2
2		재량	1		영어	1		실과	1
3		도덕	6		영어	5		실과	4
4		재량	5		실과	3		음악	3
5		재량	4		체육	4			
6		도덕	3						

8) 명품수업 교사동아리 운영 장학

가. 기본방향

🔹 프라이드 수업명인 선발 및 수업연구대회 우수 입상

🔹 교사의 전문성 신장으로 교육수요자의 만족도 제고

나. 추진내용 및 방법

🔹 벨트형 릴레이수업자와 수업연구대회 참가 희망자를 대상으로 조직 운영

🔹 교과별 영역별 소규모 형태의 교사동아리를 조직하여 운영

🔹 동아리별 '자기 수업공개의 날' 운영

🔹 교사 동아리별 운영 보고회 및 행·재정 지원, 우수사례 일반화

🔹 동아리별 운영 예시

동아리 명	동아리 구성	보고회 일시	수업공개	비고
수업연구대회참가팀	◦수업연구대회 희망자 교과별 모임	연수회		지원분과
벨트형 릴레이수업팀	◦평가단계 시장학지도시 릴레이수업 참가교사	연수회		
교과연구동아리팀	◦수업연구동아리에서 참가	보고회		

다. 소요예산: 수업명인제운영 등, 총　　　　　원

9) 장학사 수업지원 연수

가. 기본방향

- 장학사의 수업지도 전문성 신장과 교원의 수업력 향상
- 수업명인 선발 및 수업연구대회 우수 입상
- 교사의 전문성 신장으로 교육수요자의 만족도 제고

나. 추진내용 및 방법

- 전반기와 후반기 장학지도 시 장학사가 20~30분 시간을 확보하여 실시
- 전반기에는 '교수·학습과정안 작성요령과 분석', 후반기에는 '수업설계의 실제'에 대하여 공통된 PPT와 예시자료로 연수를 실시
- 일정은 학교의 장학지도 신청서에 의함

다. 소요예산: PPT 제작비 (   )원

10) 기초·기본학력 확인 장학

가. 기본방향

- 정기 장학지도 시 학생의 기초·기본학력을 평가하고 지원
- 2~6학년 중 무작위 한 학년 선정 평가: 수학과 기초기본학습
- 1학년은 2학기에 받아쓰기를 실시한다.
- 단위 학교별 학력신장을 위한 지원 장학으로 실시

나. 추진내용 및 방법

- 전반기와 후반기 장학지도 시 학력평가 시간을 확보하여 실시
- 담임이 감독하여 담당장학사에게 답안지를 인계하여 교육청에서 채점
- 결과를 학력증진공모제 심사에 반영하며, 담임에게 결과를 안내하여 환류지도

11) 수석교사와 함께하는 좋은 수업나누기 장학

가. 기본방향

- 수업 컨설팅을 실시하여 수업기술을 공유하는 데 앞장섬
- 수업명인제 조직 운영 시 수업 컨설팅과 심사 실시
- 좋은 수업기술 나누기 운동을 전개하여 일반화 자료 제작 보급

나. 추진내용 및 방법

- 장학요원 수업공개 시 컨설팅 및 공동책임제 운영
- 수업명인제 운영 시 수업동아리(수업연구대회참가팀, 벨트형 릴레이수업팀, 교과연구동아리참가팀) 관리와 수업 컨설팅 및 발표대회 심사
- 수업기술나누기 운동전개 연수 연 2회 주관하여 실시
- 결과보고서를 작성하여 보고회 및 자료 환류

12) 수업컨설턴트 운영 계획

가. 목 적

- 교육과정의 교과 전문성을 발휘하여 수업장학요원의 수업 전 과정에서 성공적 컨설팅으로 수업장학의 모형 정립 및 일반화 기여

나. 방 침

- 수업장학 컨설턴트 교과 선정은 수업장학 결과 빈도가 높은 교과에서 선정한다.
- 수업장학 컨설턴트의 선정은 교과전문성이 인정되는 관내 교감과 경력 15년 이상 교사 중에서 교 육전문직과 학교장의 추천을 받아 선정한다.

다. 세부선정 계획

- 수업장학 컨설턴트 교과 선정

- 국어, 사회, 과학, 수학, 영어(5교과)
- 수업장학 컨설턴트의 선정 기준
- 교과 전문성이 있는 교감
- 교과 전문성이 인정되며 수업장학력이 있는 고경력교사, <전년도 수업컨설턴트, 교육과정지원 장학협의단, 지역장학요원, 으뜸 교사, 특별연구교사, 수업연구대회, 교실 수업개선실천연구대회 입선 경력자, 교육전문직 응시(희망)자 등>
- 교과별 수업장학 컨설턴트 조직
 - 구성원: 교과별 팀장 1명, 간사 1명, 팀원 3명, 계 5명
 - 팀장: 교과 전문성 보유 관내 교감 중에서 선정
- 장학지도 시 수업공개 교사는 각 교과별 컨설턴트를 의무적으로 받고 수업전개

3. 장학지도 평가 및 검증 계획

1) 기본방향

가. 교육청 장학지도 만족도 및 평가를 연 2회 실시한다.

나. 장학지도 결과 설문지와 워크숍을 통하여 검증토록 한다.

2) 추진내용 및 방법

가. 학교자율책임장학제, 릴레이수업장학제를 각 1회 학교를 대상으로 장학 만족도를 평가하여 환류

나. 장학지도가 끝나면 연 2회 교육청 자체평가를 실시하고 2009학년도 장학지도계획 수립에 반영

다. 장학 지도 결과로 얻어진 현안 문제 및 건의 사항의 해결을 위하여 최대한 노력

4. 장학지도 환류

1) 기본방향

가. 교육청, 학교가 함께하는 종합보고회를 가져 정보를 환류한다.

나. 장학지도 결과 우수교원을 표창하고 우수학교는 학력증진공모제와 연계하여 표창한다.

다. 우수학교 장학기술은 환류하고 미진한 학교에 대하여 집중 지원한다.

2) 추진내용 및 방법

가. 장학 지도 결과 우수·권장 사례, 시정·보완 사항은 학교에 통보

나. 우수·권장 사례는 일반화하고 시정·보완 사항은 즉시 개선

다. 장학지도 결과를 분석하여 전·후반기별로 종합 보고

라 장학지도를 통하여 발굴된 우수 학교·교원을 표창하고, 우수 사례는 일반화한다.(자율장학 우수 학교 표창 및 장학지도 면제, 수업명인 선발 시상)

마. 학교는 장학 지도 결과를 누적적으로 보관·관리하여 학교 경영의 미진한 영역을 개선함으로 써 학교 발전을 촉진한다.

5. 기대 효과

1) 학교자율책임장학제와 릴레이수업장학제를 통하여 학교의 교내자율장학 내실화로 교원의 전문성 신장에 기여할 것이다.

2) 수업개선을 위한 연수를 통하여 다양한 수업의 기법에 대한 이해를 넓혀 교사 개개인의 수업 전문성을 높여 학력을 신장시킬 것이다.

3) 자율장학 기획·지원, 수업장학, 교과연구, 자료제작, 연수 및 워크숍 지원활동 등의 교내 자율장학 협력 체제를 구축하여 교내 자율장학을 운영함으로써 교사의 전문성을 신장하여 수업의 질 향상에 크게 기여할 것이다.

4) 자율장학의 날 운영으로 다양한 학습지도 방법, 자료 활용 등의 교수학습전략의 정보를 공유하여 교사의 전문성 신장에 기여할 것이다.

5) 수업연구회 조직·운영을 통한 교과별 전임 연구제 시행으로 창의적 지도 방안 및 다양한 수업자료, 수업기술의 정보 공유로 교수·학습 방법 개선을 주도할 것이다.

6. 행정사항

1) 정기 종합장학지도일 결정: 담당장학사와 사전협의하여 장학지도 2주일 전에 결정하여 요청서 제출(7일 전)

2) 장학지도 안내 자료 인편 제출: 수업안, 장학지도 중점추진내용, 기타(5일 전)

3) 장학지도 학교군 수업안 전자메일 보내기(5일 전)

4) 장학지도 결과 제출: 전자문서 제출(장학지도 후 7일 내)

5) 장학지도는 수업장학이 우선이고 학력관계 확인(평가단계 시 시책장학 확인)

6) 연구(시범)학교 운영보고회 개최교, 도장학지도 대상학교도 공주교육청의 장학지도로 대체하지 않고 '장학지도계획'대로 운영함

7) 장학지도 공모제 학교 장학지도 면제(1학기) 및 지원금 배부

■ 학교장학지도 전략(장학사)

1. 장학 발전을 위한 장학사의 역할

1) 장학의 개념에 대한 합의

◉ 장학이 무슨 활동을 지칭하는지에 대한 학계와 현장과의 합의가 부족
  ☞ 장학의 발전을 위해 장학의 개념에 대한 합의에서부터 출발

2) 교사를 존중하는 장학 풍토 조성

◉ 과거의 장학은 교사들을 통제하거나 평가해야 할 일방적 대상 간주
  ☞ 교수·학습 활동을 개선하는 교사 중심의 장학풍토 조성

3) 학교장학 효율화를 위한 장학사의 역할

◉ 학교의 교육 활동을 격려하는 장학
  ☞ 학교의 특색 사업이나 우수사례 등을 파악하여 격려
  ☞ 문제점이나 개선방안에 대해 조언
◉ 학교장의 학교경영을 지원해 주는 장학
  ☞ 학교장의 소신 있는 학교경영을 지원하여 학교장의 권위를 인정
◉ 학교의 자율장학을 지원해 주는 장학
  ☞ 자율장학이 이루어질 수 있도록 관련된 정보나 자료를 제공해 주는 장학
◉ 학교교육 본질과 관련된 부분에 역점을 두는 장학
  ☞ 교육 과정, 각종 규정, 학업성적 평가, 직원 자율연수 등 학교교육의 근간을 이루는 부분에
    역점을 두어 장학 활동
◉ 일방적인 점검·지시보다 폭넓게 자문해 줄 수 있는 장학
  ☞ 궁금 사항, 건의 사항 등에 대하여 전문가적인 소양을 가지고 자세하게 답변

2. 장학시행 방법

1) 장학담당자의 일반 유의 사항

◯ 지역교육청 장학의 방향과 목적을 숙지하도록 한다.
◯ 장학담당자는 학교를 장학하는 업무를 수행하지만 학교 위에 위치하여 지시하는 장학이 아니고 지원하는 장학임을 유념해야 한다.
◯ 장학담당자는 학교 구성원들의 이야기를 경청하여야 한다.
◯ 충실한 면담을 위해 사전 준비를 철저히 한다.

2) 학교 현장 방문 시 유의사항

◯ 준비물

- ◎ 장학 매뉴얼 및 장학위원 연수 자료
- ◎ 해당 학교교육계획서
- ◎ 해당 학교 문서자료 사전 분석 메모
- ◎ 학교 홈페이지 방문 결과물(학교 현황 및 학교교육 활동 관련 내용)
- ◎ 개인 소지품

◯ 유의사항

- ◎ 수용적인 분위기, 격의 없는 대화의 장을 조성하여 학교 현장의 변화를 촉진한다.
- ◎ 학교의 자주성과 창의성을 존중하고 이를 조장하는 가운데 학력 신장 방안의 과제 및 교육 시책 구현의 공감대를 형성한다.
- ◎ 서류점검 위주의 장학을 지양하고 협의를 통하여 문제 해결방안을 찾도록 한다.
- ◎ 객관적으로 상황을 파악하고 우수사례 제공 등 합리적이고 긍정적인 조언을 한다.
- ◎ 장학준비 및 시행에서 집단사고 과정을 거치고 인화와 협동을 바탕으로 임무를 수행한다.
- ◎ 장학으로 인한 학교교육 활동 계획의 변경이나 시간과 노력의 낭비가 없도록 유의한다.
- ◎ 해당 학교 홈페이지를 열람하여 학교 현황 및 학교교육 활동 등 정보와 활용 상태를 사전에 점검한다.

3. 단위학교 환경 진단

1) 학교 실태 및 현황 탐색

 **학교교육 과정 점검**

사전에 학교 현황을 탐색하기 가장 좋은 자료는 학교교육 과정이다. 학교교육 과정에는 1년간의 학사 일정 및 행사 계획 등이 자세하게 기술되어 있으므로 전반적인 학교 현황을 상세하게 알 수 있다. 학교교육 과정은 다음과 같은 관점으로 살펴보는 것이 좋다.

학교 일반 현황 탐색
- 교훈, 교목, 교화, 교표 등 학교 상징물에 대한 내용을 미리 숙지한다.
- 교사 및 학생 현황 등을 미리 살펴보면서 학교의 전반적인 특징을 탐색한다.

학교연혁
- 학교연혁 점검을 통하여 과거의 교육 활동 및 시상 내역 등을 파악하고, 학교문화를 탐색한다.

학교교육 활동 계획
- 교육목표, 학교 운영 방침 등을 살펴보면서 학교장의 교육관 및 교육철학을 탐색한다.
- 학교교육 과정이 사전에 교사, 학생, 학부모 및 지역사회의 의견을 수렴하였는지 확인한다.

교육 과정 편성 및 운영 계획
- 교육 과정 편성표, 교과 및 특별·재량활동 운영 계획, 주5일수업제 운영 계획, 수준별 수업 운영 계획 등을 살펴보면서 학교의 전반적인 교육 과정 운영 내용을 숙지한다.
- 교육과학기술부 및 충청남도교육청 교육 과정 편성·운영 지침의 반영 여부를 확인한다.(수업일수, 연간 수업 시수 및 교과별 수업 시수 확보 여부)
- 학교 자율장학 계획이 교실 수업개선에 도움이 되는지 살펴본다.

특색사업
- 특색사업은 학교 나름대로 전개하고 있는 독창적인 운영내용이므로 내용을 완전하게 숙지하여 우수 사례로 발전시킬 수 있도록 격려하고 지원한다.

충청남도교육청 및 충청남도공주교육청 역점 추진 과제 반영 여부 점검
- 충청남도교육청 및 공주교육청의 역점 과제가 단위 학교교육 활동에 어떻게 반영되었는지 살펴본다.

중장기 발전 계획
- 중장기 발전 계획 점검을 통하여 학교가 나아가고자 하는 방향 및 학교의 미래상을 탐색한다.

예산 사용 계획
- 학교교육 활동별로 예산 사용 계획을 살펴보면서 예산 사용 지침에 맞게 계획되어 있는지 확인한다.

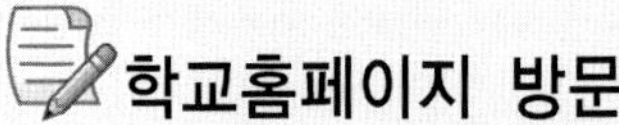
학교홈페이지 방문

학교교육 과정이 학교(교사)에 의해 일방적으로 작성된 내용이라고 한다면 학교 홈페이지는 교사, 학생, 학부모 등 학교 구성원 모두에 의해 이루어지는 종합적인 학교 현황이라고 할 수 있다. 따라서 보다 역동적인 그리고 실시간적인 학교의 움직임을 탐색하기에 좋은 자료이다. 장학사라면 장학 기간 외에도 학교 구성원의 일원이라는 마음가짐으로 수시로 학교 홈 페이지를 방문하여 학교 상황을 파악할 수 있도록 해야 한다.

학교 홈 페이지 인증 요청
- 장학사가 학교 홈 페이지를 열람할 수 있도록 학교에 협조를 요청한다.

학교 현황 점검
- 공지사항, 가정 통신문, 학교 앨범 등 학교 현황을 파악할 수 있는 자료를 검색한다.

각종 게시판 점검
- 게시판에 올라온 교사, 학생, 학부모의 글들을 읽어 보고, 학교 구성원의 성향을 파악하고, 현안 문제를 진단한다.

자료실 점검
- 자료실 점검을 통하여 교사들의 교수·학습자료 공유 및 활용 상황 등을 파악한다.

각종 사이트 링크 현황 점검
- 홈페이지에 링크된 각종 사이트를 점검하여 필요한 학습 사이트의 활용 여부를 확인한다.

학구 탐색 및 학교 약도 점검

학교 인근 지역의 특성을 파악하기 위해서는 담임 학교의 학구를 살펴보고, 처음 학교를 방문할 경우에는 학교 약도를 미리 확보하여 학교의 정확한 위치를 알아 두어야 한다.

학교 주변 환경 파악
- 학교 주변의 환경을 파악하여 인근 지역 사회의 교육에 대한 관심도를 탐색한다.

학교 약도 검색
- 학교 약도를 미리 검색하여 학교의 정확한 위치와 교통편을 확인한다.
- 처음 학교를 방문하는 경우에는 교육청에서부터 학교까지 미리 가 보아 이동거리와 시간을 체크해 두면 도움이 된다.

전년도 장학협의록 점검

전년도 장학협의록을 살펴보면 학교에서 중점적으로 추진하고 있는 내용과 우수 교육 활동 사례, 학교 현
안 문제 등을 파악하기 쉽다.

학교 현안 문제 및 건의사항 해결 여부 파악
- 전년도 학교에서 건의한 내용이 해결되었는지 여부를 확인한다.
- 학교 현안 문제 및 건의 사항 등이 해결되지 않았을 경우 그 이유를 파악하여 안내할 수 있도록 준
  비한다.

학교교육 활동 미흡 사례 및 개선 내용 확인
- 전년도 학교교육 활동의 미흡 사례를 확인하고 학교교육 과정, 학교 홈페이지 점검 등을 통하여 개선 여
  부를 살펴본다.

주요 시설 및 교육 활동 투자 현황 탐색

최근 몇 년 동안 이루어진 학교 시설 투자 현황 및 교육청 지원 상황을 확인하고 향후 지원이 필요한 부
분을 미리 숙지하고 있어야 한다.

학교 도서관 리모델링
영어전용교실 설치 현황
원어민 교사 배치
특수 학급 운영
연구학교 운영
수업연구대회 참가 교사
실천사례연구발표대회 참가 현황
장학 자료 비치 및 활용 현황

2) 학교 구성원 특성 스크린

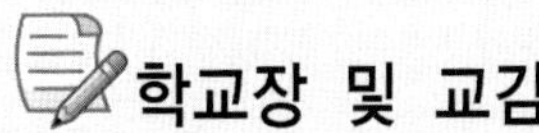
학교장 및 교감

장학을 실시하기 전 학교장과 교감의 특성을 미리 알아 둔다. 선배 장학사에게 묻거나 교장, 교감의 이전 경력 등을 파악해 보면 학교장 및 교감의 교육에 대한 열의와 교육관 등을 일부 파악할 수 있다.

- 학교장은 어떠한 교육관을 가지고 있는가?
  - 학교교육 과정 중 학교장 경영관 등을 살펴보면서 학교장의 교육철학과 교육관, 가장 역점을 두어 추진하는 교육 활동 등에 대해 살펴본다.

- 학교장 및 교감은 교육적 리더십을 발휘하는가?
  - 전년도 학교 운영 상황을 탐색하여 학교장 및 교감의 리더십 발휘 여부 등을 살펴본다.
  - 학교교육력 제고 및 수업방법 개선을 위한 교내자율장학을 활성화하려는 의지를 가지고 있는지 알아본다.

교사

교사 현황 중 부장 구성 현황을 미리 알아 두는 것이 필요하다. 학교 업무를 실질적으로 추진하고 있는 조직이기도 하며 시책 장학이 대개는 부장교사와의 면담을 통하여 이루어지므로 사전에 학교별 부장 조직 등을 파악하고 있어야 한다. 특히 부장 교사의 이름 정도는 미리 알아 두어 부장 면담 시 친근감 있게 다가가면 장학사와 부장교사와의 거리를 좁힐 수 있는 계기가 되기도 한다.

- 부장 교사는 효율적으로 조직되어 있는가?
  - 부장 교사는 어떻게 조직되어 있으며, 역할 분담이 잘 되어 있는지 살펴본다.
  - 부서별 교육 활동 추진 시 교육청 역점과제가 반영되고 있는지 확인한다.

- 일반 교사 현황은 어떠한가?
  - 성별, 연령별, 경력별 교사 현황을 탐색하여 학교 조직의 특성을 파악한다.
  - 학년별로 성별, 연령별, 경력별 안배가 되어 있는지 확인한다.
  - 업무 분장 점검을 통하여 효율적으로 업무 추진이 되고 있는지 확인한다.

- 연구하는 교직 풍토가 조성되어 있는가?
  - 각종 연구대회 참여 정도를 파악하여 연구분위기 조성 여부를 탐색한다.
  - 수업연구대회참가교사 유무 여부를 파악하고 연구 교과 및 주제를 살펴본다.

- 학교 구성원은 상호 신뢰하고 있는가?
  - 고경력교사와 저경력교사 간 멘토링 활동이 이루어지고 있는지 확인한다.
  - 학교 구성원끼리 공동체 의식이 있는지? 혹은 공동체 의식 제고를 위한 활동이 있는지 확인한다.
  - 학교 구성원이 상호 협력하여 교육 활동을 전개하고 있는지 확인한다.

📝 학부모

단위학교별로 학부모의 성향이 조금씩 다르므로 사전에 학구 탐색이나 학교 홈 페이지 등을 통하여 미리 학부모의 교육열과 관심도 등을 체크한다. 또한 학교가 학부모의 요구를 반영하여 학교교육 활동을 전개하고 있는지 살펴보는 것도 필요하다.

◉ 학부모는 교육에 대해 열의와 관심이 있는가?
- 학부모의 교육열 및 학교교육에 얼마나 관심이 있는지 알아본다.

◉ 학부모는 학교교육에 적극 참여하고 있는가?
- 학부모 조직 현황을 점검하여 학부모의 학교교육 활동 참여도를 파악한다.
- 학교 홈페이지 게시판의 학부모 글 등을 살펴보면서 학부모의 성향 및 학교교육 방향에 대한 요구 등을 파악한다.

📝 학생

학생은 학교의 가장 중요한 구성원이자 직접적인 교육 대상이므로 학생의 특성을 다각도로 파악해야 할 것이다.

◉ 학생들의 학력수준은 어느 정도인가?
- 기초학력 부진 학생 수, 영재교육 참여 학생 수 등을 파악하여 학생들의 학력수준을 알아본다.

◉ 학생들의 학교교육 활동의 관심 및 참여도는 어떠한가?
- 학교교육계획서의 학생 설문내용을 참고하여 학교교육 활동에 대한 학생들의 관심도 및 참여도를 파악한다.
- 학교 홈 페이지 게시판의 학생 글을 점검하여 학생들의 성향 및 학교교육 활동에 대한 요구 등을 파악한다.

4. 단위학교 장학전략 수립

1) 실천적 장학전략 수립

 **장학 사전 협의회 개최**

장학을 실시하기 전 반드시 사전 협의회를 개최하여야 한다. 특히 학교에 전달할 요지를 일목요연하게 정리하여 학교에 무리 없이 전달할 수 있도록 사전 준비를 철저하게 하는 것이 필요하다. 이러한 과정이 없으면 장학 시 일관성이 없을 뿐만 아니라 현안 문제 전달에 있어서도 장학사별로 다른 목소리를 내어 잡음이 생기는 경우도 종종 있기 때문이다.

● **장학 협의 자료 작성**
- 각 장학사별로 업무와 관련하여 학교에 전달할 협의 자료를 정리하여 장학담당 장학사에게 제출한다.
- 장학 담당 장학사는 제출된 자료를 정리하여 장학 협의 자료를 작성한다.

● **장학 협의 자료 집중 분석 · 이해**
- 장학 사전 협의회를 통하여 협의 자료를 집중적으로 분석하고 이해한다.
- 본인의 업무가 아닌 내용이라도 완벽하게 숙지하여 교사들의 질문에 대해 대응할 수 있도록 한다.

학교별 장학 전략 수립

단위 학교 환경 협의자료 분석을 통하여 해당 학교에 맞는 장학 전략을 수립한다. 장학사는 문제점 탐색과 해결방안 제시 과정에서 학교 조직원의 자존감이 낮아지지 않도록 세심하게 배려하는 마음가짐이 필요하다.

● **학교교육 과정을 포함한 각종 수집된 자료를 분석하여 문제점을 도출**
(예) 자율 장학 추진 계획이 교사의 수업기술 향상을 도모하기에 다소 미흡함
학교 홈 페이지에 학부모가 참여할 수 있는 코너가 없음

● **문제 해결을 위한 자료를 수집 · 정리한다.**
- 비슷한 주제의 교육 활동을 우수하게 운영하는 학교의 사례를 수집한다.
- 해당 학교에 적용할 수 있는 내용을 추출하여 정리한다.

● **발견된 문제점을 해결할 수 있는 대안 및 해결 방법을 모색한다.**
- 다른 학교 우수사례를 소개한다.
- 문제 해결을 위한 대안을 제시한다(교사 연수 추진, 계획 수정 권유 등).

 ## 장학 일정 및 준비 사항 협의

담당 학교와 협의하여 장학의 세부 일정을 정하고, 학교에서의 준비 사항 등을 미리 협의하여 협조를 구한다.

장학 세부 일정 협의
- 학교 도착 시간, 수업 참관 여부, 부장 면담 방법, 장학 후 협의회 방법 등 장학 당일의 세부 일정과 형태에 대해 학교와 충분히 협의한다.

장학을 위한 학교 준비 요청
- 장학 관련 자료(장학 점검표 내용 포함)를 장학 당일 제시할 수 있게 준비하도록 한다.
- 필요한 경우 장학 관련 자료를 장학사에게 사전에 송부하도록 요청한다.
- 학교 우수 사례 및 우수 교원에 대하여 적극 알려 주도록 요청한다.
- 부장 면담 시 수업에 지장이 없도록 학교와 협의하여 시간을 조절하거나, 사전에 부장 교사 학급을 교과 전담 시간으로 맞추어 놓도록 협조를 구한다.
- 중요한 현안 문제를 협의할 경우 업무 담당자가 협의회 시 참석할 수 있도록 사전에 협조를 요청한다.
- 사전에 수업공개 교사와 면담이 이루어지도록 협조를 구한다.

나. 실천적 수업전략 수립

 ## 학교 실정에 맞는 수업 지원 방향 설정

장학의 궁극적인 목적은 교수·학습 방법 개선이다. 장학담당자의 과중한 업무와 인원의 절대적인 부족으로 장학의 현실적인 모습은 일회적이고 형식적으로 흘러가고 있는 것도 사실이나, 장학 본연의 목적을 달성하기 위해서는 수업장학에 대한 철저한 준비가 필요하다.

수업장학 지원 방향 협의
- 학교 실태 분석을 근거로 학교 실정에 적합한 수업 지원 방향을 설정한다.
- 본교 교사 수업공개, 임상 장학, 수업 관련 주제별 활동 등 학교와 협의하여 수업 지원 방법 및 대상을 결정한다.

# 수업공개 교사를 위한 수업 컨설팅 실시

수업 컨설팅은 세심한 추진 계획 수립과 인간적인 신뢰감 조성이 바탕이 될 때 효과를 거둘 수 있다. 이러한 사전 과정 없이 수업 당일 갑자기 나가서 지도 조언을 하게 되면 깊이 있는 장학 활동이 되기 어렵다.

수업 컨설팅 계획 수립
- 수업자와 장학사 간 협의를 통하여 컨설팅 추진 일정을 수립하고, 상호 실천하도록 노력한다.

- 수업자의 교수·학습 과정안 작성단계부터 지도, 조언할 수 있도록 한다.

장학사와 수업자 간 래포 형성
- 사전에 수업자와 면담, 이메일 교환, 전화 통화 등으로 인간적인 친근감을 주는 일이 중요하다.
- 장학사의 장학 활동이 수업개선 기술에 도움을 줄 수 있다는 믿음을 주도록 성심을 다하여 지원한다.

수업 컨설팅을 위한 다양한 활동
- 수업설계 방법 협의하기
- 수업 동기유발 아이디어 나누기
- 수업자료 활용 및 정보 함께 찾기
- 교수·학습 과정안 공동 작성
- 발문 전략 세우기
- 수업 실제에 있어서 유의사항 안내

# 신규교사 임상장학 준비

임상장학은 교사의 교수·학습의 질을 개선하기 위하여 장학담당자와 교사의 사전 협의와 장학담당자의 수업관찰을 통해 교수행위를 분석·평가·피드백을 제공하여 교사의 교수기술을 향상시키는 활동으로 신규교사 수업장학에 많이 사용된다. 장학 지도 시 신규교사가 있는 경우 다음과 같은 점에 유념하여 임상장학 계획을 수립·추진해 볼 수 있다.

1단계: 관찰 전 협의회
- 신뢰하는 관계 조성: 수업자와 장학사 간 신뢰롭고 부드러운 관계를 조성하고, 임상장학에 대한 이해를 높이기 위해 사전 오리엔테이션을 갖는다.
- 수업연구 과제 선정: 교사가 수업과 관련하여 연구해 보고자 하는 사항이나 수업개선을 위해 도움이 필요한 사항이 있으면 이를 장학담당자에게 설명하고 의견을 교환한다.
- 학생·수업에 대한 정보 교환: 교사가 담당 학생들의 학습능력, 학습태도 등 학생에 대한 제반 사항을 장학담당자에게 설명하고 의견을 교환한다.
- 수업관찰 계획 수립: 수업목표, 내용, 방법 등을 포함한 수업계획에 관하여 협의한다.

2단계: 수업관찰·분석
- 교수·학습 과정안 검토: 교사가 작성한 교수·학습 과정안 검토 및 수정
- 수업관찰: 수업관찰 계획에 의하여 수업관찰 실시
- 수업관찰 결과 정리: 관찰결과 정리하여 환류협의회에 대비

3단계: 관찰 후 협의회
- 수업관찰 결과 논의: 교사가 자신의 수업에 대한 개략적인 자기 평가·반성한다.
- 수업연구 과제 해결 및 수업개선 방안 설정: 교사의 수업연구 과제해결 개선 또는 수업개선과 관련하여 교사에게 계속적인 도움을 제공할 수 있는 방법에 대하여 의견을 교환한다.
- 적용 및 평가: 수업결과를 토대로 교사 스스로 자기 적용, 자기 평가의 노력을 하도록 유도·격려한다.

5. 학교 현황 청취

1) 학교 실태 및 현황 탐색

 **학생들의 생활 모습 및 교육환경 관찰**

● **학생들의 생활 모습 관찰**
학생들의 생활지도 내용을 관찰하는 문제는 수업을 관찰하는 일보다 더 어려운 영역이다. 따라서 다음과 같은 점에 착안하여 생활 모습을 관찰하여 그 학교의 특징을 읽을 수 있다.
- 학교현황 청취 시 학교의 역점업무와 관련된 생활지도 면은 학생 생활에서 어떻게 나타나고 있는가?
- 쉬는 시간에 의도적으로 현관, 화장실에 가면서 관찰한다.
- 보건일지를 살펴보고 보건교사로부터 학생들 상황을 듣는다.
- 체육시간, 특별실 이동 시 그 움직임을 관찰한다.

● **교육환경 및 교육시설 관찰**
학교의 여러 가지 시설들을 살펴볼 때에는 학교장의 교육철학과 경영 의지가 어떻게 반영되었는지 관심을 가지고 살펴볼 필요가 있다.
- 교육적으로 꼭 필요한 시설인가?　　● 장기적인 안목에서 설치하였나?
- 학생들의 정서적인 배려도 되어 있는가?
- 경제적인 시설인가?　　● 우선순위에 적절한가?

2) 수업관찰을 위한 교실 스크린

 **학생들의 생활모습 및 교육환경 관찰**

● **참관 교실에 대한 사전 개략적 이해**
- 학교현황 자료에 나타난 교사의 인적 사항 및 당일 수업계획에 대한 기본적인 내용을 인지하고 교실에 들어가기
  - 학습목표, 주요 학습 활동 및 수업방법, 교수매체의 활용, 학생 활동 등
● **교실 학습환경 둘러보기**
- 물리적 환경 구성
  - 학급시설, 설비 및 자료를 구비, 구성·배치하는 활동
  - 교사의 교육철학과 학급의 특색 및 교육적 환경 구성 살펴보기
  - 수업결과를 활용한 환경 구성, 뒤 칠판, 사물함을 활용한 환경 구성
- 심리적 환경 구성
  - 학급 공동체 활동을 위한 학습 활동
  - 학생들과의 학급 규칙 및 교육 활동(나도 잘할 수 있어요, 독서, 진로지도 등)
● **교사의 얼굴 표정 및 학생들을 대하는 태도**

6. 수업 참관

 **수업관찰방법 선정**

전체적인 수업관찰방법

- 칠판에 학습목표가 학습자 중심으로 진술되어 있는가?
  - 학습목표는 학습결과 나타날 학생 행동을 명시적으로 제시하고 있는지 여부(~한다.)
  - 학생들이 그 시간의 학습목표를 알고 학습 활동을 하고 있는지 여부
- 학습목표 도달에 적합한 수업모형을 적용하고 있는가?
- 다양한 학습집단 조직으로 수업이 전개되고 있는가?
- 학생들의 학습흥미를 유발할 수 있도록 동기유발이 되고 있는가?
- 학습목표 달성을 위한 적합한 질문이 수행되고 있는가?
- 단위수업에 적합한 창의적이고 다양한 교수기법이 활용되고 있는가?
- 학습목표 달성을 위한 교수매체를 활용하고 있는가?
- 단위수업에 필요한 평가방법이 활용되고 있는가?
- 교사와 학생 간, 학생과 학생 간 의사소통이 활발하게 이루어지고 있는가?
- 교사의 움직임과 교수 용어는 적절한가?

단위수업 요소를 선정한 수업관찰방법

단위수업전문성 요소를 기준하여 핵심적인 요소를 2~3가지 선정하여, 선정한 단위수업 요소를 중심으로 수업을 참관하도록 한다.

HOT 단위수업 수업전문성 요소

영역	주요 수업전문성 요소
수업설계영역	📖 교육 과정 분석📖 학습자 파악📖 학습목표 설정 및 진술 📖 학습내용 선정📖 교수-학습모형 선정📖 학습집단 조직 📖 교수매체 설계 및 활용 계획📖 학습환경 구성
수업실행영역	📖 동기유발📖 질문수행📖 상황 대처 📖 의사소통📖 수준별·개별화 전략📖 교수기법 📖 교수매체 활용📖 학습자 평가
수업 브랜드화영역	📖 수업반성 및 피드백 📖 수업관찰 분석 능력

- 수업설계 영역과 수업실행 영역에서 1~2가지를 선택하여 수업관찰을 하면, 수업에 대한 지도 조언 시 일관성 있게 장학지도를 할 수 있다.
  - 학습목표 설정 및 진술, 교수기법, 교수매체 활용
  - 교수·학습 모형 선정, 동기유발, 질문수행, 교수매체 활용
- 수업브랜드화 영역은 수업참관 시 파악하기 어려운 요소이나, 자기 수업분석 활동의 중요성에 대한 장학지도는 필요하다.

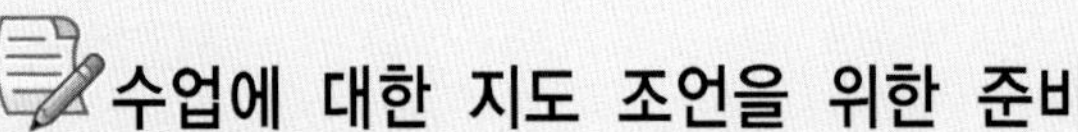

수업에 대한 지도 조언을 위한 준비

장학지도에 임하는 장학사는 자신의 말 한마디가 아무리 개인 자격으로 이야기하였다 하더라도 그 말을 듣는 교사에게는 공적인 의미를 가진다는 것을 명심하여 수업에 대한 해박하고 전문적인 배경지식을 지녀야 하고 항상 겸손한 자세를 지녀야 한다. 지도 조언을 할 때는 대개 다음과 같은 내용에 주의하여 임하면 무난할 것으로 본다.

◉ 수업에 대한 정확한 관찰, 기록, 분석
- 우수한 점
- 미흡한 점

◉ 수업에 대한 표현방법 연구
- 개인의 주관적인 생각이나 단정적인 표현은 지양하고, 교과의 성격에 입각한 이론적 배경을 토대로 함
- 우수 사례를 주로 칭찬하고, 미흡 사례를 지적할 경우 표현방법을 완곡하게 함
  - 학습자료 없이 수업을 진행하거나 특정 학습사이트만을 활용하여 수업을 진행하는 반이 많을 때는 학생 중심 활동 우수 수업 사례를 제시하기
- 짧은 시간 내에 함축하여 요점만 표현하되, 가능한 한 주제를 정하여 지도 조언을 하는 것이 효과적임
- 수업참관 중 우수 사례 및 중요한 것은 구체적으로 메모하여 지도 조언 시 활용하기
- 분명한 발음과 속도 및 억양에 주의하고, 마이크를 사용할 때의 입과 마이크와의 거리 유의

수업참관 후 지도 조언 방법

수업관찰 결과에 대한 지도 시 먼저 최근 시대적 변화와 연계한 적절한 주제 중심으로 수업의 중요성을 설득력 있게 제시한다.

◉ 학습자 중심의 수업과제 제시 사례 활용
- 학생들에게 흥미 있는 수업과제
  Edutainment = education + entertainment(공부를 오락처럼 즐겁게) ⇨ 능력과 재능(꾼, 끼)
- 관심 있는 과제, 호기심을 갖고 있는 문제, 생활과 관련 있는 과제
- 기존 지식과 갈등을 일으키는 과제: 일반 지식 – 문제 제기 – 예상 – 사실 확인 – 문제 탐색
- 학생들이 가지고 있는 불완전하거나 잘못된 지식이나 선입견 이용
- 일반적인 문제를 학생들의 문제로 변형하여 과제 제시
- 생활 주변의 문제를 학습과제로 재구성

◉ 효과적인 지도 조언 관점

 수업준비에 대한 면
- 교사들이 학습목표 달성을 위해 어느 정도 준비를 하였는가?
- 수업을 위한 학급 환경은 교육적으로 구성되어 있는가?
- 학생들은 수업준비를 어느 정도 하고 있는가?

◉ 학습목표에 대한 면
- 학습목표는 관찰될 수 있는 명세적 동사로 진술되어 있는가?
- 학생들은 학습목표를 인지하고 있는가?
- 학습목표와 학습내용이 일치되어 학습 활동이 전개되고 있는가?

◉ **교사들의 교수·학습 활동에 대한 면**
- 교수·학습 모형 적용
  - 학습목표 도달에 적합한 교수·학습모형인가?
  - 교과 및 제재의 특성에 적합한 모형을 적용하고 있는가?
- 다양한 교수 기법의 활용
  - 학습목표 도달 및 학습내용에 적합한 교수기법을 활용하고 있는가?
- 동기 유발 및 질문 수행
  - 흥미로운 질문, 호기심, 칭찬, 보상들을 활용하여 학습동기를 자극하고 있는가?
  - 학생들의 흥미를 유발하는 동기유발 자료를 활용하고 있는가?
  - 학습자의 수준에 적합한 질문인가?
  - 학생들이 사고할 수 있는 질문을 하고 있는가?
  - 적이 뚜렷하고 명확하며 간결한 질문을 하고 있는가?
- 교사의 수업진행
  - 주의 집중 기술이 능숙하고 창의적인가?
  - 학생들의 수준에 적절한 용어를 사용하고 있는가?
  - 교사의 언어는 학생들에게 적절하며 친근감을 주는가?
  - 교사의 자세는 자연스러우며 품위를 유지하고 있는가?
  - 학생들의 다양한 사고를 존중해 주고 타당한 요구를 수업 중에 반영하며 피드백을 잘 하고 있는가?

◉ **학생들의 학습 활동에 대한 면**
  - 학생들이 수용적 자세로 학습에 참여하고 있는가?
  - 발표 의욕이 왕성하며 발표방법을 잘 알고 실천하고 있는가?
  - 학습내용에 적합한 학습집단을 구성하여 활동하고 있는가?

◉ **교수매체 설계 및 활용에 대한 면**
  - 학습목표 및 내용에 맞는 적절한 교수매체 및 자료를 활용하고 있는가?
  - 수업효과 제고를 위한 효용성 높은 매체가 충분하게 준비되어 있는가?
  - 학습의 능률화를 가지고 올 수 있도록 다양한 매체를 활용하고 있는가?
  - 매체 조작이 능숙하고 학습효과를 높였는가?

◉ **효과적인 지도 조언 방법**

지도 조언 시 수업자의 수업 과정에 대한 긍정적인 측면을 강조하여 칭찬할 기회를 많이 찾는다. 칭찬은 많을수록 좋다고 하지만 칭찬의 방법이 중요하다.

◉ **효과적인 칭찬**
- 바람직한 행동의 결과에 따라 주어지는 칭찬
- 성취에 명확한 관심을 보여 주는 칭찬
- 구체화된 성취행동 준거에 도달했을 때 보상을 주는 칭찬
- 문제해결에 관한 사고를 보다 잘 이해하게 해 주는 칭찬
- 주목할 만한 노력이나 성공을 인정해 주는 칭찬
- 내적 귀인(內的歸因)을 촉진하는 칭찬: 수업의 결과에 있어서 내적 동기와 교사 자신의 책임에 의한 수업수행 과정을 칭찬(종합적 칭찬보다 항목별 칭찬 중요)

◉ **비효과적인 칭찬**
- 칭찬의 대상을 구체적으로 밝히지 않고 그저 잘했다고 하는 경우
- 성취과정이나 결과에 대한 고려가 없이 단순한 참여에 보상을 주는 칭찬
  - 수업준비와 수업공개를 위해 수고했다는 인사성 칭찬의 경우
- 다른 사람과 비교하여 경쟁을 유도하는 칭찬
- 과제 관련 행동으로부터 주의를 딴 곳으로 돌리는 칭찬
  - 수업의 본질과는 관련이 없이 교사 개인의 다른 장점이나 특성을 칭찬하는 경우

- • 외적 귀인(外的歸因)을 촉진하는 칭찬
  - –교사의 내적 노력과 아이디어와는 상관없는 학교의 시설이나 학생들의 일반적인 행동 반응에 대한 칭찬

> **HOT** 칭찬도 일종의 평가 작용이다. 사람은 근본적으로 남으로부터 평가받는 것을 싫어하는 경향이 있다. 따라서 잘한 일을 칭찬할 때도 그 사람의 인격에 관련되는 용어(부지런하다, 침착하다, 공정하다 등)나 평가적인 용어(잘했다, 못했다, 맞다, 틀리다, 뛰어나다, 우수하다 등)를 사용하는 것보다는 교사나 학생들의 행동을 사실대로 말하고 그에 대한 장학담당자의 느낌을 말하는 간접 메시지 방법을 사용하는 것이 좋다.

◉ 장학 시 교사들에게 창의적인 수업방법 및 수업아이디어 자료를 구성하여 제시하는 것도 지도 조언에 가름할 수 있는 효과적인 방법이다.
  - • 창의적인 교수학습 방법　　• 협동학습 기법
  - • 수업에서 교수매체 설계방법　• 학습목표 진술방법 등
◉ 타교의 수업전문성 관련 우수 사례를 구체적으로 안내

> **HOT** 유능한 교사의 핵심 특성 여덟 가지
>
> | 📖 **학생들을 위한 배려** | 📖 수업내용에 대한 지식 |
> | 📖 흥미유발 | 📖 학생들에게 충분한 시간을 할애함 |
> | 📖 토론을 장려함 | 📖 명확하게 설명하는 능력 |
> | 📖 수업에 대한 준비 | 📖 수업에 대한 열의 |

■ PRIDE 명품수업 매뉴얼(교사)

1. 사전 공개 수업협의회 실시

1) 주제에 관한 교재 연구의 설명과 검토
2) 학생의 실태와 그 대비책 설명
3) 수업형태에 맞는 학생 조직과 점검
4) 필요하고 효율적인 자료의 활용과 판서 점검
5) 수업안 설명과 검토(일관성, 적시성, 효율성)
6) 도상 수업과 그 문제점 해결
7) 사전 협의 일정
  - ◎ 동학년, 동교과협의회 후 장학요원에게 조언받기: 수업 10일 전
  - ◎ 공주교육청에서 수업자 담당장학사와 협의: 수업 일주일 전
  - ◎ 교내 결재 후 장학안내 인편 제출 및 학교군 전자메일로 보내기: 수업 5일 전
  - ◎ 본인 수업 리허설: 수업 3일 전

2. 수업참관 전에 할 일

1) 수업에 부담을 주지 않고 분위기를 안정시킨다. 간단한 놀이나 게임, 노래로 긴장완화 신체표현
2) 학습준비물 확인: 교사의 교수용 자료 및 학생들의 학습 준비물
3) 참관하는 사람에게 불쾌감을 주지 않을 정도로 정리정돈
   (책상 속 정리, 책상 위 - 책은 왼쪽, 공책은 오른쪽, 책상과 주변 정리)

수업 활동 전에 수업 전략을 치밀하게 세워 수업을 전개하였나?

순	주요 확인 항목	결과		
1	• 좋은 수업을 위하여 교육 과정을 분석하였는가?	상	중	하
2	• 출발점 행동의 진단과 확인을 하였는가?	상	중	하
3	• 학습자의 개인차 변인을 고려하였는가?	상	중	하
4	• 수업 환경을 적절하게 조성하였는가?	상	중	하
5	• 사고를 자극하는 발문을 준비하였는가?	상	중	하
6	• 자료의 제작과 제시가 적절하였는가?	상	중	하
7	• 학습내용 조직과 집단 조직이 적절한가?	상	중	하
8	• 개별화와 협력 활동의 조화가 잘 이루어지는가?	상	중	하
9	• 교사·학생 상호작용 활동이 원활한가?	상	중	하
10	• 학생들의 창의적 활동을 고려하여 진행하는가?	상	중	하
11	• 양적 지필평가, 질적 수행평가를 실시하였는가?	지필 ( )회, 수행 ( )회		

3. 수업전개 중에 할 일

○ 학습자 중심으로 활동 위주의 학습을 시행
○ 각 과정에 맞게 수업을 이끌기
○ 돌발 사태가 발생했을 때, 침착하게 임기응변에 임하기
○ 단위시간 내에 끝마치기
○ 학습방법의 학습을 점검하면서 학습하기(수업자의 역할)

1) 기본 학습태도

영 역	내 용	결 과
수업시종 관계	• 전원 학습 준비가 이루어졌는가?	상 중 하
	• 정각에 수업이 시작되고 끝났는가?	상 중 하
	• 수업시작과 끝날 때 상호 인사가 잘 이루어졌는가?	상 중 하
기본 학습태도	• 거수 신호는 잘 지키는가?	상 중 하
	• 앉은 자세는 알맞은가?	상 중 하
	• 발표 자세는 바른가?	상 중 하
	• 거수자세는 바른가?	상 중 하
	• 집필 방법이 바른가?	상 중 하
	• 쓰는 자세가 바른가?	상 중 하
	• 칠판에 나와서 설명하는 자세는? (설명물이 발표자의 오른쪽)	상 중 하
	• 읽는 자세가 바른가?	상 중 하

2) 기본 학습방법(학습방법의 학습)

영 역	내 용	결 과
지명	• 전원 참여의 지명인가?	상 중 하
	• 내용의 난이도에 따른 학력수준을 고려하는가?	상 중 하
	• 학습 흥미를 유발하는 지명을 하는가?	상 중 하
	• 충분한 개인 사고의 시간을 준 다음 지명하는가?	상 중 하
개인 사고(思考)	• 개인사고의 관점을 제시하는가? (명확한 문제제기)	상 중 하
	• 수준별 사고 활동 그대로 안내하는가?	상 중 하
	• 충분한 사고의 시간을 주는가?	상 중 하
소집단 활동	• 소집단 토의 요령을 알고 있는가?	상 중 하
	• 소집단 활동은 역할에 의해 이루어지는가?	상 중 하
	• 소집단 협의를 할 명확한 주제(문제)를 주는가?	상 중 하
	• 소집단 협의시간이 적절한가?	상 중 하
	• 알맞은 크기의 소리를 유지하는가?	상 중 하
	• 교사는 소집단 협의 활동에 참여하여 안내하는가?	상 중 하
	• 교사는 소집단별 협의내용을 파악, 차후 지명에 활용하는가?	상 중 하
발표	• 발표 요령 형식에 따라 발표하는가? (결론, 이유, 근거)	상 중 하
	• 자연스런 태도로, 알맞은 음성, 상황에 맞게 발표하는가?	상 중 하
	• 군소리를 자주 사용하지 않는가?	상 중 하
	• 여러 방면의 지식, 자료를 활용하여 발표하는가?	상 중 하
	• 완전한 문장으로 발표하는가?	상 중 하

영 역	내 용	결 과
예습적 과제	• 1일 해결 분량으로 적당한가?	상　중　하
	• 사고 활동 및 학습주제 해결을 위한 보조적인 과제인가?	상　중　하
	• 해결방법도 안내하는가?	상　중　하
	• 교과별 내용에 알맞은 과제인가?	상　중　하
	• 자신의 능력으로 해결할 수 있는가?	상　중　하
	• 본시의 내용과 관련적이고 발전적인가?	상　중　하
학습 방법	• 공부할 문제를 알맞게 잡아 가는가?	상　중　하
	• 학습하는 순서와 방법을 아는가? (내용＋방법)	상　중　하
	• 문제 해결의 계획을 세울 수 있는가?	상　중　하
	• 문제 해결을 위해 여러 가지 자료를 활용하는가?	상　중　하
	• 문제를 해결하기 위해 여러 가지 방법을 찾아가는가?	상　중　하
	• 학습 활동 기록이 적절하게 이루어지는가?	상　중　하
	• 교과・교재 유형별 특색 있는 활동이 이루어지는가?	상　중　하
	• 본교 학습방법의 학습 실제 내용이 잘 준수되고 있는가?	상　중　하

3) 발문과 응답 처리

영 역	내 용	결 과
뚜렷한 목적을 지닌 발문인가?	• 간단명료한가? (부연설명은 좋지 않음)	상　중　하
	• 발문목적이 명료한가?	상　중　하
	• 추론적인 발문의 내용이 많은가?	상　중　하
	• 1문 다답이 나올 수 있는 발문인가?	상　중　하
	• 응답의 내용이 암시되지는 않았는가?	상　중　하
	• 단계적으로 탐구해 가는 발문인가?	상　중　하
발문의 여건 조성하였는가?	• 허용적인가?	상　중　하
	• 학생의 능력을 바탕으로 하고 있는가?	상　중　하
	• 문제의식을 주는 적절한 타이밍에 맞추고 있는가?	상　중　하
발문의 기술은 적절한가?	• 학생의 수준에 맞는 용어를 사용하는가?	상　중　하
	• 중복 발문은 하지 않는가?	상　중　하
	• 간섭 발문은 하지 않는가? (학습 활동 중, 작업 중, 발표 중)	상　중　하
	• 보조 발문은 적절히 투입되었는가?	상　중　하
	• 지시적인 발문은 많지 않는가?	상　중　하
	• 경어를 사용하여 학습하는가?	상　중　하
	• 학생의 질문을 교사가 바로 알려 주지는 않는가?	상　중　하
응답처리	• 모든 응답에 대해 긍정적으로 수용해 주는가?	상　중　하
	• 좋은 응답에 대해 보상해 주는가?	상　중　하
	• 여러 응답자의 내용 관련성을 파악하게 하는가?	상　중　하

영 역	내 용	결 과
응답처리	• 불완전한 답과 오답을 살려 새로운 사고 활동을 안내하는가?	상 중 하
	• 결정적인 오답은 그 틀림의 원인을 잘 안내하는가?	상 중 하
	• 틀린 답을 말한 학생이 잘 보호되고 있는가?	상 중 하
	• 응답마다 교사가 되받아서 설명해 주지는 않는가?	상 중 하
	• 응답 내용의 타당도를 높이도록 하는가? (반대의 경우를 생각)	상 중 하
	• 중복 응답이 나오지 않게 하는 방법을 사용하는가? (메모 등)	상 중 하

4) 기 타

영 역	내 용	결 과
판서 및 준비 자료와 활용	• 응답에 대한 요약 판서의 요령이 적절한가?	상 중 하
	• 구조적인 판서가 이루어지는가?	상 중 하
	• 글씨의 서체와 크기는 알맞은가?	상 중 하
	• 색분필의 사용은 적절한가?	상 중 하
	• 자료의 제시와 철거의 적절성은 알맞은가?	상 중 하
	• 자료의 내용, 정확성과 본시 학습과의 연계성은 알맞은가?	상 중 하
	• 지시봉은 적절히 사용하는가?	상 중 하
	• 교사의 궤간 순회는 적절하게 이루어지는가?	상 중 하
	• 교사의 학습 도중 움직임이 알맞은가?	상 중 하
학습장 사용	• 교과 특질에 맞는 형태로 사용하는가?	상 중 하
	• 구조적인 내용의 정리인가?	상 중 하
	• 학습장에 쪽수는 기록하고 있는가?	상 중 하
	• 공부할 문제와 핵심 판서의 내용을 기록하고 있는가?	상 중 하
	• 보조 교과서의 이용 시 기록 방법이나 내용이 적절한가?	상 중 하
환경	• 교사 책상의 주변 정리는 잘 되었는가?	상 중 하
	• 환경 게시와 정리 정돈은 잘 되었는가?	상 중 하
	• 학습자 중심의 내적 동기 유발을 위한 환경인가?	상 중 하
	• 화분에 이름이 써지고 관찰시설이 잘 정비되어 있는가?	상 중 하

5) 수업참관 안내(참관자의 관점)

영 역	내 용	결 과
교수·학습 활동	• 단원과 제재의 제시가 알맞은가?	상 중 하
	• 교과 특질에 맞는 과정을 밟고 있는가?	상 중 하
	• 전원 참여, 전원 성취의 전략이 바람직한가?	상 중 하
	• 학습자들의 작업, 활동 시간은 충분한가?	상 중 하
	• 지도 과정의 효과적인 다른 방법은 없을까?	상 중 하
	• 교재의 본질에 맞는 지도 과정을 밟는가?	상 중 하
	• 학습 과정에 절정은 있는가?	상 중 하
	• 학습에 대한 오류의 즉각적이고 구체적인 교정을 위한 지도가 적절한가?	상 중 하
	• 학습자들의 자율성과 창의성 계발을 위한 의지가 있는가?	상 중 하
	• 언어사용 태도가 바른가?	상 중 하
발문의 형식과 내용	• 발문 구성을 위한 교재 연구가 바람직한가?	상 중 하
	• 발문의 형태가 교수·학습 단계별로 적당한가?	상 중 하
	• 발문을 주고 응답을 기다리는 경우 사고의 시간을 주는가?	상 중 하
	• 발문의 속도, 억양, 어조는 알맞은가?	상 중 하
	• 교사의 중복 발문은 없는가?	상 중 하
	• 발문과 지명의 방법이 적당한가?	상 중 하
	• 호기심을 유발하는 구체적 발문을 하는가?	상 중 하
발문의 형식과 내용	• 핵심 발문 및 보조 발문의 한계 및 표현이 바람직한가?	상 중 하
	• 중복 발문은 하지 않는가? (작업 사고 중)	상 중 하
	• 간섭 발문은 하지 않는가?	상 중 하
	• 전체 답을 요구하지는 않는가?	상 중 하
	• 1문 대답이 나올 수 있는 발문인가?	상 중 하
	• 함께 생각하는 기회를 갖게 하는 발문인가?	상 중 하
	• 교사의 태도, 역할, 표정 등에서 어린이를 인정하는가?	상 중 하
개인 활동 및 소집단 활동	• 소집단의 역할을 알고 활동하는가?	상 중 하
	• 소집단 토의를 할 명확한 주제를 제시하는가?	상 중 하
	• 소집단 협의시간을 충분히 주고 있는가?	상 중 하
	• 소집단 토의 결과를 발표하는 형식과 방법은 알맞은가?	상 중 하
	• 교과·주제의 특성에 알맞은 유동적인 학습집단인가?	상 중 하
	• 소집단별 협의 내용을 파악한 후 지명에 활용되는가?	상 중 하
	• 개별적인 학습공간 활용으로 학습자에게 학습 선택권을 주는가?	상 중 하
	• 함께 생각하는 기회를 충분히 주어 공동체의 삶에 참여하는 태도를 갖도록 하는가?	상 중 하
	• 개인 사고를 충분히 할 수 있도록 하여 자기 학습력을 갖고 토의 활동에 참여하도록 안내하는가?	상 중 하

영 역	내 용	결 과
지도적 평가	• 학습내용과 학습방법에 대한 지도적 평가가 적절하게 이루어지고 있는가?	상 중 하
	• 틀린 답을 한 학생은 잘 보호되고 있는가?	상 중 하
	• 좋은 응답에 대해서 보상을 하는가?	상 중 하
	• 모든 응답에 대해서 긍정적으로 보상해 주는가?	상 중 하
	• 학습분위기 조성을 위한 지도적 평가가 적절하게 이루어지고 있는가?	상 중 하
	• 응답내용의 타당도를 높이도록 하는가?	상 중 하
	• 학생이 자아를 자극하는 지도적 평가인가?	상 중 하
	• 교사가 열린 마음으로 지원적 역할을 하고 있는가?	상 중 하
자료 활용 및 판서	• 응답에 대한 요약 판서의 요령이 알맞은가?	상 중 하
	• 구조적인 내용의 정리인가?	상 중 하
	• 메모, 안내, 핵심 판서의 요령은 알맞은가?	상 중 하
	• 문제 해결을 위해 여러 자료를 활용하는가?	상 중 하
	• 자료의 제시와 철거의 시기가 적절한가?	상 중 하
	• 자료의 내용 정확성과 본시 학습과의 연계성은 알맞은가?	상 중 하
	• 자료 활용의 방법은 적당한가?	상 중 하
	• 사고 과정이 나타난 판서인가?	상 중 하
	• 자료, 시청각, 기자재 사용을 효율적으로 활용하고 있는가?	상 중 하
	• 교과서의 활용은 적절한가?	상 중 하
소감문 작성	① 수업자의 의도를 충분히 파악한 후에 주제 해결을 위한 수업자의 지도 기술, 학습자의 활동 등을 참관 관점에 의거하여 객관적으로 기록한다. ② 주관적이거나 피상적인 이야기보다는 수업자는 물론 모든 선생님과 함께 수업기술을 나누어 가질 수 있는 발전적인 사고를 개진한다.	

4. 수업절차에 대한 구체적인 교수·행동 절차

영역	내 용	교수행동 관찰의 관점	교수행동의 구체적 내용
가. 수업목표	목표설정 목표제시 평가	1. 가능한 한 명세화된 진술을 하였는가? ※ 정의적 목표의 진술은 행동목표의 진술이 어렵다	○무엇을 어떻게 수업할 것인가를 분명히 할 수 있고, 방법, 내용, 필요한 준비를 예견→불필요한 시간 낭비 감소. ○학생은 학습방법, 학습목표를 파악. ○평가방법, 평가문제 구성, 학습성과 검증에 유용.
		2. 아동이 이해할 수 있고 편리한 방법으로 제시했는가? ※ 교과, 단원, 학습문제 특성에 따라 선택 제시	○교사가 일방적으로 제시하는 방법. ○교사, 아동이 공동사고에 의한 문답법에 의한 수업목표 제시. ○아동 스스로 교과서나 과제의 내용을 살펴보고 목표제시(수학, 자연, 사회과).
		3. 수업 후 어떤 행동을 할 수 있어야 한다고 강조했는가? ※ 수업목표를 분명하게 강조하여 제시해야 함	○수업목표 진술의 행동화, 명세화 주장의 공통점→도착점 행동 강조. ○출발점에서 도착점 행동을 명확히 알려 주어야 학습동기가 강화되어 성공적인 수업결과를 나타낼 수 있다. ○도착점 행동에 대하여 조건, 준거, 행위동사를 포함시켜야 한다.
		4. 위 3항에서 강조한 행동과 일관성 있는 형성(수행)평가를 했나? ※ 도착점 행동(수업목표의 일관성)을 알아보는 것(형성, 수행평가)	○학습의 방향과 바람직한 학습행동의 암시를 받았다. ○학습의 단계에서 필요한 학습요소 학습의 점검. ○학습의 단계에서 바람직한 학습행동에 즉시 강화 역할. ○피드백의 기능을 갖고 있어 강화 및 교정의 역할.
나. 지도 과정	학습경험 선정	5. 수업목표에 제시된 활동을 시키는 데 많은 시간을 배정했나? ※ 화려한 수업을 보이려는 교사 욕구로 수업 방향에 혼란 초래	○학습경험의 선정은 수업목표에 제시된 행동을 하도록 하는 것이다. ○수업목표에 제시된 행동을 그대로 해보게 하는 일이 중요하다. ○수업시간을 가능한 절약하여 목표에 제시된 행동을 그대로 시키는 데 많은 시간이 배정되도록 노력해야 한다.
다. 동기 유발	타당한 동기유발	6. 수업목표 행동과 직접 관련된 내용으로 동기유발을 했는가? ※ 본시 수업목표와 직접 관련된 지적 호기심이나 흥미의 유발(전시학습 상기)	○동기유발의 기능 – 학습 활동을 전개시켜 학습에 효과적인 행동을 선택하고 학습행동을 강화하는 기능. ○내적 동기 – 학생 자신의 흥미, 요구, 경험, 능력에 호소하는 방법. ○외적 동기 – 인위적 학습의욕 방법(상, 벌, 칭찬, 질책, 성공, 실패감의 경험).
		7. 동기유발에 소요되는 시간이 너무 많거나 적지 않은가? ※ 동기유발 시간이 많아질수록 주된 학습 활동시간이 줄어듦	○좋은 수업은 좋은 동기유발로 출발한다. 그러나 동기유발 자체가 직접 수업목표를 성취하는 것은 아니다. ○대체로 40분 수업에서 동기유발에 소요되는 시간은 2~3분, 길어야 4분 정도로 소비하는 것이 좋다.

영 역	내 용	교수행동 관찰의 관점	교수행동의 구체적 내용
라. 발문	관습적 어투 교정	8. 불필요한 말을 관습적으로 사용하지 않는가? ※ 특정한 어투에 습관화된 경우로 최소한 '예' '아니오'의 일제답 교정	○직업에 따른 특유한 행동양식이 누적되어 습관적으로 굳어진 사례 (예, 그, 저, 알겠습니까?, 그렇지요?) 무의미한 일제답 요구. ○일제답을 요구하는 발문은 일반적으로 좋지 않음. ○교사가 무의식적으로 '예', '아니오'의 답을 기대하고 아동발표 강요.
		9. 아동수준에서 이해하기 어려운 발문을 하지 않는가? ※ 수업목표와 아동에게 제시하는 학습목표 내용은 대개의 경우 같아야 하나 표현방법은 달라져야 함	○모든 학습지도는 학습자 수준에 맞도록 교사 발문 시 아동수준에 적합해야 한다. ○어려운 용어를 수업에 사용하는 것은 대개 교재연구 부실에 원인이 있다. ○지식의 표현형식을 조절하면 발달단계에 구애없이 지도가능하다. ○수업현장에서 교재 연구 시 또는 전문용어를 그대로 제시하는 경우는 고려한다.
	대상에 알맞은 말	10. 사고력을 신장시킬 수 있도록 폭넓은 응답의 여지를 주고 있는가? ※ 사고력을 신장시키려면 사고의 경험을 많이 주어야 함	○A, B 중 하나를 선택하라는 식의 발문은 아동의 사고력을 신장시키는 교육적 의도에서 보면 좋지 못하다. ○교사의 선택형 발문이 습관화되면 사고력 신장에 저해요소가 되고, 흑백 논리를 낳는 원인의 한 부분이 될 수 있다. ○계획단계에서 발문내용을 미리 준비한다.
	좋은 발문	11. 무엇을 요구하는지 알도록 구체적인 발문을 하는가? ※ 폭넓은 발문과 명확한 발문은 상호 보완적인 것임	○추상적이거나 막연한 발문을 하면 아동은 사고의 방향을 잡지 못하여 당황하게 되고 수업의 초점이 흐려진다. ○사고력을 신장시키기 위해 반응의 폭을 넓게 해 주는 발문을 한다 해서 무엇을 묻는지 불명확한 발문은 바른 교수 행동이 아니다.
	균등한 학습기회 제공 ○시간 낭비 방지	12. 사고의 시간을 충분히 주고 발표를 시키는가? ※ 사고시간을 주고 나서 발표자를 지명하여 발문－사고－대답의 과정으로 발표하도록 함	○사고할 수 있는 시간을 주려면 수업계획을 잘 하고, 의지력이 필요하다. ○경쟁적으로 빨리, 큰 소리를 내며 손드는 습관 지양, 사고 시간 배려. ○'～을 말해 보세요', '～을 발표해 보세요'는 즉각 대답의 우려. ○'～를 생각해 봅시다', '～을 발표할 준비를 합시다' 사고시간 부여.
		13. 발표자를 지명시키는 방법이 의도적이며 합리적인가? ※ 지명을 많이 필요로 하는 아동에게 지명의 기회가 많이 주어지는 것이 평등이다	○학습의욕을 불러일으키기 위한 의도적인 지명－학습부진아 지명. ○거수량에 따라 지명대상아동을 달리함－비교적 부진 아동 지명. ○'발문예고제' 운영으로 특정 아동에게 지명－발표 공포감 해소. ○지명 빈도를 개인별로 체크하면서 균등한 기회 부여.

영역	내 용	교수행동 관찰의 관점	교수행동의 구체적 내용
		14. 교사가 계속 말하는 수업이 아닌가? ※ 교사가 말을 많이 하면 할수록 아동의 학습 활동은 수동적으로 변해 간다	○ 교사가 말하는 양이 많으면 학습경험 부족으로 목표도달이 힘듦. ○ 교사의 대화가 많은 부분을 차지하면 아동의 사고를 지배하는 경향. ○ 교사는 학생의 협조와 동의로 지도 조언자보다 권위자로 작용함. ○ 아동은 듣기를 바라는 쪽의 행동 촉진, 의견, 아이디어 제공기회 축소, 주의산만, 이탈, 탐구 활동기회 박탈, 자기 학습력을 기를 수 없음.
		15. 아동의 발표마다 교사가 정리해 주는 비능률적인 수업이 아닌가? ※ 아동 발문 시 그 내용을 요약해 주면 지루한 수업이 된다	○ 아동의 대답을 반복 정리함으로써 교사가 하는 말만 들으려는 경향을 가짐. ○ 발표내용이 옳다는 식으로 정리하면 다른 생각의 아동에게 좌절감을 줌. ○ 자기의 발표내용에 창의성이 보이지 않게 되어 발표를 꺼리게 됨. ○ 남의 발표내용이 틀렸다는 식의 정리를 들으면 창피하고 무안을 당할까 봐 거수를 안 하는 경향을 자주 보이게 됨(고학년일수록 더).
		16. 아동의 발표에 대해 특정한 관점으로 정리해 주는가? ※ 아동 발표에 대해 평가해 주는 관점은 발표의 의도, 수업의 목표, 단원, 교과의 목표에서 찾을 수 있다	○ 아동의 발표마다 칭찬만 하면 '선생님은 원래 그렇게 말하는 거야.'라고 생각되어 별다른 감동을 받지 못한다. ○ '무엇이 어떻게 잘 되었다.'라는 식으로 구체적인 관점에서 아동의 발표를 코멘트 해 주어야 한다. ○ 무조건 '잘됐다, 박수치자.' 등은 좋지 못한 교수 행동이다.
마. 판서	기본 능력	17. 쓰기 형식에 따라 좋은 글씨로 적절히 쓰는가? ※ 판서는 시각적인 자료 제시 방법이자 누구나 쉽게 활용할 수 있는 교수·학습에 중요한 구실을 한다.	○ 판서의 위치에서 양이 많을 때는 칠판을 2, 3등분하여 좌상에서 우 하측으로 쓰고, 적을 땐 중앙부에 쓴다. ○ 글씨 크기는 저학년 12~13cm, 중 9~10cm, 고 6~7cm가 적당하다. ○ 필순에 맞게, 되도록 빠르게 쓰되 정자로, 바른 어휘로 띄어쓴다. ○ 색 분필을 사용하며 자주 닦지 않은 판서이어야 한다.
		18. 매체의 특성을 살린 정선된 자료를 사용하는가? ※ 한 가지 자료라도 정성들여 제작하고 제작된 자료를 적절히 사용해야 한다	○ 매체는 어떤 의미(메시지)를 운반하는 도구이므로 어떤 메시지를 전달할 것인지를 생각한 후 매체를 선정해야 한다. ○ Edgar Dale의 경험의 원추 – 맨 아래 직접경험, 맨 뒤 언어자료이다. ○ 자료를 많이 사용하는 수업이 좋은 수업이라는 편견은 불식되어야 하며 자료는 정교하고 깨끗하게 만들어진 질 높은 정선된 자료이어야 한다.

영역	내 용	교수행동 관찰의 관점	교수행동의 구체적 내용
바. 자료	매체의 선정	19. 학습자료의 선정과 활용 방법이 능숙한가? ※ 학습은 학습자가 하는 것이므로 아동이 사용할 학습자료를 어떻게 준비시킬 것인가를 미리 계획해야 한다.	○학습은 개인차에 따라 개별로 이루어지므로 개인별로 마련해 두어야 한다. ○분단 실험보다 개별실험, 분단별 실험보고서보다 개인별 실험보고서이어야 한다. ○현 교육 과정의 보조교과서 보급으로 다양한 자료가 제공되고 있으나 편찬의 기술적 제한점이 있으므로 매시간 적절한 자료제공이 필요하다. ○자료의 마련은 아동의 직접 준비나 교사의 일괄 제공방법이 있다.
	사용방법	20. 학습 기자재 사용과 자료제시 방법이 능숙한가? ※ 학습기재의 조작은 직업전문성으로 볼 때 특별한 기술은 아니다	○학습 기자재는 컴퓨터, 실물화상기, 캠코더, OHP, VTR 및 TV, 녹음기, 사진기, 오디오 기기 등이 있다. ○현재 학습 기자재는 값이 싸지고 고장 염려가 적고, 수리가 용이하다. ○사전 지식이 없어도 쉽게 조작이 가능하며 쉽게 사용할 수 있다.
사. 학습 관리	위생 학습 지속력 유지 개별 지도 학습 용구 학습 과정의 민주화	21. 아동의 위생을 고려한 수업환경을 조성했나? (학습자 중심의 구성주의적 환경) ※ 수업환경은 학습 활동에 직·간접 영향을 주므로 교실은 언제나 깨끗하게	○교실은 물건들이 제자리에 정돈되어 있어야 한다(전면, 교구, 후면). ○교실은 학생의 공부방이므로 청결이 유지되는 건강한 교실이어야 한다(조명, 환기, 조명배려, 청소도구 및 음료수 주변청결, 냉·온수 준비). ○실내를 아름답고 매력 있는 교실로 가꾸어야 한다(계절과 어울리는 색조로 밝은 교실, 작품, 게시판 갱신)-교실에 변화.
		22. 학습 흥미와 주의력 집중에 지속적인 노력을 하고 있나? ※ 학습에 흥미를 가지고 학습행동에 몰입할수록 학습량이 증가된다	○교사는 주의 산만한 학습행동을 내발적 학습동기를 강화시키는 방법 이용. ○학습흥미는 학습 활동의 기회증대, 수업목표에 지시된 행동을 많이 시켜 주의력을 집중시켜야 한다. ○저학년은 수업이 산만하고 주의 집중이 어려우므로 학습단계를 세분화하여 지루하지 않게 학습을 하도록 다양한 교재 준비가 필요하다.
		23. 특정한 목적을 갖고 순회지도를 하는가? ※ 순회지도(궤간순시)는 특정한 목적을 가지고 개별 지도를 하는 것이 바람직하다	○능력차에 따른 개별지도-부진아가 우선적 지도 대상이다. ○학습상태의 확인-형성평가, 개인별 학습상태의 누가 기록 ○교수 활동에 필요한 정보 획득-오류의 대표적 사례조사, 발표, 전체 지도 ○정서적 유대감 형성-친근감을 주는 정다운 말로 정서적 지지 ○다음 단계의 활동을 위한 준비단계-교수 활동 계획 점검

영역	내 용	교수행동 관찰의 관점	교수행동의 구체적 내용
		24. 적절한 학습 용구로 학습장을 잘 정리하게 하는가? ※ 학습장 기록은 교수학습 상황의 반영이므로 교수학습 과정의 준비	○ 학습장 기록은 원칙적으로 학습자 자신이 쓰는 요령을 정하는 것이 좋다. ○ 바른 집필 자세는 취학 초기부터 지속적으로 관심을 가져야 할 교수행동이다. ○ 학습장 정리에 사용되는 필기구 지도가 필요하다. ○ 학습한 내용을 잘 정리하는 것은 그 자체가 교육적인 가치가 있다. ○ 학습만 잘하면 된다는 생각이나 워드프로세서 사용한다. 대중화 시대지만 학습장 지도가 필요하다.
		25. 어떤 경우에도 학습자의 인격을 존중하고 있는가? ※ 교육은 목적도 타당해야 되지만 수단도 가치로워야 한다. 그러므로 아동의 인격을 무시하는 일은 어떤 이유이든 정당화할 수 없다	○ 동일한 교수를 받고도 학습의 정도는 다르게 나타나며, 미숙하기 때문에 교육을 받는 것이고 가르쳐도 잘 안 되기 때문에 교직은 전문직으로 인정한다. ○ 교사가 무심코 던진 말 한마디에 받는 좌절감은 지워지지 않는 마음의 상처를 줄 수 있어 교사의 언어 패턴이 잠재교육 과정의 중요한 요소이다. ○ 언어는 사고의 도구이며 사고 그 자체이다. 교수 용어는 경어를 사용해야 하므로 교사의 첫 발부터 바른 교수 용어를 사용해야 한다.

5. 사후 수업공개 협의회

효과적인 수업분석을 위하여 대체로 다음과 같은 협의회 절차를 적절히 조정하여 활용할 수 있다. 바람직한 수업협의회 운영계획은 학년 초 학교교육 과정 운영계획 수립 시부터 연구계획의 일부로 삽입하여 교원의 전문성 신장의 기회로 삼으며, 충분한 사전 협의를 통해 운영절차를 학교의 특색에 맞게 조절해야 한다. 수업협의회는 동학년협의회, 교과협의회, 전체협의회 등의 형태로 운영될 수 있다.

1) 협의회 운영 절차

🔲 1단계: 계획 수립

동료교사들 간의 자율적이고 협력적인 분위기를 조성하고, 수업연구과제 혹은 수업개선과제를 확인한다. 또 이에 대한 해결 방안이나 개선 방안에 대하여 논의한다. 수업관찰 이전까지 상호간 사전 교재연구를 진행하고, 수업지도안에 대한 협의를 기초로 수업지도안을 완성하며, 필요한 수업자료를 준비하고 수업환경을 조성한다.

가. 제1차 협의

1-1. 자율적·협력적 관계 조성
- 수업분석 절차에 대한 이해를 높이고 동료교사들 간에 자율적이고 협력적인 관계를 조성한다. 사전 자체 연수를 통해 수업분석의 개념, 영역, 형태, 과정 등에 대한 충분한 이해를 가지도록 한다.
- 경력교사와 초임교사가 짝을 이루는 경우 초임교사가 편안한 분위기를 만들어 준다.

1-2. 수업공개자 선정
- 시범수업이나 일반 수업을 공개할 교사를 협의하여 선정한다.
- 경력교사와 초임교사가 짝을 이루는 경우 경력교사가 먼저 시범적으로 자신의 수업을 초임교사에게 공개하고 이에 대한 환류협의를 가진 후에 초임교사가 보다 편안한 상태에서 자신의 수업을 공개하는 과정이 바람직하다.

1-3. 수업연구과제 선정
- 수업공개 교사가 수업과 관련하여 연구해 보고자 하는 사항이나 수업개선을 위해 도움이 필요한 사항이나, 동료교사들이 공동적으로 연구해 보고자 하는 사항을 선정한다.
- 수업공개 교사는 연구과제나 도움이 필요한 사항을 확인하기 위하여 다음과 같은 자기평가를 실시한다.

[자기평가의 영역]
교재 연구 – 연구방법, 연구의 충실도, 학생의 능력 등을 고려한다.
 – 수업안 작성(학습의 계열화, 학급 실정 고려)
기본교수법 – 교사의 태도(언어, 자세, 안정감)
 – 교사의 지도력(설명, 발문, 시범)
기본학습법 – 학습용구 준비 및 사용요령
 – 학습자의 참여 및 자세(발표력, 수용적 자세, 자율성, 발표요령)
지도 과정 – 출발점 행동 고르기(출발점 수준, 개인능력, 배울 내용 제시)
 – 동기유발 및 문제의식(동기화, 방법의 적정성, 과제의 적정성)
학습형태 – 집단화 및 개별화의 조화(인적 구성, 개인 학습 속도) 및 활동
 – 개인차 고려(개인별 학습의욕, 저해요인 제거, 응집력, 목표 접근)

자료 활용 – 자료의 준비도, 자료의 효율성과 활용도, 학습환경의 조성
정리 발전 – 본시 학습내용의 환류 및 정리 방안, 학력 정착을 위한 형성평가 방안 점검
학력 정착 – 형성평가(시기, 측정의 정확도, 결과 환류)
 – 학력의 성취도와 정착도(도달수준, 성취도 분석, 결과 활용)
 – 전이도가 높은 지식 및 기능 획득(지식·기능 전이 확인)
- 수업연구과제 또는 수업개선과제를 구체화하고, 개괄적이고 잠정적인 해결·개선 방안에 대하여 협의한다.

1-4. 학생 및 수업에 대한 정보 교환
- 담당 학생들의 학습능력, 학습태도, 학습의욕 등을 사전에 설명하고 의견을 교환한다.
- 그동안의 수업진도, 수업내용, 수업방법 등 학생과 수업에 대한 정보를 동료교사들에게 제공함으로써 사전 이해의 폭을 넓힌다.

나. 제2차 협의

1-5. 상호 사전 교재 연구
- 선정된 수업연구과제 또는 수업개선과제에 대하여 해결방안 또는 개선방안을 위하여 상호간 의견을 교환한다.

1-6. 수업지도안 협의·작성
- 동료교사들 간의 의견 교환과 협의를 참고로 하여 수업자는 수업지도안 작성에 착수한다.
- 작성된 수업지도안은 수업관찰단계 이전에 관찰자에게 배포하여 참고자료로 사용하도록 해야 한다.

1-7. 역할 분담 및 수업관찰 계획 수립
- 동료교사들은 관찰할 내용, 관찰방법, 관찰위치, 관찰장소 등에 대하여 협의하고 그에 따라 필요한 자료를 준비한다.
- 역할 분담이나 수업관찰 계획은 사전에 정리하여 확인한다.

2단계: 수업관찰

수업관찰 단계에서 동료교사들은 수업지도안을 다시 한 번 확인하여 전개될 수업 활동의 전반적인 과정에 대한 이해를 높인다. 그리고 수업공개 교사는 수업지도안에 따라 수업을 실시하고, 수업 참관 교사들은 이미 계획된 역할 분담에 따른 수업관찰을 실시하여 연구과제 해결 또는 수업개선을 위한 구체적이고 객관적인 자료를 수집한다.

2-1. 수업지도안 확인
- 수업 활동의 목표, 내용, 방법 등에 대한 이해를 위해 수업안을 확인한다.
- 계획단계에서 수립된 역할 분담에 따라 수업관찰 계획을 확인한다.

2-2. 역할 분담에 따른 수업관찰
- 수업관찰 계획에 따라 수업분석에 참여하는 교사들은 수업을 관찰, 기록한다.
- 특히 사전에 협의된 몇 가지 사항을 중점적으로 관찰한다.
  (담당한 구체적인 양식에 대한 기록 요령이나 관찰 요령을 사전에 충분히 익힌다.)
- 담당한 역할에 따라 필요한 준비물(VTR카메라, 녹음기, 각종 관찰기록 양식)

2-3. 수업관찰 결과 정리
- 수업을 관찰한 교사들은 결과를 정리하여 환류협의에 대비한다.
- 수업연구과제와 관련한 추가자료를 준비한다. - 관찰자의 역할

3단계: 환류협의

수업관찰 결과를 중심으로 수업분석에 참여한 교사들 간에 상호 협동적이고 동료적인 분위기에서

선정된 수업연구과제의 해결 및 개선 방안을 협의하여 일반화하기 위해 노력해야 한다.

3-1. 수업관찰 결과 논의
- 수업공개 교사는 자신의 수업에 대한 개략적인 자기 평가, 자기반성을 위해 정리한다.
- 수업관찰 교사는 수업관찰 자료를 정리하여 협의한다.
- 다양한 방법 및 관점을 중점으로 협의함으로써 객관적인 협의가 이루어지도록 한다.

3-2. 수업연구과제 해결 및 수업개선방안 설정
- 수업관찰 교사들과 공개 교사는 수업연구과제의 해결 및 개선방안을 협의한다.
- 수업관찰 교사들은 수업연구과제 해결과 관련한 정보 및 관찰결과를 통해 계속적인 도움이 될 수 있는 방안에 대해 의견을 교환한다.

3-3. 적용 및 평가
- 수업공개 교사는 수업개선방안에 적용하기 위한 자기장학의 노력을 전개한다.
- 설정된 수업연구과제에 대한 자료는 다른 학급에서도 일반화하여 적용해 본다.
- 교장 및 교감은 환류협의에 참석하여 교사들의 협의사항이나 건의사항을 청취하며, 교사들을 격려, 지원 및 조언을 한다.

2) 수업협의회 요령

수업에 대해 고민하는 것만으로도 수업개선에 도움이 되겠지만, 가능하면 협의회를 가져 서로 간에 의견을 교환하는 것이 더 바람직한 일이라 생각된다. 그러나 수업협의회는 그 순기능과 역기능을 고려해야 한다. 수업자, 관찰자(분석자)는 서로 간에 인격을 존중하고 진지하게 협의회를 진행해야 한다. 형식적인 협의회나, 교사 간의 갈등을 유발하는 협의회, 수업자에게 별다른 도움을 주지 못하는 협의회가 되지 않도록 노력해야 할 것이다.

가. 수업협의회 순서

수업협의회는 수업의 성격에 따라 다르겠지만 일반적으로 개회사 → 수업자 반성→ 질의·응답 → 관찰자(분석자) 의견 발표 → 전문가의 지도조언(총평)의 순으로 진행된다.

나. 바람직한 수업협의회를 위한 역할

(1) 수업자의 역할

수업이 끝난 후 즉시 자기의 수업과정을 세밀히 분석하여 그 문제점을 파악한 다음 협의회 때 미리 자신의 수업개선 사항을 발표해야 한다. 관찰자에게 수업을 관찰해 준 점에 감사를 표하고, 수업의 주안점, 수업설계 및 본 차시 수업에서 목표했던 학습목표 및 성취수준, 수업 과정 중의 오류 및 스스로의 의문점, 부족했던 점 등을 간략하게 발표한다. 또한 끝에는 "저의 발전을 위해 아낌없는

지도·조언을 부탁합니다."와 같은 말을 함으로써 관찰자의 의견을 진심으로 받아들일 것임을 표현하는 것이 바람직할 것이다.

(2) 관찰자의 역할

질의 및 의견을 발표할 때에는 수업이론을 바탕으로 여러 사람이 공감할 수 있도록 객관적이고 타당한 근거를 가지고 말해야 하며, 수업자의 수업을 관찰자 자신의 관점을 중심으로 전체적인 장점을 먼저 이야기하며 개선점을 이야기할 때는 나쁘다 혹은 고쳐야 한다는 관점보다는 객관적인 자료에 근거하여 바람직한 방향을 정중하게 표현해야 한다. 또한 수업자에게 도움이 되는 관찰자가 되기 위하여 반드시 사전 교수·학습지도안에 대한 충분한 분석과 검토가 이루어져야 하며 대안을 제시할 수 있는 자료 준비가 있어야 할 것이다.

(3) 사회자의 역할

수업협의회의 사회자는 대개 연구 담당자나 교무가 역할을 하게 된다. 이때 사회자는 수업연구의 핵심을 잘 알고 수업자의 수업에 대한 특징과 장점을 사전에 미리 파악하여 적절하게 표현할 수 있어야 하며, 수업자나 관찰의 의견에 대해 요약하고, 주요 관점을 표현할 수 있어야 한다. 특히 반복적인 관찰자의 의견, 감정적인 표현, 주관적인 근거에 의한 분석 등에 대해 적절하게 대처할 수 있도록 해야 할 것이다. 수업협의회가 바람직하게 진행되기 위해서는 사회자의 역할이 매우 중요함을 알고 꾸준한 노력이 필요하다. 특히 수업협의회가 끝난 뒤 수집된 자료를 피드백 자료로 활용하기 위한 대책을 수립하여 수업자에게 환류될 수 있도록 하는 몫도 사회자의 역할이다.

(4) 지도 조언이나 총평 담당자

수업자에게 용기와 만족을 줄 수 있는 역할에 최선을 다해야 할 것이다. 또한 관찰자에게 수업을 보는 안목과 관찰자의 바람직한 자세, 결과의 환류, 협의회 요령 등에 대한 전문적인 식견을 가지고 있어야 할 것이다. 따라서 수업협의회가 수업자와 관찰자의 역할에 충실하며, 객관적이고 타당한 근거를 가지고 진지하게 운영되었을 때 이를 전체적으로 분석할 수 있어야 한다.

특히 총평의 역할 담당자는 수업협의회를 통해 이루어지고 있는 정도를 빨리 파악하여 적절한 지도가 이루어지도록 해야 한다. 바람직한 지도조언자는 수업협의가 끝난 뒤 수업에 국한하지 않고 보다 넓은 차원에서 교사로서의 바람직한 노력을 권고하는 과정을 잊지 않아야 할 것이다.

6. 수업분석

1) 수업분석의 목적

수업이란 복잡하고 다양한 의미를 지닌 활동이기 때문에, 수업을 분석한다는 것도 다양한 변인들이 복합적으로 적용하는 매우 복잡하고 다양한 특성을 지닌 활동이라고 말할 수 있다. 수업분석은 누가, 어떤 필요에 의해서, 어떤 목적을 달성하기 위해서 어떤 점에 초점을 두고 실시하느냐에 따라 그 의미나 양태 및 특성이 달라진다. 즉 수업분석의 필요성은 그 분석이 어떤 목적을 달성하기 위해서 시도되는가에 의해서 결정된다고 할 수 있다.

수업분석의 주된 목적을 살펴보면 ① 수업의 질 개선, ② 수업목표 달성 정도 파악, ③ 수업효과 탐색, ④ 교육 과정과 교육 과정 자료 개선, ⑤ 교원 인사 행정에 필요한 자료 수집, ⑥ 학생 지도, ⑦ 교육 연구를 위한 목적 등으로 나누어 볼 수 있다. 그러나 일반적으로 수업분석은 단일 목적만을 추구하는 경우보다는 여러 목적을 복합적으로 추구하는 경우가 많다.

2) 수업분석의 기본 전제

◉ 분석의 범위와 내용을 한정시켜야 함.
◉ 분석의 방법이 신뢰롭고 객관적이어야 함.
◉ 과학적인 방법으로 기록되고 처리되며 해석되어야 함
◉ 분석의 결과는 수업자에게 확인되고 스스로의 수업행동을 교정하는 데 도움을 주어야 함
◉ 분석의 궁극적 목적은 학생 행동 변화에 공헌
◉ 분석의 목적은 실용적인 목적에 부합
◉ 한 가지 수업 과정 분석 방법으로 수업 전체를 평가하는 것은 지양(止揚)

3) 수업분석 방법

가. 플랜더즈(Flanders)의 수업형태 분석법

(1) 발언을 교사 발언과 학생 발언으로 나누고 교사 발언은 다시 비지시적 발언과 지시적 발언의 10개 항목으로 나눈다.
(2) 대표적인 수업형태 분석방법이며 언어상호작용분석이다.
(3) 수업관찰을 하면서 의사소통의 행동 특징을 3초마다 기록한다.
(4) 플랜더즈 수업형태분석법의 특징
◎ 형태분석 방법이다.
◎ 언어상호작용분석이다.
◎ 정의적 영역의 분석이다.
◎ 수업결과가 수업자에게 확인되고 스스로의 행동을 고치는 데 도움이 되는 방법이다.
◎ 과학적인 방법으로 정리된다.
◎ 학생들의 학업성취와 민주적, 창의적 태도함양에 도움을 준다.

〈수업형태 분류 항목〉

교사의 발언	비지시적 발언	1. 느낌을 받아들이는 것 2. 칭찬 혹은 권장 3. 학생의 생각을 받아들이기나 이를 이용하는 것 4. 질문(학생이 답변할 것을 기대하는 내용이나 절차에 대한 질문)
	지시적 발언	5. 강의(사실이나 의견, 자기 자신의 생각을 표현하는 것) 6. 지시(학생이 복종할 것을 요구하는 지시나 명령) 7. 비판 혹은 권위를 부리는 것(좋지 못한 학생의 행동을 좋은 행동으로 바꾸기 위한 교사의 말)
학생의 발언		8. 학생의 반응적인 말(교사의 단순한 질문에 대한 학생의 단순 답변, 학생이 답변하도록 교사가 먼저 유도함) 9. 학생의 자진적인 말(학생이 자진하여 말하는 것, 교사의 넓은 질문에 대하여 학생이 여러 가지 생각, 의견, 이유 등을 말하는 것)
기타		10. 작업 침묵이나 혼동(실험, 실습, 토론, 책읽기, 머뭇거리는 것, 잠시 동안의 침묵 및 관찰자가 학생 간의 의사소통 과정을 이해할 수 없는 혼동의 과정

(5) 기본 준칙

준거	내 용
제1준칙	교사나 학생의 언어가 둘 이상의 분류 항목 중 어느 것으로 하면 좋을지가 확실하지 않고 망설여질 때는 제5항목으로부터 멀리 떨어진 항목을 선택한다. 단 제10항목은 이 준칙에 해당되지 않는다.
제2준칙	교사와 학생의 언어를 분류하는 것은 3초마다 한 번씩 하기로 되어 있는데 만일 3초 동안에 하나 이상의 분류 항목이 나타나면 모든 항목을 기록하도록 한다. 즉 분류 항목이 변할 때마다 기록하도록 한다.
제3준칙	제6항목의 지시는 그 지시가 결과적으로 학생들의 어떤 행동을 유발하는 것을 관찰할 수 있거나 또는 예견될 수 있는 교사의 말이어야 한다.
제4준칙	어떤 질문을 하고 이 질문에 답변할 학생을 지명하면 대부분의 경우 제4항목으로 분류된다.
제5준칙	교사가 책을 읽어 가면서 설명을 하면 이는 강의의 일부로 보고 교사의 책 읽는 행동까지도 합쳐서 제5항목을 기록하나, 교사가 범독을 하면 작업이나 시범과 마찬가지로 취급하여 제10항목을 기록한다.
제6준칙	만일 3초 이상에 걸쳐서 침묵이 계속되거나 웃거나 또는 혼돈된 상태하에 교사와 학생의 언어상호작용이 분명치 않으면 각 3초마다 제10항목을 기록한다.
제7준칙	판서를 계속하거나 토론, 실험, 작업 등이 오래 계속되어서 제10항목을 계속적으로 기록해야 할 경우에는 관찰기록부의 비고에 문장으로 부기하여 둔다.
제8준칙	교사가 학생의 맞는 답변을 반복하면 이것을 하나의 칭찬으로 보고 제2항목으로 분류한다.
제9준칙	만일 한 학생이 이야기하고, 이어서 딴 학생이 이야기하면 9와 9, 8과 9 또는 8과 8 사이에 제10항목을 기록한다.

나. 필터(Filter)식 수업분석

교사의 발언, 아동의 발언, 아동의 행동 반응, 학습자료, 판서, 아동의 공책 기록 등의 종류이나 수업분석의 목적이나 연구주제에 따라 종류를 가감하고 양식을 다양하게 활용할 수 있다.

(1) 필터식 수업분석의 관점
○ 수업은 여러 가지 복잡한 요소가 상호작용하여 나타나는 활용이다.
○ 구성요소는 교사 발문, 학생 발언, 아동 행동, 자료, 판서, 공책 기록 등이다.
○ 이들 구성요소를 효과적으로 분석하여 종합해 보면 수업을 과학적으로 해석할 수 있다.
○ 분석의 효과를 높이기 위해 구성요소를 분석할 수 있는 틀을 만들어 놓았다. 이것이 분석 필터이다.

(2) 분석 필터의 종류와 양식
(가) 교사 발언 분석 필터의 양식

〈교사 발문 분석 필터 사례〉

수업단계	요구하는 것					주는 것							확인하는 것				교사 발문
	작업	의견	개괄	응용	정의	사례	조건	자료	개념	개괄	강화	주의질책	경험	지식	이해	태도	
수업준비																	

🔲 요구하는 것
- 작업: 읽기, 계산, 쓰기, 조작, 공책 기록 등의 지시
- 의견: 아이디어, 의견, 감상, 해답을 요구하는 질문
- 개괄: 원리, 법칙, 종합을 묻는 질문
- 적용: 원리, 법칙, 개념의 사례를 묻는 질문
- 정의: 의미를 묻는 질문

🔲 주는 것
- 사례: 보기를 들어 사고를 유발시키는 것
- 조건: 문제의 조건을 제시해 주는 것
- 자료: 문제 해결을 위한 자료를 주는 것
- 개념: 용어나 부호의 개념을 주는 것
- 개괄: 원리, 법칙, 개괄의 제시
- 강화: 칭찬, 격려, 장려하는 말
- 주의: 질책, 주의하고 질책하는 말

🔲 확인하는 것

- 경험: 공동이나 개인의 생활경험을 물어서 손들게 하는 교사의 질문
- 지식: 단순한 사실이나 지식을 확인하는 질문
- 이해: 원리, 원칙, 개념 등을 확인하는 질문
- 태도: 태도를 확인하는 질문

(나) 학생 발언 분석 필터의 양식

〈학생 발언 분석 필터 사례〉

수업단계	시간 경과	수업에의 참여도					발언대상			발언방법			발 언 개 요
		①	②	③	④	⑤	거수 지명	지명	자발	일제	단순 재생	추론 적용	
수업준비	5'						①				①		① 임금님의 귀에 대해 비밀을 지키라고 했습니다.

- 시간 경과는 5분 단위로 표시함이 좋다.
- 수업에의 참가도: ①은 손을 든 어린이가 전체의 1/5임을 나타냄
- 발언 방법: ①은 정답을 말했음이고 ②는 틀렸음을 의미함
- 발언 개요: ①, ②, ③ 등은 발언 순번임

(다) 학생 행동 분석 필터의 양식

〈학생 행동 분석 필터 사례〉

수업단계	경과 시간	상( )					중( )					하( )				
		행동반응				행동개요	행동반응				행동개요	행동반응				행동개요
		A	a	b	B		A	a	b	B		A	a	b	B	
수업준비	5'	∨				·관심 있게 들음					·	∨				·짝의 자율학습지를 봄

- A: 학습에 관계있는 사람이나 사물에 깊은 관심을 나타내거나 작업, 거수 발언을 할 때의 행동 반응
- a: 가벼운 흥미나 관심을 표시하는 행동 반응
- b: 사고 활동을 하지 않거나 학습에 흥미 없이 무관심 상태를 나타내는 행동
- B: 학습 활동과 전혀 관계없는 행동이나 학습 이외의 것에 흥미를 나타냄
- 관찰 대상자는 상, 중, 하의 어린이를 택하여 관찰함이 효과적임

(라) 자료 활용 분석 필터의 양식

〈자료 활용 분석 필터 사례〉

수업단계	경과 시간	동기		자료내용 및 횟수량		사용목적				취급방법				활동 개요 및 반응
		교사	아동	내용	수량	문제 제시	흥미	이해	문제 해결	지식	의문	설명	해석	
수업준비	5'	∨		·색분필 ·녹음기 (녹음테이프)	2	∨							∨	① 학습문제 제시 ② '임금님 귀 는 당나귀 귀' 녹음으 로 듣기
					1	∨					∨			

- 동기: 누구의 필요에 의해 자료가 제시되었는가?
- 자료의 종류: 도표 인쇄물, 사진, 파일, 슬라이드, 영화, 줄사진, TP, 모형, 실물 등
- 활동 개요 및 반응: 교사와 아동의 활동 개요를 적고 아동들의 반응상태를 기록함
- 자료의 규격, 글씨, 내용, 아동의 반응 등을 다각적으로 분석하여 다른 분석 필터와 유기적 연관을 갖고 해석하여야 함

(마) 판서 분석 필터의 양식

〈판서 분석 필터 사례〉

수업단계	경과 시간	판서 위치	표현					판서의 내용	활동의 개요 및 반응
			도식화	관련화	구조화	창조화	발전화		
학습목표 제시	2'	중앙 상단			∨			·본시의 주제 ·자유의 소중함	·'본시수업목표확인' (교사에게 집중하여 듣는 태도 양호)

(바) 공책 기록 분석 필터의 양식

〈공책 기록 분석 필터 사례〉

수업단계	경과 시간	공책기록의 유형				관찰 내용
		정리	작업	연습	메모	
역할놀이 상황 설정	5'					·자율학습지 ①번 '임금님 귀는 당나귀 귀'에서 노인은 어떤 입장에 처해 있나? 녹음테이프 들은 내용, 학우들이 발표한 내용을 종합하여 메모

3) 일화(逸話)기록에 의한 분석(광각렌즈를 통한 분석법)

광각렌즈에 의한 분석은 광각렌즈를 사용하여 수업 중에 일어나는 사건을 객관적으로 간단간단하게 기술해 보는 일화기록 방법 또는 녹음이나 녹화 기록을 통해 가장 정확한 관찰을 하고 수업을 세부적으로 분석해 볼 수 있는 방법이다. 각 학교의 교실에서 녹음이나 녹화기록 방법을 통하여 자기장학을 해 보는 경향이 늘어나고 있다.

1) 일화기록에 의한 분석

　　가. 이 방법은 수업 과정 중에 일어나는 사건에 대하여 의도적이고 직접적이며 객관적인 관찰기록을 하여 교사에게 제공함으로써 학습효과를 높여 나가도록 하는 방법임

　　나. 일화기록은 광각렌즈를 사용하여 수업의 상호작용을 기록하는 방법으로서 광역-초점의 렌즈를 얼마나 넓혀서 볼 것인가 또는 좁혀서 볼 것인가에 따라 한 학생, 한 집단, 한 학급생 전원 등의 범위를 정한다. 렌즈를 넓히면 넓힐수록 보다 많은 행동을 관찰할 수 있고 렌즈를 좁히면 좁힐수록 좁은 행동을 관찰한다. 렌즈를 좁혀서 소수의 대상을 볼 때에는 보다 집중적인 기록을 할 수 있을 것임

　　다. 일화기록 및 유의점
- 짧은 기술적 문장 구성
- 문장은 가능한 한 객관적이고 비평가적이어야 함
- 직관적인 관찰을 사실대로 상세하게 기록
- 형태는 가능한 한 학습 활동의 흐름을 상세하게 기록하는 방법도 있고 어떤 시사점을 주는 사건이 생길 때마다 기록해 나가는 방법도 있음

<일화기록 분석지>

시 간	수업내용	해 석
9 : 38	반장이 스케치북을 나누어 주기 시작했다. 자기의 스케치북이 교실 뒤의 전시판에 걸려 있는 학생들은 가서 떼어 왔다. (후략)	이날의 수업은 개별수업이 많았으므로 전체 수업의 흐름과 함께 교사 및 성적이 각기 다른 학생 몇 명의 행동을 중점적으로 관찰했다. (후략)

2) 녹음에 의한 분석

녹음과 녹화 기록은 가장 객관적인 방법일 것이다. 이것은 학생들이 교사를 보는 것처럼 교사가 자기 자신을 볼 수 있도록 해 준다.

녹음, 녹화 기록은 광역-초점을 가지고 있어 교사와 학생이 하고 있는 활동 상황이나 말하고 있는 것을 다양하게 또 정확하게 답을 할 수 있을 뿐만 아니라, 학급 내 상호작용의 감정까지도 생생하게 답할 수 있다. 이와 같이 학습 활동을 녹음 또는 녹화하면 반복해서 볼 수 있어 수업성과, 수업기술 등을 면밀하게 분석할 수 있고 특히 언어적 교수기술 개선을 도와주는 데 큰 효과를 주고

있어, 수업분석의 도구로서 점차 이용이 활발해져 가고 있다.

4) 체크리스트(Check List)에 의한 분석

평정체제를 이용한 관찰방법의 하나이다. 이 방법은 비교적 추상적이고 일반적인 수업 활동을 관찰대상으로 삼는 경우에 흔히 활용하는 방법이다. 즉 관찰대상이 일반적이고 추상적인 수업 변인 및 활동을 유목체제로 관찰, 기록하기가 모호한 경우에 관찰자가 수업을 관찰한 후 평정척도의 각 문항에 의거하여 주관적으로 판단하여 평정하는 방법이다.

평정척도에 의한 분석은 관찰자의 주관성이 개입되어 적용할 가능성이 많아 그 자료의 객관성과 신뢰성을 보장받기가 용이하지 않다는 제한점이 있다. 그러므로 관찰자는 평정의 객관성을 증진시키기 위해 평정척도를 체계화하고 구조화하여 평정상의 주관성이 지나치게 작용하지 않는 상태로 반응할 수 있도록 예방하고 그렇게 유도하도록 문항을 개발해야 한다.

가. 평정척도에 의한 수업분석 준거

평정척도에 의한 수업분석 준거 변인으로 수업목표, 학생 성장 및 발달, 교사의 자질과 능력, 수업 활동, 종합적인 준거 등을 고려하여야 하며, 어느 교과나 공히 활용할 수 있는 수업분석 준거는 다음과 같다.

(1) 교사의 활동
- 과제제시의 명료성(수업목표 명확함, 전시학습 관련, 과제의 윤곽, 금번 시간과 다음 시간과의 관련)
- 수업과정 및 수업형태(특성에 맞는 수업과정 모형, 수업형태 적용)
- 교사의 발문(추론 적용적 발문, 목적이 뚜렷하고 명료함, 학년수준 개인차 발문, 생각할 여유 주기, 어려운 발문은 힌트를 주거나 보조 질문하기)
- 교수용어(쓸데없는 말 사용하지 않기, 지나치게 빠르거나 느린 어조, 음성의 고저 사용, 명확하고 알아듣기 쉬운 용어)
- 학습동기부여(발문, 매체활용, 기타 방법으로 학습흥미 자극하기, 칭찬 격려, 유머, 발표에 대한 진지한 관심, 학생질문 격려, 학습에 호기심 유지하기)
- 학생과의 관계형성 유지(래포 형성, 공정성, 수업에서 열성감 보이기, 세심한 배려, 학생의 인격존중, 학습 간에 방해 행동 관리, 눈마주침하기, 용모단정)
- 교사의 기능 발휘(수업 도전감 유도, 피드백 정보 기술적 활용, 다수의 발표기회 제공, 수업의 난이도 조절하기, 주의집중을 향해 질문 활용하기, 당황함, 지루함, 호기심 등에 주의깊게 관찰하고 대처하기, 질문에 만족한 답변을 하기)
- 수업매체 활용(자료를 능숙하게 조작, 학습에 흥미 관심 동기 부여토록 조직하기, 적당한 시간, 장소, 방법, 원리에 입각한 내용, 학습효과에 도움주기)

• 판서하기(명확히 표현, 문자, 도해 구조 등을 활용하는 구조화된 판서, 학생의 발언 정리, 노트와 관련 있는 도서, 판서의 시기, 위치 방법이 계획적이고 학습 자극, 알맞은 크기, 인쇄체 글씨)

(2) 학생의 활동

• 학습준비(학생이 필요한 자료준비 상태, 학습과 관련한 과제해결 상태)

• 학습의욕, 참여(토의 활동에 고무됨, 학습 활동에 몰입된 분위기, 발표에 다수 참여, 자주적이고 활기찬 분위기)

• 학생의 발언(추론 적용적 답변, 교사의 발문에 생각을 하고 나서 답하기, 남의 이야기를 듣고 바로 대답하기)

• 공책 정리(자기 스스로 필요에 의해 정리하기, 자기의 생각을 나타낼 수 있는 정리, 바른 내용의 정리)

나. 평정척도의 설정

평정척도에 의한 평정은 분석하고자 하는 준거에 대하여 수업관찰 후 또는 관찰 도중에 주어진 항목에 반응을 하는 것이 대부분인데 준거 문항에 대한 동의 여부, 동의 정도, 만족 여부 및 그 정도 발생가능성 및 확률, 질적인 수준 및 정도, 순서 및 우선순위, 중요성 정도 및 비중 등을 판단하거나 주어진 여러 항목 중에서 적절한 것을 선정하도록 요구하는 형태임

다. 수업관찰을 위해 사용되는 평정척도 예

준 거	평 정 기 준	준 거	평정기준
전문지식	빈약함(1점) – 보통(2점) – 평균정도(3점) – 좋은 편임(4점) – 우수함(5점)	학생 참여와 격려	〃
		유머 감각	〃
과제제시의 명료성	〃	과제부여	〃
발표의 명료성	〃	용모 단정함	〃
공정한 태도	〃	솔직 담백함	〃
학급통제	〃	자아 감정 통제	〃
학생에 대한 태도	〃	예절감각	〃
학생 흥미 자극	〃	수업효과증진	〃
열성도	〃	교사활동 – 과제제시의 명료성	〃
학생의 아이디어에 대한 태도	〃		

7. 교수·학습과정안 작성(예시)

1) 필요성

교수·학습 과정안은 수업의 나아갈 방향을 제시해 주는 역할을 하는 것으로 수업자는 물론 참관자에게 있어서 안내 지침서가 되어야 한다. 특히 수업자에게는 교재 연구가 될 뿐만 아니라 자신 있게 수업을 할 수 있고, 학습요소를 빠짐없이 지도할 수 있으며, 지도의 과정이 명료하고, 지도방법이 확실해지기 때문에 명품 수업을 위한 설계도를 그리는 것과 같다.

2) 조건

좋은 교수·학습 과정안이 갖추어야 할 조건에 대해서는 많은 선행 연구가 있지만 서명원(1965)과 스콜링(1940)의 견해를 중심으로 하여 소개하면 다음과 같다.

1. 수업결과 도달 목표의 기준이 마련되어야 한다.
2. 교재의 핵심이 분명하게 파악되어야 한다.
3. 전시 및 차시 학습과 관계를 맺어야 한다.
4. 학습요소의 시간적 배려가 적절하여야 한다.
5. 알맞은 학습 과정이 선택되고, 바르게 적용되어야 한다.
6. 학생의 활동이 활발히 될 수 있는 형태가 적용되어야 한다.
7. 학생의 개인차와 흥미, 선수학습능력이 고려되어야 한다.
8. 적절한 자료, 시기, 방법으로 활용되게 계획되어야 한다.
9. 판서계획이 분절마다 고려되어야 한다.
10. 학생의 실태가 제시되어야 한다.
11. 단원 전체의 구조와 전개계획이 명료하게 나타나야 한다.
12. 수업을 보지 않고도 수업의 흐름을 파악할 수 있게 짜여야 한다.
13. 목표 달성의 성취도에 대하여 적절한 평가방법이 준비되어야 한다.
14. 본시 수업을 통하여 해결하고자 하는 연구과제가 제시되어야 한다.

3) 구성요소

교수·학습 과정안은 교재의 특성이나 학생의 요구, 지역사회의 특성, 교사의 의도가 다를 수 있기 때문에 일정한 형식은 없다고 보아야 할 것이다. 그러나 교수·학습 과정안이 수업자에게는 수업의 가설이 되며 참관자에게는 수업을 위한 귀중한 안내서가 된다는 점을 고려한다면, 어떤 교수·학습 과정안이든지 중요한 몇 가지의 요건만은 체계적으로 갖추어야 할 것으로 본다. 이런 조건을 갖춘 교수·학습 과정안을 흔히 세안이라고 한다.

1. 단원 ➡ 2. 단원의 개관 ➡ 3. 단원의 목표 ➡ 4. 학습의 계통 및 관련 ➡ 5. 과제분석 ➡ 6. 학급 실태 ➡ 7. 지도계획 ➡ 8. 평가계획 ➡ 9. 지도의 실제(가. 본시 교수·학습 개요, 나. 지도 과정, 다. 판서계획, 라. 형성평가계획, 마. 학습지) ➡ ※참고문헌

4) 작성 요령

교수·학습 과정안은 교사가 교수·학습 활동을 잘 수행하기 위한 계획이므로 수업의 흐름을 알기 쉽게 나타내면 되기 때문에 원칙적으로 어떤 일정한 틀이 존재할 수 없다. 교수·학습 과정안은 교과, 단원, 제재에 따라 다르게 작성될 수 있으며, 또한 학습 활동의 형태나 학습자의 수준, 환경 여하에 따라서도 다르게 작성될 수 있다. 오히려 교사가 자율성과 창의성을 발휘하여 독창적인 과정안을 작성하고 수업을 이끌어 갈 때 학습의 효율성은 더욱 극대화될 수 있을 것이다.

가. 단원

교과에 따라 단원 제시방법이 서로 다르며, 그 내용은 다음과 같다.

✎ 과학교과-**단원**: 다섯째 마당: 대화의 맛(1. 마음을 열고) ✎ 도덕, 음악교과-**제재**: 9. 리코더 2중주 ✎ 체육교과-**단원**: [표현활동] 1. 창작 표현 ✎ 기타 교과-**단원**: 9. 그릇 만들기

나. 단원의 개관

단원의 개관은 단원 전체의 윤곽을 파악하여 지도의 방향을 확실하게 하기 위하여 살펴보는 것으로, 단원 설정의 이유 및 주요 내용을 개괄적으로 기술한다.

구 분	첫째 단락	둘째 단락	셋째 단락
사회관	현재 사회에서 일어나는 일반적인 현상	현 사회에서 요구하는 가치	지도 대책
학생관	학생의 성장 발달 단계에 따른 특징	경험과 생활과의 관계, 흥미와 요구, 교재내용의 수용성, 저항성 등 학급 실태	지도 대책
교재관	교재의 교육적 가치	적용될 방법의 문제점, 시기나 계절적 측면	지도 대책

다. 단원의 목표

(1) 단원을 학습했을 때 학습자가 지녀야 할 바람직한 성과를 구체적인 용어에 의해(내용＋행동)

　　지적, 기능적, 정의적인 면을 진술하되 수업목표의 수준에서 진술한다.
(2) 단원의 목표는 평가목표와 일치하게 하며, 학생의 입장에서 구체적으로 진술한다.
(3) 각 교과별 단원의 목표 제시 영역은 다음과 같다.

교 과	국어, 수학, 과학, 영어, 실과, 음악, 슬기로운 생활	도덕, 바른 생활	사회	체육, 미술, 즐거운 생활
단원의 목 표 제 시	1. 인지적 영역 2. 기능적 영역 3. 정의적 영역	1. 인지적 영역 2. 정의적 영역 3. 행동적 영역	1. 지식·이해 2. 기능 3. 가치·태도	1. 심동적 영역 2. 인지적 영역 3. 정의적 영역

> 3. 단원의 목표(국어과 예시)
> 　가. 인지적 영역
> 　　1) 말하기·듣기·쓰기
> 　　　가) 이야기의 결과를 듣고, 원인을 알 수 있다.

4) 학습의 계통 및 계열

가. 이 단원의 학습내용과 관련되는 선수학습내용 및 후속학습내용의 학년, 학기 등을 제시하여 이 단원의 학습내용이 계통적으로 보아서 어느 정도의 수준에 있다는 것을 쉽게 알 수 있게 한다.

나. 선수학습내용에 따라 진단 학습 및 준비 학습내용을 결정할 수 있게 하며, 후속학습내용에 따라 본 단원의 학습내용이 앞으로 어떻게 전개, 발전되어 가는가를 파악할 수 있게 한다.

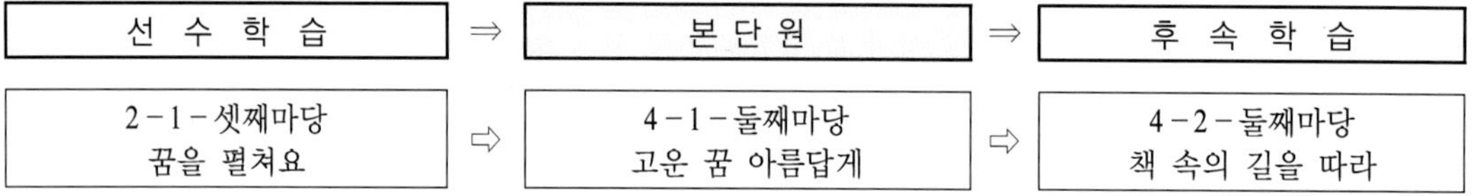

5) 과제분석

가. 과제분석의 개념

　학습과제분석에 대한 이론을 체계화한 것은 가네(Gagne)이다. 그는 어떤 단원의 최종적인 목표를 달성하기 위한 하위의 지적 기능은 서로 관련되어 위계적 관계가 성립되는데, 이를 유출하여 체계화하는 것을 학습과제의 분석이라고 한다. 즉 '학습과제라 함은 학습해야 할 요소와 이와 관련된 어떤 계층에 따라 배열되어 있는 전체'를 말하며 이는 학습요소의 위계적 관계를 표시한 수업지도(instructional map)이다.

첫　째, 단원에서 가르칠 학습요소가 무엇인지를 명백히 한다(대개의 경우 10~20 정도).
둘　째, 학습요소 간의 관련성과 위계성을 밝힌다.
셋　째, 학습의 순서를 밝혀낼 수 있다.
넷　째, 학습요소의 누락이나 중복을 찾아낼 수 있다.
다섯째, 형성평가 실시의 기준이 된다.
여섯째, 필요한 선수학습능력이 무엇인지를 밝히기 위하여 과제분석이 필요하다.

나. 과제분석의 최종 수업목표 설정

과제분석의 최종목표는 본 단원의 인지적, 기능적, 정의적 영역의 내용이 모두 포함되어 있어야 한다.

그릇의 특징을 찾아낼 수 있고, 다양한 재료를 이용하여 독창적이고 창의적인 그릇을 만들며, 자기 작품과 비교하며 감상할 수 있다.

리코더 연주 방법을 알고, 아티큘레이션 표현을 익혀 이중주로 풍부한 음악적 표현을 하며, 서로 협동하여 연주하는 태도를 기른다.

다. 블룸(Bloom)은 과제의 구조 파악

블룸은 세 가지로 유형으로(수평적 구조도, 수직적 구조도, 위계적 구조도) 구조화했으며 오늘날에는 혼합적 구조도를 많이 활용하고 있다.

〈혼합적 구조도 예시자료〉

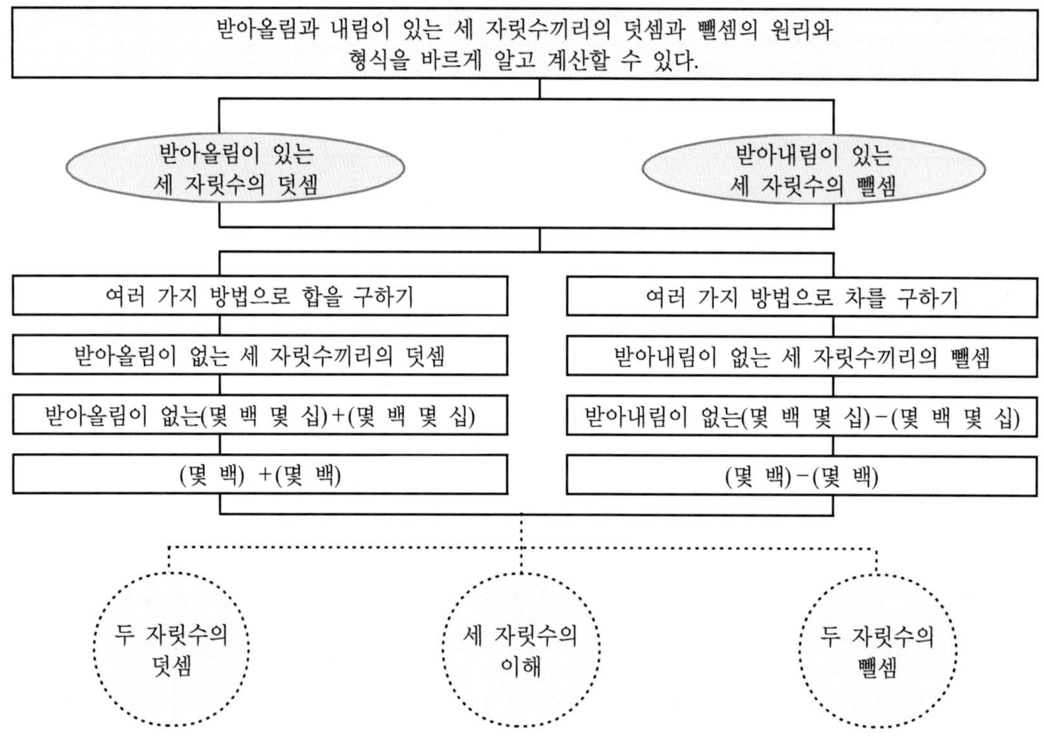

6) 학급의 실태

가. 단원의 학습을 전개하기 위한 학생의 실태를 조사, 기록한다.

나. 단원 수업의 전개를 위한 학생의 출발점 진단, 선수학습 정도, 본 단원의 선호도, 학습저해 요인, 본 단원에 유용한 학습방법 등 수업설계의 방향을 찾는다.

다. 설문 문항은 본시 수업과 관련한 문항으로 작성하며, 5~6개 정도로 한다.

라. 학급 실태 분석을 바탕으로 시사점 및 지도 대책을 수립한다.

7) 지도계획(총 ○○시간)

가. 과제분석에서 학습요소가 추출되고 그 위계성이 밝혀지면 학습요소들의 학습순위가 결정되는데, 이를 토대로 시간계획을 세우게 된다.

나. 단원 전체의 전개계획으로서 차시별로 지도내용을 요약·진술하여 단원 전체의 지도 과정을 파악할 수 있게 하기 위한 것이다.

소단원	차시	교과서쪽수	학 습 내 용	시간	자료
	2(본시)		◦ 단원의 도입 및 학습내용 개관하기	60′	·프로젝션 TV

가. 총 지도 시간 수를 나타낸다.

나. 소단원이 둘 이상일 때만 사용한다(하나일 경우 난을 두지 않음).: 단원명을 가진 교과

다. 차시란에(본시)를 표시하고 이하 오른쪽 칸은 음영 처리

라. 교과서가 둘일 경우(도덕, 사회, 수학, 과학, 바생)는 오른쪽과 같이 기재한다.

교과서쪽수	
주교과서	보조교과서

8) 평가계획(관점)

가. 특정 단원의 학습이 끝난 후에 이루어지는 총괄적 평가(단원 목표 달성도의 측정) 계획을 말 한다.

나. 단원 목표의 학습 활동과 평가계획이 일관성이 있도록 유의해야 한다.

다. 평가방법(지필, 실기 등), 평가문항 및 실기 평가척도 등도 고려되어야 하나, 편의상 평가관점만 기술할 수 있다.

라. 평가계획을 평가문항 유형도 함께 제시한 표로 제시하여도 가능하다.

교과	영역	평 가 관 점
국어	인지적 (듣기 · 말하기 · 쓰기)	가) 이야기의 결과를 듣고, 원인을 알 수 있는가? 나) 이야기의 원인을 알고, 결과를 추측할 수 있는가?

9) 지도의 실제

가. 교수 · 학습 개요(과학과 예시)

단 원	2. 용액의 성질	차시 및 시간	6/6(40분)	장 소	3-2 교실
주 제	감추어진 용액 추출하기				
학습목표	감추어진 용액의 성질로 그 이름을 추측해 낸다.(행동목표→표현목표)				
수업전략	학습 모형	가설 검증 학습			
	중심 활동	◦ 감추어진 용액 구별방법 추측하기 ◦ 용액 구별하기			
교수 · 학습 자 료	교 사	감추어진 용액 3, 확대괘도, 실험복, 자주색 양배추 즙 등			
	학 생	활동바구니 8, 유리막대 4, 시험관 3, 유리판 4, 스포이트 2			

나. 지도 과정

단 계	학습모형과 교과 특수성에 따른 학습 지도단계를 제시
교수·학습 활 동	예상가능한 것을 상세히 쓰며, 블릿기호를 이용하여 활동별 역할을 자세히 적는다. 예) ○: ～한다.(행동용어), •: ～하기, -: 함, 요?, ～니다(상황에 맞게)
학습문제 진 술	○학습내용이나 제재에 따라 명사형, 의문종지형, 청유형, 서술형(특별한 경우)을 사용한다. 예) ～하기, ～할까요?, ～해 봅시다. ○학습문제에서 도달점이 미리 나타나지 않도록 주의한다.
유 의 점	교사의 입장에서 지도 시 유의할 점을 1~2개 정도 기술한다.

다. 판서계획

(1) 단위 학습시간의 핵심 정리계획으로서 구조화, 도표화하여 요점을 정리한다.

(2) 학습문제 제시는 점선, 학습내용 및 자료는 실선으로 처리한다.

(3) 종이를 잘라서 붙이는 형태의 판서는 가급적 지양하고, 색분필을 적절히 섞어서 사용한다.

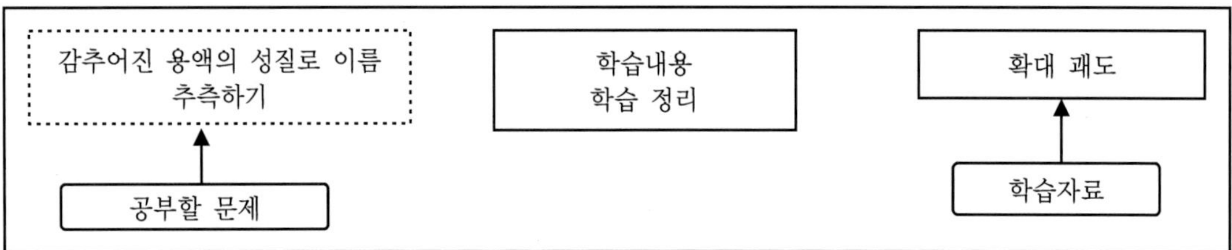

라. 형성평가계획

(1) 단위 차시에 대한 형성평가계획으로 단위 차시에 대한 인지적, 기능적, 정의적 영역의 평가가 이루어져야 한다.(교과별로 내용영역과 행동영역명이 다름)

(2) 각 교과의 특성에 따라 행동영역 오른쪽에 칸을 만들어 배점, 채점상의 유의점 등을 삽입할 수 있다.

(3) 형성평가를 위한 이원목적 분류표를 먼저 작성하고 평가내용 및 평가기준을 설정하여 형성평가를 실시한다.

(4) 평가내용은 단위 차시의 학습목표 도달을 위한 평가내용을 자세하게 기록하고, 평가요소는 평가내용의 핵심요소를 간단하게 제시한다.(어미처리는 ～기)

(5) 형성평가계획(예시)

• 이원목적 분류표

평가내용	평가요소	내 용 영 역				행 동 영 역						채점상의 유의점
		에너지	물질	생명	지구	지식	이해	적용	분석	종합	평가	
감추어진 용액의 성질을 이해하고, 이름 찾기	용액의 성질 이해하기		○			○						
감추어진 용액의 성질을 이용하여 용액구별 활동하기	용액 구별 하기		○					○				
모둠별 활동을 생활과 연계하여 적극적으로 참여하기	조별 활동을 통한 생활과의 연계하기		○							○		

• 평가 내용 및 기준

평가 영역	평가내용	평 가 기 준	평가 척도	평가 시기	평가 방법
인 지 적	감추어진 용액의 성질을 이해하고, 이름 찾기	감추어진 세 가지 용액의 성질을 알고 찾는다.	상	수업 중	학습지
		감추어진 두 가지 용액의 성질을 알고 찾는다.	중		
		감추어진 한 가지 용액의 성질을 알고 찾는다.	하		
기 능 적	감추어진 용액의 성질을 이용하여 용액 구별 활동하기	적합한 용액 구별 근거를 세 가지 찾는다.	상	수업 중	관찰법
		적합한 용액 구별 근거를 두 가지 찾는다.	중		
		적합한 용액 구별 근거를 한 가지 찾는다.	하		
정 의 적	모둠별 활동을 생활과 연계하여 적극적으로 참여하기	생활과 연계한 모둠별 활동에 적극 참여한다.	상	수업 중	체크 리스트
		생활과 연계한 모둠별 활동에 참여한다.	중		
		모둠별 활동은 실시하나 생활과 연관 짓지 못한다.	하		

연구 문제

1. 우리나라 교육청 장학 지도(협의)의 실태를 학교 문화와 견주어 설명하시오.

2. 바람직한 수업장학을 위한 교육여건 분석의 영역과 요소를 열거하시오.

3. 수업장학에서 SWOT(Strength, Weakness, Opportnity, Threat) 분석의 중요성을 설명하시오.

4. 일반적인 장학 지도(협의)의 목표와 방침에 대해서 기술하시오.

5. 교내 자율장학과 교육청 장학의 특징과 상호 연계 방안에 대해서 논하시오.

6. 교내 자율장학의 바람직한 방안에 대하여 약술하시오.

7. 현행 교육청 장학 지도(협의)의 개선방안에 대하여 서술하시오.

8. 교육청 장학 지도(협의)에서 유·초, 초·중 연계 교육 방안에 대하여 기술하시오.

9. 교육청 장학 지도(협의)의 창의적인 일정과 방안에 대해서 약술하시오.

10. 교육청 장학 지도(협의) 시 장학담당자(장학사·관)가 일선 학교 교원들에게 특히 강조하여 지도, 지원해야 할 사항에 대해서 그 이유를 들어 설명하시오.

부 록: 수업장학 참고 자료

제1장 수업장학 매뉴얼(양식)
제2장 수업연구대회 개최 요강
제3장 수업지원단 단원(단장) 공모 요강

[Key Point]

  부록에서는 수업장학 매뉴얼을 파악하고, 각 시·도교육청(시·도교육연구정보원)별로 시행하고 있는 수업연구대회 개최 요강과 수업지원단원(단장) 공모 요강에 대해서 탐구한다. 이를 통하여 수업장학의 흐름과 양식 등을 이해하고 적극 참여하려는 태도를 기른다. 아울러, 각 시·도교육청(시·도교육연구정보원)별로 창의적으로 시행하고 있는 수업연구대회와 수업지원단원(단장) 공모에 적극 참여하여 수업 전문성 신장에 앞장서려고 자세를 정립한다.

장학지도 시 영역별 점검사항(장학사용)

순	구분	추진 항목	점검 내용
1	학력증진을 위한 기초·기본교육 충실	① 기초·기본학력 책임지도 강화	○학교별 추진계획 점검 ○학습부진아 지도 예산 확보 및 지속적 지도 ○학습부진아 집중이수제 운영(연간 60시간)
		② 독서·논술교육 활성화【교육청 역점사업】	○학교 특성을 고려한 독서·논술 계획 추진사항 ○도서관 활용수업 전개 ○사이버독서논술대회 참여도, 논술사관학교 참여도
		③ 한글미해득, 기초학습부진, 교과학습 부진 구제 상황	○기초기본학력 지도 실적 점검 및 복사(기초기본학습부진아·교과학습부진아, 한글미해득자) ○자료 활용 사항 점검
		④ 기타 학력신장 노력점	○우리학교 학력증진공모제 운영 확인 ○방과후학교 연계, 학생평가 등 ○학업성취목표제 확인
2	초등 영어교육 활성화	① 방과 후 영어학교 운영	○원어민관리 ○대통령영어 봉사장학생 관리
		② 영어 체험프로그램 운영	○영어 체험프로그램 운영
		③ 기타 영어교육	○영어교육 활성화 계획 추진 ○TEE수업진행 ○영어 암송대회 실시【교육청 특색사업】
3	학교 교육 과정 운영의 내실	① 학교교육 과정의 탄력적 운영	○학교교육 과정, 학년교육 과정 편성·운영 ○각 부서 계획 및 추진상황 ○교육 과정 이수상황, 교과전담, 감축운영 ○주 5일 수업제 월 2회 운영 - 과제 제시 ○보건교육 17시간, 성교육 10시간, 폭력예방 6시간, 안전교육, 저출산 고령화 교육, 경로효친예절교육, 행복교실 등 ○학교홈페이지 활성화 ○100대 교육 과정 응모 적극 권장
		② 교수·학습방법 개선 지원	○교내 자율장학강화: 수업, 연수 등 전문성 신장 ○플러스카드제 운영 점검 ○자기 수업브랜드, 수업공개의 날 운영 확인 ○교내 교환수업 확인
		③ 농산어촌지역중심학교 운영	○농어촌중심학교 프로그램운영 ○벨트형 협력체제 확인 ○프로그램 운영비로 집행

순	구분	추진 항목	점 검 내 용
4	경로효친 중심 예절교육	① 다양한 체험중심 인성교육 강화 【교육청 역점사업】	○ 예절봉사단, 경로당, 양로원 결연 및 활동사항 ○ 교과관련 실천 중심 예절 지도
		② 무학년 형제·자매 활동으로 학교폭력 예방	○ 학교폭력예방자치위원회 구성 확인 ○ 왕따, 집단폭력 등 사전예방 ○ 교육사랑 A/S운동
		③ 학교 안전교육 활성화	○ 교통, 시설물 등 소프트·하드웨어 점검, 이수시간
		④ 기타 인성 및 생활지도	○ 학교별 별도 추진사항 ○ 학생 생활지도계획
5	방과후학교 운영의 내실화	① 운영의 내실화를 위한 노력	○ 학력신장을 위한 교과프로그램 점검
		② 프로그램운영의 적절성	○ 학교별 특성을 고려한 운영 확인 ○ 보육교실 운영: 전담강사 확인, 시간 연장
		③ 강사확보 및 질 관리를 위한 노력	○ 외부강사 채용, 연수 등 진행
		④ 다문화가정 지원	○ 다문화가정 교육 지원, 교사봉사동아리 운영
6	유아·특수 교육 여건 개선	① 유아교육 운영 활성화	○ 에듀케어 활동: 3개원 1팀제 ○ 초·중등교육과 연계방안
		② 종일제 운영 활성화	○ 1일 8시간 운영(에듀케어 돌봄 유치원)
		③ 특수교육의 기회 확대	○ 개별화 프로그램 ○ 통합교육 프로그램 ○ 체험학습 참여 여부 ○ 특수아 방과 후 프로그램 참여 여부, 민원차단
		④ 기타	○ 기타 유아·특수 교육 추진
7	과학·정보· 체육교육 활성화	① 탐구 중심의 과학교육내실화	○ 과학실에서 수업하기: 일지구비 ○ 기자재 확충: 나이스 교구 확인 ○ 과학 정보 행사 추진 ○ 교사의 과학 정보 마인드 높이기
		② 교육정보화 교육	○ 정보통신 윤리교육 강화: 자정활동, 연수, 차단 프로그램 ○ 에듀스 사이버스쿨 운영
		③ 학교체육교육의 내실화	○ 체육수업 지키기: 교육 과정 철저 ○ 스포츠클럽 가입 ○ 학교운동부의 효율적 관리, 체육보조원 활용 점검
8	특색사업 및 역점사업 추진	① 교육공동체의 수요에 근거한 사업 선정	○ 학교별 특색사업 확인
		② ■지역교육청과 연계한 사업 계획과 추진	○ 프라이드 수업명인 참가자 확인【교육청 특색사업】 ○ 영어교과서 외우기【교육청 특색사업】 ○ 다문화가정 지원
9	기타 참고사항		

장학 지도(협의) 일정(예시)

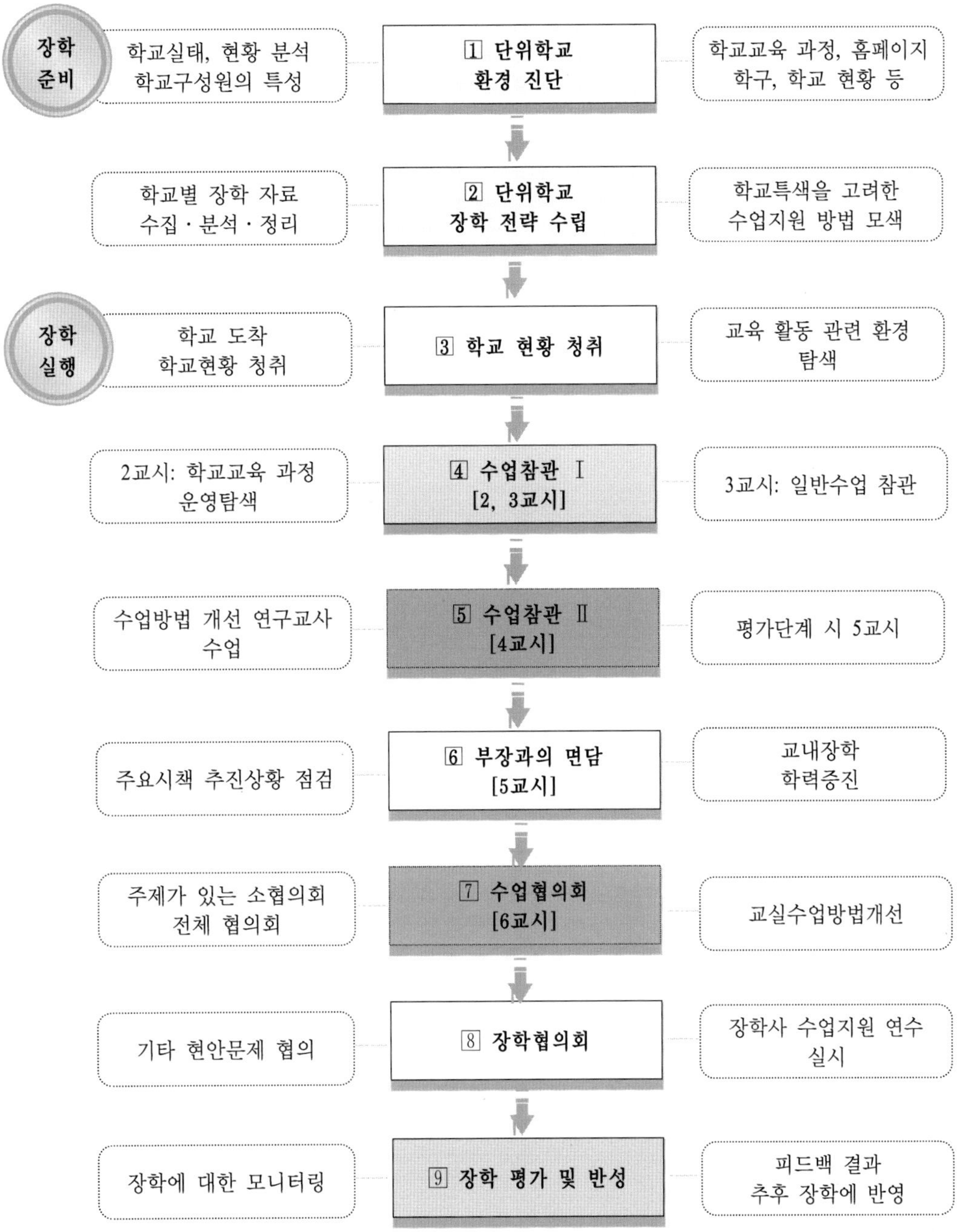
장학 준비
학교실태, 현황 분석
학교구성원의 특성
1 단위학교 환경 진단
학교교육 과정, 홈페이지 학구, 학교 현황 등
학교별 장학 자료 수집 · 분석 · 정리
2 단위학교 장학 전략 수립
학교특색을 고려한 수업지원 방법 모색
장학 실행
학교 도착
학교현황 청취
3 학교 현황 청취
교육 활동 관련 환경 탐색
2교시: 학교교육 과정 운영탐색
4 수업참관 Ⅰ [2, 3교시]
3교시: 일반수업 참관
수업방법 개선 연구교사 수업
5 수업참관 Ⅱ [4교시]
평가단계 시 5교시
주요시책 추진상황 점검
6 부장과의 면담 [5교시]
교내장학
학력증진
주제가 있는 소협의회
전체 협의회
7 수업협의회 [6교시]
교실수업방법개선
기타 현안문제 협의
8 장학협의회
장학사 수업지원 연수 실시
장학에 대한 모니터링
9 장학 평가 및 반성
피드백 결과
추후 장학에 반영

장학지도(협의) 요청서

-장학지도 안내자료에 필수 포함(장학지도 7일 전 제출)-

( )학교

시간 운영			주요 내용(활동)	장소	참석자
1-2 교시	09 : 00 -				
3교시					
4교시					
점 심					
5교시					
6교시					
7교시					
8교시					

학교교육 중점 추진 내용

-'장학지도 안내자료'에 필수 포함-

순	구분	추진 항목	추진 내용
1	학력증진을 위한 기초·기본 교육 충실	기초·기본학력 책임지도 강화 독서·논술교육 활성화 한글미해득, 기초학습부진, 교과학습 부진 구제 상황 기타 학력신장 노력점	
2	초등 영어교육 활성화	방과 후 영어학교 운영 영어 체험프로그램 운영 기타 영어교육	
3	학교교육 과정 운영의 내실	학교교육 과정의 탄력적 운영 교수·학습방법 개선 지원 농산어촌지역중심학교 운영	
4	경로효친 중심 예절교육	경로효친 중심 예절 교육 추진 무학년 형제·자매 활동으로 학교폭력 예방 학교 안전교육 활성화 기타	
5	방과후학교 운영의 내실화	운영의 내실화를 위한 노력 프로그램운영의 적절성 강사확보 및 질 관리를 위한 노력 기타 방과후학교 운영	
6	유아·특수교육 여건 개선	유아교육지원센터 운영 활성화 종일제 운영 활성화 특수교육의 기회 확대 통합교육의 활성화 기타	
7	과학·정보·체육교육 활성화	탐구 중심의 과학교육내실화 교육정보화 교육 학교체육교육의 내실화 학교운동부의 효율적 관리 기타	
8	특색사업 및 역점사업 추진	교육공동체의 수요에 근거한 사업 선정 지역교육청과 연계한사업계획과 추진 지역여건에 맞는 학생 중심적 프로그램	

장학 지도(협의) 결과

- 장학지도 후 7일 내 제출(쪽수 자유) -

1. 학교 경영 실태

학교명	교장명	교감명	학급수	장학지도일	담당 장학사명
학교				년 월 일( )	

순	구분	추진 항목	추진 결과
1	학력증진을 위한 기초·기본교육 충실	① 기초·기본학력 책임지도 강화 ② 학력증진목표제 확인 ③ 독서·논술교육 활성화 ④ 한글미해득, 기초학습부진, 교과학습 부진 구제 상황 ⑤ 기타 학력신장 노력점	○ - -
2	초등 영어교육 활성화	① 방과 후 영어학교 운영 ② 영어 체험프로그램 운영 ③ 기타 영어교육	○
3	학교교육 과정 운영의 내실	① 학교교육 과정의 탄력적 운영 ② 교수·학습방법 개선 지원 ③ 농산어촌지역중심학교 운영	○
4	경로효친 중심 예절교육	① 경로효친 중심 예절 교육 추진 ② 무학년 형제·자매 활동으로 학교폭력 예방 ③ 학교 안전교육 활성화 ④ 기타	○
5	방과후학교 운영의 내실화	① 운영의 내실화를 위한 노력 ② 프로그램운영의 적절성 ③ 강사확보 및 질 관리를 위한 노력 ④ 기타 방과후학교 운영	○
6	유아·특수교육 여건 개선	① 유아교육지원센터 운영 활성화 ② 종일제 운영 활성화 ③ 특수 통합교육의 기회 확대 ④ 기타	○
7	과학·정보·체육 교육 활성화	① 탐구 중심의 과학교육내실화 ② 교육정보화 교육 ③ 학교체육교육의 내실화 ④ 학교운동부의 효율적 관리 ⑤ 기타	○
8	특색사업 및 역점사업 추진	① 교육공동체의 수요에 근거한 사업 선정 ② 지역교육청과 연계한사업계획과 추진 ③ 학생 중심적 프로그램	○

학교 특색 사업	중 점 내 용	운 영 내 용

2. 학교 경영 및 교육 활동 우수 사례

3. 학력 증진을 위한 노력

4. 건의 사항

5. 우수 교원(1명 기재)

직위	성 명	성별	총 경력 (본교경력)	우수사례

수업관찰록(수업참관록)

일시	20○○. . ( )		학년 반	–		수업자	교사:
교과		단원 (제재)				참관자	(인)
본시 목표							

영역	관 찰 관 점	척도(V표)					비고
		5	4	3	2	1	
수업 설계	교과와 단원, 차시의 특질에 맞는 교수·학습 모형이다.						▶
	목표 달성을 위한 지도방법, 평가방법이 구체적이다.						▶
	개별화와 협력화 지도에 알맞다.						◎
	학생수준, 지역화를 고려하여 재구성하였다.						▶
도입	내적·외적 동기유발을 사용한다.						▶
	공부할 문제를 확인하고 학습방법 제시가 구체적이다.						▶
	출발점 행동을 진단한 수업을 진행한다.						▶
	학생 조직이 학습내용과 연계된다.						▶
전개	수업혁신 5대 수칙(재미, 칭찬, 목표 향한, 눈높이, 생각하게)에 적합하다.						▶
	개별 및 협력학습이 조화를 이룬다.						◎●
	개인차를 고려한 능력별 과제제시로 자기 주도적 학습을 한다.						■
	토의 활동이 활발하고 발표방법이 다양하다.						◎●
	자료의 적시 적량 제시로 창의적 활동을 돕는다.						■
	시간 운영 계획에 따라 학습 활동이 잘 전개되고 지도적 평가를 한다.						★
	사고를 촉진하는 발문과 응답처리, 피드백을 잘한다.						●
	학습목표에 적합한 학습방법(또 다른 방법), 학습원리(지식, 기능, 태도)를 적용한다.						▶
	잠재적 교육 과정을 고려한 수업이다.						★
정리	형성평가, 수행평가 상황을 환류한다.						★
	공부할 문제를 정리하여 확인·발표·전이시킨다.						★
	차시예고에 따른 과제해결 방법을 자세히 안내한다.						▶
참관 관점	▶교수학습 활동(내용선정·조직, 지도방법의 적절성, 목표, 모형, 학생참여, 5대 수업혁신, 재구성, 토의, 동기유발 등) ●발문과 응답처리(발문구성·형태, 사고시간, 중복·간섭발문, 발문과 지명 등) ◎개인활동 및 소집단 활동(주제적합성, 역할분배, 활동시간의 적합성, 발표방법, 효율성 등) ★지도적 평가(피드백, 교정, 강화, 순회지도, 주위집중, 교수용어, 규율, 민주성, 전인적 발달 등) ■자료 활용 및 판서(자료정확성, 학습연계, 활용방법, 제시·철거시기, 사고과정의 판서 등)						
보완점							
소감 일반화							

※ 장학지도 대상 학교에서 수업안, 참관록을 참관자에게 제공하고 수합 보관

수업분석 역할 분담 양식

영 역	내 용	분석자
수업설계	●교수·학습안 체제, 내용 설정의 타당성, 적절성 ●학습조직, 수업모형 및 활동내용의 적절성	
학습목표	●목표 진술 및 제시방법(목표의 피드백) ●학생의 목표 인식 및 이해	
학습 분위기 조성	●상호작용이 가능한 분위기 ●신뢰 및 친밀감이 있는 분위기 ●비언어적 표현을 통한 주의 집중 ●학습에 몰입된 분위기 ●주의 집중 방법의 다양화	
동기 유발	●학습의 동기를 부여하는 내용과 치료 ●동기를 부여한 시간, 횟수 등	
발 문	●목적이 뚜렷하고 명료한 발문 ●수준 및 개인차를 고려한 발문 ●발문의 속도, 응답시간 허용 ●교사와 학생의 발언 비율 ●지명 방법의 다양화 ●학생의 대답에 대한 반응 행동	
교수 활동	●목소리의 높낮이, 속도, 어조 ●비언어적 행동, 옷차림, 언어 ●교사의 정적, 부적 강화	
학습 활동	●수업목표를 해결할 수 있는 활동 ●수업모형의 적용 및 변화 ●단계별 흐름의 자연스러움 ●학생들의 활동에 대한 안내 및 지도의 적극성 ●시간과 학습량, 학습속도 조정능력 ●수준차, 개별화 지도방법 ●동적, 정적 활동의 강화	
교수자료 학습자료	●매체 선정의 타당성 ●자료 투입, 제거, 활용 방법의 적절성 ●조작 기능의 익숙도 및 효과 ●판서량, 판서속도	
학습목표 성취도	●평가목표의 인식 ●평가내용의 타당성 및 피드백 방법 ●평가결과의 기록 및 활용	

교수 · 학습 과정안 · 수업모형 분석

수업컨설턴트　　직위:　　성명:　　　　(인)

수업공개					담당 장학사
학교명	교 과	수 업 자	학 년 반	학 생 수	

관 찰 의 관 점	평 점				
	매우 부족	조금 부족	보통	조금 만족	매우 만족
1. 교재관, 학생관, 사회관을 조명하여 단원의 성격을 개관하였다.					
2. 교육 과정을 재구성하고, 지역화하여 차시별 학습계획의 학습요소나 성격을 감안하여 타당성 있게 짜였다.					
3. 수업목표가 그 시간에 달성될 수 있으며 명세적 동사로 진술되었다.					
4. 도입은 전시학습과 관련을 맺어 진술되었다.					
5. 수업목표와 학습내용이 일치되도록 구성되었다.					
6. 수업 과정에서 분절마다 시간 배정이 적절히 안배되었다.					
7. 학습체제의 특성에 맞는 수업모형이 교과, 제재의 특성에 맞게 적용되었다.					
8. 교사의 발문계획이 학생의 학습의욕을 자극할 수 있도록 계획되었다.					
9. 수업매체의 선택 및 활용계획이 적절하게 계획되었다					
10. 학습흐름 및 학습정리 내용의 구조화가 적절하게 계획되었다.					
11. 수업매체의 선택 및 활용계획이 적절하게 계획되었다.					
12. 수행평가계획이 수업목표 성취 점검에 적합하도록 수립되었다.					
13. 학습 과정별로 지도 교사의 유의점을 친절히 제시하였다.					
첨가 의견 및 분석 결과 종합					

수업매체·ICT 활용 분석

수업컨설턴트　직위:　　성명:　　　(인)

수 업 공 개					담당 장학사
학교명	교 과	수 업 자	학 년 반	학 생 수	

관 찰 의 관 점	평 점				
	매우 부족	조금 부족	보통	조금 만족	매우 만족
1. 학습자의 특성, 학습유형, 학습과제의 특성을 고려해서 선정한 매체이다.					
2. 수업매체의 특성과 장단점을 충분히 검토한 활용계획이다.					
3. 수업해야 할 과제와 시간량에 비하여 적합한 매체 준비가 되어 있다.					
4. 준비된 매체가 수업과정의 흐름에 맞추어 효과적으로 투입·활용되고 있다.					
5. 학습의 능률화를 가져올 수 있는 다양한 매체 활용 계획을 수립하였다.					
6. 학생의 탐구적 활동을 촉진하는 생동감 있는 매체를 선정하였다.					
7. 학생의 시력, 건강, 편리성을 고려해서 적당한 장소에서 활용하였다.					
8. ICT 활용이 학습목표와 밀착된 활동이다.					
9. 학생의 ICT 활용 사전 준비 및 기능이 잘 갖추어져 있다.					
10. ICT 활용 수업을 위한 환경이 잘 조성되었다.					
11. 수업단계 중 ICT 활용시기가 적절하다.					
12. ICT 활용을 통해 학습의 순서를 알고 탐색 활동이 활발하였다.					
13. ICT를 활용해 학습한 내용의 효과성을 충분히 반영한 평가이다.					
첨가 의견 및 분석 결과 종합					

학습훈련 및 학습조직 분석

수업컨설턴트　　직위:　　성명:　　(인)

수 업 공 개					담당 장학사
학교명	교 과	수 업 자	학 년 반	학 생 수	

관 찰 의 관 점	평 점				
	매우 부족	조금 부족	보통	조금 만족	매우 만족
1. 본시 학습내용과 관련한 학습과제를 주어 수업의 효과가 있도록 사전지도가 있었다.					
2. 학생의 특성이나 학습과제 특성을 분석하여 수업분단을 조직하였다.					
3. 학습분단 구성이 수준별 개별화 학습에 적절하게 편성되었다.					
4. 학습분단 활동이 상호적이고 협동학습이 잘 이루어진다.					
5. 학습분단 편성이 학습의 과정에 따라 유동적이고 적절하다.					
6. 모든 학생이 토의학습 활동에 즐겁게 참여한다.					
7. 학생의 발표하는 자세가 자연스럽게 말하듯이 발표하는 태도가 좋다.					
8. 학생들의 학습 활동이 자주적이며 활기차며 자기 표현력이 활발한 학습 분위기이다.					
9. 학습 기자재의 사용 능력(준비 상황, 조작 능력)이 우수하다.					
10. 기본학습훈련이 잘 되어 자기 주도적 학습 활동이 잘 이루어진다.					
11. 남의 이야기를 듣고 자신의 생각과 견주어 바른 자세로 답한다.					
12. 학습 활동에 리더 및 조원의 역할 분담이 잘 되고, 방관자가 없으며, 적극적이고 활발하다.					
13. 발표에 다수의 학생들이 학년성에 맞는 어체로 논리적으로 말한다.					
첨가 의견 및 분석 결과 종합					

교사 질문(발문) 및 수행평가 분석

수업컨설턴트 　직위: 　성명: 　(인)

수 업 공 개					담당 장학사
학교명	교 과	수 업 자	학 년 반	학 생 수	

관 찰 의 관 점	평 점				
	매우 부족	조금 부족	보통	조금 만족	매우 만족
1. 학년수준에 적합하고 교과, 학습과제 특성에 맞는 발문이다.					
2. 재생, 추론, 적용적 발문을 적절히 조화시킨 발문을 적절히 적용하고 있다.					
3. 도입, 전개, 정리의 과정에 따라 단계적으로 수준을 높여 가는 발문이다.					
4. 학생들을 생각하게 하고 흥미를 유발시키는 발문법을 적용하고 있다.					
5. 학생의 아이디어에 대해 칭찬, 격려하며 학생의 인격을 존중하는 발문이다.					
6. 학생들이 답변을 쉽게 할 수 있도록 고려한 발문이다.					
7. 수업의 구조화에 도움을 주는 발문이다.					
8. 교수 용어가 안정적이고, 발문 목적이 뚜렷한 발문을 적절히 적용하는 발문이다.					
9. 교사의 언어 속도와 어조, 음성의 고저를 학습의 강조점에 따라 다양하게 조절하며 간결한 발문이다.					
10. 수업과정 중에 형성, 수행평가계획이 적절하게 수립되어 적용하고 있다.					
11. 수행평가의 문항이 수업목표 성취도를 충분히 반영하고 있다.					
12. 수업 과정 중 수행평가방법이 타당하고, 학습곤란을 교정해 주는 역할을 하였다.					
13. 학습목표 달성에 알맞은 수행평가방법을 선택하고 그 결과를 후속학습에 환류하려고 노력하였다.					

첨가 의견 및 분석 결과 종합	

수업의 외형적 분석

수업컨설턴트　직위:　　성명:　　(인)

수 업 공 개					담당 장학사				
학교명	교 과	수 업 자	학 년 반	학 생 수					

관 찰 의 관 점	평 점				
	매우 부족	조금 부족	보통	조금 만족	매우 만족
1. 도입단계: 교사의 학습동기 강화 방법과 매체 활용이 본시 수업목표와 연계성이 있는가?					
2. 학습목표는 명세적 행동용어로 진술하여 학습 활동을 명료화하였는가?					
3. 전개단계: 학습문제 제시 방법의 시각적 효과성과 학습문제 제시 방법은 적절한가?					
4. 학습의 흐름에 맞는 설명적, 발문적 자료를 적용하고 적시화, 최적화에 맞게 제시하고 있는가?					
5. 교수·학습 활동에 대한 교사의 의도적 처방은 학습목표에 접근하고 있는가?					
6. 투입된 자료의 특성상 학습 활동과 타당성과 최적화 측면에서 적절한가?					
7. 적용·발전단계: 적용·발전단계에 적용된 소재는 학습내용과 생활경험과 얼마나 관계가 있는가?					
8. 학습 활동내용의 인지적 중심과 경험적 중심이 학습목표에 접근하였는가?					
9. 교수 용어는 대부분 교사 중심적 지시문 또는 학생 중심적 용어는 적절한가?					
10. 정리단계: 학습과정, 결과를 심화, 발전시키고 정착시켜 주고 있는가?					
11. 수업목표 도달도를 측정하는 시간과 방법, 내용은 적절한가?					
12. 차시학습 예고는 예습적 성격으로 형식적인 방법적 제시와 학생 중심적 제시인가?					
13. 단위 수업시간 종료 후 학생들의 학습결과에 대한 만족도는 어느 정도인가?					
첨가 의견 및 분석 결과 종합					

수업분위기 분석: Tuckman(터크만)식

수업컨설턴트　　　직위:　　　성명:　　　　（인）

1. 교사의 언행, 즉 수업 중에 나타내 보이는 교사의 수업행위에 대한 분위기 분석

2. Tuckman의 학업성취와 관련이 있는 수업분위기를 네 가지 영역으로 나눔

3. 수업분위기가 민주적인 경우가 전제적인 경우보다 학업성취가 높게 나타남

　　가. 창의성: 독창적, 창의적, 개방적, 융통적, 자율성, 모험성, 대담성

　　나. 활기성: 능동성, 활기성, 자신감, 적극적, 활동적, 외향적

　　다. 치밀성: 체계적, 계획적, 객관적, 일관적

　　라. 온화성: 수용적, 공정함, 우호적

4. 수업분위기를 알아보기 위해 28쌍의 상반된 형용사로 짝 지어진 문항으로 됨

5. 수업분위기 관찰지

관찰일:　　년 월 일(요일)	관찰자:	수업자: ○ ○ ○
1. 독창적인	5, 4, 3, 2, 1	상투적인
2. 참을성 있는	5, 4, 3, 2, 1	성미가 급한
3. 냉정한	5, 4, 3, 2, 1	온화한
4. 권위적인	5, 4, 3, 2, 1	상냥한
5. 창의적인	5, 4, 3, 2, 1	모범적인
6. 통제가 많은	5, 4, 3, 2, 1	자율성이 많은
7. 개방적인	5, 4, 3, 2, 1	폐쇄적인
8. 부드러운	5, 4, 3, 2, 1	딱딱한
9. 불공평한	5, 4, 3, 2, 1	공정한
10. 변덕스러운	5, 4, 3, 2, 1	일관성 있는
11. 겁이 많은	5, 4, 3, 2, 1	모험적인
12. 엉성한	5, 4, 3, 2, 1	치밀한
13. 고립적인	5, 4, 3, 2, 1	우호적인
14. 확실한	5, 4, 3, 2, 1	애매한
15. 소극적인	5, 4, 3, 2, 1	적극적인
16. 융통적인	5, 4, 3, 2, 1	획일적인
17. 산만한	5, 4, 3, 2, 1	체계적인
18. 능동적인	5, 4, 3, 2, 1	수동적인
19. 수용적인	5, 4, 3, 2, 1	비판적인
20. 조용한	5, 4, 3, 2, 1	시끄러운
21. 진취적인	5, 4, 3, 2, 1	보수적인
22. 계획적인	5, 4, 3, 2, 1	즉흥적인
23. 경솔한	5, 4, 3, 2, 1	신중한
24. 활기찬	5, 4, 3, 2, 1	무기력한
25. 객관적인	5, 4, 3, 2, 1	주관적인
26. 내성적인	5, 4, 3, 2, 1	외향적인
27. 자신감 있는	5, 4, 3, 2, 1	망설이는
28. 소심한	5, 4, 3, 2, 1	대담한

6. 수업분위기 관찰 분석

가. 네 가지 범주별 점수 환산 공식

① 창의성 $(1+5+7+16)-(6+11+28)+11$

　(　+ 　+ 　+ 　)−(　+ 　+ 　)+11 =(　)

② 활기성$(18+21+24+27)-(15+20+26)+11$

　(　+ 　+ 　+ 　)−(　+ 　+ 　)+11 =(　)

③ 치밀성$(14+22+25)-(10+12+17+23)+17$

　(　+ 　+ 　)−(　+ 　+ 　+ 　)+17 =(　)

④ 온화성$(2+8+19)-(3+4+9+13)+17$

　(　+ 　+ 　)−(　+ 　+ 　+ 　)+17 =(　)

나. 수업분위기 종합도(한 칸은 5점)

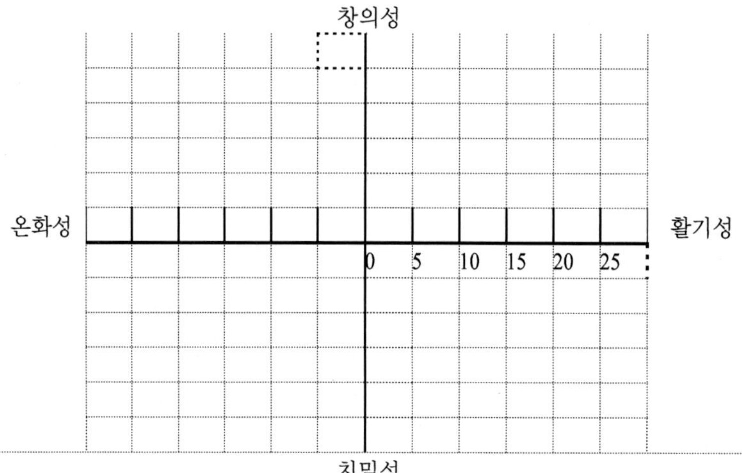

※ 바람직한 수업분위기: 네 영역이 25점에 가까운 마름모 모양
※ 신뢰도를 높게 하려면: 자기관찰 분석+동료 교사 분석+학생들 분석
※ 신뢰성을 높게 하기 위해: 자기관찰 분석+동료 교사 분석+학생들이 분석
※ 바람직한 수업분위기: 네 영역이 25점에 가까운 마름모 모양의 수업분위기 종합도

장학지도(협의) 활동 평가 설문지

영역	평 가 내 용	성취수준
상황 평가 (40)	1. 교육청 장학 활동의 목표는 학교의 요구분석과 문제 진단을 기초로 설정되었는가?	
	2. 장학 활동의 목표는 기대되는 행동 또는 성취에 대한 명확한 기준의 형태로 진술되었는가?	
	3. 장학 활동의 목표는 학교의 실정을 고려하여 반영, 설정되었는가?	
	4. 장학 활동의 목표 추진을 위하여 장학지도계획이 타당하고 수업개선 장학에 기여하였는가?	
투입 평가 (40)	5. 장학 활동의 계획된 절차는 그 장학 활동의 세워진 목표를 달성하는 데 적절하였는가?	
	6. 장학 활동의 계획된 절차는 과업, 책임, 자원의 사용, 시간 계획 등의 면에 있어서 명확하게 구성되었는가?	
	7. 장학 활동의 제한된 인적·물적 자원을 고려할 때 장학 계획은 실행가능하였는가?	
	8. 장학 활동의 절차를 계획하는 데 교사들이 적절히 참여하였는가?	
과정 평가 (40)	9. 장학 활동의 절차는 수립된 계획에 맞추어 실행되었는가?	
	10. 장학 활동의 절차는 장학담당자와 교사들 간에 민주적인 상호작용과 의사소통의 토대 위에 실행되었는가?	
	11. 장학 활동의 절차는 교사들의 요구와 변화에 따라 융통성 있게 실행되었는가?	
	12. 장학 활동의 절차를 실행하는 데 구성원들이 적절히 참여하였는가?	
결과 평가 (40)	13. 장학 활동의 계획된 목표는 달성되었는가?	
	14. 장학 활동 대상 학교가 장학 후 만족스러움을 느꼈는가?	
	15. 장학 활동의 결과는 학교의 전반적인 조직 건강을 향상시키는 데 도움이 되었는가?	
	16. 장학 활동의 결과를 평가하는 데 학교들이 적절히 참여하였는가?	
계	4영역 16항목 160점 만점	160

(※ 본 장학 지도(협의) 계획과 매뉴얼은 2000학년도 충청남도당진교육청 장학지도(협의) 계획, 2002학년도 충청남도부여교육청 장학지도(협의) 계획, 2010학년도 충청남도공주교육청 장학지도(협의) 계획을 참고하여 수업장학 중심으로 재구성하였음)

20○○학년도(유·초·중등·특수학교 교원)

수업연구대회 운영 안내

○○시·도교육청

1. 수업연구대회 목적: 공정성과 전문성을 확보한 명품 수업 발굴

2. 수업연구대회 결과 인센티브

가. 수업연구대회 1등급 으뜸 교사 추천
나. 수업연구대회 1등급 3회 수상자 수업명인에 선발(교과와 학년을 달리한 경우)
다. 전문직 가산점 부여, 전보가산점 부여

3. 수업연구대회 입상 점수 기준

가. 초등·중등: 명품 플러스카드 10점, 보고서 20점, 수업발표 70점, 총 100점
나. 유·특수: 보고서 20점, 수업발표 80점, 총 100점

4. 수업연구 대회의 달라진 점

가. 보고서 분량

1) 기존 요강: 연구내용 10쪽, 수업안 10쪽, 총 20쪽 내외
2) 변경 요강(신 계획): 연구내용 5쪽, 수업안 10쪽, 총 15쪽 이내
(본문 15쪽 초과 시 탈락 처리함)

나. 명품플러스 카드

1) 에듀스 - ○○에 수업동영상 탑재 점수 삭제
2) 수업공개 점수가 상향 조정됨(1회당 2점 → 5점으로)
3) 제출증빙서류: 내부결재공문사본, 수업안(세안), 수업 전, 후 협의록 사본
(원본 대조 필, 학교장 확인 필)

5. 심사내용 및 심사기준

가. 심사내용

⊙ 수업연구계획서: 참가자 적격 여부를 심사하여 연구보고서 제출 자격 부여
(전년도 수업입상자가 동일교과, 동일주제, 동일차시 계획서 불가)
⊙ 수업연구보고서: 보고서 제출자의 40% 이내 선정, 수업발표 자격 부여
(단, 평정점이 60% 미달인 경우 탈락)
⊙ 수업발표대회: 등급 결정(참가자 1 : 2 : 3의 비율로 1, 2, 3등급 부여)

나. 수업보고서 심사기준표(유 · 초 · 중등 · 특수학교 교원)

영 역	내 용	배 점	비고
교수 · 학습 과정안 (15점)	교과 특성을 살린 수업모형 적용과 수업설계의 타당성	6점	
	교수 · 학습 활동의 적절성	5점	
	교수 · 학습 매체 투입 방법 및 활용의 적절성 · 효과성	2점	
	교육 과정 재구성, 지역화 등 평가의 타당성	2점	
연구내용 (5점)	교수 · 학습 방법 개선 기여가능성	3점	
	주제와 연구추진의 일관성 (연구보고서 내용의 접근성)	2점	
계		20점	

6. 수업연구보고서 심사(시·도교육청)

가. 보고서 제출기한: 20○○. ○. ○○(○요일)

나. 제출자료

1) 수업연구대회보고서 제출 현황: (양식 4)
2) 수업연구보고서 2부: 본문 A4 15쪽 이내,(양식 7),(양식 8), 좌철
3) 부록: 1학기에 실시한 공개수업 내부결재, 수업세안, 사전·사후 협의록 사본을 보고서에 부록
   으로 첨부(제출자의 소속 및 개인정보가 나타나지 않도록 할 것: 나타날 경우 심사대상에서
   제외함)
※ 단, 수업보고서에 삽입된 수업안을 제외한 1회의 수업분을 부록으로 작성할 것

> **보고서 작성**
>
> ⊙ 연구주제를 근거로 하여 5~6개월 수업을 실시한 후 주제에 맞는 수업보고서 작성(총 15쪽, 칼라 인쇄 금
> 지, 제출자의 소속 및 개인정보가 나타나지 않도록 할 것: 나타날 경우 심사대상에서 제외함)

다. 보고서 심사내용

1) 심사대상: 수업계획서 적격 여부를 통과한 보고서
2) 심사방법: 자체 심사위원회를 구성하여 심사
3) 심사기준: 수업보고서 심사기준표 활용(자기 수업브랜드 갖기 27쪽)
4) 심사위원: 전문성이 있는 교원, 대학교수, 퇴직 우수교원 등
5) 심사방법: 최종 응모편수의 40% 이내 소수점 절사
   심사위원 3~5인 점수를 합산하여 다득점 순으로 수업발표자 결정
6) 수업발표자 선정 결과 통보 예정(도교육청→시군교육청): ○○. ○. ○○(○요일)

7. 본 수업 심사(지역교육청별 교과별 심사)

가. 심사주관: 지역교육청(교과별 심사)
나. 심사기간: 20○○. ○.○○(○요일)~20○○. ○.○○(○요일)

다. 심사위원 위촉: 전문성 있는 현장 교원 및 교육 전문직, 대학교수, 퇴직우수교원 등으로 위촉하고 소속 해당교원 심시위원이 포함되지 않도록 할 것(인력풀)

라. 심사관점: 수업 발표 심사표 활용(자기 수업브랜드 갖기 25~26쪽)

마. 심시결과 제출: 20○○. ○.○○(○요일) 시·도교육청으로 제출

8. 수업심사 방법

가. 동일교과, 동일학년 6명 정도를 1개 조로 편성하여 조 단위로 심사

나. 수업 발표자의 학급을 방문하여 수업 심사

다. 수업 발표자 전원의 수업 과정을 녹화하여 지역교육청에 제출

라. 심사위원 5인의 점수 중 최고점, 최하점을 제외한 점수를 합산

마. 평정점(평균)이 60% 미달인 수업발표자는 등외 처리

바. 심사 당일 시정 및 수업발표일은 추후 지역교육청에서 해당 교육청으로 연락하여 실시함

사. 당일 수업안은 7일 전에 지역교육청 장학사에게 송부함

아. 당일 수업안은 심사위원에게 학교에서 제공하도록 안내

※ 지역교육청 수업심사비, 여비 등 제반 비용은 지역교육청 확보예산으로 추진

9. 행정사항

가. 심사의 공정성·객관성·타당성 확보를 위해 노력할 것

나. 전문성을 갖춘 심사위원 위촉과 사전 연수 실시

다. 수업발표 심사표 활용 및 심사기준 이행 철저

라. 명품수업 플러스 카드 점수를 수업연구대회에 반영하므로 확인 및 기록에 만전을 기하여 주시기 바람(증빙자료 없으면 불인정)

마. 본 대회는 가산점이 부여되는 생활지도, 진로지도, 학력증진, 체육지도, 영재기능지도 실천사례연구대회와 중복 참가할 수 없음(중복 확인 등급 취소)

10. 참고사항

가. 20○○학년도 수업연구대회 계획서 심사결과 제출: 20○○.○○.○○(○요일)까지

　　1) 엑셀로 작성(이메일로 보내드림)

　　2) 선정 여부란에 '적' '부' 표시하여 제출

나. 수업연구 주제: 교과별 단위수업에서 해결할 수 있는 일반적인 주제로 선정할 것

다. 20○○ 수업연구대회 보고서 제출: 20○○.○○.○○(○요일)까지

　　1) 학교 → 지역교육청 제출:

　　2) 지역교육청 → 도교육청 제출: 20○○.○○.○○(○요일)까지

　　3) 제출서류: 명단, 수업연구보고서 개인별 2부

　　4) 제출자 명단에 보고서 제출자 전원을 기재, 유·특수는 비고란에 선정, 탈락 기재(선정 편수는 보고서 제출자의 40% 이내)

라. 수업연구 '수업발표대회' 결과 보고 제출일: 20○○.○○.○○(○요일)까지

마. 수업명인 명단 제출: 20○○.○○.○○(○요일)까지

바. 으뜸선생님 추천자 공적 요약서 제출: 20○○.○○.○○(○요일)까지

사. 명품수업 플러스 카드 활용 실적 현황: 20○○.○○.○○(○요일)까지 - 엑셀로 작성

아. 자기 수업브랜드 활동 유공자 추천

　　1) 자　격: 20○○학년도 '자기 수업브랜드 갖기' 운영 계획 관련 교육 활동 유공자

　　2) 제출일: 20○○.○○.○○(○요일)까지, 유공자는 1명 추천, 공적조서와 함께 제출

도움주고 도움 받는 아름다운 교육 나눔

20○○학년도 수업지원단 공모 계획

○○시·도교육연구정보원

1. 목적

○ 수업장학의 효율화를 통한 교수·학습의 질 제고
○ 시범 수업공개, 수업 컨설팅을 통한 우수 수업 확산
○ 교수·학습자료 및 평가자료 지원을 통한 교과 수업기술 향상
○ 수업의 질 향상을 통하여 학생의 학력신장 도모
○ 교사들의 수업개선 의지 고취

2. 사업 근거

○ ○○학생학력신장 방안(중등교육과-1743, 2005.01.28)
○ 수업 컨설팅 연구대회 신규 인정 통보(교원정책과-37234, 2005.12.22)
○ ○○시·도교육청 교육공무원 승진가산점 평정 규정(서울특별시교육청 제2008-51호, 2008.06.27)
○ 학교교육력 제고 유공교원 가산점 부여 부서 및 기관 확정 통보(교원정책과-5207호, 2010.03.02)
○ 수업개선지원단 운영 계획(교육연구개발지원부-336, 2010.03.05)

3. 추진 방침

○ 수업지원단(이하 '지원단'이라 한다)은 학교급별, 교과별로 구성·운영한다.
○ 단장과 총무를 러닝메이트로 공모하며, 모든 단원은 개별로 공모한다.
○ 시범수업공개, 수업 컨설팅 중심의 활동을 통해 수업장학을 지원한다.

○ 연 2회 지원단 활동 실적을 평가하여 활동 보조금을 차등 지원한다.
○ 유관 교과교육연구회와 긴밀한 협조체제를 구축하고 상호 지원 및 자료를 공유한다.
○ 외부전문가로 교과별 자문위원회를 구성하여 운영한다.
○ 지원단별 수석교사를 영입하여 지원단 내 장학(시범수업 시 지도조언 등)을 담당하게 한다.
○ 지원단원의 전문성 신장을 위한 직무 연수 실시한다.
○ 지원단원은 연 2회 이상의 시범수업을 실시한다.

4. 추진내용

1) 지원단 공모

가. 공모 기간
 - 지원단별 임원단(단장, 총무): 2010.1.11(월)~1.14(목)
 - 지원단원: 20○○.○.○(월)~1.28(목)

나. 제출 서류

구분	지원단별 임원(단장, 총무)	지원 단원
지원단 신청서	<서식 1> 단별 2부	-
활동계획서	<서식 2> 단별 2부 (※ 지원단 구성 후 수정 계획서 필요시 제출)	-
자기 소개서	자기 소개서 <서식 3> 각 개인별 2부	
추천서	추천서 <서식 4> 각 개인별 2부(※단, 기관장은 <서식 5> 2부)	

다. 제출방법: 전자문서시스템(e-sens)을 이용하여 반드시 공문으로 제출
(수신처: 서울특별시교육연구정보원 교육연구개발지원부장)
라. 응모 대상: 서울특별시교육청 관내 초·중등 교원 및 교육전문직
마. 응모 자격: 교과교육연구 및 수업 활동에 열의가 높은 5년 이상의 경력자
바. 응모 방법
 - 지원단(지원단별 임원) 모집: 단장, 총무가 러닝메이트로 응모
 (총무에 대한 대면심사 실시)
 - 지원단원 모집: 단원이 개별적으로 응모(단원 대면심사)

사. 우대 조건

· 과거 수업지원단원 활동 우수자(이전 수업지원단원 경력자)
· 교육연구정보원 연구교사 및 학교단위 수업방법개선연구교사 역임자
· 본청 및 지역교육청 장학요원
· 교과교육연구회 연구위원(회원)
· 기타 자료개발 등 연구대회에 입상한 경력이 있는 자

아. 지원단 구성 절차

1단계: 지원단 선정		2단계: 지원단원 선정		3단계: 지원단 구성
· 단장, 총무가 러닝메이트로 응모 (총무 대면 심사) → 학교별, 교과별 1개 팀 선정 (※ 유아, 특수는 각 1개 팀씩 선정)	⇒	· 개별 응모 단원, 대면 심사	⇒	· 1, 2단계를 거쳐 선정된 단원으로 지원단 구성 → 단장이 지원단 활동 수정 계획서 제출

자. 결과 통보: 수업지원단 홈페이지 공지사항에 탑재
※ 문의: 교육연구사 ○○○(☎ ○○○－○○○○)

2) 지원단 선정

가. 심사위원회를 구성하여 선정
※ 심사위원회는 별도 구성

나. 심사 관점

지원단 활동 계획서	자기소개서
· 지원단 대표로서의 리더십 － 단장, 총무의 지원단 운영 비전 － 개별 응모 지원단원의 통합 및 효율적인 운영	· 지원 교과관련 전문성
· 지원단 운영 계획의 구체성 － 수업 컨설팅 운영의 설계·의뢰자 모집 방법의 구체적 제시 － 소속 지원단원의 수업 컨설팅 전문성 지원 활동	· 지원단으로서의 포부 및 수업 컨설팅 활동계획의 구체성
· 교실수업개선에 대한 효율적인 방안 제시 － 수업 및 평가방법 개선 － 지원단의 수업 컨설팅 콘텐츠 개발 및 확보 － 자료 지원	· 수업 및 평가방법 개선에 대한 열의
· 능동적인 지원단 홈페이지 활용 계획 － 지원단 소개, 자료나눔방, 지원단 사랑방 등	· 타 지원단원과의 협력 · 학교 업무와 지원단 활동과의 조화

다. 단 심사

구 분	서류 심사	대면 심사
대 상	· 신청서를 제출한 모든 단	· 지원단 총무 응모자
일 시	· 20○○. ○. ○○(○요일)	· 20○○. ○. ○○(○요일)
장 소	· 우리 원 1002호 및 재택	· 우리 원 804호, 1002호, 1004호

라. 단원 심사

구 분	서류 심사	대면 심사
대 상	· 신청서를 제출한 모든 교원	· 신청서를 제출한 모든 교원
일 시	· 20○○. ○. ○○(○요일) 10 : 00	· 20○○. ○. ○○(○요일) 10 : 00
장 소	· 우리 원 1002호 및 재택	· 추후 안내

※ 대면 심사 관련 세부내용은 응모 마감 후 지원단 홈페이지(http://sooup.ssem.or.kr) 공지사항에 안내

3) 지원단 조직

가. 활동 기간: 20○○.3.1 ～ 20○○.2.28
나. 지원단 구성: 초·중·고, 특수학교 각 교과별 지원단 및 유아, 특수교육 지원단(※ 교과 특성
　　상 필요에 따라 중, 고를 통합하여 구성할 수 있음)
다. 단장: 교원, 교육전문직 중에서 구성
라. 단원: 교원, 교육전문직 중에서 구성
마. 실무 운영팀 구성: 단장, 부단장, 총무, 단원 중에서 구성
바. 수업클리닉센터 설치·운영: 우리 원, 지원단 중심학교(총무 또는 단장 재직학교) 등

4) 지원단 활동내용

가. 교사 대상 수업 컨설팅
나. 장학요원·종합장학·학교평가 등 수업장학 지원
다. 시범수업 및 시연수업
라. 자료지원 및 정보제공
마. 수업개선 지원을 위한 연구 활동(수업 컨설팅 연구대회 참가)
바. 전문성 신장을 위한 직무연수 이수(신입단원은 반드시 직무연수과정을 이수해야 함)

5) 지원단원 우대방안

가. 수업 컨설팅 연구대회 입상자에게는 교육공무원승진규정 제35조에 의한 연구실적 평정점 부

여(초등)
나. 교육공무원 승진가산점 평정규정에 의해 활동 우수단원에 대하여는 승진가산점 부여

6) 추진 일정

추진 내용		시 기
공모 계획 수립		20○○. ○. ○○(○요일).
지원단 (단장, 총무)	공모 서류 접수	20○○. ○. ○○(○요일) ~ 20○○. ○. ○○(○요일)
	서류심사	20○○. ○. ○○(○요일)
	대면 심사	20○○. ○. ○○(○요일)
	선정 결과 발표	20○○. ○. ○○(○요일)
지원단원	공모서류 접수	20○○. ○. ○○(○요일)
	서류심사	20○○. ○. ○○(○요일)
	대면심사	20○○. ○. ○○(○요일) ~ 20○○. ○. ○○(○요일)
	선정 결과 발표	20○○. ○. ○○(○요일)

5. 기대 효과

○ 수업 컨설팅을 받은 교사의 교과 수업기술 향상
○ 교수학습의 질 제고를 통한 서울학생의 학력 신장
○ 학교 현장에서 수업기술 향상을 위한 분위기 확산

6. 참고 사항

1) 지원단 활동 평가

구 분	지원단 활동 평가
평가대상	· 공모에 선정된 지원단
평가시기	· 중간평가(7월) · 최종평가(11월 말~12월 초)
평가내용	· 활동 실적 보고서, 활동 실적물, 현장 점검 등 실천적 성과를 평가 · 홈페이지 활용도 · 본청, 지역교육청 유사사업과의 연계운영 상황

2) 직무 연수 실시

가. 대상: 20○○년 신입 지원단원 전원 및 경력 지원단원 중 희망자
나. 일시 및 장소: 추후 확정 통보
다. 내용: 지원단원의 전문성 신장을 위한 직무연수

3) 컨설팅 의뢰자를 위한 연수과정 운영

가. 대상: 수업 컨설팅을 신청하여 15시간 컨설팅을 받은 교사
나. 시간: 15시간
다. 운영방법: 단원별 수업 컨설팅 주제에 따른 컨설팅 계획 수립
라. 연수 기관: 수업지원단

4) 지원금 교부 및 집행

가. 지원 금액: 지원단 활동 실적에 따라 차등 지급
  -1차 지원금: 지원단 선정 후 지원단 수, 전년도 실적 및 활동계획서를 반영하여 지원단별
    지정계좌로 차등 지원
  -2차 지원금: 중간 평가 후 지원단별 차등 지원
나. 지원단 활동 최종보고회, 종합보고서 발간, 연수 등 공동사업 관련 비용은 각 지원단에서 부
  담(추후 지원단 총무단 협의회에서 결정)

5) 활동 결과 처리

가. 지원단 종합보고서 및 우수사례집 발간
나. 지원단별 활동자료집 제작·제출(실적물 등 제본)
다. 지원단 활동자료: 지원단 홈페이지에 탑재

20○○ 수업지원단 신청서

20○○년 01월 01일 기준 작성

접 수 번 호	응 모 분 야						응모 교과
	유아	초등	중학	고교	특수		

단장	성 명			직위		
	교육경력			최종학력		
	지원단 활동경력	년	예시: 초등국어지원단			
		년				
	소속청			소속학교		
	학교 주소	우편번호( )				
	E-mail					
	연락처	직장				
		전화	(집) (휴대폰)			

총무	성 명			직위		
	교육경력			최종학력		
	지원단 활동경력	년	예시: 초등국어지원단			
		년				
	소속청			소속학교		
	학교 주소	우편번호( )				
	E-mail					
	연락처	직장				
		전화	(집) (휴대폰)			

본인은 지원단원을 대표하여 지원단 활동을 성실히 수행할 것을 다짐하며, 공모 신청서를 제출합니다.

20○○년　○월　　일

(　　　　)지원단장 (　　　　)인

○○시·도교육연구정보원장 귀하

 * '접수번호'는 기재하지 않으며, '응모분야'는 해당란에 ○표, 응모교과는 교과명을 기재

20○○ 수업지원단 활동 계획서

접수 번호		지원단명		응모 분야	학교급: 교과명:

1. 수업지원단의 필요성
2. 수업지원단 운영 비전
3. 구체적인 지원단 활동 추진 계획
   - ○ 수업지원단으로서의 활동 계획

     수업 컨설팅, 시범수업 공개, 시연수업, 수업·평가자료 지원 및 정보제공, 장학요원·종합
     장학·학교평가 등의 수업장학 지원, 교과 관련 학교 자율연수 강의 지원 등
   - ○ 지원단 전문성 신장 강화 방안

     직무연수, 자체연구 및 자율연수(워크숍, 세미나, 특강) 등
   - ○ 현장 교원 참여 활동 등 다양한 교과교육 활동 지원 계획을 난을 늘려 구체적이고 창의적
     으로 기재함
4. 기타(분과별 조직, 현장 기여도 등)
5. 홈페이지 활용 계획
※ 접수번호는 공란
※ 활동 계획서 양식은 창의적으로 구성(A4용지, 상철, 10매 내외로 작성)

20○○ 수업지원단원 응모 자기소개서

소 속		이 름	(인)
지원교과			
수업 컨설팅 콘텐츠			

※ 해당 교과의 수업 컨설팅 등 지원단원으로서 활동 포부 등을 자유롭게 기술(A4 2매 내외)

※ '수업 컨설팅 콘텐츠'에는 지원단으로서 교과 전문성을 살려 수업 컨설팅을 할 콘텐츠를 구체적으로 기술

　　□지원 동기

　　□교과 관련 활동 경력

(※교과서 집필 위원, 출제 위원, 장학 요원, 저서, 교과 관련 연수 이수 사항 등)

　　□수업 컨설팅 활동 계획

　　□홈페이지 활용 계획

　　□지원단원 간의 협력 자세

20○○ 수업지원단원(장) 추천서

<table>
<tr><td>성 명
(한 자)</td><td colspan="2">(   )</td><td>주민등록번호</td><td></td></tr>
<tr><td>직 위</td><td colspan="2"></td><td>담당 교과
(전공)</td><td>(   )</td></tr>
<tr><td>학 교
(소속청)</td><td colspan="2">(   )</td><td>활동 희망 영역</td><td>※수업 컨설팅 외 시범수업공개,
수업시연 등을 기록</td></tr>
<tr><td>학교 전화</td><td colspan="2"></td><td>집 전화
(휴대폰)</td><td>(   )</td></tr>
<tr><td>E-mail</td><td colspan="4"></td></tr>
<tr><td>계좌 번호</td><td colspan="4">(   )은행</td></tr>
<tr><td colspan="5" align="center">연구대회 입상 경력</td></tr>
<tr><td>입상연월일</td><td colspan="2">내 용</td><td>결과(등급)</td><td>주 관 처</td></tr>
<tr><td>. . .</td><td colspan="2"></td><td></td><td></td></tr>
<tr><td>. . .</td><td colspan="2"></td><td></td><td></td></tr>
<tr><td>. . .</td><td colspan="2"></td><td></td><td></td></tr>
<tr><td>. . .</td><td colspan="2"></td><td></td><td></td></tr>
<tr><td>. . .</td><td colspan="2"></td><td></td><td></td></tr>
<tr><td colspan="5" align="center">본인은 위와 같이 20○○수업지원단에 응모하며, 위 사실이 틀림없음을 서약합니다.
20○○. 1. .
응모자: (인)</td></tr>
<tr><td colspan="5" align="center">위 사람을 20○○년도 수업지원단원(장)으로 추천합니다.
20○○. 1. .
(   )학교장   (직인)</td></tr>
<tr><td colspan="5">○○시·도교육연구정보원장 귀하</td></tr>
</table>

20○○ 수업지원단장 신청서

성 명 (한 자)	( )	주민등록번호	
직 위		담당교과 (전공)	( )
학 교 (소속청)	( )	학교 전화	
학교 주소		집 전화 (휴대폰)	( )
집 주소			
E - mail			
계좌번호	( )은행		

연구대회 입상 경력

입상연월일	내 용	결과(등급)	주 관 처
. . .			
. . .			
. . .			
. . .			

본인은 위와 같이 20○○수업지원단에 응모하며, 위 사실이 틀림없음을 서약합니다.

20○○. 1. .

응모자: (인)

○○시·도교육연구정보원장 귀하

참고문헌

강영삼(2000). 장학론. 서울: 세영사.

강인애(1996). 교육공학연구. 제12권 제1호. 한국교육공학연구회.

강인애(1997). 왜 구성주의인가?: 정보화 시대 학습자 중심 교육환경. 서울: 문음사.

공주교육대학교 초등교육연수원(2004). 수업분석 및 평가의 이론과 실제(연수 자료).

교육과정·교과서연구회(2000). 한국 교육과정의 변천. 서울: 대한교과서주식회사.

곽병선(1983). 교육과정. 서울: 배영사.

권성호(2002). 교육공학의 탐구. 서울: 양서원.

곽영순 외(2007). 수업 컨설팅 바로하기. 서울: 원미사.

권낙원 외(2010). 학교 교육과정 개발론. 서울: 학지사.

권은숙(2005). Consulting 동료장학을 통한 교단 교사의 유능감 형성. 전국현장교육연구대회 연구보고서.

교육인적자원부(2003). 교과교육과정 연수방향 설정 워크숍 자료, 장학자료.

김계현(2002). 카운슬링의 실제. 서울: 학지사.

김두정(2002). 학교교육과정 편성 및 운영의 실제. 교육과정: 이론과 실제. 서울: 교육과학사.

김두정(2010). 한국 학교 교육과정의 탐구. 서울: 학지사.

김병성(1996). 교육연구방법. 서울: 학지사.

김상원(1981). 교육과정과 교수학습론. 서울: 학문사.

김순택 외(1990). 현대 교수 원론. 서울: 교육과학사.

김신자(2002). 효과적 교수 설계 및 교수 방법. 서울: 교육과학사.

김영채(1999). 사고력: 이론, 개발과 수업. 서울: 교육과학사.

김인식·최호성·최병옥(1998). 학교중심 교육과정 탐구. 마산: 경남대학교출판부.

김용신·김남규(2009). 초등학교 교육과정 해설. 파주: 교육과학사.

김재복(1995). 교육과정의 통합적 접근. 서울: 교육과학사.

김재복 외(1999). 학교 현장의 교육과정 혁신안 적용 실태 및 개선 방안. 서울: 한국교원단체총연합회.

김종서(1973). 교수 과정의 분석. 서울: 교육출판사.

김종서(1987). 교육연구의 방법. 서울: 배영사.

김종서·김영찬(1983). 수업형태분석법. 서울: 교육과학사.

김종철(1997). 교육행정의 이론과 실제. 서울: 교육과학사.

김지자(1999). 토론학습의 효과 제고를 위한 고찰. 교육경남. 제136호(통권153호).

김철주(1999). 효과적인 교수 방법의 탐구. 서울: 강남대학교출판부.

김태수(2006). 수업컨설팅 장학 실천 모형의 탐색. 대구교육대학교 교육대학원 석사학위논문.

김학수(1993). 현대 교수·학습론. 서울: 교육과학사.

김호권·이돈희·이홍우(1983). 현대 교육과정론. 서울: 교육과학사.

박병철(1990). 교과교육의 원리와 실제. 서울: 정민사.

박병학(1999). 사랑의 수업론. 서울: 교육과학사.

박성수 외(1988). 학교 학습의 탐구. 서울: 교육과학사.

박성익(2000). 교수 학습방법의 이론과 실제(Ⅰ), (Ⅱ). 서울: 교육과학사.

박성익 외(2009). 교육방법의 교육공학적 이해. 파주: 교육과학사.

박승배(2001). 교육과정학의 이해. 서울: 양서원.

박승배 외 공역(2003). 교실 수업 관찰. 서울: 교육과학사.

박은종(2008). 특별활동 교육과정의 실행: 이론과 실제. 파주: 한국학술정보(주).

박은혜 외 공역(1999). 교사발달에 적합한 장학의 이론과 실제. 서울: 정민사.

백순근(1999). 수행평가의 이론과 실제. 서울: 원미사.

백영균(2002). ICT 활용교육론. 서울: 문음사.

변영계(2004). 교수학습이론의 이해. 서울: 학지사.

변영계(2004). 수업장학. 서울: 학지사.

변영계·김경현(2005). 수업장학과 수업분석. 서울: 학지사.

변영계·이상수(2005). 수업설계. 서울: 학지사.

변홍규(1994). 질문 제시방법. 서울: 교육과학사.

부천상인초등학교(2007). PCK 수업컨설팅을 통한 교사의 전문성 신장. 경기도교육청 지정 2007
    자율장학 모델학교 운영보고서.

석문주 외(1997). 학습을 위한 수행평가. 서울: 교육과학사.

설양환 외 공역(2002). 효과적인 수업 관찰. 서울: 아카데미프레스.

송민영(1998). 홀리스틱 교육과정 이론의 철학적 배경. 홀리스틱 교육 실천 연구. 제2집 제1호.

송용의 역(1998). 초등교수·학습 이론. 서울: 교육과학사.

심덕보(2004). 수업분석의 실제. 서울: 예원문화사.

심우엽(2001). 교육심리학. 서울: 교육과학사.

양미경(2003). 교육과정과 교수 방법. 서울: 교육과학사.

원효헌(2002). 수업평가의 이해와 적용. 서울: 교육과학사.

유봉호(1992). 한국 교육과정사 연구. 서울: 교학연구사.

유택렬(2002). 실천연구와 방법. 서울: 교육과학사.

윤기옥 외(2002). 수업모형의 이론과 실제. 서울: 학문출판(주).

윤정일(2000). 교육행정학 원론. 서울: 학지사.

이경섭(1997). 한국 현대 교육과정사 연구(상). 서울: 교육과학사.

이귀윤(1996). 교육과정 연구: 과제와 전망. 서울: 교육과학사.

이돈희 외(1994). 교과 교육학 탐구. 서울: 교육과학사.

이상기·옥장흠(2000). 교육행정 및 교육경영. 서울: 형설출판사.

이상수 외(2003). 수업설계. 서울: 학지사.

이성호(1986). 교수방법의 탐구. 서울: 양서원.

이성호(2009). 교수방법론. 서울: 학지사.

이용숙·김영천(1998). 교육에서의 질적 연구: 방법과 적용. 서울: 교육과학사.

이용숙·조영태(1989). 수업방법. 서울: 배영사.

이원희 외(2010). 교육과정과 수업. 파주: 교육과학사.

이윤식(2000). 장학론. 서울: 교육과학사.

이윤식(2001). 학교경영과 자율장학. 서울: 교육과학사.

이윤식(2004). 장학론 논고. 서울: 과학과 예술.

이의준(1999). 컨설팅, 컨설턴트. 서울: 이문사.

이홍우(1992). 증보 교육과정 탐구. 서울: 박영사.

이홍우(1996). 지식의 구조와 교과. 서울: 교육과학사.

이홍우·유한구·정성모(2003). 교육과정 이론. 서울: 교육과학사.

이혁규 외(2009). 수업, 비평을 만나다. 서울: 우리교육.

이희도 외(1996). 수업의 이론과 실제. 서울: 중앙적성출판사.

임창재(1994). 수업 심리학. 서울: 학지사.

정석기(2009). 좋은 수업 설계와 실제. 서울: 원미사.

정숙경(2003). 수업의 기초와 실제 탐구. 부산: 동아대학교출판부.

정태범(2002 a). 교육행정의 발전방향. 서울: 양서원.

정태범(2002 b). 학교경영의 발전과 과제. 서울: 양서원.

조광제·허학도(2006). 현대교육과 학교공동체. 서울: 원미사.

조난심 외(1999). 국가 수준 교육과정 개발 및 적용 체제 개선을 위한 기초 연구. 연구보고 CRC
        2005 - 16. 서울: 한국교육과정평가원.

조벽(2003). 조벽 교수의 명강의 노하우 & 노와이. 서울: 해냄출판사.

조성일·신재흡(2010). 장학행정의 이론과 실재. 서울: 학이당.

조영달 외(1999). 한국 교실수업이 이해. 서울: 집문당.

조영일(2003). 새로운 접근의 교육학 개론. 서울: 교육과학사.

주삼환(1999). 장학·교장론: 교육의 질 관리. 서울: 성원사.

주삼환(1991). 장학론. 서울: 학연사.

주삼환(2006). 장학의 이론과 기법. 서울: 학지사.

주삼환·김영식(1990). 장학론. 서울: 한국방송통신대학교출판부.

주삼환 외(2000). 교육행정과 교육경영. 서울: 학지사.

주삼환 외(2003). 수업관찰과 분석. 서울: 원미사.

주삼환 외(2010). 수업관찰분석과 수업연구. 파주: 한국학술정보(주).

진동섭(2003 a). 경기도교육청 컨설팅장학의 개선방향. 수원: 경기도교육청.

진동섭(2003 b). 학교 컨설팅: 교육개혁의 새로운 접근 방법. 서울: 학지사.

진동섭(2004). 학교 컨설팅. 서울: 원미사.

진동섭·홍창남·김도기(2009). 학교경영 컨설팅과 수업 컨설팅. 파주: 교육과학사.

천호성(2009). 수업 분석의 방법과 실제. 서울: 학지사.

천호성(2007). 사회과 수업 컨설팅 모형 개발에 관한 토론. 경인교육대학교 3C컨설팅멘토링 프로젝트팀. 서울대학교 컨설팅연구회 공동세미나 자료집. 학교 컨설팅과 수업 컨설팅의 과제와 전망. 192 - 196.

최호성(1996). 학교 중심 교육과정의 과제와 전망. 교육과정연구. 제14권. 제1호. 한국교육과정학회. 78 - 105.

충청남도교육연구원(1993). 『수업전개를 잘하기 위한 지도방법과 기술』. 대전: 충청남도교육연구원.

충청남도교육청(2001). 클릭! 수업분석(장학 자료). 대전: 충청남도교육청.

충청남도교육청(2003). 클릭! 으뜸수업 길라잡이(장학 자료). 대전: 충청남도교육청.

충청남도교육연수원(2002). 초등 교수학습방법 직무연수(연수 교재). 공주: 충청남도교육연수원.

충청남도천안교육청(2001). 수업분석의 실제(장학 자료). 천안: 충청남도천안교육청.

충청남도보령교육청(2001). 수업분석의 방법과 실제(장학자료2001 - ②). 보령: 충청남도보령교육청.

충청남도천안교육청(2005). 으뜸수업을 위한 수업분석 도움자료(장학 자료). 천안: 충청남도천안교육청.

하영철(2002). 수업 지도의 실제. 서울: 동현출판사.

한국교육과정평가원(2006). 초 · 중등학교 교육과정 총론 개정 시안 수정 보완 연구. 연구자료.

한형식(2008). 수업기술의 정석 모색. 파주: 교육과학사.

함수곤 외(2003). 교육과정 개발의 이론과 실제. 서울: 교육과학사.

함영기(2002). 바람직한 ICT활용교육 이론과 실제. 서울: (주)즐거운학교.

허경철(1999). 수행평가 정책의 과제와 전망. 한국교육과정평가원.

현장교육지도기술연구회(1990). 바람직한 교수 학습방법의 기술. 서울: 현대교육출판.

현장교육지도기술연구회(1990). 학급경영 기술과 실제. 서울: 현대교육출판.

현장교육지도기술연구회(1990). 교재연구 · 지도안 · 연구수업의 지도기술. 서울: 현대교육출판.

홍주희(2006). 수업개선지원단을 활용한 수업컨설팅. 서울교육. 2006. 여름호. 102 - 107.

황윤한(2003). 교수 · 학습의 패러다임적 전환. 서울: 교육과학사.

Acheson, K. A., & Gall, M. D.(1987). Techniques in the clinical supervision of teacher. New York: Longman Inc.

Acheson, K. A., & Gau, M. D.(1980). Techiniques in the clinical supervision of teachers: Preservice and inservice applications. New York: Longman Pub Group. 주삼환 역(1983). 장학론: 임상 장학방법. 서울: 학연사.

Alfonso, R. J., Firth, G. R., & Neville, R. F.(1975). Instructional supervision: A behavior system. Boston: Allyn & Bacon, Inc.

Amidon, E., & Hunter, E.(1967). Improving teaching: The analysis of classroom verbal interaction. New York: Holt, Finehart, and Winston.

Bogdan, R. C., & S. K. Birklen.(1982). Qualitative Research for Education. Allyn Bacon, Inc.

Bourdieu, P.(1977). *Cultural Reproduction and Social Reproduction*, J. Karabel & A. H. Halsey, *Power and ideology in Education*, N.Y.: Oxford University Pres.

Bourdieu, P. & J. Passeron(1977). *Reproduction in Education*, Society and Culture, London: Sage Publications Ltd.

Bowles, S. & H. Gintis.(1986). Schooling in Capitalist America. 이규환 역, 자본주의와 학교교육. 서울: 사계절.

Callinicos, A.(1991). Making History: Agency structure and change in social theory. 김용학 역, 역사와 행위. 서울: 교보문고.

Campbell, R. J.(1985). *Developing the primary school curriculum.* NY: Holt, Rinehart and Winston.

Carlgren, I.(1999). Professionalism and teachers as designers. Journal of Curriculum Studies, 31(1), 43－56.

Carolyn, R. F., & Frederick, L. U.(2004). "Ethnography for teacher Education", Journal of Teacher Education, 55(3), May/June, 269－283.

Catherine, L.(2005). *"Lesson Study in the U.S.: Accomplishments and Challenges, Collaborative Research on the Relationship of School Based In service Teacher Training and Teacher's Qualification"*, The 2nd international symposium in KKK Hotel Tokyo.

Coleman, J. S.(1985). *Public Schools, Private Schools, and the Public Interest.* J. H. Ballantine ed, Schools and Society, Mayfield Publishing Company.

Connell, F. W., et als.(1982). Making the Difference, Sydney London Boston: George Allen & Unwin.

Cornbleth C.(1986). An Invitation to Research in Social Education. 최병모, 정태화 공역(1999). '민속학적 접근방법'. 사회과 교육 연구에의 초대. 원미사.

Denzin, N., & Lincoln, Y.(Eds.)(1994). Handbook of Qualitative Research. London: Sage.

David, M. E.(1989). Schooling and Family. H. A. Giroux & P. McLaren eds., Critical pedagogy, the State, and Cultural Struggle. State University of New York Press.

Dolye, W.(1986). *"Classroom Organization and Management"*, M. C. Wittrock(ed.), Handbook of Research on Teaching(3rd ed.). New York: Macmillan, 392－431.

Dreeben, F.(1970). The Nature of teaching, Scoff, Foresman and Company.

__________(1977). The Contribution of Schooling to the Learning of norms. J. Karable & A. H. Halsey. Power and ideology in Education, N.Y.: Oxford University Press.

Durkheim, E.(1978). Education and Sociology. 이종각 역, 교육과 사회학. 서울: 배영사.

Eggleston, J. ed.(1979). Teacher Decision－making in the classroom. RKP.

Erchul, W. P., & Martens, B. K.(1997). School Consultation: Conceptual and Empirical Bases of Practice. New York and London: Plenum Press.

Erickson. F. G. Mohatt(1979). Cultural organization of Participation Structure in Two classrooms of Indian Students. G. Spindler ed.

Erickson, F.(1992). Ethnographic Microanalysis of Interaction. In M. Lecompte, W. Millroy, and J. Preissle(Eds.), The Handbook of Qualitative Reasearch in Education, 201－225. New York: Academic Press.

Esland, G. M.(1971). Teaching and Learning as The Organization of Knowledge. M. Young, ed., Knowledge and Control, London: Collier Macmillan Ltd.

Gallessich, J.(1982). The Profession and Practice of Consultation. San Francisco Etc: Jossey－Bass

Publishers.

Garvin, D. A.(1993). *Building a learning organization*. Harvard Business Review, 10(4), 803－813.

Geertz, C.(1973). The Interpretation of Culture. New York: Basic Books. 문옥표 역(1998). 문화의 해석. 까치.

Glaser, B., & Strauss, A.(1967). *The Discovery of Grounded Theory: Strategies for Qualitative Research*. Chicago: Aldine pub. Co.

Goetz, J., & LeCompe, M.(1984). Ethnography and Qualitative Design in Educational Research. New York: Academic Press.

Gottesman, B. L.(2000). Peer Coaching for Educators. London: The Scarecrow Press, Inc.

Harris, B. H.(1975). Supervision behavior in education. N.J.: Prentice－Hall Inc.

Huberman, A., & Miles, M.(1994). Data Management and Analysis Methods. In N. Denzin and Y. Lincoln(Eds.), Handbook of Qualitative Research, 428－444. London: Sage.

LeCompte, Md., W. L. Millroy & J. Preissle eds.(1992). The Handbook of qualitative research in education, Academic Press, Inc.

Lotie, D.(1993). School teacher. 진동섭 역, 교직사회. 서울: 양서원.

Lofland, J.(1971). *Analyzing Social Settings: A Guide to Qualitative Observation and Analysis*. Belmont, CA: Wadsworth.

Lundgren Ulf(1981). Frame factor in teaching methods. H. A. Giroux, A. N. Penna, and W. F. Pinar, Curriculum & Instruction, Berkeley: McCutchan Publishing Corporation.

Matoba M., Crawford, K. A., Mohammad, R., & Sarkar Arani(2006). Lesson Study: international Perspective on Policy and Practice, Educational Science Publishing House.

Merriam, S. B.(1988). Case study research in education: a qualitative approach. 허미화 역(1997). 질적 사례 연구법. 파주: 양서원.

Ornstein, A. C., & Hunkins, F. P.(1993). Curriculum: foundations, principles and issues. Bosoton: Allyn and Bacon.

Popkewitz, T. S.(1981). Qualitative research. T. S. Popkewitz % B. R. Tabachnick ed., The Study of schooling, N.Y.: Praeger.

Rist, R. C.(1985). *On understanding the process of schooling: The contributions of labelin theory*, J. H. Ballantine ed, Schools and sosiety, Mayfield Publishing Company.

Robinson, J. H.(1982). *Social typing at Hanseong Elementary: A transcultural model of social bias Schooling*. Spindler. G. ed., Doing the ethnography of schooling, Holt, Rindhart and Winston.

Spradley, J.(1979). Ethnographic Interview. New York: Holt, Rinehart and Winston.

Spradley, J.(1980). Participant Observation. New York: Holt, Rinehart and Winston. 이희봉 역 (1988). 문화탐구를 위한 참여관찰법. 서울: 대한교과서주식회사.

Waller, W.(1985). The school as a social organism. J. H. Ballantine ed., Schools and society, Mayfield Publishing Company.

William, A. S.(2001). Critical Issues in social studies research for the 21st Century, University of colorado at Boulder.

Wolcott, H. F.(1992). Posturing in Qualitative Research. In M. LeCompte, W. Millroy, and J. Preissle(Eds.), (1992) The Handbook of Qualitative Research in Education, pp.3−52. New York: Academic Press.

Wolcott, H. F.(1987). The anthropology of learning. G. D. Spindler ed., Education and cultural process, Waveland Press, Inc.

Wilcox, F.(1982). *Differential socialization in the classroom: Implication or equal opportunity.* G. Spindler ed., Doing the ethnography of schooling, Holt, Wolcott, H. F.(1994). *Transforming Qualitative Data: Discription, Analysis, and Interpretation.* London: Sage.

Yoloye, A. E.(1977). Observational techniques. New York: Longman, Inc.

__________(1990). *The Structuring of Pedagogic Dicourse, Class, Codes and Control*, Vol. Ⅳ. London: Routledge.

Young, M. F. D.(1971). Knowledge and control, London: Collier Macmillan Ltd.

찾아보기

[ㄷ]

다면평가 ; 481, 492, 497, 498
단답형 ; 443
단서 ; 160, 333, 422
단원 ; 56, 67, 128, 155, 330, 404, 632
단원 전개 ; 17
단원목표 ; 316
단위 학교 ; 211, 224, 473
단위시간 ; 54, 117, 131, 406
단일척도 ; 193
도식화 ; 166
도착점 행동 ; 53, 407
동 교과 ; 225, 249, 293, 457, 473
동 교과 ; 499
동 학년 ; 249, 293, 450, 473, 499, 522, 557
동기 ; 28, 35, 110, 214, 395, 400
동기유발 ; 47, 129, 151, 451
동료 교사 ; 121, 488
동료장학 ; 248, 293, 294, 521, 553, 576

[ㄹ]

라디오 ; 226, 528

(ㅁ)

마이크로티칭 ; 105, 224, 248, 560
매체 ; 17, 42, 61, 98, 149, 323, 588
메모 ; 166, 428
멘토 ; 99, 255
멘토링 ; 580, 600
멘티 ; 255
면담 ; 226, 455, 596
면접법 ; 86, 447
모둠 ; 60, 160
모둠 수업 ; 72
모의수업 ; 106
목표 ; 16, 53, 57, 127, 331, 396, 632
목표지향 ; 251, 395, 439
문답식 ; 194
문제해결 ; 38, 47, 166
문제해결력 ; 447

문제해결학습 ; 69, 344
문항 ; 56, 186, 405, 441, 486, 655

[ㅂ]

반복 ; 24, 126, 216, 621
반성적 사고 ; 160, 416
반응 ; 16, 132, 164, 184, 278, 421, 625
발달 ; 23, 61, 113, 186, 225, 249, 317, 430, 544
발문 ; 17, 102, 128, 138, 160, 175, 271, 324, 417, 527
발문의 유형 ; 144, 324, 417
발전단계 ; 48
범위 ; 28, 110, 287, 411, 627
범주 ; 101, 194
보충학습 ; 43
본시 수업 ; 138, 331, 635
본시 학습 ; 118, 131, 150
부적 강화 ; 649
분석 ; 18, 28, 50, 77, 87, 90, 92, 94, 100, 127, 161, 218, 283, 624
비디오 ; 103, 104, 261, 431, 547
빈도 ; 90, 101, 170, 591

[ㅅ]

사고력 ; 127, 149, 257, 325, 540
사실 ; 16, 49
사이버 장학 ; 588
사전학습능력 ; 55, 155
사전협의회 ; 563, 584
사후협의회 ; 563
상대평가 ; 440, 482
생활지도 ; 226, 486, 662
선수학습 ; 28, 43, 58, 127, 150, 404
선입견 ; 606
선택적 장학 ; 247, 560,
선택형 ; 63, 447
선행학습 ; 34
설명 ; 23, 35, 192, 298

[ㅍ]

판서 ; 81, 129, 146, 151, 165, 311, 407, 623, 636
판서계획 ; 65, 127, 303
판서하기 ; 188, 629
평가 ; 31, 81, 108, 210, 251, 329, 405, 438, 446, 486, 499, 538
평가문제 ; 614
평가문항 ; 32, 52, 440, 504, 635
평가형태 ; 106
평정 ; 113, 186, 193, 266, 493, 663
포트폴리오(port folio) ; 258, 429, 447
표준화 ; 21, 79, 263
프레젠테이션 ; 47, 410
플랜더즈 ; 167, 564, 622
피드백 ; 44, 101, 106, 124, 194, 263, 304, 436, 437, 501, 532, 629

[ㅎ]

학교경영 ; 210, 231, 266, 297, 502, 595
학교교육 과정 ; 121, 305, 617
학교조직 ; 114, 210, 549
학급 ; 39, 56, 92, 124, 193, 209, 227, 279, 291, 322, 330, 338, 403, 426, 438, 450, 584, 628
학급경영 ; 227, 252, 505
학급교육 과정 ; 255
학년 ; 56, 117, 121, 140, 169, 219, 293, 403, 457, 523, 557
학생 발언 ; 92, 129, 622
학습 ; 17, 36, 60, 102, 149, 290, 340, 446, 525, 560, 629
학습 활동 ; 58, 71, 86, 117, 164, 264, 316, 401, 635
학습경험 ; 35, 116, 299, 328, 413
학습과정 ; 37, 103, 127, 155, 217, 332, 429, 590
학습과제 ; 27, 50, 59, 70, 328, 395, 404
학습내용 ; 27, 59, 127, 149, 278, 398, 562, 633
학습단계 ; 68, 151, 169
학습동기 ; 34, 150, 396, 629
학습목표 ; 16, 42, 46, 54, 116, 125, 143, 275, 299, 328, 396, 408, 419, 438, 637

학습문제 ; 59, 143, 162, 311, 396, 400, 425
학습성과 ; 17, 33, 332
학습성취 ; 33, 231, 438
학습요소 ; 43, 68, 329, 635
학습조건 ; 18, 209
학습지도 ; 36, 81, 155, 214, 270, 552
학습집단 ; 33, 45, 129, 345
학습행동 ; 110, 155
학습행위 ; 406, 408
학습형태 ; 122, 292, 420, 563
학습환경 ; 21, 51, 65, 98, 129, 161, 316, 331, 401, 551
학습효과 ; 16, 61, 78, 107, 129, 188, 211, 333, 397, 430, 561, 627
학업성취도 ; 141, 261, 438, 517
한국교육개발원 ; 48, 207, 554
해결방안 ; 402, 434, 449, 467
행동적 용어 ; 51, 287
협동학습 ; 72, 282
협력학습 ; 102
형성평가 ; 29, 47, 128, 147, 154, 439, 526, 637
혼합형 ; 194
확산적 발문 ; 159
확인적 발문 ; 271
확인학습 ; 130
활기성 ; 93, 180, 186, 243, 655
후속학습 ; 68, 332, 421, 431, 633
훈련 ; 16, 97, 106, 160, 456, 469, 500, 547, 559
흥미 ; 43, 110, 143, 155, 205, 330, 396, 418, 626

[외국 인명]

Alfonso ; 210
Ausubel ; 35
Banathy ; 24
Beeby ; 84
Bloom ; 33, 634
Bush ; 288
Carey ; 30
Cogan ; 209, 212, 248, 271
Coleman ; 679
Cronbach ; 259
Dewey ; 342

박은종(朴殷鍾)

▌학력

진주교육대학교 사회교육과 졸업
충남대학교 교육대학원 사회교육과 졸업
한국교원대학교 대학원 사회과교육학과 졸업(사회과교육 전공)
충남대학교 대학원 교육학과 박사과정 수료(교육심리학 및 교육과정 전공)
공주대학교 대학원 사회교육학과 박사과정 졸업(사회과교육 전공)
(교육학 박사: 사회과교과교육 전공)

▌경력

한국교총 정책위원, 혁신위원, 교권위원
충남교총 연구위원, 한국교총 정책연구소 객원연구원
한국 교원 교직윤리헌장 제정위원
충남대학교 교육연구소 객원연구원
충남대학교 인문과학연구소 객원연구원(Post-doc)
공주대학교 시간강사
한국산업연수원 청주능력개발원 외래 첨삭 교수
동신대학교 교양교직학부 외래 교수
홍익대학교 교양학부 외래 교수
충청남도교육청 장학사(충청남도당진교육청 · 부여교육청 근무)
현) 충청남도교육연수원 교육연구사
현) 공주대학교 겸임 교수
현) 한국사회과교육연구회 회장

▌주요 논문

「사회과 기능 영역의 지도 방안 연구」
「사회과 수업 설계에 관한 연구」
「사회과의 새로운 평가 방법 연구」
「사회과 법교육과정 연계성 분석 연구」
「초등학교 사회과 교과서 자료 분석 연구」
「현대 사회과 교육의 구성주의적 접근 방법 연구」
「세계화 시대 한국 민주시민교육 접근 방법 탐색」
「국제 이해 증진을 위한 세계 시민 교육의 방안 연구」
「제7차 사회과 교육과정의 문제점과 대안적 접근 방안 연구」
「세계화 · 정보화 시대 바람직한 민주시민교육 방법 연구」
외 다수

▌주요 저서

『학위 논문 작성법』(공저)
『수업 장학 및 수업 분석』(공저)
『현장 체험 학습 길라잡이』(공저)
『재량활동 교육과정 지도』(공저)
『특별활동 길라잡이』(공저)
『사회과 평가 자료집』(공저)
『사회과 교육학과 교육평가』
『한국사회과 교육과정 탐구: 분석 및 모형 개발 탐색』
『사회과 교육학 핸드북: Key Point』
『현대사회과 교육학 · 사회과 교육론 신강: 이론과 실제』

e-mail: ejpark7@kongju.ac.kr

으뜸 수업탐구의 정석
수업설계 · 수업관찰 및 수업분석 · 수업장학

초판인쇄 | 2010년 5월 20일
초판발행 | 2010년 5월 20일

지은이 | 박은종
펴낸이 | 채종준
펴낸곳 | 한국학술정보㈜
주 소 | 경기도 파주시 교하읍 문발리 파주출판문화정보산업단지 513-5
전 화 | 031) 908-3181(대표)
팩 스 | 031) 908-3189
홈페이지 | http://ebook.kstudy.com
E-mail | 출판사업부 publish@kstudy.com
등 록 | 제일산-115호(2000. 6. 19)

ISBN   978-89-268-1060-6 93370 (Paper Book)
        978-89-268-1061-3 98370 (e-Book)